# 重庆学校史

吴洪成　张珍珍　蔡晓莉◎著

河北大学部省共建学科建设专项经费资助出版
河北大学颜李学派研究所科研平台研究成果（项目编号513100115030）

知识产权出版社
全国百佳图书出版单位
—北京—

**图书在版编目（CIP）数据**

重庆学校史/吴洪成，张珍珍，蔡晓莉著. —北京：知识产权出版社，2021.9
ISBN 978-7-5130-7381-3

Ⅰ.①重… Ⅱ.①吴… ②张… ③蔡… Ⅲ.①书院—教育史—重庆 Ⅳ.①G649.299.719

中国版本图书馆 CIP 数据核字（2020）第 269497 号

**责任编辑**：江宜玲　　**责任校对**：王　岩
**封面设计**：杨杨工作室·张　冀　　**责任印制**：孙婷婷

**重庆学校史**

吴洪成　张珍珍　蔡晓莉◎著

| | | | |
|---|---|---|---|
| **出版发行**： | 知识产权出版社有限责任公司 | **网　　址**： | http://www.ipph.cn |
| **社　　址**： | 北京市海淀区气象路 50 号院 | **邮　　编**： | 100081 |
| **责编电话**： | 010-82000860 转 8339 | **责编邮箱**： | jiangyiling@cnipr.com |
| **发行电话**： | 010-82000860 转 8101/8102 | **发行传真**： | 010-82000893/82005070/82000270 |
| **印　　刷**： | 北京建宏印刷有限公司 | **经　　销**： | 各大网上书店、新华书店及相关专业书店 |
| **开　　本**： | 720mm×1000mm　1/16 | **印　　张**： | 38.75 |
| **版　　次**： | 2021 年 9 月第 1 版 | **印　　次**： | 2021 年 9 月第 1 次印刷 |
| **字　　数**： | 675 千字 | **定　　价**： | 168.00 元 |

ISBN 978-7-5130-7381-3

# 序　言

中国是世界上最早诞生学校这种教育机构的古老国家之一。在原始社会末期至奴隶制时代，中国形成了以官学为主体的学校体系。从古代到现代，与历史文化的嬗变相伴随，学校作为人类教育的主体或核心部分不断演化、发展。

有关学校的文献记载可谓浩瀚如海，而研究的论著也纷繁多样。有关教育史、文化史、社会史等各种论著都对学校加以探究、比较、分析、评议，研究方法也不断创新，显示出朝气与活力。然而，在有关学校教育的宏观、整体、全国性研究取得丰硕成果的同时，相关的区域性研究和个案研究还很薄弱，需要进一步加强。

大约12年前，我曾主持撰写《重庆的学校》一书。今日再次翻阅有关重庆的文史资料和文献素材，仍感有重写重庆学校史的必要。

（1）当年的书稿篇幅仅为20余万字，且较多文字偏向文化、思想史。近年来大量新发现的地方教育文献资料被挖掘出来，应该据此对之加以丰富和拓展。

（2）根据新获得的文献资料，原书中的某些史实、数据需要重新考订。除此之外，本书还重写关于宋、元、明、清时期学校的发展、衰退、制度化部分，并增加了“清代前期重庆官学的祭祀活动”，还对清代前期重庆官学的教学环境、成就及教育影响进行多重分析。其中，不少引用资料考证了不同版本的方志，以求史实的准确可靠。

（3）对古代重庆学校的办学情况，除了从历史文化的角度加以整理分析外，现在看还可以从教育学、民族学及社会学专业的角度理解。本书的写作按照这一思路做了尝试和运用，期望有学理建构的意味，相信也可以与当代教育教学的相关主题密切沟通。例如，本书分析对比大量不同版本的县志材料，客观全面叙述重庆学校的情况，着重从教育目标、经费来源、教师与学生的管理、教学活动、教学环境等方面考证，鲜活再现了从西周巴国时期到清代重庆学校的样态。这些对于今天解决政府、教师和学校发展之间的矛盾颇有价值。

（4）作为中国中西部唯一的直辖市，这些年来重庆各项事业成就显著，产业经济提升明显，成为长江上游乃至整个西南地区社会改革与发展的典范。这既提供了新的区域教育文化研究机遇，也提出了更高的要求。重庆的学校是重庆教育史的重要组成部分，研究重庆学校史对于进一步丰富教育史的研究内容，增强现实启发，都是十分必要的。例如，清代重庆地方官学的学校管理措施对当代我国教育管理仍有积极意义。

学校有官学、私学、书院等多种类型，鉴于由我主持的重庆书院专题研究著作已经出版，为了避免重复，本书所言学校不包括书院。历史上的重庆地名比较复杂，并且不断变化，其行政区划曾归属四川，也曾有独立行政管理的时期。故本书以现今重庆直辖市的区域范围为界定进行理解和研究，鉴于地域的交错混杂，部分内容也涉及重庆周边。

本书以历史时代顺序为经，以学校类型、教学状况、教材内容及办学特点为纬，纵横交错、依次推进。全书共分为三编：

第一编为重庆古代学校的创建（西周巴国时期至宋元），包括巴国的历史文化与学校的产生；秦汉时期重庆学校教育的初设；魏晋南北朝时期重庆学校的绵延；隋唐时期重庆学校的嬗变；宋代重庆学校的发展；元代重庆学校的衰退。

第二编为重庆古代学校的制度化（明代至清代前期），包括明代重庆学校的振兴；清代前期重庆学校的繁盛。

第三编为重庆学校的早期近代化（清代后期至民国初期），包括清代后期重庆的新式学堂概述——以中小学堂为中心；清代后期重庆小学、女学、师范及实业学堂；近代重庆中学、教会学校。

这些内容互相关联，前后呼应，汇集构建成一部从西周巴国时期到近代早期重庆学校教育色彩斑斓、多姿烂漫的历史图景。

以下就书中所述的清代重庆官学及近代重庆新教育转型中新式学堂谈点看法，以作管窥全豹之意。

清代前期是科举制度全盛历史时期，科举教育贯彻政府兴学，尤其是地方官学的全过程。科举考试是应试教育的模式，但其中有标准化测评的信度，而且对教育公平程度以及提升官吏水平有独特作用。从这个意义上说，地方官学走向科举既是当时社会要求、政府办学意志的体现，更有提高行政效率及促进社会形成向学风尚的客观作用。而对于重庆地方官学来说，还表现出推动内陆地区儒学化的实现，以及改变因土司长期统治而造成少数民族区域教育文化滞后的独特价值。

清代前期重庆官学继承和完善明代地方官学状况，在重庆教育史上占有十分重要的地位。就地方社会而言，官学对重庆社会政治、经济、文化产生重要影响，可以说在一定程度上形成了儒学、科举与道德伦理在地方社会中的不断推进，从而促进区域文明的进步。换言之，借助于官学的实践活动，清代前期重庆区域社会人才之培养、社会风俗之改善、地方文化之建设臻于封建历史的相对辉煌时期。学校对地方社会最明显的影响是文教水平的大幅度提高。经过清代前期官学的实施，与全国同期教育状况相比较，可以获悉重庆文化教育水平，无论是从发展规模、区域分布，还是从教育系统稳定性而言，在西南地区诸省中紧随四川，超出云、贵，且大有后来居上之势，在全国范围内也处于中上游水平。

清代后期，从 19 世纪下半叶开始，重庆的政治、经济、文化都发生了巨大变化，重庆教育迈向近代化的历程也肇端于这一历史时期，其标志即为新式学堂在重庆的创办和发展。重庆的新式学堂主要有小学、中学、半日学堂等类型，分官立、公立和私立三种。创办方式：一是设立新学堂，二是由书院、私塾改造而成。重庆各区县积极筹措经费，加强选用和考核教师，多渠道、多形式创办新式学堂，所以虽然重庆新教育起步较晚，但发展很快，后来居上，短短十余年时间，重庆新式学堂就初具规模。新式学堂的兴办，引进了西方近代文化知识，促进了重庆地区近代教育的发展，扩大了教育对象的范围，促使当地社会风气发生转变，对辛亥革命运动的发展也有一定推动作用。

由于时间比较仓促，水平又有限，虽然本书的撰述从史料的搜求到整理分析，用了大量的心血与精力，但仍然存在许多不足，与原来设想的目标之间还存在不小的差距。尤其是对于重庆学校与重庆学术变动及民众思想观念、风俗习尚形成互动关系的揭示显得有些不足；对于唐宋之前重庆官学的教学活动实例、明清时期重庆私学的具体内容挖掘不够翔实。这就需要我们对此继续刻意探求、不懈努力，沿着这条漫长而不平坦的道路前行，去攻克那些未知领域。

古代至近代早期重庆学校史在整个重庆教育史上占有承前启后的重要地位。当前在社会主义新时代大潮中，以习近平同志为核心的党中央提出“一带一路”倡议，为共和国最为年轻的直辖市迎来前所未有的发展机遇。在这种新形势下，重庆文教事业受到本土优势历史文化资源与国外多元文化资源合力推动。考察并探索重庆学校历史轨迹及其相关内容，以史为鉴，或可为当前重庆文教事业的发展提供有益参考，并发挥积极的影响。

吴洪成

2021 年 5 月 15 日于保定燕赵学府河北大学教育学院

# 目　录

# 第一编

# 重庆古代学校的创建
# （西周巴国时期至宋元）

# 引论：巴国的历史文化与学校产生

重庆古称“巴”“巴渝”，位于中国的西南、长江上游和中西部结合地带，经历了漫长的原始社会。从已经发掘出的文化遗址和地下文物来看，重庆有目前可测知的大约在204万年前的“巫山人”，旧石器、新石器时代在重庆的遗迹更多。巴渝先民们分布在重庆东西部的广阔地区，使用着简陋的打制石器，过着群居生活。在原始社会不同阶段，其生产方式及生活内容不断变化，教育活动方式随之不同，并与此伴随。奴隶社会时期，巴国教育文化水平提升，出现学校教育的踪影。

## 一、巴国的悠久文明

三峡地区是我国最早的文明发祥地之一。“巫山人”、旧石器时代的“铜梁文化”、新石器时代的“大溪文化”即是其中的代表。

### （一）“巫山人”的发现

重庆的历史可以追溯到遥远的原始时代。重庆地区截至目前已发现的最古远的原始人类为“巫山人”，距今已有204万年，也是我国迄今为止发现的最古远的人类。

所谓“巫山人”，是指在巫山龙骨坡遗址中发掘出土的中国最早的人类化石，学名“巫山能人”，简称“巫山人”。

1985年秋，中国科学院古脊椎动物与古人类研究所、重庆自然博物馆、巫山县文管所组成联合考古队，在龙骨坡第8层的“钙板”下方粉砂质黏土中，发现一段人的下颌骨及与其伴生的100多种哺乳动物化石。其后，在含人化石的同一个粉砂质黏土中又出土了2个巨猿牙齿化石。巫山人的牙齿化石，虽然个体较小，但从基本形态看，应为人类牙齿，而且门齿铲形也显示了黄种人的特点。

重庆市境内发现的旧石器时代遗址，以早期的丰都县烟墩堡遗址、桂花村遗址和晚期的铜梁文化遗址最具代表性。[1] 此外，在重庆市区的马王场、合川区铜溪乡桥角村和小河乡小河村、江津市城区江巴滩等地发现了一些石器时代晚期的文化遗存。

长江三峡地区东起宜昌，西到重庆，全长193多公里。这里的地势，自重庆至奉节，为缓坡、岗岭、高山交错相连地带；自奉节至宜昌，其间除几大宽谷地带以外，其他多为高山峡谷。自20世纪50年代开始，为配合长江葛洲坝、三峡大坝工程建设，文物考古工作者对三峡地区进行过无数次调查和勘探，发掘出新石器时代的遗址多达200余处。聚落遗址中属于大溪文化遗存、屈家岭文化遗存、石家河文化遗存、魏家梁子文化遗存、老官庙文化遗存等的遗址，在三峡地区都有较多的发现。不少遗址的堆积层相当厚，有的厚达6米以上，遗址面积在1万平方米以上的占相当大的比例。堆积层中出土的陶器、石器、玉器、骨器等各类遗物十分丰富，房址、墓葬、乱葬坑、祭祀坑、灰坑、窑址等各类遗址应有尽有。尤其是发现有一些相当于新石器时代早期（城背溪文化类型）的聚落居住址，为我们研究三峡地区远古时期人类社会历史文化的发展提供了极其重要的实物资料。这些都显示至少在7000年以前就有一支巴人先民在三峡地区活动，并创造了拥有其自身文化特点的石器文化和陶器文化。

显而易见，面对这些丰富的各类遗迹及大量的实物资料，我们完全有理由认为：远古时期的重庆地区，无论是在旧石器时代，还是新石器时代，都是我国较发达的地区之一。

### （二）巴族与巴国

重庆城及其附近的地势所形成的气候，特点为雨量充沛、日晴夜雨，深秋冬季多雾。重庆的雨量，年约1100毫米，多集中在5月至10月。“巴山夜雨”早在唐代前已著名，李商隐的《夜雨寄北》绝句中竟两用“巴山夜雨”。[2] 这里空气相对湿度很高，达80%左右，每年有雾日长达半年左右，故又有“雾

[1] 铜梁文化，旧石器时代末期，地质年代属晚更新世。1976年在铜梁县西郭水库区发现，主要为打制石器，未发现陶器。另外，在大渡口区马王场附近亦有发现。

[2] 唐代开成年间进士、著名诗人李商隐在出任东川节度判官时，曾留下名篇《巴江柳》《夜雨寄北》，尤以后者蜚声诗坛，影响久远。诗云：“君问归期未有期，巴山夜雨涨秋池。何当共剪西窗烛，却话巴山夜雨时。”诗境活泼典雅、情真意切、悠远绵长，颇能反映重庆嘉陵江、长江交汇区域的风土物候。

城”“雾都”之称。巴国若隐若现、似真似幻的历史，犹如烟雨迷离的雾的寰宇。

1. 巴族的起源

在历史记载中，“巴”既作为种族名，又作为地名。但是这种名称的由来，自古以来有各种不同的说法。如认为以水流的形状而得名，《元和郡县志》卷34“渝州”条：“《禹贡》梁州之城，古之巴国也。阆白二水东南流，曲折如巴字，故谓之巴。”也有以为是由于该地所产植物而得名的，唐司马贞解释《史记·张仪列传》记“苴、蜀”：“苴音巴……或巴人、巴郡，本因芭苴得名，所以其字遂以苴为巴也。”苴就是芦苇，俗称芭茅，盛产于嘉陵江沿岸，由于它是巴地常见之物，所以有此说法。还有以虫、蛇之属类来解释的，东汉许慎著《说文解字》称：“巴，虫也。或曰食象蛇。”《山海经·大荒北经》：“西南有巴国，有黑蛇，青首，食象。”所谓“巴蛇吞象”即由此而来。

有关巴族的起源说法很多，莫衷一是。《尚书·皋陶谟》云：“予（禹）娶于涂山。”《华阳国志·巴志》：“禹娶于涂山……今江州（重庆）涂山是也。”《世本》云：“（巴王）廪君之先，故出巫诞。”闻一多曾考证：女娲、涂山氏、巫山神女（巫诞）本同一族系。《山海经·海内经》记载巴人的祖先是“太皞氏”，即“西南有巴国。太皞生咸鸟，咸鸟生乘厘，乘厘生后照，后照始为巴人”。可见，夏与巴的母族均为女娲部，父系均出自伏羲，两者是至亲的兄弟之族。《山海经》是反映古代南方文化的作品，其中记载了很多南方民族，特别是西南民族的神话，而伏羲又是普遍人物❶。同书《海内南经》又称：“夏后启之臣曰孟涂，是司神于巴。人请讼于孟涂之所，其衣有血者乃执之，是请生。居山上，在丹山西。丹山在丹阳南。丹阳，居（巴）属也。”《竹书纪年》云：“帝启八年，帝使孟涂如巴莅讼。”《水经注》引郭注云：“丹山，在丹阳南，属巴；丹山西，即巫山也。”

《后汉书·南蛮西南夷列传》称：“巴郡南郡蛮，本有五姓：巴氏、樊氏、曋氏、相氏、郑氏。皆出于武落钟离山。其山有赤黑二穴，巴氏之子生于赤穴，四姓之子皆生黑穴。”《世本·氏姓篇》（清秦嘉谟辑补本）对此有所增益和完善：“廪君名曰务相，姓巴氏，与樊氏、曋氏、相氏、郑氏凡五姓，俱出

❶ 又有一说谓巴人是黄帝的后代。《华阳国志·巴志》：“人皇始出，继地皇之后。兄弟九人，分理九州为九囿。人皇居中州，制八辅。华阳之壤，梁岷之域，是其一囿。囿中之国，则巴蜀矣。”《华阳国志》的这种观点出现于晋代，明显地将民族区域文化的传统纳入中原文化体系之中。

皆争神。乃共掷剑于石，约能中者，奉以为君。巴氏子务相，乃独中之，众皆叹。又令各乘土船，雕文画之，而浮水中，约能浮者，当以为君。余姓悉沉，惟务相独浮。因共立之，是为廪君。乃乘土船，从夷水至盐阳。盐水有神女，谓廪君曰：'此地广大，鱼盐所出，愿留共居。'廪君不许。盐神暮辄来取宿，旦即化为虫，与诸虫群飞，掩蔽日光，天地晦冥。积十余日，廪君不知东西所向，七日七夜，使人操青缕以遗神，曰：'缨此即相宜，云与汝俱生，宜将去。'盐神受而缨之。廪君即立阳石上，应青缕而射之，中盐神。盐神死，天乃大开。廪君于是君乎夷城，四姓皆臣之。廪君死，魂魄世为白虎。巴氏以虎饮人血，遂以人祠焉。"

这段记载虽然夹杂了一些神话，但也讲明了巴人最初发源的地区、风俗习惯、原始社会后期氏族贵族争夺酋长职位的斗争。巴人最早居住的武落钟离山又名难留山，一般认为在今湖北长阳县境内。夷水即今清江。《水经注》卷37解释道："夷水，即佷山清江也。昔廪君浮土舟于夷水，据捍关而王巴。"总的说来，将巴人的发源地定在湖北的西南部，是比较符合事实的。

2. 巴族的迁徙及早期的活动区域

大巴山位于长江、汉水之间，由陕南直到嘉陵江，跨巴山南北的有勉县、南江、南郑、汉中、城固、西乡、镇巴、通江诸县，其中包括南山、孤云、两角小巴及米仓等山；自陕西西乡以南，旁临陕西汉江，东接三峡，至巫山而为长江截断。丹阳巴人迁徙的路线：一是由大巴山之南，沿大宁河❶，进陕南镇坪、岚皋、紫阳而入重庆城口、四川万源；二是由大巴山之北，循秭归驿路，越小神农山而至房县，往平利、安康而至镇巴、西乡。有些巴人迁居万源和四川通江地带，大部分巴人散居于汉中平原和米仓山一带。当时，此地是蛇虎世界、间荒地带，流亡者的渊薮，山间坝地宿草莽莽、灌木丛生。山人时而驰牧羊群，时而猎追野物，"来也突焉，去也忽焉"。巴人在这里，斩蛇蟒，射虎豹，猎牧与农作，"筚路蓝缕，以启山林"。

钟离山巴人自离开武落钟离山以后，自东而西，沿清江水至湖北恩施，再由鄂西沿大溪北上，到达重庆的巫山境内。据近年考古调查的结果，从清江上游、大溪流域至巫山、奉节一带，均有新石器时代晚期和铜器时代的遗址存

❶ 大宁河在秭归西面，于巫山县入长江。上溯巫溪县，县北30里的大宁场设有盐场。由大宁到泉溪越小神农山，而至竹溪、竹山、房县等地，都有驿路相通，并上达白河、平利和安康一带。驿路上，马车运盐，络绎不绝，时有"山间铃响盐车来"的景象。

在，其中有巴族遗物❶。

在廪君时代以后，巴族的势力迅速成长，其活动的区域相当广泛。在最北面，巴族到达了陕西南部的汉中。《战国策·燕策》记苏代对燕王说："蜀地之甲，轻舟浮于汶，乘夏水而下江，五日而至郢。汉中之甲，乘舟出于巴，乘夏水而下汉，四日而至五渚。"可见，战国以前汉中地区是称为巴的。又《华阳国志·蜀志》记"（周赧王）三年，分巴蜀置汉中郡"，证明至战国后期为止，汉中西部为蜀地，东部仍为巴地❷。1973年，汉中曾出土带巴蜀虎形符号的铜矛和虎钮錞于（古代一种打击乐器），这更是巴族曾在此活动的确证❸。

在东边，巴族似乎一度控制过汉水流域的中上游。《华阳国志·巴志》："巴楚数相攻伐，故置扞关、阳关与沔关。"沔关即在沔水（汉水上游）之上。《史记·秦本纪·正义》引《括地志》说："房陵即今房州房陵县（湖北房县），古楚汉中郡地也，是巴蜀之境。"也就是说，当楚在此设汉中郡以前，这一带原为巴国所有。

在南面，巴族仍然保留了清江上游的老根据地。《十道志》："施州清江郡（今湖北恩施附近），春秋时为巴国，七国时为巫郡。"但最南面，巴族似乎扩展到了今四川东南、贵州东北及湖南西北之地，即战国时楚的黔中郡。唐代的颜师古在注《汉书·西南夷列传》"巴黔中"时曾说："黔中，即今黔州是其地，本巴人也。"

3. 巴国的兴亡

据有关文献记载和潘光旦先生的推断，可能在4200年前的夏代初年，"巴文化"就出现了，这就是人们常说的"廪君时代"。❹

在商代（约公元前17—约公元前11世纪）后期，活动在大巴山汉水流域的巴族无疑与进入两湖地区的殷商发生过关系。《华阳国志·巴志》说：

❶ 杨华. 对"廪君"巴人起源几个问题的分析［J］. 吉首大学学报（社会科学版），1998（2）.

❷ 正因为巴人在汉中地区的活动甚早，所以直到后代，从陕西南郑到安康这一段汉水的支流地区仍有不少以巴为地名的。《水经注·沔水》："沔水又东径西乐城北（今陕西勉县东南）……溪水注之，俗谓之洛水也，水南导巴岭山。""有廉水出巴岭山……北注汉水。""汉水又东径胡城南……南对扁鹊城。……汉水出于二城之间，右会磐余水，水出南山巴岭上。""汉水又东，合蘧蒢溪口，水北出就谷，在长安西南，其水南流，径巴溪戍西。""汉水又东，右会洋水。……洋水导源巴山。""（汉水）又东径魏兴郡广城县，县治王谷，谷道南出巴獠。"

❸ 这两件文物现存于陕西历史博物馆三楼展厅。

❹ 周兴茂. 三峡文化、巴文化与土家文化［J］. 重庆三峡学院学报，2001（3）：9－13.

周武王伐纣，实得巴蜀之师，著乎《商书》。巴师勇锐，歌舞以凌殷人，殷人倒戈，故世称之曰，武王伐纣，前歌后舞也。

武王既克殷，以其宗姬封于巴，爵之以子……故吴、楚及巴皆曰子。

巴子国的分封当在姬姓分封各国之内，其所封巴子，在牧野之战将士中。《尚书·武成》："列爵惟五，分土惟三。"注曰："列爵惟五，公侯伯子男也；分土惟三，公侯百里，伯七十里，子男五十里之三等也。"❶ 查《汉书·地理志》《春秋左传杜注》《华阳国志》《水经注》《元和郡县志》《通典》《太平寰宇记》《舆地广记》《舆地纪胜》等史地书籍，江州（重庆巴县）为古巴子国都城，历代记载无异词。而从巴子疆域、巴子故宫、巴子国、巴子岩、巴子石、巴子鱼池、巴子梁、巴子市、巴子古滩城、合川巴子城、忠州巴子台以及巴县西北之周巴子墓等古迹来看，不但文献可证，而且业迹文物也未完全泯没。这些完全证实了武王分封巴子国确为史实。

从历史文化发展看，商代文化是当时中国版图内具有主导性影响的文化，如相当成熟的甲骨文字、城市规模宏大、青铜铸造工艺精良、天文历法的高度成就、巫乐祭祀及图腾崇拜的制度化等。周灭商前主要处在渭水流域。周文化改造融合商文化和其他一些区域文化。分封制下的诸侯，一方面保持宗族族群的性格，另一方面发展了地缘单位的政治性格。周人在这样一个超越部族范围的政治力量上，树立起一种权威的观念，那就是至高无上的天。在道德性的天命下，周人的世界不再是"大邑"，而是"天下"，其政治权力铸就了中华共同体。西周政治势力和文化在不断拓展延伸，但长江下游青铜器呈现出地方色彩，显示西周的政治势力在长江上游并不十分显著，从而使土著的巴蜀有了发展成为独立势力的机会。

巴国大致在战国后期开始在生产工具、兵器、生活用具等方面使用铁器，使用地区首先分布在今巴县、涪陵、重庆市区、巫溪、丰都等地，然后扩展到其他地方。这一点已经得到了地下出土文物资料的有力证明。

《华阳国志·巴志》说："川崖惟平，其稼多黍。旨酒嘉谷，可以养父。野惟阜丘，彼稷多有。嘉谷旨酒，可以养母。"此处叙说巴人地处山水之间的平坝，原野宽广，适宜耕种，物产丰富。作品的主旨不在歌唱山地景物，而是赞美殷实的物产可以养父母。从所反映的内容来看，以血缘关系为纽带的封建

❶ 蔡沈．书经［M］．上海：上海古籍出版社，1987：72.

宗法制度已在巴人中牢固确定。优良的自然生态环境、铁器农具在生产中使用范围的扩大，使巴国农业发展非常显著。受西部蜀王杜宇“教民务农”的影响，“巴亦化其教而力农务”❶。唯有农业发展以后，巴族社会才可能有较多的剩余产品，有定居的环境，为畜牧业、手工业的繁荣和社会向前发展创造有利的条件。

公元前4世纪中晚期，巴国矛盾尖锐，发生内乱。将军蔓子请师于楚，许以三城。楚国救巴。巴国既宁，楚使请给予所许三城，蔓子自刎，以其头谢楚，巴以上卿礼葬蔓子身，楚亦以上卿礼葬其首。楚攻巴，枳为楚得，巴都城自江州迁避垫江，后又迁避阆中。战国周慎靓王五年（公元前316年），巴、蜀发生战争，蜀派军伐苴侯，苴侯进奔巴境求巴庇护，苴侯、巴王向秦惠王告急，秦派张仪、司马错率军从金牛道进军。同年十月，秦军灭蜀，但秦惠王早已垂涎巴蜀富饶之地，继取蜀之后，顺手牵羊又灭了巴国。巴国虽亡，巴族仍在。

## 二、巴国的原始性教育

教育是培养人的一种社会现象，是传递生产和社会生活经验的必要手段。它随着人类社会的产生而产生，随着人类社会的发展而发展。教育起源于劳动，而劳动是在社会集体中进行的。教育同社会共存、共发展，是一种永恒的社会现象。

在巴国土地上，有人类存在就有教育活动。巴人披荆斩棘，利用自然，改造自然，在创造巴渝文明的同时，进行着多姿多彩的教育活动。

### （一）在生产劳动与实际生活中开展教育

人类早期的教育活动是在实际的生产劳动与日常生活中进行的，具有生产性与实践性的特点。考诸重庆教育史实，又多一例证。

从出土于三峡地区的早期文化遗存、遗物来看，巴人先民经历了原始社会，他们较早生产和使用具有自身特点的石制、陶制生产生活器具。他们依靠这些简单的生产、生活工具从事打猎、捕鱼活动，以寻求他们所需要的生活来源，主要食物是野生动物和鱼类等。新、旧石器时代的重庆古人类，从事渔猎及粗放的农业生产，在生产的实际活动中教给年青一代生产工具的制造和使用

❶ 常璩. 华阳国志校注：蜀志［M］. 刘琳，校注. 成都：巴蜀书社，1984：182.

技术，进行着传授生产经验和生产技能的教育活动。

《左传·昭公九年》记，周王遣使詹桓伯辞于晋曰：

> 我自夏以后，稷、魏、骀、芮、岐、毕，吾西土也。及武王克商，蒲姑、商奄，吾东土也。巴、濮、楚、邓，吾南土也。肃慎、燕亳，吾北土也。

巴人在巴山、江汉之间架木为居，他们擅长制盐、酿酒，崇尚赤色，信鬼事巫，死后行船棺葬。古代巴人疾驰于峻岭险滩之上，形成了勇锐刚劲、喜好歌舞的习俗，并且通过独特的歌舞教育后代、传承文化，与中原文化进行交流，从而汲取古代中华文化的因素，也为中华文化教育的丰富和发展作出不可磨灭的贡献。

古代巴蜀虽然同属一个经济文化区，但在经济方面，蜀的农业“沃野千里，号为陆海”，而巴则水居射猎。巴的农桑活动明显受蜀的影响，《华阳国志·蜀志》载：“杜宇教民务农……巴亦化其教而力农务。”

杜宇名薄卑，一作薄泽，是继三代蜀王（蚕丛、柏濩、鱼凫）之后治蜀的著名蜀王，其年代约当西周至春秋早期。“杜宇化鹃”的神话故事，充分地反映了杜宇对古代巴蜀文明的开发所起的作用。

### （二）音乐艺术教育

音乐和舞蹈产生于原始社会中人类的劳动生活和宗教活动，随着人类的社会实践而逐渐丰富。从记载来看，古代巴族是个能歌善舞的民族，其歌舞内容无疑反映了人们劳动和生活的现象。

中国古代典籍记载的最古老的音乐创作产生于巴地。《世本》载：“夔作乐。”据《山海经·海内南经》，夔地古属巴域，史称夔是帝舜的乐官。《尚书·尧典》记载：帝（舜）曰“夔！命汝典乐，教胄子，直而温，宽而栗，刚而无虐，简而无傲。诗言志，歌永（咏）言。声依永，律和声。八音克谐，无相夺伦，神人以和。”夔曰：“於！予击石拊石，百兽率舞。”

《吕氏春秋·古乐》还说夔是著名的《九韶》音乐的作者：“帝舜乃命夔修《九韶》《六列》《六英》。”《九韶》是《九歌》《九辩》的总称，见于《楚辞》，原当有音乐相配，可惜今已不存。这些关于夔与音乐关系的记载，当非虚言，一定是以真实的素材加以增饰传播开来的，它说明了巴地音乐的发达和古老，也说明了古代巴人对中国音乐文化的不朽贡献。

在春秋战国时代，巴族的民歌也是相当有名的。巴渝风俗的一大特点是重田神，好田歌。据《太平寰宇记·开州》记载："巴之风俗，皆重田神，春则刻木虔祈，冬则用牲解赛，邪巫击鼓以为淫祀，男女皆唱竹枝歌。"竹枝歌亦即田歌，《蜀中广记·开州志》亦称：其地"俗重田神，男女皆唱竹枝"。竹枝歌高昂激越，古人相信其有镇邪压祟的功能，故形成声势浩大的歌咏活动。陆游《蹋碛》诗记载了这一盛况："鬼门关外逢人日，蹋碛千家万家出。《竹枝》残戚云不动，《剑器》联翩日将夕。"千万男女身着盛装，千万歌喉引吭高歌《竹枝》，声遏行云，响彻三峡河谷。长江沿岸的劳动妇女尤喜唱《竹枝》，她们满腔的悲戚、哀怨、愤懑寄发于《竹枝》，连连呼应，造成撼天地、泣鬼神的悲切。清季光绪举子易顺鼎记有三峡歌《竹枝》盛况："水远山长思若何，《竹枝》声里断魂多。千重巫峡连巴峡，一片渝歌接楚歌。"白居易有诗云："瞿塘峡口水烟低，白帝城头月向西。唱到《竹枝》声咽处，寒猿暗鸟一时啼。""江畔谁人唱《竹枝》，前声断咽后声迟。怪来调苦缘词苦，多是通州司马诗。"❶ 顾炎武在《天下郡国利病书·四川》中言："夫竹枝者，闾阎之细响，风俗之大端也。四方莫盛于蜀，蜀尤盛于夔。"

乐教在商周中原王朝成为教育的基本内容，殷人"以乐造士"，西周的乐教为国学"六艺"教育之一，十分受重视。乐作为综合性艺术，为政治、军事及宗教多种社会领域服务，各项活动的参加者不仅要接受专门训练，如军事技能与知识，而且必须有乐的素养与能力。三峡出土了不少錞于和编钟等乐器，真实地反映出巴人开朗、豁达的性格和艺术修养。巴国的歌舞既是艺术教育，又是尚武精神的培养。

### （三）军事教育

由于巴渝地区多险山恶水，其居民不得不负荷极为沉重的生活压力，形成巴人重群体、讲义气、行为能力较强、"聚之则生，散之则亡，合之则强，分之则弱"的特点。由以渔猎为生的山地民族走向农耕社会的巴人，养成了一种崇尚武力的精神、强悍的体魄和"猎山伐林""率多劲勇""人多剽悍"的特征，反映出强悍、质朴、尚武、豪爽、好义的个性品质。

由于狩猎和游牧经济依然占据相当的比例以及各部落之间的战争，氏族成员要懂得使用武器，接受一定的军事训练，因此，军事训练成为教育内容的一

❶ 魏靖宇．白帝城竹枝词碑园［M］．成都：巴蜀书社，1995.

部分。

商末周初（约公元前 11 世纪），住今川东一带的賨人，常在战争和操练中，手执兵器，用歌舞抒发豪情，形成一种具有战斗特点的舞蹈。随着巴族开始向阶级社会转化，部落酋长和氏族贵族的掠夺性与日俱增，战争日益频繁，巴族的歌舞就主要向着“战舞”的方向发展，史称“巴渝舞”，它来源于殷末巴师伐纣时的“前歌后舞”。据《尚书大传》：“武王伐纣，至于商郊，停止宿夜，士卒皆欢乐歌舞以待旦。”又载：“惟丙午，王逮师，前师乃鼓𩏶噪，师乃慆，前歌后舞。”《华阳国志·巴志》载武王伐纣时“巴师勇锐，歌舞以凌殷人，前徒倒戈”。原始民族在战争前歌舞是一种较普遍的现象，其目的除了鼓舞士气和威慑敌人，往往还带有巫术的作用，即企图用超自然的力量战胜敌人。

从现存的记载看，巴渝舞在表演时演员要披盔甲，持弩箭，口唱巴族的古老战歌，反映出古代巴人英勇善战的特性。杜佑《通典》卷 145 记巴渝舞：“舞曲有矛渝、安台、弩渝、行辞本歌曲，有四篇。其辞既古，莫能晓其句度。”从中分析，可能使用的歌词还是民族语言。在魏晋时，巴渝舞的某些内容保存在宣烈舞中。《通典》卷 147 又说：“宣烈舞有牟弩，有干戚。牟弩，汉巴渝舞也；干戚，周武舞也。”所谓牟弩，就是演员手中所持的道具。

### （四）宗教教育

宗教观念是人类思维发展到一定阶段的产物，属于一种特殊的社会意识形态，反映了在生产力水平极低的情况下，人类对自然现象的神秘感、对超自然力量的屈从。宗教活动中的教育，既有对体现那种“狭隘而愚昧的观念”❶的知识技术传授，又包含着有益于身心健康的丰富内容。

巴族信仰主要是虎图腾、龙蛇图腾、鱼图腾和盘瓠图腾。对于居住在山林的居民，虎是经常出入且十分凶猛的野兽，对居民的生活和生产威胁较大，人们自然容易对其产生崇拜。相传黄帝曾率领以熊、虎等 6 个猛兽为图腾的部落，看来中原地区很早便有以虎为图腾的民族。西南以虎为图腾的地区以川东和贵州最为明显。《后汉书·南蛮西南夷列传》称：“廪君死，魂魄世为白虎，巴氏以虎饮人血，遂以人祠焉。”巴人崇虎，甚至其王也称“白虎夷王”。在

❶ 恩格斯．路德维希·费尔巴哈和德国古典哲学的终结［M］//马克思恩格斯选集：第 4 卷．北京：人民出版社，1972：220.

巴县等地曾出土大量虎纹巴蜀青铜器，如巴蜀式矛、剑、戈上皆有虎纹，錞于上有虎钮。可见，虎纹是兵器上的代表符号。在巴蜀图纹里，虎纹是十分常见的。有人统计，在巴族的青铜剑上虎纹占纹饰的37.5%[1]。

巴人的神话分为自然神话和社会神话两大类。社会神话较有特色，主要有起源神话、英雄神话、神女传说和巫医传说。

起源神话中最重要的有“太皞起源说”和“丹山起源说”。“太皞起源说”是巴族与东方民族交流的产物，反映了巴人在与中原诸族频繁交流后，开始认为自己与中原诸族一样，是中原某著名氏族之后。“丹山起源说”则形成于巫巴山地。丹山古属秭，即夔巫之地，为巫巴山地之东翼，夏商时期其地称巴，西周晚期为楚熊挚红居国，春秋中叶（鲁僖公二十六年，公元前634年）灭于楚，春秋战国之际巴国南下后，即属巴国地。

英雄神话中以清江流域廪君传奇最为著名。廪君在巴人中的地位类似于努尔哈赤在女真人中的地位，他是统一各部落的英雄人物。传说廪君从夷水至盐阳，盐水女神愿留共居，廪君不许。于是盐水女神每夜辄来取宿，早即化为虫，与诸虫群飞，掩蔽日光，天地晦暝，一连十余日。廪君等待时机，射而杀之，天乃开明。盐水女神居于清江流域，是比廪君部落联盟发展水平更低的母系部落的首领。这则神话实际反映了廪君在清江流域对其他部落进行的征服战争。

在巫巴山地，有许多关于神女的传说，神女也因此成为千百年来文人骚客吟唱传诵的对象。这些传说形成于巫巴山地，流传于巴、楚国，广布于中华大地，是古代巴人对儿童教育的生动素材及有效手段。

## 三、巴蜀文字与巴国学校教育的踪影

文字的产生成为学校出现的一大条件，考诸世界四大文明古国的历史文化，无不如此。作为中华文明古国的一个重要区域——巴蜀地区，文字与学校教育的关系同样应该是本属一体、息息相关的。

### （一）巴蜀文字

古代巴蜀是否有文字？如果有，是一种什么样的文字？这是从古至今各执一词的问题。《蜀王本纪》说巴蜀的古代，“是时人萌，椎髻左衽，其目纵，

---

[1] 李明斌. 巴蜀铜兵器上虎纹与巴族［J］. 四川文物，1992（2）.

不晓文字，未有礼乐”，主张巴蜀无文字。西晋的常璩反对这种看法，他认为巴蜀的文化有悠久的传统，如果没有“书学”是不可想象的。现在随着对我国古代文字发展史研究的深入以及近年来地下文物新资料的出土，我们已经能够对这一问题做进一步的探讨。

巴蜀两族至少在商代就和中原民族发生了紧密的联系，在长时期的互相学习和互相影响过程中，巴蜀的语言也开始与中原民族融合，仅保存了一些地域性的方言。《昭明文选》卷4载左思《蜀都赋》刘逵引《地理志》说，秦灭巴蜀以后，“蜀人始通中国（指中原地区），言语颇与华同”。扬雄的《方言》记载了一些陕西汉中地区和四川、重庆（即原巴蜀疆域以内）地区即“梁、益之间”的语言资料，从中可以看出，巴蜀地区的语言和秦、晋、齐、楚一样，基本上属于一个系统，仅方言有所不同。《方言》所载虽然是西汉时的语言，但此时距巴蜀的灭亡不过百余年，语言的变化是不会太大的。

巴蜀境内有中原文字的流行，这是问题的一个方面；与此同时，在春秋战国时期本地还有另一种文字，这可能是巴蜀两族自己的创造。

在宜昌杨家湾、清水滩、中堡岛等新石器时代遗存中，都出土了带刻画符号的陶片，这些刻画符号可分为自然、植物、人体、工具、器物、数字等类型。专家经辨识和研究，认为这些符号是一种原始文字，而它们又出土于三峡大溪文化带巴文化因素的遗存中，所以很可能是巴人用以记事、记物或记数字的一种原始文字。这种文字经过以后的发展，又形成一种巴人图语符号，这在不少器物上都能见到。1972年11月，四川省博物馆在郫县发现了一柄铜戈，上面铸有一行文字和一组巴蜀符号。1973年，重庆自然博物馆在万县采集到的另一柄铜戈上面也铸有一行类似的文字。

最初的象形文字是像个别的物体，继此有复合的象形字，即合体字。合体字又必须配合人的动作以达到指事、会意的目的。“巴族图语”中有合体字，如手和花蒂形，可能是会意字的萌生。形声字是象形文字的更高发展，而至今未能从图语中发现。现存的甲骨文具备汉字构造“六书”的规则[1]，而“巴蜀

[1] 汉代许慎在《说文解字》中的解释最为详尽：“《周礼》八岁入小学，保氏教国子，先以六书：一曰指事，指事者，视而可识，察而见意，上下是也；二曰象形，象形者，画成其物，随体诘诎，日月是也；三曰形声，形声者，以事为名，取譬相成，江河是也；四曰会意，会意者，比类合谊，以见指㧑，武信是也；五曰转注，转注者，建类一首，同意相授，考老是也；六曰假借，假借者，本无其字，依声托事，令长是也。”

符号”尚未达到这一阶段。再经过一段时间的发展和文化交流，这些原始文字和“巴族图语”符号均不复存在了，而为汉字所代替，如在荆门巴人墓出土的一件铜戈上有铭文“大武辟兵”四个汉字，说明巴人已由单纯使用“巴族图语”进化到使用汉字。

### （二）巴国学校教育的蠡测

文字的产生标志着教育史上一个突破性时代的诞生。恩格斯说：“从铁矿的冶炼开始，并由于文字的发明及其应用于文献记录而过渡到文明时代。”❶这就明确指出文字的发明是历史跨入文明时代的重要标志。文字作为一种交流思想的工具，确实促进了人类传播信息的活动。书写语言是一种历时性的记忆，使知识不再散失。中国古人称：“文字虽久未亡，而音节则早已失传。盖文字于简编，千载如一日，音乐非口授耳聆不能悉，历数十年而已变迁。”❷这指出与文字教育相比，音乐教育难以将知识和经验积累起来，有效而准确地传之后世。文字则能弥补音乐的缺陷，把信息、概念整合成符号联系，为文明的进一步发展开辟道路。语言是思维外壳，它使人类得以超越其他动物而建构文化和教育模式；文字则是在语言的运用中产生的，它是一种斥之于视觉的符号，能够保存和传递某种意义，从而突破时空的局限，推动教育的发展。有了文字，人类文化创造的进步程度与开发状态便进入了一个新阶段。

中国的学校教育萌芽于原始社会末期，称“庠”和“成均”，正式产生于夏代中后期，谓“庠”“序”“校”。商朝学校教育发展，又增“学”及“瞽宗”，有大学、小学两级。

重庆的学校教育究竟从什么时候开始？这是难以断定的问题。

有人认为，远在西周时期巴蜀就创设了学校。到战国时秦并巴蜀后，学校教育被废除，汉初才又复兴起来。宋代吕陶写道：“自周道衰微，乡校废坏，历秦之暴，至汉景武间，典章风化，稍稍复讲。”❸“三代之学由秦废，蜀郡之

---

❶ 恩格斯．家庭、私有制和国家的起源［M］//马克思恩格斯选集：第4卷．北京：人民出版社，1972：21.

❷ 转引自张惠芬，金忠明．中国教育简史［M］．上海：华东师范大学出版社，1995：18.

❸《华阳国志・蜀志》称：“承秦之后，学校陵夷，俗好文刻，翁乃立学……”言外之意，秦或以前蜀地也有学校之设，只是汉初被毁坏而已。秦禁止私人办学，此称学校“陵夷”可能系指秦以前之状况。

学由汉兴，而天下之学由蜀起。”❶

清代刘桥在考察四川学校源流时，也曾提出远在西周时期，四川就按西周学制设置了学校。他写道：

> 考禹贡，蜀为九州分境，书有华阳、黑水之交，他如庸蜀见于牧誓，江有沱泳于周南，此疆域见于经者也。夏禹生于蜀之石纽，声教讫于四海。吉甫作诵，穆如清风，而物则数言，揭性命之旨，魏了翁作泸州学记，谓为泸州人。商瞿从事孔子，得周易之传，跻于七十子之列，而墓在双流南八里，通志以为双流人，此人物之见于经传者也。由是观之，可见三代以前，蜀于中土固未尝隔茅设蕝也。或者周衰而诸侯畔，蜀据险自安，职贡废而文教弛。秦惠伐之而后道路通，文翁兴学而后风化复，期可耳。若谓秦伐蜀而后得通于中国，文翁兴学于成都而得与齐鲁比，史说之过也。❷

以上见解并非子虚乌有的猜测，虽证据略显不足，但基本可信。兹申述理由如下。

（1）成都平原的学校教育早于秦汉以前就已设立，那么，巴国受其影响而设有学校教育应属自然之事。中国西南开发最早的地区是成都平原。成都平原地区气候温暖湿润，雨量充沛，土地肥沃，早在夏商周时期，人们便在这里创造了辉煌的文明，我们从三星堆文化遗址的发掘中可以清楚地看出这一点。当时人们已开始在成都平原从事农业生产，安居乐业，衣食充足，所谓“水旱从人，不知饥馑，时无荒年，谓之天府”。在这样的条件下，人们有充分的时间和经济力量投入文化教育事业中去。从四川、重庆的上古史以及在此之后的历史来看，在氏族部落和“三代”时期，尽管有巴文化、蜀文化的分野，但已是相互交流与影响，而到战国时期两种区域文化更是互相渗透、吸收，甚至融为一体，史称“巴蜀文化”。如此，蜀地设有学校，不可能不推延至巴地。

（2）巴国的疆域东部包括了今鄂西、湘西的版图，与两湖地区，即当时的楚国形成犬牙交错的态势。巴、楚往从甚密，战事频频，两国间的政治、经济及文化教育间的交流与影响深厚宽广。从后现代主义的历史文化观来看，战

---

❶ 转引自熊明安，等. 四川教育史稿［M］. 成都：四川教育出版社，1993：1.

❷ 凤山书院记［M］//常明，杨芳灿. 四川通志：卷七十九 书院志. 刻本，1817（清嘉庆二十二年）.

争是社会交流、文化传播以及文明沟通渗透的一种重要方式，在中外历史上始终贯穿着这一途径或线索。春秋战国时期巴地多楚风，“江州以东，滨江山险，其人半楚，姿态敦重”❶，受到了楚文化的熏陶。

楚文化最神奇的部分，莫过于它那扑朔迷离的巫文化。从史籍记载的地域和民族分布来看，巫鬼文化来源于渝东和长江三峡的濮系巴人。巴地文化自古充满神秘色彩。盛传于世的《楚辞》也多取材于巴山巫峡之间绮丽迷幻的巫文化。《离骚》中的《九歌》《招魂》等篇章，无不流溢出巫文化神奇的风采。宋玉赋中的一些篇章，也因为巴地巫文化的吸引，流露出对巫山神女的无限思慕之情，当非偶然。

那么，楚国的教育如何呢？“退而游息”的“乡校”大量存在，星罗棋布的私家教育分为4类：技艺性质的私学；文学性质的私学；学术流派创造的私学；楚王室贵族的家庭教育。各种私学的教育内容因派别不同而大异其趣，王室贵族的教育内容可分为3个部分：儒家经书、历史书籍、典章制度❷。楚国的学校教育如此丰富多彩，西部的巴国在兴学设教上也必定有所建树。

（3）巴国创造了高度发展的早期文明，即“巴文化”，在客观上需要有学校教育的延续和传递。巴地盛产“桑蚕、苎麻、鱼、盐、铜、铁、丹、漆、茶、蜜等物品”❸，生产方式以渔猎畜牧为主，但很早就开始栽培水稻，山地种植黍、稷之类，还产燕麦。农产品除了食用，也用以酿酒，巴人掌握了高超的酿酒技术，而且制茶、造盐、产矿十分发达，青铜冶炼、金属工艺、制陶工艺以及纺织、印染等物质文化的诸多方面都表现出惊人的成就。这些生产中获得的技能、技巧及经验知识，除了在实践活动中对年青一代示范、令其模仿和耳提面命外，还必须通过专门的学校组织机构，进行精湛的技艺教育。同样，巴文化中艳丽多姿、浑厚奔放的精神文化，尤其是诗歌、舞蹈的流传、广布与发展，也是必须通过有组织的家学、私学等教育活动来实现的。

（4）巴蜀固有的文化氛围为汉代四川与重庆的文化教育发展创造了条件。先秦时期巴蜀的著述，存于汉代，其学仍传于巴蜀。根据蒙文通的考订，《山海经》中的4篇《海内经》，即《海内南经》《海内西经》《海内北经》《海内东经》可能是蜀的作品；而5篇《大荒经》，即《大荒东经》《大荒南经》

---

❶ 常璩．华阳国志校注：巴志［M］．刘琳，校注．成都：巴蜀书社，1984：84.

❷ 熊贤君．湖北教育史：上卷［M］．武汉：湖北教育出版社，1999：10－17.

❸ 常璩．华阳国志校注：巴志［M］．刘琳，校注．成都：巴蜀书社，1984：25.

《大荒西经》《大荒北经》和附在后面的《海内经》，则为巴人作品，其时代约在西周❶。《大荒经》反映了巴国的社会历史，以及巴人的生产、生活和对世界的认识。如《大荒东经》有多处提到日月所出之山，即大言、合虚、明星、鞠陵于天、东极、离瞀、孽摇頵羝、猗天苏门、壑明俊疾，而《大荒西经》则载有“日月所入”的山，即方山、丰沮玉门、龙山、日月山、鏖鏊钜、常阳之山、大荒之山。用山头来记载“日月所出”和“日月所入”的位置，是一种原始的观察星象的标志。由此可知，由于生产的需要，巴蜀人民似乎在远古时代就注意到星象的运行，发展了原始的天文学。汉代蜀郡文翁兴学后，“学徒鳞萃，蜀学比于齐鲁”❷。可见，当时巴蜀文化教育水平已比较高，与中原地区水平不相上下。何以如此呢？显然与原有文化教育的活动及所取得的成绩是分不开的。

巴国的礼乐制度因考古发掘而得知其大概，至少到战国中晚期，巴国就已经有了较严密的礼乐制度。在重庆市涪陵区小田溪发掘的3座巴族墓葬中，2号墓出土虎钮錞于和钲各1件，钲身两面铸有巴蜀符号，其中一面符号的下部两边分别有一“王”字。錞于和钲是军中号令士众进退的乐器。錞于大小表明其使用者或拥有者的地位高低。由于2号墓制较小，表明其墓主人非巴王，仅是一个小部族的“王”❸，或是巴王子❹。从小田溪1号墓地出土了编钟一组14枚，根据礼制大架24枚、中架16枚的规定，该编钟也是小架所用。依照等级之制，“其功大者其乐备”，❺ 使用14枚编钟的1号墓主与2号墓主的身份相近。由其遵循的礼制可见，巴国礼乐制度到其晚期尚较严密。而从教育历史上看，礼乐教育是夏、商、西周三代乃至整个先秦时期重要的教育内容或教育流派，在巴国也应如此。

由上述种种信息可见，古老的重庆有悠久的文明和灿烂的文化，不仅存在原始形态的教育，而且在奴隶制时代创设了地域性文字符号，有了学校这类专门组织的萌生样态。

---

❶ 蒙文通．略论《山海经》的写作时代及其产生地域［M］//中华文史论丛（第一辑）．北京：中华书局，1962.

❷ 常璩．华阳国志校注：蜀志［M］．刘琳，校注．成都：巴蜀书社，1984：214.

❸ 徐中舒．四川涪陵小田溪出土的虎钮錞于［J］．文物，1974（5）.

❹ 段渝．涪陵小田溪巴王墓新证［M］//李绍明，等．巴蜀历史·民族·考古·文化．成都：巴蜀书社，1991：269－283.

❺ 司马迁．史记：乐书第二［M］．北京：中华书局，1959：1193.

# 第一章 秦汉时期重庆学校教育的初设

从商鞅变法以后逐步强大起来的秦国，经过100多年的奋斗，终于在公元前221年结束了诸侯割据称雄达数百年的局面，在中国建立起一个空前统一的封建王朝——秦朝。为了巩固统一的封建政权，秦始皇废除分封制，设立郡县制，建立从中央到地方的一整套官僚机构，确定了封建大一统中央集权的政治体制。

行政区划是国家对所辖领土进行分级管理的区域结构，是在中央集权出现后的产物。历史上行政区划制度的萌芽、出现，到完全确立和全面推行，几经变革。商、周时代实行以井田制、分封制为特征的封建制，即以“封邦建国”的采邑制进行统治。从春秋初期至秦始皇统一全面实行郡县制，大约经过5个世纪的漫长历程。县与郡均出现于春秋时期，在战国晚期已经成为较为普遍的地方行政区划。不过整个战国时代中，郡县制与采邑制始终同时存在。

秦始皇统一六国后，废除分封制，在全国推行郡县制，初平天下时为36郡，以后南北开疆拓土，陆续增置新郡。重庆的区域行政建置自此以后的各历史时期均受中央行政区划的一体化统一管理，然而行政地位时有变化，或作为省级行政机构所在地，或为地市级建置。

汉（前206—220年）是继秦朝而建的统一封建王朝，包括西汉和东汉，分别建都于长安和洛阳。两汉在中国历史上占有异常重要的地位。可以说，中国封建政权自汉代而稳固，中国疆域版图自汉代而形成，中国以儒学为主导的正统思想自汉代而确立，中国传统教育制度自汉代而奠基。不过此期重庆学校分布与以成都为中心的四川学校交叉结合，难以细化，更多地呈现为巴蜀学校教育。在重庆学校史进程中，秦汉王朝是继往开来的时代。

## 第一节　秦汉时期重庆官学概述

秦统一中国后，仍沿用商鞅的法治政策，统一思想和行动，巩固统治。在全国推行文化高压政策，悉烧天下《诗》《书》、百家语，只留下医药、卜筮、种树之书。这个高压政策严重摧毁了关中平原以东六国的文化根基，使其在汉初的文化恢复中难现昔日诸子讲学、百家争鸣的辉煌。而巴蜀地区由于一贯崇尚原始巫术、阴阳五行等宗教观念，少有《诗》《书》、百家语等思想流行，得到秦王朝的认同和利用。所以，巴蜀文化的精髓以及精英几乎全部保存下来。

为了巩固统一的专制政权，秦始皇实行了旨在统治思想的文教政策，即“焚书坑儒”“以法为教，以吏为师”以及“书同文，行同伦”。前两项是文化教育上专制主义和愚民政策的体现，而后者又是对中国历史的一大建树。

公元前221年，秦始皇下令对战国时期诸侯各国原来使用的文字进行整理，规定秦小篆为统一书体。小篆的形体比大篆更加整齐和定型化，不仅线条简单、均匀，而且改变了大篆的繁复写法，减少了许多异体字。经过整理后的小篆字形，一方面仍然保留篆字体结构和象形文字的基本特点，另一方面则对字体结构进行了较大的整理加工，使之规范化。同时，又出现了一种比小篆更加简便的新字体，这就是“隶书”。这种字体笔画直线方折，结构平整，书写方便，因此不仅在民间流行，而且封建政府书写文件大都使用隶书。巴国、蜀国原来使用的“巴蜀图语”或“巴蜀文字”到了公元前316年司马错伐蜀，秦灭巴蜀以后逐渐终止。大体可做这样的推测：秦始皇统一六国以后所采取的统一文字的措施，有可能就是在巴蜀地区最早推行的。

秦始皇为了推进“书同文”的政策，委派李斯、赵高、胡毋敬主持文字统一工作，并编印《仓颉篇》《爰历篇》《博学篇》，作为标准文字的范本，推行于社会，并供学堂识字之用。这些课本，四字为句，押韵，便于诵记，成为以后蒙学识字课本的先驱。

秦始皇统一六国后，对私学采取了严厉禁绝的政策。除了设立培养“学吏”的“学室”教育机构之外，官学也了无建树。秦代学塾之类是否存在，难以确考。唯秦在其所辖各地设有“三老”，三老掌教化；啬夫职听讼，收赋税；游徼徼循禁盗贼。[1]"三老"大概是民间老者中有文化知识者，所谓"三公在朝，三老在学"。[2]三老作为地方基层组织的学官，有相应教育活动，依《汉书·艺文志》所载："汉兴，闾里书师合《仓颉》《爰历》《博学》三篇，断六十字以为一章，凡五十五章，并为《仓颉篇》。"《仓颉》《爰历》《博学》既然都是秦时编的文字课本，各地必当用来教育学童，而执其事者可能就是"三老"。

秦灭巴后，以重庆、涪陵为中心的巴国迅速消亡，巴族受到了强大的空间挤压，因此不得不由长江三峡以北的广大地区向南迁徙。长江成了一道天然屏障，因此大量巴人得以在贵州、湖北鄂西、湖南湘西毗邻的武陵山区逐渐定居下来。同时，大量的汉人也陆续迁入武陵山区。为了区别毗邻的苗族等少数民族和汉人，武陵山区的土著居民就逐渐自称"土民"，而封建王朝也称当地土著居民为"土人""土兵"等；当地土著居民亦称外来汉人等为"客家"。另外，迁徙而来的大量巴人为了躲避封建王朝的追杀，也佯称自己为"土民"。由此，"土家"就逐渐成了武陵山区土著居民与迁徙而来的巴人的共同族称。[3]就此而论，文化教育的范围就延伸至重庆毗邻诸省，其相关内容可详见各相关地方教育史著作的讨论。此处略而不论。

## 一、西汉循吏与巴蜀地方官学的兴起

汉初的文教政策总体来看，是从"无为而治"到"罢黜百家，独尊儒术"。汉惠帝四年（前191年），秦代控制思想的"挟书令"被废除。儒学重获正统地位，儒学思想广泛传播开来。中央官学的代表太学于汉武帝元朔五年（前124年）设立以后，地方官学也渐次开办，标志着封建社会时期兴学重教与经学教育时代的来临。

汉代一些富有政绩的官员推动了官学的发展，在巴蜀任职的官员多为循吏，汉代的循吏有着官员和教师双重身份，一方面，循吏在地方进行政治管理活动，更重要的一方面是以"师"的身份，起着表率作用。循吏在地方践行儒家思想，很大程度上推广了儒家学说。他们认识到巴蜀地区的荒芜和落后，巴地人的狭隘蒙昧与中原人的文明开放形成反差，这促使他们采取一系列政策

---

[1] 班固．汉书：卷十九 百官公卿表第七［M］．北京：中华书局，1962：741．

[2] 礼记·礼运［M］．阮元刻本，1815：438．

[3] 周兴茂．三峡文化、巴文化与土家文化［J］．重庆三峡学院学报，2001（3）：9－13．

发展经济，同时试图改变巴蜀“辟陋有蛮夷风”❶ 的面貌。汉初“文景之治”后，地域经济及生产得到发展，汉武帝建立察举制，推选“仁爱好教化”的文翁任蜀地太守，发展以文翁石室为代表的文教事业。汉武帝采取董仲舒的建议，逐渐建立起一套学校制度，建立中央官学和地方官学。中央官学是太学，招收学员学习“五经”，培养管理人才。地方官学主要是郡国学校，是仿照蜀地学校来设立的。

汉代地方官学的发展是一个循序渐进的过程，汉武帝虽然下令建立郡国学校，但官学的普及度仍然很低。直到东汉时期，由于任职的地方官员多为儒学循吏，他们对于修缮学宫、发展学校教育比较重视，这为郡国学校的建立和推广提供了有力支撑。

### （一）文翁兴学

汉代地方官学是从西汉武帝时期文翁兴学开始的。文翁任蜀郡太守时，鉴于巴蜀地区当时教育比较落后，一方面在成都城南修建学校，文翁石室招属县子弟为学生，并为其免除徭役；另一方面派张宽等 18 人到京师学习法律和儒家经典，学成后回蜀任教。文翁兴学对巴蜀地区教育发展影响甚大，汉代成都便相继设有州学、郡学、县学，仅县学便招收学生 800 余人❷，而且以成都为中心的什邡、资中、新都、绵竹、雒县、梓潼兴起了私人授徒讲学和游学的风气。随后巴汉等地也相继设立了学校。在这种风气下，有“蜀地学于京师者比齐鲁焉”❸，“学徒鳞萃，蜀学比于齐鲁”❹ 的说法。

汉光武建武十年（34 年）甲午岁，太守梓潼文君在文翁建造石室的基础上又增造“吏寺二百余间”❺，足可见当时蜀郡教育之兴盛。“陈留高眹亦播文教。太尉赵公初为九卿，适子宁还蜀，眹命为文学，撰《乡俗记》。”❻ 汉安帝永初年间，石室遇火，“太守陈留高眹更修立，又曾造二石室”。❼

东汉时，巴郡阆中人杨仁为蜀郡什邡县令时，大兴地方官学，“宽惠为政，劝课掾史弟子，悉令就学。其有通明经术者，显之右署，或贡之朝，由是

---

❶ 班固. 汉书：卷八十九 循吏传第五十九［M］. 北京：中华书局，1962：3625.
❷ 常璩. 华阳国志校注：蜀志［M］. 刘琳，校注. 成都：巴蜀书社，1984：238.
❸ 班固. 汉书：卷八十九 循吏传第五十九［M］. 北京：中华书局，1962：3626.
❹ 常璩. 华阳国志校注：蜀志［M］. 刘琳，校注. 成都：巴蜀书社，1984：214.
❺❼ 常璩. 华阳国志校注：蜀志［M］. 刘琳，校注. 成都：巴蜀书社，1984：235.
❻ 常璩. 华阳国志校注：蜀志［M］. 刘琳，校注. 成都：巴蜀书社，1984：237.

义学大兴”。❶ 东汉安帝时，“州夺郡文学为州学，郡更于夷里桥南岸道东边起文学”。❷

汉桓帝时，牂牁太守李膺任蜀郡太守，“修庠序，设条教，明法令，威恩并行”。❸

汉顺帝、桓帝时，冯颢为成都县令，“立文学，学徒八百余人”。❹

《华阳国志·蜀志》盛赞汉代蜀中文教风气之浓，水平程度之高，文称：

> 蜀自汉兴至乎哀、平，皇德隆熙，牧守仁明，宣德立教，风雅英伟之士命世挺生，感于帝思。于是玺书交驰于斜谷之南，玉帛戋戋乎梁、益之乡。而西秀彦盛，或龙飞紫闼，允陟璿玑；或盘桓利居，经纶皓素。故司马相如耀文上京，杨子云齐圣广渊，严君平经德秉哲，王子渊才高名隽，李仲元湛然岳立，林公孺训诂玄远，何君公谟明弼谐，王延世著勋河平。其次，杨壮、何显、得意之徒恂恂焉。斯盖华、岷之灵标，江、汉之精华也。故益州刺史王襄悦之，命王褒作《中和颂》，令胄子作《鹿鸣》声歌之，以上孝宣帝。……自时厥后，龙宗有鳞，凤集有翼，缙绅邵右之畴比肩而进，世载其美。是以四方述作，有志者莫不仰其高风，范其遗则，擅名八区，为世师表矣。其忠臣孝子、烈士贞女，不胜咏述，虽鲁之咏洙泗，齐之礼稷下，未足尚也。故汉征八士，蜀有四焉。❺

这种用行政手段来推行学校教育的方式取得了显著成效。除了文翁之外，还有很多循吏对当地的教育发展作出了重大贡献。这在东汉以后更为突出。

### （二）“文翁兴学”对巴郡教育的推进

实际上，蜀地“文翁兴学”与长安由董仲舒倡议获准的太学建立标志汉代官学的兴起。这是不容置疑的。巴蜀地区作为西南地区政治、经济、文化中心，巴蜀地区教育的发展会对周围地区产生一定的影响。通过循吏的不断努力，中原儒家文化的价值观念不断渗透到西南地区。循吏的教育活动，一方面加强了汉族和西南少数民族间的文化交流，促进整个巴蜀乃至西南地区文化教

---

❶ 范晔. 后汉书：卷七十九 儒林列传第六十九［M］. 北京：中华书局，1962：2574.

❷ 常璩. 华阳国志校注：蜀志［M］. 刘琳，校注. 成都：巴蜀书社，1984：235.

❸ 范晔. 后汉书：卷六十七 党锢列传第五十七［M］. 北京：中华书局，1965：2191.

❹ 常璩. 华阳国志校注：蜀志［M］. 刘琳，校注. 成都：巴蜀书社，1984：238.

❺ 常璩. 华阳国志校注：蜀志［M］. 刘琳，校注. 成都：巴蜀书社，1984：221－223.

育的发展；另一方面，以教育的手段感化西南蛮夷之风，有利于巩固汉王朝对西南地区的控制。

必须强调的是巴蜀两地彼此相依，互相沟通交流。巴郡官学在文翁兴学后捷足先登，有近水楼台先得月之便，而其主办者仍以循吏官员为主（见表1.1）。

**表1.1　西汉重庆官学代表人物一览**

| 地点 | 代表人物 | 内　容 |
| --- | --- | --- |
| 江津 | 谒涣 | 谒涣为汝南太守，有公直之称，其同邑又有司隶校尉程焉、度辽将军谯章，皆有名于时。按《后汉书》：廖扶，汝南平舆人，绝志世外，专精经典，尤明天文，谶纬风角推步之术，尝居先人冢侧，未尝入城市。太守谒涣先为诸生，从扶学，后临郡，未到，先遣吏修门人之礼。又欲擢扶子弟，固不肯，当时人号为北郭先生 |
| 云阳县 | 扶嘉 | 扶嘉，初嘉母于汤溪水侧遇龙，后生嘉。长占吉凶，巧发奇中。高祖为汉王时，与嘉相遇，嘉劝定三秦，高祖以嘉志在扶翊，赐姓扶氏，官至迁尉，食邑朐忍 |
| 巴郡 | 扶昕 | 扶昕，汉扶嘉后裔也，立品端方，学问富有，少孤孝事，孀母辄自减食，用以资奉养后，设教二十余年，授徒三百余人，薄束修勤，课读寒士，尤依赖之于向阳洞。捐修宗祠，置祭田捐修；还祖古冢十余处。族中男女有孤贫者，多养于家，为之婚嫁。遇纷争事，辄延家勤解。其地几至无讼。开设半济堂，凡困穷有疾者皆以药给之 |
| 巴郡 | 胥君安 | 成帝时，议立《三传》博士，巴郡胥君安独驳《左传》，不祖圣人，以儒学典雅称于孝成 |

资料来源：根据江朝宗《重庆郡志》（明成化年间刻本）整理而得。

汉代郡县城市设立的学校往往是由循吏的推动而在城市实施的。汉代，被委派到巴蜀地区的循吏在任职期间一般都能根据当地实际情况，制订相应的富民计划并且付诸实施。以文翁最具代表，“孝文帝末年，以庐江文翁为蜀守，穿湔江口，溉灌繁田千七百顷”。[1] 西汉末年，文齐在西南夷任职期间，“穿龙池，溉稻田，为民兴利”。后为益州太守，“造起陂池，开通灌溉，垦田二千余顷”。[2] 廉范为蜀郡太守，重视农业生产，百姓歌之曰“廉叔度，来何暮，

[1] 常璩．华阳国志校注：蜀志［M］．刘琳，校注．成都：巴蜀书社，1984：214.

[2] 常璩．华阳国志校注：南中志［M］．刘琳，校注．成都：巴蜀书社，1984：414.

来时我单衣，去时重五裤”。[1] 城市的学校有一定规模，是城市中的重要建筑。在一些城市，学校人数很多，使城市生活具有了新的特点，改变了以前单纯政治军事性质的状态，使城市社会生活更为丰富，从而具有了文化教育职能[2]。孔子的“庶、富、教”理论，论析教育的人口依托和经济保障，堪为基础及条件，诚为至理名言。

## 二、东汉重庆官学的拓展

据《汉书·平帝纪》，汉平帝元始元年（1年），下诏各地方设立学校官：郡国曰学，县、道、邑、侯国曰校，学、校置经师一人；乡曰庠、聚曰序，庠、序置教孝经师一人[3]。从此，比较明确地规定了全国地方教育制度。在汉平帝时，四川、重庆的政区建置，共有56个郡、县、道（在少数民族地区称道，不称县）。如果按照汉平帝在郡、县、道、邑设学的命令来执行，应建有60多所官立学校。历史地看，在今四川、重庆境内的郡国、县、道、邑设学是有可能的，一有文翁兴学的传统影响，二有中央政府的办学指示，三有汉王朝推崇儒术、选举贤才文教政策的促进。这些官办学校有时称为文学，一般郡办学校属高等教育水平，州、县办学校属中等教育程度。

学校向外传递知识，提高了城市居民的整体文化水平。东汉与西汉相比，社会上读书的人明显增多，而学校起了重要的推动作用。学校也可以化导风俗，是政府推行教化的重要工具。这一点在边远落后地区尤为突出。有些偏僻之地还有蛮夷之俗，或迷信巫鬼，或不知礼仪。正是学校教育和学校举办的一些礼仪活动，对社会起到了整齐风俗的作用，从精神方面维系了汉帝国的统治。

东汉王朝是依靠豪强地主集团的支持才得以建立起来的。在当时，文化教育几乎为豪强地主所垄断，虽然东汉巴郡教育比之前代有所进展，但教育者和受教育者都以豪强地主子弟为主，普通百姓受教育很少。巴郡宕渠人幽州刺史冯焕“家豪好施”，其子冯绲，少耽学问，习父业，治《春秋》《韩诗》《仓氏》等。子冯元，能理《尚书》，善推步之术。巴郡豪族大姓，普遍把教育人

---

[1] 常璩. 华阳国志校注：蜀志［M］. 刘琳，校注. 成都：巴蜀书社，1984：237.

[2] 张继海. 汉代城市社会［M］. 北京：社会科学文献出版社，2006：263.

[3] 公元前140年，汉武帝诏天下郡国一律设学宫，罢黜百家，定儒为一尊，立孔丘庙，近庙立学，设学宫。府学、县学统称学宫。

视为立身扬名的主要途径之一，把受教育视为发展家族势力，兼并他人，乃至出仕做官的重要途径之一。文化的垄断，经济政治上的权势，再加上东汉中期以来，每个县的大姓只有那么几个，所以世代为官的自然就限于这少数族姓了。

地处重庆、湖北交界处的土家族在巴国灭亡后，深受中原汉族文化的影响，《舆地纪胜》卷75称东汉建武年间，宋均降服“五溪”后“立学校”，以改变“少学者而信巫鬼”的习俗。《东观汉记》卷19中载和帝永兴年间，武陵太守应奉“兴学校，举侧陋”，兴办学校，推广中原文化，对促进当地的文化交流和发展具有一定的影响。应该说，从众多的汉文典籍中可以看到，东汉是大家族学校教育的一个起点。

到了东汉末年，在战争的摧残下，教育的发展受到极大的破坏。汉献帝初平（190—193年）中，将郡学做了修复，但远不如前期兴盛了。县、邑的学校也日趋衰落。汉献帝建安八年（203年），曾下令“县满五百户皆置校官，选乡之俊秀而教学之，庶几先王之道不废，而有以益于天下”❶。这项法令明确规定了县设立学校的标准，即凡有500户的县必须设立一所学校。东汉末年，四川、重庆共73县、9郡、1属国。按汉献帝的诏令，应建立70～80所学校。但当时已形成全国性的封建割据势力，刘焉、刘璋父子占据益州，是否执行汉献帝设学的诏令，史籍没有具体记载，故无从稽考。

现将汉代政绩显赫、有题名的巴郡太守列举如表1.2。

**表1.2　后汉巴郡太守一览**

| 代表人物 | 内　容 |
|---|---|
| 杜安 | 《后汉书·杜根传》：“杜根，字伯坚。颍川定陵人也，父安，字伯夷，少有志节，年十三入太学，号奇童。京师贵戚慕其名，或遗之书，安不发，悉壁藏之。及后捕案贵戚宾客，安开壁出书，印封如故，竟不离其患，时人贵之。位至巴郡太守，政甚有声。”❷ |
| 朱辰 | 《旧通志》：“字元燕，广都人，巴郡太守，有政声。” |

❶ 陈寿. 三国志：卷一 魏书一 武帝纪第一［M］. 北京：中华书局，1959：24.

❷ 范晔. 后汉书：卷五十七 杜栾刘李刘谢列传第四十七［M］. 北京：中华书局，1965：3625.

续表

| 代表人物 | 内　容 |
|---|---|
| 赵温 | 《旧通志》："蜀都人，顺桓之世，板楯数反，温以恩信降服，于是宕渠出九穗之禾，朐忍有连理之木。" |
| 张汭 | 《巴县志》："汉灵帝时任职，廉平不苛，民门和乐。中平五年，立碑颂德，祀名宦。"《通志》：汭，当作"讷" |
| 樊敏 | 庐山人，刘璋太守。勤政恤民，弹凶纠贪 |
| 庞羲 | 《巴县志》：汉献帝建安五年，益州司马张鲁据汉中，从事赵韪作乱。六年秋，韪围成都，败死。其党庞羲欲为乱，遣吏程祈宣旨于其父汉吕令畿，不得。羲怒，使人谓畿曰："不从太守，祸将及家。"畿曰："乐羊食子非无父子之情，大义然出。今虽羹祈以赐畿，畿将啜之矣。"羲乃止 |
| 鲍陋 | 《夔州府志·名宦》："汉，鲍陋镇白帝城，为谯道福所围。城中无水，凿石开道以汲引。道福不悟，谓陋渴欲降之。陋令人于江侧得生鱼，以遗道福弓，解围去，开凿之迹尚存。" |
| 张翕 | 巴郡太守张翕"政化清平，得夷人和。在郡十七年，卒，夷人爱慕，如丧父母。苏祈叟二百余人，赍牛羊送丧，至翕本县安汉，起坟祭祀。诏书嘉美，为立祠堂"❶ |
| 吴资 | 《华阳国志》："永建中，泰山吴资元约为郡守，屡获丰年。民歌之曰：'习习晨风动，澍雨润乎苗。我后恤时务，我民以优饶。'"❷ |
| 王堂 | 《旧通志》：广汉人，安帝元初三年为巴郡太守，拨乱致治，进贤达士，举孝子严永，隐士黄错，名儒陈髦，俊士张膷，皆至大位。益州刺史张乔表其尤异，徙右扶风。民为立祠 |
| 但望 | 《华阳国志》：桓帝以泰山但望，字伯阖，为巴郡太守。勤恤民隐，郡文学掾宕渠赵芬等诣望自讼曰："郡境广远，千里给吏……水陆艰难。"望深纳之。永兴二年，望上疏，欲分为二郡，一治临江，一治安汉。朝议未许，遂不分郡。分郡之议，始于是矣 |

资料来源：道光《重庆府志·职官志》和各县志资料；江朝宗．重庆郡志［M］．刻本，明成化年间。

以上巴郡任职太守或许并未收录无遗，而且其兴学业绩并未详述，主要涉及其中的政治管理、文化风俗及道德弘扬诸多内容。但根据上述廉吏与教育的关系，以及古代政教合一、德教融合的特点，可以想象其中所开展的教育活动也属职掌范围之内。

---

❶ 范晔．后汉书：卷八十六 南蛮西南夷列传第七十六［M］．北京：中华书局，1965：2853.

❷ 常璩．华阳国志校注：巴志［M］．刘琳，校注．成都：巴蜀书社，1984：43.

# 第二节　汉代重庆官学相关信息荟萃

秦统一六国后，官学制演变到汉代逐渐完善，学校教育有中央官学、地方官学和民间私学。汉武帝在中央设最高学府——太学，儒学经典逐渐成为主要内容，诏天下郡国设学宫，罢黜百家，定儒为一尊，鼓励地方兴学和私人办学。后世有“蜀学最盛者在汉，有文翁石室，后为高公礼殿”之说。礼殿即巴郡夫子庙堂。❶ 这一教育事件在清代方志文献中有所追述：

> 署知府王梦庚《重庆府府学落成记》：道光壬寅岁，庚奉檄权守重庆。莅任之翊日，祗谒黉宫，仰见宫墙壮丽，美富毕臻，爰进、李苏两学博。询之曰：“蜀学最盛者在汉，有文翁石室，后为高公礼殿，礼殿即夫子庙堂，自是废兴不一。渝城庙制胡能巍焕若是?”两学博曰：“此前太守汪公日宣之力也。庙在唐以前无考，宋绍兴间始建于治西，时高宗手书《六经》《论语》《孝经》《孟子》，图孔子并七十二弟子像，躬为序赞，颁之郡国，以示惇劝，故郡皆有学。”❷

受史料局限，梳理汉代重庆官学的办学情况非常困难，笔者查阅相关志书与典籍，将汉代与重庆官学相关的内容分类加以介绍，其中包括：重庆地方官学某些只言片语明确记载、汉代重庆地区的察举孝廉情况、域内乡贤名流的影响、为地方教育作出重要贡献的官员、地域儒学伦理的相关记录。以下根据“碎片”材料、结合史籍所载，从教育学视角加以建构立论。

## 一、汉代重庆官学记载

历史久远造成官学及原有记录资源湮没无存，历史时期官学办学自身弱小、未予以较多关注及留存，以及一直以来此类文献边缘化等因素，致使重庆官学的信息极难搜求，影响后世对其整体完整的认识。文献中反映的大多属全国性情况，且重复率很高。笔者就重庆区域的部分记录略做整理，披露如下。

---

❶ 《重庆市市中区教育志》编纂委员会. 重庆市市中区教育志［M］. 成都：四川文艺出版社，1993.

❷ 王梦庚，寇宗. 重庆府志：卷二 祠祀志［M］. 刻本，1843（清道光二十三年）：492.

### （一）渝中区

重庆府治、巴县县治同城，故有府文庙，又称府学、县学，统称学宫。府文庙在旧城西临江门内。追溯历史得知：文翁在蜀郡办学的经验，引起了汉朝统治者的重视，汉武帝元朔元年（公元前128年）诏郡国皆立学。常璩在《华阳国志》中写道：“汉景帝时，文翁为蜀都守，遣张叔、司马相如诣京师受业，还教乡里，巴都亦立文学。”文翁兴学推动了地方官学教育的发展，汉武帝对于文翁办学之举甚为赞许，以文翁“谨身帅先，居以廉平，不至于严，而民从化”为榜样，“乃令天下郡国皆立学校官”。文翁兴学是地方官学的范本，依据上述笔者搜集资料对文翁办学进行剖析，由此推论出重庆核心城区渝中区官学的状态。

宋代诗人张俞在《华阳县学馆记》中说：“三代之学由秦废，蜀郡之学由汉兴，而天下之学由蜀起。”❶

### （二）江北厅

《江北厅志·学校志》记载：汉武帝诏天下郡国立学校官，平帝元始三年立学校官。“郡国曰学，县、道、邑、侯国曰校。校置经师一人。”经师讲学以儒经为主要内容，学生在经师处学成后，一样可以出仕求官。经师原指对儒家经典有专长而教授有方者，一般是指儒学学官。汉代学校教师称“经师”。由《通典》“汉郡国皆有文学掾”❷可见，汉武帝借鉴了景帝时代蜀郡太守文翁设立学官的做法。江北区的学校教育遵循全国性的教育政策，只是该地具体教学实况未见详细记载。

### （三）涪陵

《涪州志·学宫》云：“学校者人才之地，风化之原也，自汉武帝诏天下郡县皆立学校，代相沿不替。涪陵士风彬郁，尊师儒、重文教，亦固其宜。第恐古制日湮，诸生以时习礼为故事，塾序之法阙为弗讲。此建学明伦诚为治化之首也。”❸学校教育培养人才，作用于社会，传播文化，弘扬正气。汉武帝以后的兴学设教，对于“士风彬郁”的涪陵地域教育发挥引领作用。

---

❶ 常明，杨芳灿．四川通志：卷七十八 学校志三［M］．刻本，1817（清嘉庆二十二年）．

❷ 重庆市江北区教育局．江北区教育志［M］．内部交流本，1989：1－2．

❸ 王鉴清．涪陵县续修涪州志［M］．影印本，1928（民国十七年）．

### （四）綦江

《綦江县志·学校》：古之教者，春秋入学，皆释奠于先圣先师……自汉唐以后，郡县皆立学置官礼教之。

学校官：武帝时，令天下郡国皆立学校官。平帝时，校学置经师一人，庠、序置孝经师一人。任延为武威太守，又造立（学）校官，自掾史子孙，皆令诣学受业，复其徭役，章句既通，悉显拔荣进之，郡遂有儒雅之士。

弟子员：汉文帝诏举茂才，武帝始诏天下郡国置弟子员。❶

这里并未呈现綦江县设学情况，只是追记官学设置，以及学校教官、弟子员的情形，但源于方志中素材，多少应对地方教育有所反映。以此而论，所在地域办学活动应有某种存在可能。而据笔者所查，永川、长寿、荣昌、开县等地都有类似情形。

### （五）璧山

璧山县设义学始于汉，时为四川什邡县令所创。他劝部属子弟入学，从此义学大兴。❷ 这里记录的“义学”是何种教育程度难以判定，而且，严格意义的义学教育机构出现于唐代，盛行于清代。此处所称“义学”或许是璧山县官学的代名词。

### （六）云阳

《云阳县志·学校志》典礼之《至圣先师庙》：“后汉明帝永平二年，诏学校皆祀周公、孔子，十五年幸阙里，祀仲尼及七十二弟子。章帝元和二年，祀孔子于阙里，作六代之乐。和帝封‘褒尊侯’，安帝延光三年祀孔子于阙里。桓、灵时，诏孔庙，置百户卒，史掌器物，春秋享礼。灵帝光和元年，置鸿都门学，画先圣及七十二弟子像。画像始此。”❸ 祭祀孔子及其弟子是汉代尊孔崇儒文教政策的实际推行措施之一，由此构成儒学偶像崇拜、经典研习及道德修养结合的文化结构，蔚为儒学文化圈的机制范式。该地域文献对之做翔实缕列，体现此举在教育活动中效应之大。虽并未言及云阳县汉代有过此项活动，却也为推测曾经在兴学设教、祭祀先圣贤才上有所作为提供线索。

---

❶ 杨铭，伍濬祥．綦江县志［M］．增刻本，1863（清同治二年）．

❷ 寇用平，陈锦堂，卢有徽．璧山县志［M］．刻本，1865（清同治四年）．

❸ 江锡麒．云阳县志：卷四 学校志［M］．刻本，1854（清咸丰四年）．同样记录见李肇奎等《开县志》．

### （七）彭水

《彭水县志》："盖闻为政得人为本，得人育才为先。但才之育有地，辟雍王畿也，宫侯国也，党庠州、序、乡邑也，统名曰'学'。汉武开设学校，立博士子弟员，而县邑无闻。"《彭水县志》对学官又做记载："郡国设学自汉始，历代相沿，作人造士。府州县职名虽殊，时勤训迪，是谓师儒学官。"学额的规定："郡县诸生古无定额，梁魏以来，始立科，则有多寡。"❶ 此处对彭水县汉代设学情形仍无确记，但对先秦学校制度解释至为明确，并就汉朝及后代的学官、弟子及分科加以刻画，多少能透露彭水官学汉代武帝时"县邑无闻"状态下的弦外之音，东汉以后或许在办学上有所作为。

### （八）秀山

《秀山县志》："古者州党考行大夫诸秀，三岁大比。是以上说下教，国察举孝廉、茂异贤良方正，古意浸歇。文翁守蜀，修起学宫于成都市中。武帝乃令天下郡国皆立学校宫，并置博士学宫弟子，州县立学盖萌芽时矣。"❷"文翁兴学"之后的武帝立"学校官"，州县立学有所起色。这是古代官学史的考究结论，简要确凿，至于秀山县有无涉足，抑或"萌芽时矣"，可猜测及遐想。

## 二、汉代重庆贤良及乡贤

"贤良"是汉代察举制度的人选荣誉称谓，与"孝廉""方正"等并举，是道德、才学及名望的综合反映，在儒学伦理视域内，堪为表率与榜样。"乡贤"泛指地方上名望卓越的人才，尤其于某一领域有所作为和发挥积极作用。这两类人才或分或合，均与教育相连：一方面作为教育成效的表征及指标；另一方面也是教育参与力量及重要资源，影响教育活动的许多方面。

永川县荐辟：选举取士近于古者其荐辟。三代而下，惟汉无专科，用人率由荐举。惠帝诏举孝弟力田，武帝诏举孝廉秀才，则制科之肇矣。❸

忠州征辟：汉严就、胡良、文恺为巴郡文学掾。❹

忠州乡贤祠（在戟门毗右）：汉壮烈将军严颜。巴郡文学掾，严就、胡

---

❶ 庄定域．彭水县志［M］．刻本，1875（清光绪元年）．

❷ 王寿松．秀山县志［M］．刻本，1892（清光绪十八年）．

❸ 许曾荫，吴若枚．永川县志：卷七 选举志 荐辟［M］．刻本，1894（清光绪二十年）．

❹ 吴友篪，熊履青．忠州直隶州志：卷七 选举志［M］．刻本，1826（清道光六年）．

良、文恺。[1]

巴县征辟：陈髦，郡守王堂以名儒举；张璘，郡守王堂以俊士举。

汉代张绍、毋成、阳誉、平直、乔就、牟存，以上6人俱任本郡文学掾。[2]

巴县文苑：汉，陈髦，安帝时人，潜心理学，不事藻饰。元初三年，以名儒举于朝，至大位有声。张璘负隽才，以俊才荐，对策称旨，备顾问，称文学名宦。[3]

《彭水县志》："祠庙乡贤祠"，汉孝廉柳敏。[4]

璧山县名宦祠有汉巴郡太守王堂。[5]

南川县乡贤：汉，尹珍。[6] 据《南川县志》所载：

> 尹珍，字道真，后汉牂牁毋敛人也，自以生长偏隅，未见庠序，乃远从汝南许叔重，授五经。又师应世叔，学图纬，通三才。还以教授，于是南域始有学焉。夫汉之盛，朝廷重贤良文学之科。士之通一经名一艺者，得与公车，或位至丞相，或仕至二千石。由是以儒术饰其吏治，故得人之盛炳，然与三代同风。……先生处遐裔之中，独能克自振拔。不远数千里，从师访道，卒得其微言妙义。以教化其乡人，使谯鲁之俗尽变为宾雅之观。且不惟一时，而又使数千百年后之人俎豆衣冠，尸而视之。虽言谕风采史缺不传，而要其教泽孔长，以为出两汉诸儒之右矣。昔人称文翁化蜀，顾翁守也。为民父母自有教化斯民之责，先生则以乡人教其乡，其事尤鲜。[7]

这篇文章追述尹珍克服地理偏僻、条件艰苦的困难，执着求学的经历，对他返乡办学、培养人才、开通风气、提高汉代重庆文化水平所作的贡献给予高度评价。同时，又从侧面呈现汉代重庆重学兴教，推行察举制以造就人才的盛况。

---

[1] 吴友篪，熊履青．忠州直隶州志：卷六 乡贤［M］．刻本，1826（清道光六年）．
[2] 朱锡谷．巴县志：卷三 人物志 征辟［M］．刻本，1833（清道光十三年）．
[3] 朱锡谷．巴县志：卷四 艺文志 文苑［M］．刻本，1833（清道光十三年）．
[4] 庄定域．彭水县志：卷二［M］．刻本，1875（清光绪元年）．
[5] 寇用平，陈锦堂，卢有徽．璧山县志：卷三 名宦［M］．刻本，1865（清同治四年）．
[6] 魏崧．南川县志：卷七 乡贤［M］．刻本，清咸丰年间．
[7] 柳琅声．重修南川县志［M］．排印本，1926（民国十五年）．

# 第三节　汉代重庆官学的教育活动及社会作用

当今教育学的理论构建对探究教育专门问题是有意义的，尽管历史资源留存或者本身记录都欠缺，但教育是整体社会统一建构中的一部分，通过社会领域的相关辨析，能够丰富学校史的认识。这对重庆汉代官学教育的理解是有意义的。

## 一、汉代重庆官学的教育目标及课程

汉代重庆官学的培养目标取向于培养中下层政治管理者，同时兼及社会部门及行业的专业技术人才，文化、教育人员。学校教育成为培养汉朝廷地方官员的重要途径。从董仲舒建议汉武帝建太学的《对贤良策》中就可见一斑：“夫不素养士而欲求贤，譬犹不琢玉而求文采也。故养士之大者，莫大乎太学。太学者，贤士之所关也，教化之本原也。……臣愿陛下兴太学，置明师，以养天下士。”太学生通过考课，通一经者即可补为官。太学作为全国最高学府的目的如此，其郡国所办学校自然以此效仿。如文翁所办地方官学中的学员是“高者以补郡县吏，次为孝悌力田”。这便意味着重庆官学中成绩优秀者可选为郡县官员，合格至良好者从事教民德行和农桑事务的管理者。以此观察，官办学校为统治阶级培养管理人才的目的就一目了然。同时作为首要的教育机构，郡县学亦常常被执政者利用为劝化士民的政治道德场所，从而使之有明显的政治伦理倾向。汉武帝之所以对文翁办学大加赞赏并下令推广，其重要原因就是办学能使“民从化”，即通过教育使民众得以教化，民风向善，有助于地方政权的巩固和社会的稳定。

地方官学的设立培养了一大批优秀的管理人才。政府利用学校教育来强化意识形态，并且“以学养士”，将学业与官吏的选拔相衔接，以培养官僚政治所需的人才❶。因此学校成了统一思想、规范士人的场所，官僚队伍便不可避免地呈现出儒学化及学者化色彩，从而提高整个官僚队伍的文化素质。尽管当时官学教育的开办既依赖郡县行政长官的观念和兴趣，又有短期办学的功利性动机，其兴废也多系于守令任期的长短，学校或许并不十分正规，但由于它是

---

❶ 于迎春. 秦汉士史［M］. 北京：北京大学出版社，2000：139.

社会中一个在政府的庇佑下，相对集中地吸纳学术道德兼专业人才的专门场所，所以人们对它在人才培养上的效用仍十分信任。

重庆的官学与选举制度紧密相关。汉王朝的选举制度主要是察举，以举荐为主，考试为辅。考试内容从“当世之务”“先圣之术”发展成经学。读经成为走上仕途的重要途径，民间学习儒经风气浓厚。从一定程度上讲，察举制框定了重庆官学的学习内容，学子渴望通过学校教育走上仕途，而学校教育的内容也不断迎合社会察举制度以及察举的要求，以求学校教育成果的最大化。

重庆的文化教育发展于西汉中晚期，与“今文经学”在全国逐步盛行大体同时。重庆官学课程内容以“今文经学”为主，并在西汉晚期形成一股学术源流，在东汉中期发展到高潮。这期间，它深深影响着巴蜀的政治、法律法规、宗教、史学、艺术甚至民俗、传说等各方面，由文翁兴学在巴蜀地区掀起的办学崇文浪潮，转变为汉代政府在巴蜀地区实现真正意义上的封建大一统。至此，重庆文化完全融入统一的中华主流文化之中。当然，即便如此，重庆地域民俗文化与教育仍保留有浓郁的民族特色。

汉代重庆官学所用教材是经学典章，地方官学传授经学旨在培养通晓儒家经典的郡县属吏。《隋书·经籍志》记载：“惠帝除挟书之律，儒者始以其业行于民间。”学校里讲授经学教材，严格遵守师法和家法，教条主义十分严重，学生的个性自由受到束缚。

然而尽管汉王朝表面上推崇儒家经典，但实际上却用刑法律令钳制思想。由此可以推测，以“申韩之术”为代表的法家学派典籍学说也为郡县学所选用为教学资源。此外，汉代社会所流行的文学诗赋、医学乃至自然科技知识，也多少为汉代地方学校所留意，并作为教学内容的部分资源，而切实发挥出增强人才实践素质培训的功用。

## 二、重庆官学的教师及学生

汉代从师求学风气浓厚，教师的地位较高，受到社会的尊重。官学在政府的提倡下有所扩展，教师的分工逐渐细致化。在教育活动中，“学高为师”得到了充分体现，无论是平民还是官僚贵族，社会各个阶层都有从事教育者。地方官学与太学一样，教师皆由通晓儒家经典者充任，发达的郡国学已分经立文学官，进行专经教授，颇似中央太学分设五经博士。“文学”是两汉郡国学的教师的总称，包括文学、文学官、文学博士、文学掾史、文学祭酒、文学师，这些人员负责地方官学的教学与管理。在地方官学比较完备的地区，往往分经设置许多施教人员。如在《巴郡太守张纳碑》中，就署有孝义掾、易掾、易师、尚书掾、尚书师、诗掾、春秋掾、文学孝掾等学官名称❶。文学官一般由地方长官聘任有一定水平的士人担任，此外，太学设立时就规定：博士弟子“一岁皆辄课，能通一艺以上，补文学掌故缺”，东汉后期也有“学生满二岁试，通二经者补文学掌故”的制度。因此，在太学射策考试中，那些获得丙科或下第等级者往往充任掌故或郡国文学。这样，郡文学有很多是来自中央太学的学生。至东汉时，巴蜀儒学已经有了较大的发展。《学师宋恩等题名碑》记载了汉末蜀郡文学中的教职员名录，其中称作“师”者 20 人，又有易掾 2 人，易师 3 人，尚书师、掾各 3 人，诗掾 4 人，春秋掾 1 人，共有 30 余人。“师”指传授儒经的经师；“掾”为行政官员，但又是郡国学学官，大概保留了西周以来官学教育“官师合一”的遗绪。❷

后汉巴郡从事文学掾史者见表 1.3 所示。

**表 1.3　后汉巴郡从事文学掾史者一览**

| 代表人物 | 内　容 |
|---|---|
| 赵　芬 | 宕渠人，桓帝时仕巴郡文学掾 |
| 冯　尤 | 弘农人，桓帝时仕巴郡文学掾 |
| 龚　荣 | 垫江人，桓帝时仕巴郡文学掾 |
| 王　祈 | |
| 李　温 | |
| 严　就 | 临江人，桓帝时仕巴郡文学掾 |
| 胡　良 | |
| 文　恺 | |
| 陈　禧 | 安汉人，桓帝时仕巴郡文学掾 |
| 黄　闿 | 阆中人，桓帝时仕巴郡文学掾 |

❶ 洪适. 隶释：卷五［M］. 北京：中华书局，1985.

❷ 卜然然. 汉代地方官学的教师设置［J］. 教育学报，2007（5）：87－88.

续表

| 代表人物 | 内　容 |
| --- | --- |
| 毋　成 | 江州人，桓帝时仕巴郡文学掾 |
| 阳　誉 | |
| 乔　就 | |
| 张　绍 | |
| 牟　存 | |
| 平　直 | |

资料来源：王尔鉴．巴县志：卷六 职官志 文员［M］．刻本，1761（清乾隆二十六年）．

汉故益州刺史碑旧《志》：在府学。今无。

巴郡太守张讷颂德碑《碑目考》：汉灵帝中平五年立。今碑在府学。

《蜀碑记补》《隶续》：在巴州，今为巴县。

《舆地碑记目》：在重庆府学中，无额，碑首行题云：巴郡太守都亭侯张府君功德。

《叙碑式》：有穿题一行，文十七行，行四十八字，《隶释》云此碑乃掾蜀李元等为之。

这些片段资料多少能补益汉碑关于重庆官学教师的情形。

表 1.3 展现了一幅东汉巴郡官学教师的生动图谱，除了人物姓名外，还有出生籍贯及简略活动。郡县学教师有一定政治身份及地位，故有“仕”的用词。从出任时间看集中于东汉桓帝年间（147—167 年）。从教师地域分布来看，主要范围在巴郡，而尤以嘉陵江流域为主，反映了汉代至三国时期，该流域学术文化的发达情形。

郡国学的学生一般称为文学弟子、学官弟子、郡学生等。汉代地方官学招生与太学的招生相比较为宽松，没有明确的标准。学生入学资格由地方长官自行掌握，但录取者更多是地方官吏的子弟。并且地方长官会亲自过问学官弟子的学业，提拔优秀者。如武威太守任延“又造立校官，自掾史子孙，皆令诣学受业，复其徭役，章句既通，悉显拔荣进之。郡遂有儒雅之士”；❶ 蜀郡郫县人何武，诣博士受业，治《易》。宣帝时，为扬州刺史，“行部必先即学官

❶ 范晔．后汉书：卷七十六 循吏列传第六十六［M］．北京：中华书局，1965：2463．

见诸生，试其诵论，问以得失”❶。巴郡人杨仁，肃宗初，拜什邡县令（属广汉郡），“劝课掾史弟子，悉令就学。其有通明经术者，显之右署，或贡之于朝，由是义学大兴”。❷

汉代民众承担的徭役是相当繁重的，为了招徕学生，地方政府会免除学生的徭役。这一举措具有鼓励求学的意义，激励更多的人参与选拔竞争。再加上察举制的功名利禄诱惑，很多人走上了求学之路，地方官学才得以稳定。

## 三、重庆的察举制度与官学

察举制的确立时间是汉武帝元光元年（公元前 134 年）。它不同于先秦时期的世官制和从隋唐始建的科举制，主要特征是由地方长官在辖区内随时考察、选取人才并推荐给上级或中央，经过试用考核再任命官职。汉代的察举科目可分为常科与特科两大类，常科即岁科，包括孝廉、茂才、察廉、光禄四种；特科则分为常见特科与一般特科。上述科目中以岁科为先，其中又以孝廉一科更加突出；特科则以“贤良方正”尤为重要。察举制在相当大程度上制约地方官学的教育活动，尤其是课程与教学。通过贤良、方正等察举门类，能展示官学的部分影踪，以及办学成效。

汉代以察举制的方式选拔了大量人才，对于地方官学教育的发展更是起到了很大刺激作用，是巩固汉王朝统治的重要政治策略。察举制为官学的价值及意义发挥提供了存在空间以及契机。西汉选拔官吏人才的途径众多，包括军功、任子、资选等，但主要是察举和征辟。察举制是由三公九卿、地方郡守等高级官员，通过一定的标准，把品德高尚、才华横溢的人推荐给朝廷，朝廷直接录用，或采取某种考核形式择优录用。察举类型繁多，主要有“贤良方正”“孝廉”“茂才”“明经”“童子郎”等科。

东汉王朝实行推荐制，命令高级官员和地区政府，推荐“茂才”和“孝廉”人士，除必备儒学的才识外，还需有“名望”和“德行”，为乡党舆论所推崇。实际的推荐过程多“以族举德，以位命贤”❸，这成了司空见惯的现象，所以仲长统在《昌言》中说：“天下士有三俗：选士而论族姓阀阅，一俗；交

❶ 班固．汉书：卷八十六 何武王嘉师丹传第五十六［M］．北京：中华书局，1962：3483.

❷ 范晔．后汉书：卷七十九 儒林列传第六十九［M］．北京：中华书局，1965：2474.

❸ 王符《潜夫论·论荣》。

游趋富足之门，二俗；畏服不结于贵尊，三俗。”❶ 尹珍如不依靠豪门巨族的势力，何以能取得乡党舆论的推崇？可见尹珍还乡办学，服务桑梓，为族人服务，这才是最初的意图，也是由他的社会基础和经济基础所决定的。

巴蜀官学的兴办，促进了人才的培养，一方面为中原王朝输送了大量的管理人才，据《华阳国志·蜀志》记载，“赵志伯三迁台衡，子柔兄弟相继元辅，司空张公宣融皇极，太常经为‘天下材英’，广陵太守张文纪号‘天下整理’，武陵太守杜伯持能决天下所疑，王稚子震名华夏，常茂尼流芳京尹”；另一方面更为汉王朝治理重庆提供了人才资源，根据笔者对两汉西南地区可考籍贯的郡太守统计结果，两汉时期治理西南经济较发达的蜀郡、广汉郡、巴郡三郡的官吏，除了主要任用中原人外，还部分任用西南本地人，而西南犍为、越嶲、益州、牂牁、永昌五郡则主要依靠巴蜀两地人的治理，即主要实行了“就地取材”——西南人治西南原则。笔者收集重庆各地县志，对重庆治理作出贡献的人进行总结，并对名宦祠、乡贤祠的人物进行考察，探寻他们的事迹。

《江津县志》：谒涣、陈为、谯章俱江州人，涣仕至汝南太守，有公直之称，为官司隶校尉，秉正妒邪，立朝有声，章度辽将军严正刚直，时号江州三杰，均祀乡贤。❷

《巫山县志》：乡宦然温，江州人，为度辽将军，守桂阳，长治于民，能得其心，祀乡贤。扬雄曾在巫县活动。扬雄，字子云，成都人，其父寓巫山，生雄，及长而博学，善属文，与司马相如先后齐名。谕者谓钟十二峰之秀云。❸

《奉节县志》：教养兼施、善政之士，汉代李通为宛人巫丞、后汉张寿任涪人巫尉。李通，字次元，南阳宛人，补巫丞有能名，王莽末通自免归光武即位，征为卫尉，封固始厚拜大司空。汉代奉节县富有政绩的知县：樊显，鱼复长（鱼复县长官）；张裔，鱼复长；尹寻，鱼复令；胡直，鱼复主簿。❹

《开县志》秩官题名：汉，曹敏，隶书《曹全碑》君高祖父敏举孝廉、武

---

❶ 马总. 意林：昌言［M］. 上海：上海商务印书馆，1939.

❷ 曾受一，王家驹. 江津县志：卷十一 乡贤［M］. 刻本，1768（清乾隆三十三年）；徐鼎，杨彦青. 江津县志［M］. 增刻本，1804（清嘉庆九年）.

❸ 连山. 巫山县志：卷二十七 流寓志［M］. 刻本，1893（清光绪十九年）.

❹ 曾秀翘. 奉节县志：卷二十四 秩官［M］. 刻本，1893（清光绪十九年）.

威长史、巴郡朐忍令，张掖居延都尉。❶

《彭水县志》：汉涪陵尉，雍仲子，进南海香，特拜涪陵尉，时人谓之香尉。彭水乡贤祠有汉孝廉柳敏。❷

《云阳县志》：汉代贤良之士，扶嘉，云阳人，旧通志，其母于汤溪水侧梦龙而生，嘉长占吉凶，巧发奇中。高祖为汉王时，与嘉相遇，嘉劝定三秦，高祖以嘉志在扶翊，赐姓扶氏，官至廷尉，食邑朐忍。汉高祖王汉中时，使扶嘉开云安监井，至今赖之。余广延，云阳人，汉永寿时，金季扬本之孙也，季本妇徐氏有男曰恭，字子肃，早终，故立从孙广延为后，广延亦娶妇，徐氏弱冠而仕事，祖母供养奉顺不离左右，夫妇均以孝闻。❸

贤良、孝廉、乡贤之士事迹广为流传，深入民众内心，对民众道德思想的熏陶起到了很大作用，有利于开风气，有利于促进地方从蛮夷之风转变为和善之风。

## 四、重庆官学的社会作用

在汉武帝采取“罢黜百家，独尊儒术”的政策后，“三纲五常”的信条借文翁教化渗透到巴蜀。在闭塞落后的社会里，要把经术思想和知识较为直观、生动地向广大民众开启，在社会基层直接劝化，诱导人心，学校确实是一个便于采用的中介。重庆忠君、贤妇、义举、尊师的风气通过官学教育逐渐传播开来。

官学教育加强了中央王朝对巴蜀的控制。由于官学以儒家思想为主，所以儒家忠孝节义的观念对重庆影响甚深。据史书云，巴郡“自时厥后，五教雍和，秀茂挺逸，英伟既多，而风谣旁作。故朝廷有忠贞尽节之臣，乡党有主文歌咏之音”❹。蜀郡“自汉兴，至乎哀、平，皇德隆熙，牧守仁明，宣德文教，风雅英伟之士命世挺生。……降及建武以后，爰迄灵、献，……其忠臣孝子，烈士贞女，不胜咏述”。❺

中原儒家文化学说的价值观念在巴蜀的传播、渗透，既强化了中央王朝对巴蜀的吸引力、凝聚力，又提高了巴蜀地区对中央王朝的向心力、整合力。儒

---

❶ 李肇奎，等．开县志：第十卷 秩官志［M］．刊本，1853（清咸丰三年）．

❷ 庄定域．彭水县志：职官志［M］．刻本，1875（清光绪元年）．

❸ 江锡麒．云阳县志：卷八 人物志［M］．刻本，1854（清咸丰四年）．

❹ 常璩．华阳国志校注：巴志［M］．刘琳，校注．成都：巴蜀书社，1984：39．

❺ 常璩．华阳国志校注：蜀志［M］．刘琳，校注．成都：巴蜀书社，1984：221－223．

学的引进与广泛传播，使西南地区在思想文化上逐渐不同程度地统一于儒家学说，从而一定程度上消灭了一些潜在的不利因素。在以后漫长的岁月里，巴蜀成为西南地区弘扬儒学的重镇，通过巴蜀，以儒学为主的汉文化源源不断地传向更为偏远的西南地区，这对稳定西南边疆起到了重要的作用。在两汉时期，巴蜀出现的一些忠臣义士，就是其中的典型代表。

王堂，蜀郡绵阳人，自幼饱读经书，后举为茂才，为官政绩显著。汉安帝永初年间（107—113 年）巴郡羌民起义，朝廷残酷镇压，羌民激烈反抗，双方处于僵滞状态。王堂任巴郡太守后，这一情形很快得到缓解。王堂整顿吏治，清理冤狱，任用贤能，深得人心。他为官清正，注重发掘、培养人才，陈蕃曾为其下属，经他培养和引荐，成为朝廷栋梁之材。王堂一生勤俭节约，以此要求后辈子孙。正因为上述道德风范，他成为后人祭祀的表率。❶

李颙，字德印，巴郡垫江县人。汉顺帝永和（136—141 年）时进入公府。东汉灵帝建宁（168—172 年）时，以“遇事明敏，善筹谋”升任益州太尉掾。益州是汉武帝所置十三刺史部之一，辖境除巴蜀之外，兼有甘陕滇黔之地，为中国西南最大行政区域，也是西南少数民族最富庶之区。东汉时益州治所在雒县，即今四川广汉市北，益州最高行政长官称太守。古时在嘉陵江、渠江和东蜀长江流域，居住着一支名叫“板楯蛮”的少数民族，汉以前称之为“賨”，为巴之部族，《后汉书·巴郡南郡蛮传》以“板楯蛮”称之。常璩《华阳国志·巴志》：“阆中有渝水，賨民多居水左右，天性劲勇，初为汉前锋陷阵，锐气喜舞，帝喜之曰，此武王伐纣之歌也，乃命乐人学习之，今所谓巴渝舞也。”上述引文中的“渝水”，是今阆中至重庆这一段嘉陵江的古称。前面已经提到，板楯人曾为汉王朝的建立立下了汗马功劳，但到了东汉之后，他们却深受统治者的压迫。李颙在益州太尉掾任内，常不顾自己的安危，为他们的利益奔走呼号，深得板楯人的信赖。晋人常璩在《华阳国志》中，将李颙列入了《三州士女目录》，对他倍加赞赏。《后汉书》等史籍也记载了李颙的事迹。

西汉成帝、哀帝时，巴郡憔君黄为谏大夫，数进忠言。王莽篡汉后，他“违避王莽，又不事公孙述”❷。西汉末，公孙述割据巴蜀称帝，抗拒光武帝统一。为使公孙述弃帝称臣，蜀郡王皓、王嘉，广汉李业等数谏，致“刎首死

❶ 《绵阳市志》编纂委员会. 绵阳市志（1840—2000）［M］. 成都：四川人民出版社，2007：2108.

❷ 常璩. 华阳国志校补图注［M］. 任乃强，校注. 上海：上海古籍出版社，1987：17.

节”。光武帝刘秀“旌表忠义”，“表其门闾”。[1]

地方官学造就的官员对地方的治理取得了很大的成就，起到了改善当地生产生活方式、促进当地经济发展的作用。一时间，重庆偏僻荒芜局面获得改善。更有饱学之士，对于传播知识、文化起到了桥梁作用，带动了当地民众学习之风，以改蛮夷之弊，挺进文明开化之路。重庆汉代的文明开化离不开这些官员和有学之士付出的勤勉努力及获得的成就。

## 第四节　秦汉时期重庆的私学

私人讲学发端于春秋，兴盛于战国，秦代虽禁而实不绝。秦朝为了统一思想，加强中央集权，采用法家主张，在文化教育上实行“以法为教，以吏为师”的高压政策，严格禁止私人教学。但仍有一些儒生学者隐居民间，开展私人讲学。民间自发进行的以私家教育保存、传递文化的做法已逐渐形成深厚的传统。西汉初期，政府尚无暇顾及建学立制，此时学术发展、文化传播仍赖私学。由于秦禁方解，政府又奉行“无为而治”政策，使私学教育的环境也较为宽松自由。于是，一时间，儒、道、法、刑名等学都有私人传授，杂家、卜筮学、纵横术也都有人学习，就连自然科学的知识同样不乏问津者。汉武帝以后，已建立中央太学和地方郡国学，但私人授学的现象依然不衰，许多名儒看到政治动乱，不想走上仕途，于是隐居讲学。经师授徒，尤为兴盛。这是因为地方学校至西汉末年才得以局部推广，在此之前郡国学数量不多，而中央官学太学、鸿都门学的招生名额也有限制，入学手续又有硬性规定，不能容纳广大有志求学之人，且官学师徒关系不够密切，故学者宁愿自由选择明师。官学中缺乏初等教育这一类机构，所以大多数求学的少年儿童，不得不就读于私学，加上古文经学不能立于学官，一些古文经学者，只有从事私人讲学，以与官学相抗衡。[2]朝廷既定儒学于一尊，又开求学问仕之利禄进途，这在客观上也保障了生源的畅通。在官方学校无法容纳实际存在的庞大学生群体时，私学自然就分担了这一教学任务。

汉代重庆私学经过发展，形成了三种不同的学习阶段，第一阶段相当于汉

---

[1] 常璩. 华阳国志校注：卷五 公孙述刘二牧志［M］. 刘琳，校注. 成都：巴蜀书社，1984：483.

[2] 许殿才. 中国文化通史：秦汉卷［M］. 北京：中共中央党校出版社，2000：295－296.

代的小学教育，主要是“书馆”形式，也成为从幼童时期开始识字的蒙学教育阶段；第二阶段相当于中学低级教育，主要是“乡塾”形式，学子初读经书；第三阶段相当于专科及大学教育，学子专门从事经学研究。除此之外，还有私学特殊类型的家学教育。

## 一、蒙学教育

蒙学教育以教导幼童识字、认字和文化知识，训练其道德行为规范为主要目的。从汉代之后的整个封建社会时期，幼童的教育都是由私学教育来完成的，这是私学教育区别于官学教育的一个显著特征。

汉代蒙学教育的主要场所是“书馆”。汉代初期的书馆教育相当于现在的小学教育，这些私塾一般分为两种类型：一种是经济富裕家庭聘请教师到家中施教，另一种是宗族或多族共同聘用一名教师进行讲授，附近学童可以进入学塾学习。到了东汉，土地私有制经济的发展，催生了以庄园划分为基础的教育，并且这种教育与农事时令相关。儿童在农闲时节学习，成为农业社会教育的特色。河北籍教育家崔寔在《四民月令》中提到了庄园教育子弟的情况：“正月……农事未起，命成童以上入大学，学五经。砚冰释，命幼童入小学，学篇章”；“十一月……砚冰冻，命幼童入小学，读《孝经》《论语》。”❶ 无论是何种形式，都只是从最基本的识字、习字开始教育儿童。

在西汉时期，由于教育的迅速发展，再加上蜀地以前就有文学的流传，一些文学大家也编撰字书，作为当地蒙学教育的学习材料。最有名的要数西蜀才子、辞赋文学家司马相如，他编写的《凡将篇》作为巴蜀幼童识字学习的教材，一直被广为流传，满足了儿童学习基本知识的需要。继司马相如之后，生长于重庆巫山县的思想家，祖籍成都的扬雄续编《训纂篇》，丰富了巴蜀的蒙学教材。该部字书对后代蒙学教育也有很深远的影响。由于巴蜀地区蒙学教育基础较好，还出现了一些水平较高的蒙学教材，如古文《周易》《尚书》《毛诗》《三礼》《左氏》注解，《太玄指归》。❷

巴蜀蒙学教育的内容也很多样，除了学习基本文化知识以外，也学习数学及其他知识，《九章算术》则是其主要使用的教材之一。

---

❶ 严可均. 全后汉文：卷四十七 全上古三代秦汉三国六朝文［M］. 北京：中华书局，1958：729－731.

❷ 常璩. 华阳国志校注：卷十 先贤士女总赞［M］. 刘琳，校注. 成都：巴蜀书社，1984：824.

蒙学不仅对区域社会文化素养的积累和提升有持续影响，而且对发挥人才成长的关键期效应起奠基作用。西汉时期，时属巴郡的阆中人落下闳精通历法、擅长历算，是我国古代民间一位十分杰出的历算学家和天文学家，史载他曾经受到汉武帝的征召，官居待诏太史，并且与邓平等人共同订立了著名的《太初历》。这是我国自有文字记载以来首部完整的历法，在我国历法史上有着不可超越的地位和意义。❶ 扬雄也曾经驳斥了不科学的盖天说理论，提出了自己关于天文学说的观点。还有在《华阳国志·广汉士女》记载中所提到的任永，也非常擅长数学的研习。这些巴蜀地区的著名学者，他们所提出的观点和创造的成就，都是以蒙学时期所学习的数学及科技知识文化为基础的。

## 二、经学教育

学童在接受过基础的蒙学教育之后，便进入了初步学习经书的阶段，也就是私学教育的第二个阶段。这一阶段学生学习的场所叫作“乡塾”，老师被称为“塾师”或“孝经师”。经过了蒙学教育之后，学童进入乡塾继续学习。在本阶段，学生不仅要巩固和复习蒙学阶段所学习的知识，还要为进入更高层次的学习阶段打好基础。品德教育也会比蒙学阶段更加深入和受到重视。从教育的角度来看，这个时期的学习只是对儒家经典著作有一个大体上的理解和认识，而不需要深入去研究。❷

这个阶段需要学习的教材主要是《孝经》和《论语》，作为儒家的经典作品，需要学生去反复地学习和诵读，领会其中简单的文章大意，当时巴蜀的私学教育也是以学习这两部著作为主。“授《尔雅》《孝经》《论语》，有以一师专授者，亦有由经师兼授者。”❸ “盖《孝经》《论语》，汉人所通习，有授《论语》《孝经》而不授一经者，无授一经而不先授《孝经》《论语》者。”❹《论语》是孔子及其弟子日常生活的记录，这种语录体的文本，篇章分明，语

---

❶ 《汉书·律历志》卷二十一记载：汉武帝元封七年（前 104 年）改革历法，“乃选治历邓平及长乐司马可、酒泉候宜君、侍郎尊及与民间治历者，凡二十余人，方士唐都、巴郡落下闳与焉。都分天部，而闳运算转历。……与邓平所治同。于是皆观新星度、日月行，更以算推，如闳、平法……罢废尤疏远者十七家”。由于落下闳和邓平的历法“晦朔弦望皆最密，日月如合璧，五星如连珠”，“遂用邓平历”，于元封七年颁行，并且改元封七年为太初元年，称新历为太初历。

❷ 范雪银．汉代巴蜀地区私学教育研究［D］．成都：四川师范大学，2014.

❸ 王国维．观堂集林：卷四 汉魏博士考［M］．北京：燕山出版社，1997：179.

❹ 吴承仕．经典释文序录疏证［M］．北京：中华书局，1984：108.

言简洁，更适于人们诵读。在汉代儒术独尊的文教背景下，“孝悌”作为主要的核心思想，被认为是“夫孝，天之经也，地之义也，民之行也”。❶《孝经》比较集中地阐释儒家学说伦理，与汉代“以孝治国”思想比较吻合。而且《孝经》将孝亲与忠君联系起来，对维护封建社会传统的宗法等级关系与道德秩序起到了非常重要的作用。

此外，巴蜀私学教育也会选择其他的一些教材让学生学习，如《尚书》《诗经》或《春秋》等。无论是什么内容，诵读的学习方式仍然没有改变。通过这一段时间的学习之后，学生不但要巩固以前的知识，学会当前的内容，还要为下一阶段的学习打好基础。众多学生还是选择投身到名师、大儒所创办的私学当中，继续深造经学。

《汉书》记载：“十五岁入大学，学先圣礼乐，而知朝廷君臣之礼。”❷十五岁入大学学习，学习儒家先贤的经典著作，只有这样才能知晓入朝为官的礼节。

从巴蜀高级私学教育情形来看，东汉时期更加兴盛。随着经学教育掀起的学习热潮，巴蜀研习经学的人也越来越多，专经认识水平也比以前有了更大的进步。其中被列入《后汉书·儒林列传》的巴蜀学者就有6人，包括任安习《孟氏易》，任末、景鸾习《齐诗》，杜抚、杨仁习《韩诗》和董钧习《庆氏礼》。与此相应，巴蜀研究经学的著述成果显著，涌现出的人才更是源源不断，可以从侧面反映出当时巴蜀经学教育的兴盛。大致可以认为，作为向专经研习阶段的过渡，初读经书的教育在巴蜀已经具备了相当大的规模。例如合州东台山在州治东七里，其山若台形，是东汉末薛融读书之所。❸东台山作为具有历史价值的场所，薛融在此读书的故事更是影响着士人的求学之心。

汉代巴蜀私学教育的办学形式各有不同。传授经学的老师其身份也各不相同，有一部分是从朝廷退下来的官僚，他们中的很多人都是朝中著名的经学大师，或者本就出身于经学世家；另有一部分虽然未能入朝做官，但是在经学研究方面也有很大的成就；还有一部分属于隐居办学的儒学大师，他们不求功名富贵，只是潜心研究经学，并把自己的研究成果讲授给学生，传承儒家经学。

汉代私学学生不受地域、身份、资历、年龄的限制。西汉时期学生多就近求学，而到了东汉，游学风气盛行，学者来自远方的现象较为突出。

---

❶ 班固．汉书：卷三十 艺文志［M］．北京：中华书局，1962：1719．

❷ 班固．汉书：卷二十四 食货志［M］．北京：中华书局，1962：1119．

❸ 刘芳声．合州志［M］．刻本，1579（明万历七年）．

巴蜀学子到京师求学现象普遍，官派和私人游学者众多。这些游学者作为中原文化和巴蜀文化的桥梁，对教育的交流发挥了重要作用。如司马相如“游京师，善属文，著《子虚赋》而不自名……”❶ 扬雄“年四十余，自蜀来至游京师”。❷“段恭，字节英，雒人也。少周流七十余郡，求师受学，经三十年。”❸“杨充，字盛国，梓潼人也。少好学，求师遂业。受古学于扶风马季长、吕叔公，南阳朱明叔，颍川白仲职，精究《七经》。”❹ 广汉梓潼人景鸾，“少随师学经，涉七州之地。能理《齐诗》《施氏易》，兼受《河》《洛》图纬，作《易说》及《诗解》，文句兼取《河》《洛》，以类相从，名为《交集》。又撰《礼内外记》，号曰《礼略》。又抄风角杂书，列其占验，作《兴道》一篇。及作《月令章句》”。❺ 杨终、宁叔、张昌、王晏、董扶、任安等都曾游学于太学。这也说明巴蜀经学与东汉太学博士官所传今文经学关系密切。这种儒生之间关系的互动，也为巴蜀经学的宗派化、儒生的集团化提供了条件。游学归来的巴蜀学子在本土私学教育中发挥出重要作用。

在私学讲学活动中，由于各个私学大师所研习的经学内容会有所不同，因而对学生的传授过程就会出现很多不同的情况。例如在其他的地区就有专以一经传授为主的，还有以数经兼授为主的。“六艺”是私学普遍课程，是教学的基本内容。董仲舒的总结是：“六艺皆大而各有所长。《诗》道志，故长于质。《礼》制节，故长于文。《乐》咏德，故长于风。《书》著功，故长于事。《易》本天地，故长于数。《春秋》正是非，故长于治人。”❻ 在汉代所创办的官学中，非常重视“家法”“师法”，博士们也只能传授自己所承担的一个科目，这样就使很多想兼通数家之学的儒生，只得到私学中去读书和学习。巴蜀私学的学生，也将“六艺”作为主要的学习内容。西汉时期，今文经学在巴蜀占有主导地位，进入东汉之后，今文经学与一些具有迷信色彩的学说相结合，巴蜀的今文经学也不例外。到了东汉的中后期，今文经学开始走向衰落，古文经学的地位日益提高，出现了替代今文经学的趋势。

私家讲学的内容，远比官学丰富，除儒家经典外，还有道学、文学、天

---

❶ 常璩. 华阳国志校注：卷十 先贤士女总赞［M］. 刘琳，校注. 成都：巴蜀书社，1984：712.
❷ 班固. 汉书：卷八十七 扬雄传第五十七［M］. 北京：中华书局，1962：3583.
❸ 常璩. 华阳国志校注：卷十 先贤士女总赞［M］. 刘琳，校注. 成都：巴蜀书社，1984：754.
❹ 常璩. 华阳国志校注：卷十 先贤士女总赞［M］. 刘琳，校注. 成都：巴蜀书社，1984：818.
❺ 范晔. 后汉书：卷七十九 儒林列传第六十九［M］. 北京：中华书局，1965：2572.
❻ 董仲舒. 春秋繁露：玉杯卷一［M］. 上海：上海古籍出版社，2010：28.

文、图谶、方术等。尤其是东汉时期佛教、道家学说的传习，为后世巴蜀道家文化的盛行打下了深厚的基础。

## 三、私学的特殊类型——家学

家学是私学的一种特殊形式，同时也是家庭教育的重要组成部分。家庭教育的影响和熏陶伴随人的一生，家庭环境对于一个人来说是非常重要的，家中长辈的一举一动都会被儿童模仿和学习。如果家庭中学习氛围浓厚，儿童就会受到潜移默化的影响。长辈的言谈举止、文化修养，都会影响到儿童未来的发展。所以，家庭教育在人的一生当中最应该被重视。古代家庭教育包括家学、家教、家训、女子教育。

家学教学内容比较广泛，程度也高低不一。其中启蒙教育是家学的一项重要内容，许多家庭对孩子从幼年就开始教育，祖父、父亲、叔伯、兄长皆在家庭教育中扮演重要角色。家学有着严谨的治学态度和方法，除了传授知识之外，还讲求为人处事、待人接物等伦理道德教育，受“修身”“齐家”等传统观念的影响。

谯周，三国时巴郡西充县人，其父“治《尚书》兼通诸经及图纬，州郡辟请，皆不应。州就假师友从事”。❶ 其祖谯秀“以儒学著称，显明蜀朝，秀小而静默，不交与世”❷。谯周的父亲和祖父都是儒学大家，谯周在这种浓厚的儒学家庭环境中成长，在父亲的影响下继续研究经学，对谯周成为一代经学大师起到了奠基作用。“广汉雒人翟酺，四世传《诗》”；❸“杨由，少习《易》，并七政、元气、风云占候”。❹

汉代家学传授的典型例证主要是杨氏之学。根据史书记载，杨氏之学开始于西汉的杨仲续，“杨仲续本是河东人，乐益部风俗，因留家新都，代修儒学，以《夏侯尚书》相传”。❺ 杨氏之学，主要是儒家的经典学说。其实早在杨厚的祖父辈就已经以经学研究而闻名于巴蜀地区。杨厚的父亲杨统曾传授

---

❶ 陈寿．三国志：卷四十二 蜀书十二 杜周杜许孟来尹李谯郤传第十二［M］．北京：中华书局，1959：1027.

❷ 房玄龄，等．晋书：卷九十四 列传第六十四隐逸 谯秀［M］．北京：中华书局，1974：2444.

❸ 范晔．后汉书：卷四十八 杨李翟应霍爰徐列传第三十八［M］．北京：中华书局，1965：1602.

❹ 范晔．后汉书：卷八十二 方术列传第七十二［M］．北京：中华书局，1965：2716.

❺ 范晔．后汉书：卷三十 苏竟杨厚列传第二十［M］．北京：中华书局，1965：1048.

《河洛书》等关于天文方面的学说，“自是朝廷灾异，多以访之”[1]。杨统在继承父辈经学成果基础上，撰写《家法章句》一书。杨氏家学，从祖父辈开始一直传承到杨厚，随后又继续向下延续。这种典型的家学传承式的教育方式，自成一家之说。杨氏是汉代巴蜀地区比较有代表性的家学经学传授名门望族，到东汉不断兴盛，非常有影响力。东汉顺帝时期，杨厚还曾经接受过朝廷的任用，只是后来辞官回家，学术倾向有所变化，呈现儒道兼修特色。传承对象也突破家族樊篱，延及族外学子。“修黄老，教授门生，上录者三千余人。”[2]“巴郡人周舒，少学术于广汉杨厚，名亚董扶、任安。”[3] 周舒是杨厚亲自教育的第一代学生，继承了杨氏的儒道学说。他的儿子周群，“少受学于舒，专心候业”[4]。虽然杨氏之学在东汉后期开始走向没落，但是周群的儿子周巨仍然砥砺前行，继续传承着父辈所研习的杨氏之学。一家祖孙三代都在研究杨氏一家的学说，足以证明家学传授在巴蜀私学教育中的重要地位，同时也反映出东汉巴蜀家学教育比西汉更加兴盛。诚如有的学者所称：家族不仅能够在特殊的历史环境中维持学术传授，而且对地域文化的形成也具有极其重要的作用。[5]

## 四、汉代重庆私学办学者举要

巴蜀私人讲学源于秦时的移民政策，当时大量的汉民迁入巴蜀，通过私学讲授先秦经典及文字，同时官府有专门机构讲授法律，即所谓的“吏师制度”，培养有关官吏。由此看来，私学与官学的培养目标是一致的，都是为汉政府培养社会所需的各类人才。

私学多致力于潜心治学，少有非学术的打扰，很多私学出身的学者造诣极高，毫不逊色于官学博士，甚至高出博士官的学术素养。在文翁办学的带动之下，从西汉后期开始，巴蜀研习经学风气浓厚，巴蜀私人授徒讲学之风日益兴盛，而且规模很大。以下是几位私学教育卓越者的情况简述。

### （一）杨仁

杨仁，字文义，东汉巴郡阆中人，重视学习和教育。东汉建武年间（25—

[1] 范晔．后汉书：卷三十 苏竟杨厚列传第二十［M］．北京：中华书局，1965：1047.

[2] 范晔．后汉书：卷三十 苏竟杨厚列传第二十［M］．北京：中华书局，1965：1050.

[3][4] 陈寿．三国志：卷四十二 蜀书十二 杜周杜许孟来尹李谯郤传第十二［M］．北京：中华书局，1959：1020.

[5] 吴宣德．中国区域教育发展概论［M］．武汉：湖北教育出版社，2003：206.

56年）离家求师，学习《韩诗》，数年后归乡，居家教授弟子，仕郡为功曹，举孝廉，为郎。太常评其经术堪为博士人选，自认为未满50岁，不合博士年龄资格惯例，上书让选。明帝时补为北宫卫士令。章帝时任什邡县令，为政宽惠，垦田千余顷、劝勉县衙掾史子弟，均令其入学受业，发现其中有通明经术者，则加以重用，并贡之朝廷，由是境内义学大兴。这里的“义学”多半应属官学与私学的结合体。

### （二）尹珍

重庆南川县教育历史悠久，办学远在东汉初年，儒士尹珍（字道真，牂牁毋敛人）来南川县城西云济桥畔设馆讲学。

有关史籍记载：“明、章之世，毋敛人尹珍，字道真。以生遐裔，未渐庠序，乃远从汝南许叔重受五经，又师事应世叔学图纬，通三材，还以教授。于是南城始有学焉，珍以经术选用，历尚书丞、郎，荆州刺史；而世叔为司隶校尉，师生并显。”❶

《后汉书·南蛮西南夷列传》：“桓帝时，郡人尹珍，自以生于荒裔，不知礼义，乃从汝南许慎，应奉受经书、图纬，学成还乡里教授，于是南城始有学焉。珍官至荆州刺史。”

细读这几条资料，从中得知：尹珍先是从师许慎，后从应奉学习。两段从师经历使得他返回本郡教授时声誉显著。地方官又送他学习“文学”科目，并向朝廷举荐他，后任用他为尚书丞、郎，升为荆州刺史。

相传尹珍讲学的地方很多，留下的遗迹不少，影响相当深远。尹珍为地方教育鞠躬尽瘁，死而后已。清光绪六年（1880年），南川县于县城西龙济桥畔兴建尹子祠，专门祭祀汉代学者尹珍。

### （三）扬雄

有关扬雄在重庆巫山讲学的史实内容现于前，此处再引证文献，从意念心理层面深化对他的教育精神境界的认识。真西山曰：“扬子默而好深湛之思，故其言如此。‘潜’之一字，最宜玩味。天唯神明，故照知四方。唯精粹，故万物作类。人心之神明精粹，本亦如此。唯不能潜，故神明者昏，而精粹者杂不能烛理而应物也。”❷

---

❶ 常璩. 华阳国志校注：卷四 南中志［M］. 刘琳，校注. 成都：巴蜀书社，1984：380.

❷ 蓝勇. 稀见重庆地方文献汇点：上［M］. 重庆：重庆大学出版社，2013：148.

## 五、宗教与教育

除了官办学校之外的学习组织都可定义为私学。以此推理，宗教组织的学习活动也是私学的一种。东汉后期社会动荡，官学兴废无常，私学相对得到发展。除世俗私学外，又有进行宗教（佛、道）教育的私学。道家学说在西汉中期独尊儒术政策后仍有一定影响力，汉末至三国时期一些高僧择山林名胜之地，广收门徒，进行佛学的教学和研究活动。东汉后期开始，一些儒生也传播佛教。道家学者教授门生，他们传习《老子》并将其改造、重组，于是涵盖宗教教义于其间的《道德真经》得以广泛传播。张陵（道教徒后称为张道陵）在巴蜀一带创造“五斗米道”，成为道教正统天师道的本源。佛教和道教逐渐形成以寺庙为主要场所的宗教教育，作为私学教育的一部分而取得稳定地位。

汉代重庆宗教发展历程见表 1.4 所示。宗教与教育有着千丝万缕的关系，宗教的教义、组织、制度、仪式等，无孔不入地渗透到各民族的思想观念、生活方式及行为模式中。民族教育也难免受宗教的牵动。宗教对世俗学校教育的影响既有积极因素，也存在消极方面。在汉代，佛教传入，道教形成。宗教通过教育传授知识、宗教观念、宗教精神等，世俗学校教育亦接受宗教教育影响，并借鉴宗教教育的经验。宗教对世俗学校教育的消极影响同样存在，如教学管理上的生源与物质资源之争，以及在教学过程中唯心主义意识形态的渗透。这种价值观的灌输不利于以积极入世、现实社会抱负为特征的健全人格塑造。

**表 1.4　汉代重庆宗教的发展**

| 宗教 | 年代 | 地点 | 代表 | 内　容 |
|---|---|---|---|---|
| 佛教 | 东汉末期 | 合州 | 华严寺 | 东汉末期，合州（今重庆合川区）龙多山始建华严寺 |
| | 东汉建安十一年（206 年） | 江津 | 妙胜寺 | 东汉建安十一年，江津（今重庆江津区）创建妙胜寺 |
| | 东汉建安二十四年（219 年） | 开县 | 大觉寺 | 东汉建安二十四年，开县建大觉寺，为川东较早的佛寺 |

续表

| 宗教 | 年代 | 地点 | 代表 | 内　容 |
| --- | --- | --- | --- | --- |
| 道教 | 东汉明帝时期（58—75年） | 重庆 | 五斗米道 | 东汉明帝时，道教早期重要派别“五斗米道”创始人张陵，汉明帝时任巴郡江州（今重庆）令，时年26岁。因素志黄老道，见世风日下，不久遂弃官隐居河南北邙山。汉顺帝时，他在四川鹤鸣山创立五斗米道，建政权于汉中达20年之久，后被曹操征灭，其徒众散入西南地区。信众将其称为“天师道”，称张陵为“张天师”，巴人信者甚众 |
| | 东汉汉安元年（142年） | 重庆南岸区 | 老君洞 | 天师道于汉安元年传入巴郡江州涂山（今重庆南岸区）的禹王庙和涂洞（即老君洞），相传涂洞曾是天师道的道场，则重庆为道教发祥地之一 |

资料来源：重庆市地方志编纂委员会．重庆市志：第二卷 宗教志［M］．重庆：西南师范大学出版社，2004.

这些宗教场所的建立对于宗教的传播提供了便利载体，宗教的传播在一定程度上带动了宗教教育的发展，宗教教育笼络人心，使得人们从忧患失落的思想中苏醒，开始皈依宗教信仰，有了新的精神寄托。

受地理、历史文化等因素的影响，巴郡文化教育，在少数民族地区较为薄弱。西汉时期，川西成都平原已经从笃信传说中的鬼神和自然神为主转为以祭祀历史上的前贤为主，而巴渝却仍然以笃信传说中的鬼神和自然神为主，以前贤信仰为辅，民俗文化与教育仍保留了原始的民族特色。宗教教育和原始形态教育是少数民族教育的主要内容，主要体现为对鬼神、大自然和祖先的崇拜。巴族信鬼神、崇祀之风盛行，所谓祭神信巫，马永卿在《嫩真子》卷4中描述“其俗信鬼”“尚鬼信巫”“峡中人家多事鬼，家养一猪，非祭鬼不用”。巴人这种传统与荆楚民族的影响有关，因楚地自古便有信鬼好巫之称。《汉书·地理志》称荆楚“信巫鬼，重淫祀”，又有“俗好巫鬼禁忌”之说❶。滇东北地区“俗妖巫，或禁忌，多神祠”❷。在这种区域文化氛围之中，巴族直到汉

❶ 范晔．后汉书：卷八十六 南蛮西南夷列传第七十六［M］．北京：中华书局，1965：2845.

❷ 常璩．华阳国志校注：卷四 南中志［M］．刘琳，校注．成都：巴蜀书社，1984：421.

代还有所谓“未有君长，俱事鬼神”[1]。

教育活动与生产生活息息相关，许多教育内容往往寓于生产、生活与传统风俗之中，神话传说、格言谚语、歌曲、禁忌等都是教育内容。

汉代巴蜀官学、私学的兴盛，培养了一批社会精英，带动了巴蜀文化的转型，在巴蜀文化自身的重组及其与汉文化的整合过程中，发挥了极大的作用，使巴蜀一改蛮夷之风，登上了全国先进文化的大雅之堂，在重庆、四川教育史上写下了辉煌的一页。

---

[1] 范晔. 后汉书：卷八十六 南蛮西南夷列传第七十六［M］. 北京：中华书局，1965：2480.

# 第二章　魏晋南北朝时期重庆学校的绵延

东汉建安元年（196 年），曹操迎献帝迁都于河南许昌，“挟天子以令诸侯”。魏文帝黄初元年（220 年），曹丕称帝，到隋文帝开皇九年（589 年），杨坚灭陈，完成统一大业。这些节点所组成的时空历时 369 年，史称魏晋南北朝。这一时期是封建军阀割据混战的时期，豪族占有大量土地，因而在政治上占着统治的地位。豪门士族为了保证特权，创立了九品中正制，由此产生的玄学清谈、自然放任的思想阻碍教育事业的进程。文化思想领域，儒学式微，两汉经学教育受到冲击，士风、学风发生显著变化。

与此同时，社会的长期战乱影响了学校教育的正常秩序，而私学却获得维系和发展。这种历史的宏观态势表现在重庆这一特定区域之中，并交织着民族与学术文化的个性因素。

巴文化和蜀文化有着密切关系，重庆主城区以东诸县市大都介于两大文化之间，呈现出具有鲜明内涵和地域特征的多元文化。以重庆市垫江为例，垫江紧邻蜀地，文化的发展深受蜀文化的影响。七间孙家坝南北朝时期的青瓷窑址出土的器形、窑具、烧造特点“与成都青羊宫窑相似，是当时川东地区早期青瓷窑址的首次发现”，[1] 这也是蜀中之民在战乱中移入垫江，促进了地域文化与蜀文化融合的实物佐证。自古以来，垫江与江州以及荆楚之间，江水上下，一苇可航。“巴山楚水”成为历史上巴文化与楚文化紧密联系的一个生动比喻和象征，原本“上下殊俗，情性不同”的文化特色在移民及文化的交流中得以共存。此外，西南地区大批僚人的移入，也为这一时期的文化注入了新的内涵，从而形成“风俗舛杂”的多元文化特色。[2]

---

[1] 王励，周俊涵. 记合川南屏墓群［M］//合川区政协文史委员会. 合川文史资料，2006：121－124.

[2] 池开智. 合川历史文化纲要［M］. 重庆：重庆出版社，2009：95－96.

魏晋南北朝时期，重庆由于朝代更迭、战乱频繁，环境的动乱波荡对学校教育发展产生了阻碍作用。大部分当政者对发展教育有一定的认知，发布了教育法令法规，但由于现实条件的局限性，并没有真正实施贯彻，大部分都流于形式。但一些地方官员做出了很大政绩，使当地的生活环境有了很大改善，这些官员重视教育的思想是非常可贵的，教育的发展燃起星星之火，对后世的教育开辟了新的方向。

总之，从汉末到南北朝，社会处在离乱时期，儒学式微，玄学兴起，佛道流行。重庆地处内陆腹地，学术文化有所发展，一些政府官员和社会贤达持续创办官学和私学，教育家提出了宝贵的教育思想，充实了中国教育历史的生态园地。

## 第一节　魏晋南北朝重庆学术文化概述

在魏晋南北朝时期，全国大部分地区都处于割据封闭的状态之下，巴蜀文化与外界的交流从总体上说不如两汉时期那样广泛和深入，因此，巴蜀文化相对于中原文化来说发展的速度相对缓慢。但是，由于巴蜀两地相近的地理位置，巴蜀文化之间的交流在这一时期得到了加强。这在南北朝后期愈加明显。例如，北周武帝天和四年（569 年），令狐休任合州刺史；北周静帝大象元年（579 年），薛胄任合州刺史。他们在合州任上，清操节俭，奖励耕植，大力倡导儒学文化，积极为地方多尽力。整个北周时期，合州的经济文化事业都呈上升发展的趋势。[1] 原蜀地"缙绅邵右之畴比肩而进，世载其美"，"其忠臣孝子，烈士贞女，不胜咏述"[2]，在合州已蔚然成风。[3] 相关的素材表明，同样是巴蜀分治，两地文化发展的差异在这一时期已经不是十分明显，主要的原因是自东汉末以来，巴蜀战乱不断，社会动荡对文化的破坏比之对经济的破坏更为严重，也更为持久。在巴蜀地区蜀地文化设施的破坏尤为严重，从而造成了巴蜀两地文化的相对平衡。当然另一方面，巴蜀两地之间的文化交流虽然在这一时期更加广泛深入，但在整体的文化特征上仍有一定的差异。

---

[1] 张森楷．民国新修合川县志：卷六 官师［M］．刻本，1921（民国十年）．

[2] 常璩．华阳国志校注：蜀志［M］．刘琳，校注．成都：巴蜀书社，1984：223．

[3] 池开智．合川历史文化纲要［M］．重庆：重庆出版社，2009：98－100．

三国时期的巴蜀同属刘备、诸葛亮治下的蜀国，这就意味着重庆、四川的教育实况难以截然分开。自西晋以后，重庆属全国共同历史进程的一部分，在教育活动的共性与个性统一中展现风采。只是由于辖地偏离王朝中心，直接教育记录稀落，尚待挖掘。

## 一、儒、玄杂糅

在魏晋南北朝时期，重庆多元文化内涵丰富，造就了多彩的民俗和民间风情，具有强烈的人文气息。“德”“孝”精神与习俗的转变，即是其淳风美俗最为直接的体现。

所谓“德”“孝”，即德行、孝道。儒家认为，“德”“孝”包括忠、孝、仁、义、温良、恭敬、谦让等。巴地自古质朴，民风淳正，“德”“孝”精神出于儒学教育及人性质朴天然。

汉代石阙是我国现存时代最早、保存最完整的古代地表建筑，是当时寺庙或坟墓前的神道阙，是身份和地位的象征。“汉阙”全国仅29座，忠县就有5座，约占全国的1/6，真是名副其实的“中国汉阙之乡”。重庆忠县有一对乌杨阙，乌杨阙的主人可能就是忠县人东汉后期巴郡太守严颜，对此还有待历史进一步考证。而无铭阙位于忠县城北涂井乡佑溪村，俗称宝塔子，始建于东汉，原为双阙，现仅存右阙。

巴蔓子之后忠县的又一忠勇盖世之士，是三国时的严颜将军。东汉建安十六年（211年），刘备伐益州，派张飞沿水路攻打江州。严颜时为江州守将，据城死守不降，后城破被俘，被绑到大堂。张飞厉声喝道：“何以不降？”严颜慷慨对曰：“吾州有断头将军，无降将军！”张飞大怒，下令推出斩首，严颜面不改色，从容不迫地说：“砍头便砍头，为何发怒呢？”其忠勇不屈气壮山河，使得横行一世的张飞为之拜倒，从此历史上才平添了“张飞义释严颜”的一段佳话。罗贯中著《三国演义》至此段落时，赋诗称赞严颜：“白发居西蜀，清名震大邦。忠心如皎月，浩气卷长江。宁可断头死，安能屈膝降。巴州年老将，天下更无双。”到了唐代贞观八年（634年），严颜已作古400余载时，唐太宗李世民追谥“壮烈将军”，并追封他为忠州刺史。后来，忠州人为了纪念他，将其出生地取名将军溪，所在地名将军村。县城有严颜路、严颜桥、严颜碑等。

**严颜碑**

［宋］苏轼

先主反刘璋，兵意颇不义。孔明古豪杰，何乃为此事。
刘璋固庸主，谁为死不二。严子独何贤，谈笑傲砧几。
国亡君已执，嗟子死谁为。何人刻山石，使我空涕泪。[1]
吁嗟断头将，千古为病悸。

**严颜碑**

［宋］苏辙

古碑残缺不可读，远人爱惜未忍磨。
相传昔者严太守，刻石千岁字已讹。
严颜平生吾不记，独忆城破节最高。
被擒不辱古亦有，吾爱善折张飞豪。
军中生死何足怪，乘胜使气可若何。
斫头徐死子无怒，我岂畏死如儿曹！
匹夫受戮或不避，所重壮气吞黄河。
临危闲暇有如此，览碑慷慨思横戈。[2]

巴人诗歌有“河岸边的平地，种植的庄稼多是黍。美酒与谷物呵，用来奉养老父亲。野地里的丘陵，种植的庄稼多是稷。美酒与谷物呵，用来奉养老母亲”“孟春之月，獭祭在河岸边。孝敬祖先，是多么美妙呵。祭祀物是上等的黍，牲畜也膘肥体壮。选择良辰吉日，等待祖先来享用”的吟唱，以及“好古乐道之诗”所咏：日月明明，亦惟其名。谁能长生，不朽难获。又曰：惟德实宝，富贵何常。我思古人，令问令望。[3] 这两首诗的大意是：日月那样光明，尚有黑暗的夜晚，人比不得日月，谁又能长生不老呢？道德最为宝贵，富贵不能永恒。我们怀想古人，仰慕他们的好名声。由此可见巴人尊敬老人、赡养父母的传统美德。

从文化史的演进来看，魏晋南北朝时期文化较之先秦两汉已经发生了明显变化。由于国家分裂、体制破坏，社会动荡、民无宁日，统治阶级内部各个政

[1] 侯若源，庆徵．忠州直隶州志：卷十二 艺文志［M］．刻本，1873（清同治十二年）．
[2] 王群生．重庆历史名人典［M］．重庆：重庆出版社，2005：3．
[3] 常璩．华阳国志校注：巴志［M］．刘琳，校注．成都：巴蜀书社，1984：29．

治集团间的斗争也愈演愈烈，于是经学衰变，而清谈之风日显。当时文化的基本特征，表现出由于深刻的精神危机而对传统学说主要是两汉经学的否定和扬弃，转而发展出以玄学为基本形式的思辨哲学，学者多以老、庄为基础，注释经典，但在方法论上却又与汉代大不相同，个人主义意识也开始在文化上占据上风；同时文风绮靡，尤其骈文独领风骚。重庆虽地僻西南，延续传统儒学之风浓郁，但仍难以摆脱玄学清谈的传播。

## 二、佛、道流播

佛教是世界三大宗教中最古老的宗教，公元前6—前5世纪产生于古印度，约在公元1世纪传入中国。佛教传入汉地，时间最长，发展变化最大，影响最为广远。大体说来佛教与汉民族文化的结合是沿着三个方向进行的，即佛教的学术化、艺术化和社会化。佛教文化与汉民族文化长期的交流与融合，使佛教文化逐渐成为中国文化不可分割的重要组成部分。

自西汉末年以来佛教东传，佛法在中土弘扬，日益深刻地渗透进中国本土文化之中，与儒、道相争而相切。文献记载，佛教传入巴蜀的时间是在东汉末年，龙多山是佛教在合川的重要承载地，在东汉末年已有寺庙。南宋宝庆三年（1227年），合州赤水县劝农事杨丙《龙多山东岩题刻》中有“晋人盖庙于此”之句，[1] 说明龙多山早在晋朝时候就有寺庙了。这也是合川历史上有关佛教文化的最早记载。至唐宋，龙多山遂成为佛、道教文化的圣地。据清代陈昆所撰《重修大觉寺碑记》，重庆开县大觉寺“创建于建安二十四年”，可知佛教早在三国时期即已传入开县。奉节县在晋代已有佛教寺庵，清光绪《奉节县志》记：“光孝寺在县城南，寺有佛牙楼。晋时名铁佛，隋唐名金轮，宋改光孝报恩禅寺。”北周初年，县西北又新建成始兴寺。巴县《缙云山志》云：“刘宗少帝（刘义符）景平元年（423年）有僧慈应，于缙云山开山建寺。”这是佛教传入巴县的最早记载。始建于南北朝刘宋景平元年的缙云寺位于现今重庆市北碚区缙云山，缙云山风景秀丽，山峦起伏，林木茂盛，山有九峰，狮子峰下缙云寺传说是迦叶古佛应迹之所。南朝梁武帝元年（502年）起，佛教禅宗、密宗、唯识宗相继传入重庆。禅宗以重庆北碚区和四川省广安市交界的

---

[1] 杨丙. 龙多山东岩题刻［M］//张森楷. 民国新修合川县志：卷三十六 掌录 金石. 刻本，1921（民国十年）.

华蓥山一带寺庙为代表，密宗以渝北区回兴乡宝胜寺为汇聚地，唯识宗以北碚区静观寺、塔坪寺为代表。南朝梁大通元年（527 年），铜梁县任家场建造侣俸寺，其寺较该县建置早 175 年。潼南县于南北朝梁武帝时传播佛教，建有金龟寺。

巴蜀是道教发祥地之一。东汉顺帝年间，张道陵率家人及弟子到鹤鸣山（今大邑县境）修道，创立了五斗米道，并逐渐形成了以成都平原为中心，覆盖西蜀巴东、北至汉中的传播区。张道陵自称“天师”，为最高教主，俗称张天师。由于入道者须交五斗米，故称“五斗米教”。西晋以后，犍为人陈瑞在川中、涪陵人范长生在川西传播五斗米道，信徒众多。南北朝时，道教在巴蜀有着广泛影响。道教在垫江广泛传播的大致时间是东汉末期，合阳城纯阳山顶上古时有纯阳观，始建于汉晋之际。相传，龙多山是西晋永嘉三年（309 年）广汉人冯盖罗炼丹及全家十七口升仙之地。因而，此山以宗教圣地声名远播。清康熙《合川县志》记载：“西晋永嘉三年，广汉冯盖罗在龙多山建祠炼丹。”该山有飞仙遗石亦存今，道观由此称飞仙观。西晋永嘉三年，道教金丹派传入合川、潼南交界地龙多山，建道观。

道教以“道”为最高信仰，认为“道”是化生宇宙万物的本原，故名。南北朝时宗教形式逐渐完备，奉老聃为教祖，尊称“太上老君”；以《道德经》（即《老子》）、《正一经》和《太平洞极经》为主要经典；奉三清（即玉清元始天尊、上清灵宝天尊、太清道德天尊）为最高的神；以脱离现实、长生成仙为最高目标。天师道（五斗米道）成为全国道教的主干，铸成了巴蜀文化的突出特色。重老子、信道教是重庆的重要民俗特征。

佛教、道教在重庆的传播，为巴蜀学术文化注入新的元素，带来新的思想内容和学习方式，使得更多的人有了宗教信仰，开始学习宗教知识，接触到更多的宗教教育行为方式和思想理念。

## 三、巴蜀经学

三国时期，蜀汉经学发展渐成体系，其中最具影响的经学大家是谯周。谯周是今文经学家，其经学思想形成及开展经学教育活动主要分三方面：①通过笃学著述。“（周）研精六经，尤善书札……凡所著述，撰定《法训》《五经论》《古史考》之属百余篇。”❶ ②确立学官或皇族塾师的地位。“丞相亮领益州牧，命周为劝学从事。……大将军蒋琬领刺史，徙为典学从事，总州之学者。后主立太子，以周为仆，转家令。”❷ 劝学从事和典学从事是地方学官，太子仆与家令相当于皇家塾师。③据经以对咨议。“周虽不与政事，以儒行见礼，时访大议，辄据经以对，而后生好事者亦咨问所疑焉。”❸ 由此亦可见经学教育地位及社会意义之重大。

刘备重视对文化遗产的继承和弘扬，加强文化典籍的收集、整理，这是崇尚学术、文化兴蜀的重要举措。一些蜀地学者认识到谶纬化的今文经学芜杂、荒诞，转而推崇古文经学重视名物训诂、实事求是的学风。“许慈字仁笃，南阳人也。师事刘熙，善郑氏（郑玄）学，治《易》《尚书》《三礼》《毛诗》《论语》。建安中，与许靖等俱自交州入蜀。时又有魏郡胡潜，字公兴，不知其所以在益土。（胡）潜虽学不沾洽，然卓荦强识，祖宗制度之仪，丧纪五服之数，皆指掌画地，举手可采。先主定蜀，承丧乱历纪，学业衰废，乃鸠合典籍，沙汰众学，（许）慈、（胡）潜并为学士，与孟光、来敏等典掌旧文。”❹《蜀书·孟光传》记载：“（孟光）博物识古，无书不览，尤锐意三史，长于汉家旧典。好公羊春秋而讥呵左氏，……先主定益州，拜为议郎，与许慈等并掌制度。”❺

经学与史学的关系最为密切，尤其是古文经学家视孔子为史学家，推崇《春秋》经。魏晋时，史学趋盛。最著名的第一流史家和史著均出自当时属巴郡所辖以阆中为中心的嘉陵江流域，史称“巴蜀学派”。根据有关记载，蜀汉时期的学术文化渐成繁盛之势，蜀人秦宓称蜀地“五尺童子皆学”❻。晋人左

---

❶ 陈寿. 三国志：卷四十二 蜀书十二 杜周杜许孟来尹李谯郤传第十二［M］. 北京：中华书局，1959：1027－1033.

❷ 陈寿. 三国志：卷四十二 蜀书十二 杜周杜许孟来尹李谯郤传第十二［M］. 北京：中华书局，1959：1027.

❸ 陈寿. 三国志：卷四十二 蜀书十二 杜周杜许孟来尹李谯郤传第十二［M］. 北京：中华书局，1959：1030.

❹ 陈寿. 三国志：卷四十二 蜀书十二 杜周杜许孟来尹李谯郤传第十二［M］. 北京：中华书局，1959：1022－1023.

❺ 陈寿. 三国志：卷四十二 蜀书十二 杜周杜许孟来尹李谯郤传第十二［M］. 北京：中华书局，1959：1023.

❻ 陈寿. 三国志：卷三十八 蜀书八 许麋孙简伊秦传第八［M］. 北京：中华书局，1959：976.

思《蜀都赋》描述蜀都学者“剧谈戏论，扼腕抵掌”❶。这虽有夸饰，但也并非无所依据。

## 第二节　蜀国官学

东汉末年，各地豪强势力征伐混战中，逐渐形成汉室飘零后的割据政权，即历史上的三国时期。魏、蜀、吴三足鼎立，政治中心呈现多元格局，教育文化亦可通过割据王朝政权统治的不同状况加以比较，考察其消长水平。蜀国作为西南王朝的政治中心，在三国争霸中，包括官学、学术文化及人才在内的诸多领域角逐活动中，蜀国具有明显特征及地域文化。官师合一，以古文经学为教育内容以及重视人才选用等要目，恰是巴蜀主体的蜀国官学内容及成效反映。

### 一、魏、蜀、吴三国官学之比较

魏、蜀、吴三国的教育业绩当以魏国最高，且对其他割据王朝政权有所影响。魏国非常重视地方教育，曹操掌握政权后于建安八年（203 年）命令郡国修文学，在满五百户的县设置校官，选优秀学子受教。同年秋七月，令曰：“丧乱以来，十有五年，后生者不见仁义礼让之风，吾甚伤之。其令郡国各修文学，县满五百户置校官，选其乡之俊造而教学之，庶几先王之道不废，而有以益天下。”❷ 与地方办学相关记载还有“昔汉末陵迟，礼乐崩坏，雄战虎争，以战陈为务，遂使儒林之群，幽隐而不显。太祖初兴，愍其如此，在于拨乱之际，并使郡县立教学之官。高祖即位，遂阐其业，兴复辟雍，州立课试，于是天下之士，复闻庠序之教，亲俎豆之礼焉”❸。

尽管魏、蜀、吴呈现分庭抗礼之势，尤其是蜀汉的刘备、诸葛亮北伐兴汉，问鼎中原的作为更为积极，但“挟天子以令诸侯”并且军事、经济及文化都强劲的魏国所产生的影响力或辐射却更显著，由此中原教育文化对蜀国教育的引导作用依然是存在的。

---

❶ 萧统．文选［M］．海荣，秦克，标校．上海：上海古籍出版社，1998：30.

❷ 陈寿．三国志：卷一 魏书一 武帝纪第一［M］．北京：中华书局，1959：24.

❸ 陈寿．三国志：卷二十四 魏书二十四 韩崔高孙王传第二十四［M］．北京：中华书局，1959：685.

公元221年，在曹操称魏王的第四年，刘备在成都即帝位，称昭烈帝。因战乱频仍，导致巴蜀一时官学荒废。蜀国统治核心中诸葛亮的地位十分显赫，作用力极大。从现有资料看，诸葛亮是重视教育的，他认为要出人才必须通过教育，教育之本仍是儒家的三纲六纪之道，但同时强调赏罚分明的法制。“夫学须静也，才须学也，非学无以广才，非志无以成学。”❶ 诸葛亮作《八务》《七戒》《六恐》《五惧》，皆有条章，以训诫臣子，“是以三纲六纪有上中下。上者为君臣，中者为父子，下者为夫妇，各修其道，福祚至矣。君臣上下，以礼为本；父子上下，以恩为亲；夫妇上下，以和为安。上不可以不正，下不可以不端。……学者思明师，仕者思明君”❷。

诸葛亮治蜀做到了路不拾遗，“亮之治蜀，田畴辟，仓廪实，器械利，蓄积饶，朝会不华，路无醉人”。❸ “刑中于郑，教美于鲁，蜀民知耻。”❹ 赏罚分明，教育遵循章法“科教严明，赏罚必信，无恶不惩，无善不显，至于吏不容奸，人怀自厉，道不拾遗。强不侵弱，风化肃然”。❺

为了争取儒学人士的支持，在蜀汉创立之际，刘备、诸葛亮统治集团就设立太学、立博士，郡、县皆立学校。采用人才兴蜀的方式，重教兴学，崇尚学术，奖励人才，这方面虽然没有明确的记载，但根据零散的资料，仍可见其大概。《晋书·儒林传》说，文立在蜀游太学时，以嘉陵江畔巴郡学者谯周为师。他和陈寿同学被称为颜回。“文立，字广休，巴郡临江人也。少游蜀太学，治《毛诗》《三礼》，兼通群书。”常璩《华阳国志·文立传》进一步证明蜀国建立太学。李密比为子夏，是蜀有太学之证明。关于郡学，据同书《李毅传》载：毅“年二十余，乃诣郡学受业”。蜀国也有地方官学。刘备集团继承汉代巴蜀中重学的传统，逐步恢复蜀国州县学校，地方官学也同样得到发展。

蜀国官学虽不及魏，但比吴又有过之而无不及。吴兴办官学是在永安元年(258年)，孙休诏令称：“其案古置学官，立五经博士，核取应选，加其宠禄”❻。但此时离东吴灭亡只有9年时间。

---

❶ 诸葛亮．诸葛亮集［M］．北京：中华书局，1974：28.
❷ 诸葛亮．诸葛亮集［M］．北京：中华书局，1974：61.
❸ 陈寿．三国志：卷三十五 蜀书五 诸葛亮传第五［M］．北京：中华书局，1959：935.
❹ 陈寿．三国志：卷三十三 蜀书五 诸葛亮传第五［M］．北京：中华书局，1959：937.
❺ 陈寿．三国志：卷三十三 蜀书五 诸葛亮传第五［M］．北京：中华书局，1959：930.
❻ 陈寿．三国志：卷四十八 吴书三 三嗣主传第三［M］．北京：中华书局，1959：1158.

## 二、蜀国官学的管理及教学

为了加强官学的管理和教学督导，蜀国专门设置劝学从事官职。“先主定益州，署敏典学校尉。”[1]“先主定益州，领牧，以为劝学从事。”[2]“丞相亮领益州牧，命周为劝学从事。”[3]建兴年间（后主时）谯周被提升为典学从事，总管全州的教育。“大将军蒋琬领（益州）刺史，徙（谯周）为典学从事，总州之学者。”[4]谯周努力办学获得美名，后来益州刺史董荣曾在州学中画谯周像，称赞他“好古述儒”，“雅名美迹”。《周群传》：“先主定蜀，署儒林校尉。”[5]周群儿子周巨继续任博士，“劝学从事”“典学从事”“儒林校尉”，这些均为蜀汉所置与教育有关之学官，太学又设博士官。以上诸人可谓蜀地大儒，由此可见蜀国官学发展之一斑。

两汉经学在魏晋时期已经衰落，东汉以来的今古文经学之争也一并消弭，而让位于以玄学解经或综合各家注本说经的魏晋经学，马（融）、郑（玄）、王（肃）所注经学版本为王（弼）、郭（象）、杜（预）所取代。但巴蜀儒生却逆流而动，反而继承了东汉末叶巴蜀的经学传统，古文经学异军突起，盛极一时，格外引人注目。

在国家的倡导之下，一些在职或离职官员也开始注重古文经学的研究和著述。

来敏，荆楚名族，涉猎书籍，善《左氏春秋》，尤精于《仓（颉）》《（尔）雅》训诂，好是正文字。[6]

尹默，皆通诸经史，又专精于《左氏春秋》，自刘歆条例，郑众、贾逵父子，陈元、方服虔注说，咸略诵述，不复按本。[7]

李譔，五经、诸子，无不该览，加博好技艺，算术、卜数、医药、弓弩，机械之巧，皆致思焉。……著古文《易》《尚书》《毛诗》《三礼》《左氏传》《太玄指归》，皆依准贾（逵）、马（融），异于郑玄。……时

---

[1][6] 陈寿．三国志：卷四十二 蜀书十二 杜周杜许孟来尹李谯郤传第十二［M］．北京：中华书局，1959：1025.

[2][7] 陈寿．三国志：卷四十二 蜀书十二 杜周杜许孟来尹李谯郤传第十二［M］．北京：中华书局，1959：1026.

[3][4] 陈寿．三国志：卷四十二 蜀书十二 杜周杜许孟来尹李谯郤传第十二［M］．北京：中华书局，1959：1027.

[5] 陈寿．三国志：卷四十二 蜀书十二 杜周杜许孟来尹李谯郤传第十二［M］．北京：中华书局，1959：1020.

又有汉中陈术，字申伯，亦博学多闻，著《释问》七篇，《益部耆旧传》及《志》。❶

谯周，耽古笃学，家贫未尝问产业，诵读典籍，欣然独笑，以忘寝食。研精《六经》，尤善书札……凡所著述，撰定《法训》《五经论》《古史考》之属百余篇。❷

郤正，性淡于荣利，而尤耽意文章，自司马、王、扬、班、傅、张、蔡之俦遗文篇赋，及当世美书善论，益部有者，则钻凿推求，略皆寓目。……凡所著述诗论赋之属，垂百篇。❸

向朗，自去长史，优游无事垂三十年，乃更潜心典籍，孜孜不倦。年逾八十，犹手自校书，刊定谬误，积聚篇卷，于时最多。开门接宾，诱纳后进，……上自执政，下至童冠，皆敬重焉。❹

上述人物官师合一，作为学者和师长主讲官学或私家授徒，以经学为主，文学、史学及自然科技内容做辅助，构成课程的知识文化结构。以经学流派而论，除谯周之外，其他研究者均以古文经学为倾向或风格。

## 三、蜀国官学教育的“政教合一”

重视知识、重用知识人才，也是刘氏集团奖励兴学、人才兴蜀政策的组成部分。上述蜀国文化名人以及一大批有文化知识的人才，都被吸纳到刘氏集团的治国团队里。

他们大都是文化官吏，且热心教育，积极培养、造就后生学子。这种亦官亦师的身份不能只从教师专业化程度不足的负面取向来考察，还应虑及官僚政治地位对教师社会身份的提升及教育效果增强的实际效应来评价。《三国志·蜀书》不乏这类记载：

“(周）群 …… 先主定蜀，署儒林校尉。”❺

---

❶❷ 陈寿. 三国志：卷四十二 蜀书十二 杜周杜许孟来尹李谯郤传第十二［M］. 北京：中华书局，1959：1026－1027.

❸ 陈寿. 三国志：卷四十二 蜀书十二 杜周杜许孟来尹李谯郤传第十二［M］. 北京：中华书局，1959：1034－1041.

❹ 陈寿. 三国志：卷四十一 蜀书十一 霍王向张杨费传第十一［M］. 北京：中华书局，1959：1010.

❺ 陈寿. 三国志：卷四十二 蜀书十二 杜周杜许孟来尹李谯郤传第十二［M］. 北京：中华书局，1959：1020.

"杜琼……先主定益州，领牧，以（杜）琼为议曹从事。后主践祚，拜谏议大夫，迁左中郎将、大鸿胪、太常。"❶

"先主定益州，署（来）敏典学校尉，及立太子，以为家令。后主践祚，为虎贲中郎将。丞相（诸葛）亮住汉中，请为军祭酒、辅军将军。"❷

"先主定益州，领牧，以（尹默）为劝学从事。及立太子，以（尹）默为仆，以《左氏传》授后主。后主践祚，拜谏议大夫。丞相（诸葛）亮住汉中，请为军祭酒。（诸葛）亮卒，还成都，拜太中大夫。"❸

"（李譔）始为州书佐，尚书令史。延熙元年，后主立太子，迁为仆。转中散大夫、右中郎将，犹侍太子。"❹

"汉中陈术，字申伯，亦博学多闻，著《释问》七篇，《益部耆旧传》及《志》，位历三郡太守。"❺

"（谯周）建兴中，丞相（诸葛）亮领益州牧，命（谯）周为劝学从事。后主立太子，以（谯）周为仆，转家令。"❻

"（郤正）入为秘书吏，转为令史，迁郎，至令。"❼

在巴郡的历史上，以德为先、造福万民的为官者不乏其人。《华阳国志·巴志》记载：

巴郡严王思，为扬州刺史，惠爱在民。每当迁官，吏民塞路攀辕，诏遂留之。居官十八年卒，百姓若丧考妣。义送者赍钱百万，欲以赙王思家。其子徐州刺史羽不受。送吏义崇不忍持还，乃散以为食，食行客。巴郡太守汝南应季先善而美之，乃作诗曰："乘彼西汉，潭潭其渊。君子恺悌，作民二亲。没世遗爱，式镜后人。"

永建中，泰山吴资元约为郡守，屡获丰年。民歌之曰："习习晨风

---

❶　陈寿．三国志：卷四十二　蜀书十二　杜周杜许孟来尹李谯郤传第十二［M］．北京：中华书局，1959：1021．

❷　陈寿．三国志：卷四十二　蜀书十二　杜周杜许孟来尹李谯郤传第十二［M］．北京：中华书局，1959：1025．

❸　陈寿．三国志：卷四十二　蜀书十二　杜周杜许孟来尹李谯郤传第十二［M］．北京：中华书局，1959：1026．

❹❺❻　陈寿．三国志：卷四十二　蜀书十二　杜周杜许孟来尹李谯郤传第十二［M］．北京：中华书局，1959：1027．

❼　陈寿．三国志：卷四十二　蜀书十二　杜周杜许孟来尹李谯郤传第十二［M］．北京：中华书局，1959：1034．

动，澍雨润乎苗。我后恤时务，我民以优饶。”及资迁去，民人思慕，又曰：“望远忽不见，惆怅尝徘徊。恩泽实难忘，悠悠心永怀。”❶

官员廉吏一旦离任之后，因其清廉和业绩受到民众的追慕向往和崇拜敬仰，这是人才社会绩效的鲜明表现。其中的功业或硕果自然包括兴学育才及化民移俗的教育活动。巴郡上述从政的俊彦，无论是职守本土，或是离开故里至他处展露才华，均可做如此考评。

## 第三节　西晋至南朝重庆的官学

三国以后，重庆与四川的密切程度减弱。重庆处于西晋（265—317 年）、东晋（317—420 年）、南朝宋（420—479 年）、齐（479—502 年）、梁（502—557 年）、陈（557—589 年）等封建王朝政权的管辖之下。此期政治变幻、社会动荡，经济时起时落，文化思想领域的儒学式微，经学在玄、佛及道家诸家学派冲击中被迫调整。学校教育的中心在黄河及长江的中下游流域，尤其集中在今河北、山东及江苏诸省域，重庆的学校处在艰难延续状态。

### 一、重庆官学概览

两晋至南朝重庆官学不仅与地域历史文化紧密相关，而且深受其他区域乃至北朝的影响，这表明官学发展开放度较大，交流更广。

#### （一）两晋时期

两晋统治者重视学校的地位。据《晋书·职官志》记载：“（县）户千以上置校官掾一人。”《太平御览》卷 535“礼部十四”条“诸县率千余户置学，不满千户亦立”。但这些法律条文由于种种困境阻碍，最终流于形式，未能完全付诸实践。

两晋时期，重庆官学的延续得益于地方统治者的重视和推动，这些州县官吏发展经济，维护安定，为教育活动营造良好的环境。他们重视学校教育，大力兴修学校，相关记载缺失，但仍可从其他地区窥见其状。凉州刺史张轨“征九郡胄子五百人，立学校，始置崇文祭酒，位视别驾”。❷ 毋雅，晋代巴郡

---

❶ 常璩. 华阳国志校注：巴志［M］. 刘琳，校注. 成都：巴蜀书社，1984：29.

❷ 房玄龄，等. 晋书：卷八十六 列传第五十六［M］. 北京：中华书局，1974：2222.

江州人，学冠四科（德行、言语、政事、文学），历官涪陵、汉平令，夜郎太守。❶ 他在守牧之地，任职治理期间关注教育，兴学化民。孟彪，英才卓荦，好读书，涉目成诵，举茂才时称博雅。毋建，永嘉元年，汉国功曹。❷ 这些贤良乡贤事迹不详，但想必也在辖区的学校教育中，做出了不平凡的业绩。

范长生（218—318年），又名延久、重久，字元寿，别号蜀才，西晋涪陵郡丹兴（今黔江）县人。蜀汉延熙十一年（248年），涪陵属国（后改涪陵郡）豪族徐巨杀都尉反叛，后主刘禅派车骑将军邓芝讨平，责令徐、蔺、谢、范五千家迁往成都，以弱豪族。范长生随之迁徙到成都，住青城山，修道隐贤，成为天师道首领，以信义服众，涪陵民千余家倚范长生在岷江以西安居乐业。时李特领导流民起义，其子李雄都郫城（今郫县），称大都督大将军益州牧。范长生以粮秣资助义军，李雄攻克成都。雄欲迎范为君，长生不从，劝雄自立。光熙元年（306年），雄称帝，国号大成，改元晏平，迎范为相，敬称范贤，尊为四时八节天地太师，封西山侯。范贤执政，宽和政役，轻徭薄赋，立官学，兴文教，以端风化。规定男丁一岁谷三斛，女丁半之，疾病又半之。户绸绢不过数丈，银不过数两，民多富实，道不拾遗，夜不闭户。范贤著述很多，人称蜀才。大兴元年（318年）卒，享年100岁。清光绪年间，黔江知县张九章为其在黔江县城修建公祠，❸ 以纪念这位西晋名相在佐治管理、兴学育才以及道德风化方面的卓越贡献，并昭示后人，发挥榜样表率作用。

### （二）南北朝时期

大致在南北朝之前，长江流域以南地区学校设置远不及北方的学校水平；而南朝以后，南方学校接近北朝管辖区域，并显示出南北之间或偏于教育思想，或重于教育制度的差异性特征。

南北朝学校深受北朝的推动或促进，区域分布及数量攀升以后，才有特色的形成。经学在北朝得以更为强立依存，以及顺利传播。北朝统治者一方面在中央建立国学，提倡儒术教育；另一方面重视州郡县的地方教育。北魏州郡县立学校开始于献文帝天安初年（466年），这是应河北范阳人、博士李欣的请求而确立的。

---

❶ 常璩. 华阳国志校注：后贤志［M］. 刘琳，校注. 成都：巴蜀书社，1984.

❷ 朱锡谷. 巴县志：卷三 人物志 征辟［M］. 刻本，1833（清道光十三年）.

❸ 柏世友，等. 中国长江三峡大辞典［M］. 长沙：湖北少年儿童出版社，1995：60－61.

是以昔之明主，建庠序于京畿，立学官于郡邑，教国子弟，习其道艺。然后选其俊异，以为造士。……愚欲仰依先典，于州郡治所各立学官，使士望之流，冠冕之胄，就而受业，庶必有成。其经艺通明者，贡之王府，则郁郁之文，于是不坠。❶

李欣在此主张，明主应该在京都建立庠序，在地方设立学校，以培养国家所需要的人才。他感到当时后进无人，要求“州郡治所各立学官”。因此，献文帝下诏书给当政的渤海郡（今河北景县南）高允，命令他拟定郡国建学计划和学校制度：“自顷以来，庠序不建，为日久矣。道肆陵迟，学业遂废；子衿之叹，复见于今。朕既纂统大业，八表晏宁，稽之旧典，欲置学官于郡国，使进修之业，有所津寄。”❷

高允博通经史、天文、术数，精于算法，著《算术》三卷，晚年还家教授，受业者千余人。高允会同中书、秘书二省制定地方学制，于天安元年秋，经献文帝定夺出台，具体规程如下：

（1）学校的设置与规模：“每郡设乡学一所，大郡立博士二人，助教四人，学生一百人；次郡立博士二人，助教二人，学生八十人；中郡立博士一人，助教二人，学生六十人；下郡立博士一人，助教一人，学生四十人。”

（2）教师的任职资格。北魏孝文帝对郡学博士提出了如下要求：博士取博观经典、世履忠清、堪为人师者，年限四十以上。助教亦与博士同，年限三十以上。若道业夙成，才任教授，不拘年齿。即，四十岁以上的博览群书、品德高尚的博士才可堪为人师。助教年龄稍年轻于博士，三十岁以上即可，别的要求同博士一样。个别人如果学业刚刚完成，则可不对年龄有限制要求。上述对郡学博士的约束总体上不做硬性要求，突出了原则性与灵活性的统一。

（3）学生录用的标准与顺序。“郡中清望，人行修谨，堪循名教者，先尽高门，次及中第。”❸

这就是历史上著名的北魏“天安学制”，其中对地方学校的规模设置、教师资格和学生的录取标准做了明确规定，它的制定与实施，成为中国古代郡国学校制度建立的肇端。其中强调地方教育在学生的选拔次序上有出身、门第的

---

❶ 魏收．魏书：卷四十六 李欣传［M］．北京：中华书局，1974：1040.
❷ 魏收．魏书：卷四十八 高允传［M］．北京：中华书局，1974：1077.
❸ 魏收．魏书：卷四十八 高允传［M］．北京：中华书局，1974：1078.

限制，这是封建社会教育等级性的突出体现。北魏孝文帝年间（471—499年），地方学校又有了进步，除在郡国设学外，县、党也有设学的。从中可见北魏地方学校曾出现的成效，并由此影响南朝。

《南史·梁元帝纪》：梁元帝初为荆州刺史，起州学宣尼庙。当置儒学参军一人，劝学从事二人，生三十人，加廪饩。❶

南朝地方官学只有州学和郡学。有关教育活动情形，旧史诸志中并没有专门的记载，只散见于正史的史传中。通过对史料的排比及分析，不难看出，统治者对地方官学的兴建都予以重视，再加上地方长官的大力提倡，南朝地方官学有一定的发展。

南朝宋、齐、梁及陈诸王朝更迭较快，虽处于内忧外患之中，但统治者大都能意识到“建国君民，立教为首”❷，南朝宋武帝下诏令兴建学校，虽“未就而崩”，但这种思想仍十分可贵，他的立学思想也被后世统治者借鉴发扬。据《宋书·文帝本纪》载：“胄子始集，学业方兴。自微言泯绝，逝将千祀，感事思人，意有慨然。奉圣之胤，可速议继袭。于先庙地，特为营造，依旧给祠直令，四时飨祀。阙里往经寇乱，黉校残毁，并下鲁郡修复学舍，采召生徒。”宋文帝的上述“兴学诏令”使得州、郡官学有所修复。萧齐时期，统治者亦注重兴学。据《南齐书·明帝本纪》载建武四年，“春正月庚午诏曰：经纬九区，学敩为大。往因时康，崇建庠序，屯虞荐有，权从省废，讴诵寂寥，倏移年稔，永言古昔，无忘旰昃。今华夏乂安，要荒慕向，缔修东序，实允适时”。学校因战乱灾荒，时兴时废，但同时也表达出统治阶级对这种状况的忧虑，因此强调“崇建庠序”。南朝梁武帝萧衍尽管崇尚佛教，却也懂得以兴学建校来加强自己的统治。于是，制礼作乐，广开馆寺，兴建学校，“分遣博士祭酒，至州郡立学”。❸ 这是中央首次派遣官吏前往地方立学。据《梁书·儒林传序》载，梁武帝天监七年诏曰：“建国君民，立教为首，砥身砺行，由乎经术。朕肇基明命，光宅区宇，虽耕耘雅业，傍阐艺文，而成器未广，志本犹阙，非以熔范贵游，纳诸轨度，思欲式敦让齿，自家刑国。今声训所渐，戎夏同风，宜大启庠斅。”正是由于统治者的重视，再加上地方长官的大力倡导，南朝地方官学得以发展。

---

❶ 李延寿. 南史：卷八 梁本纪下第八［M］. 北京：中华书局，1975：243.

❷❸ 姚思廉. 梁书：卷四十八 列传第四十二 儒林［M］. 北京：中华书局，1973：662.

益州自汉代文翁兴学以来，地方官学教育水平位于全国先列，无论是其学校数量，还是办学人员，其他地区均望尘莫及。益州刺史王憺“又兴学校，祭汉蜀郡太守文翁，由是人多向方者”[1]。巴渝地方统治者纷纷仿效文翁事迹，注重开办学校，培育人才。南朝的地方官学教育虽处于浴血纷争的岁月，官学体系制度仍一枝独秀，总能绝地而后生。重庆官学的延续对于当地的人才培养、文明进步及风俗美化起到教导推进作用，统治者对官学的重视更是为中央统治起到了助力作用。

严植之，字孝源，南北朝时秭归（今重庆市巫山县）人。少喜老庄，晚通《周易》《毛诗》《左氏春秋》。因早年丧父，家境清贫，为广汉王国右常侍，后为康乐令。为政清廉，颇受上级行政长官赞赏。梁天监四年（505 年），兼任五经博士，设馆讲学，听讲生经常有数百人。严植之讲学主次恰当，条理分明，深受欢迎。后来每当开讲，五馆生无一缺漏，听众千余人。任记室参军后，仍兼博士。撰有《凶礼仪注》479 卷，事载《南史·儒林传》。[2]

## 二、重庆有关官学的信息整理

魏晋南北朝时期，重庆备受战乱之苦，学校教育深受其害，官立学校时兴时废。笔者收集了重庆地区自晋代开始至南朝不同时期的县志材料，对重庆官学的片段信息归类整理如下。

### （一）涪陵

彭水地处乌江流域下游，数十公里的航程进入涪陵，汇入长江，属涪陵郡所辖。地理形势山崖连绵，山峦重叠，陡险路艰，波谷浪涛，溪流奔泻，雄伟而险峻。此地向来为川、渝、湘诸地之要冲关隘，开启乌江汇入长江之门津。由于涪陵志书修纂甚晚，故涪陵史迹内容多收入彭水县志中。

西晋涪陵郡守任蕃，成都人，字宁祖，给事中任熙之子，举孝廉，先后任新都令、涪陵太守。杜良，蜀郡成都人，字幼伦，举秀才，荼陵、新都令，迁涪陵建宁太守。费缉，犍为人，字文平，清俭有治干，举秀才，历涪陵太守。这些孝廉、秀才察举推选的英才，先后执掌涪陵政务，在兴学设教上应有所作为。

---

[1] 李延寿．南史：卷五十二 列传第四十二 梁宗室 始兴忠武王憺传［M］．北京：中华书局，1975：1302．

[2] 柏世友，等．中国长江三峡大辞典［M］．长沙：湖北少年儿童出版社，1995：61．

### （二）江津

西晋，毋雅，江津人，因其学冠四科，贡于朝，“感其惠而化，年八十有二。祀乡贤”。❶

毋氏家族声望极大，史书记载有很多重要人物。通过以下对联我们进行分析：“宗开毋句，秀毓河东。”上联指毋氏起源，下联指毋氏郡望河东郡。“汉室都尉门第，晋代太守人家。”上联指西汉毋隆，下联指晋代毋雅。

“工诗名宦，兴学营宫。”上联指明初蓬州人毋思义，下联指后蜀河中龙门人毋昭裔，后蜀时才子，学问极为广博，精通四书五经，写有《尔雅音略》著作，与“五经”之中《诗经》有关，曾出资百万建造成都学宫。

“教兼两院，学冠四科。”上联指宋代蜀人毋制机，兼领雪堂、河南两座书院，学者称“平山先生”；下联指晋代巴郡江州人毋雅，四科（德行、言语、政事、文学）都名冠一时。❷ 从江津毋氏家族的家学成就，子孙成才及教育贡献多方面的分析，该家族在西晋至南北朝，乃至后世的影响范围而言，均在不同程度上与区域官、私学教育紧密相关，尤其在官学发展中发挥了积极作用。

### （三）璧山

文庙：大成殿内至圣先师孔子，魏晋祀孔子均以颜子配。❸

名宦祠：蜀汉前将军李岩；晋巴郡太守王濬；晋渝州长史萧瓘。❹

### （四）忠州

西魏废帝二年（553 年），南梁元帝承圣二年，刺史、郡博士、孝经师、余制仍前。职官姓名无考。❺ 这意味着忠州此期建有儒学官学，由博士、孝经师执教学科。

### （五）云阳

云阳县在此期虽然并无明确记载设立官学，但在县志中追述了庙学及崇祀

---

❶ 曾受一，王家驹．江津县志：卷十一 乡贤［M］．刻本，1768（清乾隆三十三年）；徐鼎，杨彦青．江津县志［M］．增刻本，1804（清嘉庆九年）．

❷ 李文郑．百家姓宗祠对联［M］．广州：暨南大学出版社，2015：328．

❸ 寇用平，陈锦堂，卢有徽．璧山县志：卷三 典礼志［M］．刻本，1865（清同治四年）．

❹ 寇用平，陈锦堂，卢有徽．璧山县志：卷三 名宦［M］．刻本，1865（清同治四年）．

❺ 吴友篪，熊履青．忠州直隶州志：卷七 职官志［M］．刻本，1826（清道光六年）．

先圣活动的内容及历史变迁，从中或许能遐想此期该县学校教育及人才培养活动之一斑。以下摘录全文。

> 魏文帝黄初中，诏起旧庙设卒守，齐王正始七年，令太常释奠，以太牢祀于辟雍，以颜渊配。晋武帝太始三年，诏太学及鲁国四时以三牲祀，释奠于中堂，以颜子配；七年皇太子亲释奠于太学，元明成穆皆释奠。宋高祖永初中，诏鲁郡修葺坟庙。文帝元嘉二十二年，太子释奠，采晋故事，舞六佾，设悬之乐器，悉依上公。齐武帝永明三年，学生释奠于先圣先师，用元嘉故事。北魏孝文帝太和十六年，亲修谒拜礼，改谥“文圣尼父”，封后人为崇圣侯，拜孔氏四人、颜氏二人，复给邑百户，与周公并飨。文成帝诏宣尼之庙，别敕有司荐膏。北齐天保间，制春秋二仲释奠于先圣先师，以时修葺祠庙，每月朔日制祭酒，领博士弟子以下及国子诸生，太学、四门博士升堂，助教以下、太学诸生于阶下拜孔圣揖颜回。梁元帝承圣初，于荆州建宣圣庙，自图圣像，为之赞，书之。❶

## 第四节　魏晋南北朝时期重庆的私学

魏晋南北朝时期，政局混乱，官学没有统一的国家行政制度和教育系统的保障，众多士人在民间继续着私学教授，教育的中心已由官学向私学转移。

受历史文献留存稀少局限，虽然民间私学教育绵延不绝，但具体情形已难以描述。其缘由的复杂性令人费思量。私人讲学以儒经为主，兼及其他学科。两汉经学在三国时期已经衰落，东汉以来的今古文经学激烈之争也有所消弭，而让位于以玄学解经或综合各家注本说经的魏晋经学，马（融）、郑（玄）、王（肃）也为王（弼）、郭（象）、杜（预）所取代。但在巴蜀地区，儒生却逆流而动，反而继承了东汉末叶巴蜀经学传统，古文经学异军突起，盛极一时，格外引人注目。蜀汉统治者虽尚古文经学，但为了笼络部分人士，仍然立周群、谯周等今文经学学者为学官。这使蜀地的今文经学得以传播，《华阳国志·后贤志》等文献表明，入晋之蜀士多有今文经学学者，如何随、王化、任熙等皆是。这反映了学术史上一个重要的现象，即新学风往往肇始于旧学的

❶ 江锡麒．云阳县志：卷四 学校 典礼［M］．刻本，1854（清咸丰四年）．

原生或发达地域，而旧学的边缘或接受地区在新变中则相对滞后，所谓“礼失求诸野”，说的正是这一情况。

有的开明地方官员关注地方教育的发展，从事私人办学、授徒讲学的活动。例如，向朗，字巨达，襄阳宜城（今湖北宜城）人，曾师事襄阳名宿司马德操，并与才智之士徐元直、韩德高、庞士元等人有深厚友谊。建安十三年（208年）随刘备入蜀后，因办事干练很受信任，先后任巴西、牂牁、房陵等郡太守。后因与马谡友好，受到“失街亭”的牵连，被免去职务。向朗从此潜心典籍，教授生徒。他年过八十，还亲手校订书典，刊定谬误，接纳青年学子，讲论古义，勤加诱导，因此受到当时执政者和年轻学子的敬重。

巴郡太守也对地方教育的发展作出了贡献。《巴县志》载：杨颙，字子昭，襄阳人。政尚宽简，而调教严明，又言直心诚。后为东曹属典选举。卒，亮垂泣三日。

魏晋南北朝时期是继秦以后中国古代分裂时间最长、动乱频率最高的历史阶段。在此种社会背景下，这一时期的官学时兴时废，“穆帝永和八年，殷浩西征，以军兴罢遣（国学），由此遂废”。[1]国学都如此，地方郡国学校更是可想而知。在这种情况下私学打破了儒学独尊的局面，以其兼容并包之势，向多元化方向发展。这无疑大大拓宽了私学的学科门类，同时也拓宽了文化知识的传授范围。但作为传统文化主体的儒学，仍是文化教育的主体内容，在私人教育中占有重要地位。私人开馆授徒者多是钻研经术的硕儒，教学内容也基本上是儒学的“五经”。儒学以外则是玄学。玄学自曹魏正始年间兴起后，首先在上层知识分子中流传，以嵇康、何晏、王弼为代表。其口号是以老庄为旨归，愤世嫉俗，纯任自然以适本心。西晋的灭亡和东晋的偏安，助长了这种风气的滋生。许多学者专治《老子》《庄周》《易经》，同时教授后进。西晋杨轲，“少好《易》，长而不娶，学业精微，养徒数百”，“教授不绝”。[2]

此外，依据嘉陵江学派陈寿、落下闳等人在史学、科技方面的成就，大致能推断重庆私学教育活动中不乏史学、科技等学科的教学。只是关于具体内容或情形的材料尚有待进一步挖掘而已。

---

[1] 沈约．宋书：卷十四 志第四 礼一［M］．北京：中华书局，1974：363.

[2] 房玄龄，等．晋书：卷九十四 列传第六十四 隐逸［M］．北京：中华书局，1974：2449－2450.

# 第三章　隋唐时期重庆学校的嬗变

公元581年，隋文帝杨坚建立隋王朝，隋朝的国祚短暂，统治时间不到40年，就于公元618年为李渊父子建立的唐朝所取代。在封建国家强盛和经济、文化空前繁荣的条件下，唐代的教育事业整体上获得发展。中唐以后，由于封建政治、军事的变动，文教事业逐渐衰落。

隋唐时期的学校教育，是在隋唐社会政治、经济发展的基础上产生的，也是隋唐社会政治、经济发展的某种标志。唐代教育是在隋代教育的基础上建立起来的，它的历史进步性集中地表现在封建教育制度上的严整和完备。由于地区发展的不平衡，这一历史时期重庆的教育与关中、中原及江南地区相比有一定距离。从历史整体透视，隋唐时期世俗教育的发展并无宏大的气势或实在的体现，精密的思想让位于寺院丛林。

唐代封建政治的调整和经济的改革集中表现在"贞观之治"的发展高度上。这一历史成就在教育上突出地表现在封建教育制度的完备及专业技术教育的发展，但唐代教育深受动荡不宁的政局以及沉浮升降的各种宗教教派的影响，兴衰无常，区域分布极不平衡。这在重庆乃至整个西南地区的教育中莫不如此。有的学者提出，唐代学校教育并不景气，表现为衰废时间长，兴盛日子短，纪律差，学风坏等。❶ 重庆学校脱离不了这种大环境。这说明社会各领域之间有些时候会在历史进程中显示出不协调，或者用教育学理论说，在教育发展中，教育与社会政治经济的发展间有时会存在"剪刀差"或不一致性。当然，这主要是对统治中心关中河洛地区，以及王朝中心区域的中原而言的。在很多方面，唐代教育比起魏晋南北朝来仍然是前进了一大步，唐代重庆学校史

---

❶ 张邦炜．唐代学校的盛衰［J］．四川师范大学学报（社会科学版），1985（2）：34－42．该文后收入张邦炜．宋代政治文化史论［M］．北京：人民出版社，2005．张先生将该文辑于关于宋代论文的文集中，意在与宋代文教发展兴盛的情形、势头相对比。

显示了这一点。

重庆历来为官员贬谪流放之地，而这些官员往往胸怀韬略、学识渊博，具有较高的文化涵养，他们在此地任职无疑为重庆增添了新的元素。这些官员有的办学，发展教育事业；有的为官政绩丰厚，维护地区的稳定与团结，为教育的发展创造了相对平稳成熟的环境。他们当中很多是著名的文学家，他们在此地创作的诗句广为流传，成为重庆地区重要的文化资源。这些诗句除了反映身处此地苦闷的心情外，更是投影了当时重庆地区的人文景观，以景衬情，表达自己雄心壮志。这些诗文篇章在当今重庆文化资源的挖掘中更是宝贵的财富。遭贬谪官员、文人墨客逗留重庆，有利于开阔人们的视野，使民众受到较高文化知识的熏陶，并由此为教育的发展奠定了重要基础。

## 第一节 隋唐时期重庆民族迁移与地域文化

重庆、四川称巴蜀，既是文化名词，同时又是族群称谓。巴族形成表明巴人、汉民的融合及错落分布，使重庆地域文化教育颇具少数民族成分。而且古今地理方位颇显差异。唐代文化中心以文学、宗教为标志，但教育及伦理体系中又崇尚儒学。这在重庆地域文化中有明显反映，并深深影响教育，尤其是学校的办学活动。

### 一、巴人迁徙融合

两晋以来，史籍对巴族冠以“蛮”称，如“酉阳蛮”“大阳蛮”“鲁阳蛮”等。到南北朝时，他们多依托于嘉陵江南、北之间而逐渐被同化，而对汉中、巴西、关陇等地区的巴人，史籍仍冠以“巴”称，曰“巴人”“巴夷”“巴蛮”；或与他族连称“巴氐”“巴獠”“巴濮”。这些不同称谓，可以反映巴人与汉族文化相互交流中其自身发展的不平衡状态；也反映了他们与诸少数民族杂居和文化的相互影响。

从处于汉中巴西、湘鄂山区等地巴人的迁徙过程和社会境遇，可以探知他们经魏晋十六国、南北朝的民族大融合而逐渐汉化的历史趋势。继魏晋十六国以来巴人的频繁迁徙及参与民族大融合之后，到隋唐时期，其踪迹仍见于商洛、巴西、巴东等地（约今秦岭以南，涪江、嘉陵江、渠江上中游及峡江地区）。史籍对其冠以“巴”称，或冠以“蛮”称。他们多与汉、獠、蜑诸族相杂，成为朝廷的编户之民。其在各地的发展虽呈现不平衡状态，却反映了继续汉化的历史趋势。商洛地区曾有巴人聚居，其地与汉中、安康地区相邻。隋唐时，民族构成已发生重大变化。唐李贻孙记夔州风俗云：“其赋易征，其民不偷，长吏得其道，笠之若反掌耳。”（《全唐文》）《隋书·地理志》云：“汉中之人，质朴无文，不甚趋利。”“崇重道教，犹有张鲁之风焉。”这里当是泛指陕南一带汉人风俗，崇重道教而又包含巴人遗风。

巴地是古长江流域巫鬼文化的发祥地，巴人和楚人崇尚巫术，重淫祀。巫文化对人们的意识产生潜移默化的影响，其中《离骚》《九歌》《招魂》等呈现出巫文化的神奇色彩。祭拜风俗流传开来，巴地祠庙林立，“每岁有司行祀典者，不可胜纪，一乡一里，必有祠庙焉”。[1]《刘禹锡集》中多首诗出现“寺”或“庙”，元稹在《赛神》诗中也提到长江流域崇巫好祀之风：“楚俗不事事，巫风事妖神。”

嘉陵江流域为巴人故地。唐时，其上游仍见巴人踪迹。渠江上游的宕渠自古是巴人聚居区，唐时通州（今属四川省达州市）为汉宕渠县故地。元和年间，唐代诗人元稹贬居通州。同年八月，白居易迁江州（今属江西省九江市）司马。元稹与白居易之间多有唱和，从他们的诗篇中可以窥见渠江上游的发展状况和文化习俗。

与魏晋十六国以来巴人频繁迁徙的情况不同，隋唐时期，巴人在陕南、渝东北、鄂西的分布基本稳定。除朝廷更迭时在陕西安康、四川平武、重庆开县等地小有“反叛”外，基本已是编户之民。在经济领域，如田宅所有、缴租纳税等方面，与汉人无别，在山城、水市的商业活动中与汉人融为一体；在文化领域，如居址、丧葬、占卜、赛神、乐律等方面，深受中原古老文化的影响。

土家族地区受汉文化的影响很不平衡，如夷陵、清江、黔州等地山区，交通不便而十分闭塞，受汉文化影响就较小。土家族先民巴人“好歌舞”，土家民歌深受周边兄弟民族的喜爱。巴人民歌种类很多，自汉代起兴起了一种被称为“踏蹄”的歌谣。据《恩施县志》载：“巴人事鬼，伐鼓以祭祀，叫啸以兴哀，故人好巴歌，名曰‘踏蹄’。”唐代，土家族地区出现了一种新的歌谣——竹枝歌，此歌是在“踏蹄”等民歌民谣的基础上产生的。竹枝歌出

[1] 李肇．唐国史补［M］．上海：上海古籍出版社，1979：398.

现后，影响很大，名震诗坛，为我国诗词的发展增添了新的内容，对汉文化和土家文化都产生了很大的影响。

唐代土家族社会经济有所发展，中央政府与土家族地区联系加强，土家族文化与汉文化间的交流日渐频繁与深入，土家族的教育、文学、艺术都有所进步或提高。

隋唐时期重庆学校教育正是在这样的民族迁移及交汇背景之下演变的。

## 二、唐代重庆的儒学

隋唐时期纠正前朝儒学中衰、经学混杂的偏颇。提倡儒经，重振儒术，并以之作为学校课程基础及科举考试核心内容；同时利用儒释道的互补确立儒学统领或导向地位。重庆的学术思想和学校教育在结束离乱纷争时代、重归一统背景下，组成国家一体化的单元之一。以下从区域文化个性角度加以说明。

万州具有丰厚的文化底蕴，虽然唐代万州儒学不具规模，但随着佛教文化的传入和周边地区儒学文化的熏陶，万州开明之士掀起了万县儒学风潮。

彭水地区民间文化发展颇有成效，尤其是雕塑文化。彭水的雕塑起源于佛教的塑像。唐代，郁山镇开元寺和摩围山云顶寺相继建成，黔州少数民族民间艺人在塑像时，按当地人物的形象造型。随着寺观的建成，塑像也日益兴盛起来，不仅给神佛造像，有的还在宗祠、墓上给祖先造像。[1] 这种现象从宗教学视角分析或许是怪异离奇，甚至是不可思议的，然而却能反映多元宗教融合，或称“三教合流”的早期民间迹象。

儒学经由官学、科举的推动，不仅作为主流文化得以确立和巩固，并且逐渐幻化成为民间信仰，融入民俗之中，深入民众。曹学佺《蜀中广记》卷79载：

> 黔南军校姓蹇者，不知其初名，性耿直，安贫。所居邻宣父庙，家每食新，必先荐之，如是累年。咸通二年，蛮寇侵境，廉使阅兵，择将未获。蹇忽梦一人，冠服若王者，谓曰：“吾则仲尼也，愧君每倾心于吾，吾当助若。可更名宗儒破贼，自此富贵矣。”既觉，喜而请行，兼请易名。是役，人多难之，忽闻自请，遂遣之。一战而大破蛮寇，余孽皆遁，黔帅表上其功，授朗州刺史，秩满，诣京师，累迁司农卿。

---

[1] 《彭水县志》编纂委员会．彭水县志［M］．成都：四川人民出版社，1998：636.

故事反映了重庆黔江、彭水一带的崇儒祭孔民俗活动及心理，孔子在百姓心目中已是能给世人带来福音的神圣偶像。虽然“子不语‘怪、力、乱、神’”，但人们更愿意相信，孔子不仅是儒学大师，也是能预知未来吉凶祸福、通贯神灵的“超人”，表达了民间对圣人所寄托的美好愿望。

唐代，地处巴峡之间的渝东北地区，社会经济凋敝，自然环境恶劣，是唐朝中央贬官逐臣的重要流放贬谪地。正是此契机，使之聚集一大批文人学者官吏。如政治与文化名人白居易、陆贽流贬忠州（今重庆忠县），元稹贬谪通州（今四川达州），刘禹锡贬谪夔州（今重庆奉节）。开州（今重庆开县）虽然属于偏僻荒芜下州，唐朝却先后有窦智纯、崔泰之、杜易简、柳公绰、唐次、窦群、穆质、韦处厚、崔泰之、宋申锡等一大批名臣显宦自京师贬谪于此，或为刺史，或为司马。这些士大夫们并没有因为被贬颓废消沉，而是开疆拓土、兴修水利、移风易俗、教化乡民、改善民生，并且创造了富有儒学伦理道德内涵与价值的诗赋作品，对提升重庆文化地位起到了重要作用。

孝道最基本的内容就是要“善事父母”，即要求子女给父母尽其可能地提供物质生活条件，关心照顾好父母的日常生活，在父母生病期间照顾好父母；不仅如此，还要让父母在精神上获得愉悦。唐代寓居巴渝山峡间的著名诗人白居易以诗歌的形式充分体现出了这一要求。其《十二时行孝文》云：

> 平旦寅，早起堂前参二亲。处分家中送疏水，莫教父母唤频声。日出卯，立身之本须行孝。甘饱盘中莫使空，时时奉上知饥饱。食时辰，居家治务最须勤。无事等闲莫外宿，归来劳费父嫌憎。隅中巳，终孝之心不合二。竭力勤酬乳哺恩，自得名高上史记。正南午，侍奉尊亲莫辞诉。回干就湿长成人，如今未合论辛苦。日昳未，在家行孝兼行义。莫取妻言兄弟疏，却教父母流双泪。晡时申，父母堂前莫动尘。纵有些些不称意，向前小语善咨闻。日入酉，但愿父母得长寿。身如松柏色坚政，莫学愚人多饮酒。黄昏戌，下帘拂床早交毕。安置父母卧高堂，睡定然乃抽身出。人定亥，父母年高须保爱。但能行孝向尊亲，总得扬名于后世。夜半子，孝养父母存终始。百年恩爱暂时间，莫学愚人不欢喜。鸡鸣丑，高楼大宅得安久。常劝父母发慈心，孝得题名终不朽。[1]

---

[1] 陈尚君. 全唐诗补编［M］. 北京：中华书局，1992：1081 – 1082.

从以上分析可见，唐诗从各个角度对孝道伦理进行了诠释和讴歌。由于唐诗是唐代最为流行和普及的文学形式，像白居易等不少唐代诗人的诗作家喻户晓，妇孺能诵。因此，唐诗宣扬孝道对于强化社会的孝道意识和促进孝行风气产生了积极影响。虽然作为子女不可能这么严格地去安排每天的生活作息，但我们可以从中看出唐代家庭中子女的生活作息是以孝顺父母为中心的。

## 三、唐代重庆的佛教

隋唐时期的巴蜀文化，形成了佛教极为兴盛，道教、儒学也相对发达的格局。

佛教相信因果效应、生死轮回，认为人只有消除一切欲望，才能上“西天”，到“极乐世界”。[1] 佛教传入，在重庆地区有多处寺庙建筑，荣昌县佛教有禅宗、净土宗、密宗等宗派，始于唐；江津唐代有复古寺；奉节县唐代建香山寺、昙花寺、开元寺；位于九龙坡区的曲水寺建于唐代。合州学术文化相对繁荣，声名远播的涞滩鹫峰禅寺、龙多山鹫台禅院、北岩定林院，以及龙游寺、净果寺、护国寺、方溪寺等，都是这一时期的宗教文化产物。尤其值得一提的是，唐代合州的佛教摩崖造像，如龙多山的千佛和弥勒佛、濮岩的石门弥陀佛和卢舍那佛、钓鱼山的悬空卧佛和弥勒站佛，无论是从造像的凿造时代，还是从造像的规模上看，在巴渝地区均为罕见，而且展示出了承前启后的艺术成就。又如，现存于涞滩二佛寺下殿的南宋佛教摩崖造像，构成了一个规模庞大、气势恢宏的禅宗道场，在艺术表现形式上堪称一绝。

唐代重庆佛教的发展情况见表3.1所示。

**表3.1　唐代重庆佛教的发展**

| 年代 | 地点 | 代表 | 内　容 |
|---|---|---|---|
| 唐 | | 慈云寺 | 据考，慈云寺始建于唐代，重建于清乾隆二十二年（1757年），原名观音庙。当时重庆八省会馆（云、贵、湘、鄂等省）设有一善堂于内，举办施钱、施粥、义学等救济事宜 |

[1] 南川县教育局．南川县教育志［M］．内部交流本，1987：1.

续表

| 年代 | 地点 | 代表 | 内　容 |
|---|---|---|---|
| 唐代咸通年间（860—873年） | 潼南 | 定明禅院/南禅寺 | 位于重庆市潼南县城西郊的定明山下。该寺创建于唐代咸通年间（860—873年），初名“定明禅院”，又名“南禅寺” |
| 唐初 | 沙坪坝区 | 宝轮寺 | 巴渝古刹之一，坐落在沙坪坝区磁器口嘉陵江边白岩山上。远眺磁器口古镇，即可望见宝轮寺钟楼，与嘉陵泛舟构成一幅美丽图画。唐初大将尉迟恭在此建宝轮法塔，后改称白岩寺 |
| 唐 | | 涂山寺 | 唐代文人寇泚游历涂山时曾写下名篇《度涂山》：“小年弄文墨，不识戎旅难。一朝事鼙鼓，策马度涂山。涂山横地轴，万里留荒服。悠悠征旆远，騑驂一何速。流月挥金戈，惊风折寒木。行闻汉飞将，还向皋兰宿。” |
| 唐永徽（650—655年） | 大足 | 大足石刻 | 重庆大足石刻是佛教文化之杰作。县境内现存石刻作品5万尊，石刻和摩崖造像始于唐初永徽（650—655年）年间，盛于宋代，明清亦偶有零星之作。造像雕琢精美，形象生动。内容以佛教为主，道教和儒家文化亦兼容其中 |
| 晚唐昭宗景福元年（892年） | 大足 | 摩崖造像 | 北山摩崖造像，位于大足县城北2公里，分南北两区，依山摩崖雕琢造像290窟。晚唐昭宗景福元年（892年），东川昌州刺史韦君靖修建永昌寨并凿造佛像，此后延至五代和两宋，一直续有开建，均为中小窟龛。造像大多接近现实生活，富有地方色彩。其中精品有：转轮经藏窟、数珠手观音、地藏变相窟、水月观音窟、摩利支天女窟、孔雀明王窟、泗洲弥勒大圣经变窟、观音变相窟等。转轮经藏洞内的普贤菩萨，宛若东方美女，其表情温柔娴静、典雅大方，为北山石刻之最，被誉为“东方维纳斯” |
| | 合川县 | 鹫峰寺/佛教石像群 | 唐广明二年（881年），合川县涞滩培建鹫峰寺，并凿大小摩崖造像1719尊。唐昭宗景福元年（892年），昌、普、渝、合四州都指挥兼靖南军节度使韦君靖在大足县北山（古名龙岗山）始刻佛教石像群（含佛湾、佛耳岩等6处）。经五代至南宋宝祐年间，历时360余年，大足石刻造像5万余尊 |

资料来源：重庆市地方志编纂委员会．重庆市志：第二卷［M］．重庆：西南师范大学出版社，2004．

韦君靖，唐末昌州（今重庆大足县）节度使，重庆大足北山石刻的开创者。唐代昭宗景福元年（892 年）韦君靖受佛教思想的影响，招募了一批流亡四川的画师工匠，在北山修建储粮屯兵永昌寨的同时开始凿造佛像，拉开了中国石窟艺术史上继云冈、龙门之后，第三次也是最后一次大规模石刻造像的序幕。受他的影响，后经五代、两宋，历时 360 余年，大足人相继在佛湾、营盘坡、观音坡、北塔寺、佛耳岩等处造像近万尊。北山石刻以佛湾造像最为集中，共编 290 号龛窟。在长 300 多米、高 7 米的崖壁上，有碑碣 6 通，题记和造像铭记 55 则，经幢 8 座，阴刻“文殊师利问疾图”一幅，石刻造像 264 龛窟。佛湾佛像雕刻精细，体态俊逸，风格独特。“心神车窟”中的“普贤菩萨”造像精美，被誉为“东方维纳斯”；“数珠观音”“日月观音”都显示出古代工匠相当高超的技艺；“地藏变相”则又大刀阔斧地表现，独具一格；“转轮藏经洞”被称为“石雕宫阙”。《韦君靖碑》《蔡京碑》《古文孝经碑》为世所独存，既是书法珍品，又可补史料之遗缺，价值极高。佛湾石刻分南北两个区域，南区大多是晚唐、五代作品，北区大多为两宋时期作品。晚唐时期的作品，人物造型端庄丰满、气质浑厚、衣饰简朴、线条流畅。五代时期的作品，玲珑精巧、多彩多姿，衣着服饰由简到繁，逐渐摆脱了外来文化影响，具有石刻造像过渡期的特征。两宋时期的作品，民族特色已臻突出。北山造像为中国晚期石窟艺术重要代表作之一。❶

佛教在宗教扩张、吸引信徒的过程中，其重要途径、方式是教育工作，可知实属宗教教育，而从教育体制而论，可亦见为私学教育之一类。以下举例佛典《法苑珠林》中的素材加以说明。

> 唐太和五年，梓州人倪勤，以武略称，因典涪州兴教仓。素持《金刚经》，仓有厅事面江，甚为胜概，乃设佛像而读经其中。六月九日，江水大涨，唯不至此厅下，益读益励，洎水退，周视数里，室屋尽溺，唯此厅略不沾渍，仓亦无伤，人皆礼敬。
>
> 巴南宰韦氏常念《金刚经》，唐光化中，至泥溪遇一女人，着绯衣，挈二子偕行同登山岭，行人相驻叫噪，见是赤狸大虫三，子母也。逡巡，与韦分路而去，韦终不觉，是持经之力也。
>
> 苏长，武德中为巴州刺史，赴任，至嘉陵江，风浪覆舟，溺其家六十

❶ 郑敬东，唐德正，等. 重庆古文化资源研究［M］. 重庆：重庆出版社，2014：73.

余人，唯一妾常读《法华经》，水入船中，妾头戴经函，誓与俱溺，随波泛滥，顷之着岸。逐经函而出，开视其经，了无湿污，独存其命。❶

唐代儒、佛沟通，交互作用。儒士兼修佛学，跨越两者隔阂的情形多有所见。中唐时期闾丘均就是其中例证。

闾丘均，唐代合州人，世居州南之铜梁山。唐高宗咸亨年间（670—674年），闾丘均与杜审言（杜甫的祖父，曾以诗作驰名文坛）为同科进士，由此成为挚友。❷ 闾丘均是初唐时期学识渊博、精通佛学理论的著名文士，尤以一手好文章和精湛的书法见称于世。他所作的《东蜀牛头山瑞圣寺碑》《滇南爨王墓碑》《刺史王仁求碑》等作品，就曾经被当时的文人们称为无出其右的“极笔”。杜甫《赠蜀僧闾丘师兄》诗句中的“屿璠”，即“美玉”之别称，闾丘均“妙绝”的作品，自然是无与伦比的了。载初元年（690年），武则天为选拔人才，开中国古代皇帝殿试之先河，在神都洛阳皇宫中的洛城殿策试贡士。当这场历经数日的殿试方告结束之时，武则天复诏闾丘均进殿面试，由于闾丘均在回答提问时对朝政时事提出了一些不同的意见，一直没有受到重用，但他的才学和胆识已为朝中文武百官所共钦。神龙元年（705年），宰相张柬之等联合禁军将领李多祚，拥戴中宗李显复位，闾丘均得到安乐公主的推荐，授任掌管宗庙礼仪，品级仅为“从七品上”的太常博士。景龙三年（709年），洛阳法定寺佛塔落成，闾丘均应该寺主僧释处真之请作颂。

## 四、唐代重庆的道教

隋开皇十一年（591年），潼南县定明山东岩凿摩崖道教浮雕像碑。此为最早的重庆道教摩崖石刻造像。唐开元二年（714年），渝州巴县（今重庆渝中区）建文昌宫道观。唐玄宗时，废除武后之治，重推先祖之风，立道教为国教。此为道教兴盛时期。唐开元二十九年（741年），重庆南岸黄桷垭老君洞始建庙宇。此前老君洞曾是汉末天师道的道场之一。老君洞即古涂洞，又名太极宫，现为道教全真龙门派子孙丛林道观。位于近郊南岸区黄桷垭镇老君山上，山势雄伟，其地海拔600米。道观建筑在林荫古树之中，环境清幽，居高

❶ 邹廷彦辑，舒德裕订万历《重庆府志》（残卷）卷一。

❷ 张森楷考证：“均传不言登进士第，而杜审言传云进士。举杜诗云：‘吾祖诗冠古，同年蒙祖恩，豫章夹日月，岁久空深根’，则登进士第审矣。”

临下，俯瞰两江环抱山城，历来是避暑游览胜地。据民国《巴县志》记载：老君洞庙宇始建于唐代。晚唐间（约904—907年），铜梁县建造巴岳山玄天宫道观，铜梁玄天宫位于铜梁县巴岳山主峰顶上（现巴岳茶场场部所在地）。

道教徒将著名道士视为得道的仙人，仙人的多少反映道教的盛衰变化。以夔州府为例，隋唐时期有很多著名的道士，在《四川通志》中记录夔州府四位著名道士：翟乾祐，云安人，学道黄鹤山；杨云外，云安人，汉城宫道士；岑道愿，江陵人；王法元道士。除了夔州以外，其他各地也都有著名道士成仙飞升的传说。

与佛教具有同等性质宗教教育与私学教育的道教，以其科技教育、医学教育及学习心理思想等方面成就而著称，想必重庆道教也是如此。

## 五、唐代重庆地域文学

唐代是中国文学史上诗歌十分发达的时期，三峡地区更是诗歌创作的摇篮。浩渺奔腾的长江、沿岸连绵不绝的崇山峻岭以及悠长久远的文化资源、星罗棋布的历史遗迹，这一切都为诗人的创作提供了取之不尽的素材，而从重庆的地域文学观察，具有浓郁地方特色的《竹枝词》是唐代诗坛的一朵奇葩，最能体现重庆地方的人文底蕴。

据《奉节县志》记载，《竹枝词》是巴渝地区的民歌，春秋时期在川东巴人中流传。唐代原巴地仍流传竹枝。唐代诗人泛舟探险于汹涌的三峡波涛，涉足攀缘于山涧峰巅，竹枝素材及艺术滋养浇灌唐诗艺苑，同时又添加了竹枝文化的新鲜内涵，促使了《竹枝词》的发展、改造与流播。诗与文、文与教在这里得到了某种默契与统一，也就是说唐代重庆的教育在竹枝的诗作内容中也有依稀的体现。

公元759年，杜甫弃官辗转入川，在成都浣花溪畔建成草堂而居。公元765年春末，杜甫离开成都，经嘉州（乐山）、戎州（宜宾）、渝州（重庆）、涪州（涪陵）、忠州（忠县）、云安（云阳），于唐代宗大历元年（766年）辗转漂泊到夔州（奉节）。杜甫在此暂住不到两年，创作诗430多首，占现存作品的30%。杜甫于唐代宗大历元年迁居夔州时，作《奉寄李十五秘书二首》，其中就有“竹枝歌未好”句。

白居易任忠州（今四川忠县）刺史时，也作有《竹枝词四首》。刘禹锡在夔州创作《竹枝词九首》《竹枝词二首》《踏歌词四首》等民歌体的诗作，反映当地人的习俗、爱情、生活等方面的内容，呈现出鲜明的地域色彩。诗人白居易钟情于竹枝，其《竹枝词》四首之二是："竹枝苦怨怨何人，夜静山空歇又闻。蛮儿巴女齐声唱，愁杀江楼病使君。"他在《听竹枝赠李侍御》中有句云："巴童巫女竹枝歌，懊恼何人怨咽多。"从刘、白二人的上述诗句来看，演唱竹枝歌的无疑是巴人。巴人除了用巴语唱竹枝歌外，有时也用汉语唱竹枝，甚至把汉族诗人的七绝拿来当竹枝歌唱，有白居易《竹枝词四首》之四为证："江畔谁人唱竹枝，前声断咽后声迟。怪来调苦缘词苦，多是通州司马诗。"这"通州司马"不是别人，正是白居易的莫逆之交元稹。巴人把元稹的七绝拿来当竹枝歌唱，白居易听了当然会感慨不已的。

唐贞元中，刘禹锡在沅湘，以俚歌鄙陋，乃依骚人《九歌》，作《竹枝》新词九章，教里中儿歌之。由是盛行于贞元、元和之间。《竹枝词》这种巴渝民歌仍受荆楚文化影响，"苦怨断咽""含思婉转"，有荡气回肠之感。边歌边舞，婉转悠扬。"巴人夜唱竹枝后"，"人来人去唱歌行"。这些词曲中有不少涉及夔州人爱好歌舞之风。如"楚水巴山江雨多，巴人能唱本乡歌"；"南人上来歌一曲，北人莫上动乡情"；"桥东桥西好杨柳，人来人去唱歌行"；"桃蹊柳陌好经过，灯下妆成月下歌"；"新词宛转递相传，振袖倾鬟风露前"；"自从雪里唱新曲，直到三春花尽时。"❶ 这一幅幅具有淳厚生活气息和鲜明地域色彩的风俗画与风景画，使唐代夔州人的歌舞艺术鲜明生动地展示在历代读者的面前。刘禹锡描绘歌舞的诗歌表现在很多方面，既有描写祭祀歌舞的《阳山庙观赛神》《楚望赋》，也有描绘巴人在劳动生活中善于歌舞的，如："农妇白纻裙，农夫绿蓑衣。齐唱田中歌，嘤伫如《竹枝》"❷；"月上彩霞收，渔歌远相续。"❸ 还有巴蜀青年用歌声表达情意的"杨柳青青江水平，闻郎江上唱歌声"。❹《踏歌词四首》描述了夔州青年春天月下踏歌择偶的习俗。诗人也用诗句表现巴人好歌舞的风情，不受年龄、性别、时间、场所的限制，如《插田歌》中劳动的男女，《竹枝词九首》中恋爱的青年，《洞庭秋月行》中荡桨的儿童，《阳山庙观赛神》中回家的"野老"。唱的形式不拘，多种多样。

---

❶ 刘禹锡．刘禹锡集笺证［M］．上海：上海古籍出版社，1989：815，852，858．

❷《刘禹锡集》整理组．刘禹锡集［M］．卞孝萱，校订．北京：中华书局，2000：353．

❸《刘禹锡集》整理组．刘禹锡集［M］．卞孝萱，校订．北京：中华书局，2000：323．

❹《刘禹锡集》整理组．刘禹锡集［M］．卞孝萱，校订．北京：中华书局，2000：364．

有独唱："荡桨巴童歌竹枝"。[1] 有齐唱："齐唱田中歌"。[2] 有对唱："人夜行人相应歌"等。[3] 刘禹锡还在诗中反映了新曲流行的状况："自从雪里唱新曲，直到三春花尽时。"[4]

有的学者从中唐以后社会动荡及经济对教育支撑的困乏来考察唐代教育的空乏衰蔽现象。

教育发展落后，在杜甫的《最能行》诗篇中体现得淋漓尽致。"峡中丈夫绝轻死，少在公门多在水。富豪有钱驾大舸，贫穷取给行艓子。小儿学问止《论语》，大儿结束随商旅。欹帆侧柁入波涛，撇漩捎濆无险阻。朝发白帝暮江陵，顷来目击信有征。瞿塘漫天虎须怒，归州长年行最能。此乡之人气量窄，误竞南风疏北客。若道土无英俊才，何得山有屈原宅。"小孩子的学习水平停留在《论语》上，大人则都随从商业活动。重商轻文现象较为普遍，这跟当地闭塞的交通、贫苦落后的生活大环境是分不开的。

唐宋时期长江峡路成为重要的交通干道，三峡库区的过境贸易、沿江商业发展较为迅速，在民间形成了重商的传统。在这种情况下，学龄儿童从小养成了重商而轻视文化教育的观念。但是又由于三峡水路交通十分便利、风光秀丽迷人，唐宋时期许多文人骚客或滞留于此，或为官于此，或流放于此，从而又给三峡的文化教育带来了积极的推动作用。据史料记载，曾经经过或滞留于三峡的文化名人众多，如唐代的李白、杜甫、白居易、杨炯、陈子昂、刘禹锡、孟浩然、张九龄、王维等；宋代的苏氏三父子、欧阳修、王十朋、陆游、黄庭坚等。这些文化名人面对三峡秀丽的自然风光和朴实的民间风情，挥毫泼墨，大加歌颂，留下约上万首脍炙人口、广为传诵的诗篇，三峡的别名——"诗峡"由此得来。这些诗篇在三峡地区形成了一种浓厚的文化氛围，从而为文化教育的发展奠定了浓郁的人文底蕴。

## 第二节　隋唐时期重庆的官学

由于地理条件和历史积淀等诸多因素，隋唐时期重庆官学的状况仍令人沮丧，与以成都平原为中心的四川相比，整体有所落差。但物之存在本然之

---

[1][4] 《刘禹锡集》整理组．刘禹锡集［M］．卞孝萱，校订．北京：中华书局，2000：344.

[2] 《刘禹锡集》整理组．刘禹锡集［M］．卞孝萱，校订．北京：中华书局，2000：353.

[3] 《刘禹锡集》整理组．刘禹锡集［M］．卞孝萱，校订．北京：中华书局，2000：341.

态应加以复原，而不能放弃，官学也是如此。同时，王朝官学政策诏令及规章如何，或许也可提供某种地方官学的信息补充，尤其是史籍未能有效记录的部分场域，更有拾遗充实、想象丰富的价值。此期重庆就体现出如此情形。

## 一、隋唐时期官学概述

隋文帝开皇初年，十分重视振兴学校教育，除在中央设立国子学、太学、四门学、书学、算学、律学、医学之外，在地方州、县也设立学校，并明确规定了每个州县学校的贡举人数。重庆相继在所辖的州县创设学校，自三国、两晋、南北朝以来兴废无常的地方官学校又逐渐有所复兴。

隋文帝晚年，官学教育也已表现出颓败现象。文帝仁寿元年（601 年）下诏："国子学惟留七十人，太学、四门学及州县学并废。"❶ 废除太学、四门学和州、县学，只留国子学，不久又改国子学为太学。重庆官立学校也遵令停废。

隋炀帝即位后，又曾复兴学校教育。重开国子监，依旧置国子祭酒，并加置司业一人。四门学和州、县学也恢复了。同时下诏征集学行优敏者给予优厚待遇。"即当随其器能，擢以不次。若研精经术，未愿进仕者，可依其艺业深浅，门荫高卑，虽未升朝，并量准给禄。"炀帝整饬学校功课，"申明旧制，教习生徒，具为课试之法，以尽砥砺之道"❷。但是，随着政治上的腐败，经济上的破坏，社会动荡不安，学校教育也随之衰败。"师徒怠散"，"空有建学之名，而无弘道之实"。❸ 隋代重庆地方官学教育有关情况，限于材料的不足，无法具体描述。但可以大致推测，在隋朝统治的 30 年间，也与全国各地一样，经历了一个由兴到衰，又由衰到兴再到衰的曲折过程。

唐代的统治者十分重视学校教育。倡文兴教，儒学与科举制度受到重视。据《唐大诏令集》卷 105 所载，唐高祖武德七年（624 年）下举学诏说："方今幽夏既清，干戈渐戢，缙绅之业，此则可兴。宜下四方诸州，有明一经以上未被升擢者，本属举选，具以名闻，有司仪等，加阶叙用。其有吏民子弟，识性开敏，志希学艺，亦具名，申送入京，量其差品，并即配学，明设考课，各使励精，琢玉成器，庶其非远。州县及乡里，并令置学。"又据《新唐书·选

---

❶ 魏徵，令狐德棻，等．隋书：高祖本纪［M］．北京：中华书局，1973：47.
❷ 魏徵，令狐德棻，等．隋书：炀帝杨广［M］．北京：中华书局，1973：444.
❸ 魏徵，令狐德棻，等．隋书：儒林传［M］．北京：中华书局，1973：2707.

举志》:“唐制京都学生八十人，大都督府、中都督府，上州各六十人，下都督府、中州各五十人，下州四十人，京县五十人，上县四十人，中县、中下县各三十五人，下县二十人。州、县学生，州县长官补，长史主焉。……每岁仲冬，州、县、馆、监举其成者，送至尚书省。”贞观二年，唐太宗号召全国上下尊孔读经，广招天下儒生，为他们提供衣食住行，为国子监提供优秀生员。随着生员的扩大，唐太宗下令开放贵族官僚子弟的学校，又下令在地方设州学和县学两级学校，由此形成了中央、州、县的三级官学制。

各府州县学生都是一般庶民子弟，学校大致属于中学教育程度。其课程虽然也读九经，但不过粗通文艺，规定的程度也较低。如开元二十一年（733年）命令，州县学生通一经以上及虽未通经，精神通悟文辞史学者，每年铨量举选，所司简试，听入四门学充俊士[1]。不过地方官学与中央官学有一点不同，就是他们除学习书本知识外，还参加地方公私吉凶礼仪的学习。学习的主要内容大致为两个方面：化民成俗的教化和传授知识。

据《新唐书·选举志》记载，唐朝地方官学的学生约计83000人。看来那时地方州县有儒学修养并恳于尽职的官长多注意教育，虽在偏僻的地区也如此，但由于种种原因，许多地方并未真正兴学。

开元、天宝年间既是社会经济高速发展、教育事业蓬勃旺盛的时期，也是中国封建社会由前期向后期转化的开始，在歌舞升平的盛世中，也潜伏着愈演愈烈的社会矛盾。天宝十四年（755年）十月爆发了安史之乱，在历时8年的大动乱中，社会各种矛盾也随之激化，教育所赖以生存的经济基础发生了剧变。均田制土崩瓦解，大土地占有以庄园经济的形式迅速发展，自耕农沦为地主的佃客，租庸调制已无法承担国家财政的重任。从天宝十四年安史之乱，到肃宗乾元三年（760年），5年之间就损失户口近600万。其中，课户损失360万，这对国家经济及教育均是巨大的灾难。大批书生士子无法安心读书，有的隐居于山林寺观，有的辍学回乡，官学教育濒于崩溃的境地。

中唐以来，不乏励精图治的皇帝企图振兴教育，光大儒学。如代宗在天下重定后，便于永泰二年（766年）下制：“顷以戎狄多虞，急于经略，太学空设，诸生盖寡。弦诵之地，寂寥无声；函丈之间，殆将不扫。……其宰相朝官、六军诸将子弟，欲得习学，可并补国子学生。其中身虽有官，欲附学读书

[1] 王溥. 唐会要：卷三十五 学校［M］. 上海：上海古籍出版社，2006：634.

者亦听。”[1] 唐代宗想同他的先人太宗、玄宗那样，做一个治平天下的有为之君，从而对官学残败的现象甚为关注；虽然唐代宗的意图是重振儒学，但国家财政能为教育提供的支持是十分有限的。德宗建中元年（780 年）实行两税法以替代崩溃已久的租庸调制，重新构建了唐代的财政体制，教育经费在一定程度上有了保障。元和时期（806—820 年）号称唐朝的“中兴”，但滥增的官俸、失控的军费、藩镇经济的独立，使唐朝政府无法对教育投放大量财力。晚唐以后的情况则更加艰难。虽然有郑余庆、韩愈、柳宗元、李翱等人大力提倡教育，提出了许多为后人所称道的教育思想，但在颓败的唐朝经济面前，他们的努力只能是短绠汲深、蒸沙成饭。[2]

## 二、隋唐时期重庆主要官学相关信息记载

按照隋唐王朝中央政府的诏令及有关规定，重庆一些地方政府先后创设学校。笔者收集重庆各区县县志材料，对唐代重庆官学情况做了以下梳理。

### （一）巴州

据有的学者查考，唐代有巴州儒学，唐开元二十六年（738 年），县置博士、助教各一人。[3]

《新唐书·萧瑀传》：子瓘，为渝州长史，居母丧，以毁卒。[4] 唐代著名文学类书《文苑英华》收录张说《赠吏部尚书萧公神道碑》，内称：“公讳瓘，字元茂，兰陵人，……年十八，明经高第，……出为甘州司马，徒集、岚二州司马，转渝州长史。其从政也，反身以惠下，推诚以事上，老吾老以施教，幼吾幼以子人，……故历佐之郡，必僻陋知方，戎蛋变俗，狠戾驯轨，贪饕寡欲。”萧瓘重视教育，任职重庆时，热心设学，具有因材施教的思想，提倡通过学习知识以充实人的才能。

### （二）涪州

唐代的涪州（即今重庆市涪陵区）虽是荒远之地，但礼乐制度仍旧影响这里的风俗，唐代诗人戴叔伦诗作《渐至涪州先寄王员外使君纵》：“文教通

---

[1] 刘昫，等. 旧唐书：代宗李豫纪［M］. 北京：中华书局，1975：282.

[2] 宋大川. 唐代教育体制研究［M］. 太原：山西教育出版社，1998：138－139.

[3] 王尔鉴. 巴县志：卷四 学校官［M］. 刻本，1761（清乾隆二十六年）.

[4] 宋祁，欧阳修，范镇，等. 新唐书：列传第二十六 萧瑀［M］. 北京：中华书局，1975：3952.

夷俗，均输问火田。江分巴字水，树入夜郎烟。毒瘴含秋气，阴崖蔽曙天。路难空计日，身老不由年。将命宁知远，归心讵可传。星郎复何意，出守五溪边。”❶ 这首诗是诗人在前往涪州的路上，写给挚友涪州刺史王纵的。在王纵来涪州之前，戴叔伦曾经担任过涪州督赋，对涪州的地理环境、物产风景、人文风俗等都比较了解。涪州风物是涪陵人文环境的重要表现，这些风物经过诗人的描绘具有灵气，对世人的心境有着极大的塑造作用。诗人寓情于景，借景物抒发自己的情，或多或少被赋予了历史内涵，具有文化气息。通过这首诗，可以了解到1200多年前涪陵的“文教”“典章”“礼乐”“毒瘴”等自然风物和风俗习惯。诗人不仅写下了脍炙人口的佳作，同时还赞同兴办儒学，教化乡民。

隋唐中央王朝在土家族地区设立学校。据《遵义府志》卷22所载：“唐武德中，州县及乡皆置学。”宋代史学家司马光在《资治通鉴》卷188中亦说：“巴酋长子弟，量才授仕。”

《新唐书·列女传》中列有涪州才女宋庭瑜妻子魏氏重学，富有诗书，成为一代佳话。《新唐书·列女传》：“定州鼓城人，隋著作郎彦泉之后也，世为山东士族。父克己，有词学，则天时为天官侍郎。魏氏善属文。先天中，庭瑜自司农少卿左迁涪州别驾。魏氏随夫之任，中路作《南征赋》以叙志，词甚典美。开元中，庭瑜累迁庆州都督。初，中书令张说年少时为克己所重，魏氏恨其夫为外职，乃作书与说，叙亡父畴昔之事. 并为庭瑜申理，乃录《南征赋》寄说，说叹曰：‘曹大家《东征》之流也。’庭瑜寻转广州都督，道病卒。魏氏旬日亦殒，时人莫不伤之。”❷

### （三）永川

隋唐时期永川明确的兴学记录并未发现，但据该县方志所载：“汉唐以来，郡县皆立学官，而礼教大备。”“荐辟：唐取士八十余科，仍勅州县岁一荐举。”❸ 这里的学官、取仕均未言明属地，但依稀可推测永川的片段信息。

### （四）合州

隋唐时期合州官学记载欠翔实。然而，其他相关的内容却不曾消失，留下

---

❶ 熊笃，许颖. 历代巴渝古诗选注［M］. 乌鲁木齐：新疆人民出版社，2002：82.

❷ 刘昫，等. 旧唐书：卷一百九十三 列传第一百四十三 列女［M］. 北京：中华书局，1975：5146.

❸ 许曾荫，吴若枚. 永川县志：卷七 选举志［M］. 刻本，1894（清光绪二十年）.

官学存在的旁证资源。

1. 名流求学之所

在州治东五里有学士山，对郡会江楼，其高不逾旁境也，山北古有张氏荔枝。唐学士憩之。此山因此而得名。❶

牟山在州治西北五里，唐康元良读书之所，有读书台遗迹留存。

2. 儒佛兼修的名士闾丘均

闾丘均，景龙中，以乐安公主荐太常博士，与杜审言并侍武后。审言以诗，均以文。杜子美诗所谓世传，闾丘均“世传闾丘笔，峻极逾昆仑”。❷

**浮屠颂**

［唐］闾丘均

灵哉浮屠，岌嶪凌踊。十一其级，千楹万栱。
形比孤峭，势如飞动。赤霞晨开，金光昼拥。
清哀悬乐，音响百种。暂升精周，歘高神恐。
真分中幽，灯花长奉。

**临水亭**

［唐］闾丘均

高馆基曾山，微幂生花草。傍对野村树，下临车马道。
清朗悟心术，幽遐备瞻讨。回合峰隐云，联绵渚萦岛。
气似沧洲胜，风为青春好。相及盛年时，无令叹衰老。❸

铜梁山，在州治南五里，山有石梁横亘，其色如铜，崖有“铜梁山”三字，唐闾丘道人修炼于上。❹ 杜甫作诗《赠蜀僧闾丘师兄》，开篇为：“大师铜梁秀，籍籍名家孙。呜呼先博士，炳灵精气奔。”

首叙闾丘均世系：

惟昔武皇后，临轩御乾坤。多士尽儒冠，墨客蔼云屯。
当时上紫殿，不独卿相尊。世传闾丘笔，峻极逾昆仑。
凤藏丹霄暮，龙去白水浑。青荧雪岭东，碑碣旧制存。
斯文散都邑，高价越玙璠。晚看作者意，妙绝与谁论。

---

❶❹ 刘芳声. 合州志［M］. 刻本，1579（明万历七年）.
❷ 韩清桂. 铜梁县志：卷八 人物志 名贤［M］. 刻本，1875（清光绪元年）.
❸ 韩清桂. 铜梁县志：卷十四 艺文志［M］. 刻本，1875（清光绪元年）.

此追叙博士文章，称其望重生前，名垂身后：“吾祖诗冠古，同年蒙主恩。豫章夹日月，岁久空深根。”

此叙世交，自叹继起衰微：

小子思疏阔，岂能达词门。穷愁一挥泪，相遇即诸昆。
我住锦官城，兄居祇树园。地近慰旅愁，往来当丘樊。
天涯歇滞雨，粳稻卧不翻。漂然薄游倦，始与道侣敦。
景晏步修廊，而无车马喧。夜阑接软语，落月如金盆。

此述旅途相逢。诗善用借景，如“落月如金盆”与“陇月向人圆”，皆据一时所见之景，而倾盖欢洽之意自见。“漠漠世界黑，驱车争夺繁。惟有摩尼珠，可照浊水源。”然后释出赠闾丘意，言其空明之体，可涤尘凡也。

### （五）綦江

《綦江县志·学校》：自汉唐以后，郡县皆立学置官，礼教之隆积。国家崇先儒，重道稽古。綦邑郊庠修整典物，由旧诸生以时学礼其中。而又有书院以资考课，义学以端蒙养。崇德尚贤蒸蒸不变，主持风教者，先品行而后文艺，激励修者敦诗书而说礼乐。非一朝一夕之故也，其所由来志学校。隋炀帝曾改州学为郡学。该段文字并未言明所属地。隋唐时有过兴学史实，但述及地方兴学历史、教育构成及价值，亦可提供某种推测或遐想。

学校官：《隋书·高祖本纪》仁寿元年，诏太学、四门及州县学始并废。[1]

### （六）长寿

《长寿县志》：考学官之制沿自汉代迄于唐宋，吾县设学其详无闻。清于县立孔子庙，学官设教谕一员，以为典学之官，置弟子员有定额。可见，该县设学的认识也有云山雾罩之状态，但不能全然否定。

### （七）铜梁

文职题名：自唐始置铜梁县，其时职官可知者，惟知县二人；传于宋者，知县十人；传于元者，知县一人；明知县一员，县丞一员，督粮主簿一员，教谕一员，训导二员，典史一员。[2] 该县学官名教谕、训导应始于明清之际官

---

[1] 杨铭，伍濬祥．綦江县志［M］．刻本，1863（清同治二年）．
[2] 韩清桂．铜梁县志：卷五 职官志［M］．刻本，1875（清光绪元年）．

学，隋唐时期大体无兴官学之实，惟其与合州交错，或可从中蠡测一二。

（八）黔江

黔江县学：后唐天成三年（928 年），蓟州（今蓟县）人礼至圣先师孔子。《新五代史·李承约传》：李承约任黔南节度使时，即“兴起学校”。《同治增修酉阳直隶州总志·政绩志》又载：“承约释黔南节度使，外劝农桑，内兴学校，凶邪尽去，尽皆感知。”❶ 从中可知，黔江大致在唐末五代兴设官学，官学对人才培养、地方社会治理产生了积极成效。

（九）开县

唐宪宗元和年间（806—820 年）刺史韦处厚建开县儒学。韦处厚作为地方行政长官，为开州地区的经济和民众带来了新的希望。

韦处厚（773—828 年），字德载，京兆万年县（今陕西西安长安区）人。元和初年，进士及第，授集贤校书郎。元和十一年（816 年），外放为开州刺史。穆宗即位，为翰林侍读学士，唐文宗时官至宰相。韦处厚在贬谪开州期间，怀着满腔热血和知识，深切关怀大巴山地区社会经济及其生民的贫穷艰辛，在开州历时三载，励精图治，廉洁自律，为开县办了不少好事和实事。清人对韦处厚赞扬道：“上疏忠切，嶷然不折。百僚师师，惮其忠烈。”据文献所载：

> 韦处厚，字德载，京兆人。父万，监察御史，为荆南节度参谋。处厚本名淳，避宪宗讳，改名处厚。幼有至性，事继母以孝闻。居父母忧，庐于墓次。既免丧，游长安。通“五经”，博览史籍，而文思赡逸。元和初，登进士第，应贤良方正，擢居异等，授秘书省校书郎。裴垍以宰相监修国史，奏以本官充直馆，改咸阳县尉，迁右拾遗，并兼史职。修《德宗实录》五十卷上之，时称信史。转左补阙、礼部考功二员外。早为宰相韦贯之所重，时贯之以议兵不合旨出官，处厚坐友善，出为开州刺史。入拜户部郎中，俄以本官知制诰。穆宗以其学有师法，召入翰林，为侍讲学士，换谏议大夫，改中书舍人，侍讲如故。……处厚以幼主荒怠，不亲政务，既居纳诲之地，宜有以启导性灵，乃铨择经义雅言，以类相从，为二十卷，谓之《六经法言》，献之。锡以缯帛银器，仍赐金紫。以《宪宗

❶ 王鳞飞，等. 同治增修酉阳直隶州总志［M］. 成都：巴蜀书社，1992：644.

实录》未成，诏处厚与路随兼充史馆修撰。实录未成，许二人分日入内，仍放常参。处厚俄又权兵部侍郎。❶

韦处厚重文兴教，首倡设立学宫，建立儒学署以管理学务。后来出任或被贬来的开州刺史均出自科举，注重教育，于是书院、学校这根文脉才绵延下来，有效地提高了开县的文化教育水平。据该县志书云：唐开县科举进士，李潼、崔冲，进士皆元和时人，按《太平广记》二人常徒刺史韦处厚游，是亦贤者也。❷

### （十）忠州

忠州名宦祠中唐代列名祭祀的有刺史、长史、司马、司法、司户、典狱等50人，又有州文学、助教、学生共60人。

州文学、助教及学生的名录是唐代忠州州学师生的图谱，足以证明唐代忠州州学开展了教育及管理活动，并产生了社会影响。其他部门官员分管不同的领域，区治的稳定为学校教育的发展奠定了良好的环境基础，这是不同领域的官员各司其职，才真正保证了学校教育有序前进。

李远，字求古，夔州云安（今重庆云阳县）人，从小胸怀大志，诗作飘逸脱俗，诗名很大。唐文宗大和五年（831年）进士及第，曾任忠州刺史，终御史中丞。他既是政声颇佳的官吏，更是才华横溢的诗人。❸《新唐书·艺文志》著录有《李远诗集》1卷，《全唐诗》及补编今存其诗1卷，35首。《全唐文》卷765存其文、赋5篇，另外高丽《十抄诗》存李远佚诗6首，共41首。

### （十一）云阳

隋唐盛行建立孔庙，释奠孔子，甚至抬高孔庙，而抑制学官，或后者附属于孔庙。《云阳县志·学校》中对此期孔庙体制有详述，虽未能确证本县具体状态，却也能依稀有踪迹依循。以下转录相关内容。

隋文帝开皇初，赠孔子为“先师尼父”，周公为“先圣”，南面孔子，东面制国学、州县学，春秋上丁释奠。

---

❶ 刘昫，等．旧唐书：卷一百五十九 列传第一百〇九［M］．北京：中华书局，1975：4182－4183.

❷ 李肇奎，等．开县志：第十一卷 选举志［M］．刊本，1853（清咸丰三年）.

❸ 杨鸾，秦觉，等．云阳县志：卷下 人物［M］．刻本，1541（明嘉靖二十年）.

唐武德二年，诏国学分立周公孔子庙。太宗贞观二年，别祀周公，尊孔子为先圣，颜子为先师配焉。四年，诏州县立庙，四时致祭，以左丘明等二十二人配。

元宗开元七年，诏春秋释奠用牲牢，属县用酒脯。八年，诏颜子、十哲像具从祀，曾参像侍坐十哲之次，图七十二子及二十二贤于庙壁。十三年，封禅，还幸孔子宅，亲释奠，以太牢祀墓，置卒守，复孔氏赋役，令天下州县立庙，赐百户充春秋膏奠。二十七年，追谥孔子文宣王，服衮冕，乐用宫悬，舞用八佾，赠十哲公侯爵，曾子以下六十七子皆伯。

德宗贞元二年，释奠，诏自宰臣以下，毕集北面肃拜。后周高祖广顺二年，奠阙里，拜谒墓。❶

隋唐孔庙的布局如此，从《云阳县志》记录中可以看到对孔子的尊崇，尊师重道的风气在祭拜先师的典礼中不断形成，这种文庙中的至圣先师庙不仅在云阳县，其他各县均有相关记载。由于史料尚不完整，还不能对各区县有关至圣先师庙的具体情况做比较分析。但从史料来看，各地情形大多一致。

**（十二）夔州**

刘禹锡不仅是文学家，更是富有政绩的官员，尤其在学校教育上做出了历史性的突破。长庆元年（821 年），刘禹锡被任命为夔州（今重庆奉节区）刺史。该地区多高山险岭，一片荒芜，民众生活贫苦，学校更是荒废。刘禹锡在夔州任职期间，关心教育，倡导建立学校，并且上书请求办学，长庆二至四年（822—824 年），叹天下学校废，上奏《请减繁费增设学校奏记》，宰相“当时不用其言”。刘禹锡提出学校教育衰败的根本原因在于“病无资财以给其用”，并提出了减缩各级地方政权进行释奠的费用，转而用于学校创办和建设的主张，颇有见地。《请减繁费增设学校奏记》文曰：

言者谓天下少士，而不知养材之道，郁堙不扬，非天不生材也。是不耕而叹廪庾之无余，可乎？贞观时，学舍千二百区，生徒三千余，外夷遣子弟入附者五国。今室庐圮废，生徒衰少，非学官不振，病无赀以给也。

凡学官，春秋释奠于先师，斯止辟雍、宫，非及天下。今州县咸以春秋上丁有事孔子庙，其礼不应古，甚非孔子意。汉初群臣起屠贩，故孝

❶ 江锡麒．云阳县志：卷四 学校志［M］．刻本，1854（清咸丰四年）．

惠、高后间置原庙于郡国，逮元帝时，韦玄成遂议罢之。夫子孙尚不敢违礼飨其祖，况后学师先圣道而欲违之。《传》曰："祭不欲数。"又曰："祭神如神在。"与其烦于荐飨，孰若行其教？今教颓靡，而以非礼之祀媚之，儒者所宜疾。窃观历代无有是事。

武德初，诏国学立周公、孔子庙，四时祭。贞观中，诏修孔子庙兖州。后许敬宗等奏天下州县置三献官，其他如立社。玄宗与儒臣议，罢释奠牲牢，荐酒脯。时王孙林甫为宰相，不涉学，使御史中丞王敬从以明衣牲牢著为令，遂无有非之者。今夔四县岁释奠费十六万，举天下州县岁凡费四千万，适资三献官饰衣裳，饴妻子，于学无补也。

请下礼官博士议，罢天下州县牲牢衣币，春秋祭如开元时，籍其资半畀所隶州，使增学校，举半归太学，犹不下万计，可以营学室，具器用，丰馔食，增掌故，以备使令，儒官各加稍食，州县进士皆立程督，则贞观之风，粲然可复。❶

## 第三节　隋唐时期重庆的私学教育

与官学相比，唐代重庆私学的状态更为活跃且有效。除了普遍存在的村学、乡校及私人讲学之外，重庆私学尚有其独特性存在。

### 一、村学、乡校

唐代乡村的私学又称"村学""乡校"，唐代统治者关注交通、经济、文化不发达的穷乡僻壤地区的教育，出现了政府给政策、由地方自办教育的教育模式。

"村学"主要开办在唐玄宗开元年间（713—741年），《唐会要·学校》载："（开元）二十六年（738年）正月十九日敕：古者乡有序，党有塾，将以弘长儒教，诱进学徒，化民成俗。率由于是，其天下州县，每乡之内，各里置一学，仍择师资，令其教授。"敕文中规定"各里置一学"，也就是一百户左右置一学，这意味着每邻近的二三个村就有一所官办"里学"。在唐文献中，"里学"也称为"村学"或"村校"，因为"里学"常设在某村内。由于

❶ 宋祁，欧阳修，范镇，等．新唐书：卷一百六十八 列传第九十三 韦王陆刘柳程［M］．北京：中华书局，1975：5130－5131．

乡学对唐代社会风气起着潜移默化的作用，以至唐德宗贞元三年（787 年），“右补阙宇文炫上言，请京畿诸县乡村废寺，并为乡学，并上制置事二十余件，疏奏，不报”。[1] 从德宗未许废寺立学的情形可以见到唐代乡学影响之大，并波及后世。如宋代的“冬学”，元、明、清三代的“社学”以及义学、义塾、私塾等办学形式，均受其浸染。

“村学”“乡校”的教学内容除识字、习字外，还有自然、道德、历史、文学等方面的知识，使用《急就篇》《千字文》《蒙求》《兔园册府》《太公家教》等童蒙教材，白居易的诗因其通俗有韵味而在私学中风行。巴蜀之地也如此。

诗词是唐代科举的重要考试科目，士子们争相学习，这时诗词大师不可胜数。宪宗年间，大诗人元稹和白居易又达到了一个新的高峰，合称“元白”。白居易，字乐天，倡导新乐府运动，强调继承《诗经》“风”“雅”“比”“兴”的传统和杜甫的创作精神。他的诗语言通俗，相传老妪也能听懂，其流传广泛，在历史上是空前的。他在科考中的诗文，成了礼、吏部选拔人才的标准试卷，是官学和私学的重要教材。各级学校，包括乡校、村校儿童都讽诵他的诗。凡乡校、佛寺、逆旅、行舟中，经常见到白居易的诗句，无论是士庶、僧徒还是妇女都吟诵他的诗。巴楚民众对白居易诗句的喜爱程度，反映出唐代诗词之普及。士子们争相学诗，拜在名师门下，乡学中诗学之兴盛下文可证：

> 长庆末，浙东观察使元稹，为居易集序曰：……予遣掾江陵（今湖北省境内），乐天犹在翰林，寄予百韵律体及杂体，前后数十诗。是后各佐江、通，复相酬寄。巴、蜀、江、楚间洎长安中少年，递相仿效，竞作新辞，自谓为元和诗，而乐天《秦中吟》《贺雨》讽喻闲适等篇，时人罕能知者。然而二十年间，禁省、观寺、邮候壁之上无不书，王公妾妇、牛童马走之口无不道。其缮写模勒，衒卖于市井，或因之以交酒茗者，处处皆是……予尝于平水市中，见村校诸童，竞习歌咏，召而问之，皆对曰：“先生教我乐天（白居易号）、微之（元稹号）诗。”固亦不知予为微之也……自篇章以来，未有如是流传之广者[2]。

由于唐代是儒、道、佛等多元文化并融的社会，而且无论是位居庙堂的帝

[1] 王溥. 唐会要：卷三十五 学校［M］. 上海：上海古籍出版社，2006：635.

[2] 刘昫，等. 旧唐书：白居易传［M］. 北京：中华书局，1975：4357.

王将相还是身处江湖僻野的文人墨客，他们对诗赋的推崇远甚于儒家经典。在此影响下，乡村山野间流行的也是诗词歌赋。这就不难理解巴峡乡村学校学诗风尚浓郁普遍之情形了。

## 二、私人讲学

唐代重庆私人讲学与中原、关中及江南地区相比，略有逊色。一些材料碎片化明显，字里行间留下猜测的空间。不过家学的理论创作及民族地区文化教育的提升，是重庆私学的此期特色。

隋朝钱珍，隋文帝开皇年间（581—600 年）巴县人，学通百家，优游田里，不乐仕进以寿终。❶ 这位重庆核心区域学术名家在故土息影、盘桓中想必有讲学授徒经历吧。

唐朝繁知一，巴楚间秭归人。唐庆历中游太学，有才名，隐居不仕。白乐天任忠州道，经巫山，知一赠诗云："忠州刺史今才子，行到巫山必有诗。为报高唐神女道，速排云雨候新词。"乐天见之，邀生同舟，遂与同舟论诗，唱和至秭归，居数日，而后别。❷

在合川秀美的山川景物中，学士山是值得提及的古代合州的名山胜境之一。学士山，即嘉陵江东岸八角亭所在地。南宋王象之《舆地纪胜》谓："其山不出旁山，而南峰、斜崖诸山班班若居其下。其山圆耸秀润，亦甚异也。"曲瑞是唐高宗时期的合州人，其人才思敏捷，勤奋好学，青年时就以精深的文学造诣享誉巴蜀，并官至翰林学士。曲瑞告老还乡，在嘉陵江东岸择地筑舍，安度晚年，学士山就成了他经常前往休闲的佳地。想必此地也有青年俊彦切磋论学及这位博学翰林者讲授点拨留下的场景印痕。

长孙无忌，唐太宗文德皇后之兄，字辅机，洛阳人，初为唐高祖渭北行军典签。唐武德九年（626 年）发动"玄武门之变"，助太宗取帝位，历任尚书右仆射、司空、司徒、太子太师等职，封赵国公。贞观三年（629 年），奉令与房玄龄等修订唐律。贞观二十三年（649 年），与褚遂良受太宗遗诏辅佐高宗，高宗即位后封太尉。永徽二年（651 年），奉命与律学之士对唐律逐条解释，成《唐律疏义》三十卷。后因反对立武则天为后，被诬为"奸雄"，于唐

---

❶ 朱锡谷．巴县志：卷三 人物志 隐逸［M］．刻本，1833（清道光十三年）．

❷ 蓝勇．稀见重庆地方文献汇点：上［M］．重庆：重庆大学出版社，2013：151．

显庆四年（659 年）四月谪贬黔州，后葬于信宁（今江口镇）。唐高宗上元元年（674 年），为其昭雪正名，迁葬陕西昭陵。江口原墓留为衣冠冢。墓地原有狮、龟、马等石雕，明以前历代碑刻多块。明清以来，数经修葺，现墓冢基本保存完好，主要碑文尚存。[1]这位唐朝中期一代法律学大师、著名学者客逝黔江乌蒙山区，在其居住期是否从事过教学授徒活动，令人费思量。

如果将家学视为特殊的私学，合川柳玭家族的家学便是案例。尤其是在家教活动基础之上创作的家教著作，更有理论价值。柳玭一身正气，为官清廉。曾作《柳氏家训》，是我国最有代表性的家训类著作。《柳氏家训》不但在唐代家训中行文最美，而且对后世影响最大，故有“言家法，世称柳氏”之誉。柳玭在《柳氏家训》中，告诫子孙不要依仗门第高而骄傲自大，劝贵族后裔“修己不得不恳，为学不得不坚”，否则，“以己无能而望他人用，以己无善而望他人爱”是不可能的。他指出了败家的五大过失：其一，只求自身的安乐舒适，不甘心恬淡寡欲。只求对自己有利，不考虑别人的指责；其二，不懂得儒家的学术思想，不欣赏古人的道德义理，对经书茫然无知却没有羞耻之心，谈论时政时十分幼稚使人大笑不已。本身懂得很少，又嫉妒别人的学识高深；其三，厌恶胜过自己的人，喜欢花言巧语讨好自己的人。听说别人的好事便心生嫉妒，听说别人的坏事便大肆宣扬；其四，喜欢懒散漫游，过分贪杯嗜酒。以举杯饮酒为清高风雅，以勤恳做事为凡夫俗事；其五，急于做官，巴结权贵。柳玭认为这五种大错比痤疽更厉害，痤疽用砭石可以医好，而这种过失巫术医师也没有办法。最终它损害了名声，祸害了自己，辱没了祖先，败坏了家族。《柳氏家训》诚挚恳切，妙语连珠。其中败家五过是对普遍人性痼疾的诊断，是对潜伏于每一个人心理底层的阴暗意识的曝光。[2]

由于学校的设立和科举制度的实施，有的土家子弟到汉区学习，为土家培养了一批封建人才，并受到统治阶级的任用。究其学校类型应该主要是私学为主。从唐代开始，土家族地区就逐渐产生了一大批尚经籍、学儒学的杰出之士。唐初，夔峡地区以“巴酋长子弟，量才授任”。庸州人田宗显，隋开皇二年（582 年）授黔中刺史，唐代授节度使。宗显喜好诗文，卜居石马曾写下诗文，曰：“石马归槽生得好，风水处处有峥嵘。一程来至石马地，鱼水之乡好

---

[1] 柏世友，等. 中国长江三峡大辞典［M］. 长沙：湖北少年儿童出版社，1995：62.

[2] 池开智. 合川历史文化纲要［M］. 重庆：重庆出版社，2009：198.

安生。”夔州路田世康因有才学，被唐王朝任命为黔州刺史。夔州府人冉仁才，出生酉阳，少聪敏，文武才能过人，隋炀帝大业八年（612 年），授京官“通议大夫”。唐高祖武德二年（619 年），调任天水郡开国公，食邑 3000 户，持节浦州（今重庆万州区）、梁平（今重庆梁平区）等地诸军事，任浦州刺史，贞观时升任沅州刺史，后又迁任江州、陵州刺史。《舆地纪胜》卷 74 记元和年间，巴东士人谭伯亮“好聚书”，生前曾抄汉籍千余卷，临终前叮嘱其亲属，要他们保存好这些抄本，希望后人能继续学业，认真研读。

渝东山地杂居各地的少数民族首领一般都有较高的汉文化水平，有的能用汉文著作。如涪州刺史向通汉，对山川地貌十分熟悉，绘制了五溪地理图，并贡献朝廷。还有溪州土酋彭仕、彭师晏，高州刺史田彦伊，思州土知州田佑恭，邑梅知府杨光辅，溪州向克武等既是土家首领，又都属“尚经籍之士”，汉文化水平达到一定的高度。可以想象，治内勉励私人讲学及童蒙学习，必然有所作为，并可以推测，在其所辖区域产生实际成效。

## 第四节　前蜀、后蜀时期巴蜀的学校教育

公元 874—875 年，河南、山东爆发了王仙芝、黄巢农民起义，转战南北，历时 10 年，对唐王朝是一次毁灭性的打击。20 多年后，唐朝灭亡，在中原一带相继出现了梁（907—923 年）、唐（923—936 年）、晋（936—947 年）、汉（947—950 年）、周（951—960 年）五个朝代，史称“五代”。同时，在南方和河东地区，先后存在过 10 个割据政权（不包括一些小的割据势力），分别是吴、南唐、吴越、楚、闽、南汉、前蜀、后蜀、荆南（南平）、北汉，史称“十国”。这一历史时期，又是一次历史变动急骤，朝代嬗递频繁，岁月离乱动荡。

在唐末农民起义的沉重打击下，唐王朝土崩瓦解。四川、重庆先后有王建和孟知祥建立的割据政权，史称前蜀（907—925 年）、后蜀（934—966 年）。

公元 934 年，西川节度副使孟知祥据有两川，在成都称帝，史称后蜀政权。孟知祥不久病死，16 岁的孟昶即位。孟昶本人爱好文学，凡为文，本于理，反对轻薄浮淫之辞。他从王建之子王衍因荒淫而亡国的历史中吸取教训，即位之初颇勤政事，不仅整饬吏治，打击专横旧臣，而且肇兴文教。在五代十国中，巴蜀的经济文化发展处于领先地位。虽然战乱频仍，但前蜀和后蜀统治

的巴蜀地区是相对安宁的地区，大批文人流寓巴蜀，为儒经的学习、传播提供了更好的条件。

## 一、前蜀学校教育

前蜀政权建立时，以“武成”为年号，王建在《郊天改元赦文》中明确指出：

> 国之教化，庠序为先；民之威仪，礼乐为本，废之则道替，崇之则化行。其国子监直令有司约故事速具修之。兼诸州应有旧文宣王庙，各仰崇饰，以时释奠，应是前朝旧制❶。

从这篇赦文可知，王建对文化事业是比较重视的。从开国之时起，王建的前蜀政权就设有国子监，而且按照唐朝旧制把京城和各州的学校与孔庙加以恢复。永平元年（911 年），王建修建新宫，储存四部书籍。宰相王锴上表劝兴文教，选用名儒专门掌管图书。通正元年（916 年），又起文思殿，购置群书存放在里面，任用正五品官员管理，供四方学子阅读。

从恢复庠序、崇饰孔庙以及两次集中图书来看，前蜀在兴复文教方面做了大量工作，为巴蜀地区文教事业的发展作出了一定的贡献。前后蜀割据政权递嬗过程之中，间隔有 9 年时间，恰好处于中原后唐年间。后唐明宗天成三年（928 年）在重庆彭水设立了黔州州学，显示了文教发展的延续性。后唐明宗天成三年，蓟州人李承约任黔南节度使时，“兴起学校”❷。对李承约在黔州办学的义举，《旧五代史·李承约传》也有“外劝农桑，内兴学校，凶邪尽去，尽皆感知”的记载。❸

## 二、后蜀学校教育

儒学在官学、私学中地位鼎隆，巴蜀学者在这段历史时期对传授儒学亦十分努力。正是因为巴蜀有这样良好的文化与教育基础，所以后蜀尽管只有 32 年的短暂割据历史，但其兴学并不减于前蜀，而后蜀宰相毋昭裔更是办学的积

---

❶ 重庆市渝中区人民政府地方志编纂委员会. 重庆市市中区志［M］. 重庆：重庆出版社，1997：986.

❷ 《彭水县志》编纂委员会. 彭水县志［M］. 成都：四川人民出版社，1998：599.

❸ 王鳞飞，等. 同治增修酉阳直隶州总志：职官志［M］. 成都：巴蜀书社，1992.

极倡导者与力行者。

孟知祥镇守蜀地时，孟昶与母亲李氏随孟知祥的正妻琼华长公主一同进入蜀地。孟知祥任两川节度使时，以孟昶为行军司马。

后蜀明德元年（934 年）十二月，后主孟昶颁发了《劝农桑诏》，这不是例行公事，而是从战争时期转向和平时期必不可少的措施。诏文说：刺史、县令，“出入阡陌，劳来三农，望杏敦耕，瞻蒲劝穑。春鹒始啭，便具笼筐；蟋蟀载吟，即鸣机杼”（《全唐文》）。广政四年（941 年）五月，孟昶著《官箴》，颁发州县，要求地方官遵守“驱鸡为理，留犊为规”的老传统，使小农经济得以恢复和巩固。全文如下：

朕念赤子，旰食宵衣。托之令长，抚养安绥。
政存三异，道在七丝。驱鸡为理，留犊为规。
宽猛得所，风俗可移。无令侵削，无使疮痍。
下民易虐，上天难欺。赋役是切，军国是资。
朕之爵赏，固不逾时。尔俸尔禄，民膏民脂。
为民父母，罔不仁慈。勉尔为戒，体朕深思。❶

毋昭裔是河中龙门（今山西河津）人，自幼好学，知识渊博，癖嗜藏书，对经书有很高的造诣。孟昶即位的第二年，即拜中书侍郎，同平章事，上任后在大抓学校教育的同时，又倡导刻儒家经典于石壁。但当时孟蜀政局初定，府库并不充裕，刻经工程浩大，经费拮据是可想而知的。于是，他慨然捐出自己的俸禄，以襄其事。从广政九年（946 年）开刻，历时 8 年，终于在历史上留下了“孟蜀石经”这部刻在石头上的“教科书”。该部“石经”，除儒家九部经典外，还有《左传》，后者直到宋代才完成。宋人吕陶《经史阁记》云：“蜀学之盛冠天下，而垂于无穷者，其具有三：一曰文翁之石室❷，二曰高公之礼殿❸，三曰石壁之九经。”毋昭裔为流传方便，还令人将“石经”木刻。木刻是否完成不得而知，蜀亡后毋昭裔子毋守素带到京城去的书中，有《文选》《初学记》《白氏六帖》，虽无“九经”，但也可见蜀刻之盛。

---

❶ 常明，杨芳灿. 四川通志：卷三十九 艺文志［M］. 刻本，1817（清嘉庆二十二年）.（注：清代《璧山县志》均将其选录于艺文）

❷ 文翁为了办学，“筑石室”，实际上就是用石头建图书馆，对于气候潮湿而又容易发生水灾的成都，用这种图书馆保存古典书籍、文献太有必要了。

❸ “高公礼殿”指东汉兴平元年，蜀郡太守高眹建周公殿于石室之东，画远古君臣贤者像以祭。

# 第四章　宋代重庆学校的发展

宋代分北宋与南宋，简称两宋（960—1279 年），是封建社会教育发展的重要时期。宋代教育政策大力提倡儒学，借此统一思想，巩固中央统治。在社会组织管理的运行中，为确保其效率及公平，一方面，主要依靠选举制度来选拔人才；另一方面，科举取士除了为统治阶级提供官吏外，还为官学提供教育人员。两者交互作用，学校教育所学内容与科举考试内容大体一致，大多是儒学经典和伦理道德等。与前代相比，较为新颖的是教育政策的实施必须通过加强各级教育机构才能完成。宋代在改革中央官学的同时，注重地方官学的发展。在地方上设置提举学事司一职，专门用来掌管地方学校，加强教学管理，创立“苏湖教法”，放宽入学限制，满足庶族、地主阶层的就学要求；赐予官学缗钱、学田以充办学经费等。宋代较为完备的教育体系，有效发挥了学校教育在教化导民、化民成俗方面的政治功能。由此，两宋教育政策形成了兴学养士与科举取士二者并重的特色。宋代教育政策，不仅对当时教育的发展起作用，而且对后世元、明、清诸朝教育政策的制定及其实施，都有着甚为巨大和深刻的影响。重庆是两宋王朝统治之下的内陆腹心，与同时期出现在北方的少数民族政权辽、金、西夏、蒙元交集很弱。作为宋代教育组成部分的重庆学校，在带有普遍性基础上，具有个性化。

## 第一节　宋代重庆学校发展的历史背景

宋代重庆社会状况有所改变及进步，无论是在区域内，还是全国的地位都有攀升，理学流派众多，经济产业的基础加强，印书及刻书水平蜚声全国，这些都为此时期重庆学校的发展提供了背景依托。

## 一、宋代重庆的社会及学校概况

宋代重庆的学校在汉唐基础上呈提升发展态势，这既与历史的基础及继承弘扬的作为相关，更是此时期社会状况、学术思想及其他支撑文教力量的合力作用所构建的。

公元960年，即后周显德七年，禁军统领赵匡胤发动“陈桥兵变”，建立宋朝，先后削平了许多封建割据政权，结束了五代十国分裂割据局面，恢复了统一的中央集权的封建国家。宋朝分为北宋（960—1127年）和南宋（1127—1279年）两个时期。

重庆自然条件较成都平原差，不仅气温毒热，而且地形多山，“土地硗确，事力贫瘠”。这里居住着许多少数民族，“民俗半夷风”，甚至“夏人少，蛮僚多”。[1] 直到北宋，重庆地区在社会发展上都相对落后，经济尚欠发达。在汉族和少数民族的共同开发下，到了北宋末年和南宋时期，经济才有明显进步。以涪州为例，北宋初年涪州“夷俗”甚重，如“尚淫祀，病不服药，听命巫医”，[2] 社会还较落后。但经长期开发，其地风俗有所改变，农业经济有了显著发展，已广泛种植水稻，使“民食稻鱼，凶年不忧，俗不愁苦”。[3] 地方志有关“石鱼”传说的记载和赞咏，是农业显著进步的明证。到了南宋，涪州面貌已发生巨大变化，时人赞其“人烟繁峡内，风物冠江前”。[4] 再以最著名的南平军（今重庆市綦江县）为例，南平军是少数民族“南平僚”居地，然其土地肥美，受汉族影响颇深，北宋时即号“熟夷”，几次战争改变了行政区划，也使当地生产关系得到一些调整，从而加速了经济的开发。

重庆在宋代属四川省行政管理。因此，四川的状况及信息内容也包容着重庆，社会历史及专门史的内容及方式均如此。宋代四川经济高度繁荣，不仅发展程度超过了唐代，而且也是全国最发达的地区之一。第一，农业。宋代水利灌溉大发展，不但整修了原有的水利工程，还兴修和扩建了一些水利工程。在耕作技术水平和粮食单位面积产量方面，四川仅次于农业最发达的两浙地区，

---

[1] 王象之. 舆地纪胜：卷一百六十，卷一百六十七［M］. 刊本，清同治年间；祝穆《方舆胜览》卷六十四.

[2] 吕绍衣，等. 重修涪州志：卷四［M］. 刻本，1869（清同治八年）.

[3] 王象之. 舆地纪胜：卷一百七十四［M］. 刊本，清同治年间；祝穆《方舆胜览》卷六十一.

[4] 吕绍衣，等. 重修涪州志：卷十五［M］. 刻本，1869（清同治八年）.

成为当时重要的稻米产区。第二，手工业。宋代四川手工业高度繁荣，在各个方面都取得了前所未有的巨大成就，在蜀锦与蜀布制造方面，成都设置了成都锦院，蜀锦名扬天下。四川井盐生产创造了新的凿井工艺，使井盐产业扩大，产盐量增加。四川茶业、甘蔗制糖业、酒业十分发达，产量大，质量高，种类多。当时川酒中的名酒有“郫筒酒”“鹅儿黄酒”“云安酒”，均为传统名酒。尤其郫筒酒，自汉代起即颇负盛名，直到元代仍显名于世，可谓源远流长。第三，商业。纸币“交子”在四川诞生，推动了商业经济的高度发展。宋代成都是中国西部织锦、绢帛、麻布、茶叶、药材、纸张、图书以及农业、手工业产品的最大集散地和商业中心。[1]

宋代重庆的南部还居住着“南平僚”“渝州蛮”等少数民族。重庆处于汉族和少数民族聚居地的边缘，又是汉族和少数民族相互交往的重要场所。同时，因其地理形势，重庆既为控扼川东的军事要冲之一，又是宋王朝控制少数民族地区的前沿地。因此，北宋朝廷对渝州很重视，曾一度将夔州路提点刑狱公使从万州迁渝州。[2] 熙宁八年（1075 年）又在渝州之南置南平军（今綦江县南），[3] 以加强对少数民族的控制。大观二年（1108 年），“渝州蛮”赵泰等内附，后建溱州（今綦江县南，接贵州桐梓县境）以为恭州的羁縻州。北宋王朝的这些措施，不仅进一步加强了重庆在军事上的地位，同时也逐渐提高了重庆的政治地位。南宋孝宗淳熙十六年（1189 年）八月，光宗即位，升恭州为府，改名重庆。重庆由恭州升为府，是其政治地位显著提高的一个标志。升府促进了重庆的发展，此后重庆逐渐超过甚至取代了夔州这个川东首府的地位。

学校教育的发展与兴旺，人才培养的多少与优劣离不开地方官吏的大力倡导。“为官一任，造福一方。”兴学校，办教育，自然是“为官”者“造福”的具体行动之一。这应该是重庆社会及学校联系的重要特色。如宋嘉定十年（1217 年），涪州知州范仲武将北岩钩深堂改建为北岩书院；赵汝廪知涪州，歉岁则贷公庾，丰年则贮义仓，劝农兴学，民立生祠于学宫，以配程、黄、尹、谯四贤。他们对涪州教育的发展及人才的培养功不可没。重庆地区任职的行政官员对兴学具有重要推动作用。据（乾隆）《江津县志·宦绩》记载，宋

---

[1] 张丰瑞. 成都社区教育课程建设指导性纲要［M］. 北京：中国水利水电出版社，2012：229.

[2] 脱脱. 宋史：程师孟传［M］. 北京：中华书局，1977：10660.

[3] 脱脱. 宋史：熊本传［M］. 北京：中华书局，1977：10730.

知县郑谔，治平中任，吏事精明，宽猛有则，肇学治以饬文教。

黄庭坚，北宋著名书法家、诗人，曾担任“校书郎”“国史馆编修”等职，后因卷入新旧党政治纠纷当中，遭遇弹劾，被贬为涪州别驾，遣置黔州（今彭水）。黄庭坚富有学识与政绩，他的治理使得彭水地区有了很大改善。寓居黔州时，他“闲居不欲与公家相关”，却与当地僧民一起凿井而饮，亲如家人。他十分关注老百姓的生活，在《与秦世章文思书》中说，“今岁春暑异常，不雨欲一月，草木皆有焦色，父老云：久无此旱矣”。在《答李材书》中又称：“今岁黔中雪霜早寒，数日来雪欲及摩围之麓，不肖到三年所未有也。”黄庭坚不仅关心老百姓的生活，更关注他们的教育。黄庭坚谪居彭水时（1095—1097 年）在书信《与秦世章文思书》中也说：“小儿稍能诵读……他日令就黔州应举为乡人矣。”❶ 他把对彭水的热爱之情也寄托在对儿子的教育培养上，殷切地希望儿子应试科考成功，通过科举走上仕途，能够有所作为，努力改善当地落后的教育局面。

由于两宋封建经济的进一步繁荣，封建教育制度已基本完善。学校教育制度仍可分官学和私学两类，而官学又可分为中央官学和地方官学。书院的设立与私人教学是这一时期学校教育的突出特点。书院与私学是紧密联系的，从某种形式上看，书院是专业性或具有较高层次的私学。但鉴于笔者对重庆书院史已做专题研究，并出版问世，❷ 因此，本书略而不论。这一时期的教育，无论是官学还是私学都有较大的发展，尤其是私学，呈现了蒙学化的色彩。

宋代实施“崇文抑武”的方针，举学设教，加强科举。北宋的三次兴学运动试图解决学校教育与科举选士间的矛盾和问题。虽然学制体系基本沿袭唐代，但重庆各地官、私学的数量都有所增加，各地教育活动在理学教育思想的影响下，内容更为丰富，形式更显多样。官学、私学壁垒并非森严封闭，而是融通的、流动的。如南宋，合州人陈用庚，少读书巴岳山中，酷好周敦颐、程颢、程颐、张载诸人之书，沉思玩索，力穷事物性命之原。后游郡学，以少年明经，首冠诸生，声誉赫然。后任大足、涪陵县、州学教授，听者甚众。

---

❶ 《彭水县志》编纂委员会. 彭水县志［M］. 成都：四川大学出版社，1998：599.

❷ 吴洪成，王培培，郭春晓. 重庆书院史［M］. 北京：知识产权出版社，2017.

## 二、宋代重庆学术文化

宋代重庆的战略地位提高，伴随着重庆社会经济的开发，学术文化异军突起，不仅傲视西南，而且在全国学术思想之林占有一席之地。在教育领域，学校制度及科举选士等各方面都有长足进步。

### （一）宋代重庆的理学

两宋思想界和文化领域成就在唐代基础上有了新的变化和发展。唐亡后形成五代十国分裂动乱的局面，儒学地位大为动摇。宋建国之初提倡尊孔崇儒，并规定科举考试要考儒学经典，由是儒术得以复兴。宋真宗不仅尊孔崇儒，还大力提倡佛教。他说佛教与孔孟“迹异而道同”，利用佛教作为辅助儒学的统治手段，另外，道教也受到相当的重视。儒、释、道三家在融合过程中，虽然充满了长期而激烈的斗争，但最终还是以儒学为主体，融合佛道，建立起了新儒学——理学的思想体系。理学，亦称道学，《宋史》中有《道学传》，是采用当时流行的名称，但理学是宋、元、明儒家思想学说的总称。这一时期的儒家学者皆反对汉儒治经重训诂的学风，他们多以阐释义理、兼谈性命为主，故有理学的称谓。

宋代，重庆理学学术派别兴盛，所涉及的学者甚多，以致重庆的学术异军突起，影响程朱理学的内容及思想构建。

#### 1. 合川的理学文化

合川在区域文化交流上有突出成就，宋代理学大家周敦颐、程颐、魏了翁，文学家冯时行、岑象求、喻汝砺、刘望之、范成大、任逢、朱涣，目录学家和藏书家晁公武、辞赋家李开等先后为官或流连于合州，将三江风物熔铸清辞；孙樵《龙多山录》、周敦颐《养心亭记》、冯时行《龙多山鹫台院记》、喻汝砺《合州道中》、晁公武《清华楼记》、范成大《望合州》、李开《飞舄楼赋》等，都是不可多得的文学艺术瑰宝。其中家渔归是南宋眉州眉山（今四川省眉山市）人，于嘉定乙亥年（1215 年）登合州钓鱼山，并作《访钓鱼小供》诗，后刻于该山石碑。诗云：“暂脱尘羁人古蓝，西风送我与禅参。涨开二水虬朱鬈，岚隐诸峰玉碧簪。两武深痕堕尘迹，一椎打就踏云庵。自怜把钓人多老，消息遥遥自渭南。”

宋代诗人文师敬以诗为体裁，对此多有描述。

## 龙多山

［宋］文师敬

我家龙多西，出门山在目。杖履三十里，兄弟穿云宿。
山上有顷田，岩洞多重复。石囤如内空，可容万亿斛。
奇古一仙台，清绝三梵屋。千岁大夫松，万竿君子竹。
四时风飕飕，多寒而少燠。天低星日近，举首心自肃。
不敢高声呼，恐帝谓予黩。转盼四方宽，万山皆俯伏。
幽人来避世，松柏可充腹。何劳苦煎炮，自有云蒸熟。
朝易暮楞严，随意伴幽独。天下真乐在，安用名利逐。
我亦知此乐，倚门望良速。入山未要深，且归问寝馀。
男儿天下志，未忍同草木。他时素志遂，人进我则缩。
来此寄余生，分此山林福。吾心与道俱，出处应可卜。❶

宋代合州土膏沃饶，风俗淳秀；崇尚文化，尤慕士儒。知州任逢曾称赞说："以两溪之襟带，田亩桑麻，左右交映；人生其间，多秀异而善，以诗书自乐。"❷ 仅据明万历《合州志》记载，从真宗天禧三年（1019 年）开始，到南宋端平三年（1236 年）宋元战争爆发为止的 210 多年间，合州就有进士及各类功名、授官的举贡者 300 多人，还涌现出了两宋经学家罗志冲、李明复、陈用庚，以及张宗范、庹正、黄西甫、阳枋、阳昱等一大批传承理学、引领巴渝学术潮流、蜚声蜀学领域并且影响全国的著名学者，他们为合州历史文化的传承和发展，谱写了最光辉的篇章。

北宋理学家、濂溪学派鼻祖周敦颐以《太极图说》和《通书》两部易学名著而奠定其"理学开山"的地位。这一成就的取得，有赖于四川学者陈抟治《易》的影响。陈抟，四川普州崇龛（今重庆潼南县境内）人，博贯三教，精研易学，是宋易象数之学的创始人。他虽然建立以道教为核心的思想体系，但其治学路径和学术方法确实给宋代学术发展以直接、深刻而广泛的影响。周敦颐阐述理学思想的《太极图说》，就渊源于陈抟号为"洛学"的思想。周敦颐于宋仁宗嘉祐元年至五年（1056—1060 年）入蜀为官，签判合州。在此期

❶ 马积高，万光治，等. 历代辞赋总汇：宋代卷［M］. 长沙：湖南文艺出版社，2014：3457－3459.

❷ 王象之. 舆地纪胜：卷一百五十九 合州［M］. 刊本，清同治年间.

间，他与当地及附近学者交游往来。以下诸作对此有所体现：

**观巴岳木莲**

周敦颐

仙姿元是华巅栽，不向东林沼上开。
异蕊晓随梅雨放，清香时傍竹风来。
枝悬缟带垂金弹，瓣落苍苔坠玉杯。
若使耶溪少年见，定抛兰桨到岩隈。

**游南峰天池**

周敦颐

清和天气年能几，短葛轻衫近水涯。
风似相知偏到袖，鱼如通信不惊槎。
笑领山色倾新瓮，醉傍汀阴数落花。
啸傲不妨明月上，一行归路起栖鸦。

通过师生的转相递授，周敦颐获得陈抟易图，也继承了陈抟以图代文的解《易》方法及其部分思想。他所著《太极图说》，本之《周易》，既描述了太极→阴阳→五行→万物（人）的宇宙生化过程，又描述了万物（人）→五行→阴阳→太极的万物复归过程，实是对陈抟易学的宇宙生成论和内丹修炼法的继承和发展。只不过周敦颐已突破陈抟道教易学系统，而属于儒家解《易》系统。其学理的具体取向旨在归本儒家，宣扬仁义，提倡主静，期于成圣。周敦颐通过《太极图说》所表达的宇宙生成论和主静修养法，在他的《通书》中得到了进一步的阐述，并为后来理学家所继承和弘扬。

周敦颐的易学当时在重庆影响不大，但还是有一定的传播。合州人张宗范有文行，周敦颐名其所居之亭曰“养心”，并告以达道成圣的要旨。张得其施教，著《养心亭题说》，大致与《通书·圣学》相表里，并得到南宋朱熹的厚爱，收入《通书》“附录”之首。[1]

周敦颐在合州有很高的声望。南宋合州人、绍熙进士、蜀中著名学者度正在《周濂溪先生年谱》中说：“当时乡贡之士，闻先生学问多来求见。”合州的士子“从学者甚众，而尤称张宗范有文有行”。[2]

---

[1] 魏了翁. 鹤山集：卷四十四［M］//文渊阁四库全书. 上海：上海古籍出版社，1987.

[2] 度正《周濂溪集·周濂溪先生年谱》。

张宗范对周敦颐十分崇敬，常跟随他，虚心聆听他的教诲。当学士山上的亭堂完工之后，张宗范就邀请周敦颐前去做客。周敦颐去了那个地方，对其亭阁的雅致和“背山面水”的清新环境十分赞赏，觉得的确是一个读书养心的好地方。时值亭阁还没有命名，周敦颐欣然为亭题名“养心亭”。随后，他应张宗范的请求，又专门作了一篇题为《张子养心亭说》的文章“以勉之”。周敦颐的这篇文章提出了“去人欲，存天理”的命题，对程朱学派产生了重要影响，因此被誉为宋代理学的奠基之作。全文如下：

> 孟子曰：养心莫善于寡欲，其为人寡欲，虽有不存焉者寡矣。其为人多欲，虽有存焉者亦寡矣。予讲养心，不止于寡而存耳。盖寡焉以至于无，则诚立明通。诚立贤也，明通圣也。是圣贤非性生，必养心而至之。养心之善有大焉如此，存乎其人而已。张子宗范有行有文，背山面水，山之麓构亭甚清净。余偶坐而爱之，因题曰“养心”，既对颐求说，故书以记之。❶

张宗范得到周敦颐作的这篇文章，如获至宝，随即聘请了最好的刻工，将全文刻录，立碑于亭前。到后来，这篇文章收入《周元公集》，改名为《养心亭记》。❷

南宋淳熙十年（1183 年），州人为“以志晚学归敬之意，且以承邦人无穷之思”，❸ 在瑞应山修建了祭祀周敦颐的专祠——濂溪祠堂。

在周敦颐作《养心亭记》170 年后，学士山山麓的养心亭已不存在。当地人在翻挖土地时，在地下挖出了《养心亭记》石碑。其时，南宋著名学者、理学大师魏了翁正出使川东。他知道了这件事，觉得是弘扬理学的一个契机，随即奏请宋高宗皇帝为周敦颐、程颢、程颐、张载加封谥号，以示表彰；并致书掌管内务府的安少卿，指示在合州城北的瑞应山建瑞应山房，作为祭祀周敦颐的祠堂；在原养心亭遗址上建养心堂，用以教育生徒，并置田产作为助学之用。当这些事情办完之后，魏了翁还作了《合州建濂溪祠堂记》，勒石立碑，

---

❶ 程业．续修合州志：卷十六 艺文志 杂文［M］．刻本，1878（清光绪四年）．

❷ 池开智．合川历史文化纲要［M］．重庆：重庆出版社，2009：183．

❸ 何预．濂溪先生祠堂记［M］//程业．续修合州志：卷十二 艺文志．刻本，1878（清光绪四年）；张森楷．民国新修合川县志：名宦 周敦颐传［M］．刻本，1921（民国十年）．

详细地说明了事情的经过。❶

2. 涪陵易学

程颐是宋代理学的奠基人之一，其学术代表作《伊川易传》是宋代易学义理派的典范之作。程颐在重庆涪陵点《易》、注《易》，完成《伊川易传》。他在涪陵住了两年多时间，与当地治《易》学者交游往来，谯定就是其中的一位。“谯定，字天发，绍圣间与程伊川诸贤注易于涪陵铁柜山，时人号为四贤。”❷ 谯定早年曾学象数易学于蜀人郭曩氏，后远赴洛阳，问《易》于程颐，在涪陵与程颐相处已是第二次师从程颐，所以已有很好的易学基础。据文献记载，程颐在涪陵时有与谯定同修《易》书的打算，并在离开涪陵时，又邀谯定同居洛阳。这说明二人治《易》探讨深契。程颐完成于涪陵的《伊川易传》可能包含着谯定的一些易学思想。

谯定易学在当地很有影响。《宋史·谯定传》载：“定易学得之程颐，授之胡宪、刘勉之，而冯时行、张行成则得定之余意者也。”又据《宋元学案》卷44所记载，四川绵竹学者张浚亦从谯定学《易》。由于谯定不只是师承于程颐，还从蜀人郭曩氏受象数易学，所以其后学亦有义理派和象数派之分。胡宪、刘勉之、张浚属义理派，冯时行、张行成为象数派。涪陵易学至此隆盛。南宋大诗人陆游对谯定的学术思想特征进行描述：

**寄谯先生诗序**

［宋］陆游

寄谢谯夫子，今年一出无？万缘随梦断，百念形与枯。
云护巢松谷，神呵煅药炉。凭高应念我，百首学征租。

作为宋代理学的集大成者，朱熹对“四书学”更为重视，所著《四书集注》家喻户晓，是后世科举士子的必读之书。在南宋义理和象数易学不断融合的影响下，朱熹一方面以程颐义理为宗，另一方面又努力吸取邵雍象数学思想，致力于程邵归一、数理结合，并写出影响深远的《易学启蒙》和《周易本义》。朱熹易学成果就是建立在对各地易学成果批判继承的基础上，其中表现在与谯定易学的联系至为密切。朱熹早年的教师胡宪、刘勉之曾师从谯定学

❶ 魏了翁．合州建濂溪祠堂记［M］// 程业．续修合州志：卷十二 艺文志．刻本，1878（清光绪四年）．

❷ 江朝宗．重庆郡志［M］．刻本，明成化年间．

《易》。胡宪从谯定学《易》甚久，并悟得“克己功夫”这一为学要旨；刘勉之则是“尽得”谯定易学本末。朱熹还对谯定的另一再传弟子、四川井研县学者李舜臣的《易本传》有所汲取，从中亦可反映出朱、谯之间的学术联系。李舜臣师从谯定门人、重庆学者冯时行。据《宋史·冯时行传》称：冯重视画卦，尝说：“《易》之象在画，《易》之道在用。”《宋元学案》卷30记载：李舜臣发挥其思想，说“《易》起于画，理、事、象、数，皆因画以见。舍画而论，非《易》也”。其《易本传》就是“专自圣人画卦之意求之”，朱熹《周易本义》，就“多取”此书。

曩渊是涪陵人，与谯定为同乡，他平生好《易》，凡古今易学莫不研究。后来又东出夔门，万里寻师，从朱熹学《易》三年，“尽得其说以归”。又将朱熹易学融入涪陵易学之中，丰富了涪陵易学的内容，使其更有正统色彩。他录有朱熹与门人论《易》的《易说》一编，在当时即受到重视，如福建建阳书坊刊行朱熹经说，《易说》居其首；学者辑录朱熹《语录》，《易说》也收载其中。这有利于朱熹易学的传播。

重庆铜梁学者阳枋在继承和发扬朱熹易学方面，较曩渊更为突出，影响也更大。阳枋，绍庆学正[1]，字宗骥，合州巴川（今重庆铜梁）人，因居巴字溪小龙潭之上，故号字溪。早年从庹正学习理学。理宗端平元年（1234年），冠乡选。淳祐元年（1241年），因蜀乱免入对，赐同进士出身。其间曾向四川制置使余玠（治重庆府）献策革新蜀政，建立战略防御等措施。淳祐五年（1245年），改为大宁监司法参军。淳祐八年，为绍庆府学官。晚以子炎卯贵，加朝奉大夫。度宗咸淳三年（1267年）卒，年八十一。有诗文十二卷。清四库馆臣据《永乐大典》辑为《字溪集》十二卷。阳枋一生诗文俱丰。《字溪集》中多有涉及巴渝之诗文，如《重修夔州明伦堂记》《涪州北岩秋祀祝文》《夔州劝农文》等文及《瞿塘峡》《涪州北岩书院别王东卿归乐邑》《巫山十二峰》等诗，均涉及重庆地区内容。阳枋诗歌与庹正相比，爱国忧民的思想境界更高，艺术性、形象性更强，形成了较稳定的风格。《巫山十二峰》描写巫山十二峰峥嵘奇伟景象，其一云：“真灵间气巧蟠融，天下应无似此峰。笑杀襄王凡俗骨，妄生狂梦想仙踪。”其二云：“心与巫山异境融，危岑天际骇

[1] 学正为中国古代文官官职名，宋国子监置学正与学录，掌执行学规，考校训导。

奇峰。苍茫草木晴云外，有似乘鸾跨鹤踪。”❶

阳枋受业师晏渊教导，对朱熹易学十分钦佩，曾两度编集朱熹《易说》，完成《朱文公易问答语要》和《文公进学善言》；作有《易学启蒙跋》，介绍其版本、内容，以广其传；所著《易说》（今有部分残存于阳枋文集《字溪集》）定名为《正说》，也是因为“一本程朱之正”。阳枋易学思想甚为丰富，最突出的特点是重视《周易》在日常生活中的运用和体现，他说：“《易》无出于圣人言语之外者，只在力行求至，行得一步，是自家底一步；行得一事，是自家底一事。”这实际上是对晏渊治《易》“于日用常行研究天理造化之精微”思想的继承，❷ 也是针对朱熹易学盛行之后，学术界盲目祖述其说，空谈义理、不务实行的流弊而言的。阳枋在晚宋川东地区影响很大，经常被地方官员邀请讲学，还曾主持涪陵北岩书院，士子信从者众，为朱熹易学在川东地区的传播作出了贡献。

**昆岳有佳人四章寿黄循斋**

［宋］阳枋

昆岳有佳人，婀娜苍松姿。金石结根柯，绿叶琼瑶枝。
抱阳炉峰春，毓英巴水滋。丝苓濯繁霜，清樾摇坤陲。
亭亭拔烟萝，渠夏谁当支。工师胡弗来，岁寒心自知。
昆岳有佳人，猗猗凌霜竹。丛筱列委翳，萧森散清郁。
常虚君子心，而耸高人目。嫋嫋鸾凤栖，浓浓露华沐。
玉兔投西隅，金乌出旸谷。瑟僩不可谖，聊尔为君祝。
昆岳有佳人，神龟支其床。问龟生何年，太素含混茫。
问龟何所飧，沆瀣凝秋阳。问龟何所知，一理周八荒。
佳人拊龟笑，我心非汝量。大化难浅测，缩首宜深藏。
昆岳有佳人，挺挺云中鹤。帝乡回骛心，人寰寓其托。
仰云引圆吭，九皋穷碧落。瀛湘沧海身，稻粱寄情薄。
昨梦世未醒，清唳不容寞。鸣阴子必和，天理亦昭灼。

阳枋在诗词中状物抒怀，借景道志，蕴含人生的伦理修养及理想追求，体现出理学思想的浓厚色调。这是一首不可多得的教育修身养性的哲理诗。

---

❶ 薛新力．巴渝古代要籍叙录［M］．郑州：中州古籍出版社，2008：19－20.

❷ 阳少箕，阳炎卯《有宋朝散大夫字溪先生阳公行状》《纪年录》。

### 3. 南宋巴县的理学

南宋思想主流是理学，官学及科举选士的核心内容就是理学典籍及其内容。因此，科举及第的魁星状元应能集中体现理学的因素。南宋重庆巴县就有冯时行、蒲国宝二人考中状元。状元桥可能是二人并指，因为在记载中往往二人并称。巴县文庙中也有双状元碑。清周开丰有诗云："巴国当南宋，冯蒲两状元。遗徽存石碣，可复继高蹇。"清代学者龙为霖有诗云："有宋多才子，比肩两鼎元。江山不曾改，红杏尚依垣。"今重庆市北碚区缙云山下五里梁滩坝为冯时行故里，后被命名为状元乡，有碑镌"状元乡"三字。乾隆修《巴县志》时碑尚存，现在还有状元碑车站。《大清一统志》中有冯时行墓的记载，谓在巴县铜锣峡。乾隆旧《巴县志》谓冯时行，"绍兴时状元。县东鱼嘴沱，石崖下有南平老人墓，去此五十步，相传即状元墓"。

冯时行，字当可，别号缙云，宋恭州属之璧山人。宋高宗建炎年间为奉节县尉，绍兴年间状元及第。时秦桧当国，主和议，时行召对，力陈其非，至引汉高帝分羹事为喻。帝曰："朕不忍闻"，颦蹙而起。以是忤桧谪万州。部使者承桧意旨，附会抵罪，由是家居以山水自娱。绍兴十六年（1146 年）起用，宰通义之丹棱，有惠政。及桧死，假守沉黎，制置使王刚中以成都府学礼殿就圮，属九县缮完复旧，时行撰记。其治沉黎也，政有便民者，力行之。先是李椿年上疏，言经界不正十害，请颁其法于天下，故蜀中增税亦多。当经界甫颁，民无敢犯。迨行法既久，奸弊错出，甚有跬步之田而授倍蓰之税。富者以巧幸入轻租，贫者瘠死枕藉。将且十年，到时行持节来，甫下车，问民疾苦，得其情节，即奏仍其故。报可，民交相庆曰："吾等更生矣!"绍兴三十年（1160 年）春，奉旨入觐，道过眉山、丹棱，人犹识之曰："此吾昔令尹也。"寻擢成都提点刑狱。隆兴元年（1163 年），张浚入相，荐人才可用者十余人，谓时行可备近臣。未被召。卒于官。沉黎之人闻其卒也，莫不流涕，立庙古城祀之。[1]

关于蒲国宝的记载，《巴县志》内称："苦竹溪源出鹿角乡，北流经雷家桥、龙门湾、鲤鱼石。其东有大宅，瓦上皆铸'状元及第'字，传为蒲国宝故居。"又载蒲国宝墓在县西祥里坎坝。巴县祥里已于乾隆二十四年（1759 年）大部分划归璧山县。蒲国宝，南宋宁宗开禧年间（1205—1207 年）中状

[1] 寇用平，陈锦堂，卢有徽．璧山县志：卷八 人物志［M］．刻本，1865（清同治四年）．

元。据《四川通志》载："国宝与同邑人冯时行先后鼎名。"他"饱饫六艺，淹贯经史"，著述颇丰，然其著作多散失，现仅存《金堂南山泉铭》。蒲国宝书法精美，尤善榜书，今重庆市多功城翠云寺内有手书"天池寺"匾额。由宋入元后，蒲国宝专注于经史研究，奉祀乡贤。以下选录蒲氏作品一篇，以领略其风采。

**金堂南山泉铭并序**

［宋］蒲国宝

兰陵钱治尝作《南山泉记》，实仁宗天圣四年，距今盖一百二十有一年也。钱又夸大其言，以谓陆羽作《茶经》第水之品三十，张日新《煎茶记》又增其七，毛文锡作《茶谱》又增至二十有八，金堂南山泉当不在兰溪第二水下。然前之三人，足迹曾不一履，此地宜皆不为所赏鉴，故此泉湮没而无闻，方可叹也。

先朝时，家恬户嬉，一时人士，往往多以此泉试茗相夸为乐事。至靖康后，天下骚然，苦兵生民困于征徭，邑中之黔惴然，以货泉供亿，县官不给，为恐泉不甘否，何暇议耶？

黄君才叔，此方之修整士也，绍兴辛酉，于南山之南，手披荆棘，锄其荒秽，卓江山景物之会，作屋十余楹，极幽居之胜，而岩窦之间泉之湮者，复达引之庭除，其声涓涓。遇暇日，余率二三宾朋，登君之堂，洗心涤虑，便觉烦暑坐变清凉，酌为茗饮，则又苾甘可爱，诚如治之言者。余以是知物之兴废通塞，亦自有时，何独一泉耶？是不可不铭。铭曰：

峡水东注，鹤峰北峙，幽幽南山，为国之纪。自洌彼泉，出于岩底。清新香洁，酌之如醴。吾侪小人，岂曰知味。宜茶而甘，即为佳水。近世钱治，盖尝品第。方之兰溪，不在第二。陆羽既远，无复为纪；日新文锡，兹亦已矣。今之易牙，未知孰是。一泉小物，隐而弗示。不有奖鉴，孰发其闷。勒铭山阿，以告吾类。❶

金堂南山，在今璧山县城南大约50公里处。该文分"序"和"铭"两部分。"序"说明写"铭"的目的在于南山泉水质甘甜而"湮没无闻"，作者深知"物之兴废通塞，亦自有时"，即需伯乐的赏识，进行宣传。所以，为了让

---

❶ 朱锡谷. 巴县志：卷四 艺文志 铭［M］. 刻本，1833（清道光十三年）.

世人了解南山泉的美质，他“不可不铭”，写下这篇文章。“铭”文则以骈文的形式盛赞南山泉“酌之如醴”的清新香甜。而品茗专家陆羽、张又新、毛文锡已远离人世，今之易牙也不能品其优质，他只好“勒铭山阿，以告吾类”了！这篇文章是蒲国宝留存下来的唯一文章，深深地表现了他对乡土的热爱之情。❶

宋代重庆理学文化渗透到了民间文学和艺术活动之中，发挥了独特的教育和民俗活动功能。以下以彭水为例。

文学创作自宋代以来，由于市镇的发展、人口的集中，民间口头文学也逐渐发展起来。在街头、茶馆等地，有人讲圣谕、说淮书（评书）、打渔鼓（道情花鼓、金钱板、莲花落、连箫等）；在为逝者“坐夜”时，要唱孝歌；在打薅草锣鼓时，要请歌师唱打闹歌；苗族男女青年相恋要“对歌”。这些说唱文学，有前人传下来的唱本、唱词，但更多的是口头创作，说唱者根据说唱时的具体环境，即兴发挥。有时，几路歌师齐集一堂，互相比赛，十分热闹、激烈。❷

文学作品是与音乐艺术紧密联系的。彭水音乐起源甚早，唐宋已具规模。唐代“俗土尚巴歌”。黄庭坚不仅在其反映黔州仕女生活的《木兰花令》中有“竹枝歌好移船就”句，在其书信中说有“善音者”能将他作的诗词即席“试歌”，还说黔州的“乐籍”“皆胜渝泸”。在其他作品中还有“遍舞摩围，递歌彭水”“尽道黔南，……醉舞裀歌袂”“笛在层楼，声彻摩围顶上头”“何处歌楼，贪看冰轮不转头”“中有摩围为领袖……一曲琵琶千万寿”等句，反映了宋代彭水音乐之普及、乐器之多样，甚至有歌楼的建筑。这些音乐，显然不只是民间的竹枝词之类，而且有较高雅的作品。❸

### （二）宋代重庆的佛学

宋代的文化及学术明显地出现儒、释、道三家并存共处、互相包容交错的情景。佛教传播日益深入人心，道教势力明显下降，教育中表现的影响力也是如此。

宋代巴蜀经济繁荣，文化艺术相当发达，加之文化交流频繁，中原地区大

---

❶ 中共重庆市委宣传部．重庆读本［M］．重庆：重庆出版社，2009：78.

❷《彭水县志》编纂委员会．彭水县志［M］．成都：四川人民出版社，1998：631.

❸《彭水县志》编纂委员会．彭水县志［M］．成都：四川人民出版社，1998：633.

批文士工匠流入川渝。这些都为佛教石刻艺术的璀璨夺目提供了条件。四川、重庆地区的佛雕石刻等文物古迹明晰地昭示了这一点。

宋代大足石刻是佛教文化艺术之瑰宝，其思想内涵丰富，造型生动，在中国古代石刻艺术中占有重要地位。各大寺庙中文物、字画、楹联及名人题咏甚多，渝中区罗汉寺、南岸区慈云寺、九龙坡区华岩寺等寺庙中珍藏尤为丰富，都有很高的文物、艺术价值，得到郭沫若、启功等名家赞许。[1]

两宋时期，四川的石刻艺术也有很大发展，并取得了辉煌的成就。这些石刻艺术集中于大足、广元、安岳、巴中、潼南、荣县、乐山、成都等20多个县市；其中尤以大足石刻最为著名，这里不仅数量多（全县有40处摩崖造像，有5万多尊），而且保存完好。重庆大足石篆山摩崖造像于北宋元丰五年至绍圣三年（1082—1096年）开凿而成。石篆山石刻是典型的释、道、儒“三教”合一造像区。重庆大足石门山石窟开凿于北宋绍圣元年至南宋绍兴二十一年（1094—1151年），有造像12龛窟，尚存造像记20件，碑碣、题刻8件，培修记8件，为佛教、道教合一造。重庆大足多宝塔（北塔）建于南宋绍兴年间（1131—1162年），塔内外壁雕有佛、菩萨、人物以及各种花木图案。

大足石刻以佛教造像为主，兼有不少儒、道造像，这些石刻集中于北山和宝顶两个地方。北山曾是唐末川西节度使韦皋屯兵的山城，在大足县城西北2公里处，石刻全长500米，有石刻造像五六千尊，共编为292号，其中“水月观音像”（113号）、“数珠观音像”（125号，有东方维纳斯之称）、“心神车窟”（136号转轮经藏窟）最为有名，是宋代石刻的瑰宝。

宝顶山位于大足县城东北15公里处，有石刻造像一万多尊，是宋代名僧赵智凤于宋孝宗淳熙四年（1177年）主持修建，前后历时60年，由于蒙古入川，工程中断。

赵智凤（1159—1249年），大足宝顶石刻创刻者，法名智宗，南宋昌州（今重庆大足）人。5岁时在家乡古佛岩落发为僧，16岁时外出云游。孝宗淳熙六年（1179年）返乡后传密宗柳本尊法旨，承持其教，命工首建圣寿本尊殿，因名其山曰宝顶。发宏愿，普施法水。按密宗道场的格局，精心设计，巧妙安排，在宝顶山“U”形沟中一次性雕琢了上万躯佛像。他继承弘扬密宗柳教，清苦70余年，营造了宏大的宝顶石窟密宗金刚部道场，使宝顶山成为巴

---

[1] 重庆市地方志编纂委员会. 重庆市志：第二卷［M］. 重庆：西南师范大学出版社，2004：39.

蜀密宗中心。宝顶石窟成为中国石窟艺术史上的一座丰碑，1999 年被列为世界文化遗产。[1]

从宝顶石刻的文字内容可以看出佛教与儒家在主旨思想上的结合。当然，这种结合不是从南宋才开始的，而是进一步发展。南宋中期，正是封建理学的集大成时期，也是儒、佛、道三家合流的时期，宝顶石刻是这一时期修建的，无论在造像上或文字上都反映出这一发展变化，它是研究南宋社会思想的第一手素材。

宝顶石刻以大佛湾为中心，在全长约 500 米的石岩上，刻有 31 幅大型雕像。图文并茂，既有形象生动、主题突出、内容连贯的群雕造像，又有语言通俗、用词简朴、围绕主题的宣讲文字，这些文字反映出当时社会思想的一部分。同其他佛教道场一样，宝顶石刻文字反复宣扬佛教“因果报应、轮回转世”的教义，然而在具体的思想内容上，它却颇具特色。宣扬“静心”“养性”“行善”，是宝顶石刻文字突出的特点之一。比如，“牧牛道场”群雕，就是通过十个牧童制伏十牛的形象，以牛比人心，劝人静心修行，领悟佛法。这里刻有这样的文字，“突出栏中不奈何，若无绳绻总由他。力争牵尚不回首，只么因循放者多”；“了心心了无依止，圆炤无私耀古今。人牛不见杳无踪，明月光寒万象空。若问其中端的意，野花芳草自丛丛。”在什么是“善”和怎样行“善”的问题上，宝顶石刻文字大量地宣扬当时的道德伦理观念乃至国家法律，其中又尤以“孝道”最为集中。从刻造像来看，“父母恩重经变相”“大方便佛报恩经变相”“地狱变相”是大佛湾石刻中规模很大的龛窟，造像众多，情节连贯，现实性强，生活气息浓厚，在内容上突出宣扬“孝顺父母”“惩恶劝善”。这几个龛窟镌刻的文字也最多，配合造像讲释造像的主题和含义，所用的形式也多样化。石刻造像既有庄严肃穆的佛教道场，又有许多冲破宗教仪轨束缚的作品。比如“父母恩重经变相”群雕，以父母养育子女为主题，形象地展现出求子、怀孕、临产、哺乳、提尿、洗涤、嘱别、教诲等一系列生活情节和人物的内心活动。

此外，北宋治平年间（1064—1067 年），祖月和尚在重庆区域创建罗汉寺，以宋英宗赵曙年号而名治平寺。《蜀中名胜记》录旧志云：“寺有石刻‘西山佛’三字，旁刻开山祖月名。祖月，宋治平时僧也。”潼南大佛寺位于

---

[1] 王群生．重庆历史名人典［M］．重庆：重庆出版社，2005：6.

重庆市潼南县城西郊的定明山下，该寺创建于唐代咸通年间（860—873 年），初名“定明禅院”，又名“南禅寺”；后因宋代在寺内依山雕凿一大佛，改称大佛寺。宋淳熙年间，长寿的东林寺是著名佛教禅寺，位于长寿县邻封镇邻封村。尤以正殿和石碑、千手观音最为壮观，并有“东林钟声响洛碛”“白马驮金”的传说。千手观音为长寿县仅存宋代石刻佳品，是重庆集建筑艺术和绘画、民俗、宗教和宋代雕塑艺术于一体的代表性实物之一，具有较高的历史价值。重庆江津的石佛寺建于宋哲宗赵煦年间。宋代合州有四大名刹：龙游寺、净果寺、护国寺、方溪寺。[1] 重庆荣昌报恩寺塔始建于南宋绍兴二年（1132 年）。铜梁县罗睺寺，即东岩寺，位于城东二里处，宋乾道间建。

### 罗睺寺东岩记

［宋］冯倓

合州巴川杨君之问以书叩予作罗睺寺东岩记，其言县之东北二里许，邱曰罗睺，名曰东岩。其地世属杨氏，状若蹲虎，嵎嵎巉立，磴屹以高，直瞰县庭，倚峙巴岳。旧有佛岩，吾祖讳嵩者善之，有志建观音大士祠。吾父鸿渐者每悼先志未集，故于此地树植竹柏，朴干隐映，耸秀畅茂，遂为邑中佳处。

岁来数遇头陀李净能来从宝城，登岩顾望，若有自得。一日谒吾父，丐作汉州，无为通悟圣师香火地，且云圣师十受生、十反杨家。净能像圣师于岩中，为大门、积福田，殆与杨氏有夙昔缘乎？吾父怡然肯之，即授以木三百章为之基，又剖田一区，委莳蔬菜。于是净能善心志，寒暑匪怠，转化境内善士，而邑人乐其致勤于吾土也，相与捐金出谷勿靳。创自乾道庚寅，迄淳熙丁未，凡十有八年。既成圣师殿，又别立藏经殿、大悲阁、度生桥，其用毋虑万数，蔚为佛宫。不侈不闶，隐隐凌空，清风满岩，游者观览，起敬信心。

夫善继人之志，善述人之事，此子孙之道也。今东岩崇成胜概，实贤父子相承致然，岂一净能力哉？且夫天地一元之气，充结为邱岳，应为星辰，厥理昭昭，其象可考。是故岁星位于秦，荧惑位于衡，太白位于华，辰星位于常，镇星位于嵩，而罗睺、计都二星位于巴岳之旁，毋怪也。按道书罗睺为神首建星，而吾儒所载星位在南斗北，亦曰天旗，天之都关

---

[1] 池开智．合川历史文化纲要［M］．重庆：重庆出版社，2009：199.

也，乃旺于此邑，何哉？其说又曰，主天下诸恶人，逢致灾。夫天地有施生之德，而不自用其德，惟神变化而行，星、神也，以行其德耳。传曰天道无亲，常与善人，然有祸有福，惟人所招，况系耸巴岳之奇故钟于人多秀士，而其俗且淳古。加之以孝于亲、弟于兄、忠于己、信于人，重礼逊、息争讼、知吏可尊、知法可畏。则斯神也，但见戴冠执简，悬金剑、垂玉佩，代天地施生，与一境作福无穷，而其为祸岂待禳而去哉？呜呼！净能措意此岩，又何拳拳也。将鬻度牒披剃扫洒，一僧敛缗，仅得五百千有奇，寄邑中田炳家，事未就而净能死。邑大夫士佥谋招来道者陈祖雄，俾继净能，祖雄是不负邑大夫士所付而悉其力者乎！❶

宗教的传入为讲学开辟了新的途径。荣昌有瑞莲寺，宋进士姚柬之读书处，“山高数十处，寻石池水泉不竭，中产莲。一钟从石缝中出，左右白花，不实根，不藕开，亦不常红。兆科第，白兆丰年”。❷ 宗教经文是宗教教育的重要内容，宗教教育为官学、私学的发展奠定了基础，这些宗教场所大多用于僧尼传诵经文，在后期学宫、书院的选址也多加仿效，甚至邻近于此。

大足观音洞在北山，内刻观音像，极妙。洞前一泉泓澄为观音泉，旁有石洞，内刻《宋赵懿简公神道碑》，左右壁及洞内外两旁刻古文孝经。宋范祖禹进呈古文。“孝经”序曰：

古文《孝经》二十二章，与《尚书》《论语》同出于孔氏壁中，历世诸儒疑眩莫能明，故不列于学宫。今文十八章，自唐明皇为之注，遂行于世二者，虽大同而小异然，得其真者古也。臣今窃以古为据，而申之以训说。虽不足以明先王之道，庶几有万一之补焉。臣谨上文札子曰：“臣复睹国史，章献明肃太后，尝命侍读宋绶，择前代文字可以资孝养补政治者，以备仁宗观览。臣职勤读，虽不足以跂望前人之髣髴，然区区忠益，敢不尽愚。窃以圣人之行，莫先于孝书，莫先于《孝经》。”《孝经》有古文、有今文。今文即唐明皇所注十八章，古文凡二十二章。由汉以来，惟孔子安国，马融为之传。自余诸儒多疑之，故学者罕习。仁宗朝司马光在馆阁为古文措解一卷，表上之。臣窃考三书虽不同者，无几然，古文实得其正。故尝妄以所见文为之说。非敢好异尚同，庶因圣言少关省览。伏惟

❶ 王梦庚，寇宗．重庆府志［M］．刻本，1843（清道光二十三年）．

❷ 王德嘉．大足县志：卷三 祠祀 寺观［M］．刻本，1877（清光绪三年）．

陛下方以孝治天下，此乃群经之首，万行之宗，傥留圣心，则天下幸甚。其古文考经说，谨缮写为一册上进。[1]

经文的内容是赞扬刘太后的功绩，完善科举制度，扩大取士名额，新设科目，增设武举，兴办州学，赐学田以作学粮，成就了北宋“庆历兴学”之举的功德。

重庆籍思想家陈抟是道教发展史上的重要人物，当今我们所熟知的“太极图”是他所创制的。周敦颐的《太极图说》、张载的《太和》、邵雍的《皇极经世书》，程颢、程颐、朱熹等的《易传》，都是源于他的创见。他对传说中的天书——“河图洛书”也有研究，后来科学家认定“河图为数学之母”，“数学为科学之母”，而他所著的《易龙图序》对南宋伟大数学家秦九韶的《数书九章》有启迪作用。[2]

### 易龙图序

［宋］陈抟

且夫龙马始负图，出于羲皇之代，在太古之先也。今存已合之序尚疑之，况更陈其未合之数耶！然则何以知之？答曰：于仲尼三陈九卦之义，探其旨，所以知之也。况夫天之垂象，的如贯珠，少有差，则不成其次序矣。故自一至于盈万，皆累累然，如系之于缕也。且若龙图便合，则圣人不得见其象，所以天意先未合而形其象，圣人观象而明其用。是龙图者，天散而示之，伏羲合而用之，仲尼默而形之。始龙图之未合也，惟五十五数。上二十五，天数也。中贯三五九，外包之十五，尽天三天五天九并十五之位。后形一六无位，又显二十四之为用也。兹所谓天垂象矣。下三十，地数也，亦分五位皆明五之用也。十分而为六，形地之象焉。六分而成四象，地六不配。在上则一不配，形二十四。在下则六不用，亦形二十四。后既合也，天一居上为道之宗，地六居下为地之本，三干地二地四为之用。三若在阳则避孤阴，在阴则避寡阳。大矣哉！龙图之变，歧分万途。今略述其梗概焉。[3]

---

[1] 王德嘉. 大足县志：卷三 祠祀 寺观［M］. 刻本，1877（清光绪三年）.

[2] 王雷，谭发宝. 宋朝故事（青少版）［M］. 成都：天地出版社，2016：11.

[3] 韩清桂. 铜梁县志：卷十三 艺文志［M］. 刻本，1875（清光绪元年）.

### （三）印刷术及制墨业的进步

四川（此处包括重庆，下同）从唐五代以来，一直是全国的印刷中心之一。入宋以后，由于经济文化的高度繁荣，四川印刷业得到极大发展。当时全国的雕版印刷中心有三个：杭州、四川和福建。杭州的刻本称为“浙本”，四川的刻本称为“蜀本”或“川本”，福建的刻本称为“闽本”或“建本”。四川雕刻印刷业十分兴盛，广布于成都、眉山、什邡、双流、临邛、金堂、泸州、铜梁、潼川、遂宁、绵竹、嘉州、益昌、犍为、忠州、资州、夔州等州县，而以成都、眉山最为发达。

印刷技术及质量成效的提升，离不开制墨业的参与。两宋之际，长寿成为全国著名的制墨基地。以蒲大韶为代表的蒲氏家族，是长寿制墨业的主要代表。蒲大韶，祖籍四川阆中，先辈移居涪州乐温（今重庆市长寿区），早年受黄庭坚制墨技术影响而发扬光大，自成一家。史载蒲大韶的墨“世竞珍藏之”，“大韶死久矣，其族犹卖墨”，“书窗轻拾煤，佛帐扫余馥。大韶，字舜美，阆中人。得墨法于山谷，多题云锦屏”。蒲舜美其子知微，同郡史威，亦用其法。史大用，眉山人，读书于乐温凰山之麓，有石刻“读书”二大字，撰崇德庙碑文立谕，俱纯正典雅。[1] 蒲大韶的墨之所以备受青睐，主要在于技术上的创新和品质上的提升。从汉代兴起的松烟制墨法，到宋代中期，由于不少地区松林资源几近枯竭，制墨工匠不得不另辟蹊径，以桐油、石油、麻油、脂油取烟制墨，称为油烟墨。松烟法与油烟法，制作方法不同，墨也各有所长。蒲大韶墨，则是一种用松烟、油烟混合后加胶制成的墨，乃油松墨，集合了两种制墨方法的长处。这种新方法制成的油松墨墨色深浓，胶水不重，极易于书写，入纸则愈见神采，而且克服了油烟墨不耐久的弱点，保存时间长久却不变形，因而深受士人喜爱。

宋蜀刻本数量多，流传广，校勘精，内容可靠，有字好、墨好、纸好等优点。世人称为“宋时蜀刻甲天下”。宋蜀刻本分为官刻图书和私刻图书两种。官刻图书中《大藏经》《太平御览》《册府元龟》三部巨著规模最大，还印有“宋蜀刻七史”和其他古籍。私刻图书分为书坊、书肆和私家刻书，简称坊刻和私刻。私刻风气尤盛，成都辛氏，临邛韩醇、李叔廑，蒲江魏了翁，眉州苏林，三台刘甲等，都是有名的私刻之家。广都费氏进修堂、广都

[1] 张永熙．重修长寿县志：卷七 流寓［M］．刻本，1875（清光绪元年）．

裴宅、西蜀崔氏书舍、眉山程舍人宅、眉山万卷堂、眉山书隐斋，都是有名的坊刻之所。

四川宋代时期造纸业和印刷业的发达与当时四川的文化繁荣密不可分。教育的发展、文学的兴盛、理学的勃兴、史学的发达、艺术的发扬都得益于印刷业的发达。❶

宋代四川经济的繁荣，为雕版印刷提供了坚实的物质基础；人才之盛，为雕版印刷提供了优越的社会环境。当然，四川与外地交通不便也是应该承认的，唐代诗人李白曾有“蜀道之难，难于上青天”的诗句。但是，任何事物都有两面性。交通不便，对于雕版印刷来说却非常有利。四川是我国古代雕版印刷的发祥地之一。唐五代时期，四川已经刻印了不少图书。毋昭裔、和凝是我国古代家刻的先驱，对后世产生了很大影响。到了宋代，四川已经形成一支技术力量颇为雄厚的刻工队伍。

重庆朝天门以下重要港口、贸易大埠涪州刻有《易学启蒙》《周子太极通书》《张子西铭》等；另一商贸物资聚集地夔州刻有《资治通鉴纲目》等。许多历史史书都是出自四川刻本。如宋代李焘《续资治通鉴长编》、孙甫《唐史论断》、邵伯温《邵氏闻见后录》、李心传《总类国朝会要》588 卷、税安礼《历代地理指掌图》1 卷等。

印刷技术的长足进步即所谓“印刷革命”，为宋代文化的兴盛与提高提供了重要的物质条件。宋代不仅是雕版印刷的黄金时代，而且有活字印刷的发明和应用，从此，信息传递和储存的方式发生了历史性的变革。信息的传递由主要靠听觉到主要靠视觉，而信息的储存媒介除了大脑之外，还有大量的书籍，由此导致宋代书籍价格的大幅度下降以及书籍数量成倍地增加。

## 第二节　宋代重庆官学状况

宋代地方官学深受北宋三次兴学运动影响。宋代重庆官学的数量、规模以及运行秩序都较之隋唐更加规范、有序。这种教育力量增长与地域社会发展、地位提升有不可分离的关联。科举考试的业绩、及第人士的成就无疑是官学前行的推动力量。

---

❶ 张丰瑞. 成都社区教育课程建设指导性纲要［M］. 北京：中国水利水电出版社，2012：231.

## 一、宋代的“三次兴学”

宋王朝有鉴于唐末的封建割据，着力于加强中央集权，十分重视文教对巩固封建专制统治的重要作用。为防止割据势力滋生、笼络地主阶级知识分子，有宋一代，实行着“兴文教，抑武事”的方针。在全国上下形成文武分离的格局，重文轻武，抑制豪门，强化皇权，并积极吸引庶族地主阶级参政，提高读书士子的地位。为切实推行“重文”政策，培养统治阶级理想的人才，急需整顿和发展学校教育。北宋兴起了三次兴学运动，到宋徽宗时达到其全盛期。地方兴学养士，学校经费、教官、学生管理等制度都得以建立，促使地方学校规模与学生人数都达到了历代的顶峰。崇宁三年（1104 年），全国官学学生数多达 21 万余人。

宋代先后掀起三次兴学高潮。第一次是宋仁宗接受范仲淹的兴学建议，于庆历四年（1044 年）诏“令天下皆兴学”；第二次是神宗年间（1068—1085 年），王安石推行新政时的兴学；第三次是徽宗年间（1101—1125 年），倡导“崇宁新学”。三次兴学的目的都是“通过振兴教育，培养人才，来带动解决其他的社会问题”。❶

三次兴学运动，使各级官学散布在蜀中，按照皇帝历次的诏令，到南宋时期，四川、重庆地区应设立府学、州学 49 所，县学 172 所，总计应有 221 所；但实际建校约 95 所，远没达到这个水平，相当于 43% 的州县完成了任务。这与州县文化基础的雄厚程度和经济实力的强弱紧密相关。夔州路在今重庆有 12 州 30 县，建校 8 所，而成都府路有 16 州 60 县，建校 42 所。❷ 这充分说明，学校教育的发展水平是受文化经济基础所制约的，理想规划与现实之间的差距向来存在。但即便如此，宋代重庆学校上超隋唐，下逾元代，在封建社会早、中期最为突出，并为明、清的势如破竹发展态势奠定了基础。

## 二、重庆官学的增长

两宋是重庆学校教育的发展阶段。北宋以后，随着中国政治经济文化中心逐渐东移南迁及重庆战略地位日趋重要，重庆学校教育事业有了长足的进步，

---

❶ 李国钧，王炳照. 中国教育制度通史：第 3 卷 [M]. 济南：山东教育出版社，2000：47.

❷ 贾大泉，等. 四川通史：第四册 [M]. 成都：四川大学出版社，1994：103 - 104，263.

主要体现在官学的勃兴。

涪州儒学建于宋代，在州治南❶。宋元时期，中央王朝曾在土家族地区设立学校，招收土童入学。清乾隆《永川县志》记载：宋代梁成在永川做官时创设学校，县立文庙祀孔，近庙立学，置学官管理教育。合州教育发达，有宋一代，除州学外，赤水县（治今合川市赤水乡）、汉初建有县学❷。梁山官学源于南宋，隆兴年间梁山军教授杜莘老开始讲学，宝庆年间始建学舍。然而宋元时期地方官学设置并不平衡，各地情况不一，所谓“州县复得置学自宋时。然其时，或举或罢，视守令能否。即举矣，而土木弗坚，庙貌弗箌饰，豆篚簋弗备者，非所称尊重先师之典也。且学师散处，舍署圮败，亦非所以隆教化也。其举坠救败，饬与弗饬，亦恒视守令能否”❸。

学宫是文庙和学校的统称，有合为一体，有分而置之，各地有别。又称府学、州学、县学，属地方官学。设计考评方式及要求，以后惯称月课和季考。《名山（丰都）新县志·学校》直接表述为：“学宫者，国立学校也。”入学生员必须是取得秀才资格的。州学的学额视其州、县的文风、钱粮及人口多少而定。州学设教官（即州儒学署的学官），宋、元朝称教授，明、清代称教谕，也有称学正的。学官任务有三：一是负责文庙春秋二季祭祀；二是宣讲儒家经典和皇帝训示教诲，考核、管理、教导所属生员；三是掌握学田经费。

学宫内部的建筑具有重要意义，宋代学宫大多处于初创，后期不断修缮完善。学宫里有文庙、泮池、尊经阁、启圣祠、名宦祠、乡贤祠、大成殿、奎星门、学正宅、训导宅、明德斋、思诚斋、养正斋、文昌宫、魁星楼等。上述建筑的设施并非各所儒学均有，但非常具有参考价值。正是学宫的多元化设置，教学仪式也显得非常隆重，学子入学祭拜先师成了最重要的仪式。这些先师、先儒，名贤、名宦的事迹教化学生，使他们有了学习的榜样和尊崇的态度，对待求学保持谦卑之心。这种教化仪式在当今仍具有传承价值。教师在教学过程中，可以用先人的事迹激励学子，通过祭拜先师的仪式，激发学生的求学之心，令其对待学习更加重视。仪式在一定程度上可以为学子带来敬畏之心，在

---

❶ 彭官章. 土家族文化［M］. 长春：吉林教育出版社，1991：38.

❷ 胡昭曦. 胡昭曦宋史论集［M］. 重庆：西南师范大学出版社，1998：65.

❸ 余有光. 重庆修黉宫泮池记［M］//高维岳. 大宁县志：卷八 艺文志. 刻本，1885（清光绪十一年）.

倡导师生关系平等的背景下，祭拜先师是从另一种层面教化学生要尊师敬长，非常具有意义。

宋代重庆文庙建筑初具形态，到明清时期才更加完善，由当地知县官员或富庶人士修建改善。这在一定程度上反映了学校教育物质载体的完善推动了学校教育的产生和发展，正是因为这些教育场所的修建和完善，教育才有传播的物质载体。

**次韵卢彦德学宫诗**

［宋］杨辅

颇怪诸生籍奉常，寂寥科目岁年长。
只今五桂名犹在，恐有孤桐曲未忘。
学校规模新壮丽，江山意气久徊翔。
分光肤使青瑶句，收拾风霆唤阿香。❶

清正廉洁的官员在任职期间的政绩是地方社会及教育发展的一个重要环节。他们对地方的治理，推动地方的经济发展，促进地区的民族融合，为教育的发展奠定了良好的基础。这些官员或文职或武职，在地方史上留下了浓墨重彩的一笔。这些富有政绩的官员被世人铭记，世人用题名、修建祠堂等方式进行悼念，以表感恩之情。这些官员在政治上的作为，也真正地迁移到地方的教育上来。他们或修建、修缮文庙学宫，或拨款援助运转，更有的亲自讲学，教授学生知识。

宋朝地方政府设立的学校，直属于各级地方行政长官统辖，并由中央另派提举学事司专门管理。各路的州（府、军、监）、县均设学校。教师、学生名额，教材内容及经费，均有定制。其中著名的有：重庆府儒学、巴县儒学、江津县儒学、黔州儒学、涪州儒学、夔州府儒学、合州儒学、梁山县儒学、丰都县儒学。以丰都县为例，史载：

> 隋唐以前，境鄰夷荒，战戍频仍，未遑文治。宋太祖玉斧画河，边患宁息，仁宗庆历四年，立学，干櫓之气化为诗书，选贤登俊，代不乏人。惟是屡受夷祸，种族界严，胡元入主中夏，又复守义称兵，左文右武，几及百年。学制学风潜焉无存。明太祖驱元即位，重整学宫，自是厥后，辅

❶ 杨慎．全蜀艺文志：上［M］．刘琳，王晓波，点校．北京：线装书局，2003：266.

之以书院，变之为学校，公既设学，私亦有塾。[1]

这里叙述了宋以后历代兴学之大略，而尤推崇宋、明两代，绝非虚言。

## 三、科举考试与重庆官学

宋代采用“重文抑武”的文教方针，较之唐代更重视科举取士，担任政府要职的政治实力派大都科举出身。科举与学校教育的关系紧密，但两者的矛盾也日渐突出。重庆全面推行科举制度，被录取人数相当可观，而且一些僻远的县也不乏中举者，这从一个方面反映了宋代重庆教育的发展状况，表明重庆在全国的地位明显上升。

宋朝中央政府实行重视发展教育事业的重大方针，以培养统治阶级的治术人才，取得了不小的实际效果。据《重庆教育志》所载：宋朝重庆所辖州县先后中进士者208人。[2]（见表4.1）数字与表中有出入是因为没有包括重庆直辖后划入的涪陵、万县、黔江地区的及第进士名额。这表明宋代重庆参加科举考试被录取的人数之多及所分布区域之广，远超唐代和五代，也为元、明所不及。

**表4.1　宋代重庆进士分布**

| 州府军监 | 分县人数 | 合计 |
|---|---|---|
| 合州 | 合州89人，巴川1人，铜梁14人 | 104人 |
| 昌州 | 昌州36人，永川11人，荣昌13人 | 60人 |
| 恭州 | 恭州4人，璧山5人，江津11人 | 20人 |
| 南平军 | 南平军20人 | 20人 |
| 涪州 | 武隆6人 | 6人 |
| 黔州 | 彭水5人 | 5人 |
| 夔州 | 奉节4人 | 4人 |
| 梁山军 | 梁山军4人 | 4人 |
| 大宁监 | 大宁1人，大昌2人 | 3人 |

[1] 赵懿. 名山（丰都）县志：卷十一 学校［M］. 刻本，1896（清光绪二十二年）.

[2] 重庆市教育委员会. 重庆教育志［M］. 重庆：重庆出版社，2002：10. 该书第15－16页详列了重庆各州县进士的分布名单，可以参考。另外，该书中的重庆管辖范围，不包括重庆直辖后现行行政区划范围的涪陵、万县和黔江地区。表4.1笔者现依据常明修、杨芳灿纂《四川通志》的重庆区县科试中试士人状况，对《重庆教育志》加以修订。

续表

| 州府军监 | 分县人数 | 合计 |
|---|---|---|
| 忠州 | 忠州 1 人，垫江 1 人，丰都 1 人 | 3 人 |
| 万州 | | |
| 开州 | | |
| 总计 | | 229 人 |

资料来源：转引自吴洪成．重庆教育史：从巴国到清代［M］．重庆：西南师范大学出版社，2008.

在科举盛行的时代，其学校教育的培养水平可以从科举的状况中反映出来，在宋代綦江地区，绍圣四年（1097 年）出了宋锡中、李坤殿两位进士，往后近 200 余年中共出了约 20 名进士。其中值得一提的是，綦氏家族为科举名门，先后几代中举，如宣和三年（1121 年）辛丑科何涣榜的綦母賁，绍兴二十一年（1151 年）辛未科赵逵榜的綦毋宁、綦毋常、綦清卿。可见，綦氏家族这种家学的培养观念及方法潜移默化影响着下一代。以下资料可大致勾勒出重庆宋代进士科名及第图谱：

大足宋代进士：廉毅登元丰及第，赵环、郑顗登治平及第。其他获进士科名者尚有姚彦成（姚成彦）、张肯堂、宋道真、杨茂、勾龙亶、何椿年、登万、廉操、杨甲、文章、罗翱、陈伯雄、鲜仲文、邵献臣、王登、罗璠、鲜于爰、宋国光、郑叔丙、李辰、杨敏叔、赵希枢、何光觉、薛日图、王昂、黄贯、张皋、郑戬、王琦、谯南薰、王璠、何永、王子羽（王子渊）、何应龙、赵希程、赵汝礼、王异辰。❶

云阳县宋代先后共有六位进士，分别是：李石庆、李传、袁孝纯、袁师奭、袁道明、李应凤。袁师奭，绍兴间进士，父袁孝纯，兄师允、师文，子袁道明相继登科，乃为乡人的荣耀。学行卓义，乡人重之。

璧山进士：王大龄，嘉祐进士。蒲谦，绍兴进士。冯时行，绍兴状元。蒲国宝，开禧状元。高若霖，宝祐丙辰进士。❷

奉节县进士：李裳，政和壬辰科。李袭，裳弟；李公京，裳子；李公奕，裳子；李茂，裳孙同为政和乙未科进士。❸ 宋辟荐，廖彦正。以荐辟任南平司

❶ 王德嘉．大足县志：卷七 选举 进士［M］．刻本，1877（清光绪三年）．

❷ 寇用平，陈锦堂，卢有徽．璧山县志：卷七 选举［M］．刻本，1865（清同治四年）．

❸ 曾秀翘．奉节县志：卷二十六［M］．刻本，1893（清光绪十九年）．

录参军，后除都水使。❶

巫山县进士：王文义，治平进士，巫山人，郡志载景德二年（1005年）进士。景德二年（1005年）乙巳科李迪榜。姚邦基，政和进士，大昌人，祀乡贤。王洪，绍熙进士，大昌人。绍熙元年（1190年）庚戌科余复榜进士。

梁山县进士：石知退、石知幾（同"几"）、龙泳、冉徽之，绍兴十八年（1148年）王佐榜。❷神宗，熙宁年，兹成（蜀典）；高宗，绍兴十八年（1148年）戊辰，王汝嘉，王佐榜，见通志。❸蒲国宝，开禧时状元，饱饫六艺，博通经史，与通邑。❹

据江津县志记载，宋代先后出了多位进士：毕申、张弦、尹耕、陈周、李永南、石公恕、马建、冯寿、彭大雅、邢居仁、马邈。

永川县进士：王郁、马观国俱乾道中登第，王震（王椒昂之子）、李延智俱淳熙中登第，张震龙、景子寅俱嘉定中登第，张震、雷震庚俱宝庆中登第，梁梦应、于震、杜梦得俱嘉熙中登第，张善祥、何先觉、梁南郊俱淳祐中登第，李子龙（延智之孙）宝祐中登第。

宋代重科举，扩大录取名额及取士范围，鼓励士人应试，加大了读书人的数量，也因而使许多经济文化落后的地区产生进士，重庆进士人数增加及覆盖面拓广是由此出现的。许多家族将科举入仕作为光宗耀祖、光大门庭乃至巩固家族显赫地位的重要途径，所以出现了科第世家。南宋绍兴十八年（1148年），忠州人张永斗中进士，同朝中进士的有李兴宗、周浩。宋代重庆奉节县生员中，有5人中进士，政和二年（1112年）壬辰科李裳，政和五年（1115年）乙未科裳弟李袭，裳子李公京、李公奕、裳孙李茂，呈大家族中举现象。为此，夔州府学前建五桂楼以示表彰。❺宋代原万县地区有23人中进士，其中云阳县9人，巫山县3人，大宁县3人。大宁（大昌）县中进士3人分别是王文义、姚邦基和胡震。❻重庆的一些地方官员及有关机构奖励科举考试。如元祐五年（1090年），夔州郡守王伯庠捐俸建夔州大贡院，不取于民。

---

❶ 曾秀翘．奉节县志：卷二十六［M］．刻本，1893（清光绪十九年）．

❷ 朱言诗．梁山县志：卷八 选举志 进士［M］．刻本，1894（清光绪二十年）．

❸ 谢必铿，李柄灵．垫江县志：卷六 选举志一 科第表进士［M］．刻本，1900（清光绪二十六年）．

❹ 王尔鉴．巴县志：卷九 文苑［M］．刻本，1761（清乾隆二十六年）．

❺ 重庆市奉节县教育委员会．奉节县教育志［M］．内部交流本，1998：11．

❻ 万县市教育委员会．万县地区教育志［M］．重庆：重庆出版社，1997．

一般而言，地方区域中心既是地方的政治、经济、军事中心，也是文化、教育和人才中心。彭水县在唐宋时期是黔州都督府、黔中郡、黔中道、绍庆府的治所。唐朝时领辖50多个州，南宋时领56个羁縻州。黔州成为区域中心后，迅速“兴起学校”。在后唐及宋初都设有黔州儒学，这是渝东南地区设置最早的儒学。南宋时，黔州（今彭水县域）就有5人中进士。元代之后，黔州地位逐渐下降，至清初仅为酉阳直隶州的一个属县，人才中心地位已消失。在元、明、清的科场上，仅出现过3名进士、30名举人，远远落后于乌江流域土家族聚居的一般州县。教育发展的起伏，人才中心的消失，与行政区域中心的调整密切相关。❶

许多进士功绩颇丰，举例如表4.2所示。

**表4.2　宋代重庆进士官宦出仕一览**

| 姓　名 | 进士科举年份 | 任　职 |
|---|---|---|
| 黄觉 | 治平二年彭汝砺榜进士 | 著作郎，知巴县 |
| 王其昌 | 熙宁九年徐铎榜进士 | 宣教郎，知黔江县 |
| 李迁谔 | 绍圣四年何昌言榜进士 | 通直郎，知内江县 |
| 张勤 | 元符三年李釜榜进士 | 文林郎，知忠州丰都县 |
| 勾龙谔 | 崇宁五年蔡薿榜进士 | 宣教郎，知清水县 |
| 杨杲 | 政和五年何栗榜进士 | 从政郎，知乐温县 |
| 杨晨 | 宣和三年何涣进士 | 荆南府教授，辟遂宁府节度推官，进宣教郎 |
| 杨早 | 宣和六年沈晦榜进士 | 从仕郎，大宁监教授 |
| 张大中 | 宣和六年沈晦榜进士 | 中州刑曹，调万州南浦令，果州通判 |
| 彭起 | 宣和六年沈晦榜进士 | 从政郎，施州通判 |
| 马楫 | 建炎二年李易榜进士 | 授迪功郎 |
| 董天成 | 建炎二年李易榜进士 | 左从政郎，开州录事参军 |
| 王拱、黄尧宾 | 绍兴元年徐复榜进士 | 奉议郎，知涪州 |
| 张三畏 | 绍兴元年徐复榜进士 | 朝奉郎，知涪州 |
| 郁处厚 | 绍兴八年黄公度榜进士 | 迪功郎，万州司户 |
| 黄汝舟 | 绍兴二十一年赵逵榜进士 | 从仕郎，黔州教授 |
| 程伯通 | 绍兴十五年刘章榜进士 | 左从政郎，广安军岳池令 |

❶ 湛玉书，李良品. 乌江流域土家族地区土司时期教育的类型、特点及影响［J］. 教育评论，2006（1）：92.

续表

| 姓　名 | 进士科举年份 | 任　职 |
| --- | --- | --- |
| 王宾 | 绍兴十八年王佐榜进士 | 从政郎，大安军教授 |
| 张叔约 | 绍兴三十年梁克家榜进士 | 承议郎，军器监利路转运判官 |
| 杨晔 | 淳熙二年詹骙榜进士 | 通直郎，渠州教授 |
| 刘甲 | 淳熙二年詹骙榜进士 | 宝漠阁直学士、大中大夫，尚舞尉侍郎兼太子侍讲国史 |
| 杨荣祖 | 淳熙五年姚颖榜进士 | 迪功郎，监四川总领所大军库 |
| 史元 | 淳熙八年黄由榜进士 | 知州 |
| 米先 | 开禧元年毛自榜进士 | |
| 任兀癸 | 嘉定十二年刘渭榜进士 | 通判 |
| 仲寅 | 宝庆二年王会龙榜进士 | 教授 |
| 王抚 | 端平二年吴叔告榜进士 | 县令 |
| 张应梦 | 宝祐元年姚侥榜进士 | |

资料来源：根据各区县志资料整理而得。

以下对进士中的顶端状元冯时行加以列举，因为他属于集官与学于一体的代表人物。冯时行（1101—1163 年），字当可，宋恭州巴县洛碛人。早年往居缙云山读书，晚年又去缙云山讲学，故自号缙云、缙云子，人称缙云先生。他命运乖蹇，一生坎坷，本来是状元及第，因无钱向权臣蔡京“贿拜”，状元资格被取消，只以进士身份出仕。历任今重庆奉节、万州，四川崇庆东、丹棱、仪陇南、汉源北、彭州等地官吏，最后官至提点成都府路刑狱公事。他忧国伤时，力主抗金，反对投降，被宋高宗和秦桧两次罢官；他体察民生疾苦，关怀百姓生活，“有惠政”于民；他又是学者兼诗人，著有《易论》2 卷，诗文集有《缙云集》43 卷，今仅存 4 卷。

## 第三节　宋代重庆官学举要

宋代重庆官学分府、州、县三级，有层次、等级及水平上的差异，但学制概念尚不明确。以下根据历史留存加以梳理及表述。

## 一、重庆府学

### （一）重庆市区府学

宋代重庆府学论原有基础及存在年月均应推夔府（今重庆市奉节区），但考虑城市代表性，仍先列重庆域区府学，其核心地域应在今重庆市渝中区，但周边巴县应是与重庆同城。

官学又称儒学、庙学。宋代沿袭唐制，于修学处皆置孔庙，教学课程以儒学为主。

重庆府儒学在府治西，南宋绍兴年间（1131—1162 年）创建。巴县儒学在县治东，年代同府学。公元 1131 年始设重庆府文庙和巴县文庙。府文庙规模大于县文庙。府庙制，大成殿 5 间，立孔丘木主于殿中；县庙制，大成殿 3 间。府庙在今重庆市第二十九中学处，县庙在今重庆市第二十六中学处。府、县文庙即官学。[1]

重庆文庙，唐以前记载稀少、零星碎片。宋高宗赵构手书《六经》《论语》《孝经》《孟子图》《孔子并七十二弟子像》躬为序，赞颂郡国以示惇劝，故郡皆有学。重庆府学与庙学合一。

重庆府学建筑主体是崇祀孔子的大成殿，殿前有两座碑亭，左碑镌刻孔子赞，右碑镌刻颜、曾、思、孟四子赞。左右有两庑，奉祀先贤。后有魁星阁、尊经阁（藏书处），庙左有明伦堂（府学礼堂）、讲堂、学署、仓圣阁（粮仓）、礼器库，另有棂星门、御书楼、崇圣、名宦、乡贤、节孝等祠及雁塔、泮池、圣泉。府学具有祭祀、教学、藏书、教化、彰贤等多种功能。

**过府学遂谒文公堂**

［宋］喻汝砺

绿荻负幽隐，高槐泛轻凉。各娉一时好，披风互低昂。
讵知五月中，微阴忽催黄。我行鲁侯宫，独谒文翁堂。
若人骨已朽，道在斯不亡。遂令蜀文章，照耀日月旁。
世事俱腐臭，斯文真久长。靡颜能几时，萧条翳墟荒。

---

[1] 常明，杨芳灿. 四川通志：卷七十九 学校志［M］. 刻本，1817（清嘉庆二十二年）.

富贵岂不好，千载同一场。三叹过泮宫，抚已涕自滂。[1]

**恭州教授宋师民有诗次韵**[2]

［宋］晁公溯

但闻两庑读书声，学馆无尘地更清。
岁久缁林皆木拱，春来泮水有芹生。
乘令龙虎登高第，再赋凫鹥美太平。
我老循行才不称，愧君刻画与虚名。

上述诗作反映重庆府学教学、祭祀活动，赞美文翁兴学的教育意义，并表述求学入仕的愿景及心绪。

（二）夔州府学

奉节是夔州府署所在地，除设县学外，还设有府学。府学、县学，统称儒学，分府、县儒学，是生员、士子接受教育、准备应试、博取功名的主要所在。儒学、文庙、贡院（考棚）合称学宫。

北宋庆历年间（1041—1048年），夔州判何郯在府治东建夔州府儒学。宋英宗治平三年（1066年），刺史贾公、转运判官孔嗣宗重修丰宇广厦，明敞廓大。绍兴二十三年（1153年），盛夏洪水，府学房屋漂流殆尽，学宫被毁。郡守沈公移建学宫于高明爽垲的永安宫旁。背山面江，庙居其中，总计134楹。乾道元年（1165年），王十朋（梅溪）任夔州郡守，在任3年，着意建学宫，常为诸生讲学，理学家朱熹为之手书“明伦堂”三字。王十朋命人制成匾额，挂在学宫，于是朱熹所书传遍天下。宋孝宗隆兴二年（1164年），知州张震朴大晟典乐；淳祐十年（1250年），知县孙必益疏浚泮地。

王十朋，字龟龄，浙江乐清（今浙江温州市）人。有关文献对其风骨品质及从政业绩做了高度评价：

隆兴年间为侍御史，论史浩八罪，风裁凛然。诏权吏部侍郎，辞不拜，以集英殿修撰知饶州。乾道二年七月，移知夔州。夔苦于马纲，公两上状，极言其害。州旱七月，公为文祷于诸庙，不逾时，雨大降，民颂其惠。公暇搜辑屈大夫、诸葛武侯以下行实，为夔路十贤诗。又立武侯及唐

---

[1] 杨慎. 全蜀艺文志：上［M］. 刘琳，王晓波，点校. 北京：线装书局，2003：251.

[2] 恭州是重庆古称，北宋崇宁元年（1102年），因国子博士南平（现綦江）僚人赵谂被人告发“谋反”，宋徽宗以“渝”有“变”之意，遂改为“恭州”，取恭顺之义。

质肃公祠，皆以表扬先哲，兴起来学。其诲生儒甚勤切，大要以忠孝与思无邪为主。民输租者，使自概量。其治以廉洁公平，下有不善者，反复告诫，诚意笃至，人多信服。去之日，土民攀辕不舍。❶

学宫文场，又称贡院，为科举考试场所，俗称考棚，宋元祐五年（1090年）郡守王伯庠建。夔州大贡院于小南门，计屋110间，绍兴年间毁于洪水。❷

**夔州试院呈诸公二首**

［宋］冉居常

他生虫篆老书生，谬向文闱预领衡。
敢道灵鳌嗟赑屃，只愁洼马赋峥嵘。
旧传锦样心虽愧，新拣沙金眼自明。
收拾美庄逃谤去，升沈脚迹任诸英。
粉袍切勿笑冬烘，且踏烧残鼠尾踪。
总是炎蒸同造榜，不妨衣钵继登庸。
云移白帝鹏霄近，月入清秋桂子浓。
愿得词锋倚天剑，借君雷雨化蛟龙。❸

涪陵学派思想家阳枋《重修夔州明伦堂记》为夔州明伦堂重修之作，明伦堂为当时学校之地，宋淳祐十二年重修，文中阐发教育与王朝政治之关系："窃闻帝王为治，学校其大务也，学校之设，明伦其大端也。欲明伦先明德，讲学有其序也。"亦发挥《大学》教育思想："欲使天下之人格物致知，由仁义礼智之性以明君臣、父子、夫妇、朋友之伦，修诸身，行诸家，而措诸天下之事业也。"❹

## 二、重庆州学

州学，又称学宫，常以庙学合一制设计，与府学、县学相类，是地方官学，设课教学并加以考试。入学者往往已有相当的学业基础及理解力，或是取

❶ 蓝勇．稀见重庆地方文献汇点：上［M］．重庆：重庆大学出版社，2013：149．
❷ 四川省《奉节县志》编纂委员会．奉节县志［M］．北京：方志出版社，1995：709．
❸ 杨慎．全蜀艺文志：上［M］．刘琳，王晓波，点校．北京：线装书局，2003：265．
❹ 曾枣庄，刘琳．全宋文：第352册［M］．上海：上海辞书出版社，2006：348．

得了秀才资格。州学设教官，即州儒学署的学官，宋朝称为教授。宋代州学学额为30人。教授由进士出身或太学上舍出身者充任。教授除讲授经义之外，尤注重生员的品德修养，即依照经术标准训导生员。

（一）涪州

涪州文庙在州治南，宋时旧址。刘光祖撰记称“宋亦曰涪州，涪陵郡属夔州路。熙宁三年，以乐温县省人。咸淳三年，移治三台山”。❶ 涪州在宋代是巴蜀六大商贸中心之一，辖涪陵、乐温、武龙、宾化四县。在封建社会的全盛时期至末期，涪州具备了成为川东政治、经济中心的条件，文化教育也得到同步发展。涪州的儒学、书院、义学和私塾等各类学校林立，为国家培养了众多人才。据不完全统计，北宋、南宋的300多年中，涪州培养了进士9人、举人7人。

北宋时，涪州设州学。涪州州学学规采用宋太祖元年诏布的“周官八行八刑之法”，令所在镌刻。淳祐六年（1246年），御书白鹿洞教条颁天下学立石。❷ 这时，身居上层社会的官僚可以将子弟送进学宫就读；另外，书院的创设为庶民子弟创造了读书的场所。书院作为独特的教育组织，不像官学那样专以官家子弟为教育对象，而是可以向下层社会开放，学生不受身份和地域限制。因此，无论是官僚家庭，还是平民百姓，都意识到“敦诗书、盛文史、显科名、昭宦迹”之重要。于是，重文尚学在涪州蔚然成风。涪州学宫和北岩书院的创办，让众多的读书人看到了科举取士征程上的曙光和希望，无疑为广大读书人打开了方便之门，为涪州的人才培养创造了良好条件。

（二）合州

宋代合州首开巴渝地区官立学堂之先河。北宋景祐三年（1036年），知州徐舜俞创建合州州学于涪江之南。元丰末年（1085年），合州夏秋洪水泛滥，位于涪江南岸的州学被淹，“溢水山杪，高波凌虚，覆舟溺人，学者退而无归”。❸ 元祐二年（1087年），石照县令杨廷杰征得知州徐舜俞的同意，“于治之西南隅”（即今金马假日广场南侧）再次修建了合州学宫。在此20年之后，仁宗皇帝才下诏“建学于天下”。

---

❶ 永瑢，纪昀，等．四库全书［M］．上海：上海古籍出版社，1987：76．

❷ 王鉴清．涪陵县续修涪州志：卷五 建置志［M］．影印本，1928（民国十七年）．

❸ 刘象功．修建合州学宫碑记［M］//程业．续修合川志：卷十二 艺文志．刻本，1878（清光绪四年）．

### （三）忠州

北宋绍圣三年（1096 年），忠州知州王辟之始立学宫（州学）于治城东北隅玉屏山麓文庙内（今忠州镇第二小学校），习称旧学宫，学额 30 名。南宋度宗咸淳元年（1265 年），升忠州为咸淳府，设府治于皇华洲（今忠县顺溪乡皇华村），知府常福庆在修建学宫同时建州立宏文书院，为忠州设书院之始。

## 三、重庆县学

县是中国社会基层的集中权力机构代表。从古代官学分布而言，当以此级教育组织数量大、分布广。重庆古代学校情形也是如此。在此需要特别说明的是，由于历史存物稀缺难觅，我们很难对重庆学校的历史做到“周密而罔遗”，那么我们就应该对当下的事实及史料，做到尽可能条理清晰地收集，用比较清简的文字将其书写出来，以便留存可以对证的实录，给后世留下可稽考的历史资料及线索。

### （一）巴县

巴县儒学在县治东，宋绍兴年间建。府学在治西，宋绍兴年间建。[1]府、县学及孔庙均建于同一时段，庙学合一，且府、县（市、县）同城，方位对称相应。这种状况在全国各地应较为多见。

### （二）合州

合州除有州学之外，所辖石照、铜梁、巴川、汉初、赤水 5 县均有县学。治平二年（1065 年），县令王周卿创建汉初县学。宋人张唐英《汉初学记》说“汉初县学在汉初县城的福源僧院之侧，有孔子殿及学斋 40 间，以为师生修习其业之所”。[2]

南宋时期合州的文化教育最为发达，属于官立学堂的州学和 5 县县学已具有一定的规模。赤水今位于合川市西北盐井溪，为涪水支流上的城镇。《元和志》卷 33 赤水县“因水为名”。乾道五年（1169 年），赤水县令赵楙在《赤水县修学记》中说：

> 邑故有学，久荒不理，前后束以通衢，介然用之成路，罴为尘土之

---

[1] 王尔鉴. 巴县志：卷四 学校志 庙制［M］. 刻本，1761（清乾隆二十六年）.

[2] 张唐英. 汉初学记［M］//程业. 续修合川志：卷十二 艺文志. 刻本，1878（清光绪四年）；刘象功. 修建合州学宫碑记［M］//程业. 续修合川志. 卷十二 艺文志. 刻本，1878（清光绪四年）.

区，士倦游焉。……邑有籍于官之木二百章有奇，请以是一新其陋，公（合州知州韩炳）欣然畀之。楙实亲董其役，建高堂以室往来之冲。……堂开室西乡校试者直焉。堂之南饰两庑为斋，凿池疏渠，引水其间，左曰“采芹”，右傍曰“采藻”，使士游息其中者，知为之流澌也。学旧有四斋，制度卑陋，不足以容多士，辟而新之，今增三焉。❶

（三）永川

永川县儒学创自宋嘉祐初，在县治西。有关文献对永川儒学创建以及应时变迁有所记录，其中突出了县令梁成的贡献。嘉祐初以选士，令永川辟学宫，倡文教。乾道、绍熙间人才蔚起。闭宫雍肃，德祐元年（1275年）秋，元兵陷泸、渝，学庙俱毁。梁成，字子中，成都人，元丰初进士，嘉定间授永川令，莅事勤明，创修学校，邑人德之，历官至宗正寺丞，直声愈著，致仕归。著述甚富，自号独乐先生。后朝命累征不起，卒入祀名宦祠，朝议大夫李降铭其墓。❷

（四）江津

江津儒学在县治南二百步许。北宋治平二年（1065年），邑令郑谔创建。郑谔“肇就学治，以饬文教”，在江津治西修建孔庙，创办县学❸。《江津县学记》云：

庙在县治之西南隅，文明坊之地。始创于治平之乙巳，历二百一十一年，而后废于乙亥，亦神明气连之一厄也。昔人所建非一时，似翁一建于丙申而复毁。王善庆、石可顺再建于乙巳而不就前张县尹已建庙门，有意作兴而未遑也。前后二十年之间屡建而屡废者，人事之不齐，无人寻以主之也。壬子冬，安公文宪出宰是邑，不遑他务，以学校为己事。辄举而新之。割己俸，督工役，恢宏制度，不逾时，而气象一新，儒风大振矣。❹

❶ 赵桥．赤水县修学记［M］//程业．续修合州志：卷十二 艺文志．刻本，1878（清光绪四年）．

❷ 许曾荫，吴若枚．永川县志［M］．刻本，1894（清光绪二十年）．

❸ 聂述文，等．江津县志：卷六 职官志 官师［M］．刻本，1924（民国十三年）．“宋知县郑谔，治平中任，吏事精明，宽猛有则，肇学治以饬文教，旧志称：‘牛生双犊，麦秀五歧’，足徵循良之应云。”

❹ 聂述文，等．江津县志：卷八 学校志［M］．刻本，1924（民国十三年）．

### （五）綦江

綦江县儒学在县治西南。明万历毁于播酋，兵备道张文耀重建，明末毁。

### （六）长寿

长寿县儒学故在旧县治西北，明末毁。宋代长寿县官学具有典型性，不仅是官学，文庙规模也较大。《长寿县志》载："考学官之制沿自汉代，吾县设学其详无闻，清代于县立孔子庙，学宫设教谕一员，以为典学之宫，置弟子员有定额。"[1]

### （七）铜梁

《铜梁县志》"庙制"载：学宫在飞凰山巅，宋元符中，知县梁俊民建。乾道庆元中知县吕伯祐、王天麟相继增修。[2]

### （八）黔江

黔江县儒学在县治东北，旧在县东。宋窦敷《黔江县修学记》记载：绍兴二十八年（1158 年），黔江县令修复县学学宫。黔江县旧有学宫，因时久不治，荒陋狭隘，于是决心予以修复。从中可知，潜江县学建学时间恐怕在北宋，甚至之前，对照前述唐代重庆官学有关介绍，更可有此推论。

### （九）梁山

宋理宗宝庆年间（1225—1227 年），刺史何演、教授任元癸建梁山县儒学于县城南。隆兴年间，梁山军教授杜莘老开始讲学，宝庆年间始建学舍。梁山县儒学在县南城内。何演，字公长，宝庆年间任梁山州刺史，尝捐俸余完民逋税，又庀材鸠工，修建学校，士民咸颂之。

钦命同知衔、知梁山县事朱言诗续修《梁山县志》云："古者自家至于天子之国，莫不有学。学有诗书六艺，弦歌洗爵，俯仰之容，升降之节，以习其心思耳目手足之举措，又兼祭祀乡宝饮宾兴之礼，以习其恭让。故讲艺于兹，以誉髦斯士，而成菁莪棫朴之休甚，盛典也。梁山为蜀之仲邑，前明号出人士，今更沐浴圣化，登进儒术继起且彬彬矣。第恐典礼，请书后进，或未窥其全，谨遵。"[3]

---

[1] 张永熙．重修长寿县志：卷四 学校［M］．刻本，1875（清光绪元年）．

[2] 韩清桂．铜梁县志［M］．刻本，1875（清光绪元年）．

[3] 朱言诗．梁山县志：卷五 学校志 学宫［M］．刻本，1894（清光绪二十年）．

自汉武帝诏举茂才，武帝诏立学校官，置弟子员至唐时，县设师助教各一人，上县学生四十人，中县学生三十人，下县学生三十人；宋代亦置教授等官以训诸生；元，县置教谕一人，学生额十五人至五十人。自宋仁宗给诸州学田始，又陆深《金台纪闻》云：元时，州县皆有学田以供师生廪饩租悉用以刊书，洵良法也。

此外，宋代重庆其余一些县也有儒学教育某种记录，或许此期办理官学事务也未必不可能。以下是《城口县志》有关至圣先师庙的记载：

> 宋太祖建隆三年，诏文庙门立戟十六，亲撰文宣王、衮国二赞，从祀贤哲，命当时文人为之。太平兴国中，特免孔氏子孙庸调，诏孔宣袭封文宣公。贞宗咸平三年，追谥元圣文宣王。大中祥符二年，诏太常礼院定州县释奠礼器数，先圣先师每座，酒罇二、笾八、豆八、簋二、簠二、俎三、罍一、洗一、篚一，罇皆加勺，羃各置于坫，巾共二，烛一，爵共四，坫共二。从祀诸座，笾二、豆一、簋一、簠一、俎一、烛一、爵一。五年，诏改谥至圣文宣王，执桓圭，冕九旒，服九章。
>
> 天禧元年，诏释奠仪注及祭器图，令崇文馆雕印，颁行下诸路。仁宗景祐元年，诏释奠用登歌。至和二年，诏封孔子后为衍圣公。神宗熙宁八年，制文宣王冕十二旒，衮国公颜子登皆依本朝郡国封爵品服。徽宗崇宁元年，诏封孔鲤为泗水侯，孔伋为沂水侯。大观二年，诏跻子思从祀；四年，诏文宣王执镇圭，并如王者之制，庙门增戟二十四。金章宗明昌二年，孔子庙门置下马牌。[1]

从中可以看出这些先儒先师有本地的，也有其他地区的。笔者查阅重庆地区县志，除了城口县外，云阳、璧山、长寿等地区都有关于“至圣先师庙”的记载，并且祭拜先师成为官学教育的重要组成部分，用这种方式激励后人学习，无疑在士子心中种下了一颗向上的种子，是非常有效的仪式。

## 第四节　宋代重庆官学的教育教学活动

教育与教学活动是官学的主要工作，也是构成专业化组织的显著特征。宋

[1] 刘绍文，洪锡畴. 城口厅志：卷十一 祀典［M］. 刻本，1844（清道光二十四年）.

代重庆官学职责和任务的实现有赖于此。运用现代教育学理论对宋代重庆官学的相关活动素材加以重构，可以丰富对重庆区域社会文化教育的认识，也有现代的多重意义。

## 一、重庆官学办学目的与经费来源

宋代的官方教育就其终极目的而言是加强教化。唐亡和五代分裂割据的局面，对打下赵宋江山的宋太祖、太宗而言，教训非常深刻。如何保持赵宋江山的稳定和长久是其即位伊始首先考虑的问题。赵氏兄弟选择了以文治取代唐时文武兼治的国策。然而如何以文治国？太祖、太宗仍然以唐时的诗赋为必修科；直到仁宗庆历后，才一改科举诗赋为儒家经义；神宗时以王安石为代表的变法派又以有利于经济变法和稳定政治为出发点调整儒家经典的原义，撰成《三经新义》；徽宗时蔡京当权，进一步把科举形式化和畸形化，搞起了“八行取士”，大有向“八股取士”转化的倾向。从此，读书人的读书也呈现“死读书”和“读死书”的僵化之势。

宋代是封建时代的典型王朝，官学提倡“忠孝节义”“尊孔、崇儒”“克己复礼”，以“三纲”“五常”等封建思想教育学生，以科举考试笼络学生，要求士人成为“忠臣”“孝子”“良民”。

重庆官学培养目标分为两类：首先是通过不同阶层官学培养与训练，参加政府统一组织的科举考试，通向仕途，成为封建官吏；其次，具备一定的知识素养及能力才干，成为基层管理教育工作者，乃至其他行业骨干。但无论怎样，封建政治观念及社会伦理道德是必备要求。

官学的经费通常由政府拨给公田收租解决。为了保证经费的落实，宋仁宗时还规定了州郡学田的标准为“公田十顷”。尽管如此，到了南宋，官学的经费仍常入不敷出。如黔江县“旧有学，学者不减旁近，郡不以教养为急，故散居郊野”。[1] 教育经费短缺只有靠地方政府自行解决，于是一些地方官府便以课税的方式筹措资金。地方官学发展的背后也带来了一系列的问题，诸如一些贪图功名利禄的官员，借兴学之由，肆意掠夺民财，增加校舍，滥招生徒，影响极坏。为纠正兴学时弊，庆历五年规定：“今后有学州县，毋得辄容非本

[1] 常明，杨芳灿．四川通志：卷七十八 学校 艺文志［M］．刻本，1817（清嘉庆二十二年）．

士人居止听习。若吏以缮修为名而敛会民财者，按举之。”❶

南宋时期实行社仓制度，以田产作为社仓的贷本，借田租的收入取代利息。自北宋以来，许多公益事业都用田产来维持，如学校的学田、家族的义庄、义役的义役田等，由于田产每年定时有田租的收入，使得这些公益事业能够有固定的经费来源，比较容易持久。然而赖债逃亡，仍然在所难免，因而将本息转移给同保之人负担，不仅同保之人不堪负荷，甚至有时连管理人也由于赔偿亏欠而破家。

可以看出，官学的学田经费不足以完全支撑官学的发展，这在一定程度上束缚了官学的发展。朝廷虽然有所规定，但通过层级的管理，到县级已经达不到规定的水平，这也反映出官学经费并没有切实保障的实际情形。政府部门缺乏专门的经费管理机构，都是靠政府拨款。这种方式不免夹杂着一定的办学隐患。

## 二、重庆官学的教学及管理

现代教育学突出课程在教学中的地位和作用，而且课程实施的效果检测是教学改进与提高的保障。宋代地方官学课程的国家统一性非常突出，而且突出儒学经典及伦理道德的内容。地方特色课程成为学校校本课程，或者微弱，或者无法凭借留存资源描述。而测评考试的机制应受制于科举考试。

### （一）课程内容

地方官学的教材主要是经、史、诗赋，但其中有变动。宋初学校和科举主要使用唐代的注疏：孔颖达的《五经正义》、徐彦的《公羊传疏》、杨士勋的《穀梁传疏》、贾公彦的《周礼注疏》和《仪礼注疏》。这些注解汇集了汉代到唐朝时期的经学观点。宋神宗起用王安石进行改革，史称“王安石变法”。熙宁四年（1071 年），神宗下令改变教育和科举内容，以此统一士人的思想。中央和州县学的学生在《周礼》《礼记》《诗》《书》《易》中选治一经，兼习《论语》和《孟子》。王安石主持编写《三经新义》，作为《周礼》和《诗》《书》的标准注释。与此并行的经学教材还有王安石的《易义》《礼记要义》《论语解》和他儿子王雱的《孟子》等。另外，王安石解释经典字义的《字说》也用作经学教材，诗赋课程被削弱，经学的地位极大提高。宋哲宗即位

---

❶ 马端临. 文献通考：学校考七［M］. 武英殿校刊本，1747（清乾隆十二年）.

后，朝政转入保守派手中，官办学校保留了神宗朝规定的全部经典和注疏，只取消了《字说》，恢复了被王安石停罢的《春秋》教学，教材中增加了三传和《仪礼》，重新使用《五经正义》等旧解说，学生可以像在神宗时期那样学习经术和策论，也可以学习诗赋、策论和经术。但这种兼容折中的状态只是一支短暂的插曲。宋徽宗即位后，各级官学又恢复了神宗朝的课程和教材。南宋绍兴十三年（1143 年），朝廷规定官办学校开设经术、诗赋和论策课程，学生在《诗》《书》《易》《礼记》《周礼》《春秋》中选学一经，兼学《论语》和《孟子》。绍兴十五年（1145 年），朝廷令进士考试分两种，官学准备考经义进士的学生学习经术和论策，而准备考诗赋进士的学生学习诗赋和论策。其实，无论是诗赋还是论策都浸透了儒家经典的内容，所以必须认真学习经术[1]。在宋王朝大一统封建体制及科举考试共同标准制约下，内陆腹心地带重庆官学课程及教学应该是遵从和贯彻命令的角色。至于有差异或更张的话，也只是对于今天意义的校本课程资源开发层面而言的，但具体记录很难寻觅。

有的地方官学分专业教学，采用分科教材，胡瑗在苏州、湖州学创建了分斋教学法。他在州学中设立经义和治事两斋。所谓经义，即是指儒家的经文大义。治事包括政事、武备、水利、天文、算数等项目。这种分斋教学法培养了许多有实际能力的人才，在当时科举取士“不以体用为本，而尚声律浮华之词”的情况下，无疑是具有重大意义的。宋代地方官学的教学出现了类似书院的“讲义”形式。南宋时，书院教师往往受聘前往地方官学讲学。由于接受了书院讲学精神，在当时地方官学极受欢迎，为配合教学的需要，有些州学还刻书和藏书，有大量的图书可供教学参考。

府州县儒学都是专修儒经的学校，其教材主要是儒家经典。但在两宋 300 多年间，教材也有所更迭。宋代初年，主要学习传统的儒经。神宗熙宁变法时，统一学习王安石的《三经新义》。徽宗时，蔡京为相，曾一度把黄、老、庄、列等书也列为教材。南宋初年，取消《三经新义》，仍习儒家“五经”。孝宗淳熙年间，因外患侵逼，官学曾“令诸生暇日习射，以斗力为等差”。理宗时，又将朱熹的《四书集注》列入教材。另外，诗、词、赋、策论也是这些学校的学习内容。

---

[1] 袁征．宋代学校教学内容的变化与理学统治地位的确立［J］．教育评论，1991（5）：68－71．

### （二）考试测评

宋代官学办学是为科举服务的，官学的考试测评也以科举的程式、内容及标准为主要参照。一个地区官学的办学成效主要由科举的人数来判定，官学的考试测评与科举是一体的。

宋代的科举办法大体上沿袭了唐代的制度，也分常科❶和制科❷。常科开始时每年进行 1 次，仁宗时改为 2 年进行 1 次，神宗时再改为 3 年进行 1 次，此后成为定制。制科则仍由皇帝或皇帝派代表不定期考选，没有固定的章程和内容。

考试制度是与教育相关的，在宋代它与官办的学校紧密联系。南宋初期在四川地区曾实行过“类省试”（简称“类试”）的考试制度，即通过“类试”合格就承认应试者得到相当于“省试”的资格。南宋高宗建炎元年（1127 年）十二月，因战乱道路阻梗，许多地方的举人难以赴应省试，“遂命诸道提刑司选官，即漕司所在州类试，率十四人而取一人”。绍兴五年（1135 年）恢复省试，仅四川仍实行类试，先是在宣抚司所在的州举行，绍兴七年移于制置司所在州举行。类试合格的举人，可以不再经过“省试”而直接参加殿试。直到宋理宗时，四川仍实行类试。巴渝地区的夔州（今奉节县）和昌州（今大足县）先后做过“类省试”的考试地。

“类试”是科举考试在地区分布上的特例，或许带有某种偏向，因而曾经波折四起，非议横生。但由于四川特殊的地理位置，地势地貌的特征，又有国防的意义，因此仍然得到支持。像正规常态的省试一样，“类试”的录取人数是按比例配额的。“在南宋的大多数时期内，这两种省试的配额比例相同。但在 12 世纪的 20 年内，四川省试的配额比例较宽，它的比例为 1/14，而正规省试的比例为 1/17 或 1/16。自 1183 年起四川类试才以 1/16 为率。”❸

❶ 顾明远. 教育大辞典：第八卷 中国古代教育史［M］. 上海：上海教育出版社，1991：177. 常科指科举中常设的科目。唐代有秀才、明经、进士、明法、明字、明算、一史、三史、开元礼、道举等，以明经、进士两科最盛。宋代有进士、明经、九经、五经、学究、开元礼、三史、三礼、明法诸科，有武举。明清两代常设科目仅进士一科，文武并举。

❷ 顾明远. 教育大辞典：第八卷 中国古代教育史［M］. 上海：上海教育出版社，1991：176. 制科是皇帝临时设置并亲自主持的选士科目。宋代制科数目减少，且废置无常，高宗以后设有博学宏词科。元明两代不曾举行，清代特诏设博学鸿词科、经济特科、孝廉方正科等。制科应试者不限于未仕的士子，取中者多优于官职。

❸ 贾志扬. 宋代科举［M］. 台北：东大图书股份有限公司，1995：189.

据《重庆府志》所载："神宗熙宁二年，王安石议更贡举法，罢诗赋、明经，请科以经、义、论、策试进士，凡进士，各占治《诗》《书》《易》《周礼》《礼记》，一经兼以《论语》《孟子》，每试四场，初大经，次兼经，大义凡十道，次论语一首，决策三道，礼部试增二道，试义者须通经、有文采，乃为中格，不但如明经、墨义粗解章句。既罢明经诸科，又立新科明法，以待诸科之不能改进士者，试以律令、刑统、大义，其殿试之法畴于唐武后，天授元年后，亦未尝再行。宋开宝六年以李昉知贡举所取士不实，遂于讲殿命题重试，御试自此始，试题一赋一诗一论。至熙宁三年，亲试举人，初用策限以千字。"❶ 上述源于重庆方志的记录，可以看出宋代重庆科举考试测评内容之大概。

永川地方资料记述《雁塔题名记》嘉定丙子书云曰：

知涪州军兼管劝农事杨素衣记曰：昌州之士，朴愿而有文。迨元初，予尝旋是邦知之，已素且闻永川虽蕞尔邑，衣冠文物，不威壮县。后二十三年，子弟简适纡墨绶，视事未几。会有张震龙者策名南宫，邑之绛掖梁久中等集于县庠，谓简曰：往时吾邦，科贡累不乏人，未意兵燹之后，折秋桂之一枝、破春涛之二级者寥寥无继。于今几无纪矣。久中等实耻之，虽相与励志怀勇，期复旧物而大拷。姓字缺然，无有幸吾友能阐所学以成今名，与吾辈之意相符。今将举告成之杯，补题名之旷。典佥欲褐其事之始末，以雪前日之耻。君盍为我图之，简以属予。予谓：士尚志，志之所尚，事无不举，泰华虽高，愚公可移。久中之志，一人而立德，若是异时，久中等率其宗族子弟及其乡间朋友，卧薪尝胆于鸡窗萤案之余，饮水食药于朝齑暮盐之苦，孝悌忠信培其本，礼乐诗书扩其华。修其天爵而人爵从之，以知斯文之盛不愈倍于今日乎？久中等知耻，其邦前日得士之少，必能风厉后进使知。耻其学之不立，自今肄业于庠，一息苟息，胆望塔颜，面有骍色，愤气冲斗，自期益深，椽笔联翩，不减于慈恩之旧；庶几斯塔，所期尤为高明光正。❷

通过科举获得金榜题名，及第折桂，既是个人学习的愿景，也是家族乃至地方社会的荣耀。地方官学课程实施及其他活动的测评效果集中于此。

---

❶ 王梦庚，寇宗．重庆府志：卷七 选举志［M］．刻本，1843（清道光二十三年）．

❷ 蓝勇．稀见重庆地方文献汇点：上［M］．重庆：重庆大学出版社，2013：31.

## 三、重庆官学的教师与学生

教师与学生是教育活动的主体力量，也是构成教育的要素，不可或缺。宋代官学教师专业化管理及待遇都明显上升；学生录取、学额及管理也有章可循。虽然单所学校师生人数不多，但在大力兴办学校的历史场景之下，其总量较之以往有直线上升趋势。

### （一）教师

宋代统治者对提高教师队伍素质十分重视。仁宗、神宗、哲宗以及高宗等朝曾多次下令严明教师的考选条件，归结起来有三点。第一，教师要德学兼备，既要有高深的学业知识，更要有优良德行。只有那些学业精湛、德行高尚的人才有资格担任官学教师。如宋仁宗庆历时就规定，“本道使者选部属官为教授，员不足，取于乡里宿学有道业者”[1]，又州县学教授“委运司及长史于幕职、州县内荐，或本处举人有德艺者充”[2]。第二，教师必须是三舍中的上舍毕业生且是正途进士出身。从这点可以看出，对教师的学历出身做出了明确的规定。如在哲宗绍圣时规定“内外学官，选进士出身及经明行修人”充之，“非制科进士出身及上舍生入官者，并罢”。[3] 第三，教师要具备一定的威望和实际经验。如哲宗元祐时，诏“内外学官，选年三十以上历任充”[4]。可见，教师的选用何其严格。教授除讲授经义之外，尤注重生员的品德修养，即依照经术标准训导生员。“庆历兴学”时，重庆府、州、县学校按朝廷诏令，以教授为学官。

北宋庆历兴学时，诏令地方官学“选属官办教授，三年而代”。元丰元年（1078年），四川共设学官6人，《文献通考·学校》内称：“成都府路眉州、成都各一员，梓州路梓州、普州各一员，利州路利州一员，夔州路夔州一员。”《建炎以来系年要录》卷133记载：南宋初，由于战争，四川州县学官多不存在，绍兴十年（1140年）诏令“复置四川诸州学官员”。

重庆地方官学教师与学生的情况依据政府的规定办理，但各州县又有具体的差异，尤其是在教师“学官”的数量、名称及要求等方面。还有些州县师

---

[1] 脱脱. 宋史：卷一百五十七 志第一百一十 选举三［M］. 北京：中华书局，1977：3659.
[2] 脱脱. 宋史：卷一百七十六 志第一百二十 职官七［M］. 北京：中华书局，1977：3976.
[3][4] 脱脱. 宋史：卷一百六十五 志第一百一十八 职官五［M］. 北京：中华书局，1977：3912.

生因区划调整而时有变动。兹将部分地方志的一些零碎资讯呈现如下，以窥其状。

1. 江津

（乾隆）《江津县志·文职》：宋代江津教谕有（治平）黄广，（皇庆）黄森。主簿：（嘉定）黄慎。典史：（淳熙）梁应梦。

2. 梁平

科举时代，梁山的教师分官学和私塾两种。官学教师多由朝廷派教授、教谕一类学官担任。

教谕：杜莘老，隆庆中任教谕；任元癸，宝庆中任教授。[1]

3. 綦江

《綦江县志》记载宋代南平军教授，分别为刘望之和李梦铃。南平军，宋代行政区划，属夔州路管辖。教授一职，以经术、行义训导诸生；掌课试之事，而纠正不如规者。初委运司长史，于幕职州县内荐举，或本处举人有德艺者充任。熙宁六年（1073 年），始诏诸路学官委中书门下差选。刘望之，字观堂，合江人，宋绍兴二十一年（1151 年）进士，担任南平军教授，对于教育的传播作出了很大贡献。刘望之天赋异禀，文学素养颇深。“宰相沈该荐其文无尘埃气，召除学官，迁秘书省正字，著有《观堂集》。”[2] 满腹才学的刘望之还曾写下《子云故居》《题三学山》《句》《古柏》《发成都三首》等众多诗词，广为流传。

**宋南平军教授刘观堂先生之墓 碑题**

先生名望之，字叔仪，号观堂，合江人。《蜀中著作》记载：合江刘望之，绍兴进士，宰相沈该荐其文无尘埃气，召除学官，迁秘书省正字，著有《观堂集》。又《坚瓠集》载：绍兴己未，金人归侵地曲，赦新复州县。兀术见赦文不悦，仍构兵。后二年，和议成。秦桧使其党改赦文有：“上穹悔祸，副生灵愿治之心，大国行仁，遂子道，事亲之孝”云云。蜀人刘望之作诗曰：“一纸盟书换战尘，万方呼舞泪沾巾。崇陵访沈空遗恨，郢国怜怀尚有人。收拾金缯烦庙算，安排钟鼎颂宗臣。”小臣何敢知机事，终望君王赦奉春。

---

[1] 朱言诗．梁山县志：卷七 官师志 教职［M］．刻本，1894（清光绪二十年）．

[2] 宋灏，罗星．綦江县志［M］．刻本，1826（清道光六年）．

所谓奉春不知指何人，按先生除学宫，即南平军教授也。而即卒于此，其迁正字或不及奉诏耶？在治惟传瀛山山盘四十八面险云暗，三百六旬秋之句及水调歌头一阕，又其时颜师贤等大书此词于壁，以为异域之光云云。其名重一时，可想矣。墓台原有碑志，明治已称字磨灭不可辨，而详载其地今邓贤侯培修胶庠，举一应发坠。因鸠工重为修砌，以冀永以后之君子其保护焉。❶

绍兴进士李梦铃嘉熙元年任南平军教授，主管教育事业。

### 南平军学雁塔题名记

南平军教授　李梦铃

此慈恩题名故事也，自宣和柳公集而刻之石。由是校序间皆有雁塔，南平宫泮鼎新。惟此缺典，梦铃承恩分教，暇日与诸生相祝，作序其上，攻二石居之刻先达氏名，大为规置，以俟来者。孔子曰：“见贤思齐。”孟子曰：“奋乎百世之上，百世之下闻者莫不兴起。”颜渊曰：“舜何人也，子何人也，有为者亦若。”是其自今讲贯斯文充养实践，使斯石大书特书，不一书。此则今日之期望云。时嘉熙元年九月既望。❷

4. 大足

陈用庚，淳熙间任大足县教授。嘉泰二年（1202 年）进士。后调昌州教授，四方之士从学者甚众。学舍不能容，则请于州开贡院以馆之。开禧二年（1206 年），吴曦作乱，他托疾不出。乱平，授从政郎，再调涪州教授。士之从学者复如昌州之盛。知州谢侯艮称其“学有源流，行无瑕玷”。后摄涪州通判，以疾卒。安丙，广安人，淳熙间大足主簿。

张顺臣，淳祐时邑令何光震饯郡守王梦应石刻文有云“武信张顺臣文炳职教授”，遂宁人，淳熙八年辛丑科黄由榜进士。❸

5. 忠州

欧阳珣，字全美，吉州卢陵人，崇宁五年进士，大观元年为咸淳府教授，调忠州儒学教授。其人刚方正直，守节不屈。以荐上京师，遇国难朝议割河北三镇地讲和，欧阳珣率其友共 9 人上书极言：“祖宗之地尺寸不可与人。”时

---

❶ 杨铭，伍濬祥．綦江县志：卷九 邱墓［M］．增刻本，1863（清同治二年）．
❷ 杨铭，伍濬祥．綦江县志：卷十一 艺文［M］．增刻本，1863（清同治二年）．
❸ 王德嘉．大足县志：卷六 官师 教授［M］．刻本，1877（清光绪三年）．

宰怒欲杀珣，迁遣奉使割深州，珣至深州城下恸哭，谓城上人曰："朝廷为奸臣所误，至此吾已拼一死来矣，汝等宜勉为忠义报国。"金人怒执送燕，焚之。祀名宦。[1]

### （二）学生

#### 1. 学生入学资格、定额

在入学资格方面，宋代官学等级限制有所下降，除贵胄学校外，聪颖的庶民子弟也可进入各级官学读书。地方官学规定：凡隐匿丧服、尝犯刑、亏孝悌有状、两犯法经赎、为乡里害、假户籍、父祖犯十恶、工商杂类及尝为僧及道士者，"皆不得与士齿"，因而不得入学读书。这些规定，基本上不带有出身或等级限制。事实上，即使"工商杂类"子弟也照样能入州县学就读。宋代地方官学不断扩大受教育对象，入学生徒不拘等级门第，在校学习的学生日益增多，这是教育制度莫大的进步。

宋代州学学额为30人，有关州县学额政府曾有三次简单的规定：第一次是庆历四年（1044年），规定"学者二百人以上，许更置县学"；第二次在崇宁二年（1103年），因士无定额，经费困难，乃诏定诸州养士人数，以前一举应试的半数或三分之一为准，若前一举应试超过200人，则准生徒100，不及200人的则只准置三分之二；第三次是崇宁三年（1104年），取消了科举考试制度，取士全由学校升贡，于是诏令增加县学弟子员，规定大县50人，中县40人，小县30人。[2] 州县学生成绩优异者可被选贡太学深造。为了检查学生的学习效果，重庆地方官学有较为完备的考试制度，按照学生成绩评定上、中、下三等，且在一定意义和程度上具有取代科举考试的作用。

府州学的规模一般较大，生员众多；边远的学校规模较小，生员较少。重庆府学规模较大，但是，一般的县学规模甚小，房不过百来楹，生员十分缺乏。重庆忠州州学学额为30人。夔州府学学额20名，拔贡1名，按制选取。

#### 2. 学规管理

宋代官学较为典型的就是制定学规，学规是学校管理的重要手段，州县学校均制定学规，以此来规范学生和老师的行为。州县学学规，以《金石萃编》所载《京兆府小学规》为例，重庆地方官学有相应的管理制度，这些学规对

---

[1] 吴友篪，熊履青．忠州直隶州志：卷七 政绩［M］．刻本，1826（清道光六年）．

[2] 苗春德．宋代教育［M］．开封：河南大学出版社，1992：115．

生徒入学、授课、告假及违纪等事项都做了详尽的规定。大致内容总结如下：①生徒入学须见教授，呈交家长履历及保证书，然后注册就读；②在生徒中选举学长2～4人，负责传授诸生艺业及检查过失；③教授每日讲说经书二三页，授诸生所诵经书文句、音义等，并出课诗、赋题目，令其撰答；④诸生学课分为三等，按其程度，分别详细规定其学习进程；⑤生徒犯有过错，量其轻重大小行罚，年15岁以下行扑挞之法，年15岁以上罚钱充学内公用，并令学长记入学簿，学官、教授签字；⑥生徒每年给假一次，各有期限，如妄求告假或请假超限，将告知家长，并予以惩罚。

3. 师生故事：度正的求学、授徒及社会功业

度正求学合州郡庠，正是血气方刚的金色年华，结识了罗坚甫、陈嗣由一帮同窗，为他们的才识学问所倾倒，惺惺相惜，互相砥砺。度正学业精进，屡冠诸生，有了走出三峡、眺望神州的底气和力量。朱熹以极大的热诚，尽最大的努力，穷毕生所学，满足度正的求知欲望。得到朱熹真传，度正继承了理学家重理轻文的思想，视章句文辞为末业，重视文以载道、文以传道，他的《性善堂稿》处处洋溢着以天下为己任的激情和凛然正气。朱熹的遭遇，给他深刻的人生体验。南宋学者曹彦约评价度正道：守师道如守孤城，持正论如持盘水。坚守师道，威武不屈，持论公允，贫贱不移，哪怕铁军围城，四面楚歌，也不动摇。有境界则自成高格，人生即可扬名江湖，流芳后世。

度正返回蜀中不久，大师鸿雁飞来，殷切询问，话离别，诉衷肠，那份思念浓浓酽酽，感人至深。回到铜梁，乐和乡人积极实践朱熹"仁民爱物"的理论，推动社仓建设，鼓励官方储存粮食，平抑物价，缓和社会矛盾，防止豪绅囤积居奇，然后撰写《巴川社仓记》给予肯定。"万里还家心似谁，三年忧国鬓成霜。"因关注国家命运、忧怀百姓疾苦，度正的诗作有了豪迈的歌吟，前期诗品不高的缺陷有所弥补，关心时局的思想发挥到极致。我们读到了回归铜梁途中的《题锦屏山》："积翠浮空老不枯，英灵今此定何如？万章松柏还蒙密，千载风云颇阔疏。一气周汉无间断，四时变化有盈虚。凭高极目怀嵩华，此愤何时可一摅。"诗人登临阆中的锦屏山，只见松柏依旧苍翠，但是盛衰盈虚之势已今非昔比，极目远眺，遥想被金人占据的嵩山、华山以及中原大地，国事衰微，不禁感慨万千，忧愤之情油然而生。五年后，朱熹的学问重受尊崇，度正的人品、学识也光芒四射。

十八岁的阳枋慕名造访，拜师问理。度正对阳枋耳提面命，殷切教导，去

成都任蜀学训导，也把阳枋从巴川带去，安排在文翁石室，让他一边研究理学、精进学业，一边传道授业、养活自己。十年后，阳枋带着二弟阳全父和侄子阳存子，同登性善之门。后来，阳枋有了进士名分，成长为南宋著名理学家，和先贤比肩论道，走入了中华文化神圣的殿堂，并写下《字溪集》，录入《四库全书》，流传至今。

一个地区有无文化上的重大建树，很大程度上在于有无大师居住。“玉生山而草木润，渊生珠而崖不枯。”一个具有很高学术成就的人，对这个地区的影响是巨大的。因为榜样来自身旁，亲切可信，对于后学是无声的呼唤，是奋进的参照物，是迎风招展的旗帜。没有榜样是悲哀的，有榜样而不尊崇、师法，则是更大的悲哀。

## 四、重庆官学的教学环境

古代官学汲取地域、民族文化的滋养，构建丰富、多元并具有地域特色的文化环境，为学子营造出良好的学习氛围，激发其对学术文化的钻研与思考，产生积极的心态，确属教学中的有益之举。

例如名宦祠、乡贤祠，多是用来祭拜先贤。这种形式也是教育的一种特殊形态。通过对先贤、先儒的祭拜，使得学子内心对其产生崇拜之意，视其为榜样，以此成为学习的动力，激发他们上进。

一个城市的文化景观更是代表一个城市的文化底蕴，文化景观并非独立的文化景物，文化景物仅是文化景观的躯干，文化景观中的非物质因素才是其“血肉”。这种有机进化的景观，它产生于最初始的一种社会、经济、政治以及宗教需要，并通过与周围自然环境的联系或适应而发展成后来的形式。随着历史的进程，它在与传统生活方式相联系的社会中，保持一种积极的社会作用，而且其自身演变过程仍在进行，同时又展示了历史上其演变发展的物证。重庆的文化景观与宗教、艺术或教育文化相联系，这些文化景观荟萃了巴渝文化、三峡文化、民族宗教文化，生动真实地展现了灿烂的巴渝文化历史。所具有的文化精神感染着人们的内心。

文化景观中的建筑是无声的语言，对人的思想观念具有潜移默化的塑造作用，建筑除了建筑物自身之外，还包含着许多具有教育传承的功能。一些建筑物更是为了纪念先人而建造，带有民族传统的烙印。这些建筑通过与人的碰撞，一步步地走进人的内心，深深地烙在人们的血脉中，这对人一生的学习乃至道路的选择都具有影响力。

### （一）庙宇

庙宇主要包括寺观、祠庙，是重要的人文环境因素。祭祀是古代教育的重要仪式，祭拜先师、先儒先贤，祠堂修建成为地区大事，重庆各地分布有名宦祠、乡贤祠、忠义祠、节孝祠等。这些寺庙、祠堂承载重要的教育文化资源，古代官学学校教育许多以文庙来考察，此处将非文庙的建筑进行介绍。虽然这些寺观、祠庙不具备完全的学校属性，但都离官学、文庙不远，是考察官学办学环境的重要视角。

#### 1. 涪陵

涪陵，州地庙宇极盛，其载入祀典者，有关帝庙、文昌宫。而城隍龙神，亦皆有庙。至各省客民入涪籍者，祀其乡之先贤，则有江西、广东、贵州各馆。

朋乐堂，此堂是涪州士人蔺大节为改变当地学人“独学而无朋”的状况而修建的“就学之地”[1]，由黄庭坚命名并作记。《舆地纪胜》称：“朋乐堂，山谷先生命名及为之记。”[2] 宋、元地理志书如《方舆胜览》《大元混一方舆胜览》都有大体相同的明确记载。但明、清以后的各种有关典籍及今人所编《涪陵市志》均无记载。可见此堂早已荡然无存。黄庭坚将此堂命名为“朋乐”，源出孔子的名言：“有朋自远方来，不亦乐乎?”《朋乐堂记》写于元符元年初到涪州之时，迄今仍保留在其文集当中。黄庭坚勉励后学“爱惜日力，相开以多闻，相尽以改过。”至于何以落款为“绍圣五年四月乙未涪翁记”[3]，是由于元符“改元在六月耳”，四月“尚称（绍圣）五年”[4]。

州志载宋以来涪陵乡贤，祠祀者 34 人，未入祀者 27 人，兹略著数人行谊，为后世楷模。宋谯定，徒程子学《易》于汴，谪涪陵又徒之。晏渊，字亚夫，受学于朱子，世居襄阳，后徙蜀，家涪坪山，周卿亦朱子门人，涪地傅程朱之学者，实首于数公明。蔺希夔，潜心理学，徒游甚众，颜其庐曰：“万颂窝”有《易注》行于世。[5]

涪陵五贤祠在州南，祀程伊川、尹和靖、谯达微、黄山谷、晏亚夫。

---

[1][3] 《黄庭坚全集》别集卷二《朋乐堂记》。

[2] 王象之. 舆地纪胜：卷一百七十四［M］. 刊本，清同治年间.

[4] 吴洪泽，尹波. 宋人年谱丛刊：第 5 册［M］. 成都：四川大学出版社，2003.

[5] 德恩. 道光涪州志：卷七 祀典志［M］. 刻本，1845（清道光二十五年）.

2. 奉节

十贤堂，在莲峰书院东，宋庆历时建，以祀前贤尝仕蜀者。❶ 宋夔州知府王十朋《十贤堂》序载："十贤堂旧名岁寒堂，一名忠孝堂。祀屈原、诸葛亮、严挺之、杜甫、陆贽、韦昭范、白居易、柳镇、寇准、唐介十人，画像于堂中，外栽修竹，林栗有记。"❷

3. 璧山县

文昌庙，在县城南门外，创于宋绍兴年间，岁久倾圮。永兴寺，县北一百里处，宋绍兴十年建，明正统间重修，有天顺四年邑人侍读学士江朝宗碑记。❸ 璧山县名宦祠：宋重庆参军曹豳。乡贤祠：宋进士王大龄、宋进士蒲谦、宋状元冯时行、宋状元蒲国宝。❹

4. 万县

七贤祠，又名七贤堂。在东门外，祀宋贤鲁有开、张俞、范镇、苏洵、苏轼、苏澈、黄庭坚，今圮。❺

万县七贤堂是万州士民所建、供奉黄庭坚等7位北宋名士的纪念性建筑，这7位北宋名士都有歌咏万州的诗文。《舆地纪胜》曰："七贤堂，太守鲁有开、白云先生张俞、蜀公范镇、老泉苏洵、东坡苏轼、颍滨苏辙、山谷黄庭坚先后经行，取其诗章、翰墨刻置堂上，仍绘七贤像，右司陈损之记。"❻《大元混一方舆胜览》云："七贤堂，太守鲁有开、张愈、范镇、苏洵、苏轼、苏辙、黄庭坚前后经行，取其诗翰刻于台，并绘像。"《明一统志·夔州府》称："七贤堂在万县治东，取宋鲁有开、张俞、范镇、苏洵、苏轼、苏辙、黄庭坚先后经行于此者，诗翰刻置堂上，仍绘七贤像，宋陈损作记。"在这7位名士中，除鲁有开系亳州谯县（今安徽亳县）人，其他6位都是巴蜀名士。

5. 彭水

彭水名宦祠：宋黔南节度使李约，元至绍庆府王师能，绍庆府总管向午凤。乡贤祠：宋进士文涣，进士冯章，进士项德。❼

---

❶ 曾秀翘. 奉节县志：卷十九 檀庙 [M]. 刻本，1893（清光绪十九年）.

❷ 四川省《奉节县志》编纂委员会. 奉节县志 [M]. 北京：方志出版社，1995：708.

❸ 寇用平，陈锦堂，卢有徽. 璧山县志：卷一 祠庙 [M]. 刻本，1865（清同治四年）.

❹ 寇用平，陈锦堂，卢有徽. 璧山县志：卷三 名宦 [M]. 刻本，1865（清同治四年）.

❺ 王玉鲸，张琴，范泰衡. 增修万县志：卷七 地理志 [M]. 刻本，1866（清同治五年）.

❻ 王象之. 舆地纪胜：卷一百七十七 [M]. 刊本，清同治年间.

❼ 庄定域. 彭水县志：卷二 祠庙 名宦祠 [M]. 刻本，1875（清光绪元年）.

6. 忠州

忠州名宦祠：宋代忠州知州赵尚宽、韩据、王辟之，咸淳府知府常福庆、马堃。[1] 这些地方官对教育多有作为，如王辟之，字圣涂，营丘人，绍圣三年任抚养柔和，锄治猾奸，兴学设教，士民畏威怀德，祀名宦。[2]

（二）名胜古迹

重庆各地区有很多名胜古迹，这些名胜古迹富有文化气息。名人与这些古迹的事迹成为重要的文化底蕴。由此，景观建筑也被赋予新的内涵，成为无声的语言，时刻影响着人们的心灵，有利于塑造安静祥和而又具有文化内涵的教学环境。此处将宋代重庆的名胜古迹加以整理如表 4.3 所示。

表 4.3　部分名胜古迹

| 地区 | 景　观 |
|---|---|
| 璧山县 | 洗墨池，在缙云山右，相传宋冯时行读书于此；缙云寺坊，宋景德四年敕赐为崇教寺，上题曰：迦叶道场[3] |
| | 名墓：冯时行墓在县东十五里，祖师庙大山下[4] |
| 江津县 | 南山经室，在牛心山，宋张弦读书处 |
| 梁山县 | 垂云楼在县北。左瞰万石，右倚东山，景物奇丽，峡中所未有。翔云楼在县东。横跨通衢，四山环合。瑞丰亭在县。宋陆游诗："峡中地褊常苦贫，政令愈简民愈淳。本来无事只畏扰，扰者才吏非庸人。都梁之民独无苦，须晴得晴雨得雨。史君心爱稼如云，时上斯亭按舞歌。歌阑舞罢史君醉，父老罗拜丰年赐。圣朝尚实抑虚文，纵产芝房非上瑞。"飞练亭在蟠龙山，瀑布之下。万寿寺、贞庆宫俱在县西[5] |
| 巫山县 | 古楚宫在县西北。楚襄王所游之地，遗址尚存，宋黄庭坚石刻所谓"细腰宫"是也。峰崇寺在阳台山东，寺与山峰并崇，因名。神女庙在县西北。旧传楚襄王游于高唐，梦一妇人云："我帝之女，名瑶姬，未行而亡，封于巫山之台。"及辞去曰："妾在巫山之阳，高唐之阻，朝为行云，暮为行雨。"比旦视之如其言，遂立庙，匾曰"朝云" |
| 云阳县 | 尚书李应凤墓在县治西南。李应凤是宋绍兴二年进士，曾任徐州教授、太学博士，迁秘书，官至尚书 |

[1] 吴友篪，熊履青．忠州直隶州志：卷六 学校志［M］．刻本，1826（清道光六年）．
[2] 侯若源，庆徵．忠州直隶州志：卷四 政令志 政绩．刻本，1873（清同治十二年）．
[3][4] 寇用平，陈锦堂，卢有徽．璧山县志：卷一 舆地［M］．刻本，1865（清同治四年）．
[5] 吴潜，傅汝舟．夔州府志［M］//天一阁藏明代方志选刊．上海：上海书店出版社，1961．

续表

| 地区 | 景　观 |
|---|---|
| 万县 | 四望楼在县南。唐白居易诗："江上新楼名四望，东西南北水茫茫。"江会楼在县西，桂华楼在县南，宋郡守侯宾以郡士二人同年登科，故名。七贤堂在县东，取宋鲁有开、张俞、范镇、苏洵、苏轼、苏辙、黄庭坚先后经行于此者，诗翰刻置堂上，仍绘七贤像，宋陈损作记。咏亭在县。宋张俞、范镇尝相倡酬于此，太守赵希混以名亭。白鹤寺在县西一百三十里，三苏有题咏。集灵观在县北。内有唐垂拱时钟。广济寺在县西，北山观在县北 |
|  | 重庆万州西山碑，西山碑碑文是黄庭坚记游南浦西山的散文《西山记》，融记事、写景、抒情于一体，极自然、精练，对万州风光竭尽赞美。<br>重庆万州流杯池，流杯池系一石上凿沟，引水环注其间，而流杯饮酒之处。因北宋黄庭坚曾在"流杯池"宴饮并书写了传世名作《西山记》而闻名天下。该池凿于宋嘉祐八年（1063 年），又称"曲池""曲水流觞" |
| 涪陵 | 重庆涪陵桂岩刻，石刻镌于宋代元丰五年（1082 年），其上镌有阴刻楷书，横刻"桂岩"二字。此石刻为宋代文学家、书法家苏东坡途经青羊时所书，"桂岩"二字布局谨严，笔法遒劲，浑厚端庄，堪称书法佳品，绝非乡曲陋儒所能为。<br>重庆涪陵碑记桥始建于宋绍熙五年（1194 年），迄今已有 800 多年历史 |
| 江北 | 重庆江北天保寨建于宋理宗嘉熙四年（1240 年）至开庆元年（1259 年），历时 19 年，是南宋抗元战争军事防御设施之一 |
| 奉节县 | 白帝城位于重庆奉节县瞿塘峡口的长江北岸，奉节东白帝山上，是三峡的著名游览胜地。原名子阳城，为西汉末年割据蜀地的公孙述所建，公孙述自号白帝，故名城为"白帝城"。白帝城是观"夔门天下雄"的最佳地点。历代著名诗人李白、杜甫、白居易、刘禹锡、苏轼、黄庭坚、范成大、陆游等都曾登白帝、游夔门，留下大量诗篇，因此白帝城又有"诗城"之美誉 |
| 合州 | 八角亭原名养心亭。它始建于北宋嘉祐年间（1056—1063 年），是名士张宗范的私家亭园。张宗范是宋宁宗时期的合州人。他品行优良，学识渊博，因家居学士山，于是在山麓建了一座读书的亭阁。张宗范还在亭阁的周边建造了廊房，种植修竹、花草，营造出一派清新典雅的氛围。当时，正值周敦颐在合州担任通判一职。学士山上的这座亭阁深得周敦颐的喜爱，从而留下了一段脍炙人口的历史故事及千古传诵的文学名篇。❶ 周敦颐曾在嘉陵江畔修筑养心亭，写下中国古代散文名篇《爱莲说》和理学名篇《养心亭记》 |

❶ 刘芳声．合州志：卷七 人物表［M］．刻本，1579（明万历七年）．

续表

| 地区 | 景 观 |
|---|---|
| 夔州 | 瞿塘峡、白帝城为夔州风景名胜，历代名宦宿儒、骚人墨客，徜徉其间，吟咏颇多。杜甫“居夔诗凡四百余篇（435首），一草一木，尽入品题中”，其在夔诗歌创作达到新的更高的境界。李白“夔州府题咏甚多，盖常游之处”。刘禹锡在夔，于巴渝民歌的基础上开“竹枝词”新风。白居易多次游夔，其诗被誉为“夔门留咏，杜老之俦”，“赋咏穷三峡”。苏轼父子放舟出川过夔，专程登岸览胜，吟咏留念。黄庭坚“游玩鱼复之胜，多有记咏”。王十朋知夔，留诗76首。陆游判夔，写出不少诗文，留下宝贵的历史资料。唐介知奉节，“诗篇时出楚风骚”。王士祯尝游夔门“访贤豪，考风土”，登临山水“融怿荟萃，一发之于诗”。莲峰书院主讲张凤翥寓夔多年，有《渔村诗稿》《夔门和杜诗集》《莲峰诗集》行世。主讲黄遵素“性嗜风雅，时召生徒明晰四声与诗赋之法……郡士识诗律、工字画者素之力也”。府学教授李成芳“善作诗，天籁自鸣”。诗僧瘦木“卓锡白帝四十年，生平以诗自娱”，“每骚客来游，辄为首唱，兴致勃发”，“圆寂后，邑人刘玉璋选其遗稿十一首，书而刻之”。此外，张问陶、彭端淑均留有诗篇。白帝城碑林还留下刘汉儒、陈文烛、吕辉、刘心源、刘贞安、彭聚星、徐帷贤、英贵、燕翼等人的诗碑❶ |

资料来源：根据重庆各区县方志资料整理。

与文人志士有着密切关系的景观遗迹历经岁月的沧桑，依旧洋溢着文化教育气息。这些在此地留下的故事和生活的名流痕迹，随着时间的流逝成了此地文化的象征，而历史故事又无一不彰显了当时教育环境的教育价值，尤其是育人功能。

## 第五节　宋代重庆的私学

宋代重庆的私学一般分两类，一类属于蒙学性质，其名称叫小学、乡校或家塾，重庆地区私学兴盛，弦诵不绝。具体数量已无法统计。另一类属高等程度办学，即私人讲学。三峡地区在这一时期，通过私学教育形式，培养出很多有用的人才。

宋代是理学的发端和成熟期，其典型代表是程朱理学。宋代的涪州北岩，因理学大师程颐、文学大家黄庭坚、著名哲学家朱熹等重量级文化名人先后在此讲学论道而闻名遐迩，蜚声中外。

❶ 四川省《奉节县志》编纂委员会．奉节县志［M］．北京：方志出版社，1995：681．

## 一、宋代重庆私学概述

就地域而论，宋代文化的发展无疑是不平衡的。照北宋人王得臣看来，福建和包括重庆的四川是当时两个文化发达的地区。他在《麈史·风俗》中说："闽、蜀同风。……今读书应举，为浮屠氏，并多于他所。"

"福建出秀才"，在宋代号称"天下第一"。如果说这只是民间的说法，那么《宋史·地理志》也说：福建"多向学，喜讲诵，好为文辞，登科第者尤多"；四川"声教攸暨，文学之士，彬彬辈出"。当时，江东江西、浙东浙西文化发达的程度并不亚于福建、四川。如江西的南安军（今江西大余县）"儒术之富，与闽蜀等"；浙西的嘉兴府（今浙江嘉兴）"诗书礼乐相辉相扶，里之秀民、家之良子弟无不风厉于学"。[1] 于是，宋代又出现了这样的说法：今吴、越、闽、蜀，家能著书，人知挟册。[2]

素称"贵文学、尚礼义之国"的齐鲁即北宋时期的京东，尽管一度"弦诵阙然"，可是宋仁宗以后，这里的人们"益知贵诗书之业"。不仅江西，"虽荒服郡县，必有学"，而且在当时较为落后的以重庆为中心的夔州路和广南东、西路，文化也逐渐得到普及。如夔州（今重庆奉节区）从前"此邦之人尚不识书"，到庆历年间，"人渐知读书"。[3]

岂止城市郊区，即使穷乡僻壤，学习文化的风气也逐渐形成，有北宋人晁冲之《夜行》一诗为证："孤村到晓犹灯火，知有人家夜读书。"南宋人宋伯仁《西塍集·嘲不识字》一诗则生动地描绘了一位好学的农村孩子：

难字逢人问，村中一小儿。璋獐宁易辨，亥豕似堪疑。
卤莽原非莽，耕犁别字犁。识丁何足道，煮字不充饥。

有的学者对宋代地方私学教育的状况做了有价值的探讨，认为宋代文化相对普及的主要表现还在于文化从先进地区推广到落后地区、从通都大邑推广到穷乡僻壤，特别是从士阶层推广到农工商各阶层，极少数世家大族再也不能完全垄断文化，整个社会的文化水平提高。[4]《宋史·选举志一·科目上》对此

---

[1] 徐硕．至元禾志：卷二十五 碑碣 魁星堂记［M］//文渊阁四库全书．上海：上海古籍出版社，1987．

[2] 叶适．水心别集：卷九 汉阳军新修学记［M］//四部丛刊．上海：商务印书馆，1939．

[3] 傅增湘．宋代蜀文辑存：卷十九 重修至圣文宣王庙［M］．香港：龙门书店，1971．

[4] 张邦炜．宋代政治文化史论［M］．北京：人民出版社，2005：374－376．

做了简要的概括："学校之设遍天下，而海内文治彬彬矣。"南宋陈傅良则对整个社会文化水平的提高，做了虽然夸张却形象的描绘："人人尊孔孟，家家诵诗书。未省有宇宙，孰与今多儒！"❶

宋代重庆私学成为重庆教育的重要组成部分，其形式多样，教学灵活，贴近一般老百姓和读书人。南川办学自东汉初年儒士尹珍设馆讲学开始。北宋风行私家讲学，并修建文庙以祀奉孔子，提倡尊师重道。宋代大足教育发达，史载"尊道而重学""士愿而劝学""户晓礼义""比屋谈经史"。❷

宋代重庆的私学既有乡士大夫们创办的比较正规的乡校，也有靠束脩度日的乡里先生设立的村学；既有达官贵人为私家子弟办的私塾学馆，也有寻常百姓的家庭教学。私学的斐然业绩颇受后人称赞。《蜀故》卷2称："蜀虽僻左，而先正大儒如濂溪周先生、河南二程先生皆尝不鄙而幸临之……三先生始在蜀时所闻未彰，而蜀人从之者已众，诵其诗、读其书。"这些都说明重庆私学教育的发达，加之这个时期要求受教育的人数增加，因而私人教学和私塾的设置就更为普遍。

### 云安监❸劝学诗并序

[宋] 王日翚

汤溪之滨，编户千数百家，云安监在焉。其山岌而高，蹲踞相揖，环合四面。其溪洪且远，清甘湛碧，萦回曲折，皆秀美也。绍兴己卯八月，潼川王日翚捧檄而来，周览气象，因谓知监程公曰："予闻山深而猛兽藏，水广而巨鱼游，地灵则人杰出，盖理之常也。观兹气象，必有当世闻人者出焉。"程公曰："唐之季有希玄者，官至上柱国，伪蜀时有寅逊❹者，仕为侍郎，皆辛氏也。"予曰："子言岂不信哉？"程公曰："虽然自是贤能之书亦几绝矣。"予曰："百步之内，必有芳草，岂有数万家，而无一贤一能之可书者邪？非父兄不能教子弟，则子弟不能从父兄之教矣。"程公曰："此地有三牛、马岭二山，旧传三牛对马岭，不出贵人只出井。土人用是，不以仕进为业，唯货利之从意者，非山川所宜，虽皓首

❶ 陈傅良. 止斋集：卷三 送王南强赴绍兴签幕四首 [M] //四部备要. 上海：中华书局，1936.

❷ 《大足县志》编委会. 大足县志 [M]. 北京：方志出版社，1997：953.

❸ 唐顺宗时置，属夔州，为盐监。治所在今重庆市云阳县东北云安镇。

❹ 寅逊：即辛寅逊。云阳人，曾任茂州（今四川茂汶）录事参军，明德二年任翰林学士，广政二十七年除夕，在一对桃木板上题词，悬于寝门，成为我国春联的创始人。

穷经无益矣。”予曰：“此谁氏语邪?”程公曰：“按石刻汉廷尉扶嘉[1]之语。嘉母媪、遇龙而娠嘉，故其言人信之。”予不觉喟然曰：“传者既误，载诸石者尤识之浅也。其言鄙俚如是，可传以为信邪。且廷尉既生于灵异，亦必贤哲之士，安得鄙俚之语哉？盖田夫野老之言，后世指以为嘉言，非也。使其言而可信，则辛氏二入得生此土邪，斯民不知前贤之慕，而惟俚言之信，则亦记诸石者罪矣。君子不言则已，苟有言焉，必将有补于世。今以鄙俚之言为贤哲之言，诬贤哲之言塞人才之路，吾知斯人必无后也。且蜀之东有盐泉县，今隶绵州，而初隶梓州，见《国史》，亦盐监之类也，有射策为天下第一者曰苏易蜀之西仙井监曰三嵎，亦三牛之类也，亦有射策天下第一者，曰何栗，二人皆至宰相。又仙井咸泉所出尤多，而贵人亦多，至今显宦名儒相继不绝，岂谓井之所出，则无贵者出邪?”程公曰：“然，愿书之资以为训。”予曰：“石刻之传不废，则汤溪之士不振。予其可以不敏辞哉，然仕者亦不可不勉。凡人之学所以修身而已，非先期于必贵而后学也。诚能修其天爵，则人虽不从，不失为君子，岂可以贵不可必，而遂至于不学，是惑矣。杨子曰：‘人而不学虽无忧，如禽何?’且夫地之美者嘉禾，而农事不至，则禾不生。山川虽秀而士不知学，则贵人不出。公须广谕而劝之，俾父诏其子，兄诏其弟，舍锥刀之末利，其高大于门间。为子弟者从父兄之教，勿荒于嬉，勿诡于随，隆师亲友，虽远不惮博学力文，始终不辍，则磨以岁月，必有英才儒士为时而出，中才者亦必能取科第邀富贵。贪利之风为衣冠之俗矣。”程公曰：“诺。”乃退而为诗四十韵，其诗曰：云安监劝学诗。[2]

## 云安监劝学诗

［宋］王日翚

观风至云安，古者汤溪滨。无地不盐烟，无民不樵薪。
士子独希少，锥刀事艰辛。我因捧檄来，暇日聊咨询。
溪山秀且清，湛碧高嶙峋。衣冠杳不报，敢问夫何因。
盛言汉廷尉，有语贻乡邻。三牛对马岭，有井无贵人。
斯言既笃信，诗礼不复闻。我闻为咨嗟，此语深非仁。

[1] 扶嘉：秦末汉初在世，朐䏰（今重庆云阳县）人，相传其母梦于汤溪所侧遇龙而生，辅佐刘邦平定三秦，夺取天下。

[2] 杨慎. 全蜀艺文志：上［M］. 刘琳，王晓波，点校. 北京：线装书局，2003：261－264.

儒风一旦扫，有甚遭浣焚。因言廷尉者，其生岂不神。
既禀神灵姿，宁非贤圣伦。安得鄙俚语，千载愚斯民。
斯民有辛氏，贵岂无足称。唐室上柱国，伪蜀掌丝纶。
遗诰尚可考，苗裔亦诜诜。后生宜可畏，况逢尧舜辰。
如何二百年，自弃甘煨尘。前贤不知慕，俚语常书绅。
不知非格言，野老相因循。为言听我语，蜀民初顽嚚。
文翁为益州，化蜀与维新。英才出王马，继世扬子云。
词章耀当世，至今蔼清芬。自尔吾蜀士，文学多彬彬。
乃知汤溪上，未必无国珍。琢磨始成器，匪即为荆榛。
我虽非文翁，志使风俗淳。亦非好辩者，示劝聊谆谆。
公侯宁有种，自致唯斯文。独学乃孤陋，师友须隆亲。
又当听我语，既学须能勤。不勤如不学，勤学始成身。
穷兮世巨儒，达兮为名臣。唯患学不至，学必无沈沦。
如不学为名，不如复前熏。十室有忠信，见者希能遵。
会观积岁后，俊造来訚訚。一成诗礼乡，观光为国宾。

宋代官学大体只有中、高两级，进入地方官学之前，首先需接受相应的初等、蒙学教育，打下识字、写字的扎实基础。宋代虽有专门小学之设，但设立时间不长，且很不普遍，故蒙学性质的私学因填补了这一空白而相对繁盛。应该说，蒙学在两汉时期就已初步发达，然而相较于精馆和精舍，其地位不显。宋代的高级私学多为书院所取代，故蒙学盛极一时。北宋三次兴学期间，中央官学的扩充和地方官学的增设，抑制了高、中级私学的发展，除一部分成人设置的研究学问或为应考做准备的私学外，层次较低的蒙学因满足了普遍向学的社会心理和适应了蒙童、少年就近入学，不宜过早离开家庭的特点，而未受到明显影响。更由于科举的强化和读书人的增多，许多落第举子纷纷选择以教书谋生，解决了师资不足的矛盾。宋代私学的发展，体现了文化教育在民间地区的相对普及状况。

## 二、蒙学

宋代私学中的蒙学，即儿童的启蒙教育，一般由家馆、村学、私塾、冬学、门馆或乡校来完成。宋元时期的私学在汉唐的基础上有所发展，在教学制度上更加完备，蒙学教材也更加丰富多样，比以前种类更多，内容更丰富。宋以前蒙学教材主要是《急就篇》《蒙求》《千字文》《太公家教》等，宋以后不仅有了《三字经》《百家姓》，还编了许多新的识字读本。陆游在其《秋日郊居》（其七）诗中这样描述："儿童冬学闹比邻，据案愚儒却自珍。授罢村书闭门睡，终年不著面看人。"他在诗的自注中说："农家十月，乃遣子弟入学，所读《杂字》《百家姓》之类，谓之村书。"[1] 蒙童在学校除了读书、习字以外，还要学习作对子。至于少数的专门私学经馆，则主要是学习儒家经典。

重庆各地民众世世代代在这片古老的土地上繁衍生息，创作了丰富的民间故事、歌谣和谚语。这些素材拓展了儿童学习的内容，极大补充和丰富了教学知识范围。民间故事包括神话和传说，题材相当广泛，诸如公孙述称帝、刘皇叔托孤、诸葛亮设阵、李自成观星、张献忠征战，以及郦道元、杜甫、李白、白居易、刘禹锡、苏轼、陆游、黄庭坚、周敦颐、王十朋等诗人墨客的逸闻趣事，乃至天文地理、飞禽走兽、风俗民情……无所不包。流传较广、脍炙人口的有：王莽追刘秀的《白颈项乌鸦》、刘备墓葬的《许尤点灯》，其他如《李白改题石马诗》《白居易不题神女诗》《苏东坡夔州遇杜甫》《孟良梯和倒吊和尚》《张献忠马背作对联》《鲍超故事》等。民间歌谣内容包括时事、劳动、礼仪、恋情、世态、儿歌、童谣。谚语内容包括时事、事理、修养、社交、生活、生产、自然诸多方面。1980 年至 1987 年，四川奉节县（今重庆市奉节区）文化部门组织全县民间文学普查，共收集民间故事 1598 篇，歌谣 4287 首，谚语 4321 条。[2]

从事蒙学教育的师资，泛称塾师。塾师靠学童所缴学费（多为粮米实物）维持生活，往往相当贫困。北宋叶梦得在其所著《避暑录话》中对其幼时就学于塾师乐道时的情况详细描述：

> 乐君，生巴峡间，不甚与中州人士相接。状极质野，而博学纯至。先君少师特重爱之，故遣吾听谈。今吾尚能略记《六经》，皆乐君口授也。家贫甚，不自经理，有一妻二儿一跛婢。聚徒城西，草庐三间，以其二处诸生，而妻子居其一。乐君坦率，多嬉笑，未尝见其怒。一日，过午未饭，妻使婢告米竭。乐君曰："少忍，会当有饷者。"妻不胜忿，忽自屏

[1] 陈汉才. 中国古代教育选诗注［M］. 济南：山东教育出版社，1985：105－106.

[2] 四川省《奉节县志》编纂委员会. 奉节县志［M］. 北京：方志出版社，1995：683.

间跃出，取案上简击其首。乐君袒而起，仆于舍下，群儿环笑，掖起之。已而先君适送米三斗，乐君徐告其妻曰："果不欺汝。饥甚，幸速炊。"俯仰如昨日。几五十年矣。每旦起，分授群儿《经》，口诵数百过，不倦。稍闲，必曳履慢声，抑扬吟调不绝。蹑其后听之，则延笃之书也。❶

从叶梦得的这段描述中，我们可以看到当时的重庆区域塾师对于教育教学工作非常热爱，尽管时常在温饱线上挣扎，却几十年如一日，"每旦起，分授群儿《经》，口诵数百过，不倦"。

有的学者通过研究表明，两宋时代重视兴学育才，但设教动因及成效却有极大之差异。这同样反映在私学办学的过程及方式之中。

北宋时期尽管在兴教办学方面做了种种努力，其成效明显超越唐代，但理学教育思潮引导下的宋代蒙学教育是否必然在教育理念及方法上就是一种进步，恐怕很难判定。唐代诗人元稹在乡村所见的情形是："予尝于平水市中，见村校诸童，竞习歌咏。召而问之，皆对曰：'先生教我乐天、微之诗。'固亦不知予为微之也。"❷ 这俨然是一幅生气勃勃的可爱顽童诵诗图。南宋大诗人陆游也描述过其见村童读书的情形：（经过湖北沙市、松滋一带）"皆村落，竹树郁然，民居相望，也有村夫聚徒教授群童。见船过，皆挟书出观，也有诵书不辍者。"元稹所见儿童之"竞习歌咏"内含儿童之情愿状，陆放翁之所见儿童之诵书状，显然已不是专心致志了，似有被强迫状。即使那些"诵书不辍者"，也常让人联想起鸟入牢笼，总感觉有些不是滋味。

从识字学习角度看，普及民众教育特别是乡村教育有助于百姓的思想开化。建炎后，重庆地方州县学的拓展在一定程度上带动了乡村私塾、村学的发展。对乡村中的"冬学"，清代大儒钱大昕引陆游诗论宋村学的情况云："'农家十月，乃遣子弟入学，谓之冬学。所读《杂字》《百家姓》之类，谓之村书。'今乡村小儿所读《百家姓》一书，盖犹宋人所习，以赵为首，尊国姓也。"❸ 蒙学优秀者可升入州、县学升造，以便为科考做准备，剩下的就只当是识字和常识教育了。

---

❶ 叶梦得. 石林遗书：避暑录话［M］. 刻本，1909（清宣统元年）：43－44.
❷ 元稹. 白氏长庆集［M］. 北京：文学古籍刊行社，1955：序.
❸ 钱大昕. 十驾斋养心录：卷十六［M］//四库备要. 上海：中华书局，1936.

## 三、私人讲学

教育名家的讲学与办学是宋代重庆私学的典范及特征。最早到涪州讲学的名流是北宋教育家、理学家创始人程颐。“北宋程颐贬涪州，北岩栖身六春秋。”他在涪州普净院讲学影响深远，其门人尹焞、朱熹以及罗从彦、崔彦直等学者相继莅临涪州，亦讲学于钩深堂，使北岩钩深堂一时“名流会集，后学辈出”，有“文风齐两蜀，仙洞接三都”之誉。

朱熹是程颐的四传弟子。他继承和发展了程颐的理学思想，使之成为我国哲学史上的“程朱理学”，并最终成为南宋及其以后封建社会的统治思想和官方哲学。涪州人谯定帮助程颐创建北岩点易洞和钩深书院；涪州人晏渊不仅讲学于涪州沟深书院的延续北岩书院，而且亲任山长20余年。这些名人的讲学与办学，对重庆教育文化的发展起到了重要作用。两宋时期，大量的文人骚客或滞留于此，或流寓于此，从而给重庆教育带来深刻影响。如程颐、黄庭坚、罗从彦、尹焞、苏轼、范成大、朱熹、吴敏、刘彝等。他们一方面对涪州风光和人文风情大加赞美，写出大量脍炙人口的诗篇，营造一种文化氛围，为教育发展打下一定基础；另一方面或讲学或办学，致力于兴学育才的实际工作，使重庆教育有了长足的发展。

### （一）程朱理学的发祥地

从程颐到他再传弟子朱熹与北岩的关系，可以得出北岩是程朱理学发祥地的论点。

#### 1. 北岩：私家讲学圣地

北岩，涪陵名胜，位于长江北岸北山坪南麓，长约300米，与涪陵城隔江相望。北岩在汉代还是一片墓地，唐代已建有寺庙，北宋初为普净禅院。绍圣四年（1097年），崇政殿说书、西京国子监教授贬谪涪州，居北岩寺讲学，凿洞注《易》，从此声名远扬。《续修涪州志》称：“北岩，（在）州城大江之北，上有注《易》洞，为宋程伊川先生谪涪时注《易》之所，又有三畏斋及尹子读书处、黄涪翁洗墨池。岸壁多宋以来名人留题。”南宋《舆地纪胜》《方舆览胜》和明代《蜀中名胜记》等书均有记载。

#### 2. 点易洞：程颐点《易》场地

北岩闻名于点易洞，点易洞得名于程颐点《易》。

北岩西头，有个人工开凿的高约4米、深阔各3米的石洞，洞朝涪城，背岩面江，洞门门额刻有“点易洞”三字。北宋绍圣四年（1097 年），著名理学家、哲学家、教育家程颐（1033—1107 年）被贬来涪，在北岩石洞中点《易》立说，历时 4 载，完成划时代的理学代表作《伊川易传》（又名《程子易传》），共 4 卷，洋洋 15 万言。程颐学说后为南宋大哲学家朱熹所继承和发展，成为“程朱理学”派，北岩由此成为中国理学哲学思想发祥地而远近闻名，学者、游者云集。阳枋《涪州北岩秋祀祝文》为秋祀涪州北岩五贤即程颐、尹焞、谯定、黄庭坚、戛渊 5 人的祝文。祭程颐祝文云：“窃惟文拘兴象，箕繇述畴，系明返鲁，传成迁涪。大圣真贤，今古同流。易传发挥，羲文孔周。浩荡汪洋，乾坤与侔。淑人无穷，绵祀千秋。”

南宋嘉定元年（1208 年），涪州牧范仲武将此洞命名为“点易洞”，并于洞中塑程颐像，撰有对联一副：“伊洛溯渊源，诚心正意，一代宗师推北宋；涪江汇薮泽，承先启后，千秋俎豆换西川。”[1]

3. 钩深堂：理学家讲学机构

钩深堂是涪陵的名胜古迹，位于北岩东端，正堂三间，为程颐贬谪涪州后的讲学之地。由于程颐是宋代理学界的权威，是“洛学”学派的领袖，又担任过皇帝的老师，名声很大，四方学子纷纷来涪州北岩聆听他讲经论道，于是他便在北岩辟堂讲学。当时云集北岩的求学者，“正堂容不尽，环院门而观听者，盖数百计”，盛况空前，掀起探讨理学的新浪潮。

其时，江西诗派领袖、大文学家、大书法家黄庭坚（1045—1105 年）也因“修《神宗实录》不实”之罪，于程颐贬谪涪州的前 2 年（绍圣二年，1095 年）谪贬为“涪州别驾，黔州（彭水）安置”。绍圣四年（1097 年），他特地到北岩佛寺普净院拜谒程颐，并在此小住，与程颐探讨学术，交流思想。因有感于程颐治学的严谨精深，遂为其讲学地门额题铭“钩深堂”以名。“钩深”二字取自《周易·系辞》“钩深致远”一语，取钩（探取）的引申义，即治学要向高深方向探索。南宋涪州牧范仲武改钩深堂为“北岩书院”。中华人民共和国成立后，于此设涪陵地区师范学校，现为涪陵十三中校区。

戛渊，南宋理学家，名亚夫，号莲荡先生，南宋涪陵人。自幼好学，负笈福建，就学于朱熹考亭书院，学成返涪，任钩深堂山长，程朱理学传人，涪州

[1] 马培汶．历史文化名人与涪陵［M］．重庆：重庆出版社，2006：179.

学派代表人物，著有《孟子注》，入涪陵“四贤祠”陪祀。[1]

郭雍，河南人，从程颐学，得其传，持宪陕西，死于金人之难。雍退居峡州，游浪长阳鲤鱼山，号“白云先生”。乾道间，征不就，赐号“冲晦处士”。孝宗时，封“颐正先生”。雍传其父纂遗书，有《易说》《中庸说》行于世。[2]

4. 朱熹《北岩题壁》

朱熹（1130—1200 年），字元晦，号晦翁，江西婺源县人。南宋著名哲学家，理学的集大成者，是中国封建社会影响最大的思想家之一。

正是这样一位文化巨人，对理学鼻祖程颐久怀敬仰之心。南宋乾道元年（1165 年），他将程颐及其兄程颢的著作搜编为《程氏遗书》25 卷，后又辑成《程氏外书》12 卷，还专门为程颐编写《伊川先生年谱》，题下书“晦翁”二字。他拜读程颐完成于四川涪州的《伊川易传》后，慕名而莅临涪州，瞻仰程颐谪居北岩的旧址和“点易洞”，有感而作“七绝”，署名“晦翁”，镌刻于北岩石壁，至今清晰可见。

渺然方寸神明舍，天下经纶具此中。
每向狂澜观不足，正如有本出无穷。

朱熹的题诗，宣传了程颐“万物出于一理”和以理为“本”的思想，盛赞程颐对理学的重大贡献，其诗情、诗境与北岩“点易洞”珠联璧合，切合情景，非亲历参观者不能写出。

从北宋的程颐到南宋的朱熹，近百年时间，涪州北岩的“钩深堂”“点易洞”，一直是天下学者传播理学、探讨理学的一个中心，朱熹的《北岩题壁》诗，使北岩这一与洛学并驾齐驱的理学宗派更加熠熠生辉。北岩名胜原有钩深堂、点易洞、三畏斋、洗墨池、致远亭、碧云亭、四贤楼、二仙楼、观澜阁、读画廊十景，现已开发为“周易园景区”，是涪陵著名的人文风景胜地。[3]

（二）尹焞

尹焞（1071—1142 年），北宋人，字彦明，一字德充，尹源之孙。少师事程颐，精于《论语》《孟子》。绍圣元年（1094 年）应举，见试题为《诛元祐诸臣议》，拂袖而出，终身不应科举。靖康初因种师道推荐，召至京师。他不

---

[1] 王群生．重庆历史名人典［M］．重庆：重庆出版社，2005：7.

[2] 蓝勇．稀见重庆地方文献汇点：上［M］．重庆：重庆大学出版社，2013：148.

[3] 马培汶．历史文化名人与涪陵［M］．重庆：重庆出版社，2006：182.

愿为官，恳辞还山，遂赐号和靖处士，著有《论语解》《孟子解》《和靖集》等。[1]

靖康二年（1127 年），金兵南下，攻陷洛阳，尹焞流落到四川。绍兴四年（1134 年），尹焞到达涪州。涪州是其师程颐读《易》著《易传》之地。到涪州后，瞻仰北岩程颐“点易洞”，在北岩开辟一室，以“畏天命、畏大人、畏圣人”之义名之曰“三畏斋”，以供居住、读书之用。后来，他又在千福院建一室，取“学而时习之”之义名曰“习堂”；又建一室，取横渠先生张载“言有教、动有法、昼有为、宵有得、息有养、瞬有存”之义名曰“六有斋”。尹焞在涪州北岩继续专注于学问，设堂讲学，不求闻达，涪人十分崇敬他。

绍兴五年（1135 年），侍读范冲推举尹焞代替他的职位，南宋朝廷拜授为左宣教郎，充任崇政殿说书，但时年 64 岁的尹焞以年老多病推辞不就。范冲又奏请朝廷以 500 金为行资派钦差大臣诏请。绍兴六年（1136 年），钦差大臣来到涪州，诏请他回京。临行前，尹焞来到点易洞拜祭程颐，触景生情，挥笔写下《偶感贴壁》一诗：“少蒙师教指迷津，老读义经味入神。无限青山随意好，强来骑马踏红尘。”在祭拜程颐后，尹焞历任秘书少监、礼部侍郎等职。[2]

### （三）黄庭坚

绍圣二年（1095 年），黄庭坚以“所修《实录》多诋斥”[3] 的罪名，贬为涪州（今重庆涪陵）别驾、黔州（治今重庆彭水）安置。元符元年（1098 年）又由黔州，途经涪州、忠州（今重庆忠县）、渝州（今重庆渝中区）、泸州（今属四川）等地，移往更为“远恶”的戎州（今四川宜宾）。到元符三年（1100 年），黄庭坚才奉命离开戎州。他经万州（今属重庆），出巴蜀，已是建中靖国元年（1101 年）二月。黄庭坚在巴蜀地区生活期间，留下不少遗迹。

黄庭坚在黔州并不寂寞，包括知州曹谱、通判张诜在内的当地士民都同他往来、唱和并向他请益。黄庭坚曾说：“曹守（即曹谱）、张倅（即张诜）相待如骨肉。”[4] 他入乡随俗，时间一久，渐渐习惯黔州的生活，特别欣赏这里

---

[1] 杨倩描. 宋代人物辞典：下［M］. 保定：河北大学出版社，2015：1020.
[2] 冉光海. 涪陵历史人物［M］. 重庆：重庆出版社，2015：28.
[3] 徐松. 宋会要辑稿：职官［M］. 北京：中华书局，1957：3892.
[4] 吴洪泽，尹波. 宋人年谱丛刊：第 5 册［M］. 成都：四川大学出版社，2003.

的“小宴歌舞”，称赞道：“此邦乐籍，似皆胜渝、泸，微有成都之风也。”❶黄庭坚“以登览、文墨自娱，若无迁谪意”。❷他既聚书讲学，又不时出游，并挥毫泼墨，在黔州留下不少遗迹。黄庭坚死后，黔州士民怀念黄庭坚，为他修建纪念性工程。

黄庭坚在涪陵彭水万卷堂聚书讲学。据前引《舆地纪胜》可知，黄庭坚曾挥毫写下“万卷堂”三字。对于此堂，《明一统志》有记载：“万卷堂，在彭水县东，宋黄庭坚建，聚书万卷，因名。”南宋初年，出知万州（今属重庆）的巴蜀名士冯时行曾到此瞻仰，并题诗一首：书契摄古今，簏椟漏粹美。天地入秋毫，参有一字唯。❸《嘉庆四川通志》：“洗墨池，宋黄庭坚讲学著书，洗墨于泉，故名。”并有两处之多：“一在城南山麓，去绿阴轩数十步，上有石刻题名；一在伏牛山万卷堂侧。”❹《光绪彭水县志》称：“洗墨池，一在城南绿阴轩侧，水色淡黑。相传黄鲁直讲学著书，洗墨于此，上有石刻题名；一在伏牛山万卷书堂侧。”❺

《宋史·黄庭坚传》称：“蜀士慕从之游，讲学不倦，凡经指授，下笔皆可观。”❻他对蜀士从总体上给予高度评价：“巴蜀自古多奇士。学问、文章、德慧、权略落落可称道者，两汉以来盖多。”❼

黄庭坚谪居巴蜀期间，与不少文士学子时相过从，友情至深，甚至结为姻亲❽。在其文集中，有关的书信为数不少，仅与杨皓一人的书信即达 17 封之多。文集中书信一类的著述虽有应酬之作，但总体上反映了黄庭坚与士人学者关系之密切。其主要内容一是奖掖后学。黄庭坚对杨皓便称赞有加，寄予厚望。“不病陋巷而乐其义，不卑小官而尽其心，强学不已，未易量也。”❾诸如此类，不胜枚举。而杨皓后来并未辜负其望，确实学有所成。南宋后期，巴蜀

---

❶ 杨慎. 全蜀艺文志：卷六十 尺牍 黔中与人帖（黄庭坚）[M]. 刘琳，王晓波，点校. 北京：线装书局，2003：1749.

❷ 《黄庭坚全集·传记·豫章先生传》。

❸ 《明一统志·重庆府·宫室》。

❹ 《［嘉庆］四川通志·舆地志五十六·古迹十·酉阳直隶州·彭水县》。

❺ 《［光绪］彭水县志·古迹·纪胜》。

❻ 脱脱. 宋史：卷四百四十四 文苑六 黄庭坚传［M］. 北京：中华书局，1977：13110.

❼ 《黄庭坚全集·跋秦氏所置法帖》。

❽ 黄庭坚之子黄相娶江安（今属四川）知县、眉州（今四川眉山）石谅之女一事，已在《黄庭坚梓州路遗迹考述》（未刊）中述及。

❾ 《黄庭坚全集·题跋·跋欧阳元老王观复杨明叔简后》。

名士吴泳称："有眉山杨明叔者，纂成《长编纪事》，流传世间，本末粗为详备。"❶ 又如潼川（分四川省三台县）学子于说（字习之）请求黄庭坚为其解决"就学之地"，黄庭坚将他介绍给"喜延士大夫"涪州绅士蔺大节（字持正）。朋乐堂建成后，可谓两全其美："持正乐得士，习之乐得共学。"❷ 二是教知识学问。如黄庭坚一再勉励杨皓："道常无一物，学要反三隅。❸ 道应无芥蒂，学要尽工夫。❹ 虚心观万物，险易极变态。皮毛剥落尽，惟有真实在。"❺

黄庭坚被贬到重庆，在此地留下了很多有价值的诗文，有助于我们考察士人的学习风尚及私学的情况等。《彭水县志·艺文志》❻ 中就收录了很多这样的文献史料。

### 与秦世章文思书

［宋］黄庭坚

舍弟在涪州已数月，比欲归，适秋雨江涨，未能来，计十月可到此。小儿稍能诵书，性质颇朴憨，亦买得园地，他日令就黔州应举，为乡人矣。承垂意翰墨，已刻法帖后记，摹刻甚工，但不知法帖石几时得到黔中耳。……所助修华严阁五十千则未须，且留与黔中诸结缘也。

### 答李材书

［宋］黄庭坚

闲居多病，人事废绝。遇风日晴暖，从门生儿辈，扶杖逍遥林麓水泉之间，忽不知日月之成岁。……今岁黔中雪霜早寒，数日来雪欲及摩围之麓，不肖到三年所未有也。

某杜门终岁，益觉清静时，时苦门生抱经来咨问，尚俗气未除耳。❼

### 觉民读书帖

觉民弟：得书，知侍奉叔婶，恭勤子职，同新妇、二郎、五郎、八郎、九郎、八娘安胜，甚慰远思。审不利秋官，得失盖有奇偶，但要偷闲

---

❶ 吴泳《鹤林集·书·答郑子辩书》。

❷《黄庭坚全集·朋乐堂记》。

❸《黄庭坚全集·五言律·次韵杨明叔四首（并序）》。

❹《黄庭坚全集·五言律·再次韵（并序）》。

❺《山谷内集诗注·次韵杨明叔见饯十首（并序）》。

❻ 庄定域．彭水县志［M］．刻本，1875（清光绪元年）．

❼《彭水县志》编纂委员会．彭水县志［M］．成都：四川人民出版社，1998：958－959.

不忘学耳。惟此一事，身当润泽，又为子孙之基，不可不勉也。读书要不杂，每一书自初至终，日读得一板，岁计之亦功多。杂读虽多，终无功也。汉儒多白首专一经，皆成大儒，盖书在精不在多也。念二弟所要文字及诗，已具报之。二郎开岁已十四，想已学作文字，陈隐夫必能纠率诸儿读书，闲时更自为讲解为佳。诸甥皆有性格，谁最精慧？因读报及。双连之庆，计当在房下，要早教道，以成天予之美。南北阻远，未有会集期，但怀想，千万加爱。不见。兄庭坚寄。睦、相并附起居。❶

黄庭坚撰有《与秦世章文思书》《答京南君瑞运勾》《答黎晦叔暹书》《与敬叔通直》《与张叔和通判》《答唐彦道书》《答从圣使君书》《送范德孺知庆州》《答王太虚》《答李材书》《答王观复书》《答雍熙光禅师》《答宋子茂书》，黄庭坚与文人志士的这些往来书信，反映了当时乌江下游黔渝交界区域学校教育办学的艰辛历程。

## 第六节　宋代重庆学校的历史反思

宋代重庆学校是封建地域教育的高地，并为明、清直至近代该地教育文化的持续攀升创造条件。从教育区域交流及教育学视野的考量加以历史反思是有较大价值的。

### 一、宋代重庆学校的历史地位

入宋以后，中国政治经济文化中心逐渐东移南迁，面对金、辽、蒙古的军事威胁，重庆的战略地位日趋重要，经济有了很大的发展，肥沃的紫金盆地已“无寸土之旷”。教育也随之兴盛起来。

宋代四川、重庆的教育文化已经在全国有举足轻重的地位了。五代战乱，北方为兵燹蹂躏，大量北方文化人南迁，造成“惟吴、蜀二方多收文士……宋复南迁，得有吴、蜀，掌故文献，蜀人保存之力为多”❷。宋代北方的战乱也使北方文化人纷纷南下，“唐玄、僖二宗先后幸蜀，文物益盛。末叶沦丧，

❶ 黄庭坚．黄庭坚全集辑校编年：中册［M］．南昌：江西人民出版社，2011：828－829.

❷ 刘咸炘《推十书·史学述林·重修史述意》。

名家故老多致侨居”，故有“河东富人多弃产入川蜀”[1]。这种现象本身是在北方经济衰落，而南方经济政治地位更加重要的大背景下出现的。

据统计，宋代四川、重庆和江南的进士人数已经占了全国的80%左右[2]，而北宋时期四川、重庆进士数居第8位，南宋则跃居第4位[3]。宋代蜀籍人士为宰相者达27人之多。宋代人才最多、密度最大的3个文化教育区是黄河下游、江南东部和成都府路。四川、重庆地区只有在宋代才成为全国文学家分布密集的地区之一。在这种背景下，“蜀学”已经成为宋代文化中举足轻重的学术流派。因此，处于四川盆地东部的重庆，经济文化有了较大的发展，四川、重庆的教育水平差距已经逐渐缩小。以三峡腹心地带巫山为例，据县志所载：巫山县人沈省言，庆历中，为巴川令，其政以仁爱为本，有诏奖谕刻碑学宫。黄嗣直，江西豫章人，太史黄鲁直之弟。大中靖国元年，任巫山令，博学有才，爱民兴士，邑人德之。[4] 这种情形在其他州县更为多见。江津名宦范镇，字景仁，华阳人，举进士，仁宗时知谏院，致仕表谢曰：“愿陛下集群议为耳目，以防壅蔽之奸，任老成为復心，以养和平之福。”天下称曰范蜀公，契丹高丽咸景仰焉，后人名其村曰范镇村。[5] 梁山知县郑修，蓬州人，七岁日诵万言，游太学，登元祐进士，知梁山军，仁惠爱民，俸禄所余悉为民代输。民爱戴之，卒年八十七。[6] 唐介，字子方，湖广江陵人，天圣八年进士。为奉节令，其政以通民情理，冤狱为先，召授御史。[7] 从中得知，巫山宋代的人才流动已经明显出现，而且地方官员注重教育和文化事业，受到了民众的赞誉。

宋代重庆学校的发展在整个历史进程中处于承前启后的地位。在宋代，重庆各地官学有的在唐代兴建的基础上不断完善，有的是从宋代开始兴建。重庆虽然地处偏僻，但这种得天独厚的优势使得学校教育发展迅速，巴蜀地区的学校发展水平处于全国前列。据史料统计，宋代四川州县中官学的覆盖率达

---

1. 脱脱. 宋史：食货志［M］. 北京：中华书局，1977：4362.
2. 肖华忠. 宋代人才的地域分布及其规律［J］. 中国历史地理论丛，1993（3）：19－44.
3. 缪进鸿. 长江三角洲与其它地区人才比较研究［M］//中国东南地区人才问题国际学术研讨会论文集. 杭州：浙江大学出版社，1993.
4. 连山. 巫山县志：卷二十三 政绩志［M］. 刻本，1893（清光绪十九年）.
5. 曾受一，王家驹. 江津县志：卷十一 名宦［M］. 刻本，1768（清乾隆三十三年）；徐鼎，杨彦青. 江津县志［M］. 增刻本，1804（清嘉庆九年）.
6. 朱言诗. 梁山县志：卷七 官师志 名宦［M］. 刻本，1894（清光绪二十年）.
7. 曾秀翘. 奉节县志：卷二十四 秩官［M］. 刻本，1893（清光绪十九年）.

42%，北宋时期进士数量居全国前10位，南宋时则跃居第4位，涌现出了周敦颐、程颐等一大批杰出的教育家，时称蜀中学者“森然若林”。这些为四川、重庆成为全国格局下与河南、浙江鼎立的三大文化教育区之一奠定了坚实基础。

## 二、宋代重庆学校的社会影响

学校的存在根本理由是培养人才，通过人才作用社会；同时也有学术研究、社会文化传播及精神文明构建的功能。古代学校职能大致限于此，应与现代信息化时代有所区别。宋代时重庆学校发挥的作用不容小觑。

### （一）重庆学校教育对地方人才培养的作用

宋代重庆学校教育培养了很多名师大家。这些人在当地或周边地区讲学立说，具有很深的专业学术造诣，并且留下了很多经典著作，为后人所学习传诵。

#### 1. 度正

度正，字周卿，合州（今重庆合川）人，早岁从朱熹学。绍熙元年（1190年）进士，为益昌学官。宁宗嘉定三年（1210年），华阳知县；嘉定五年，通判嘉定军；嘉定九年，权知怀安军，迁知重庆府。入朝历官国子监丞、太常少卿，官至礼部侍郎，兼同修国史。撰《性善堂稿》十五卷。

度正师从理学家朱熹，为人为官颇能守正，清代学者纪昀《四库全书总目提要》中言其“游于朱子之门，文章质实，大都原本经济，不为流连光景之语。其条奏便民诸疏，不下万余言。指陈利弊，明析剀切，亦可谓留心世务，不徒为性命空谈”。

度正在《重庆到任谢表》中自称“少笃志于诗书”，成年后“奋身于科第，每于簿书之暇，力探问学之源，议论不为空言，诚欲明当世之务，是非考之至理，亦尝先天下而忧”。受当时学术影响，度正在理学上造诣较高，终以理学家名世。

#### 2. 阳枋

阳枋，字正父，初名昌朝，合州巴川（今重庆铜梁东南）人，居巴川字溪小龙潭之上，故号字溪。阳枋生于宋孝宗淳熙十四年（1187年），早年师从朱熹门人度正等，学者称大阳先生（巴川阳岊为小阳先生）。端平元年（1234年）冠乡选，淳祐四年（1244年）以蜀难免入对，赐同进士出身，历监昌州酒税、大宁理掾、绍庆学官。晚以子炎卯贵，加朝奉大夫，度宗咸淳三年(1267年)卒，年八十一。其行履不见于史传，唯见于《字溪集》附录《纪年录》《有宋朝散大夫字溪先生阳公行状》。❶

阳枋一生力于学，至老不衰，学术上持论与朱子之学不尽同，观其集中大半为学术文章，与人往复书简大都讲学之语。其表、书、策问多论时政，所言切中时世，可见其留心世务，不徒高谈性理。

官学教育的发展培养了大批经世致用的人才，他们接受教育，学识渊博，有才干，对于他们走上仕途、大展宏图有着巨大的支撑。官学教育对人才培养有着重要的作用，知州、州长史、权知府、府长史、通判、府教授、司户等官职充分体现了重庆地区的吏治。此处，笔者将重庆区县的职官仕绩做了总结，以此考察。据《永川县志》记载：

> 儒者学古入官，处为名士、出为名臣，其勋业彪炳、声称烂如、宣付史馆者，固赫赫然在人耳目间矣。永虽小邑，而文物衣冠，代有显达，或擢京秩、或任外员，下逮一官半职，类皆卓然可纪。此以见上致下泽之非异人任也，汇登之为通籍者劝焉。❷
>
> 邑自唐时建治，名士失传，多不可考。有宋以来，越数百年矣，其间著书立说，以理学文章名者，代不乏人。后人征文考献，景仰前徽，虽代远年湮，犹见国家培养之深、多士濯磨之力有以致此也。故特纪于篇籍，以卜文教之蒸蒸日上云。❸

在科举盛行的年代，学校教育都是为科举服务的，无论是官学还是私学，教育内容都与科举紧密相扣。从大量的数据中，我们可以看出，学校培养了大量的经世致用人才。

3. 冯时行

冯时行历徽宗、钦宗、高宗、孝宗数代，主要生活于宋高宗时期。时值两宋之交，赵宋王朝政治黑暗腐败，可谓内外交困、危机四伏。时行曾居于璧山、巴山之交的缙云山（今位于重庆市北碚区），并在山上授徒，所以又以缙云为号，《四库全书总目》载其有《缙云文集》四十三卷，岁久散佚，明代嘉

❶ 薛新力. 巴渝古代要籍叙录［M］. 郑州：中州古籍出版社，2008：18.
❷ 许曾荫，吴若枚. 永川县志：卷八 人物志 仕宦［M］. 刻本，1894（清光绪二十年）.
❸ 许曾荫，吴若枚. 永川县志：卷八 人物志 儒林［M］. 刻本，1894（清光绪二十年）.

靖年间（1522—1566 年）推官李玺访得残钞本四卷，《四库全书》收录。[1]

冯时行也是一个理学家，师承谯定。冯时行的易学思想，因其所著《易论》三卷已散佚，只能从宋冯椅所撰《厚斋易学》了解其梗概。冯时行对于程氏易学在南宋的传播和发展，对于谯定所代表的涪陵理学的弘扬在一定程度上发挥了承上启下的过渡作用。

冯时行的政途坎坷不平。他为人正直，心怀天下，不阿权贵。知万州时，政绩卓然，深受百姓爱戴，百姓还专门为他立祠歌颂其功德。

冯时行也是一位文学家，一位情感丰富、情趣高雅的诗人。词作多是咏叹时光飞逝、年华老去，或是离愁别恨，如《缙云寺》："借问禅林景若何？半天楼殿冠嵯峨。莫言暑气此中少，自是清风高处多。岌岌九峰晴有雾，弥弥一水远无波。我来游览便归去，不必吟成证道歌。"《感事咏菊》："寒花冷艳为谁发，霜露泠泠只汝侵。弱质向人如有托，清香绝世本无心。会逢仙老收灵药，不用骚人费苦吟。十载岂无陶靖节，东篱萧索待知音。"其中也有一些闲情雅趣，比如《点绛唇·江上新晴》："江上新晴，闲撑小艇寻梅去。自知梅处。香满鱼家路。路尽疏篱，一树开如许。留人住。留人不住。黯淡黄昏雨。"[2]

**论守令铨选疏**

臣窃谓于民至亲，莫如守令。守令之选，难得其人。当今铨选所行，并依格法。格法所当与，虽庸谬之资，有司不得而夺；虽循良之才，有司不得而与。天下论者皆言，欲救其弊，莫若任人，或使内外荐扬，或令主者铨择。然风俗弊坏，为日既久，奉公竭节，盖鲜其人。或恐铨择任情，荐扬非实，诚无益于救弊，徒妄至于纷纭而已。

臣愚愿陛下谨择监司，勿以轻授。监司，陛下耳目之臣也，苟得严明督察之才，风采一路，黜陟其廉污，废置其贤否，下吏有所矜式，小民有所告诉，则虽万里之外，如在咫尺之前。州县非才，诚非所患。自军兴以后，民力凋敝，重以渔扰，民愈不堪。守令之多，陛下岂能为民尽择？今天下监司不过数十人耳，少加简拔，不患无才。陛下付授之际，往往亦将视其资格之高卑，不复论其人才之可否，健者以趋期会为急，懦者以不生

[1] 郑敬东，唐德正，等. 重庆古文化资源研究［M］. 重庆：重庆出版社，2014：47.

[2] 郑敬东，唐德正，等. 重庆古文化资源研究［M］. 重庆：重庆出版社，2014：48.

事为贤，至于刺举精明，使州郡望风畏肃者，未之见也。

陛下爱民如子。民，国之本也；守令虐民，国之巨蠹也；监司，刺举守令之精鉴也。伏惟少留圣虑。❶

“民，国之本也；守令虐民，国之巨蠹也。”为此，冯时行在给皇帝的上疏里提出慎选监司的主张，即严格挑选监察官员，以监督地方官吏的廉污、贤否。这些监察官员应该具备“严明督察之才，风采一路，黜陟其廉污，废置其贤否”“刺举精明”的智慧和胆略，以达到“小民有所告诉”“州郡望风畏肃”“下吏有所矜式”的效果，这样才能富国强兵。早在800多年前，冯时行提倡的这一“治吏”方法，表现了他的“民为邦本”的民本思想和忧国忧民的忧患意识，这对于我们今天反腐倡廉也具有强烈的借鉴意义。❷

**到垫江先作诗寄郝令君蒙老❸**

［宋］冯时行

盛家山前古雀篱，寒烟冷雨别君时。

后来空作相逢梦，此处端成一笑期。

已听歌谣增喜乐，未闻謦咳衹飞驰。

急须倒屣迎徐孺，一榻高悬更为谁。❹

作品流露出冯时行淡泊名利、寄情山水的情怀，同时体现了其对理学道德精神的追求。

**（二）重庆学校的道德教化功能**

官学的教育目标是培养经世致用的人才，这一点主要通过官学与科举的关系体现出来，官学通过科举考试的选拔，进士、举人走上仕途为官。但除了他们之外，官学还培养了一大批儒行、忠义、节孝的人才。各县志在人物志里有儒行、忠义、孝友、官迹、行谊、隐逸、流寓、耆寿、释道等方面的记载。根据考察，以下将儒行、忠义、隐逸、流寓作为分析的重点项目，选择一些材料略做举证，以起管窥全豹的作用。

儒行是指儒家的道德规范或行为准则，官学教育的内容是以儒家内容为准

---

❶ 傅增湘. 宋代蜀文辑存：卷一百四十三 辑录 名臣奏议［M］. 香港：龙门书店，1971.

❷ 郑敬东，唐德正，等. 重庆古文化资源研究［M］. 重庆：重庆出版社，2014：48.

❸ 郝令君蒙老：垫江县令郝蒙老。令君，县令。

❹ 胡问涛，罗琴. 冯时行及其《缙云文集》研究［M］. 成都：巴蜀书社，2002：141.

则的。受官学教育的影响，一些儒行人士受到人们的尊崇与敬仰，见表4.4。

**表4.4　儒行**

| 地区 | 人物 | 内　容 |
|---|---|---|
| 长寿 | 谯定 | 谯定，字天授，涪陵人颐讲道于洛，洁衣往见，弃其学而学焉，遂得闻精义。造诣愈至，浩然而归。其后颐贬涪，实定之乡也。北山有岩，师友游咏其中，涪人名之曰："读易洞" |
| 巴县 | 税与权 | 税与权，恭州巴县人。宋理宗宝庆时，受业于魏了翁之门，历二十余载，究心理学，阐性命之原，通天人之奥究，世称儒宗。著有《校正周易古经》十二卷，已佚。今存《易学启蒙小传》一卷、附《古经传》一卷。其《周易古经》自序云："与权乡侍先师鹤山魏文靖公，讨论此经，将以邵子观物所言为断。著文王周公正者八卦，变者二十八卦之繇辞于册，题曰《周易古经》上下篇。冠于十翼，以还孔子韦编之旧，便百世之下，学者复见全经。而附数公序辨于末。天不慭遗先师，梦奠倏逾一纪，慨师友之凋谢，惧异学之支离，不量固陋，推本邵子所述，刊定《周易古经》上下篇如前，以卒先师之志，而义文经卦重卦大义，则于《易学启蒙小传》详之。" |
|  | 税安礼 | 税安礼，博通经史，熟谙掌故，遍游名山大川，著有《地理指掌图》一卷、《春秋列国图说》一卷行世，唯前者尚存❶ |
| 永川 | 陈鹏飞 | 陈鹏飞，字少南，由贡举官经筵，品列儒林。高宗时官经筵，得问精义。归隐于松溉镇，自号潜溪散人。著有《五经通解》《晁氏诗解》行世❷ |

资料来源：根据重庆各区县方志资料整理。

光绪《永川县志·人物志》对忠烈做了记述："忠烈：士君子精忠自矢，激烈性成，固有杀身成仁而一日可以千古者。永邑民风近古，舍生取义之士，类皆出于自然，即庚申一役，或对敌撄锋、或骂贼蹈刃、或投井捐躯、或悬梁毕命，纷纷殉难，大节凛然。苟非忠义激发，安能从容慷慨、视死如归乎？兹备录于篇，以彰潜德，亦表微阐幽之意焉。"

在重庆，不乏忠节之士，也正是这些忠君义勇，稳定了重庆地区的动乱，为教育事业的发展带来了相对平和的环境，而这些忠君义臣的英勇表现，在另一方面成为地方文化开发的教育资源，从中亦可体现出教育培养水平（见表4.5—表4.8）。

---

❶ 朱锡谷．巴县志：卷四 艺文志 文苑［M］．刻本，1833（清道光十三年）．
❷ 许曾荫，吴若枚．永川县志：卷八 仕宦［M］．刻本，1894（清光绪二十年）．

**表 4.5　忠义忠烈**

| 地区 | 人物 | 内　容 |
| --- | --- | --- |
| 巫山 | 姚邦基 | 姚邦基，巫山县大昌人，政和进士，为开封尉氏令，秩满不复仕，屏居村落间，授徒自给，按宋史，邦基与阎琦同传，琦以匿宋宗室为人所告，豫杖之死，则邦基之屏居村落者不污，刘豫伪命也❶ |
| 荣昌 | 陈鹏飞等 | 陈鹏飞，官经筵。谯南薰，官秘书丞，知阆州。郝仲连，赠侍中大夫，明，州观察使。赵昂发，池州通判，赠文华阁待制❷ |
| 荣昌 | 郝仲连 | 郝仲连，昌元人。建炎元年，金人犯河中，守臣席益遁云，仲连时为贵州防御使，宣抚范致虚遣节度河东，军马屯河中，就权府事，金将罗索以重兵压城，仲连率众力战，外援不至，度不能守，先自杀其家人，城陷不屈及其子，皆遇害后赠侍中大夫，明州观察史 |
| 巴县 | 赵立 | 赵立，字德修，咸淳中进士，以上书忤贾似道被谪。德祐初，起大社令，湖北提刑使。蜀趣诸将入卫，至重庆则昝万寿已降。张珏方守城为后图。立还至涪州，闻张珏被执，沉水死。祀乡贤❸ |
| 永川 | 刘霖 | 刘霖，以参谋幕府，累功知南平军。元兵围重庆，被执不屈死。明御史罗廷唯为立传云：<br>霖永川人，自少豪俊，不求仕进，尝客泸州，与贤士先坤朋者友善。德祐元年六月，元兵攻蜀，昝万寿以嘉定降，已而长宁开达及巴渠诸郡望风响应。泸州安抚使梅应春杀其判官李丁孙、推官唐瑞奎，以城降。先是，合州守张珏知霖及坤朋名，乃深相结纳，以为内应。霖不欲辱身，率乡人起义兵诣珏，献长计，乞兵恢复泸州。初珏疑其反复，未之许也，霖恸哭几绝，愿以身为质，珏知其无他，始决策。遣所部赵安、王世昌等附霖，引步卒兼程潜至铁泸城下。夜四鼓，遣敢死士数十人，梯城而入，杀守者，破神臂门，鼓噪纵火，余兵乘势悉入。霖当先锋，督兵巷战，获应春，数其罪而杀之，尽复泸地，时二年六月也。珏大喜，亟表荐霖于朝，以参谋幕府累功升知南平军事，于是川东南倚为安堵矣。居无何，元兵转围泸州，霖复以计援之。十一月，泸城粟尽，人相食，遂败，霖复归珏所。元至元十五年，元兵取重庆路，珏军溃败，霖亦被执，不屈，同珏死难于舟中。适信国文公系燕狱，为泸州诗以悲之云“东南失大将，带甲满天地，高人忧祸胎，感叹亦唏嘘”，霖亦高人之俦哉！<br>论曰：余闻燕人伐齐围魏，召上蠋，蠋死之，齐士大夫曰，蠋布衣也，义不北面于燕，况在位食禄者乎？于是举卒复齐国。刘南平以布衣，义不辱于蒙古，心迹相似，而功倍之，惜乎士大夫不皆南平耳。天不祚蜀，于人何说哉？ |

❶ 连山．巫山县志：卷二十六 人物志［M］．刻本，1893（清光绪十九年）．
❷ 文康．荣昌县志：卷十一 乡宦［M］．刻本，1884（清光绪十年）．
❸ 朱锡谷．巴县志：卷三 人物志 忠义［M］．刻本，1833（清道光十三年）．

续表

| 地区 | 人物 | 内　容 |
| --- | --- | --- |
| 大足 | 赵昴发 | 赵昴发，妻雍氏娶自昌州，宋末元兵至池州，昴发自缢死，雍氏同缢。殉难事闻，赠顺义夫人。按元人说部记雍氏死后，伯颜命合葬，祭其墓而去。一夕风雨大作，墓裂棺破不见其尸。❶<br>嘉庆《大足县志·人物·忠节》"宋赵昴发"目载："按《宋诗纪事·昭忠逸咏》载，昴发裂衣书诗寄弟云：'城池不高深，无财又无兵。惟有死报国，来生作弟兄。'"此即《宋史》所言赵昴发与亲友"饮诀""散其家资与其弟侄"之事 |
| | 吴之巽 | 吴之巽，字先之，开禧时人，著诸经讲义五卷，中庸口义三卷。署令张澍纪吴之巽事，按李心传《朝野杂记》曰：吴之巽，大足人，逆曦常欲以季春聘士预令就聘者书行艺年籍。之巽叱吏曰：此何时耶，因作诗云：困穷何用怕鬼笑，暴贵不免于天刑。卒不为挠贼平。始就聘有司以考礼正刑一德以尊天子为问。之巽拊髀曰：吾气昌矣，援笔成文遂冠多士是。之巽大足人也，而魏了翁墓志云：中江吴君先之讳，之巽受小戴氏书于厥考弼，教授于广汉逆曦，常欲以春聘士预令就聘者，诣县书行艺年籍，君叱吏曰：此何时耶。义形于色，无所挠夺，贼平始应聘君于思代史❷ |
| 奉节 | 彦正 | 彦正，奉节人，南平军司录参军，徽宗求直言正上封事，谕时政缺失被诏，修河除都水使中人，有与争者，正欲力正其罪，遂被斥后与党籍 |
| | 石恕 | 石恕，靖康之乱，金人蹂躏中原时，恕总夔路兵马，摄南平军事。闻二帝北狩，率兵勤王，径抵南京以军事付之 |

**表 4.6　名贤乡贤**

| 地区 | 人物 | 内　容 |
| --- | --- | --- |
| 铜梁 | 王梦应 | 王梦应，咸淳甲戌科进士无考，以经学鸣于时，著有春秋集义 50 卷 |
| | 阳岊 | 阳岊亦精易学，著有《存瑞易说》无卷数。朱彝尊《经义考》云：按二阳易说，其学本于朱子门人曩氏、黄晋卿，所谓大阳先生枋，小阳先生岊也，其后裔又有王井《易说》二卷，而杨用修《全蜀艺文志》，曹能始蜀中著作记均未云及何欤❸ |
| | 阳恪 | 阳恪，号以斋，枋子，理宗三十九年为蜀举，首治春秋著有《春秋夏时考正》二卷，凡三十四条。其说谓：自尧典定时成岁之后，四时十有二月之序一定不移，虞夏商周皆因之春秋，时皆夏正之时，月皆夏正之月，谓夏时冠周月之说非是❹ |

---

❶❷ 王德嘉. 大足县志：卷八 人物志［M］. 刻本，1877（清光绪三年）.

❸❹ 韩清桂. 铜梁县志：卷八 人物志［M］. 刻本，1875（清光绪元年）.

续表

| 地区 | 人物 | 内容 |
|---|---|---|
| 江津 | 石公恕 | 石公恕，以武大夫知威州，有能名。常作文刻碑，戒子孙勿得分异，祀乡贤 |
| | 张弦 | 张弦，举进士，召封直言，无所避忌，累仕至湖广总领，长于筹边，祀乡贤 |
| | 程昇 | 程昇，字明高，笋溪里人，丁酉举人，任陕西西江县，洁己爱民，听断明允，士民感戴三年，辞归，年七十卒 |
| 忠州 | 晏玉溪 | 晏玉溪因祖晏仁德官南宾令，遂家焉。性嗜学，长于吟咏。父卒，哀毁尽礼。郡守以人材荐，固辞不就，乡人贤之，称为玉溪处士❶ |
| 巫山 | 姚邦基 | 姚邦基，大昌人，政和进士，为开封尉氏令。刘豫僭号，遂弃官匿山林。豫诛，朝廷寻访隐逸，邦基与焉，高宗嘉之，授以京秩❷ |

**表 4.7　隐逸**

| 地区 | 人物 | 内容 |
|---|---|---|
| 万县 | 王相 | 王相，万州人，家贫力学，父病笃，吁天祈代，割股以进父，疾愈，人称其孝，祀乡贤祠，愚按王相力学笃行入祀乡贤，非割股一节也。且愚忠愚孝至性，又可没耶，郡志易之失实❸ |
| | 王珪 | 王珪，旧志万州人。筑室南溪，号志堂居士。左右植松竹，逍遥其下，一时名流喜其高尚，榜其居曰竹隐❹ |
| 铜梁 | 苏汝砺 | 苏汝砺，文人大师，筑别业于铜梁龙门，隐居其中，藏书三万余卷，皆能成诵 |
| | 陈抟 | 陈抟，字图南，崇龛人，隐居华山，尝作《无极图》刊诸石。为圆者四位，五行其中，自下而上。初一曰元牝之门，次二曰炼精化气、炼气化神，次三五行定位曰五气朝元，次四阴阳配合曰取坎填离，最上曰炼神还虚复归无极，乃道家修炼之术。周濂溪本其说自上而下作太极图，今濂溪之图大著而不知实自抟开之也，周世宗召见赐号白云先生，宋太宗太平兴国中征入朝，问以修炼之术，抟答曰，正君臣协心同德兴化致治、勤行修炼，无出于此。帝善之，赐号希夷先生，还华山，所谓抱道自高不求闻达者也。(崇龛即今发安居)❺ |

❶ 侯若源，庆徵．忠州直隶州志：卷六 人物志 乡贤．刻本，1873（清同治十二年）．

❷ 连山．巫山县志：卷二十六 人物志［M］．刻本，1893（清光绪十九年）．

❸❹ 王玉鲸，张琴，范泰衡．增修万县志：卷二十九 士女志 贤哲 隐逸［M］．刻本，1866（清同治五年）．

❺ 韩清桂．铜梁县志：卷九 人物志 隐逸［M］．刻本，1875（清光绪元年）．

续表

| 地区 | 人物 | 内　容 |
|---|---|---|
| 开县 | 王昂 | 王昂，《朝野杂记》淳熙辛丑孝宗策士有昌元王昂应详者既赐第，调潼川府司户参军，自言年逾六十，不愿出仕，上嘉之，特赐承务郎。致仕，蜀人在朝者均以诗送之，著作郎朱师古一联云：集英殿下初登第，神虎门前便挂冠 |
| | 李戡 | 李戡，宋时进士，不艳利禄，恬退山林。常遨游濑婆山巅。遇仙人对弈，因拜受学，遂精于棋。会虏索棋战，诏求天下善弈者。蜀帅以戡应诏，虏望风知畏，不敢措手。文彦博赠以诗云：“昌元建邑几经春，百里封疆秀色新。鸭子池旁登第下，著碁人按文潞公。诗戡固昌州之野，啸傲林泉隐居自。”谪高致如此 |

**表 4.8　流寓**

| 地区 | 人物 | 内　容 |
|---|---|---|
| 夔州 | 查籥 | 查籥，字元章，绍兴中登进士。隆兴初，为御史。乾道中，出为夔路运判。适王龟龄在帅府，相得甚欢。时马纲为害，公力赞龟龄陈于朝。又调停输运之法务以便民。尝与龟龄采辑先贤之宦夔者，立祠祀之，各为诗以述其美。后转成都运使，历官至太常少卿。晚节立朝，益以謇直自持不阿，时好盖始终一致云❶ |
| | 刘光祖 | 刘光祖，字德修，安阳人，登进士，廷对言：“孝宗睿察太过，神断太严，求治太速，喜功太甚。”光宗朝，为御史。落职，居房州。嘉泰二年，弛伪学之禁，公得起官。历江西提刑，改知夔州。公上言：“人主有六易，天命易恃，天位易乐，无事易安，意欲易奢，政令易怠，岁时易玩。又有六难，君子难进，小人难退，苦言难人，巧佞难远，是非难明，取舍难决。暗主之所易，明主之所难。明主之所易，暗主之所难。”在夔施政，一以便民，而不扰之。终显谟阁学士，奉祠。卒谥文节❷ |
| | 宋濂 | 宋濂，字景濂，浙江金华人。太祖定鼎金陵，召至参谋帷幄，以为翰林学士承旨。凡一代典礼制诰文章，多出公所裁定。公每悉心献纳，上尝称为“纯臣”，又称“先生”，而不名。万机暇，尝与公饮。公素不胜杯酌，上强之，至三觞，面如赫，行不成步。上亲御翰墨，赋楚辞一章以赐，仍命侍臣赋“醉学士歌”，且曰：“俾后世知朕君臣同乐若此也。”公晚年致仕，归青萝山，闭门著述，人不见其面十三年。孙慎以罪被刑，公安置茂州，子瓒侍公人蜀，问关辽万里，卒于夔州，年七十三岁。瓒亦继殁蜀。王夙钦公贤，移柩葬于成都❸ |

❶❷　蓝勇．稀见重庆地方文献汇点：上［M］．重庆：重庆大学出版社，2013：149.

❸　蓝勇．稀见重庆地方文献汇点：上［M］．重庆：重庆大学出版社，2013：152.

以上表4.5—表4.8均据重庆各区县方志资料整理。

忠义贤良之士对民众的思想起着潜移默化的影响。这些人或孝敬父母，或忠贞丈夫，心怀善意并坚守信念，这种意志精神在当地广为流传。世人将此作为行动的榜样，以此约束要求自己。这种风气传承下来，并得以保存，演化为淳朴的民风，为教育的传播发展奠定了良好的基础。

### （三）宋代重庆学校的办学经验

教育历史经验的总结具有反省及启迪的现实作用。但其中内容的挖掘却带有体验及时代价值取向差异，并且是可变的。以下从两个方面加以简单思考。

#### 1. 教育家办学

无论是官学还是私人讲学，在学校教育中发挥重要价值的当属名师，尤其是教育家大都是学术造诣深厚的经学家，掌握理论方法，并且认识到教育落后的状况，通过诗文歌赋以表达办学的环境，用诗文抨击落后的困境，这激起了世人的反省，世人开始觉醒，不但勉励人去学校接受教育，而且还求谋划改革教育。这些人虽然是官员或者诗人，却以某种形式参与到教学中，有的修建学宫，如王十朋；有的是教授，如杜莘老；有的在外讲学，如朱熹、程颐。传播学术文化，促进学术交流，提高士人文学水平，成为他们的愿景及追求。把宋代重庆兴学卓有成效者归为教育家是极为恰当的。

教育家办学现象在涪州体现得非常显著，涪州文化博大精深也正是由于这些名家办学得以传承的成效。

宋代涪州学术文化最为兴盛，有“文风齐两蜀”之咏。而草昧初启，顿开风气者便是北宋著名理学家、教育家、洛阳人程颐。绍圣年间（1094—1098年），崇政殿说书、西京国子监教授程颐“以党论放归田里，四年十一月，送涪州编管”[1]。他来到涪州后，讲学于州城长江北岸的北岩普净院，使涪州学风大兴。程颐在涪数年，身穷而道通，凿洞注《易》，撰成《周易程氏传》。涪州点易洞亦因此成为宋明理学的“发祥圣地”而闻名天下。几乎同时，又有著名文学家、大书法家黄庭坚以修“实录不实”谪贬涪州别驾、黔州安置，他来涪为程子讲学处题榜的“钩深堂”三字，至今仍高悬于北岩崖壁，成为涪州文化的一件珍品。涪州涌现的不少理学思想家，他们的学说和思想指引着

[1] 程颢，程颐. 二程全书：遗书 附录 伊川先生年谱［M］. 上海：中华书局，1936.

涪州文化前进的方向。特别是程门之大弟子谯定所创“洛学”支脉“涪陵学派”❶学说，崔子方的《春秋》学说，朱熹考亭沧州精舍门人㬊渊的“易学”，道隆的“顿悟”禅法，贾元的“禹生石纽”说，以及渡江老叟的“心存诚敬，不若无心”之说，都是中华民族思想宝库中的精华。涪州历代文人蔚起、英才辈出，正是这些博大精深思想哺育的结果。

涪州的出名，最早得力于“涪陵先生”谯定。谯定是两宋之际的一位大理学家、文化巨人，是洛学入蜀、蜀学转型的关键人物。《宋史》本传载，谯定“少喜学佛”，后学《易》于南平（今重庆綦江）郭曩氏。“一日至汴，闻伊川程颐讲道于洛，洁衣往见，弃其学而学焉，遂得闻精义，造诣愈至，浩然而归。”绍圣间，程颐贬居涪州，谯定更近程颐，“北岩有山，师友游咏其中。”❷《宋元学案》列出谯定的学术源流：“谯氏门人”有刘勉之、胡宪（均为朱熹师从）、张浚、张行成、冯时行等；“谯氏再传”有朱熹、吕祖谦、王十朋、李心传、李道传等；“谯氏三传”有蔡元定等沧州诸儒159人，岳麓诸儒33人，綦江诸儒10人，丽泽诸儒67人；“谯氏四传”有王应麟等。所以王梓材说：谯定“固程门一大宗也”❸。他的教育学术成就促进了宋代经学思想的嬗变，对理学史上朱熹、张望共续廉洛学统的“乾（道）淳（熙）之盛”产生了重大影响。❹

人类文明的进步是在文化传承的过程中进行的。可以说，没有继承便没有创造。为此，涪州学者在这方面做出了巨大努力。早在宋理宗淳祐十年（1250年），涪州学者就在当时知州赵汝廪主持下刻印朱熹编著的《易学启蒙》一书，在出版印刷史上得以留名。到清末，涪州城内已有聚贤书社等3家书社（局）可印刷出版书籍。特别是涪州人周煌，更是参加了举世闻名的《四库全书》的编撰工作，为中华文化的传承作出了不可磨灭的贡献。

如果将学校外延拓至书院，那么涪陵书院更是翘楚巴蜀和鄂西。宋嘉定十年（1217年）由范仲武创建于州治大江北岸的北岩书院（清代更名钩深书院），是全国最早的官办书院之一，而且在朱熹嫡传弟子㬊渊、川东大儒阳枋

❶ 杨金鑫．程朱理学与书院［J］．哲学与文化（台湾），1990（6）．
❷ 脱脱，等．宋史：卷四百五十九 谯定传［M］//二十五史．上海：上海古籍出版社，1986．
❸ 黄宗羲．宋元学案：卷三十 刘李诸儒学案［M］．北京：中华书局，1986．
❹ 胡昭曦．谯定、张栻与朱熹的学术联系［M］．长沙：岳麓书社，1993．

（大阳先生）主教的南宋中后期，与东湖、濂溪、象山等书院“并闻名于朝野”。❶北岩书院，其前身普净院就是洛学入蜀的重要场所，程颐、谯定、黄庭坚师友游咏其中。嗣后，天假斯文，荟萃了两宋理学名家，源远流长，薪火相传，并由此对中国文化产生了深刻影响。朱熹《北岩题壁》诗云：“渺然方寸神明舍，天下经纶具此中。每向狂澜观不足，正如有本出无穷。”❷总之，教育家办学，孕育出这一钟灵毓秀的区域文化，而涪州文化为中华民族培养出一批优秀人才、优秀著作，其影响是深远的。

2. 优良的办学环境

通过对重庆各区县学校教育的考察，我们可以看到宋代重庆学校的办学环境是独特的。这里虽然地处偏僻，但是很多被贬流放人士在此地作出重大贡献，并且官员政绩丰富，为办学提供了良好的环境，还有名胜古迹等人文建筑为此地增添了文化学术色彩。这让我们不得不思考，一个学校的兴办及运作要充分利用教学环境的支撑、熏陶作用，长久下去，人们的内心受到净化洗礼，思想境界也会提高，尤其是在重庆巴蜀地区，大量的诗篇文赋创作于此，内容除了当地著名的人文景观、建筑设施之外，也充分体现了该地的人文情怀和创新思想。这些对于办学是非常重要的文化氛围。

文学是文化的重要组成部分，也是有效的教育方式或艺术手法，不仅具有教育课程及教学艺术的价值，而且是承载教育文化的重要载体。自古以来，许多文人墨客游经三峡，留下了无数脍炙人口的篇章，其中不乏歌咏长寿地区的。而将长寿的人文历史展现给游客也是旅游开发中最重要的一个环节，许多历史的片段或是诗人的文字在长寿万古流芳。诗圣杜甫《黄草》中有“黄草峡西船不归，赤甲山下行人稀”的名句。白居易《初除尚书郎，脱刺史绯》中有“头白喜抛黄草峡，眼明惊拆紫泥书”的名句。南宋诗人晁公溯的《乐温舟中作》描写长寿“波平汗漫天无风，水光月色相为容”。瑰丽壮美、荡气回肠的文学作品地域范围遍及重庆各地，而题材及内容从诗赋到议论文、散文均有反映，风光景物、人物情怀，乃至生活场景及风俗均包括其中。文学家所创作的绮丽多姿的诗文之中包括丰富思想，为重庆这一长江上游中心城市平添了深厚的文化底蕴，使得这个区域拥有浓郁的文化气息。以下选其相关代表著

❶ 魏了翁. 鹤山集：卷六十五 跋御书鹤山书院四大字［M］//文渊阁四库全书. 上海：上海古籍出版社，1987.

❷ 吕绍衣，等. 重修涪州志：卷十四 艺文志 古今体诗［M］. 刻本，1869（清同治八年）.

作加以呈现。

**渝州寄王道矩**

［宋］苏轼

曾闻五月到渝州，水拍长亭砌下流。
惟有梦魂长缭绕，共论唐史更绸缪。
舟经故国岁时改，霜落寒江波浪收。
归梦不成冬夜永，厌闻船上报更筹。

**恭州夜泊**

［宋］范成大

蓖山硗确强田畴，村落熙然粟豆秋。
翠竹江村非锦里，青溪夜月已渝州。
小楼高下依磐石，弱缆西东战急流。
入峡初程风物异，布裙跣妇总垂瘤。❶

**巫山赋**

［宋］苏辙

过瞿塘之长江兮，蔚巫山之嵯峨。孤云兴其勃勃兮，北风慨其扬波。山嵚崟而直上兮，越至神女之所家。峰联属以十二兮，其九可见而三不知。蹊遂芜灭而不可陟兮，元猿黄鹤四顾而鸣悲。览松柏之青青兮，纷其若江上之菰蒲。维其大之不可知兮，有挠云之修柯。蔓草蒙茸以翳兮，飞泉洁清而无沙。亭亭孤峰，其下丛木交错而不明兮，若有美人惨然而长嗟。敛手危立以右顾兮，舒目远望恍然而有所怀。俨嵯峨其有礼兮，盛服寂寞而无哗。临万仞之绝险兮，独立千载而不下。追怀楚襄之放意肆志兮，溯江千里而远来。离国去俗兮，徘徊而不能归。悲神女之不可以朝求而夕见兮，想游步之逶迟。筑阳台于江干兮，想氛气之参差。惟神女之不可以求得兮，此其所以为神。湛洋洋其无心兮，岂其犹有怀乎世之人。朝云蔚其晨兴兮，暮雨纷以下注。变化倏忽不可测兮，俄为鸟而腾去。忽然而为人兮，佩玉锵而琅琅。爱江流之清波兮，安燕处乎高唐。彼蛟龙之多智兮，尚不可执以罝罘。高丘深其苍苍兮，恍谁识其有无。❷

❶ 朱锡谷．巴县志：卷四 艺文志 诗［M］．刻本，1833（清道光十三年）．
❷ 连山．巫山县志：卷三十二 艺文志［M］．刻本，1893（清光绪十九年）．

## 煎茶赋

[宋] 黄庭坚

汹汹乎如涧松之发清吹，浩浩乎如春空之行白云。宾主欲眠而同味，水茗相投而不浑。苦口利病，解胶涤昏，未尝一日不放箸。而策茗椀之勋者也。余尝为嗣直瀹茗，因录其涤烦破睡之功，为之甲乙。建溪如割，双井如霆，日铸如劈，其余苦则辛螫，甘则底滞。呕酸寒胃，令人失睡，亦未足与议。或曰无甚高论，敢问其次。涪翁曰：味江之罗山，严道之蒙顶。黔阳之都濡高株，沪川之纳溪梅岭。夷陵之压砖，临邛之火井。不得已而去于三，则六者亦可酌兔褐之瓯，瀹鱼眼之鼎者也。或者又曰：寒中瘠气，莫甚于茶。或济之盐，勾贼破家，滑窍走水，又况鸡苏之与胡麻。涪翁于是酌岐雷之醪醴，参伊圣之汤液。斮附子如博投，以熬葛仙之垩。去藙而用盐，去橘而用姜。不夺茗味，而佐以草石之良，所以固太仓而坚作强。于是有胡桃、松实、庵摩、鸭脚、勃贺、靡芜、水苏、甘菊。既加臭味，亦厚宾客。前四后四，各用其一。少则美，多则恶，挥其精神，又益于咀嚼。盖大匠无可弃之材，太平非一士之略。厥初贪味隽永，速化汤饼。乃至中夜不眠，耿耿既作，温剂殊可屡饮。如以六经，济三尺法，虽有治除，与人安乐。宾至则煎，去则就榻，不游轩后之华胥，则化庄周之蝴蝶。❶

黄庭坚在巫山作《煎茶赋》，茶道在文人创作及交往中是一种礼仪文化，更是一种生活品位，在品茶交流中体会人与自然的契合和心灵的静谧。北宋后期描写茶的赋不少，黄庭坚的《煎茶赋》述及流行的各种茶的品质和煎茶的手法，“耿耿既作，温剂殊可屡饮。如以六经，济三尺法，虽有治除，与人安乐。宾至则煎，去则就榻，不游轩后之华胥，则化庄周之蝴蝶”，道出饮茶的境界和品茶的志趣神韵。❷

这些原汁原味的诗文创作，饱含乡土之情，这些诗文还原了当年重庆地区“巴蜀风情”的自然风光，对于培育发展巴蜀文化具有重要价值，是中华民族优秀的传统文化和瑰宝，也作为地方课程的丰富文化资源而发挥深层久远的教育作用。

---

❶ 连山．巫山县志：卷三十二 艺文志［M］．刻本，1893（清光绪十九年）．

❷ 刘培．北宋辞赋研究［M］．济南：山东人民出版社，2009：235．

# 第五章　元代重庆学校的衰退

元朝是中国历史上蒙古族统治者建立的统一封建王朝。公元1206年，成吉思汗建国于漠北，号大蒙古国；1235年，窝阔台建哈拉和林城（即和林）为国都。通过不断的征服战争，大蒙古国统治了亚洲和欧洲广大地区。1260年，忽必烈即位，遵用汉法，改革旧制；以开平为上都，燕京（今北京）为中都，将政治中心南移。1271年，取《易经》"大哉乾元"之义，改国号为大元；次年，升中都为大都。1279年，灭南宋。1368年，明军攻入大都，元顺帝退出中原。其继承者据有漠北，仍用元国号。

在幅员如此辽阔的疆域内，居住着处于不同社会发展阶段的许多民族，以及由各不同民族建立起来的政权，他们的生产力发展水平和文化教育、科学技术发展状况是迥然有别的。历史发展的必然规律是：落后的甚至野蛮的征服者，最终总是要被他们所征服民族的较高的、先进的文明所征服。元统治者在征服南宋、金、西夏、西辽、大理、吐蕃政权，统一中国的历史进程中，必然要受到这些王朝较高文明的影响；而以具有先进封建文化传统的汉族为主构成的南宋政权，其社会制度、文化传统、科学技术、机构设置、政令措施等，对元代更是产生了深刻而广泛的影响。正因如此，元代所实行的文化教育政策，就与宋代有直接或间接的承袭关系；但由于元代社会实际情况已发生了很大变化，故元代的文化教育又有着自己独有的鲜明特色。

南宋后期，宋蒙战争进入白热化阶段。作为战略防御的一部分，四川的地位愈益重要。重庆潜在战略作用得以充分发挥，重庆的政治地位也因之显著提高。宋理宗端平元年（1234年），蒙古灭金，宋蒙直接对峙。端平三年（1236年），宋兵败于阳平关，蒙军长驱入蜀。至淳祐年间（1241—1252年）以后仅余一隅，与蒙军相抗，展开了长期的拉锯战。在这个过程中，成都府已经失陷，南宋在四川的防御中心逐渐从成都府转至重庆府。南宋王朝以重庆为中心，组织领导四川的抗蒙战争，其间，有许多著名战役，最有影响的是开庆元年（1259 年）钓鱼城之战，胜利地抗击了蒙古军队。蒙哥汗死于合州前线，蒙军被迫北撤。直到祥兴元年（1278 年），重庆才被攻破；次年，合州守将降，重庆抗蒙战争与宋祚同终。合州钓鱼城之战的悲壮难以扭转王朝更替的命运。元代重庆仍属元朝统治的内陆地区，且作为“南人”等次的边缘化，又因地理位置的障碍限制，重庆教育及文化成就相对下降，学校也呈衰落之态。

## 第一节　元代重庆文化概述

元世祖至元十五年（1278 年）元兵攻破重庆府，控制重庆，至正二十八年（1368 年）元朝灭亡，元朝前后统治重庆地区时长达 90 多年[❶]。元朝统治下的重庆，学校并没有在宋代原有基础上获得持续、稳定的发展，更没有取得长足的进步，相反，发展得相当缓慢，甚至呈现出近乎停滞的态势。[❷] 但元代重庆学校在整个古代重庆教育发展史上仍应占有一席之地。

元朝一统天下之后，在全国范围内推行了民族歧视与民族压迫的政策，他们将全国各族人民划分为蒙古人、色目人、汉人和南人四等。其中，元统治者将南方的汉人和其他各族人民列为“南人”，属四等中的末等，除了南方的汉族和其他各族的统治阶级外，“南人”中的一般劳动人民均被蒙古统治者视为奴隶，受其歧视，任其奴役和剥削。地处西南一隅的重庆各族人民时属“南人”中最边远的部分，因而更受歧视。这种统治政策严重地影响了当时重庆社会经济与文化教育的发展。元代重庆学校就是在这种极具明显民族歧视色彩的政治氛围下举步维艰地传承下来的。

元代相继在四川、云南设立行省，开科取士。《四川通志》记载，元代四川科举考试及第者有 622 人。又据统计，四川、重庆共出 61 名进士，出了文允中一个状元。不过，元代四川、重庆的教育地位一落千丈。据统计，当时全

---

❶ 元至正十七年（1357 年），西系红巾军将领明玉珍攻占重庆，至正二十一年（1361 年）称陇蜀王，建立政权；至正二十三年（1363 年）正月称帝，国号大夏，年号天统，定都重庆。

❷ 元代西南诸省中，教育发展以云南为典型，云南原由大理国统治。元朝统辖间，立行省，令各设教官，建儒学。原来“云南未知尊孔子，祀王逸少为先师。（中庆路总管张）立道自建孔子庙，置学舍，劝士人子弟以学，择蜀士之贤者迎以为弟子师”（《元史·张立道传》）。云南学校教育的制度化是从元代开始的。但在这一转变中，四川、重庆乃至陕西、河南、湖北的学者均成了兴学育才的一支重要力量，推动了民族地区教育的发展，是实现区域文化交流的重要途径。

国有进士数的前10位已经无四川（含重庆）一席之地❶。《元史·儒学传》收录45人，也无一个是重庆人。而《文翰传》收录了188人，四川、重庆仅有6人在册。元代重庆地区文化教育的落后是与当时政治经济形势相关联的。南宋时期，重庆饱经战乱摧残，重庆士大夫多避乱江南地区，大量文化人流失；同时，战乱对重庆的经济基础影响甚大，使文化教育发达的物质基础丧失。正是因为有所谓“昔之所谓盛者，始扫地无复遗余矣”。❷

元末战乱纷争，许多学宫毁于一旦。这无疑减缓了学校教育发展的进程。元代仍然保留着典礼制度，祭拜先师。《云阳县志·学校·典礼》对“至圣先师庙”做了记述：

元世祖至元十年，诏春秋二丁释奠，执事官员各公服如其品陪位，诸儒襕带唐巾行礼。成宗大德元年，敕各官莅任，先诣先圣庙拜谒，方许以次诣神庙；十一年七月，武宗追封孔子为大成至圣文宣王，祀当太牢。文宗至顺元年，称颜子复圣，曾子宗圣，子思述圣，孟子亚圣。

元代重庆儒学有所衰微，力量下降。儒学道德与鬼神文化相结合，璧山“庙坛在县北，普泽庙在县南”，元史文献有如下记录：

泰定丁卯春，王三月丁巳，国子助教臣史质受命以芗币代祀西岳渎。六月，至江渎竣事。九月甲子，至渝之璧山，以祠祀牲币谒，按庙之石碑云“有新亭”。圣朝海宇丕冒，百灵受事。越若璧山，中巴之望也。秩在祭法，先是岩洞，有观曰“恭天”。云封藓书，世眼莫瞩。神，晋人也，姓氏著《合阳图经》。……盖《易》象之“天在山中大畜”也，必有神职。思若道家所谓“洞天”者焉。神与族属入而即阖，逮今五百年余矣。山川出云泽物之功，溥博优渥。神自汴宋以来，曰雨曰旸，祷而辄应。崇宁庙号“普泽”，景定五封，累谥曰显应、忠烈、威济，广祐，我朝因当代褒崇之极盛，蔑以加秩于山川。守土官吏岁时岁事，而无致斋饮福之所，则何以严国祀，何以答灵贶？巡检王珍，秦人也，侍亲官属有年矣。尝询于蜀之耆旧以山川之胜，则曰：《易》说卦谓坤，为文为炳，巴蜀坤维也。四山拱焉，曰玉垒、曰玉屏、曰凤山、曰璧山是也。形而上者，昭

❶ 蓝勇. 西南历史文化地理［M］. 重庆：西南师范大学出版社，1997：104.

❷ 虞集《道园学古录·东善堂记》.

灵炳焕，岂非炳于文者乎？玉垒天下之壮也，玉屏天下之稀也，凤山天下之秀也，璧山天下之奇也，珍切识之。兹承世泽，试吏兹邑，得之事神治民，庙貌壮观，新亭翼然，窃取民信，名兹亭曰“天亭”，庶乎表兹邑之盛，为中巴之望也，愿先生笔之。缅维质以群人，荷山川之灵，归沐神庥，尚矣。今过祠下，载笔记述，讵敢以固陋辞。乃言曰：《礼记》谓“鬼神之德，其盛矣乎”，又谓“明则有礼乐，幽则有鬼神”，故左右宥民者，王政也。阴骘下民者，鬼神也。鬼神、王政，相为远迩。子以行政之吏，而事阴骘之神，百谷用成，庶民用康，构亭以严国祀，以壮庙貌，以复旧观，可谓职所职矣。今余与子登中峰，环顾山之东曰“虎峰”，崒然西向，玉垒之附庸也。其东南曰“感山”，山空声应，胜日每闻丝竹之音者，璧山之仙致也。又北东青山一发盖玉屏之分派也，再瞻乔岳，丹崖翠壁，峻极于天。噫！是山固分奠于蜀，而声气应求炳灵于中巴，宜璧山之奇，信乎为天下之奇也。且山之麓长林丰草，昔为狐狸所家，麋鹿所游，虎豹所栖，荏苒几百年矣。今流离之襁负而至，降原就隰，蜂房蚁垤，于时言，于时语，男女有室，伏腊有给，为乐郊乐土。惟谁之力？其神之力于斯时也。吏能兴废举坠，请于王人以记成事，得不为之大书特书，上以严国祀，次以告嗣政者，树德千章，列于亭之四端，使之有严、有翼，以永无斁。则之亭而下者，亦允存乎人矣。是岁腊月戊申谨记。❶

合州宗教文化的发展尤具代表性，元、明、清时合州道教、佛教发展兴盛，以及伊斯兰教、基督教等相继传入，最后形成多宗教的特殊时期。在这一特殊时期中，合州宗教文化之盛，倍于历代，甲于巴渝，积淀尤为深厚。❷

道教自汉晋之季传入垫江，在龙多山、纯阳山相继成为唐宋时期合州的道教中心之后，本地区的道教长兴不衰。元代有纯阳山纯阳观和坐落在瑞应山西麓（今瑞山中学初中部所在地）的白云观。元末，有陕西三原县人赵乐闲寓居铜梁山修炼，此人“清净淡素，冬夏常服一布衣，不知寒暑”。❸

宗教的传入为重庆地区注入了新的文化，寺庙的兴建为宗教教育提供了场所，寺庙进行的教育活动成为学宫的重要教学资源并为其提供参考，这些寺庙

❶ 王梦庚，寇宗．重庆府志：卷二 祠祀志 庙坛［M］．刻本，1843（清道光二十三年）．
❷ 池开智．合川历史文化纲要［M］．重庆：重庆出版社，2009：360．
❸ 刘芳声．合州志：卷八 外志 仙释［M］．刻本，1579（明万历七年）．

有很多成了学宫的旧址。

## 第二节　元代重庆的官学及私学

南宋末年，重庆经历宋元战争，历时50年。重庆经济遭到战争的严重破坏，学校教育也受到很大挫折。许多地方学校和书院因战争冲击而被迫停办，或因经费不济而难于维持。重庆学校教育跌入低谷。例如，永川儒学，学宫在治西城内，创自宋丞梁公嘉定初，德祐元年秋，元兵陷渝，学宫、文庙俱毁。如巴州儒学，元代从城北迁建于城南。万县儒学，在县治北，元代重建。合州儒学，元代张崇古、王立重建。梁平县官学源于南宋，元、明、清扩建成学宫、庙学、孔庙、书院。

忽必烈采用“汉法”，他认识到学校教育有利于自己的统治，于是调整原有保守政策，扶持学校及书院。至元十六年（1279年），元朝灭南宋，南方有些地方的学校为战火所焚坏。但总的来说，由于忽必烈明确以“取其土地人民”为目的，号召南方居民“恪守职业”，多数学校得以恢复并继续开展教学活动。元朝统一之初，作为学校经费来源的学田仍归学校所有，“令本学依寺观例，自行收支，接续养士”。[1] 但是，相对于政治、经济、军事、宗教部门来说，学校教育的地位仍不显著。地方学校的建设经常遭到来自各方面的压制和歧视，学校被占作他用、学田被侵吞的事例比比皆是。至元十九年（1282年），有人曾向元朝政府建议收南方学田入官，以致“学校废坏，文风堕地”，后来虽然明文规定仍归学校所有，但紧接着成宗当政，派人理算钱粮，将各种赡学钱粮尽数起解。“苦害儒生，南方学校极弊大坏”，不少地方官学的教授、学录、山长“不胜其扰”。[2]

元成宗以后的诸帝，在即位时颁发的诏书中，几乎都讲到学校教育问题，为一些重大的政治事件颁发的诏旨也要提到学校教育。元顺帝即位次年（1334年）二月，“诏内外兴学校”。三月，就科举和学校等事发布诏令[3]。可见，元代中后期统治者对学校教育的态度发生了极大的变化，但同时学校教育仍遭受

---

[1] 《庙学典礼·都省复还石国秀等所献四道学田》。

[2] 《庙学典礼·庙学田地钱粮分付与秀才每为主》。

[3] 宋濂，等. 元史：顺帝纪一［M］. 北京：中华书局，1976：820.

到来自各方面的歧视和冷遇。[1] 不过，这一时期，蒙古高原、东北平原及山区的学校设置明显增加，但在西南地区，除了云南以外，均无明显反映。

元朝的地方教育制度和地方学校的设置，据《元史·选举志》记载："世祖中统二年，始命署诸路学校官，凡诸生进修者，严加训诲，务使在才，以备选用。""至元十九年夏四月，命云南诸路皆建学以祀先圣。""二十三年二月，诏江南学校旧有学田复给之，以养士……自提举以下设官有差。""二十八年(1291 年)，令江南诸路学及各县学内设立小学。选老成之士教之。其他先儒过化之地，名贤径行之所，与好事之家出钱粟赡学者，并立为书院。凡师儒之命于朝廷者，曰教授。路、府、上中州置之。命于礼部及行省及宣慰司者，曰学正、山长、学录、教谕，路、州、县及书院置之。路设教授、学正、学录各一员，散府、上中州设教授一员，下州设学正一员，县设教谕一员，书院设山长一员。凡路、府、州、书院，设直学以掌钱粮。"《续文献通考》记载："至元二十九年四月，设云南诸路学校，其教官以蜀士充之。"以上所述诏令，明确规定了元代地方设学的原则、学校教职员的编制及任命办法等。

## 一、元朝重庆官学概要

四川行省及其所辖路、府、州、县地方官员，遵照元朝中央的诏令，相继在四川、重庆各地修复或重建在战争期间停办或被破坏的学校。

总的来说，元朝统领重庆的几十年间，重庆的地方教育处于逐步恢复两宋时期学校教育的局面。但由于民族间的矛盾和隔阂等原因，虽然地方当局做了努力，却始终没有达到两宋时期的水平。下面依据所见资料，略作叙述。

（1）元代大德年间（1297—1307 年），封建中央王朝已经在土家族地区的施州、建始等地设立学宫，招收土家族子弟入学就读，这应该是土家族古代教育史上较早出现的学校。

（2）元大德十一年（1307 年），夔州府学重修。成宗追封孔子为"大成至圣文宣王"，派遣使臣到孔子故居阙里举行盛大祀典，并诏令各地学舍砻石树碑。夔路总管府遵诏施行，立碑于府学，祀孔子像于大成殿。天历二年(1329 年）六月，夔路总管府将原大成碑金石小石改换成隶书大碑，以垂永久，由书法家夔路总管府知事韩有邻书丹。该碑今存白帝城西碑林。府学所处

[1] 陈高华. 元史研究新论［M］. 上海：上海社会科学院出版社，2005：386 - 387.

之地据有关史料称，为三国时刘备托孤之永安宫，有残碑为证，历经战火，唐宋时已成断壁残垣❶。明清建文庙，置学署。

涪郡守臣僧嘉闾修建涪陵学宫，倡学兴教。学宫修建的情形可以从贾元《涪陵学宫碑亭记》中看到。“君具高世之识，不凡之见，故能立一代令典，为后世取正，恭惟我世祖圣德神功文武皇帝受命首重圣师。春秋严释奠之礼，原庙隆祠祀之制，开大学为首善之地。教胄子为出治之，原其在待王鹗也。每见则赐之以坐，呼状元而不名其在正位也，礼命名儒许衡，隆以师礼亲之信之。一时文化之盛远过前代，是又神孙善继善述之所自来也。今皇上以天纵之姿，尤用意文治，人才彬彬，克复至元之盛此当勒之金石为万世法程也。涪之文庙旧惟一碑，刻至元三十一年大德十一年诏文，其余封谥之碑未遑也。守臣僧嘉闾至郡，叹为缺典，乃捐俸金，采坚砥，召匠抡才，勒碑建亭，命学正张安董其事，丹雘华丽，金碧辉映。诸郡所无盖臣子之心，必诚必信。又于亭之前为小亭，居丛桂之。上匾曰‘天香’，亦致敬天之意。亭道通泮池，池之上又为阁道，通讲堂，堂正面碑亦无日不致瞻仰之意。先是庚寅秋公甫莅政，首创尊经阁次御碑亭后，先相继其于学官可谓详且尽矣。元草野布衣幸亲见休光，敢拜手稽首，敬为之记云。”❷

《涪陵学宫碑亭记》记述了元顺皇帝至正十三年（1353 年）夏四月，涪郡守臣僧嘉闾自捐俸金，采坚石，召石匠，勒碑建亭，以倡儒学的盛举。同时，文中还追述了孔子在历朝历代的封号，直到元武宗之时，首祀先圣制曰：“先孔子而圣者，非孔子无以明，后孔子而圣者，非孔子无以法，于至圣之上特加‘大成’，切当之论，极古未有。”并指出元代之所以“尊孔”，在于兴教倡学，“用意文治人才”，以至文化之盛，远过前代。最后表明其“草野布衣”之身份和“幸亲见休光，敢拜手稽首，敬为之记”的态度。此文先总说“碑亭之建，臣子所以奉扬国家至美，勒之金石，以示无穷”，再说涪陵学宫碑亭刻建之意义与经过，叙事清晰，文辞平易，体现了他对倡教兴学之喜悦心情。

（3）元武宗至大初年（1308 年），重建云阳县儒学。

（4）元仁宗皇庆元年（1312 年），知州兰清重修梁山县儒学。

（5）元仁宗皇庆元年（1312 年），知县安文宪重修江津县儒学。儒学在县

❶ 苏东坡曾访故址写诗叹道：“千古陵谷变，故宫安得存。徘徊问耆老，惟有永安门。”

❷ 张永熙．重修长寿县志：卷十 艺文［M］．刻本，1875（清光绪元年）．

治南二百步许，元末兵燹，仅存大成殿。至元乙亥，毁于兵。又三十有八年为重新。皇庆癸丑（1313年），知县安文宪仍旧基复之，俱载学记。据相关史料记载："（安文宪）皇庆元年冬任，谓学校系有司急务，乃缵先令未成之绪，撤而新之。旧志称其'治绩有声'。盖亦吏之循良者，惜余政不详，见祀名宦祠。"❶

（6）忠州州学在州治城东，旧在州东外门，元代重建。元至正年间（1341—1368年），忠州知军伯耀德培修，为孔子绘像，为士子置田❷。元统年间（1333—1335年），建立儒学管理机构忠州儒学署，设学官教谕、训导各一人，考核管理生员。儒学署地址在治城东门外大成殿右侧。贾元的《重修文庙绘像置田记》开篇就谈到学校的教育目的，"学校之政有三：一曰尊圣贤，二曰修教化，三曰赡师徒。""忠，东南名郡也，学校之设，历数十年，犹有缺者。庙有貌也。而未至于森严教有典也，而未至于同风，至于养士之需，尤为废却。至元十八年辛巳，承务郎西夏伯颜鲁卿监牧是郡，奉议大夫太原王崇简先帖木儿为郡守，乃相协谋而新之。鲁卿以正殿谬戾古制，改涂易置，列楹辟门，金垩丹碧，创立东庑，增饰西廊，俾之悉合制度。又复收召英才，择师教之。郡守崇简，复为增置学田，养士之资于是乎具。"❸

（7）合州学宫在州治南文明门，宋嘉祐建于涪江南，元祐五年（1090年）郡守刘象功徙今地。及元，张崇古、王立因之。该学宫属于州县儒学及乡里学校。合州及其属县早在宋代已有了官学——儒学。当时合州与属县的文庙，即为供奉孔子、开设儒学的所在，此即"庙学合一"制度。宋末元初，合州的州县儒学在战争中遭到了严重的破坏。至元二十二年（1285年），合州隶于重庆路。其后，合州知州王立、张崇古等遵照元世祖忽必烈"地方官学，设路、府、州、县各级儒学"的旨命，在南宋合州儒学原址上重建了宫庙学舍，州学及石照、铜梁、定远县学也迅速得以恢复。❹

（8）长寿县儒学在县西北百步许，元至正年间（1341—1368年）建。

（9）元顺帝至正年间（1341—1368年），建巫山县儒学。

---

❶ 聂述文，等. 江津县志：卷六 职官志 官师［M］. 刻本，1924（民国十三年）.

❷ 四川省忠县教育委员会. 忠县教育志（1840—1989）［M］. 内部交流本，1993：201.

❸ 吴友篪，熊履青. 忠州直隶州志：卷五 学校［M］. 刻本，1826（清道光六年）.

❹ 全祖望. 鲒埼亭集：卷二十二 明初学校贡举事宜记［M］//刘芳声. 合州志：卷二 王制 学校. 刻本，1579（明万历七年）.

（10）万县儒学在县治西北，元时建。

（11）元至正十六年（1356年），知县达鲁花赤完者帖木儿、学官饶克容创建丰都县儒学，在县治东。

（12）綦江儒学在县西南，古未建学，至元、德丰占中。以綦市为长官司，始立学，后废。

（13）南川县儒学在宋代兴建的基础上得以修缮。元致和元年（1328年），进士杨先韩撰《南川县修学记》曰："今之县学，犹古之乡序也，今之邑宰，犹古之乡大夫也，则县学乃毓秀兴贤之地，所系岂小小哉？南川山水，县孔庙古墓背砚池泉，而笔架峰左列钟鼓、右捧印台，为一邑胜处。地灵人杰，斯文发祥，在承平时，擢巍科、登显仕者举不乏人。自戊午兵劫，极丙子丁丑之间，士民散亡，学校荒废。至元戊寅，南北混一，始立县事，凡百草创，未遑俎豆。延及戊午，县令马君讳廷扫除瓦砾，更修礼庙，覆以茅茨，春秋旦望，聚集群儒，祝延圣寿，稍稍礼仪，岁久弊漏，无以妥圣灵，宣文化，器诉不兴，先生乐道，人之善愿。"❶

元代重庆科举考试的中衰由表5.1可略见一斑。现将元代重庆士子经御试而中试进士的情况列表统计（见表5.1），以供参考。

**表5.1　元代重庆进士人员状况**

| 年代 | 科名 | 人　名 |
|---|---|---|
| 延祐元年（1314年） | 甲寅 | 杨鹤鹏（璧山人）、于韩（江津人）、辛兴之（云阳人） |
| 泰定元年（1324年） | 甲子 | 陈如龙（江津人）、李顺（云阳人） |
| 至顺元年（1330年） | 庚午 | 朱齐（大足人）、宋贤（江津人） |
| 至正元年（1341年） | 辛巳 | 周必通（江津人）[文学科]、宋泽夫（云阳人）、周道济（云阳人） |
| 元（1271—1368年）进士朝代年号无考者 | | 王震一（江津人）、赵时春（铜梁人）、罗涓（大足人） |

资料来源：根据道光《重庆府志·选举志》整理。

现今问世的《万县市志》对元代万州各县中进士有所补充：最著名地区为云阳县，该县有2人中举人，4人中进士，为各县之冠。清道光二十二年（1842年）刊立又查《补辑石柱厅志》"学校第四"所载：石柱厅（今属重庆

❶ 魏崧．南川县志：卷七 学校志［M］．刻本，清咸丰年间．

市黔江区）元朝至正乙未科考中进士一人，为陈世显，官至万州州牧。云阳县元代先后共出李顺、辛兴之、周道济、宋泽夫四位进士。❶

科举与官、私学实为一体，官宦的科举出身者对教育反哺，作出突出贡献。元代重庆的情形也是如此。《合州志》：张思恭，元统三年由翰林出守合州，建学造士，为政简要。祀名宦。❷（乾隆）《江津县志·宦绩》：有治绩记载知县，元代，安文宪，皇庆元年冬，任职于江津县，谓："学校有司首务乃缵先令未成之绪，撤而新之出其余，以供所需之资，旧志称其史册有声，盖亦吏之循良者，惜余政不详见。"

## 二、元代重庆官学的教育与教学

元代官学教育目标延续宋代，但更重视国家政治统治的管理要求，教学是实现政治官僚培养的途径与方式。

### （一）重庆官学的教育目标

与宋代相比较，元代重庆官学教育对儒学政治吏治人才的培养更为明确，学术探究下降的同时，经世致用风格强化。

杨先韩撰《南川县修学记》称："三代之学，皆所以明人伦也。人伦明于上，小民亲于下，则学校之设，非专为儒流也。"❸ 贾元为忠州儒学所撰《重修文庙绘像置田记》也表达了重视儒学的观点。

**重修文庙绘像置田记**

［元］贾元

学校之政有三：一曰尊圣贤，二曰修教化，三曰赡师徒。夫先圣先贤，道所自出，尊而崇之，则人皆知道之有统，学之有宗。我孔子生衰周之世，皇极民秉，赖之以明。百王师之为治，万世以之为法。秦灭其道，国遂以亡。汉兴，高帝十二年，诏祀孔子以太牢，诸侯王卿相至郡，先谒庙而后言政。至明帝十五年三月，诣孔子宅，亲御讲堂，命王太子诸王说经。自是而后，由晋魏以迄唐宋，推其功德，以王礼事之。颜、曾、思、孟与七十子之众，各以其德之大小，为公、为侯、为伯，以列于清庙，使

---

❶ 王槐龄．补辑石柱厅志：学校第四［M］．刻本，1842（清道光二十二年）．

❷ 王梦庚，寇宗．重庆府志：卷四 职官志［M］．刻本，1843（清道光二十三年）．

❸ 魏崧．南川县志：卷七 学校志［M］．刻本，清咸丰年间．

天下学者，翕然得所宗主。休哉！此古今兴道致治之首务也。至其所以为教者，其道不可以不明，其法不可以不立。人之生也，道与天地，并立为三。理之所赋，靡有哲愚；气之所拘，不无清浊。惟操教化之权者，念其同，悯其异，设其条法而裁成之，使之归于一致。夏之校，殷之序，周之庠，名义不一，而明伦修道之准，择师董劝之方，不可易也，然教之设也，必罗英俊，而养士之术，亦必极其周详而后可。古者国老庶老，庠序之养尚矣。汉唐而下，博士弟子员无下千数，皆有廪以给之。宋州县皆赐学田。迨我皇元，学皆置田。江南等郡，其数倍万，盖又超前古而过之矣。忠，东南名郡也，学校之设，历数十年，犹有缺者。庙有貌也。而未至于森严教有典也，而未至于同风，至于养士之需，尤为废却。至元十八年辛巳，承务郎西夏伯颜鲁卿监牧是郡，奉议大夫太原王崇简先帖木儿为郡守，乃相协谋而新之。鲁卿以正殿谬戾古制，改涂易置，列楹辟门，金垩丹碧，创立东庑，增饰西廊，俾之悉合制度。又复收召英才，择师教之。郡守崇简，复为增置学田，养士之资于是乎具。盖忠自归职方以来，六十余年矣，至今然后气象一新。愚谓二公，知为政之要矣。使忠之人士，学有所宗，以养其忠孝廉节之性，则先圣先贤之道，亦将不没于今。由是而互相劝勉，共成有用之才。异日者出而任国家之事，则本醇儒而为良臣，所谓师道立则善人多，贤才辅而天下治，必由是而得之。其于先圣贤之道，又非徒知尊崇而已也。二公之功，可不谓懋哉！功成，郡通守西秦雷君义方、郡判西秦华君国英、幕僚冉君良佐暨在泮诸生，咸谓厥功不可忘也，俾予为记，爰敬书其事于石。❶

长寿县文昌祠在县西一里，至正癸未，参政大夫重庆路涪州达鲁花赤兼管本州诸军奥鲁安固《劝农事拜都记》曰：

涪州属县曰乐温，古设其官，今来复也……其西曰凤山，山之巅巍然，石壁昔人镌为神像于岩山内，下则有祠，昔毁于兵。原其所始，盖自咸淳己酉邑人韩申之所建也。后至元丁丑，邑士李氏雄谋于乡，先生易岩曰："其神主领斯文，阴相科举，掌桂禄，嗣籍福，枯邦国。所在有祠，于此独无，将何以展诚敬乎？"……而是役也，经始于至元丁丑冬，落成

❶ 侯若源，庆徵．忠州直隶州志：卷十二 艺文志［M］．刻本，1873（清同治十二年）．

于至正癸未春。仆仰托神庥，忝由进士第来守，是邦乡之英彦请为之记。夫愚尝思庙祀之礼，古人所以报德酬功，自今观之，如伏羲、神农、皇帝开物成务，周公、孔子之修道立教，功在万世，其祀为最正。……世治则开人心，陶礼乐，育英才，美教化，翊圣主；世道苟有变，则胚胎硕果不食之妙，以为宇宙生育之机，转危为安，易乱为治，拳拳勉人，为子之孝，为臣之忠，正夫妇兄弟朋友之伦，挽颓风，敦薄俗，使天下复归于仁寿之域。此其所以九十余化，出幽人明，运赫赫之灵而不可测也。❶

从以上两篇文献中可以看到学校教育与科举密切相连，学校培养贤才之士服务于统治阶级。

元代科举考试制度有所调整，其主要规定如下：

元皇庆二年，始定八月，天下郡县兴其贤者、能者，充赋有司。次年二月会试京师，中选者复亲策之，每三岁一次开试。蒙古、色目人：第一场经问五条，《大学》《论语》《孟子》《中庸》内设问，用朱氏章句集注；第二场策一道，以时务出题，限五百字以上。汉人、南人：第一场明经经疑二问，《大学》《论语》《孟子》《中庸》内出题，并用朱氏章句集注，复以己意结之，限三百字以上；经义一道，各治一经，《诗》以朱氏为主，《尚书》以蔡氏为主，《周易》以程氏、朱氏为主，以上三经兼用古注疏，限五百字以上，不拘格律；第二场，古赋、诏、诰、章、表内科一道，古赋、诏、诰用古体，章、表四六参用古体；第三场策一道，经史时务内出题，不矜浮藻，惟务直述，限一千字以上；或蒙古、色目人，愿试汉人、南人，科目中选者加一等注授。蒙古、色目人作一榜，汉人、南人作一榜，第一名赐进士及第，从六品；第二名以下及第二甲，皆正七品；三甲以下，皆正八品。❷

上述有关科举考试的要求及出身待遇，一方面是官学教育内容及测评的参照，另一方面也体现官学教育政治仕途导向之目的追求。

### （二）官学教师及教学活动

元朝在地方各级设有学官，以掌教育、文庙祭祀与学校行政事务。合州有

❶ 王梦庚，寇宗．重庆府志：卷二 祠祀志 庙坛［M］．刻本，1843（清道光二十三年）．

❷ 王梦庚，寇宗．重庆府志：卷七 选举志 进士［M］．刻本，1843（清道光二十三年）．

学正，属县有教谕、训导等学官，分别管理州、县儒学和小学。[1] 各级学官都享有俸禄，听命于行省主管教育的官员——儒学提举使和各道宣慰使。江北区县志有关教谕、学正的记载：元世祖中统二十八年，制凡师儒学之命于朝廷者曰教授，命于礼部及行省及宣慰司者曰学正、学录、教谕。上州设教授一员，下州设学正一员，县设教谕一员，又置直学一人，以掌钱谷。

合州儒学教授中有一位著名的文史学家，这就是马端临（1254—1323年），字贵与，号竹洲，乐平（今江西乐平）人，南宋右丞相马廷鸾子。宋亡，隐居不出，晚年任慈湖、柯山两书院山长，合州儒学教授。历时20余年编撰成《文献通考》。自序曰："凡叙事则本之经史，而参之以历代会要，以及百家传记文书，信而有证者从之，乖异传疑者不录，所谓'文'也。凡论事则先取常时臣僚之奏疏，次及近代诸儒之评论，以至名流之燕谈、稗官之纪录，凡一话一言可以订典故之得失，证史传之是非者，则采而录之，所谓'献'也。……命其书曰《文献通考》。"此书共348卷，以唐《通典》为蓝本，记述上古至宋宁宗时代典章制度，除因袭《通典》之外，还兼采经史、会要、传记、奏疏、论议等其他文献，在选材范围和规模上均超过《通典》，对宋代制度尤为详备。此书史实丰富，有很高的史料价值，是研究我国古代典章制度，特别是宋代制度的重要著作。

忠州教谕：伯耀德，西夏进士，至元时任，以达噜噶齐兼管本州诸军权农事，修文庙，置学田，课士育民，教化聿新，祀名宦。[2]

临江路儒学教授：吴皋，元代人，生卒年不详。字舜举，临川人。曾官至临江路儒学教授。元亡后，拒不出仕，遁迹以终。

县学教职巴县：元，县置教谕一人，又置直学一人掌钱谷，教谕听行者及宣慰司札付或命于礼部州曰教授，始受职朝廷。[3]

梁山县：置教谕一人，学生额15人至50人。

由于元朝推崇的是程朱理学，全国各级学校都以朱熹译注的儒家经典做教材。合州儒学亦实行学官"朔望讲书"制和生员日课、月课制。按元代学制，30岁以上50岁以下生员，各供月课；15岁以上30岁以下，须坐斋读书，每

[1] 全祖望．鲒埼亭集：卷22 明初学校贡举事宜记［M］//刘芳声．合州志：卷2 王制 学校．刻本，1579（明万历七年）．

[2] 吴友篪，熊履青．忠州直隶州志：卷七 政绩［M］．刻本，1826（清道光六年）．

[3] 王尔鉴．巴县志：卷四 学校官［M］．刻本，1761（清乾隆二十六年）．

日各习所业；8岁以上15岁以下小学生员，更须每日在校读书。学额也有明确规定，元州县学生额15人，其盛时至50人，食饩于学。

《元加号大成碑》现存白帝庙东碑林，高155厘米，宽95厘米，元大德十一年（1307年）元成帝铁穆耳宣扬圣道，加封孔丘为大成至圣文宣王，并撰文于全国各地孔庙刊碑记之。此碑从原夔州府孔庙大成殿移来。元泰定四年（1327年）夔州路总管府知事韩有邻等地方各官拜谒大成殿，以原来碑太小，故于元天历二年（1329年）换成这块大碑，碑上隶书为韩有邻写，其书藏锋遒入，飘逸秀丽，有较高的教育伦理及镌刻艺术欣赏价值。由于年代久远，碑面严重剥蚀。

元加号大成碑[1]

盖闻先孔子而圣者，非孔子无以明；后孔子而圣者，非孔子无以法。所谓祖述尧舜，宪章文武、仪范百王、师表万世者也。朕纂承丕绪，敬仰休风，循治古之良规，举追封之盛典，加号大成至圣文宣王，遣使阙里，祀以太牢。于戏！父子之亲，君臣之义，永惟圣教之尊。天地之大，日月之明，奚罄名言之妙，尚资神化祚我皇。

元大德十一年七月十九日成宗皇帝

元代地方学校亦仿宋制，设置学田。《元史纪事本末》载世祖“用廷臣议，诸道各置提举司，设提举儒学二人，统诸路、府、州、县学祭祀钱粮之事。未几复从桑歌等言，钩考江南学田所入羡余，贮集贤院以给有才艺之士”[2]。政府还规定，学官职吏对于学田，如有以熟为荒，减额征租，或接受贿赂纵容豪农占领及巧立名目、欺蒙冒支的，提调官须加查究[3]。重庆官学的经费来源大多如此，只是详情缺考而已。

## 三、元末重庆官学之嬗变

元顺帝至正二十三年（1363年），农民起义军明玉珍部在重庆建立大夏政权，尽管是昙花一现，但仅仅6年就使该地区的经济、文化得到一定发展。其对知识分子政策和教育事业的重视，尤其值得称道。

---

[1] 四川省《奉节县志》编纂委员会．奉节县志［M］．北京：方志出版社，1995：914.

[2] 《元史纪事本末·科举学校之制》。

[3] 宋濂，等．元史：刑法二 学规［M］．北京：中华书局，1976：2638.

义军首领明玉珍非常重视教育，他在中央设立高级学府国子监，让公卿大臣的子弟入学，地方州县也开办学校招收一般子弟入学。他大力招揽教育人才，刘桢、刘湛就是大夏政权中两位杰出的教育人物。

刘桢，字维周，泸州人，元朝进士。元末，避乱隐居泸州方山。明玉珍闻其贤，专程拜见，请其出山。刘桢见他如此诚恳，十分感动，便应允相助。从此，刘桢参与了农民军中的一切政事，对明氏王朝的各项政务决策都起过积极作用。他不仅力劝明玉珍建国称帝，而且为他“分蜀地为八道，更置府州县官名”，还亲自为大夏王国管理教育文化事务和宗庙祭祀礼仪。他创立了翰林院，在中央设国子监以教公卿子弟；地方设提举司、教授所，教养郡县学子。他还采用科举制，设立进士科，在八道举行“乡试”，选拔人才，然后举行“会试”和“廷试”，考选进士若干人，补充了中央和地方的职官。

应该指出，刘桢的这一切做法，虽然沿袭宋、元设官牧民、育人举士的一套，没有什么重大改革，但值得注意的是，由于元朝统治者在教育制度和政治制度上推行了一套“种族歧视，南轻北重”的政策，重庆的教育在当时是处于衰退阶段的。刘桢大力创建三级教育体制和科举选才制度，对于社会的安定和繁荣，对于文化的恢复和发展，都有很大的作用。

与此同时，明玉珍还聘请刘湛为他办学。刘湛也是泸州人，字信翁，曾做元朝仁寿教官。明玉珍入川后，刘湛弃官隐居不出。明玉珍曾几次敦请他出山，都遭到拒绝。可是，当明玉珍建国称帝后，刘湛通过冷静观察，对明玉珍政权的政策有了较深的了解，而且对明玉珍的为人十分佩服，于是欣然接受邀请，出来做了仁寿县教授，担负起培育人才的重任。由于刘湛品学兼优，文章也写得好，因此为后学所崇敬，造就了许多人才，后升为国子监祭酒。

经刘桢、刘湛等人的努力，大夏政权时间虽短，但教育事业却未受到战乱的影响，而且有了较大的发展。

## 四、元代重庆的私学

元代的私学继承了宋代私学传统，在办学形式和教学内容上与宋时没有什么大的差别。元代的私学一般有家长督课、学生自学、私塾授课、名师传授等多种形式。元朝统治者对私学采取鼓励、支持的态度，在兴办地方官学的同时，规定“或自愿招师，或自受家学于父兄者，亦从其便”❶。铜梁县，赵时春《铜梁县志》：元代邑人，善属文，举进士，第官御史，寻谢归，读书罗睺寺中，不出。云阳，李惇武，云安同知，修学勤士。冯旺，云安判官，兴学教士，后人怀之。❷ 长寿县，贾长卿《蜀中著作记》：涪州人，有文学，凡使蜀还京者，人必问曰：“得贾先生文章否？”题观澜阁歌，撰《文庙御碑记》，乡人重之。贾长卿淹贯经史，文章鸣世。冉聪，受学于长卿，以文学称。张茂先，受学于长卿，有儒行，教授乡里，隐居不仕。

事实证明，通过私学这种教育形式，的确培养出大批有用的人才。我们总结元代重庆私学发展的情况，可得出以下几点基本看法：①从教学形式上看，有矢志自学、刻苦攻读者；有家学渊源深厚，受教于父兄或祖母、母亲者；有由家庭请名师授业者；有儒生亲自访求名儒或名师，得之口传心授者。②层次较高私学的学习内容，一般都以儒学经典为主，即以四书五经和程朱的注疏为基本教材，但也兼及天文、地理、律历、算数、医学等有很高实用价值的自然科学的内容。③当学有所成后，大部分儒生通过各种方式踏入仕途，为世所用，在功业上有所建树。也有相当一部分儒生“耻事权贵”“不屑仕进”，或闭门教诲子弟，或在乡里设学授业，或隐居山林讲学传道，他们为保存、继承和发展以汉族儒学为主体的中华文化，普及文化教育，培养各方面有用人才，作出了积极有益的贡献。

元代私学教学程序比较统一，尤其是南方地区，主要依据程端礼的规程。一月当中只有朔（初一）、望（十五）两日有老师讲课，而且就讲一两章经书，其余时间主要是学生自学。首先，教师要根据课程的难易程度和内在逻辑以及学生的材质指导学生自学，为学生定课程、择书籍。元代的程端礼为程氏家塾制定了一份“读书分年日程”，他把学习分为 8 岁以前、8 ～ 15 岁、15 ～ 20 岁、20 ～ 23 岁几个阶段，每个阶段规定了由浅入深的书目。这份书目影响很大，明清私塾、书院多参照这份书目指导学生读书。其次，教师要向学生传授读书的方法。影响最大的是朱熹的朱子读书法。最后，教师要检查学生自学的情况，或检查学生对所读书籍的熟悉程度。一是学生要到老师那里去背书，学生多则采取抽签的办法，如明代的太学，轮到背书的那一天，由 6 堂官各抽

❶ 宋濂，等. 元史：选举志 学校［M］. 北京：中华书局，1976：2032.

❷ 陈之良. 云阳县志：卷下 名宦［M］. 刻本，明嘉靖年间.

一签，选定要背书的学生，然后将6名学生带到博士厅逐个背诵。二是检查学生的读书笔记，如清代的太学要求内班生每3天、外班生每半月交一次读书笔记，由助教批阅。此外学生自己还要自立功课册，隔10天送助教查阅一次。

在元朝，地方学校中最有特色的是社学。有关社学的办学性质属于官学抑或私学，向有争议。本书取私学说，故在私学中叙述。从明清学校教育的发展态势言之，社学的趋势确应属私学走向。社学始于元代，至元六年（1269年），御史台的报告中已提出要办农闲学校，文称："所在乡村镇店，选择有德望学问可为师长者，于农隙之时如法训导，使长幼皆闻孝悌忠信廉耻之言。"御史台的这些意见得到了中书省的肯定，并下发到各路。次年，忽必烈颁布立社法令，规定农村五十家为一社，作为地方的基层组织。全国统一以后，社制又在南方推行，有关立社的条例中规定，"今后每社设立学校一所，择通晓经书者为学师，于农隙时分各令子弟入学"❶。农隙只能在冬季，所以社学又叫冬学，至元二十三年（1286年），"大司农司上诸路学校凡二万一百六十六所"❷。这些被大司农司列为工作成绩的学校，不是儒学、医学、蒙古字学和书院，而是社学，因为立社以及有关事宜，都在大司农司的职责范围内。这些社学的经费是由生徒交纳束脩来维持的，教学内容有统一的规定，社学的学师在讲课以前要经过所在州县学官的培训。❸当时合州及其属县都办有社学。社学的设立，对于普及城乡教育起了重要作用，对后世也产生了较大影响，一直传留到了明、清两代。❹此外，元代捐田兴办私学成为社会风尚。这种社会制度也曾在重庆农村推行，对提高农民的文化科学水平，促进农村生产的发展起过一定的作用。

## 第三节　元代重庆学校之评议

元代重庆学校数量总体减少，这些学校在元代的变迁虽然旧志上均有所记载，但大多语焉不详。由此看来，有元一代整个重庆的办学成效并不明显。

元太宗窝阔台初定中原，就曾有过兴建学校之议。元世祖即位后，国家统

❶《元典章·户部九·农桑·劝农立社事理》。
❷ 宋濂，等. 元史：世祖纪十一［M］. 北京：中华书局，1976：294.
❸ 陈高华. 元史研究新论［M］. 上海：上海社会科学院出版社，2005：384.
❹ 池开智. 合川历史文化纲要［M］. 重庆：重庆出版社，2009：307.

一，社会逐渐安定，兴办学校提到了议事日程。不难看出，元世祖在推行“汉化”过程中，为兴学明教、培养人才采取了一系列鼓励和优待的措施。但由于蒙古族兴起于漠北草原，以马上取天下，历来重武轻文，因而在征服全中国的过程中，尽管最高统治者元世祖提倡“文治”，诏令各地兴办儒学，但却并未为各地掌握实权的蒙古贵族、官吏所理解。在有些地方，不免出现阳奉阴违、虚应故事的情况，使得学校的设立有名无实。监察御史王龙泽于至元二十九年（1292 年）在呈送朝廷的奏文中，对有些地方办学流于形式的状况揭露极其深刻：“即目各道、州、县，有见设学校去处，或微有隳废，失时修营；或旧曾欹倾，遂至覆压；或初制浅陋；或旧无规矩；或为过客之馆舍；或为军伍之聚庐，借为设局，往来游宴，且如两淮来安、清流诸县，旧无学校，为日已久，其间颓废局促，十而八九。卑职乡郡之武义县学不修，废坏为甚；先圣庙宇，粪土堆积；明伦堂后，税务指占；至于斋舍，税官、辅军居止。上安下恬，官莫之禁。即此推之，非所目见如此类者必多。”❶ 一些地方官吏对兴办学校持这种消极的态度，正是从一个侧面如实反映了保守势力对推行“汉化”的抵触心态。

自元世祖以后，元成宗、武宗、仁宗各朝对兴办学校都是重视的，下过很多道诏书。但由于掌握地方实权的蒙古权贵的抵触和反对，以及元代吏治的腐败，尽管最高统治者多次下达兴学重教的诏旨，一些地方的实际情况却是“近年以来，委任不得其人，教养之道，寂然无闻；侵蠹之风，相扇成俗；其视学廪，不啻己物，营私规利，侵破不存。坐视庙学隳颓，不顾祭器损缺，经板散失，略不修完，在学有圣像书籍，盗移驰送。官员甚者，将学舍拆毁，田粮隐瞒，枵腹而来，饱载而去。任满得替，结托本处官司，馈赂提举司官吏，桩捏虚文褒美，滥行保举，欺诳上司，别求选用。且如教授、学正，提举司保申，学录以下，自行委用，为提举者，不问其寿几何、学业优劣、德行有无，以苞苴之多寡，为职事之高低，以致侥幸躁进之流，无才有为者，得以滥充师席，老成前辈有科名者，耻与此辈为伍，介然自守不可出仕。此等之人，营干之时即有所费，到任之后窥视学廪，惟务吞图，是以礼仪风衰，廉耻道丧，欲求其教行俗美，作成人材也难矣！”❷ 这说明，元自世祖以来，虽将推行“汉

❶ 王颋. 庙学典礼：第 4 卷 王御史言六事［M］. 杭州：浙江古籍出版社，1992：70－71.

❷ 佚名. 庙学典礼：第 4 卷 教官任满给由［M］. 清抄本：90.

化”、兴学重教作为国策，但自始至终，先进和保守势力的斗争是十分激烈的，中央的政令、措施并未得到很好的贯彻实行。❶

此外，造成元代重庆地方教育发展滞缓的原因，还有区域历史地理的背景因素。在元朝统一全国的过程中，由于重庆地区最后被攻占，而且在元兵攻占合州时受到宋将余玠、张珏顽强抵抗而数攻未下，著名的钓鱼城之战使元军主帅蒙哥战死，并由此延缓南宋灭亡将近半个世纪，故元朝统治者难免对各族人民怀有仇视情绪，对重庆的压制与掠夺异常严重。在中国历代封建王朝中，元朝的民族压迫是比较突出的。有元一代，重庆各地“大旱”“大水”“大饥”的情形不绝于书。严重的自然灾害使广大劳动人民饱受其苦，而繁重的赋税更使重庆各族人民深受其害。据《元史·食货志》记载，元代的赋税名目是相当繁多的，除了农业上的夏税、秋粮和商税之外，还有铁课、盐课、醋课以及各种额外摊派的赋税。残酷的政治压迫与繁重的经济剥削使得重庆各族人民长期处于水深火热之中，各族人民的反抗斗争此起彼伏，连绵不断，给重庆的文化教育事业带来了严重的影响。别说科举不盛，就是学校与书院教育的发展也受到了严重摧残。

尽管如此，但重庆学校教育对地方人才培养仍具有重要作用，培养了大批经世致用人才。以下做简要描述。

贾元，字长卿，号易岩，重庆市长寿县人。有文才，淹贯经史，以文章名世。约活动在元成宗大德元年（1297 年）至元泰定五年（1328 年），博学多才。写有《题观澜阁歌》，撰涪州（涪陵）文庙《御碑亭记》，《涪陵学宫碑亭记》。元代乐温县（今长寿区）人贾元的《涂山禹庙碑记》深深地勾起世人对贾元这位乡贤的景仰。《涂山禹庙碑记》写于元顺帝至正十二年（1352 年），费著任重庆路管时重修涂山禹庙，贾元为之作碑记。贾元在文中大量引用《东汉郡志》《巴郡志》《水经注》《汉史》《蜀志》《帝王本纪》《蜀本纪》《华阳国志》《元和志》等书，证明巴郡涂山为禹娶涂山氏之所。考证精详，论证层次清楚，论据充分，颇具说服力。贾元又是书法家，书学苏（轼）体，温雅有法，名盛一时。涪陵北岩“观澜阁”匾额和《涪陵文庙御碑亭记》是其遗墨，笔法苍古，韶秀俊逸。

云阳县辛兴之，元祐四年进士，任甘肃行省恭政。李顺，嘉定三年进士，

❶ 欧阳周. 中国元代教育史［M］. 北京：人民出版社，1994：18-21.

任翰林院编修。荐举：宋汝德，至正间据人才，任万州知州。向善，洪武初由材学卓授兵部员外郎。钟文远，洪武二十四年由经明行修授福建莆田知县。❶民国《江津县志·人物志·文学》：元代邹玉，江津人，隐居不仕，诗多佳句。《月夜溪行》云："明月映溪天落镜，急流溅石水圆珠。"《山居》云："树色秋来减，泉声雨后增。"邹公敢，江津人，博学通天文，元末与赵天泽、刘伯温友善。每观天象，三人共长叹。及伯温佐命，公敢南归，易名公瑾，居真州，号保全居士，晚号知命翁，有《保全》《知命》二集。涪陵县檀庙附寺观，文昌宫，在云里白家场，元年正八月儒生蹇谊捐修并舍田十六石作祀典。❷璧山县乡贤祠：元进士杨鹤鸣，元处士云山翁。❸

重庆元代学校教育对民众道德教化作用极大。璧山县人陈德荣，号云山翁，笃志儒行。夏明玉珍据重庆，以万户侯召，不赴。结庐于五峰山，以诗歌自娱。有《云山翁诗集》行世。《江津县志·孝友》：张孝，逸其名，元末兵乱，孝子负其母糊口四方，十有二年，明兵平蜀后，孝子始负母南归，至笋溪时水偶涨，母曰：吾以老惫累，吾子至此今隔一衣带水天将不使，吾见家乡乎！仰天长叹，自跃赴江，孝子仓皇从之于水，觉足下隐隐有石。载之得渡，孝子与母俱无恙，及顾江中乃一石牛也，今指渡处为卧牛滩。❹元代铜梁名贤：元，赵时春，善属文，由进士官御史，谢归，读书罗睺寺中不出。❺

---

❶ 陈之良. 云阳县志：名宦［M］. 刻本，明嘉靖年间.

❷ 王鉴清. 涪陵县续修涪州志：卷五 建置志［M］. 影印本，1928（民国十七年）.

❸ 寇用平，陈锦堂，卢有徽. 璧山县志：卷三 名宦［M］. 刻本，1865（清同治四年）.

❹ 曾受一，王家驹. 江津县志：卷十一 乡贤［M］. 刻本，1768（清乾隆三十三年）；徐鼎，杨彦青. 江津县志［M］. 增刻本，1804（清嘉庆九年）.

❺ 韩清桂. 铜梁县志：卷八 人物志 名贤［M］. 刻本，1875（清光绪元年）.

# 第二编

# 重庆古代学校的制度化（明代至清代前期）

# 第六章　明代重庆学校的振兴

在元末农民起义之中，朱元璋扫灭群雄，推翻了元朝的黑暗统治，建立了统一的朱明王朝（1368—1644 年），开始了中国封建社会历史的新篇章。

明王朝在控制重庆地区后，设置重庆府和夔州府。重庆府下辖 3 州（合州、忠州、涪州）；15 县（巴县、江津县、永川县、荣昌县、大足县、綦江县、南川县、长寿县、黔江县、铜梁县、定远县、丰都县、垫江县、武隆县、彭水县）。夔州府下辖 10 县：奉节县、巫山县、大宁县、云阳县、万县、开县、梁山县、新宁县、达县、建始县。后不断局部调整管辖范围，总体变化不大。并设置酉阳宣慰司、石柱宣慰司，管理少数民族地区，有助于明王朝对这些地区统治的加强与巩固。重庆在明代以前是区域性的军事重镇，在明代则发展成为商业城市，在经济重心东移南迁的历史背景下，凭借处于长江中上游的优越地理位置，进行区域性的货物贩运等。明代重庆城市经济已有较大发展，与成都、泸州一起步入全国设有“钞关”的 33 个较发达的工商业城市之列。❶同时，在明代，重庆已成为四川粮食产区之一。万历年间田粮征额数，成都府 31 州县计 157729 余石，重庆府 20 州县及 5 土司计 344497 余石，超过成都府一倍以上。❷

据《明史・选举制》记载：明初朱元璋出于政治的需要，将发展教育事业置于国家最重要的地位。他说：“治天下，当先其重且急者，而后及其轻且缓者。今天下初定，所急者衣食，所重者教化。衣食给而民生遂，教化行而习俗美。足衣食者在于劝农桑，明教化者在于兴学校。学校兴，则君子务德；农桑举，则小人务本。如是为治，则不劳而政举矣。”从而确立了“广设学校，

❶ 谭继和，龙凤阳．社会科学文选［M］．成都：成都出版社，1990：323.

❷ 周勇．重庆通史：第一册［M］．2 版．重庆：重庆出版社，2014：158.

培养人才”的文教政策。于是，大建学校，府设教授，州设学正，县设教谕。明中央政权开始对“西南夷”采取一系列教化措施，以特恩、岁贡、选贡三种途径，接收入最高学府国子监学习。如明成化四年（1468 年），明政府颁令“土司学，照州学例，三年贡二人”。弘治十三年（1500 年），又重申此例。洪武十八年（1385 年）、永乐元年（1403 年）和永乐十八年（1420 年），均明令云南、广西、湖广、四川、重庆、贵州土官衙门，“生员有成材者，不拘常例，以便选贡”❶，加强了在土司辖地设立汉学。除贵州等民族地区办官学、书院、私塾、义学、社学等之外，四川、重庆、云南等民族地区均广设儒学。“其云南、四川、重庆、边夷土官，皆设儒学，选其子孙弟侄之俊秀者以教之。”❷

明代教育的发展规模超过了以往任何朝代，“无地而不设之学，无人而不纳之教。庠声序音，重规叠矩，无间于下邑荒徼，山陬海涯。此明代学校之盛，唐、宋以来所不及也”❸。明代重庆教育也出现了前所未有的盛况，兴办了大批官学和私学，科举中试者数量大增。

## 第一节　明代重庆官学（上）

历经宋元战争，重庆教育受到极大摧残，在明代初期仍显萎靡，甚至未达到两宋时期的水平。由于统治阶级的重视，地方官员的积极办学，经济的复苏，社会风气的改变，地方教育尤其是府学、州学、县学得到长足发展。明朝统治者为巩固对重庆东南部少数民族地区的统治，加强文化控制，遵循“广教化，变习俗，使之同于中国”的政策，推行官学教育体系。明代重庆官学取得了前所未有的成就，由此带动了重庆地方文教事业蓬勃上升，并对区域社会发挥积极效应。

元末的战乱，给当时的学校教育造成了极大的破坏，各级各类学校、书院或在战乱中被毁坏，或被迫停废。洪武二年（1369 年），明太祖有感于长期战

---

❶ 申时行，等. 大明会典：礼部三十五［M］//续修四库全书. 上海：上海古籍出版社，2002：394.

❷ 明太祖实录：卷二百三十九 正统实录 洪武二十八年六月壬申［M］. 台北：“中央研究院”历史语言研究所（影印本），1962：3475－3476.

❸ 张廷玉，等. 明史：卷六十九 选举志一［M］. 北京：中华书局，1974：1686.

乱所带来的世风日下、社会道德日衰的状况，特地下诏各地办学。太祖谕中书省臣曰："学校之教，至元其弊极矣。上下之间，波颓风靡，学校虽设，名存实亡。兵变以来，人习战争，唯知干戈，莫识俎豆。朕惟治国以教化为先，教化以学校为本。京师虽有太学，而天下学校未兴。宜令郡县皆立学校，延师儒，授生徒，讲论圣道，使人日渐月化，以复先王之旧。"❶ 以此为背景，随着经济的发展和绅民对教育态度的改变以及兴学热情的高涨，明代府、州、县开始普设学校。明代恢复璧山县制后的首任知县张本，名垂青史、世代称颂的三大功绩就是觅井济民、修建县城、兴学崇祀。乾隆《璧山县志》："张本，江西余干县人，由进士成化年任，修建县城，值夏旱，觅井得泉，民赖以济，迄今传颂，祀名宦。"同治《璧山县志》："张本，江西余干县进士，成化间任璧山县。自元时兵灾后，蓬蒿满地，本披荆伐棘，创建城垣，并修圣庙，立坛壝，兴学校，崇祀典，邑人始从受学，文教由此覃敷。时当大旱，民涸甚，本觅井得泉，民赖以济。"由此获知，明代重庆设学繁盛情状之一斑。

## 一、重庆官学的设置

为了保证地方办学校有成效，明朝政府规定：府设教授、州设学正、县设教谕各一，俱设训导，府四、州三、县二。生员之数，府学四十，州、县以次减十。师生月廪食米，人六斗，有司给以鱼肉。学官月俸有差。生员专治一经，以礼、乐、射、御、书、数设科分教，各求实才，顽不率教者黜之。这就从教官编制、学生人数、学生待遇、教学内容诸方面对地方学校提出了具体要求，改变了以往各朝地方学校无严格制度，守令得人则兴、去官则罢的松散现象。洪武十五年（1382 年），"又颁禁例十二条于天下，镌立卧碑，置明伦堂之左。其不遵者，以违制论"❷。经过一段时间的努力，全国府、州、县皆建有儒学。《明史》中称，各地儒学"教官四千二百余员，弟子无算，教养之法备矣"。另外，为了善施教化，明太祖下令于边疆和特殊地区设卫学。

明代重庆所属合州、涪州、大足、铜梁、荣昌、綦江、长寿、永川、璧山、奉节、忠州、武隆等大多数州县相继修建孔庙，创办州、县学，为重庆地方政府所办官学鼎盛时期。这些学校都是国家正规的教育机关。明朝初年，它

---

❶❷ 张廷玉，等．明史：卷六十九 选举志［M］．北京：中华书局，1974：1686.

们大多经历了一个恢复阶段，有的地方由于官学学生增加而不断地进行培修和扩充。政府为鼓励学生入学，日给廪膳，免其丁役，这种优惠措施有助于地方州、县学的发展。官学学习内容以儒家四书五经为主，办学目的是面向科举考试。由于科举考试中举人数的多少是衡量地方官政绩好坏的一种标志，所以各级地方官都非常重视办学。

明代是重庆官学办学的鼎盛时期，除府学之外，辖区内大多数州县相继创办州、县学，有时也称儒学及学宫。现根据笔者所见重庆地方史志资料及相关文献中的记载，将明代重庆官学设置情况统计如表 6. 1。

重庆府府学，洪武四年（1371 年）重建。宣德年间重修，景泰年间增修，弘治年间重修，嘉靖年间重修完备，毁于明末。

夔州府府学，洪武四年（1371 年）重建。成化十年（1474 年）改建，弘治年间重修，万历年间改建，辟筑射圃，建尊经阁，毁于明末。

涪州州学，洪武八年（1375 年）重建。宣德景泰年间重修，万历年间重建，毁于战乱。

合州州学，洪武八年（1375 年）重建。天顺、弘治、隆庆年间均重修。

忠州州学，洪武十四年（1381 年）新建。正统年间重修，万历三十一年（1603 年）迁建城北隅。

酉阳州州学，永乐二年（1404 年）新建。宣抚冉兴邦设州学。酉阳宣慰司司学，永乐六年（1408 年）新建。宣抚冉兴邦设司学。

巴县县学，洪武八年（1375 年）重建。万历二十九年（1601 年）重修。

万县县学，洪武十二年（1379 年）重建。景泰年间补修，成化嘉靖年间先后重修。万历二年（1574 年）重修完整。

永川县县学，洪武年间重建。正统年间修葺，嘉靖十四年（1535 年）重建。天启年间因战乱焚毁，复重建。

江津县县学，洪武八年（1375 年）新建。宣德年间修建明伦堂，嘉靖十六年（1537 年）迁儒学门于文庙右。

定远县县学（今合川），嘉靖年间新建。在县南。

南川县县学，正统七年（1442 年）重建。嘉靖十四年（1535 年）复重建。

綦江县县学，洪武年间重建。景泰、成化年间四川参政以公务按临，率知县徐荣等增修。

长寿县县学，洪武三年（1370年）新建。毁于明末战乱。

大足县县学，天顺年间新建。嘉靖四年（1525年）改迁县学于县北。

铜梁县县学，洪武年间重建。在县治西飞凤山建。

璧山县县学，成化年间新建。万历四年（1576年）迁学宫于西门内。

开县县学，洪武七年（1374年）新建。嘉靖六年（1527年）改建于城内。

荣昌县县学，天顺年间新建。万历年间重修。万历四十四年（1616年）迁建于盛山西侧。

黔江县县学，洪武十三年（1380年）重建。正统初年知县谢牧复重建。

梁山县县学，洪武七年（1374年）重建。正统年间重修，嘉靖年间重建。

云阳县县学，洪武七年（1374年）重建。在学宫旧址改建儒学，历代修葺，明末毁于兵乱。

奉节县县学，洪武十四年（1381年）重建。成化十年（1474年）教谕以人才稀少为由请省入府学，奉节县学遂废。

巫山县县学，洪武六年（1373年）新建。后屡次增修补建，扩充学舍。

大昌县县学（今巫山），成化七年（1471年）重建。正德四年（1509年）知县董忠重修。

大宁县县学（今巫溪），洪武六年（1373年）重建。万历初迁至麟山之阳，天启五年（1625年）重修。

垫江县县学，成化年间新建。在县城西门建文庙，设县学署，毁于兵乱。

丰都县县学，洪武八年（1375年）重建。洪武九年（1376年）并入涪州儒学，洪武十四年（1381年）复设儒学改称丰都县儒学。后历代屡次增修补建。

武隆县县学，嘉靖二十四年（1545年）重建。

彭水县县学，洪武三年（1370年）新建。永乐年间迁建南门外，万历年间迁建桂岭山，毁于明末。

秀山县县学，洪武十四年（1381年）新建。正统七年（1442年）重建。

**表6.1　明代重庆官学一览**

| 年代 | 地点 | 内　容 |
|---|---|---|
| 洪武三年（1370年） | 彭水县 | 建彭水县儒学，永乐年间（1403—1424年）迁建南门外，万历年间（1573—1620年）迁建桂岭山，天启年间（1621—1627年）迁建桂山，天启年间（1621—1627年）迁建北门外 |

续表

| 年代 | 地点 | 内　容 |
|---|---|---|
| 洪武三年（1370年） | 长寿县 | 始设学官。知县沙文达创建学官，置产业400石田土 |
| 洪武四年（1371年） | 重庆府（今市中区） | 1371年重建重庆文庙。宣德年间（1426—1435年），知府孙日良重修重庆府文庙。景泰年间（1450—1456年），知府李庸、毛泰相继对重庆府文庙进行增修。弘治五年（1492年），知府刘思贤重修。嘉靖四十年（1561年），知府薛天华重修府文庙完备。万历元年（1573年），知府张希召修建解元碑亭于养正门左，进士碑亭于连茹门右 |
| | 夔州府（今奉节） | 知府盛南金重建夔州府儒学。明成化十年（1474年），郡守吕晟改建。弘治十三年（1500年），杨奇重修。万历元年（1573年），知府郭棐改建。万历十八年（1590年），知府宋鸿儒辟筑射圃。万历四十六年（1618年），训导杨芳建尊经阁 |
| 洪武六年（1373年） | 大宁县 | 知县侯汉奉命治大宁重修黉宫泮池，万历初移儒学于麟山之阳，天启五年（1625年）重修 |
| | 巫山县 | 知县许耿建于县治西巫山文庙，东西庑各5间，戟门、棂星门、馔堂、神库各3间，教谕宅及训导宅前后各3间。洪武七年（1374年），知县郑凯重建。弘治十四年（1501年），知县游汝昌改置明伦堂。正德年间（1506—1521年），知县梅宁修置儒门。正德十一年（1516年），知县白云凤增修学舍20余间。嘉靖三年（1524年），知县陈宪纲迁修至圣先师殿于旧明伦堂。嘉靖八年（1529年），推宫陈铨补修。嘉靖十五年（1536年），杨东山补建。嘉靖十九年（1540年），知县杨峦补建 |
| 洪武七年（1374年） | 开县 | 在县治东建开县儒学，嘉靖六年（1527年），改建于县治城内。万历四十四年（1616年），迁建于盛山西侧 |
| | 梁山县 | 重建梁山县儒学。正统年间（1436—1449年），知县吴珏重修。嘉靖年间（1522—1566年），知县王冕重建 |
| | 云阳县 | 云阳县在学宫旧址改建儒学，后经历代修葺，规制宏阔，明末毁于兵乱 |

续表

| 年代 | 地点 | 内　容 |
| --- | --- | --- |
| 洪武八年（1375 年） | 丰都县 | 知县桂仲拳重修。洪武九年（1376 年），并入涪州儒学。洪武十四年（1381 年），复设儒学，改为丰都县儒学。洪武二十一年（1388 年），知县杨谦迁建于治西。明成化年间（1465—1487 年），知县李毅重修。弘治九年（1496 年），重庆知府毛泰檄、知县李毅重修，置祭器。隆庆年间（1567—1572 年），训导何宗中增建。万历七年（1579 年），知县左应麟重建题名坊 |
|  | 江津县 | 知县田子真创修两庑、斋堂。宣宗宣德年间（1426—1435 年），知县袁旭修建明伦堂、泮池。嘉靖十六年（1537 年），知县杨元吉迁儒学门于文庙右 |
|  | 合州（今合川） | 知州赵友能重建合州儒学于州治西。英宗天顺七年（1463 年），知州唐珣重建。孝宗弘治四年（1491 年），知州金祺重修。弘治十三年（1500 年），知州宋琢代增修。穆宗隆庆五年（1571 年），知州王下贤和前太守沈本泗呈请两院进行大修。明置永清里安贤里学田二处；学地在洛阳溪右岸，万历年间李舒华置。万历十年（1582 年），因水灾仍迁旧址 |
|  | 涪州 | 在州治南重建涪州儒学，宋时旧址，刘光祖撰记，明宣德、景泰间重修，设学政 1 人，训导 2 人。万历年间（1573—1619 年），守道陈大道重建 |
|  | 巴县 | 知县田子真重修。宣宗宣德年间（1426—1435 年），知县蒋诚立贡举题名碑。弘治十四年（1501 年），知府屈直德、知县周仁立贡举碑。万历二十九年（1601 年），兵备道张文耀重修 |
| 洪武十二年（1379 年） | 万县 | 知县桂仲权在县治北于元代旧学址重建万县儒学。景泰四年（1453 年），知县许斌补修。成化六年（1470 年），知县徐熙重修。嘉靖年间（1522—1566 年），知县龙云、沈清先后重修。万历二年（1574 年），兵巡副使范檄、知府郭棐重修完整 |
| 洪武十三年（1380 年） | 黔江县 | 重建于县治东北，文庙右侧。正统初年，知县谢牧复重建 |
| 洪武十四年（1381 年） | 奉节县 | 知府项卓重修于县治西北。成化十年（1474 年），教谕徐铎等以人才稀少为由请省入府学，奉节县学遂废 |
|  | 忠州 | 知州王谦迁学宫于城治东门外大成殿，称新学宫。正统年间（1436—1449 年），知州孙日良重修。万历三十一年（1603 年），知县倪伯骐迁建城北隅，迁儒学署于城治北门学宫 |

续表

| 年代 | 地点 | 内容 |
|---|---|---|
| 洪武十四年（1381年） | 秀山县 | 新建。正统七年（1442年），知县谢牧重建秀山县儒学 |
| 洪武年间（1368—1398年） | 铜梁县 | 在县治西飞凤山建铜梁儒学 |
| | 綦江县 | 典史张均让、教谕傅懋重建。景泰、成化年间四川参政以公务按临，率知县徐荣等增修 |
| | 永川县 | 洪武初年，知县程光道建。正统时，知县董端、刘裴相继修葺永川县儒学。嘉靖十四年（1535年），知县重建。天启年间，因战乱焚毁，复重建。设教授1人，训导2人 |
| 永乐二年（1404年） | 酉阳 | 宣抚冉兴邦在酉阳设州学。永乐六年（1408年），又设酉阳宣慰司学，督促土司、土官子弟勤奋学习汉文化和儒家学说 |
| 正统七年（1442年） | 南川县 | 知县董端重修南川县儒学。世宗嘉靖十四年（1535年），知县武咸新重建。设教授1人，训导2人 |
| 天顺年间（1457—1464年） | 荣昌县 | 知县卢善在县治创办儒学，设教授与训导。万历年重修 |
| | 大足县 | 天顺年间建县学。嘉靖四年（1525年），知县唐鳌改迁县学于县北。设教谕、训导各1名 |
| 成化七年（1471年） | 大昌县 | 重建，正德四年知县董忠重修 |
| 成化年间（1465—1487年） | 垫江县 | 知县杨端在县城西门外建文庙，设县学署 |
| | 璧山县 | 学宫建于县城南门外。万历四年（1576年），迁学宫于西门内 |
| 嘉靖二十四年（1545年） | 武隆县 | 高溥任武隆县学教谕。万历十三年（1585年），何卞任学政。万历三十年（1602年），赵适任学正，李文英任训导 |
| 嘉靖年间（1522—1566年） | 定远县 | 新建，在县南 |

资料来源：笔者据常明修、杨芳灿纂《四川通志·学校志二·重庆府》，清嘉庆二十二年（1817年）刻本整理并参照其他有关重庆各府、州、县地方志增补而成。

由表6.1统计数据可以看出重庆官学在明代的嬗变轨迹，其中，22所建于洪武年间（1368—1398年），1所建于永乐年间（1403—1424年），1所建于正统年间（1436—1449年），2所建于天顺年间（1457—1464年），3所建于成化年间（1465—1487年），2所建于嘉靖年间（1522—1566年），共31所官学。明代重庆地方官学的发展呈现前期发展迅速、中期缓慢、后期停滞甚至衰退的轨迹，大体反映了明代封建王朝盛衰波折的社会变迁缩影。从区域地理分布考察，明朝重庆官学几乎遍及重庆各个府州县。可见，明代办学覆盖率高，类型多样，分布广泛。在某种程度上可以认为，出现了地方兴学的振兴景象。

除上述地方教育机构类型外，明代重庆尚有社学、医学及阴阳学的设置。社学是封建地方政府兴办的对少年儿童实施初等教育的学校，主要设在农村，与在全国城乡实行的坊厢里甲制度相联系，也有少量设在府、县治所。洪武八年（1375 年）春正月丁亥，命天下立社学。明弘治十七年（1504 年），又令各府、州、县建立社学。明代统治者注重创办社学，旨在“行教化，敦习俗”，教育广大民众，实现对社会的有效控制。

社学在重庆分布广泛，历史地看，社学的官私学性质一直悬置难定。大致理解是：元代属官学或私学混同难辨，但实际存在数量较少；明代受到重视而有所拓展，但从中后期开始而逐渐向私学转移。鉴于此，本书后续社学的相关内容置于私学中介绍。

医学是古代的专门学校，于南朝宋元嘉二十年（443 年）始设。兴废无常，以唐、宋、元时期为盛。明代医学主要沿袭元代，但规模及影响略有逊色。地方官学类型的医学生源大多为在籍医户及开设药铺人家子弟，有一种“家承式”色彩。课程内容分为 13 科，合为 10 科，分别为：大方脉杂医科、小方脉、风科、产科、眼科、口齿咽喉科、正骨兼金疮肿科、针灸科、祝由科、禁科。学生应先修读一定的预备课程，入学后才可修习专门的必修课科目，如《素问》《难经》《神农本草》《圣济总录》《伤寒论》等。此外，学生也要学习《四书》。阴阳学以元代创设及实践为特色，后世王朝有所因袭。元代诸路阴阳学设于至元二十八年（1291 年），隶属司天台。诸路阴阳学生源为阴阳户及其弟子，这是为了适应元军在征战过程中对于熟识天文、历数、卜筮等技术人才的客观需求。元贞元年（1295 年），曾将诸路阴阳学教材定为：《占算》《三命》《五星》《周易》《数学》《三元经书》（婚元、宅元、茔元），虽有迷信的内容，但也不失科学因素。重庆明代方志中对上述官学记载不多。在《夔州府志》中，记有夔州府阴阳学在府西南，医学在府西；梁山县阴阳学在县东南，医学在县南；云阳县阴阳学、医学俱在县东；开县阴阳学、医学俱在县南；万县阴阳学、医学俱在县左；大宁县阴阳学在县西南，医学在角楼前。但有关阴阳学、医学具体办学活动情形，因无确凿资料可供挖掘和披露，以致无法描述一二。

明代重庆重视发展地方教育的结果，既为各级政府培养了许多初级和中级的治术人才，又推动了社会风气的改变。例如林明俊在《丰都县修学记》里写道："明三百年，蕞尔丰邑，列乡校中者，常四百余人。应乡举里选若干人，举进士者若干人，乡射饮酒，春秋合乐，养老尊宾，陵夷至衰敝之季，仍未废，而士之励廉耻，勤服习，其时上下贵贱名公屹然无乱俗至大伤风化者，以有学在也。"❶ 由此可以窥视明代重庆教育所产生的影响。

明代末年，张献忠率领起义军入四川，遭到地方武装力量的顽固抵抗，在战乱之中，重庆的官立学校和书院大都遭到破坏。清代高人龙在《梁山县修学记》中写道："梁为东川巨邑，旧学在城南隅，明末流寇蹂躏，殿堂销毁。"经过明末的变乱，重庆的学校教育又再次跌入低谷中。

## 二、重庆官学举要

根据历史记录情况，以及发生地方教育影响力等因素，以下以府、州及县学三个层次对明代重庆官学加以整理。然而，让人诧异的是，处于中心城区重庆府学的代表性却逊于巴楚相交的夔州府学。所以，有关重庆府学的叙述此处从略。

### （一）夔州府学

明代夔州府，治今重庆市奉节区，"士以绩文相高，民俗秀野"，"彬彬多文学士"，"下至武夫田舍亦知遣子入学"，绅士民众向学的风气甚为浓郁。这与其历任地方长官积极办学密不可分。例如，盛南金，"洪武四年知本府，廉洁有为，政先学校"。郡守杨奇"来知郡事，政治之暇进诲诸生"，郡守吴潜"尤笃意启迪，每诸庙，必退就讲堂，诸生业量勤惰劝惩之"。❷

据《夔州府志》，夔州府府学在府治衙门东南。"儒学在洪武四年建成……弘治十三年郡守杨公又拓其地，重新创建，规模制度，冠于别郡。"❸府学规模宏大，建有大成殿五间，殿左建有景忠祠，殿右建有去思祠，殿后建

❶ 常明，杨芳灿．四川通志：卷七十八 学校志［M］．刻本，1817（清嘉庆二十二年）．

❷ 吴潜，傅汝舟．夔州府志：卷八［M］//天一阁藏明代方志选刊．上海：上海书店出版社，1961．

❸ 吴潜，傅汝舟．夔州府志：卷六［M］//天一阁藏明代方志选刊．上海：上海书店出版社，1961．

有后号房十三间；东西庑各七间，东西庑上下分别建有礼库、乐库、左掖门、右掖门，学舍、宰牲所俱在东庑后；大成门七间，碑亭两座，泮池；大成殿右建明伦堂五间，左右建有博文门、约礼门，堂左右建有志道、据德、依仁、游艺四斋共十四间，堂后建有号房九十二间，堂东北建有尊经阁两间，堂左建有馔堂五间，堂西建有教授宅；东西斋下建有遵义门、遵道门；正门三间，礼门三间，礼门东南建有训导宅，礼门右建有吏舍；在儒学左右建有兴贤坊、育才坊，城东附建射圃。据府志记载，其中大部分学舍是在正德七年由郡守吴潜主持修建。夔州府学建筑规格高，“斩石为魁星门，石柱之首镌刻龙凤，工极精巧”，“大成殿覆以琉璃碧瓦，峻耸炫烂”，馔堂西北“以琉璃四印之，巍然有凌空之势，焕然有耀日之光”，足见建筑之宏伟，“既完且美，足历久远，全蜀诸学莫之能右”❶。然如此“规模宏敞，体势尊严”的夔州府府学却于明末甲申年（1644 年）在战火中焚毁，不免让人扼腕。

夔州府学办学成就斐然，在明代前期有“夔学甲全蜀矣”之誉。洪武至正德年间，共有进士 18 人，举人 108 人。其中，唐仁、唐锦舟父子先后考中进士，一时传为佳话。其先祖唐瑜是明代著名学者，洪武十二年（1379 年）进士，出身翰林院，洪武十四年（1381 年）任东宫教谕，永乐三年（1405 年）被封为明开国儒臣，后大办乡学，传道授业，启蒙乡人。唐氏家族成为地方名门望族，名人辈出，出现了唐鲲、唐鲤、唐仁、唐锦舟等人才。

明代府学教职按规定设教授 1 人，从九品；训导 4 人。据正德《夔州府志》：夔州府学历任教授有李景（正统年间到任），范珠、宁宾（成化年间到任），王道（成化年间到任），罗滋（弘治十四年到任），李时畅（正德五年到任），刘永（正德六年到任）；训导有谭瑀（天顺年间到任），周进、张诚（成化年间到任），谢文奎、何敏（弘治四年到任），刘颙、任佐（弘治六年到任），周本昂（弘治十三年到任），周淳（弘治十四年到任），丘昂（弘治十三年到任），谢杰（正德元年到任），徐禄（正德二年到任），李文正（正德四年到任），王仕学（正德七年到任）。

### （二）合州州学

合州（今重庆市合川区）州学始建于宋代嘉祐年间（1056—1063 年），在涪江南，后迁往州治南，洪武八年（1375 年）由知州赵友能在元代基础上重

---

❶ 蓝勇．稀见重庆地方文献汇点：上［M］．重庆：重庆大学出版社，2013：102.

建，天顺七年（1463 年）知州唐珣、弘治五年（1492 年）知州金祺皆增修，隆庆五年（1571 年）连续重修❶。州学设学正 1 人，训导 3 人。

合州州学坐北朝南，由中轴线及东西两大副轴线、三大建筑群组成，几经修葺，合州州学规制完善，规模宏大。文庙五间居中，东西列有两庑，后有尊经阁五间，西有明伦堂五间；戟门五间，棂星门五间，泮池三座，石桥三洞；启圣祠五间，为嘉靖十五年（1536 年）奉诏重建；斋房十二间，东六间列兴诗、成乐二斋，西六间列立礼斋、神库，由嘉靖二十年（1541 年）督学改旧斋明德斋、思诚斋、养正斋而来；仪门五间，外东列名宦祠，西列乡贤祠；儒学门三间，内外藏节年碑记；明伦堂西有讲堂二间，堂后有敬一亭一座，为嘉靖十年（1531 年）奉诏增建，内竖御制敬一箴及御制范竣心箴注、程颐四注五碑。学正宅建于敬一亭后，有门楼二层，正厅三间，厅后楼房三间，厢房俱全。训导宅三所，一宅在尊经阁后，门楼一层，庭舍一层，各三间；西二宅，在学正宅右，门楼一层，庭舍一层，各三间。在讲堂前有号舍三十间，东西相列，为隆庆五年（1571 年）知州王下贤增修。北门外建有射圃。

明代合州的人口数量、城市规模及经济水平均在一般州县之上，可谓嘉陵江下游繁华商埠。因此，合州儒学校舍规模与夔州府学规模相差较小，生活、教学设施一应俱全。有学田两处，学地一块，每年收租，送学公用。学生的学习生活丰富，考试之季在号舍内复习功课，闲暇时在讲堂讲说经书、辩疑解惑。

万历《合州志》记载了合州州学的经费情况。“合州州学有学田二处，一在永清里侯溪河坎，嘉靖三十四年督学洪公置庄房二间、山林陆河二段、田一十八丘，受种一石□斗，田粮八斗，种田人辨纳，州民叶孟鸾出卖，受价文银六十七两，招人耕种，每年纳租一十七石五斗，送学公用；一在安贤里官田坎，万历七年知州刘芳声置田八丘又四半块，共一十二丘块，受种五斗，粮一斗七升，三合四勺，种田人辨纳，州民陆月桂输入官，每年种田人纳租五石，运送儒学校贮公用。学地一块，庠生李舒华置买，在洛阳溪右岸，进入本学收租公用。❷”“州儒学仓本色米五百二十石。❸”据《中国历代粮食亩产研究》定义，明朝的一石米约合今日 153.5 斤。如此计算下来，合州州学在物质上还是较为充裕的。

---

❶ 刘芳声. 合州志：卷二［M］. 刻本，1579（明万历七年）.
❷ 刘芳声. 合州志：卷二 学校［M］. 刻本，1579（明万历七年）.
❸ 刘芳声. 合州志：卷二 赋税［M］. 刻本，1579（明万历七年）.

明代合州文风昌盛，不计会试恩科和乡试的考中者，仅在会试正科中考取进士的合州人就有44位，可见明代合州文风之盛。合州州学培养了许多杰出人物，其中不乏声震朝野的政治人物，如胡世赏（吏部右侍郎）、李作舟（山东、陕西布政使）、康会江（户部侍郎）、李实（都察院右都御史）、邹智（翰林院庶吉士）等，都是明代合州教育成功的例证。邹智是其培养的众多优秀士子中的杰出代表。邹智（1466—1491年），字汝愚，号立斋，合州（今重庆合川）人。少时“家贫，读书焚木叶继晷者三年❶”。成化二十二年（1486年），21岁时乡试第一，次年入京会试登进士第，翰林院庶吉士，上疏抨击权奸坐遘危祸，“为天下传诵”。善诗文，著有《立斋遗集》5卷，《四库全书总目提要》称“其诗文多发于至性，不假修饰之功，虽间伤朴遬，而真气流溢。其感人者，固在文字外矣”。邹智在出狱时写的《辞朝》诗中说：“尽披壮胆知何日，望尽衣裳只此时。但愿太平无一事，孤臣万死竟何悲！❷”为国为民的耿耿忠心溢于言表，贯于字里行间。因此，他得到了“直声遍天下”的美誉。邹智留存的著作不多，因为他仅活了26岁。

### （三）涪州州学

涪州州学建于州治南，中间为大成殿，两翼为庑，各五间；前为戟门三间，棂星门石坊一座；戟门外有泮池，上有石桥三座。大成殿西为启圣祠三间，西南为明伦堂三间。戟门东为名宦祠一间，西为乡贤祠一间。“涪之登科者在明已盛矣”。康熙《涪州志》记载，明代涪州进士28人，举人113人，其中不乏升至御史、郎中、中书等高位者，从中反映出涪州州学的办学作用及质量颇高。

杨慎（1488—1559），字用修，号升庵，明代著名文学家，明代三才子之首，著有《升庵集》《陶清乐府》等书籍。王夫之赞其诗为：“三百年来最上乘。”正德六年（1511年）殿试第一名，高中状元，授翰林院修撰。世宗时，谪戍云南永昌。与时任吏部尚书的涪州籍夏邦谟友情深厚，时常到涪州州学讲座游学。《涪江泛舟》《赠张生一鹏归涪江并柬太宰松泉夏公》《寄夏松泉》《夏松泉太宰寿诗》等，为其在涪遗墨，书法堪称瑰宝。❸

---

❶ 《明史·邹智传》。

❷ 转引自谭兴国. 蜀中文章冠天下：巴蜀文学史稿［M］. 成都：四川人民出版社，2001：289.

❸ 四川省涪陵地区文化局. 涪陵地区书画名人录［M］. 内部交流本，1986：13.

**寄夏松泉[1]**

山中睡起三竿日，天上书来五朵云。
念我独愁开阒寂，感君长跪谢殷勤。
两年故国交游隔，千里同心岐路分。
奇树华滋看已遍，不禁春色恼离群。

**涪江泛舟[2]**

明月沉清露，秋风起白云。兰挠乘溜急，木叶下江闻。
爽籁金悬奏，遥峰翠积氛。碧潭留雁影，锦汭散虹文。
旅望随天豁，幽阿与岁分。登临知自好，寂寞共谁云。

**（四）忠州州学**

忠州州学原在城之东隅，玉屏山麓。洪武初年知州王谦将州学迁于城外，称为新学宫。旧学宫仅保留启圣祠。正统年间（1436—1449 年）、天顺年间（1457—1464 年）、万历二十一年（1593 年），各任知州分别修葺新学宫。万历三十二年（1604 年），知州倪伯骐重新修复城内旧学宫。忠州州学成为重庆儒学中少见的一治地范围内有两处学宫之特例，两处学宫并尊，可谓稀见。

明代忠州共考取进士 21 人，他们或执策台阁，清廉正直，为朝廷所倚重；或掌管地方，明达干练，为百姓所爱戴。其中，嘉靖三十八年（1559 年），田登年中进士，历任青阳知县、大理寺司正；万历二十九年（1601 年），其子田一甲中进士，历任高安知县、河南道监察御史、陕西兵备副使。父子进士名扬忠州。

**（五）万县县学**

万县县学在县治北。洪武十二年（1379 年），知县桂仲权在县治北于元代旧学址重建万县儒学。景泰四年（1453 年），知县许斌将其迁至县西。成化六年（1470 年），知县徐熙将其复移旧址重建。嘉靖年间（1522—1566 年），知县龙云、沈清先后重修。万历二年（1574 年），兵巡副使范檄、知府郭棐重修完整。有文庙五间；东西庑各五间，戟门、棂星门、明伦堂各三间；道义门、儒学门、馔堂、神厨、宰牲房、神厨各一间；居仁、游艺二斋；教谕斋、训导宅各三间；学舍一大间；射圃一块。万县县学泮池内有活泉一孔，泉水清冽，

[1][2] 杨慎. 升庵集［M］. 上海：上海古籍出版社，1993：6.

可谓："其源孔长，其流斯漾，月映川中，风行水上，挠之不浊。澄之则清，如璧斯莹，如鉴斯明。[1]" 士子纷纷在泮池周围诵读诗书，研习书法，事半功倍。

### （六）永川县学

永川县尊师重学之风由来已久，"遵道而重儒，孜孜以侍圣人为急"。早在北宋嘉祐五年（1060 年）就建孔庙，作歌词曰："庙宇耽耽兮，豆笾孔时；师生躬事兮，乐且有仪……诸生翕从兮，如埙应篪；不可忘兮，唯书与诗。"[2]

明代永川县县学"在县治西，创自宋嘉祐初，元末兵燹。国朝洪武初，知县陈斌、王佐即旧址相继重建"。县学设置完整，建筑齐备。前为大成殿，东西庑戟门、奎星门，神厨、神库如制。后为明伦堂，列东西斋，又其后为文昌祠，会馔有堂，习射有圃，其前则竖雁塔，其南则辟泮池。县学置教谕 1 员、训导 2 员、廪增生员 40 名、吏 1 名。学校规模虽小，却也"五脏俱全"。

永川县县学内建有两座雁塔，其一建于元代，将宋代永川科举进士提名于上，目的在于鞭策后人，改变"兵燹之后，折秋桂之一枝、破春涛之三级者寥寥无继"的现状，督促士子学习乡贤士人"卧薪尝胆于鸡窗萤案之余，饮水食药于朝韭暮盐之苦，孝悌忠信培其本，礼乐诗书扩其华"的学习态度。其二建于明代永乐元年（1403 年），目的在于"昭示当代得人之盛，激励后人之进"。教谕徐玉成撰写的《续刻雁塔记》也表明了续刻雁塔碑的目的。"噫凡士子，游圣人之门，诵诗读书，仰目是塔，岂不思均？是人也，必奋志苦学，欲与之齐，则光前启后，显亲扬名，为闾里邦家之荣。"永川县在明代虽为重庆府遐荒僻陋之处，但却十分注重礼仪，崇尚诗书功名。洪武至成化年间，共中进士 2 人、举人 30 人、贡士 66 人。这些都与县境内最高学府的永川县学的文风熏染不可分开。换言之，甚至可以认为，这种巨大的文化作用力在很大程度上渊源于地方文明提升与道德改善的策源地——永川县学的存在。

### （七）江津县学

江津县城左右江水环绕，而江北有津，人于此渡，故名"江津"，民风淳朴，不事浮华，农勤吠亩，士业诗书。"江津县儒学在县治南二百步许，洪武八年由知县田子贞增修，岁久弗称。"永乐戊戌（1418 年）秋，临川袁旭以乙未进士之名于江津任县令，"甫下车，谒庙顾瞻，学宫隘陋，梁栋低压，赤白

---

[1] 王玉鲸，张琴，范泰衡. 增修万县志：卷三十六 艺文志［M］. 刻本，1866（清同治五年）.

[2] 江朝宗. 重庆郡志［M］. 刻本，明成化年间.

漫漶，展礼唯艰”，与姑苏王应辰合议后，“遵拓旧基，增高加广，鸠工庀材，砻石陶甓”，后由于调任离开江津县，仅建成礼殿。洪熙乙巳年（1425 年），袁旭重新担任江津县知县，又得到生簿李岩、典史严禄协心赞助，继续修建儒学，“戟门、西厢及庑若干楹，以神厨、牲房旧在讲堂后，贡祀弗虔，改作为戟门，又以余材作斋房、沐浴之所于西庑侧”❶。重建完成后，规制完善，木石壮丽，丹碧辉煌，“其前大成殿，东西庑、戟门、棂星门，神厨、神库如制，西庑后建文昌祠，又其前凿泮池，甃砌以石，如半月形，其后为御书楼、明伦堂，列东西斋，斋之侧为会馔楼。学之东为习射圃，学之西树瑞竹亭”❷。学校设教谕 1 员、训导 2 员，廪增生员 40 名，吏 1 名。

据民国《江津县志》，江津有明一代，共中榜进士 36 人，举人 167 人。“学而优则仕”，部分士子通过科举考试身居要职，如熊诚、李廷春官至御史，江渊官至太子少师、工部尚书，程源官至兵部尚书、大学士，杨彝官至河南按察副使。今江津尚存“江公享堂”，原为江渊住宅，是保存较为完好的明代院落式建筑，其门前石刻对联“北极勋臣府，西川相国家”为明宪宗钦书，表彰江渊对国家的忠心。

### （八）綦江县学

綦江县学建于县治西南，倚崇山，临綦水，洪武十三年（1380 年）典史张均让、教谕傅懋重建。成化十二年（1476 年），参政谢旭、佥事戴宾同刑部因公务按临綦江，嘱知县徐荣、教谕邹彰改修，遂将县学迁址崇山山麓。嘉靖十六年（1537 年），知县王武、典史李高等重新改修学校，“礼殿、门、庑、堂、斋、廨、舍之类，次第一新。乡碑有亭，启圣有祠，浴湢篼库有所，而黝垩陶甓，率视旧加隆。”❸ 万历十五年（1587 年），县令梁绍廉继续改修，将学校改为辛山乙向。建成后，县学东西四十丈，南北三十丈，“首棂星门，次戟门。正殿左墙外竖坊曰‘风化之原’。曲转殿角，左义路坊，右礼门坊。殿后明伦堂，堂下露台，左进德斋。堂后敬一亭，复敬一箴，心箴，视听言动四箴。亭左启圣祠，祠之左祀名宦，右祀乡贤。其博士廨、教谕廨在风化坊左，为室三层，规模阔大”❹。万历二十七年（1599 年），播州叛乱，攻破綦江，县学舍宇俱毁，仅存基址；次年，知县捐俸以资，诸生悉心董役、极力经营，

---

❶❷ 江朝宗. 重庆郡志［M］. 刻本，明成化年间.

❸❹ 宋灏，罗星. 綦江县志：卷三 学校志［M］. 刻本，1826（清道光六年）.

学校终于面貌一新，“环桥门而观者，俨然孔氏宫墙”。

### （九）璧山县学

成化十九年（1483年），璧山县人“堪舆度地之形胜，而定其位次，县治建于中，儒学建于南”。县学改迁新址以后因风水原因受到民间的批判，认为文庙学宫所迁新址并非上乘风水宝地。主要原因：一是该位置平平无奇，距五峰山稍远，未居于正穴；二是庙前璧江河水直流无曲旋。正如万历年间文人学士论道：文庙“旧基在县治之南，派尺水直，无深厚潆洄之气，是以邑庠士子虽博物洽闻，而不多大奋云霄”者，导致了璧山复县治后较长时间内县人参加科举难中进士、罕出名流。❶ 万历初年，成宗跃担任璧山县县令，他精于风水之术，经反复考察后认为原址五峰山是“邑中胜地”，并且原有“宋状元缙云先生遗址……缙云先生读书于此，大魁天下，若建学宫，宁不致科第之蝉联载？”❷ 经上报同意后，将璧山县学复迁址到唐宋旧址。

### （十）黔江县学

黔江县学在县治东北，文庙右侧。明洪武十二年（1379年），于黔江置千户所，次年立县，于城内建庙兴学，黔江始有县学。永乐十二年（1414年），千户孙文将其迁址到县治东北。正统六年（1441年），知县谢牧将其迁址到县治东，并向朝廷上奏，请舍学官，董正士子，黔江始有学官。谢牧到任后，政事勤勉，暇时常聚徒讲学，“文教聿开，公倡之也”。同时，主持修建黔江县学，“先建明伦堂，次则二斋，次则门廊、廪库，次则师生之舍，庖滔之所，未数月而告成。由是学与庙前后相属，其规模宏丽，有加于昔数倍”。❸

明代六朝高官李时勉三次莅临黔江，为黔江知县谢牧赋诗，留下一段佳话。明宣宗宣德十年（1435年），四川蓉城进士谢牧出任黔江知县。当时中进士者一般都在京城任职，而谢牧却被任命为偏远的黔江知县，众友颇有微词。谢牧却开心地表示“吾二亲皆老矣，乐得便道过家拜吾亲，以祝百岁寿，何乐不为？”时任国子监祭酒的李时勉闻讯，为其孝心所感动，遂作诗《送谢谦牧知黔江》❹，勉励谢牧以仁爱之心造福黔江百姓：“京华燕集几论文，作宰南

---

❶ 政协璧山县委员会学习文史委员会．璧山文史资料：第二十一辑［M］．内部交流本，2008：69.

❷ 新修璧山县学宫记［M］//寇用平，陈锦堂，卢有徽．璧山县志：艺文志．刻本，1865（清同治四年）.

❸ 邵陆．酉阳州志［M］．成都：巴蜀书社，2010：93.

❹ 永瑢，纪昀，等．四库全书：集部 古廉文集卷十一［M］．上海：上海古籍出版社，1987.

行忽离群。鸣佩自应辞圣主，过家喜得拜严君。金台凫影三秋别，巫峡猿声两岸闻。自古循良多善政，须令黎庶乐耕耘。”谢牧到任后，“建圣庙，设学宫，聚生徒讲学，文教聿开。政尚凝视，民怀其德”。三年后，他回京述职，朝廷命其再回黔江任职。李时勉再次作诗《送谢谦牧还任黔江》[1]赠勉：“作县三年政有成，东来万里到神京。褒书已荷天边宠，归棹还从峡里行。暑雨离亭看柳色，秋风客路听猿声。黔江江上棠阴下，多少儿童竹马迎。”这首诗赞许他回去后，连黔江儿童都会骑着竹马来欢迎他。谢牧在黔江六年，果然因政绩卓著而擢升。李时勉此时又第三次作诗《黔江三瑞》，高度称赞谢牧在黔江的善政与作为：“民安政善实相宜，和气燕祥正此时。瑞麦两岐真可羡，嘉瓜并蒂亦何奇。更看白燕离群出，为显清名与世知。自昔中牟夸异政，由来循吏每如斯。”[2]

## 第二节　明代重庆官学（下）

中国古代官学涨幅起落的晴雨表可以定标为科举考试成绩高下。因为自隋唐创建科举考试制度以后，学校的命运和杠杆尺度就受制于科举制。据道光《重庆府志》，宋代重庆录用进士 277 人，元代重庆录用进士 14 人，明代重庆录用进士 422 人[3]。由此可知，明代重庆地区进士录取人数超越宋、元，可谓极盛。这与重庆官学的兴衰变动密不可分。本节对明代重庆官学的教育与教学进行历史考察，以便对重庆地方官学有深层次了解。

### 一、学校管理

古代学校管理以明清时期为代表，政治专制政体强化以及办学体制渐趋成熟，两者共同促成了对学校的严密控制。由于明代在清代之前，清代只是继承及调整，因此主要以明代重庆教育教学活动为视角加以探讨。当然，限于材料及篇幅，只能选择若干项目进行分析。

#### （一）学官管理

随着重庆地方官学的大量兴办，地方官学的管理也逐步走向正规。关于

---

[1][2] 永瑢，纪昀，等. 钦定四库全书：集部 古廉文集卷十一［M］. 上海：上海古籍出版社，1987.

[3] 蓝勇. 稀见重庆地方文献汇点：上［M］. 重庆：重庆大学出版社，2013.

府、州、县学教官的数量，洪武初年规定，府学设教授1人，从九品，俸禄为米60石；训导4人，为杂职，俸禄为36石。州学设学正1人，训导3人。县学设教谕1人，训导2人。学正、教谕和训导，都是杂职，俸禄为36石。洪武二十四年（1391年）又重新规定，训导位于杂职上，但并未入流。由此可见，各地儒学教官的品级、地位和待遇都很低，但明初往往优礼师儒，各地教官被当成各色人才而荐至朝廷，仕至大僚的很多，而官员们也以教官出身为美。因此，一些学问博洽之人，有的主动提出改充教职。同时，规定了府州县儒学的内部升迁，如洪武十五年（1382年）“命吏部凡府州县儒学训导九年考满用为教谕❶”，维持教官队伍的稳定性。

明代府学、州学和县学教官职责很轻，仅负责教学活动，而生徒的入学、充贡、参加乡试都由提学宪臣和府、州、县提调正官负责。教授负责府学生徒的教诲，学正负责州学生徒的教诲，即“总理学事”；而训导则起辅助作用，即“专教生徒”。教官每月对生徒考课一次，根据他们成绩的好坏，分别予以奖惩。

对教官的教学活动，洪武十五年（1382年）所颁布的学规（即卧碑禁例），要求教官竭忠教诲，勤加考课，奖善惩恶，不得因循懈怠。洪武二十四年（1391年）又对教官的教学内容做了严格的规定，要求各儒学教官必须依据先圣先贤的格言教育生徒，使他们成才，以备朝廷选用；如果妄生异议，以异端邪说蛊惑生徒的心术，败坏他们的伦理道德，则对教官处以极刑，全家迁往边远之地。这一规定严格限制了教官的教学活动，使他们服服帖帖地为朝廷造就人才，而不敢传播“旁门左道”、有背圣贤之言，不敢怀有败坏学生的心术。

对于教官的考核，洪武二十六年（1393年）定学官考课法，用科举生员的多寡决定学官的升迁与罢黜。“县生员二十名，教谕九年任内有举人三名，又考通经者为称职，升用；举人二名，虽考通经为平常本等用；举人不及二名，又考不通经者为不称职，黜降别用。州学生员三十名，学正九年任内举人六名，又考通经者升用；举人三名，虽考通经本等用；举人不及三名，又考不通经者黜降别用；府学生员四十名，教授九年任内举人九名，又考通经者升用；举人四名，虽考通经本等用；举人不及四名，又考不通经者黜降别用。

❶ 明太祖实录：卷一百五十［M］. 台北：“中央研究院”历史语言研究所（影印本），1962.

府、州、县学训导分教生员，九年任内举人三名，又考通经者升用；举人二名或一名，虽考通经本等用；举人全无，又考不通经者黜退别用。”❶ 将教官升迁与科举考试相联系，促使了独重科举局面的形成。教官为了升迁以督促生徒准备应乡试为职事，而忽视了其他课业，如本经、诸史的学习。至八股文盛行后，教官只重视训练生徒作八股文，而不计其他了。在这种情况下，各级学校所培养、造就的人才的综合素质和全面质量就被削弱了。

表6.2至表6.6分别展示了明代重庆科举及第、进士人数，以及重庆府学学官、大足县学学官的状况。从中，一方面可考察明代重庆以官学为代表的学校教育上升提高的倾向；另一方面，则以样本选择形式体现官学教官的选任史实。

**表6.2　明代重庆各州县科举人才统计一览**　　单位：人

| 州县名 | 进士 | 武进士 | 举人 | 武举人 | 五贡 | 其他 | 合计 | 州县名 | 进士 | 武进士 | 举人 | 武举人 | 五贡 | 其他 | 合计 |
|---|---|---|---|---|---|---|---|---|---|---|---|---|---|---|---|
| 巴县 | 111 | | 469 | | 158 | | 738 | 彭水县 | | | 10 | | 57 | 1 | 68 |
| 江津县 | 36 | | 168 | | 177 | 10 | 391 | 黔江县 | | | 1 | | 24 | | 25 |
| 长寿县 | 34 | 1 | 110 | 1 | 66 | | 212 | 酉阳司 | | | | | 4 | | 4 |
| 永川县 | 16 | | 72 | | 16 | 3 | 107 | 秀山县 | | | | | | | 0 |
| 荣昌县 | 15 | | 77 | | 172 | 2 | 266 | 南川县 | | 1 | 36 | 3 | 12 | 1 | 53 |
| 綦江县 | 6 | | 26 | | 168 | | 200 | 万县 | 5 | | 32 | | 116 | | 153 |
| 铜梁县 | 38 | | 142 | | 137 | 1 | 318 | 奉节县 | 6 | 1 | 41 | | 269 | 1 | 318 |
| 潼南县 | 6 | | 8 | | | | 14 | 开县 | 1 | | 19 | | 97 | | 117 |
| 合州 | 47 | | 155 | 2 | 127 | | 331 | 忠州 | 17 | | 56 | | 101 | | 174 |
| 大足县 | 4 | | 15 | | | | 19 | 大宁监 | 1 | | 11 | | 84 | | 96 |
| 璧山县 | 2 | | 15 | 2 | 12 | | 31 | 巫山县 | 5 | | 25 | | 219 | | 249 |
| 涪州 | 34 | | 175 | 1 | 97 | 5 | 312 | 梁山军 | 7 | | 34 | 1 | 136 | 1 | 179 |
| 江北厅 | 16 | | 27 | | 4 | | 47 | 云阳县 | 3 | | 29 | 1 | 97 | | 130 |
| 安居县 | 17 | | 50 | | 46 | | 113 | 大昌县 | 1 | | 5 | | | | 6 |
| 垫江县 | 9 | | 65 | | 109 | | 183 | | | | | | | | |
| 丰都县 | 4 | | 44 | | 205 | 1 | 254 | | | | | | | | |
| 石柱司 | | | 1 | | | | 1 | 合计 | 441 | 3 | 1918 | 11 | 2710 | 26 | 5109 |

注：(1)“五贡”指拔贡、优贡、副贡、岁贡、恩贡类生员；(2)“其他”类包括孝廉、方正、副榜、荐辟等类人才。

资料来源：李良品，彭规荣．科举制度影响下的明代重庆教育［J］．教育评论，2005（1）：89.

❶ 明太祖实录：卷二百二十七［M］．台北：“中央研究院”历史语言研究所（影印本），1962.

**表 6.3　重庆历代录用进士及比例**　　单位：人

| | 唐 | 宋 | 元 | 明 | 清 | 合计 |
|---|---|---|---|---|---|---|
| 全国录用进士 | 6077 | 35612 | 1135 | 24877 | 26747 | 94448 |
| 重庆录用进士 | 3 | 277 | 15 | 442 | 199 | 936 |
| 占全国进士比例 | 0.05% | 0.77% | 1.32% | 1.78% | 0.74% | 0.99% |

资料来源：李良品，彭规荣. 科举制度影响下的明代重庆教育 [J]. 教育评论，2005 (1)：88.

**表 6.4　明朝重庆府学署教授**

| 姓名 | 任期时间 |
|---|---|
| 禹谟 | 嘉靖时期（1522—1566 年） |
| 屠济 | 隆庆时期（1567—1572 年） |

**表 6.5　重庆府学署训导**

| 姓　名 | 任期时间 | 姓　名 | 任期时间 |
|---|---|---|---|
| 俞　縈 | 嘉靖时期（1522—1566 年） | 胡士奇 | 隆庆时期（1567—1572 年） |
| 刘如滩 | 嘉靖时期（1522—1566 年） | 高维谦 | 隆庆时期（1567—1572 年） |
| 冯　时 | 嘉靖时期（1522—1566 年） | 苏东鲁 | 隆庆时期（1567—1572 年） |
| 杨　忠 | 隆庆时期（1567—1572 年） | | |

资料来源：重庆市教育委员会. 重庆市教育志 [M]. 重庆：重庆出版社，2002：8-9.

**表 6.6　大足县学官**

| 职务 | 姓　名 | 任职时间 |
|---|---|---|
| 教谕 | 田　遂 | 明洪武二十八年（1395 年） |
| 训导 | 朱以敬 | 明洪武二十八年（1395 年） |
| 训导 | 慈　止 | 明永乐年间（1403—1424 年） |
| 教谕 | 镏畋人 | 明洪熙元年（1425 年） |
| 教谕 | 董延器 | 明成化十六年（1480 年） |
| 训导 | 周　慎 | 明成化十六年（1480 年） |
| 教谕 | 戴　泰 | 明弘治十二年（1499 年） |
| 训导 | 管　泰 | 明弘治十二年（1499 年） |
| 训导 | 胡　瓒 | 明弘治十二年（1499 年） |
| 教谕 | 刘　重 | 明嘉靖三十五年（1556 年） |
| 教谕 | 郑文运 | 明嘉靖三十七年（1558 年） |

续表

| 职务 | 姓　名 | 任职时间 |
|---|---|---|
| 教谕 | 艾国寿 | 明嘉靖四十年（1561年） |
| 训导 | 陈嘉能 | 明嘉靖年间（1522—1566年） |
| 教谕 | 竺　樽 | 明隆庆元年（1567年） |
| 训导 | 许　文 | 明隆庆元年（1567年） |
| 训导 | 朱子贵 | 明隆庆元年（1567年） |
| 教谕 | 李士宏 | 明万历二十二年（1594年） |
| 训导 | 江　葵 | 明万历二十二年（1594年） |
| 训导 | 何嘉会 | 明万历二十二年（1594年） |
| 教谕 | 李　昭 | 明万历三十三年（1605年） |
| 训导 | 文崇简 | 明万历三十三年（1605年） |
| 训导 | 聂三台 | 明万历四十三年（1615年） |
| 教谕 | 周　激 | 明万历年间（1573—1619年） |
| 训导 | 杨　节 | 明万历年间（1573—1619年） |
| 教谕 | 晏汝诚 | 明万历年间（1573—1619年） |
| 训导 | 陈世教 | 明万历年间（1573—1619年） |
| 教谕 | 王承训 | 明万历年间（1573—1619年） |
| 训导 | 禹　节 | 明万历年间（1573—1619年） |
| 教谕 | 刘峥山 | 明万历年间（1573—1619年） |
| 训导 | 雷应时 | 明万历年间（1573—1619年） |
| 训导 | 谭应教 | 明万历年间（1573—1619年） |
| 训导 | 王　许 | 明万历年间（1573—1619年） |
| 训导 | 单秀登 | 明万历年间（1573—1619年） |
| 教谕 | 谭文化 | 明天启年间（1621—1627年） |
| 训导 | 郑可久 | 明天启年间（1621—1627年） |
| 训导 | 姚　安 | 明天启年间（1621—1627年） |
| 教谕 | 李　歆 | 明崇祯年间（1628—1644年） |
| 训导 | 许文显 | 明崇祯年间（1628—1644年） |
| 训导 | 施五典 | 明崇祯年间（1628—1644年） |

资料来源：《大足县志》编委会．大足县志［M］．北京：方志出版社，1997：363．

### （二）学生管理

洪武年间，明代政府规定了地方官学的招生名额：府学 40 人，州学 30 人，县学 20 人。后因要求入学人数不断增多，明政府增加数额。原定额生员称为廪膳生员，即享受国家供给的廪米伙食，“月廪食米，人六斗，有司给以鱼肉”。新增加者为增广生员，有学籍而无伙食供应。正统年间，政府又扩大招生名额，额外增取生员入学，附于诸生之末，故称为附学生员，学籍、伙食均无。廪膳生与增广生京府 60 人，外府 40 人；州、县学廪、增生各递减 10 人，附学生员均无定额。同时，生员等级之间是可以流动的，“廪膳有缺，于增广内考选学问优等者帮补，增广有缺，于本处官员军民之家选择资质聪敏人物俊秀子弟补充”❶。

明代政府对地方官学生员待遇优厚。地方官学生员入学以后，每月供给米六斗，有司给以鱼肉，同时生员之家免二丁差役。但是，供给廪膳是有一定条件的，需要生员的考试成绩作为依据。洪武二十七年（1394 年）规定：“府州县学生员凡食廪十年，考其学无成效者罚为吏。❷”宣德三年（1428 年），礼部尚书胡濙上奏：“天下郡县学应贡生员多是记诵文辞，不能通经，兼以资质鄙猥，不堪用者亦多……将生员公同考试，食廪膳七年以上学无成效者，发附近布政司，直隶发附近府州充吏；六年以下鄙猥无学者，追还给过廪米，罢黜为民。”❸ 通过惩罚为吏、追还廪米等方式督促府州县生员勤勉向学。与此同时，明代政府对官学生员又实行严格的学规约束及严格管理，洪武十五年（1382 年），“颁禁例十二条于天下，携立卧碑，置明伦堂之左，其不遵者，以违制论”，后又令生员熟读《大诰律令》，以禁锢思想，钳制舆论。明世宗著《敬一箴》，将“敬”解释为“存其心而不忽”，“一”理解为“纯乎理而无杂”，即通过维护“三纲五常”伦理道德的理学思想，勉励诸生上报国恩、下立人品，以此带动社会风气的形成和社会秩序的稳定。这些禁例、学规是明朝专制统治在教育、文化思想领域的具体表现，目的在于加强思想控制，培养合格的官吏与安分守己的知识分子。重庆各个府州县学均建有卧碑及敬一亭。如明代重庆合州州学于嘉靖十年（1531 年）奉诏增建敬一亭，亭中竖碑，刊刻御制敬一箴、

---

❶ 申时行，等. 大明会典：卷七十九［M］//续修四库全书. 上海：上海古籍出版社，2002.

❷ 明太祖实录：卷二百三十五［M］. 台北：“中央研究院”历史语言研究所（影印本），1962.

❸ 明宣宗实录：卷四十［M］. 台北：“中央研究院”历史语言研究所（影印本），1962.

御制范竣心箴及世宗注释的程颐视听言动四箴，共五座碑。

明代重庆各级官学对于生员的日常行为也有严格的规定和要求。据《忠州直隶州志》（同治十二年刻本），万历三十三年（1605 年）七月十五日忠州发布告示，将生员在校的行为用告示等条规进行规范，增加了强制性：“知州示照得明伦堂除乡饮外不得滥设酒席，重祖制也。近访有携盒纵饮挟妓歌唱，是使贤才出入之门变为游人戏逐之场矣。以后如有此等，许令庙夫扭禀凭枷号示众。”

### （三）办学经费

经费是地方官学赖以存在和发展的基础。明代重庆官学的兴办既有政府财政的稳定拨款，又有社会力量的广泛支持。明代把地方学校的建设纳入国家财政的正常开支范围，通过支取田赋、编派徭役、征收税银等方式，使学校经费得到稳定保证；并划拨学田支持官学发展。如合州州学有学田二处，一在永清里侯溪河坝，一在安贤里官田坝，租与民耕种，每年征租，送学公用。在如梁山县（今重庆市梁平区）县学有学田三段：一段在学宫南，后改为射圃；一段在学宫东，东至山岭，南至城隍庙，北至永丰仓，西至南街；一段亦在学宫东，东南抵城西河岸北山脊。由于各地官绅普遍重视教育，明代重庆官学得到了社会各界的大力资助。特别是明中叶以后，在国家经费日益缺位的情况下，由于社会各方力量的经济支持，重庆官学得以维持运行。永川县学田为“明万历四十三年，知县戴灵武捐置一百有二亩，知县汪昆麓捐置三十亩，邑人黄汝德捐田八十四亩”❶。学田收租并非学费全部，而主要用于弥补儒学经费的不足。办学经费支出分为学校管理费用、祭祀费用、教官支出、学生岁贡科举盘缠等。如《合州志》（万历七年刻本）记载，明建文三年（1401 年）合州州学学田收本色米五百二十石，支出儒学斋夫银 96 两，膳夫银 75 两；《云阳县志》（嘉靖二十年刻本）记载，本县儒学门子三名每名折银 5 两，庙夫一名折银 5 两，库子一名折银 3 两，斋膳夫折银 122 两，春秋祭祀银 48 两，举人盘缠银 30 两，岁贡盘缠银 20 两。以此为例，可以看出地方儒学支出巨大，在地方财政无力承担时，不得不依靠地方官员、教官、乡绅及民众私人捐助。

---

❶ 江朝宗. 重庆郡志［M］. 刻本，明成化年间.

## 二、教学活动

学校教育的中心工作是教学，教学活动是实现教育方案要求的基本途径。重庆官学育人功能及社会教化成效的发挥均有赖于教学的方向及具体环节。

### （一）教学目的

明代吸取元代灭亡的教训，总结出“乱世重武而治世宜用文”的经验。为了实现长治久安、江山永固，明代统治者将教育作为基本国策纳入治国方略中，从中央到地方建立了一套完备的学校教育制度，同时将学校教育与科举考试相联系。应试士子参加科举考试取得功名、走向仕途，有利于提高官僚队伍的文化素质与处事能力，成为各级政府部门清廉有为的官员或实用人才。此举在改善行政效率或管理水平的同时，有助于提高社会文明水平。明代重庆地方官员积极兴办学校，一方面是因为学校与其以政治管理专业人才为中心的培养与训练息息相关，另一方面是由于看中教育引领世风、化民易俗的社会功能，意欲提高当地文教水平及伦理美善。如明代夔州府知府吴潜重修夔州府儒学，使得“夔千里内翕然风靡，家诗书，户礼乐，咸知善可为，恶不可少加于身”，多彬彬有礼之士。

### （二）课程安排与教学内容

明洪武三十年（1397 年），国子监制定了学规教条，规定了国子监学生的学习内容、在监学习时应遵守的礼节与制度。国子监作为当时最高学府，对学生的要求更为严格，其教学内容及制度要求也成为地方官学学习的楷模。

由于政治的高度集权，明代重庆地方官学的教学内容与课程安排具有全国的一致性。洪武二年（1369 年），由于刚刚建国，急缺吏治人才，明政府规定府学、州学、县学学生专习一经，以礼、乐、射、御、书、数设科分教，礼、乐、书算一科，求得实才。地方儒学的教学内容，奠定于洪武年间。洪武三年（1370 年）五月又颁布练习射箭的礼仪于地方学校，规定诸生于每月初一、十五两天在公廨或闲地练习，以后有些儒学逐步开辟了射圃，以便诸生习射。洪武二十五年（1392 年）又重新规定了各地儒学的教育内容，改变了设科分教的做法，而规定生员要同时学习礼、射、书、数四科，以求得全才。其具体内容如下。

关于礼的内容，要求诸生熟读朝廷所颁布的经、史、律、诰，以准备应科举考试。经，即从“五经”中选一种，作为本经，其余可以不读。史，即诵习二十一史和朱熹《通鉴纲目》等历史著作；律，即《大明律》；诰，即《大诰》《大诰续编》与《大诰三编》。在经学的内容上则严格把政治标准放在第一位，朱元璋曾令其大臣刘三吾删去《孟子》中诸如“民为贵，社稷次之，君为轻”“君之视臣如草芥，则臣视君如寇仇”等内容的文字85条。除四书五经以外，学生的必修课程有《御制大诰》，其内容主要是朱元璋对人民的训语，要大家安分守己，积极缴纳田赋和服兵役。《大明律令》是做官必读的法典，也是做一个顺民所必须熟记的条文。此外，就是一般读书识字、写字和算数，而且规定每天要熟读多少字、临摹多少字。

关于射的内容，即规定每月初一、十五两天，各地教官等人督导诸生习射，要按朝廷所颁布的仪式进行，即“遇朔望习射于射圃，树鹄置射位，初三十步加至九十步，每耦二人各挟四矢，以次相继。长官主射，射毕中的饮三爵，中采二爵”。❶

关于书的内容，即练习书法。诸生要临摹著名书法家的字帖，大致以二王、智永、欧、虞、柳诸大家的字帖为蓝本，每日必须仿写500字以上。

关于数的内容，要求学生精通古时的算学名著——《九章算术》，“务在精通，俟其科贡兼考之”。❷

根据以上国家规定的教学内容，地方官学设计了课程安排，见表6.7。

**表6.7　明代地方官学每日功课安排示例**

| 时间 | 科目 | 功课性质 | 任教人 |
|---|---|---|---|
| 清晨 | 经典 | 必修 | 府教授、州学正、县教谕 |
| | 律 | 必修 | 训导 |
| 饭后（上午） | 书、礼、乐、算 | 必修 | 训导 |
| 未时 | 射 | 必修 | 训导 |
| 闲暇 | 诏、诰、笺、疏、议、碑、传、记 | 非必修 | |

资料来源：吴宣德．中国教育制度通史：第四卷　明代卷［M］．济南：山东教育出版社，2002：255.

明代重庆生员除学习国家规定的必要内容，还依据重庆的风土人情、历史

❶❷　明太祖实录：卷二百一十六［M］．台北：“中央研究院”历史语言研究所（影印本），1962.

影响、官员喜好等，调整或增加学习内容。如嘉靖年间王廷相督学四川时作《督学四川条约》一文，认为“五经、四书、《性理大全》《通鉴纲目》及《孝经》《小学》《近思录》等书，天地人物之道，修齐治平之理，无不该备”[1]。同时，根据生员的不同学习程度，要求也不尽相同。“生员每季各置课簿一扇，该学用印钤记。每月一三六九日作课，初旬四书义三篇，中旬经义三篇，末旬论策各一篇，表判同日各一篇，诏诰候次月作表判日期各一篇，一共作文十篇，立为定规。未成材者，四书义四篇，经义五篇。初学者，日作破、承、对句各三首。[2]”对不同学习程度的生员设计不同学科或有差异程度的具体要求，体现了重庆地方官学的区域办学特点及针对性施教的人文关怀精神。

明代重庆府学、州学、县学大多建有尊经阁，收藏国家颁发或自己购买的图书。类型包括儒学经典、律法类书籍、道德规范书籍等。彭水县县学收藏有《四书大全》《五经大全》《十三经注疏》《朱子纲目》《资治通鉴》《性理大全》《史记》《汉书》《昭明文选》《唐宋大家文集》[3]。云阳县县学收藏的钦颁书籍包括《四书大全》18 册、《易经大全》12 册、《书经大全》10 册、《诗经大全》10 册、《春秋大全》18 册、《礼记大全》18 册、《五伦书》49 册、《性理大全》28 册、《孝顺事实》1 册、《为善书》1 册、《乡饮图》1 轴、《御制箴》7 轴、《朝祭服图》1 册、《忠静冠服图》1 册、《燕弁冠服图》1 册。值得注意的是，儒学经典并非原书，而是经过朝廷选择并有所改动后的儒家经典，目的是通过控制生员所研读的书籍进而控制生员思想，从而借此达到政治目的。

### （三）考试测评

明代地方官学对生员的考核评价可概括为：“学宫月课，郡邑季课，加之劝率，督学宪司岁一试，乡省三岁一大试，高下去取定焉。”[4] 由此可见，月课、季考和岁试是明代地方官学生员的主要考试测评方式。

月课由学官主持，目的是督促儒生向学。学官在各级官学设置不同，府学设教授，州学设学正，县学设教谕，各校都有训导辅助。每至月末，学官集合生员，当堂考试，考试内容初为经史、律法、算数、骑射、音律，之后为了适

---

[1][2] 王廷相．王廷相集（一）［M］．北京：中华书局，1989：338.

[3] 陶文彬．彭水县志：卷二［M］．刻本，1710（清康熙四十九年）．

[4] 杨时乔．新刻杨端洁公文集：卷五［M］．济南：齐鲁书社，1997.

应科举考试，改试经义、策、论各一篇。王廷相督学四川时强调："每至月末，教官会集生员，当堂考试一次。其已成材生员，四书义或经义、论、策各一篇，初学者，破、承、对句各三首。"❶ 重庆辖区行政管理时属四川。因此，想必其官学月课的内容及方式也做类似的调整。季考由地方长官负责。儒学生员质量关乎地方长官的升迁，因此备受重视。岁考由地方长官亲自考察，分别等第，量行赏罚，最受生员重视，关乎生员的黜陟及参加科举考试的资格。明代前期由地方长官负责，正统年间设立提学官制度，增设按察司官专门负责提调学校。按察官巡视辖区学校，考察生员学业和品行。据《明史·选举志》："提学官在任三岁，两试诸生。以六等试诸生优劣，谓之岁考。一等前列者，视廪膳生有缺，依次充补，其次补增广生。一二等皆给赏，三等如常，四等挞责，五等则廪、增递降一等，附生降为青衣，六等黜革。"这种岁考是对生员学业的考察与督促，同时将岁考与科举考试相联系，可以充分调动生员的积极性。

月课季考是由地方官员与教官主持的对在校生员的日常考试，目的是督促生员进学。洪武二年（1369 年）规定："守令每月考验生员，观其进退揖拜之节，听其言语应对之宜。背读经史，讲通大义；问难律条，试其处决。讲礼务通古今；写字不拘格式；审音详其所习之乐；观射验其膂力，又能中的；稽数明其乘除，口手相应。"王廷相督学四川时强调，在日课及三六九日作课的基础上，"每一季将终，提调官会集生员，当堂考试一次，出题与月考同。凡遇季考之月，免其月考。考毕，各较定次第高下，量示劝惩，仍书小榜，在明伦堂张挂"。❷ 重庆辖区行政管理时属四川。因此，想必其官学月课的内容及方式也做类似的调整。通过考察内容和范围的转变，可以看到官学受到科举考试的影响的程度在不断加深。

岁考是由提学官主持的对在校生员的黜陟考试。明代前期由地方长官负责，明代正统年间设立提学官制度，为改变之前由各省长官和地方守令监督、管理学校不尽心尽力的弊病，由礼部议定，各省添设按察司副使一员，南北直隶各设御史一员，请敕专一提调学校。❸

科考是由提学官和府、州、县官员主持的准予生员参加乡试的资格考试，

---

❶ 王廷相．王廷相集（一）［M］．北京：中华书局，1989：338.

❷《浚川公移集·督学四川条约》。

❸ 申时行，等．大明会典：礼部 学校［M］//续修四库全书．上海：上海古籍出版社，2002.

目的在于控制参加乡试的生员人数。科考的考试内容等同于岁考，并重视考生的德行。万历元年（1573 年），礼部副监察御史李乐疏中提到："督学取士，必以列为先，如徒工文辞，行简无耻者，勿使滥进场屋。"❶

上述考试主要考核生员的学业，明代还通过设簿考核生员德行。成化年间，敕提学各分督所属官，簿录诸生德业为三等："德行优、文学赡、治事长者，为上等；有德行而经义、治事稍劣者，次之；即经义优、治事长而德行玷缺者，列下等。岁课月考，非上等，毋得应贡举。"❷ 同时，各个地方官学也对生员德行提出不同要求。如王廷相在《督学四川条约》中提出："先年礼部奉准事例，各府州县官置簿二扇，一曰旌贤，一曰记过，公同该学教官，通将生员考验，填注德行、文艺、政事，最为劝惩良法。今后提调官、教官，务要遵行。其簿，每生员设一格眼，其下设三行。若旌贤簿内，第一行项下注德行，如孝悌忠信礼义廉耻之类，务举实迹书之；第二行项下注文艺，如经书论策文字及杂学著述，所以发明圣经贤专之旨者，务举已成之书之；第三行项下注治事，如某时干过某事，能处能断能成，有何实迹，及平日作过实务策内，用人理财律历兵刑水书算等事，务举才智必能行者书之。其记过簿内，第一行项下注过恶，如逆亲犯上、败伦伤化及婚丧徙俗一切违道不法之事；如无过恶者，注曰无；其虽有过恶而文艺治事有可观者，亦照旌贤簿备书之，无者注曰不能。填注毕，提调官收掌。如善者有时作恶，恶者有时能改，亦各再注于项下，以凭惩劝。其提调官、教官容情受嘱，畏势避祸，学霸巨恶不行直书，却将柔弱无能之人摘其细过，搪抵充数，其豪霸生员阻挠挟制，侥幸获免，致使贤否混淆，劝惩无别，或查访得出，或因事发露，定行连坐，究问罢革。"❸旌贤簿与记过簿记载详细，流动性强，有利于生员道德的培养，德行的端正；与月课、季考、岁考相配合，立体考察生员学业水平和德行水平。

通过月课季考、岁考、科考评价生员的学业，通过考簿考察生员德行、学业两方面，有利于生员德行的端正、学业的进步。生员在校内诵读诗书，讲解经义，阐发义理，同时领会为人做官的诸般道理，以便进入仕途后勤政爱民、廉洁奉公。但是到明代后期，随着科举考试制度的不断壮大，道德教育逐渐淡化，经学教育不断加强。士子将学校看作进身之阶，为了功名利禄，只注重经

❶ 赵子富．明代学校与科举制度研究［M］．北京：燕山出版社，2008：65.

❷ 冯应京《皇明经世实用编·取士议》。

❸《浚川公移集·督学四川条约》。

义，忽视道德培养。地方守令及官学教官，由于科举中举人数与自身仕途密切相关，为自身仕途考虑，也忽视了道德的培养。

## 三、学校环境

学校环境包括自然环境和人文环境两个方面。首先，学校作为实体形态的存在，要求占据一定的自然空间，即自然环境和地理位置等，这种自然空间对学校自然环境的影响体现在学校空间的整体布局、建筑风格和景观设计等各个方面，是学校与自然生态的和谐统一。其次，学校是人文社会中的学校，不同的人文文化必然会对学校的环境产生不同的影响。学校所处的人文环境氛围通过民情风俗、价值取向和社会活动等各个方面影响学校环境文化。[1] 我国古代官学十分重视学校环境对生员成才的影响，如学校选址注重“远市而不喧，林深而宽敞”，注重自然环境的“清幽之胜”，注重人文环境的“明贤之迹”。明代地方学校的校址，一般都设在远离闹市或在市中取静的地方，往往地势高爽，环境宜人，以便生徒安心读书，也体现着国家、地方政府崇文兴教的政策。明代重庆地区地方官学除遵循普遍要求外，还极具地方特色。

“巴山蜀水，急流险滩”，重庆拥有别样的地貌景观。山城是重庆的城市代称，高山大川、丘陵峡谷组成了重庆地形地貌，地势起伏较大，多呈现“一山一岭”“一山一槽二岭”的地形。同时重庆也是江城，长江是重庆的命脉，从第一站江津开始，重庆的大部分区县都被串联到这条黄金水道之中，以长江干流为轴线，上百条大小支流在重庆全境汇集。独特的自然环境造就了重庆独特的建筑风格与人文环境。

重庆建筑大多因地制宜，依山而建，伴水而建，明代重庆儒学受此影响，学校环境呈现独特特色。在綦江县学的《重修学宫碑记》中记载：“綦学在县西南，瀛山石笋峙其前，龙磴凤冠耸其后。明月之波，清溪之流，环抱于上下。元元本本，郁郁苍苍，发为人文。”[2] 合州州学设址在州治西南隅，前有铜梁山盘桓，江之浒有沙洲。也正因为一些儒学设置于江边，饱受洪水灾害威胁，故迁址到城内。如《合州志》记载：“弘治戊午江水泛涨，淹浸入城，而庙学为之倾圮。”此处的庙学实为州县学的代名词。总的来说，重庆府、州、

---

[1] 张光义. 学校文化建构与践行［M］. 重庆：西南师范大学出版社，2015：93.

[2] 邓仁坤，罗星. 綦江县志：卷三［M］. 刻本，1835（清道光十五年）.

县学依托大自然，山林流水，绿树奇花，组成游憩栖居的居学佳境，有利于生员知识的学习，也有利于自身人格的塑造。

受封建社会后期主流意识形态的理学思想影响，府学、州学、县学作为官办学校的重要组成部分，建筑强调空间秩序，大多呈现理学世界格物致知、即物穷理以及理一分殊所呈现的建筑群落设计图谱及其由此塑造出来的刻板严肃的气氛。以轴线的方式组织空间，与社会等级结构相对应，分轻重主次，空间组织秩序井然。中轴对称，层层递进，除了营造一种庄严、神秘的视觉效果外，还体现了儒家文化尊卑有序、主次分明的社会伦理观念。房屋设置大多相同，包含有文庙、明伦堂、泮池、敬一亭、名宦祠、乡贤祠等，渗透了秩序等级的对应。明代重庆府、州、县学规模不一，但都比较完整、实用，凡教学、生活等必要的建筑物一应俱全。大多数官学还辟有射圃，建有图书馆。府学与州学规模相差较小，房舍在40间左右，县学规制比府学、州学略小，没有图书馆一类建筑，房舍在20间左右。这种差别是由各儒学生员人数多少决定的；府学、州学生员较多，校舍规模较大；县学生员数较少，校舍规模也相对小些。夔州府府学及其所辖县县学学校建筑最能体现上述情况，现统计如表6.8所示。

**表6.8　明代正德年间夔州府及所辖州县官学建筑状况**

| 名　称 | 学校建筑 |
|---|---|
| 夔州府府学 | 大成殿5间，明伦堂5间，大成门7间，四斋（致道、据德、依仁、游艺）共14间，尊经阁2间，前号房16间，后号房92间，东西庑各7间，碑亭2座，馔堂5间，正门、礼门各3间，景忠祠，去思祠，博文门，约礼门，遵义门，遵道门，礼库，乐库，左掖门，右掖门，学舍，宰牲所，泮池（文德池），射圃，兴贤坊，育才坊，教授宅，训导宅，吏舍 |
| 云阳县县学 | 文庙3间，明伦堂3间，东西庑各5间，戟门、棂星门各3间，二斋（存心、养性），仪门、馔堂、神厨、神库各3间，学仓，教谕斋，训导宅，射圃 |
| 万县县学 | 文庙5间，明伦堂3间，东西庑各5间，戟门、棂星门各3间，二斋（居仁、由义），道义门、儒学门、馔堂、神库、宰牲房、祭器库各1间，教谕斋、训导宅各3间，学仓6间，射圃 |
| 梁山县县学 | 文庙3间，明伦堂3间，戟门、棂星门各3间，泮池3间，二斋（进德、修业），儒学门1间，馔堂、神厨、宰牲房各3间，培忠仓，教谕斋、训导宅各前后3间，射圃 |

续表

| 名　称 | 学校建筑 |
|---|---|
| 开县县学 | 文庙5间，明伦堂5间，东西庑各5间，戟门3间，二斋（博文、约礼），儒学门1间，神厨3间，教谕宅，训导宅，射圃 |
| 巫山县县学 | 文庙5间，明伦堂3间，东西庑各5间，戟门、棂星门各3间，二斋（博文、约礼），仪门、儒学门、馔堂、神库各3间，教谕斋、训导宅前后各3间，射圃 |
| 大昌县县学 | 文庙3间，明伦堂3间，东西庑各5间，戟门、棂星门各3间，二斋（居仁、由义），儒学门3间，教谕斋、训导宅前后各3间，射圃 |
| 大宁县县学 | 文庙5间，明伦堂5间，东西庑各5间，戟门、棂星门各3间，二斋（崇德、广业），仪门、儒学门各3间，教谕宅、训导宅前后各2间，射圃 |

资料来源：笔者根据吴潜修正德《夔州府志》并结合当今重庆地理区划编制而成。

明代重庆官学通过建设人文环境，向生员灌输封建纲常道德观念，达到“化民成俗，建国君民”的愿景。

明代重庆府学、州学、县学建有文庙，供奉孔子及先贤，规定每年春秋仲月祭祀于文庙，对祭祀仪式的时间、程序、礼节等做了具体规定，规定了祭祀需用的乐器和乐章，要求生员学习，目的是推行儒学教化，统一思想，敦行教化。云阳县县学拥有文庙祭器，包括炉瓶1副，爵、豆、簠、簋、登、笾、象尊、牺尊、碗铏若干。同时，建有乡贤祠、名宦祠、启圣祠等，供奉当地名臣孝子等地方精英，弘扬“三纲五常”伦理道德，又由于乡贤祠、名宦祠给人以亲近感，具有特殊的教化作用，激励后人接踵先贤。

重庆永川县对于明王朝官学于孔庙祭祀孔子的礼节的制定有推动作用。正统三年三月庚戌，即1438年4月20日，英宗禁天下祀孔子于释老宫。起因是重庆府永川县儒学训导诸华进言：“孔子祀于学，佛氏祀于寺，老氏祀于观，俱有定制有等。无知僧辈，往往欲假孔子，以取敬于人，仍绘肖三像并列供奉。如永川县旧有寺曰‘三圣’，坐佛氏于殿中，老子居左，孔子居右。其亵侮不经，莫此为甚。”❶ 由此，可以一窥当时对孔子的推崇。

## 四、重庆官学的特点

重庆官学在明代经过了两百多年的悠悠岁月，取得了前所未有的业绩，成

❶ 明英宗实录：卷四十［M］．台北：“中央研究院”历史语言研究所（影印本），1962.

效斐然，呈现出以下特点。

### （一）明代重庆官学设立较为普遍，但区域分布不平衡

明代重庆官学规模超过了以往任何朝代，建立了较为完备的官学教育体系，不仅大多数府、州、县建立了相应的儒学，还在酉阳、彭水、黔江、秀山等土家族、苗族聚居地设置了卫学、土司学；不仅设立了与中央官学相联系的儒学，作为科举考试的预备教育，供统治者培养选拔人才，还设立了社学机构，以教育社会民众。然而，虽然明代重庆各级官学陆续设立，但区域水平极不平衡，主要表现在：重庆东南少数民族地区由于经济落后和政治原因，水平低下。如石柱县在明代一直没有设地方官学，直到清雍正九年（1731 年）才由宣慰土司马宗大创建。垫江、璧山及大足三县在元代至明中期并未创设儒学，直到明代后期才开始设立地方官学。

尽管各地存在官学兴办的明显差异，但相较于以往朝代而言，明代重庆官学教育首次步入黄金时期，应该是客观的史实。重庆官学在明代步入高潮的原因如下：第一，封建统治者的高度重视。明太祖在“文致太平”的观念指导下，大力发展学校教育，增加政府对教育的投入，将地方儒学与中央官学联系，有晋升制度，规定“科举必由学校”，将儒学与科举联系，增加士子向学的动力。最主要的目的还是广施教化，培养人才，巩固统治基础；第二，地方官学对办学所表现出的极大热情。大多数儒学都是由当地知县在元代基础上重建或始建的，其后屡次增修改建。尤其是少数民族地区的土司积极兴办学校。酉阳州冉姓土司家族注重教化，先设州学，后设土司学，大力创办社学；第三，明前期政治稳定，经济发展。公元 1381 年，明太祖下令全国推行里甲制度，一定程度上使重庆区域内人口稳定，保证了赋税徭役的征调；在少数民族地区先行土司制度，然后逐渐过渡、转型为改土归流的政策。这些举措有助于保障国家对上述区域的统一管理。重庆在明代成为嘉陵江流域的物资集散地、四川水路交通中心，与外界联系明显加强。明代重庆是四川人口最多、经济最繁荣、赋税贡献最多的地方。经济基础决定上层建筑，而教育是上层建筑之一，明代中早期重庆相对稳定的社会环境和繁荣的经济，促进了区域教育的提升。

### （二）明代重庆官学的演变历程带有起伏波动性

明洪武初年到嘉靖年间，重庆官学发展迅速，官学兴盛，共重建和新建儒

学31所。如前所述，共有22所儒学建于洪武年间，大部分是响应明太祖“令郡县皆立学校”这一政策，在元代儒学基础上予以重建的，这奠定了明代重庆官学的基础。在明代前期，由于政治经济原因，加上世人重视教育，官学不断扩建，增加射圃、书舍等。沿至明中后期，由于万历年间播州（今贵州省遵义市）杨应龙和天启年间永宁（今四川省永宁县）奢崇明及贵州水西（今贵州省毕节市）安邦彦等发生兵变，加上明代末年张献忠率领起义军攻入四川，明军进行镇压与围剿，旷日持久，饿殍遍野。在上述动荡岁月中，重庆的官学受到严重破坏，甚至焚毁。《梁山县修学记》中记载：“梁为东川巨邑，旧学在城南隅，明末流寇蹂躏，殿堂销毁。”[1] 因此，沿至明代后期，由于社会政治原因，重庆官学再次陷入低谷。明代重庆官学经历了兴盛到衰败的坎坷历程。

### （三）明代重庆官学教育成效显著，科举考试中贤才迭出

洪武三年（1370年），明太祖朱元璋下诏曰：“自今年八月始，特设科举，务取经明行修、博通古今、名实相称者。朕将亲策于廷，第其高下，而任之以官。使中外文臣皆由科举而进，非科举者毋得与官。”即通过科举考试选拔官吏。只有接受学校教育并取得出身的士子才有资格参加科举考试，“科举必由学校”。科举考试实际上成为考验学校教育质量与成果的试金石。

明代是重庆地区在整个科举时代中教育最发达的一个朝代，“伟人才士接踵辈出”。明朝重庆地区科举考试中贤良迭出，人才济济，特别是进士数量几乎占明代四川全省1368名的三分之一，在明代四川省拥有进士人数的前15名的州县中占6名。特别是巴县，在宋代只出5个进士，处于当时四川拥有进士数州县倒数第几名的位置上，而在明代一跃成为四川拥有进士数第一位的州县，其发展速度之快令人吃惊。[2] 而夔州府在宋代仅出进士21人，明代涌现了进士29人、举人194人、五贡1018人，可谓英才辈出。

值得欣慰的是，当时重庆通过科举产生了众多才华出众、品学超群的杰出人物，如吏部尚书蹇义、翰林院编修江渊、御史牟俸、翰林学士江朝宗、文学家贾元、贤良忠臣夏邦谟、著名哲学家邹智、易学大师来知德；在朝担任御史

---

[1] 常明，杨芳灿．四川通志：卷七十八［M］．刻本，1817（清嘉庆二十二年）．

[2] 戴伟，杨欣，丁世忠．乌江经济文化研究：第二辑［M］．重庆：重庆出版社，2005：183．

及尚书以上职务者还有李实、喻茂坚、张佳胤、王应熊、喻思恂、程源等数十位。[1] 可谓“科名鹊起，人文蔚盛”。

综上所述，明代重庆官学同其他地方的官学一样，具有共同的教学内容、考试制度、培养目标，所培养的生员都必须通过科举考试，获得功名，跻身官僚队伍之列，为国家所用。同时明代重庆地方官学仍有地方特色：兼具府、州、县学与宣慰司学，兼顾国家统一领导与少数民族地方要求，促进民族融合；战乱对其影响巨大，不管是小范围的流民起事，还是较大规模的以李自成、张献忠为代表的农民起义，都对重庆地方官学造成直接或间接的影响；历代文人骚客于巴蜀留下诸多优秀文化遗产，“湖广填四川”等移民浪潮为重庆注入新鲜血液，重庆地方官学培植于具有浓厚地方色彩的巴蜀文化之中，并因此而区别于中原文化。

明代重庆官学的发展起伏曲折，前期空前发展，取得了前所未有的成就；降及明代后期，重庆官学亦不可避免地走向下降，究其原因主要包括：土地兼并严重，农业经济逐渐萎缩，官学教育缺乏必要的经费支持与物质保障；重庆乃至四川地区，连年战争，社会秩序混乱，官学缺乏稳定的外部环境；官学教育逐渐成为科举制度的附庸，在选才育才方面的弊端愈发显现。而此时书院与私塾教育质量不断上升，受到世人青睐，并由此挤压官学，对官学教育构成一定的挑战。

尽管如此，仍然不可低估明代重庆官学的进步意义：促进重庆历史文化的继承与变迁，丰富区域文化的内涵；培养一大批本土知识分子，发挥出积极的历史作用；推动各民族的交往与融合，促进民族地区社会风气的嬗变，增进对中原文化的认同感。当然，更毫无疑问的是明代重庆官学对清代重庆地区官学具有重要的奠基作用，清代重庆官学多在明代基础上重修或扩建。

## 第三节 明代重庆的私学

私学是官学的补充，私学与官学交替盛衰。当官学发达时，私学则冷寂无闻；当官学衰败时，私学则很兴盛。大致说来，明初的百余年官学较为发达，私学相对沉寂。明中叶以后，官学开始衰败，私学则逐步兴盛。明代私学大体

[1] 戴伟，杨欣，丁世忠. 乌江经济文化研究：第二辑［M］. 重庆：重庆出版社，2005：183.

分两类，其一是带有一定官学因素的社学，其二是民间私学。

## 一、社学

如上所述，社学建置始于元代。据《元史·食货志》载："劝农立社，尤一代农政之善者。"先是大司农卿张文谦奏上立社，规定十五款。世祖至元二十三年（1286年）命颁于各路，依例施行。社设社长，其主要任务为"教劝农桑"，也抓教育。那时规定每社立学校，择通晓经书者为学师，农闲时子弟入学。如学问有成者，申复官司照检。既最大限度地对农民及其子弟进行封建道德教育及农桑耕种技术的教育，也对他们进行一些普通文化知识的教育。依《元史·世祖本纪》及《续文献通考·学校考》记载大司农司汇报，至元二十三年（1286年）时全国社学已发展到20100多所。

在诏令各地兴学之后，明太祖又在城镇乡镇设社学。据《明史·选举志一》所载：洪武八年（1375年），太祖谕旨中书省："昔成周之世，家有塾，党有庠，故民无不习于学，是以教化行而风俗美。今京师及县皆有学，而乡社之民未睹教化。宜令有司更置社学，延师儒以教民间子弟，庶可导民善俗也。"社学起源于元代，是推行教化的民间组织。明太祖借鉴这一形式，力图将皇权的触角延伸到社会最基层，以实现对全国的有效控制。太祖手谕下达后，各地闻风而动。重庆各地建社学的情形，在各地方志史料中屡有记载，现援引一二，以说明之：明嘉靖年间（1522—1566年），万县知县成敏贯建社学五所。❶ 明代地方上的社学大多属官私合办。以夔州府为例，各县官学建置为儒学，但同时均有关于社学的附带说明，如"余多旷地，建社学"（奉节），"射圃在儒学北，社学九里各置一所"（云阳），"知县徐熙复移旧址重新扩建文庙……学仓大间、射圃、社学"。❷

## 二、民间私学

明代的私学大致有两种，一是启蒙性质的小学教育，二是跟随名师学习某一学说，相当于高级研修性质的私人讲学授徒。

明代重庆私塾是儿童少年读书之所。在兴办学堂以前，儿童发蒙之学皆在

---

❶ 常明，杨芳灿．四川通志：卷七十九 学校志 夔州府［M］．刻本，1817（清嘉庆二十二年）．

❷ 吴潜，傅汝舟．夔州府志：卷六 学校［M］//天一阁藏明代方志选刊．上海：上海书店出版社，1961．

私塾。约有几种办学形式：塾师设馆于家中的叫“散馆”；官商大户延请老师来家设塾的叫“专馆”，也称“家塾”；由社团、祠堂、行会集体兴办的有基金来源的叫义塾；还有“乡塾”“村塾”等名称，均相当于现在的小学教育阶段。

明代，重庆各地私塾的兴办十分普遍，大足县的私塾有以下几种形式：①自设“家塾”（由塾师自己在家设馆），招收人数不等，按学生家庭经济情况交纳学费。②“坐馆”（即主人），给老师较优厚的薪资并供食宿。③会馆、祠堂，聘请老师在会馆、祠堂教学，方便本乡子弟读书，大多可免费就读。④农村中的小康之家，为其子弟读书方便，约同亲友、邻居，聘请老师于附近庙宇、祠堂教学。老师薪俸由组织者按学生家庭经济条件缴纳学费，统筹支付或分别议定学费，由家长自行交付给老师。❶

潼南县双江镇杨秩鲁延师夏璜到家为子女授业，双江“明善堂”筹募聚资以善堂公款设学，延师杜焕堂，不分贫富招收子弟入学。南川县教育事业的发展，自东汉初年儒士尹珍来县设馆讲学开始，修建文庙以祀奉孔子，提倡尊师重道，明代在民间设立社学、私学，为文化传授场所。

私塾、家塾等初级教育机构只有一个教师，采取个别教学。学生的课本各异，进度不一，没有固定教学年限。对启蒙学生以识字为主，注重朗读、背诵、习字和对课。尤其强调巩固旧课，学生每日须将读过之书累计背诵，叫“背温书”。朔望之期，须将点过之书连续背诵一遍，称“背长书”。课本一般用《三字经》《四言杂字》《百家姓》《千字文》等。对年龄大的学生逐步加授《集韵增广》《声律启蒙》《千家诗》《幼学琼林》、四书五经等。在科举时代还习八股文。私塾教育给学生灌输“十年寒窗，一举成名”，“两耳不闻窗外事，一心专读圣贤书”，“万般皆下品，惟有读书高”等功名利禄的封建思想和“三纲五常”的封建伦理观念。有些家塾吸收女童入学，对女学生则要求钻习《女儿经》和灌输“三从四德”的思想。塾师对学生管教甚严，常施体罚或变相体罚。

---

❶ 大足县教育委员会．大足县教育志［M］．内部交流本，1995：41.

# 第四节 土司制度下重庆的少数民族学校教育

明代重庆的偏远地带分布着许多少数民族，在独特地域环境下，他们发展了自身的文化，同时又不断地接受汉族文化教育的影响，共同形成中华民族光辉灿烂的古代文化教育。历史地看，少数民族地区的教育是与土司制度及改土归流这样一些重大事件相关联的。

## 一、明代渝东南的改土归流

西南地区云南、贵州、四川、重庆等地，聚居着苗、瑶、壮、白、彝、傣等少数民族。其中一些偏远山区还滞留在奴隶制甚至原始社会末期阶段。明初朱元璋在当地沿用元朝的土司制度，设置宣慰使、宣抚使、安抚使、土知府、土知州、土知县、土判官等官职，受明政府管辖，分别隶属于布政司、都司、行都司，但土官则多由各族首领世袭。例如，酉阳、秀山、黔江土家族苗族自治县、彭水苗族土家族自治县和石柱土家族自治县与湘、鄂、黔接壤，自古以来是通往西南少数民族地区的孔道。元延祐元年（1314 年），建立土司制度，内设置沿边溪峒军民宣慰司和石柱安抚司，委以少数民族首领世袭土司官职。此后朝廷酌情在当地参用流官，即由朝廷任命的非土著世袭的地方官。“或土或流，皆因其俗。”[1] 对于发生起义或土官割据叛乱的地区，往往在平定之后废撤土司，改设流官，谓之“改土归流”。明政府还注意调动当地少数民族开山筑路，设立驿站，建立起沟通中央和西南边疆畅通的政治、经济、军事动脉，对于稳定边疆、加强民族团结、促进西南边疆地区的开发起到积极作用。但元、明以来的土司制毕竟承认和保留了带有浓厚奴隶制、氏族制残余色彩的社会形态，土官世袭也往往导致割据变乱。明政府在推行改土归流政策时，因遭到少数民族贵族首领反抗而不断出现反复。沿用土司制度实际上是中央权力难以深入，不得已和地方妥协的产物。清前期随着中央集权统治力量增强和国力日盛，中央政府加快了改土归流的步伐。改流后实行的一系列措施，诸如编查户口、丈量土地、清理钱粮、开办学校、修筑道路、开荒屯田、免除土司的暴敛杂差等，改革落后的生产关系，并引进内地先进的农业、手工业生产技术

[1] 张庭玉，等．明史：联官玉［M］．北京：中华书局，1974：1876.

和经验，对于改善西南少数民族地区落后闭塞的面貌，促进当地社会经济发展，起到了积极作用。各民族之间经济、文化交流更加密切，统一的多民族国家更加巩固、安定。

渝东南土司因地处元末大夏政权的腹地，因而，在明灭夏之前，与朱元璋没有发生联系。洪武四年（1371 年）明灭夏后，酉阳土司于次年首先归附，《明史·四川土司传》载："洪武五年，酉阳军民宣慰司冉如彪遣弟如喜来朝贡。置酉阳州，以如彪为知州。"《明史·地理志》则称："洪武五年四月，仍置酉阳州，兼置酉阳宣慰司，州寻废。八年正月，改宣慰司为宣抚司。"到底酉阳归附之初是否置宣慰司，《明史》传志记载有所不同，《读史方舆纪要》《天下郡国利病书》《酉阳续州志》等均从传载，不言初置宣慰司事。从《明实录》的记载来看，《明太祖实录》卷 73 洪武五年四月云："酉阳沿边溪洞军民宣慰都元帅如彪，遣其弟如喜来朝，贡方物，……置酉阳州，以如彪为知州。"这里未提有置宣慰司事，但同书卷 96 又云洪武八年正月："改酉阳宣慰司为宣抚司，以土酋冉如彪为宣抚使。"据此，则说明酉阳归附时的确设了宣慰司，故地理志称"兼置宣慰司"，应以志说为是。以上可见，尽管酉阳土司因忠于夏或受制于夏而至洪武五年（1372 年）才归附，明朝仍曾授予他元末宣慰司的原职，称得上是给了他特别的恩宠。

石柱土司的归附，据《明史·四川土司传》记载是洪武七年（1374 年），这在渝东南诸土司中为时最晚，但由于其他地处鄂西诸土司入渝及川要路之重要的地理位置，明朝对它进行了区别对待，不仅未予处罚，反而于次年予以提升。洪武八年（1375 年）正月，明朝对渝东南土司进行重新设置，这次调整，使渝东南土司设置格局基本形成。

## 二、重庆土司地区的学校教育

土司地区的少数民族政权有着地域文化传统及生存环境的一致性。这种共生相依状态在西南的川、渝、黔、滇、桂，甚至中南的湘、鄂西部山区都存在，往往结合成相互关联、彼此包融、交错渗透的一个整体。因此，考察该地域少数民族的教育问题往往需要综合的视域，孤立地分离去检视某一地区，往往难以奏效，事实上也不恰当。由于考虑到重庆偏远山区与周边省份的犬牙错落，兼之明代重庆主要属于四川的行政区域一部分，因此，相关区域交织联系着的文献所载民族教育的内容也涵盖了重庆的史实状况。

### （一）改土归流过程中实施的民族教育政策

土官政权和流官政权都是我国封建中央集权国家下属的地方政权，王朝之所以要委任土司土官进行统治，是由于少数民族地区经济发展比内地落后。土官政权是在这种落后的经济基础上产生并与之相适应的上层建筑，从而达到加强统治的目的。这种制度下推行的教育以明代为典型，明代改土归流的过程中，教育是一个重要的部分，并起到推进历史性变化的媒体催化功用。其主要措施如下。

1. 土司子弟可享受进入当时的最高学府国子监的优待

入学办法，大致有特恩、岁贡、选贡三途。

（1）特恩。明初，为了笼络归附土司，给予其派遣子弟入国学的特殊照顾。如洪武十五年（1382 年），普定府知府者额来朝，明帝“命谕其部众，有子弟皆令入国学”，[1] 其后，者额遣其子吉隆及其营长之子阿黑子等 16 人入太学，[2] 洪武二十三年（1390 年），四川建昌卫土官安配等遣其子僧保等 42 人入国子监读书；[3] 同年，“乌撒上知府阿能，乌蒙、芒部土官，各遣子弟入监读书”；永乐二年（1404 年），天全六番招讨使高敬詚来朝，“且遣其子虎入国子学。”[4] 可见，当时土司派遣子弟入监读书人数之众。

（2）岁贡。据《明会典·礼部三十五》卷 77 载：成化四年，令“土司学，照州学例，三年贡二人”。以后重申此例。

（3）选贡。《明会典·礼部三十五》卷 77 载：洪武十八年、永乐元年和永乐十八年，先后令云南、广西、湖广、四川、贵州土官衙门，“生员有成材者，不拘常例，以便选贡”。

这些入学的土司子弟，除享有当时最好的学习条件外，还可因此“观光上国”，直接受到京城先进文化的熏陶。在校期间，明政府对他们的学习是予以关照的。《明太祖实录》卷 202，洪武二十三年（1390 年）五月己酉载：朱元璋敕国子监：“今西南夷土官各遣子弟来朝，求入太学，因其慕义，特允其请，尔等善为训教，俾有成就，庶不负远人慕学之心。”学成以后，大多承袭土司职务，贵州“都儒五堡三坑等处巡检司巡检”条载：“正统七年，保男监

---

[1] 张廷玉，等. 明史：贵州土司列传［M］. 北京：中华书局，1974：8186.

[2] 明太祖实录：一百六十二卷［M］. 台北：“中央研究院”历史语言研究所（影印本），1962.

[3] 明太祖实录：二百〇一卷［M］. 台北：“中央研究院”历史语言研究所（影印本），1962.

[4] 张廷玉，等. 明史：四川土司列传一［M］. 北京：中华书局，1974：8005，8032.

生申祐袭职。”又据万历《云南通志》卷11载：云南北胜州高策，太学学成后袭职，“莅政之日，即禁止私人不得擅置田宅”，使辖境内，“民乃安业”。可见，这些经过明政府精心培养出来的土司，能更好地为维护明王朝的统治利益服务。

2. 在土司地区设立儒学

由于国学能收纳的土司子弟终究有限，故明政府仿府州县学之例，在土司地区立学。据《明太祖实录》卷239，洪武二十八年（1395年）六月壬申，谕礼部：“其云南、四川边夷土官，皆设儒学，选其子孙弟侄之俊秀者以教之。”故《明史·职官志四》载“其后宣慰、安抚等土官，俱设儒学”。

为克服生员的语言障碍，明政府允准起用本族人为教职。据《万历野获编补遗》卷4“土教官”条载：“宣德间，有选贡李源，为四川永宁县抚司人，入监，宣抚苏奏，本司生员俱土僚朝家，所授语言不通，乞如云南鹤庆府事例，授源教职，上允之，命源为本司训导。盖时滇蜀皆有之，然皆夷方也。”可见，当时云南、四川等民族地区均有土教官之例。

这里还需要着重指出的是，有的受汉文化影响较深的土司，也主动倡议发展土司地区的教育事业。如思恩军民府知府岑瑛“请置学校，立师儒，增广生徒，比诸内郡焉”。其结果是，正统十二年（1447年）该府“设儒学，置教授一员，训导四员，俱从瑛请也”。[1] 但也有顽固土司采取抵制态度。

3. 强制土司应袭子弟入学

明政府特别重视土司继承人的教育，甚至做出了不入学不准承袭的强制性规定。据《明史·湖广土司列传》载，弘治十六年（1503年）规定：“以后土官应袭子弟，悉令入学，渐染风化，以格顽冥。如不入学者，不准承袭。”

4. 对土人入学采取奖励之策

据《蛮司合志》卷2载，成化十七年（1481年）“贵州程番知府邓廷瓒奏，本府学校中有土人子弟在学者，宜分别处置，以示奖励。上曰，蛮夷向学，其意可嘉，既已建置生徒，有同内地，则一体相视，原无分别”。“弘治初，提学毛科以文试土生，仿廷瓒意，多奖励。”《蛮司合志》卷3载：嘉靖元年，贵州巡抚汤沐上治苗之策中提出，土人入学“凡一切补廪科贡与军民武生一体”。可见，明政府从中央至地方对土人入学均持积极态度，其待遇与

[1] 张廷玉，等. 明史：广西土司列传二［M］. 北京：中华书局，1974：8239.

“军民武生一体”，一视同仁。

5. “科举必由学校”[1]

南方民族聚居地区也在兴办学校的基础上开科举之门。据《明通鉴》卷15载，永乐六年（1408年）云南巡抚御史陈敏言：“云南自洪武中已设学校，诸如各布政司三年一试”，从此云南举行乡试。清代田雯《黔书》卷1载：“贵州设科，前所未有也，明洪熙六年，始令贵州生儒就试湖广。宣德元年，诏云贵合试。至嘉靖十四年，乃从巡按王杏、给事中田秋之请，开科于贵州。”至于云贵乡试额数，据《明会典·礼部三十五》卷77载，嘉靖十四年（1535年），定“云南四十名，贵州二十五名”；嘉靖二十五年（1546年），“令增贵州乡试解额五名”。云南、贵州开科取士，给西南土司地区以直接影响。有的土司因此被选取，明政府对登第土司予以奖励或擢拔。如万历时“有土舍杨载清者，应袭推官，尝中贵州乡试，命于本卫加俸级优异之”[2]。土司地区登第的士子，由于接受汉族先进文化，从而对改变土司的残暴统治起了积极作用。如“万历乙未进士喻政，贵州铜仁长官司人，登第后，奏长官李氏虐用其民”。[3]

总之，从有土司或土民中试一事，说明明代在西南土司地区推行的学校与科举之制，取得了良好效果。

### （二）重庆苗族文化教育的发展

明代苗族地区文化较唐宋时期有明显的发展。其原因：一是封建朝廷规定土司必须学习汉礼，土司子弟必须入学，因而各地土司都办了一些学馆；二是随着流官的增多和屯军的增设，各州县卫所屯堡都设立了书院；三是地主力量的兴起和部分地区改土归流，一步步打破了土司子弟垄断文化的局面，使人们读书应试有了较多的自由；四是明代中央王朝在苗区实行卫、所屯田制度，为屯田军士的子女入学兴办大批学校，明王朝答应招收一些苗族上层子弟入学接受汉文化教育，这样使大批苗族知识分子能够成长起来。另外，在民族地区办学，使其接受汉文化，便于中央王朝政令的下达。

位于重庆东南的彭水，由于处于乌江水道，具有重要战略意义，成为历代

---

[1] 张廷玉，等. 明史：选举志一［M］. 北京：中华书局，1974：1675.

[2] 张廷玉，等. 明史：贵州土司列传［M］. 北京：中华书局，1974：8180.

[3] 《万历野获编》卷三十“樊哈祠”条。

中央政权治理的中心。明代彭水县属重庆府。由于历代封建王朝都把政治中心建在彭水，故自然成为经济中心、文化中心、教育中心。“凡是溪坞呼吸文字，皆同秦汉之音”❶，就是说汉文、汉语得到广泛推广，少数民族也逐渐习汉语、汉文。

历代官吏大多来自内地，为了贯彻中央王朝政策，极力笼络少数民族酋长，先让这些人学习汉语、汉文；同时为了巩固政权，大肆宣扬儒家思想，以孔孟之道加强封建统治力度。民间交往和商品交易需要掌握一种通行语言，故苗族说汉语成为一种生活的必需。这也是汉语、汉文得以在苗族地区推广的重要原因。

彭水成为渝东南商业城市之一，农、工、商业的发展给文化教育的发展提供了雄厚的物质基础。明代苗族中涌现出大批知识分子，举人 16 人，占全县 20 个举人的 80%；恩贡 18 人，占全县 24 个恩贡的 75%；拔贡 6 人，占全县 12 个拔贡的 50%；副榜 3 人，占全县副榜人数的 60%；岁贡 79 人；占全县 110 个岁贡的 72%。另外，被编入县州志的苗族诗人 11 人，占彭水县诗人的 65%（彭水县共 17 位诗人）。下面录苗族举人董国绅《邑城晚眺》诗句：

摩围山下路横斜，二水争流带碧沙，
城郭隔江峰上寺，钟声敲落一林花。❷

### （三）酉阳兴学案例

洪武二十八年（1395 年），太祖朱元璋下令：“诸土司皆立县学。”明成祖即位后，土家族地区的学校教育得到了较快发展。永乐二年（1404 年），在酉阳设州学；由于地处偏僻，永乐三年（1405 年），酉阳第十二世土司冉兴邦入朝奏请建立学校。官府从汉族地区调教师 1 名，协助筹建。永乐五年（1407 年），“兴邦遣部长袭贡方物，并谢立儒学思”。永乐六年（1408 年）设立“酉阳宣抚司学”，让土司及其子弟学习文化。附近土司也来酉阳求学，教师督促土司、土官子弟勤奋学习汉文化和儒家学说。但只限于土官及其子弟，土民则不准读书识字，“违者罪至族”。❸

《明史 · 保靖宣慰司传》记，孝宗弘治十年（1497 年）下诏：“土官应袭

---

❶❷ 关荣华. 四川苗族教育研究［J］. 西南民族学院学报（哲社版），1992（5）.

❸ 田敏. 论明初土家族土司的归附与朱元璋“以原官授”［J］. 贵州民族研究，2000（3）.

子弟悉令入学，渐染风化，不入学者，不准承袭。”《明史·湖广土司传》也载，弘治十六年（1503年），朝廷因巡抚阎仲宇等上奏，土家族地区保靖土司争袭夺地，下令：“以后土官应袭子弟，悉令入学，渐染风化，以格顽冥。如不入学者，不准承袭。”在办学模式上，移植汉族地区的教育教学模式。土家族与汉族的教育一直发生着程度不同的融合。土家族没能产生寺院教育形式，学校教员大多不存在宗教文化因素。其学校教育模式多是从汉族地区移植过来，更多地打上了汉文化的烙印，本民族的传统特色不突出。

在明代封建统治者的大力推动下，土家族的土司、土官及其子弟纷纷到附近州县就读。如永顺土司彭明辅曾就学辰州，彭元锦、彭象乾曾就学于酉阳，汉文学习很好，“儒学有才能”。彭元锦袭土司职后，到外地聘请樊子珍、张天佑为教谕，以提倡和推广汉文化。

鄂西、黔东北、渝东南等地土司、土官及其子弟大都到荆州、思州、酉阳州等地就读。这些受汉文化教育的人，不仅接受了汉文化，也接受了封建文化思想。他们中除承袭土官职务外，还参加科举考试，考取进士、举人者不少，有的被派往全国各地做官，被委任为知府、知州、知县、教谕、教授等官职。尽管这时土家族地区的学校主要还是为了维护封建统治制度，使土司、土官和他们的子弟通过学习汉文化，接受儒家伦理思想的教育，渐染封建礼仪风化，以巩固封建中央王朝在土家族地区的统治，但是在客观上却造就了一批有较高汉文化水平的土家族知识分子，创作了大量具有较高水平的文学作品，其中以诗歌最为著名。

自酉阳立学后，经历200余年，嬗递连绵，代不乏人。如冉天育的诗作所涉及的生活层面广泛，风格多样，是渝东南地区土家族的第一位诗人。酉阳土司中才人雅士源源涌现，雄踞诗坛达百余年。石柱土司马宗大“嗜学工诗，善操琴作画”。由此可见，封建统治者发展土家族地区的教育，尽管是为维护其统治地位服务，但在客观上却提高了土家族的文化水平。

#### （四）明代重庆少数民族教育之评议

明统治者在重庆少数民族地区建校兴学的动机，是要使这些地区的土官及民众接受“三纲五常”的封建伦理教育，培养具有封建道德观念的“忠臣”与“顺民”，借以一方面熄灭人民的反抗斗争，另一方面缓和其与少数民族上层之间的矛盾，以长期维护其在南方少数民族地区的封建统治。明政府在重庆少数民族地区实施的教育政策，主观意图是“用夏变夷”，但客观结果使不少土官及其子孙能读书习礼，知理通道，这有助于调和统治阶级内部的矛盾关系。少数民族地区土官上层分子反叛朝廷及土官内部仇杀事件的减少，虽然是统治阶级内部的事情，但在一定时期内有利于社会的安定，客观上有助于这些少数民族地区经济的发展繁荣和人口的增长。土官及族人知书识字后，能撰写一些常用的官文，如奏折、文告、碑文等，也有助于土官统治地区吏治的改善。

少数民族地区教育的发展，使土官族人和少部分苗土瑶壮等族人仿效汉族官吏士人，作诗写赋，撰文著书，文化风气流行，提高了少数民族地区文化水平。明人邝露《赤雅》卷下有“诸夷有学”目，其文云：“予游诸夷中，有摛文而宗淮南者；有称诗而薄少陵者；有黜元、白而诮长、吉者；有谈古今而凿凿者。”

明代重庆少数民族的教育，也有着明显的局限性。土官地区开设的儒学、学宫等学校，只能为少数土官子弟、族人和富家子弟提供就学机会，对广大劳动人民子弟来说几乎是无缘的。有的土官还利用手中权力，阻碍当地有志之士参加科举考试。此外，语文不通、旧习俗的阻挠，都影响着少数民族地区学校教育的发展和土官子弟、族人文化水平的提高。这些都说明少数民族土司地区的儒学教育在招生范围、教学效果上存在一定的局限性。

# 第七章　清代前期重庆学校的繁盛（上）

清王朝是中国历史上最后一个封建专制王朝。它居于中国传统封建社会发展的顶峰，社会经济结构、政治典章制度以及礼仪文明等方面，都曾臻于最成熟的阶段。我们通常将1644—1840年近200年的时间称为清代前期，1840—1911年称作清代后期。由于鸦片战争的爆发，中国由一个封建社会逐渐走向了半殖民地半封建社会。中国的教育制度与教育思想也随之发生了质的变化，从中国传统教育逐渐转向现代教育。

清代基本承袭明制，先后在今重庆地区设立了重庆府、夔州府、忠州直隶州、酉阳直隶州和石柱直隶厅，稳定的政治为之后经济、文化等的持续稳定发展提供了基础条件。明末清初，重庆饱受战乱的摧残，人口耗损，土地荒芜，经济凋敝。清初重庆人口偏少，经过"湖广填四川"的移民增长以及休养生息，加上清政府在农业方面的大力扶持，重庆人口得以恢复和快速增长。同时清代重庆手工业进一步发展，商品经济发达，商业贸易地位较高。鸦片战争爆发后，中国社会遭到重创，重庆也不例外。1890年《烟台条约续增专条》的签订，使得重庆被迫开埠。随着重庆开埠成为事实，一方面，西方政治、经济势力猛烈冲击着巴蜀固有的社会根基，其中最直接的影响就是导致了外国势力对重庆经济的控制，破坏了传统经济秩序；另一方面，客观上也促进了重庆经济的长足发展和近代工业的产生，使重庆经济有了新的活力。

教育由政治、经济决定，对政治、经济又起一定的反作用。尤其在中国古代封建社会，教育作为统治者管理、教化民众的一种手段，不仅受到当地政治、经济状况的制约，而且其培养的人才也会反向促进政治的稳定。官学作为政府实施教育的重要方式，在稳定地方社会政治、传承地方独特文化等方面起到了潜移默化的作用。

清王朝的社会经济结构、政治典章制度以及礼仪文明等方面，都曾臻于封建大一统社会最成熟的阶段。清代官学，设置分为中央与地方官学两大系统，较之书院及私学占据当时学校教育的主导地位。中央官学分三种类型，一为常规的中央国子监（或称太学）；二为特殊设置的学校，如宗学、觉罗学、咸安宫官学、八旗官学、琉球官学、景山官学、俄罗斯学、回回官学等；三为朝考后教习庶吉士的翰林院庶常馆。地方官学按行政管理体制序列，府、州、县、卫均依次设有儒学；此外，一些地方还设医学、阴阳学。清代前期私学设置达到古代各朝之顶峰，数量大增，分布地域极其广泛，名称类型多样。此期重庆学校正是全国学校之缩影，蔚为大观，也具有一定程度的区域特色。

1840 年鸦片战争后，清朝步入封建统治后期，现当代学术界常以此作为近代史的前半段。此期的清代历史遭遇千年之大变局。帝国主义列强用炮舰打开了中国的门户，并不断扩大其势力范围，对西南重镇重庆一直十分觊觎。1890 年 3 月，迫使清政府签订了《烟台条约续增专条》，准重庆“作为通商口岸”。1891 年 3 月 1 日，重庆海关正式成立。随着重庆门户的打开，外国教会纷纷来重庆设立教会学校。随着传统教育和科举考试的衰败，在救亡图存的社会变革大潮推动下，清代重庆官学逐步为近代教育所取代。部分官学以不同形式成为新教育的基础，自身演化成新式官立学堂。最为典型的如重庆府中学堂前身是重庆府学，奉节中学堂的前身就是夔州府学。清代晚期的 20 世纪初叶，随着“新教育制度”的制定与颁布，重庆教育类型不断多元化。西方教育体制的引进，以及重新规划设计的办学活动掀开了近代教育的新篇章，这是历史的必然。但清代前期重庆地方官学的历史及传承影响也不能忽略，作为重庆地方传统教育遗产一部分，其资源价值在建设中国特色社会主义新时代历史背景下需要加以挖掘和利用，从而有裨于重庆教育战略目标的实现，并为重庆区域现代化建设提供某种启迪。

## 第一节　清代前期政治、经济与文化概要

本章时间界限为顺治元年（1644 年）至道光二十年（1840 年），即清朝前期。在这一时期，清统治者继承并进一步加强了明代的中央集权政治制度，规定由内阁到六部等中央机构，均设复职，满汉平分。但实际上中央大权并不在内阁，雍正以前在满洲贵族组成的议政王大臣会议，雍正以后在满员充任军

机大臣的军机处，而一切重要问题，最后都由皇帝裁决，形成了极端专制的封建统治。

为了稳定社会秩序，巩固新取得的政权，清初统治者采取了“蠲免赋税”“奖励垦荒”等积极措施。农田水利建设的成就、农产品产量的增加，促使农产品商品化程度提高并推动手工业的进步。清代的手工业包括丝织、棉织、陶瓷、冶炼、烟叶、制糖等。特别是江南丝织业的发达，调动了农民养蚕植桑的积极性，繁荣了农村经济。产生于明代中后期的资本主义萌芽，虽因清初的战火而被破坏，但到康熙中期以后又得到恢复，在棉纺织等行业出现资本经营现象。清代资本主义萌芽增长速度是缓慢的，官方的控制、行会的掣肘，已然成为巨大阻力。

在学术思想方面，明清之际，随着民族矛盾的尖锐，实学思潮进一步发展，出现了以顾炎武、黄宗羲、王夫之等为代表的进步思想家，他们注重务实学风，主张经世致用，在清初掀起一股进步的思想潮流。但在封建统治以程朱理学为主流价值的高压政策和尊孔崇儒的学术专制下，无法实现其主张，不得已转为通经学古，至清代中期发展为考据学风。清代经学研究以训诂考据为主要标志，时称“汉学”或“朴学”，它由顾炎武、胡渭、阎若璩开其端，到乾隆（1736—1795 年）、嘉庆年间（1796—1820 年）形成了“乾嘉学派”，包括以惠栋为代表的“吴派”，以戴震为代表的“皖派”和以焦循、阮元为代表的扬州派。他们脚踏实地，反对空疏之学，于扭转文人治学思想和治学方法诸方面，都起了积极的作用。

清王朝处于阶级矛盾和民族矛盾的焦点，统治者为了巩固政权，便在意识形态领域利用儒学的消极面励行文化专制主义政策。程朱理学在明末清初，经过启蒙学者顾炎武、黄宗羲、王夫之的抨击，和乾嘉间胡渭、阎若璩等倡考据之学，其思想阵地一时起了动摇。但由于它更有利于清代封建统治，以皇帝和封建政权为后盾，史载玄烨“夙好程、朱，深谈性理”，又很快地被扶植起来。为禁锢士人思想而产生的文字狱，是清代文化专制主义的恶性膨胀。据不完全统计，清代文字狱凡 90 起，罪名包括私修明史，诽谤本朝，影射皇帝，诋毁理学，散播异端邪说。这表明清代专制恐怖政治比之明代，更令人触目惊心。

明末清初，重庆饱受战乱的摧残，人口耗损，土地荒芜，经济凋敝。清初重庆人口偏少，虽然经过“湖广填四川”的历史过程，加上清政府在经济方面大力扶持，重庆经济的恢复和进步取得一定成效。在这种背景下，清代重庆的学术文化也有所发展，并在西南地区有一定的历史。

清代前期重庆的文化是在经历明末清初的大战乱和“湖广填四川”的历程后发展起来的。明末清初的战乱对重庆经济文化的摧残可谓毁灭性的，所以有“清初以来蜀学衰微”之说。“湖广填四川”的历程，实际是对重庆地区中古时期遗留的居民来了一次大换血，相应地，重庆中古时期的文化存留也受到了影响，区域文化的特色相对减弱。但清代重庆乡土文学十分发达，就是其他文学方面也带有十分浓烈的巴蜀乡土色彩。唐宋时期川东流行竹枝词。到了清代，在以湖广移民为主体的移民西进背景下，竹枝词已经广泛流行于四川，并在贵州和云南也有了一定的影响。由于竹枝词在用韵上自由，拘束较少，这便使其不仅在士大夫中，而且在民间也广泛流行。清代嘉庆年间编印了《锦城竹枝词》，咸丰年间编印《成都竹枝词》，道光年间编印了《绵竹竹枝词》。这种风气一直影响到清末民初。

清代前期重庆的学术文化同样呈现出一定的地方特色。如经部著述中以易学和四书类所占比例最大，其中易学著述多是重庆自古以来的一大特色。子部著述中以道家、杂家和儒学著述所占比例最大，其中道家著述重庆自古便很多。当然由于大量外来移民学术传统的影响，可能也带上了移民文化因素。如自古以来，重庆学术文化著述中儒家类、杂家类、四书类著述都不很多，但清代前期这三类著述所占比例却很大。这种状况可能与清代前期重庆外来移民十分复杂有关，特别是儒学文化十分发达的湖广移民的进入，成为四书、儒家类著述比例增多的主要原因。这种学术文化的特色显示了外来移民进入重庆这一文化土壤后，虽然有强烈的外来文化特色，但同时原有的地域特色并未消失。

明代后期以来，重庆官学已呈现衰败之势，清代地方官学的重振，得益于政府的支持与倡导。除了发布兴学弘儒政令，向著名学校赐送相关书籍，清政府还颁发各种匾额，在学宫营造国家重视兴学育才的氛围。《荣昌县志·学校志》记载了清政府颁发的各类匾额：康熙二十三年（1684 年）钦颁御书“万世师表”匾额，雍正四年（1726 年）钦颁御书“生民未有”匾额，乾隆三年（1738 年）钦颁御书“与天地参”匾额，嘉庆四年（1799 年）钦颁御书“圣集大成”匾额，道光元年（1821 年）钦颁御书“圣协时中”匾额，咸丰元年（1851 年）钦颁御书“德齐帱载”匾额，同治二年（1863 年）钦颁御书“圣神天纵”匾额，光绪七年（1881 年）钦颁御书“斯文在兹”匾额。这些匾额俱敬谨遵制悬挂。[1]

清代地方教育制度与明代基本相同，但学校的数量增加，规模扩大，制度更为严密。除正规的府、州、县学外，社学和义学普遍兴起。这些都标志着重庆清代教育新的进展。“我国家稽古右文，学校之设于斯大备，奉节自咸同以后，增广学额，添设书院、义学，经明行修之士代有其人，后生英隽宜何如鼓舞而奋兴也。”[2] 该段议论文字源自重庆所辖的奉节方志类书籍，大致可以反映清代前期重庆官学扩展状况的某种侧影。

## 第二节　清代前期重庆官学概述

清代前期重庆官学处于发展时期，文献所载内容表明各地设学及教学工作的实施较为稳定、有序地进行。重庆官学兴办及具体活动具有地域社会影响，并形成一系列特点。

### 一、重庆官学发展状态

清代的教育制度建立于顺治初年，而完善于雍正、乾隆时期。顺治初至康熙，确定了文教方针政策，建立起国子监、地方官学和科举考试的基本制度。雍正中期至乾隆初期，进一步改革完善了国子监制度和书院制度，完成了有清一代教育体系的构建，形成了从中央到地方，从提高到普及，从国子监、满族官学、地方官学、书院到蒙学、社会教育的宝塔型教育系统。科举考试虽不属学校教育，但对学校起着调控和主导作用，成为这一系统不可缺少的组成部分。[3] 地方官学主要设有府学、州学、县学等，又称儒学，是学生数量最多、分布最广的官学。官学的教育活动受科举制度的制约，也是科举考试主要生员地。地方官学的学生、教官、学科、考试、待遇、奖惩、经费都有严格规定，并订有学规。当时重庆境内，各州、厅、县均按规定设立官学，乡镇设立社学。下面集中介绍重庆官学的设置状况。

(1) 顺治九年（1652 年）：奉节县学（雍正十三年夔州知府崔邑俊移建县学于府学旁）。

---

[1] 文康. 荣昌县志：卷六 学校志 [M]. 刻本，1884（清光绪十年）.

[2] 曾秀翘. 奉节县志：卷十八 学校 [M]. 刻本，1893（清光绪十九年）.

[3] 马镛. 中国教育制度通史：第 5 卷 [M]. 济南：山东教育出版社，2000：3.

（2）顺治十七年（1660 年）：涪州学（康熙四十六年知州董维祺倡捐重修）。

（3）顺治十八年（1661 年）：綦江县学（知县孟易吉始建大成殿，后逐渐补充扩建）。

（4）顺治年间（1644—1661 年）：忠州学（分为新学和旧学两处。旧学建在玉屏山麓，于康熙四年由知州杜永宁重修，道光二十三年知州奎光重修，雍正七年废止。新学于康熙五年由知州刘肇孔修建）。

（5）康熙元年（1662 年）：长寿县学（嘉庆二年毁于兵乱，嘉庆十一年知县余铨在旧县故址重建）；丰都县学（知县汤蕿重建）；黔江县学（乾隆五十八年署县黄昭苏迁建县西）。

（6）康熙二年（1663 年）：永川县学。

（7）康熙三年（1664 年）：重庆府学（总督李国英重建，后历任知府等相继重建、扩建）；万县学（道光五年建设完备）；彭水县学（甲寅之变复毁，康熙二十二年重葺，同治七年就南门外圣庙旧址改建）。

（8）康熙五年（1666 年）：梁山县学（康熙六十年重建殿祠、庑门与垣坊毕备）。

（9）康熙六年（1667 年）：开县学（康熙、乾隆年间相继重修）。

（10）康熙十五年（1676 年）：铜梁县学（雍正、乾隆、道光年间不断重修）。

（11）康熙二十一年（1682 年）：酉阳州学（重建于明代酉阳州学旧址，乾隆二十一年知州将其迁建）；垫江县学（康熙、乾隆、光绪年间相继补建）；巫山县学（道光四年邑令杨佩芝捐廉筹款，规制乃备）。

（12）康熙二十二年（1683 年）：南川县学（乾隆、嘉庆年间不断补建）；江津县学（雍正八年知县王朝选改建）；荣昌县学。

（13）康熙二十三年（1684 年）：合州学（康熙、乾隆、同治年间不断重修）。

（14）康熙二十四年（1685 年）：夔州府学（乾隆二十九年大规模重葺）；巴县学；云阳县学（雍正三年重修，雍正七年增葺）。

（15）康熙二十五年（1686 年）：璧山县学。

（16）康熙二十六年（1687 年）：安居县学（雍正八年将其裁附铜梁，旧额弟员亦归铜梁）。

（17）雍正八年（1730 年）：大足县学。

（18）雍正九年（1731 年）：石柱直隶厅学（宣慰土司马宗大建，乾隆三十九年、五十年、五十七年不断增修）。

（19）乾隆二十八年（1763 年）：秀山县学。

（20）嘉庆十五年（1810 年）：江北厅学（嘉庆十六年新建，道光十九年同知福珠朗阿又予培修）。

（21）嘉庆二十三年（1818 年）：城口厅学（城口营都司徐忠直请项建修文庙，道光三年同知复捐建学宫）。

从区域地理分布考察，清代重庆官学几乎覆盖重庆所有府、州、县。除石柱直隶厅学、城口厅学属于新建官学外，结合作者已发表的关于明代重庆官学的学术论文分析❶，上述官学大多数均是在明代官学基础上加以重建而成。以清代重庆官学初次重建的基本情况为例，顺治年间重建 4 所官学，康熙年间共重建 21 所官学，雍正、嘉庆年间均重建 2 所官学，乾隆年间重建 1 所官学，共 30 所官学。古代地方教育历史延续惯性极大，清代重庆官学并非无源之水、无本之木，而是对明代重庆官学的继承，吸取明代重庆官学物质、文化资源及办学的经验。同时也反映了明清两代官学教育政策的稳定性，统治者对官学的重视程度较为明显。地方各级官学在社会进程中兴衰沉浮不稳定，故有多次重建的官学存在，而且数量不少。因此，不同王朝重建官学数量远超原有数量，至于官学不断修建的频次就更高了。上述 30 所清代重庆官学在历次大小修建共 214 次。纵观修建次数频率变化趋势，可以分为三个阶段：顺治至雍正年间，重庆积极兴办官学，迅速达到高峰；乾隆至道光年间，官学继续发展，但修复速度相对变缓，频率下降；咸丰至光绪年间，重庆官学的修建次数显著减少，侧面反映了清代官学制度的日趋没落。

## 二、重庆各地官学的办学情形

清代重庆地方官学规制齐备，新修及重修官学不少，不少地方重视官学在社会发展和人才培养中的功能和作用，且从中可以察觉近代的教育体制是以原有教育为基础生长起来的。

此期重庆的官学有的不断增补修缮，有的迁移或合并，其建置时间、规模

❶ 吴洪成，蔡晓莉. 明代重庆官学述评［J］. 河北广播电视大学学报，2018（4）：87－96.

及办学条件、师资等各有差异，但也有显著的共同性特点。这从各地官学的管理组织及教育教学活动中能得到明显的反映。另外，重庆地方学校最集中的建立时期是康熙年间，而从地域布局看，已遍布重庆各地。清代的重庆地方都由此及彼，确为制度及规章管理上较完备严密的时期。鸦片战争前后，重庆官学走向空疏腐朽、衰败，危机四伏。尤其是洋务运动以后，传统走向近代，开始转型，发生变更，重庆官学由被动转向主动地纳入近代教育整体发展的主流。

现将清代前期重庆市各级地方官学办学情形整理如下。

### （一）重庆府府学

重庆府作为重庆最高行政管理机构，也是所辖区域中心。因此，重庆府府学具有极强的代表性。重庆府府学设在治西（今渝中区临江门一带），明末荡为焦土。清康熙三年（1664 年），总督李国英重建孔庙。康熙二十三年（1684 年）知府孙世泽、巴县知县焦映汉，康熙二十七年（1688 年）知府王侯，康熙三十八年（1699 年）（巴县，下同）知县陈尧智、康熙五十五年（1716 年）知县谭懋学、雍正三年（1725 年）知府张光鏻、雍正九年（1731 年）知县朱介圭、雍正十一年（1733 年）知府顾赉、雍正十二年（1734 年）知府马世璪相继增修。乾隆元年（1736 年）知县沈天成重修两庑，乾隆十五年（1750 年）知县张兑和廓清池址，乾隆十六年（1751 年）王尔捐资修建，乾隆十九年（1754 年）川东道宋邦绥、知府傅显率 13 州县绅民重修孔庙。道光十四年（1834 年）知府汪日宣率 13 州县绅民对孔庙进行全面改造，直至道光十九年（1839 年）才竣工，远较旧庙规模宏大。道光二十二年（1842 年）王梦庚任知府，亲自撰写《府学落成记》。这一时期，重庆府府学学风甚盛，诸生“拜圣人之堂阶，读圣人之遗书，于以敦崇心性，砥砺廉隅，昭文章，显德行，出则翊赞休明，处则仪型党里，俗变巴渝，风成邹鲁”❶。从中可见，重庆府府学自清康熙初年以来，直到鸦片战争以后近代历史揭开新篇章，断断续续重修、加固、扩展，显示出其间办学活动在持续进行，未曾中断或大起大落。但清代重庆书院办学势头很猛，而且大有倾轧官学之势，还有官学兴办经济来源常因政府财政状况及官员重视程度而沉浮不定。这些因素致使府学教育的人、财、物诸种资源稳定性较差。甚至重庆府中心县域巴县几次承担府学修缮之责，直至 13 县共谋力量，才使之达到辉煌。

---

❶ 王梦庚，寇宗．重庆府志：卷五 学校志［M］．刻本，1843（清道光二十三年）．

重庆府府学内设文庙，属“庙学合一”建制，从府学教育活动而言，文庙不仅是建筑，发挥教学、人文潜在课程以及祭祀崇拜圣贤的作用，更是儒家经典、八股取士的目标象征。府学建设工程中，文庙备受重视，甚至时或有以文庙借代府学，以凸显其地位。由此，重庆府府学应该发挥了社会教育及地方文明风尚清明和谐的教化作用。

重庆府府学对教育主体师生及管理者的资格条件有明确规定，据文献所载：“教授署、训导署俱在临江门内学宫左侧。教授署设教授一人，正七品官，一般由进士或举人出身者担任；训导署设训导一人，协助教授工作。两署另设文牍、杂务数人。教授、训导人选，以本省人为主，但避用本府人。”清道光二十年（1840 年）以前，历任府教授 21 人，历任府训导 17 人。重庆府府学的额定生员较其他州学、县学额定生员多，“岁试取进文附学生二十名，科试亦如之，武生岁试取进二十名，廪膳生员四十名，每岁额给饩粮银三两二钱，遇闰加银二钱六分，增广生员四十名，一年一贡”[1]。重庆府府学学生来源为州学、县学完成学业，经过考试竞争胜出者。当然，州、县学生则源于私学教育的佼佼者。无论哪一级官学都须通过组织考试，筛选入学，具有优胜劣汰的升级制理念，因此便具有实际上近代学制意义，而且官学就学学生中廪膳生、增广生的区别有名额限制及待遇差别。这种差别又会在入学教育后通过考试优劣变化而有所调整，其中包含促使学生勤勉好学的激励机制。府学教授、训导要求科举功名获得者承担，一般是进士及第，少数选用举人出身，这大概是不得已情况下的特殊处理。官学中有“政教合一”及“代圣人立言”“学而优则仕”的理念，因此府学教官有政府规定的官职级别，赋予其一定的政治地位。

重庆府府学历任教师在教学方法方面不乏深有见解及良好效果者，值得注意。如杨宏绂，字丹书，三台县（今属四川省绵阳市）人，乾隆初年拔贡生。任重庆府学训导多年，不苟言笑，动有礼法，教导学生有方法、有步骤，造就不少人才。学生曾称颂他“涪水毓秀，范我渝州，春风化雨，与时无休”。可见教师成效显著，所产生的影响并不限制于校内，而是波及校外，深远且持久。教育的有限性与无限性两者的统一在这里得到了印证。

---

[1] 王梦庚，寇宗. 重庆府志：卷五 学校志［M］. 刻本，1843（清道光二十三年）.

### （二）夔州府府学

清康熙二十四年（1685 年），夔州府知府许嗣印视学，因府学破败不堪，为重建夔州府府学慨然捐俸，而虑工程浩大，难以告竣，幸学宪周灿乐为捐助，夔州协镇、同知、通判等皆各捐资相助。不费民间一钱一粒，重建夔州府学宫。竣工时，许嗣印有《重修夔州府学记》，刊碑立石于府学内，残碑现存奉节师范学校黄桷树下，已风蚀剥落，仅有少量文字可辨。其文略云：

……重建大成殿五间，绘制圣龛于其中，左右佐以四配十哲。翼以两庑，东西各五间；东庑五间，中三间崇祀先贤先儒，外二间以祀名宦；西庑五间。中三间祀先贤先儒，外二间以祀乡贤。东西两角门二间。后建启圣宫三间。前为戟门五间。又斩石为棂星门。外建圣域贤关各一间。中凿泮池，架石为梁，以及台阶栅壁，周围墙垣成筑固。又于殿之右建明伦堂五间，斋房各三间，仪门、学门各三间，而学宫于是告成。❶

乾隆五年（1740 年），知府崔邑俊培修府学，建崇圣祠于大成殿后。时四川学使张仕遇临夔考试，见府学、书院、崇圣祠规制宏伟，盛赞崔邑俊不沽名，不邀誉，修理宫墙，振兴学校功绩。乾隆二十九年（1764 年），亦大规模重葺。嘉庆初年，知府周景福改建学宫。嘉庆十六年（1811 年），知府邓璜增修考棚号舍，刚竣工，竟病逝，士民惜之。嘉庆十七年（1812 年），奉节知县、代夔州知府蔡星，教授朱有绂共商，而谋诸绅士重建学宫，众皆乐为捐助，遂备材兴工，起于三月中旬，成于十二月下旬。凡殿宇廊庑，门池墙壁毕具，计费二千有奇。咸丰十年（1860 年），邑绅邓秉元捐资重修府文庙。光绪十二年（1886 年），知府汪鉴饬奉节县令蒋履泰筹款添置祭器，于是歌诗舞佾，灿然可观。光绪三十一年（1905 年）七月，清政府下令废除科举制度。八月初明令停止岁科考试，专办学堂，所有备省学政，均著令专司考核学堂事务。是年，知府方旭（学和斋）莅任之初，即于原文峰书院创设学务综核所，教授专司祭祀，府学遂废。后人通过各版《夔州府志》复原了明清夔州府学宫平面示意图，使得我们可以一窥全貌。

清初，夔州府府学沿袭明制，设教授、训导二职。康熙三年（1664 年）

❶ 政协四川省奉节县委员会文史资料委员会．奉节文史资料选辑：第 5 辑［M］．内部交流本，1995：28.

裁训导，十五年（1676 年）复设；乾隆四十四年（1779 年）训导拨石柱厅，后复设。道光以后单设教授。光绪三十一年（1905 年）废科举，夔州府代理知府方旭创设学务综核所，聘奉节知县杜诗笠（翰藩）为综核所总理，所属六县各一人为协理，筹办全府学务。府教授改为祀官，专司孔庙祭典。民国元年（1912 年）撤夔州府，府教授、学务综核所均随之撤销。

### （三）巴县县学

巴县县学建于县治东，明末毁于战乱，对于清代重建县学过程的记载并不详细。在民国《巴县志》中也仅有只言片语的记载：“清康熙二十四年（1685 年）知县焦映汉修建两庑。乾隆二十年（1755 年）知府傅显勘复学地。嘉庆十六年（1811 年）知县叶文馥培修两庑，嘉庆二十二年（1817 年）知县刘德铨重修。”嘉庆二十二年（1817 年）知县刘德铨重修县学时，“首捐三百金，又广为劝助六千八百余金，择日鸠工，一一部署，培修正殿一，祠宇五，回廊、户牖若干，悉仍前制。特耗费殷繁，初支用外，尚亏千金，正拮据间，突于泮池池边掘得银九百一十三两有奇，验之为宋代藏物。资以竣事，实由大圣人在天之灵，而亦阖邑士民之福也”❶。

巴县县学建筑规制完备：棂星门居中，东养正门，西连茹门，右有双状元碑；棂星门左右分列乡贤祠、名宦祠，各三间；大成门分东西二门，各三间，外有文武官厅二间；大成殿三间居正中，明伦堂居其后，有清代卧碑勘立于堂左；崇圣祠在明伦堂之后，内有至圣燕居像，因“前明易主时，以像系铜铸，未敢毁亵”，故保留了下来；东西庑各五间。泮池以原有漏月池当之，池前原被街市遮蔽，不能远瞩，乾隆初年，邑绅龙为霖等捐资购买街市房屋，悉数拆去，缭以宫墙，捐砌石栏，重浚泮池，种荷其中。同时廓清池址，泮池周八十二丈，阔二十四丈，深五尺，加上泮池紧邻大江，视野开阔，时人云“县学泮池甲于全川”。据乾隆《巴县志》勘定，巴县县学的学基（即学校校址）约长五十余丈，宽十丈有奇，以清代一丈合 3.2 米计算❷，即巴县县学区域长约 160 米，宽约 32 米。

### （四）万县县学

万县县学建于城北都历山脉，明末毁于兵乱。康熙三年（1664 年），水师

---

❶ 朱之洪，等．巴县志：卷七 学校志［M］．1939（民国二十八年）．

❷ 丘光明．中国古代计量史［M］．合肥：安徽科学技术出版社，2012：191．

营傅僅建正殿三间，开始了万县县学的重修工作。康熙二十一年（1682 年），张永辉任万县知县，“谒先师庙，行释奠礼，见学宫止存正殿三间，而旁无两庑，后无启圣祠四配十哲。而外禋祀缺然。且池为采芹之地，奈何颓塌石积。周围墙垣四顾皆无，而其甚者更有鸡豚马匹充斥盈庭”。[1] 因此在康熙二十二年（1683 年），“鸠工庀材，辟后山之数丈而建启圣祠，平东西之隙地而为两庑，整南方之半壁以为池，建中央之数尺以为台墙”。[2] 后知县刘乃大重修明伦堂，李大魁重修两庑，制乐器祭器，久渐圮毁。嘉庆十二年（1807 年），知县陈焕章、李壎、宋大中、李嘉佑、仇如玉相继募捐集资重修，道光五年（1825 年）建成。《增修万县志》（同治五年刻本）卷首刊刻有学宫图，学宫与都历峰相为掩映，学宫秩序森然，都历峰绿树成荫。

万县县学教职初由知县兼摄，雍正三年（1725 年）始将开县训导改设万县，至此万县县学始有训导管理诸生及教学活动。因此，万县的地方官员对县学发展的推动作用不可忽视。如“郑朝清，康熙十年知万县，秉志不阿，勤敏民事，训课士子，咸仰其德……张永辉，康熙二十一年任万县，捐俸创修儒学，义学，名宦乡贤崇圣祠，作养人才”[3]。张永辉在其所作《增修学宫记》中，阐述了其增修学宫的原因：“非独妥侑先圣贤在天之灵，盖欲诸士子鼓箧肄业咸进而学焉……能奋发为雄，潜修实行，不独将来之甲士联云，且率一邑而化为仁让之俗。”

### （五）涪州州学

清朝定鼎以后，由州牧赵廷正于顺治十七年（1660 年）重建涪州州学，康熙十三年（1674 年）受吴三桂叛乱影响复毁。康熙四十六年（1707 年），知州董维祺倡捐重修。雍正四年（1726 年）知州王愿捐修，“其大成殿、崇圣祠、明伦堂、东西两庑及礼门、戟门、泮池、棂星门等皆黝垩丹碧，巍焕炳烺。复新建名宦、乡贤、忠义、节孝四祠，各置神主，配享春秋，缭以周垣，坚固高峻”[4]。乾隆三十九年（1774 年），大成殿中梁折断，州牧赛尚阿倡修完备。嘉庆十九年（1814 年），州牧张师范联合当地绅士向玉铜等改修。道光十四年（1834 年），州牧杨上容联合当地绅耆李文寿等补修。

经过历任州牧更番修举，涪州州学体制完备，规模宏大。涪州州学建于治

---

[1][2][3] 王玉鲸，张琴，范泰衡. 增修万县志：卷三十六 艺文志［M］. 刻本，1866（清同治五年）.
[4] 吕绍衣，等. 重修涪州志：卷十四 艺文志［M］. 刻本，1869（清同治八年）.

南，中间建有大成殿（先圣庙正殿）五间，两翼为庑各五间，前为戟门三间，棂星门（即石坊）一座，忠孝祠一间，四贤祠一间，名宦祠、乡贤祠各一间，分列戟门左右。戟门外为泮水池，池上有石桥三座。殿西为崇圣祠三间（原名启圣公祠，雍正元年奉檄更名），殿西南为明伦堂三间。还建有下马碑（在棂星门外），节孝祠一间，东壁阁（在棂星门左，后废），奎星阁（原址在田家巷口，道光十四年迁移圣庙前，后复在故址重建），卧碑三座。

据《涪州志》（道光二十五年刻本）记载，涪州州学学额设廪膳生三十名，每科试、岁试各贡一名；增广生员三十名，附学生员及武生无定额。每岁试，进文武新生各十二名，每科试，进文生十二名。“涪虽僻处巴蜀，去京师万里”，但由于历任知州、学正等关心教育，正视教育的作用，认为“惟学校者，礼义之所出，政治之所本，而人品心术之所在也”，建学明伦，礼乐具备，风气大开。

**（六）江北厅厅学**

江北厅清代以前并未设立官学，嘉庆十五年（1810 年）署同知谭光祐，同知张瑞溥相继请咨，奉旨准设，始有江北厅厅学，地方士绅倡修学宫，以崇圣祠舍所扩充修成。嘉庆十六年（1811 年），同知米乔龄新建，士民等争先捐输，修建学宫：大成殿三楹，崇圣祠三间建于大成殿后，东西庑各三间，钟、鼓楼各一间；戟门三间，泮池在戟门外，名宦、乡贤祠各三间，分列礼门西东；棂星门石坊三座，圣域、贤关门各一间，宫墙一围，规模初具。道光十九年（1839 年）同知福珠朗阿修，并著《培修学宫记》记录厅学修建的经过，现节选部分段落如下。

……戊子春，余来牧是邦因谒庙，见其地局势宏敞，气象峥嵘。独惜其创建之初，甃泮池于棂星门内，而宫墙壅蔽，气势郁而不舒，墙以外率皆零星小户，杂秽不堪。故自分学以来，登贤书者寥寥无几。久欲辟而易之，而所费不赀，辄复中止。丙申春，学博宋蔚堂来厅秉铎亦为余言及之。余终有志而未逮也。戊戌奉札守绥权……次年二月鸠工兴事，甫经始而余适捧檄回任，余见之喜曰：“是余志也，因怂恿亟成之。”于是凿泮池于棂星门外，周以石栏，护以宫墙，外砌短垣，使收潮而取势。两庑檐柱之不中程度者尽徙而易之，其他缺者补之，旧者新之。甫五月而工竣，用银九百八十六两有奇，轮奂不易，丹雘一新。向之壅蔽者，今则开爽

矣；向之芜秽者，今则宏丽矣。则试登戟门而远望，涂山卓立于当前，江水回环于左右，撷芳挹秀，襟抱朗开洵文林之大观也。❶

### （七）永川县县学

清代，永川县历任知县、教谕等皆以振兴文教为己任，对于县学的修复也十分热心，在县志中有许多关于县学修建的记录。康熙二年（1663 年），知县张翔结茅屋数椽，以奉祭祀。康熙二十四年（1685 年），知县董粤固修戟门五楹，大成殿两楹两廊，启圣祠三楹（雍正元年更名崇圣祠）。康熙三十三年（1694 年），知县欧阳明万修名宦、乡贤二祠。康熙五十九年（1720 年），知县沈镛修东西两庑。雍正七年（1729 年），知县李倬奉文修忠义、节孝二祠。

乾隆三十五年（1770 年），知县张宗文、教谕彭滨重修崇圣祠、大成殿、东西两庑，又于戟门左右各添修斋寝两间，廓深泮池，外砌石栏，左竖奎阁，旧制维新，历久复圮。嘉庆二十四年（1819 年），知县高学濂重修大成殿、东西两庑、露台、戟门、棂星门，嗣后叠加补葺。庚申张逆陷城❷，诸庙多毁，唯学宫完善。光绪十九年（1893 年），因学宫被蚁食将颓，知县许曾荫督绅耆改建，体制完备。

泮池周围三十余丈，阔十余丈，深五尺许，向为市民秽塞，后卫以石栏，水始清洌，光绪十九年石栏上增砌砖墙，高一丈六尺。圣域贤关石坊二列庙左右，与垣墙相接，坊极高大壮观，下各有门，祭祀时由左门入。棂星门石坊三，体势浑坚，镵刻绮丽，高二丈，长十丈，中曰“棂星”，东“礼门”，西“义路”。乡贤、名宦祠在棂星门内左厢。节孝祠在棂星门内右厢。戟门四楹三门，左右斋寝各二间。露台在戟门上，石花香炉一座，石花屏一对，台檐建木坊一，两旁卫以石栏。东西两庑各三间，上二间祀乡贤，下一间祀先儒。大成殿旧制周围阶砌，卫以楯栏，回廊相通，雕甍耸拔，重檐飞阁，朱户丹楹，诚巨观也。但多历年所风蚁剥蚀，势将倾圮。光绪十九年改建，易柱为石，上覆琉璃瓦，较前尤极壮丽。崇圣祠四楹，在大成殿后，地势微高，阔与相等。奎星阁旧在大成殿红墙外左，

❶ 福珠朗阿，宋煊，黄云黼．江北厅志：卷七 艺文志［M］．刻本，1844（清道光二十四年）.

❷ 1859 年 10 月，在太平天国起义影响下，云南昭通爆发了李永和、蓝朝鼎农民起义。起义部队虽起事于云南，却于起兵后迅速杀向四川，转战于川西、川南一代。1860 年，李、蓝部将张国福攻入永川县城，据县志记载，此次战乱全县死亡两千余人。

乾隆三十九年教谕余续建，画彩雕甍，有楼三上，后圮。同治十年知县童炳宸仍规旧址重修，体制较壮，今因蚁蚀，势又倚斜，邑绅现议改建巽方。惜字阁在学宫左。❶

如此重视学宫的修建，也是有其原因的。历任知县期望："邑人士春秋释奠，谁不入庙思敬也欤？"即以华丽的学宫吸引永川士子积极向学、升华品格。

（八）江津县县学

清代江津县县学建于县城南安门内，康熙二十二年（1683年），邑令王璧在明代旧址上重建。王璧十分赞同教育的重要性，他说："牧民之要在于养士，固风俗之原也。士习端则民俗正，士习厚则民俗醇。凡创治之初，必先选胜地，以居学宫，根本所系，固不重欤？❷"该语道出了教育对于社会秩序稳定、社会风俗变迁的重要作用。雍正八年（1730年），邑令王朝选于明伦堂基址改设崇圣祠，别建明伦堂于崇圣祠右，新制殿龛，增设祭器，于棂星门外置义路、礼门二坊，筑围墙，砌泮池，由此江津县县学规制粗备。乾隆四十一年（1776年），县学渐即倾圮，邑令周凤仪、教谕冯乃驷、进士杨长佐倡建，增高大成殿、两庑，移照墙于泮池外。乾隆四十二年（1777年），邑令曾受一移崇圣祠接于殿后，并建奎星阁，四周垣墙悉易砖石。嘉庆九年（1804年），邑令徐鼎增高棂星门及东西宫墙。道光二十一年（1841年），邑令张其仁重修，规模宏阔。清初定江津县学额，岁试取入文学各八名，科试取入文学八名。雍正四年（1726年），督学任兰枝奏增四名，由此学额改为十二名，廪生二十名，增生二十名，岁贡生三年两贡。

（九）合州州学

清康熙二十三年（1684年），署合州事府通判温恂奉知府孙世泽檄，重修大成殿、启圣宫及东西两庑。康熙四十年（1701年），知州常学易复修启圣宫、棂星门、泮池及奎阁、乡贤名宦祠。康熙六十一年（1722年），署州事巴县知县周仁举重修两庑、戟门。乾隆十一年（1746年），署州事施廷筠重建尊经阁。乾隆十二年（1747年），知州宋锦改修棂星门、泮池。乾隆五十年（1785年），知州周澄到任谒庙，见殿宇倾圮，心痛不已，力主重修，并首捐

❶ 许曾荫，吴若枚．永川县志：卷五 学校志［M］．刻本，1894（清光绪二十年）．

❷ 聂述文，等．江津县志：卷八 学校志［M］．刻本，1924（民国十三年）．

廉为倡，起乾隆五十一年（1786年）三月，迄乾隆五十二年（1787年）八月功竣。同治八年（1869年），州人士见州学殿柱朽蠹，恐坏不可治，请知州霍为棻禀大吏请重修，得准，即以其年十月起，直至光绪二年（1876年）大功始竣。花费八年的时间重修整修的合州州学，不管是占地面积，还是建筑规制，都达到合州州学的巅峰。

其南面墙上刻“宫墙万仞”四大字，高可五尺，以石嵌入墙中，上覆以黄筒瓦作翘角，四中安磁顶如屋式。墙外为通路横过南抵城根，可二十许步。循墙而东为德侔天地门，广一丈六尺，三空皆编木为栏杆，中作圆形，可三尺许护门牡之用，上作楼阁式以木方砌成之，有翘角四起。门右有前清勒立满汉文武官员至此下马碑一，高可七八尺，以碶石为之。门外露台作半月形，深广不计。台东有小室，为看厮住处。入门迤西，行四丈八尺为泮池，峡石为栏周之，北而平直，东西面皆迤下至南作半月形，所谓泮也。周十七丈七尺，半径三丈四尺五寸。池中贮清水恒满，中泮池而北三丈三尺为棂星门，以碶石作魏阙式，广五丈六尺，高称之门三空。中榜曰棂星门，左曰圣域，右曰贤关，皆竖栅栏，不常开。两旁有直墙各四丈，横与宫墙接有角门二，为丁祭上下便道。东角门东为名宦祠，西角门西为乡贤祠。并有门，进名宦门六尺为天井，广一丈三尺，深八尺。上敞厅一间，广二丈四尺五寸，深一丈八尺，中供历代名宦之位。乡贤祠门内天井敞厅深广并如名宦祠。墙外东西各有敞室八间，广九丈七尺，深六尺八寸。中第五室更凸出六尺五寸作地台式。第六室以下深九尺三寸，并为官吏省牲眡杀纳毛血等所，与德侔天地门接矣。北行一丈五尺外阶为广廷，广七丈三尺，深三丈七尺，南北对峙各石阶三，东西近北各对峙各石阶一。东石阶有斋宿室一间，广一丈八尺，深一丈九尺。西阶上之斋宿室深广并同。中广庭升阶为大成门，屋五间，并空洞门如之，通广七丈四尺，深三丈七尺，礼典所谓戟门也，中门不常开。大成门两端皆有壁，壁外为通道，通道侧各天井，一并广八尺四寸，径一丈九尺。天井东西皆敞，广各五尺。抵墙，墙近北有小门以出，南下并厕所，北上并有敞厦一间，皆长五丈，广一丈，不知何用。大成门北阶下为丹墀，广七丈三尺，深七丈一尺，东西甬道加深一丈二尺。墀旁各有官厅一间，皆广一丈四尺，深一丈五尺。官厅上为东西庑，并广六丈九尺，深同厅屋。庑外为走廊，通广七尺，深八丈三尺。庑北并有石阶，升阶有敞屋一间，各广一丈六尺五寸，深一丈五尺。又北上石阶，东西转上大成殿阶广七丈二尺，深四尺。大成门凡六扉，中对圣位，旁值配哲位。而少偏殿空洞五间，广六丈七尺，深四丈二尺，上覆黄色筒瓦，向不纯黄，自升大祀始用一色。屋上宝鼎脊瓦四周垂沙峭角皆由江西定烧而来，美哉轮奂，可以观矣。殿三面皆环以天井，东西并广八尺五寸，深五丈五尺，北面左右皆广三丈六尺，深一丈三尺。各有花台二，高广不计。中甃石为通路，以沟西天井之界，南有石阶，北作到八字形，广一丈八尺，深一丈三尺，有走廊，广十丈四尺，深七尺。旁连东西走廊，各长六丈一尺，深七尺，木栏环之。正殿界尽矣。殿后为崇圣祠，向由庑后青云路入角门。崇圣祠后有尊经阁。[1]

清代1丈约为3.2米，1尺约为0.32米，1寸约为0.032米，结合清代重庆《新修合川县志》所载资料，合州学名宦祠、乡贤祠大小一致，长为7.6米，宽5.7米；戟门长23.6米，宽11.8米；大成殿长21米，宽13米。从这些数据也可以想象当年合州州学建筑规模的宏大。

合州州学的学额为12名，廪生30名，增生30名，三年二贡。州学有学正1人，训导1人。同时，合州州学中的诸生科举成绩也十分优异。在清代，合州共有进士10人。

钓鱼城位于合川区内的钓鱼山上，南宋末年著名的钓鱼城之战就发生在这里。在抗蒙战争中，钓鱼城一显风流，使蒙军一再损兵折将，号称“横扫欧亚无敌手”的“上帝之鞭”的蒙哥大汗折鞭于此，创造了军事史上的奇迹，从此钓鱼城名留青史。“荒烟古垒气犹生”的英雄气概是历代文人骚客的凭吊之地，名人雅士留下了动人诗篇。清代道光年间合州人禹湛，博学多技，颇有诗才，是蜀东著名诗人，但一生怀才不遇，落落不得志。他曾作《九日钓鱼城登高》一诗，表达了自己过去热衷于追求功名，此后再无追求功名之心。

**九日钓鱼城登高**[2]

烽烟万里暗神州，城守原为报国谋。
昔乐长安每西笑，今歌河水不东流。

---

[1] 张森楷. 新修合川县志：卷四 建置志［M］. 刻本，1921（民国十年）.

[2] 秦立. 钓鱼城诗选［M］. 成都：四川人民出版社，1988：79.

重阳偶动登临兴，大地翻成冷淡秋。
拼醉长房菊花酒，置身高地又何忧。

### （十）南川县县学

《南川县志》（咸丰元年刻本）对南川县学的记载十分详细，记录了南川县学历次修建的过程。“康熙二十二年（1683 年）知县吴成龙重修，康熙四十八年（1709 年）知县张有孚补修并建崇圣祠于殿东北，康熙五十九年（1720 年）知县徐庭宣建明伦堂。雍正十年（1732 年）知县吴烜倡修，甫立屏墙旋去，知县张晅接修正殿、崇圣祠，添建东西两庑、戟门、乡贤名宦两祠。乾隆十年（1745 年）知县陆玉琮补修圣域贤关两坊，创筑四周墙垣，开浚泮池；二十年（1755 年）知县应士复补修；二十九年（1764 年）知县冀宣明重建正殿；四十二年（1777 年）知县原敬德重修启圣祠。嘉庆八年（1803 年）教谕王翊中倡绅广浚泮池，高筑宫墙，添建奎星两阁；一十年（1805 年）知县蒋作梅复改修棂星门，德侔天地，道冠古今诸坊。”[1] 笔者猜测，南川县学补修如此频繁的原因，可能是补修县学所需的费用多，南川县为西南边陲一小县，不具备如此的实力。当然，经过数次补修，南川县学臻于完备。

> 其外南北两门，北开南闭，北曰圣域，南曰贤关。庙垣四周，涂以朱色，壁书“万仞宫墙”四大字，俗呼红墙坝。旧有奎星阁，以奎宿星文明。祀孔子时，兼以酒脯祭之，年久朽堕。清同治八年，知县黄际飞移建后街城垣上庙门竖下马碑，内凿泮池注水，曰泮池，仿古诸侯学，曰泮宫，水环两面之义渡以三桥，过桥为棂星门，据纬书天镇星一名，灵星主得士，科举时代取为吉征。左右二坊，额曰“德侔天地”“道冠古今”。东北西北两隅，建钟鼓楼二亭。中阶上为戟门，始于宋太祖列戟十六，以示威严。门左一室，祀名宦十五人……右二室一祀乡贤三人……；一祀忠义孝弟二人……。左右两庑，各为一长廊，分奉先贤先儒神牌。正殿外露，台下刻蟠龙石，左右石级，行礼者左升右降。大成殿内悬清八帝御书匾额……。殿宇高阔，丹楹数抱，由殿东序后入崇圣祠。[2]

南川县县学有教谕一员，掌文庙祭祀、教育生员，训导佐之，知县居主

---

[1] 魏崧．南川县志：卷四 祀典志［M］．刻本，清咸丰年间．
[2] 柳琅声．重修南川县志：卷五 礼仪志［M］．排印本，1926（民国十五年）．

体，三者均称为“师”。教谕与训导每月课试一次。每及岁试，知县集文士试五场，知府试四场。县、府试首场有名者，提督学政按临，应院试。每次岁试，对不同的人群要求不同。先已入学者曰考等第，邑额设廪生二十名，增生二十名，余称附生。附生等第优先者，遇廪增生缺，挨次填补。未入学者试以时艺二篇、试帖六韵。南川县最初岁试额取八名，咸丰时捐助粤西饷银一万二千余两，广额一名；后重庆府设教授而无学生，于属县增取，拨入本县，岁试增取一名。经过两次变动，岁试额取为十名。据统计，南川县在清代共考取进士十人，举人五十一人，贡生一百八十四人，彰显了南川县县学的教育质量。

### （十一）綦江县学

明末綦江县学受到流寇破坏，片瓦无存，到了清代在其历任知县前后相继的修缮中得以焕发新颜，正所谓清代“綦之学创造者非一日，经营者非一人[1]”。顺治十八年（1661年），知县孟易吉始建大成殿。康熙七年（1668年）知县李秉直始建启圣祠，康熙十一年（1672年）知县张采复设圣位十哲牌位，康熙二十三年（1684年）知县陈正忠敬悬圣祖仁皇帝“万世师表”匾额，至此，綦江县学规模初创。但是门庑墙垣等仍旧空无，明伦堂、魁星楼徒存荒址而已。康熙二十四年（1685年）夏，知县徐振基视学，见两庑荒凉，宿草盈阶，命人重修圣殿。康熙三十五年（1696年），知县方岳捐修棂星门左右宫墙及前角门殿，建礼门、义路二门，魁星楼、戟门、栅栏、街道、学署、斋房，次第建举，綦江县学规模进一步扩大。康熙四十九年（1710年），知县许国棠认为县学犹未尽善，建乡贤、名宦祠，易明伦堂为启圣祠，前凿泮池，“四围墙垣则定其尺寸而增之筑之，栅栏诸门则计其久远而丹之漆之，义路礼门厚其盖覆而扩大之[2]”。至此，“胶庠兴起而学宫几于备矣”，綦江县由此人文蔚起，科甲连绵。

雍正十年（1732年），知县杜兰改文庙为申山寅向（旧为坐辛向乙），从此文运顿歇，科名冷落，榜上无綦江字者五十余年。乾隆五十一年（1786年），知县冯汝弼认为科考久而不中，是圣庙基向失位导致，于是遍访堪舆家、术士，仔细斟酌，均认为旧制坐辛向乙为佳。又因县学构造已久，风霜剥蚀，栋宇倾圮，冯侯与教谕吴淳、训导李现，率乡绅罗正琦、罗世英、罗天麟等改修县学。改复辛山乙向，鼎建大成殿、启圣祠、东西庑及棂星、名宦、乡贤、泮池，围墙照壁，义路礼门，圣域贤关，次第告竣，从此，举贤书、登甲

[1][2] 杨铭，伍濬祥．綦江县志：卷三 学校［M］．增刻本，1863（清同治二年）．

榜者接踵。道光十六年（1836 年），知县邓贤侯重修。

綦江官学学官有教谕一人，掌管文庙春秋祭祀和全县教育，并在文庙的右面置训导署，设训导一人，协助教谕做管理工作。额取文生八名，岁科试共取十六名；增广生员二十名，岁科试次等者拔补；廪膳生员二十名，以岁科两试优等者拔补；贡生二年一贡，取资深者充岁贡，遇恩依次补恩贡一名；武生岁取进八名。

### （十二）长寿县县学

长寿县“士崇文学而贵科第……弹丸小邑足与巴涪竞胜，有时且超过之。诗书弦诵之泽流衍乡邦，而人们沐浴于礼教，渐染于文明[1]”。这离不开县学对文化的弘扬。

长寿县县学的重建几经坎坷。康熙元年（1662 年），知县柴允方（康熙元年任）重建县学。后任知县吴如衮（康熙六年任）、黎时举（康熙十九年任）、石如金（康熙四十四年任）、薛禄天（康熙五十年任）、包括（康熙五十六年任）先后补修县学。嘉庆二年（1797 年），因战乱造火焚毁。嘉庆十一年（1806 年），知县余钰移建于旧县治故址（河坝长乐街仓颉殿）。咸丰二年（1852 年），长寿士绅以“地近尘嚣”为由，向知县朱庆墉详禀，复移建于县学旧基，即学堂街（今文化街）。历次修建后，长寿县县学有大成殿三间，东庑五间，西庑五间，大成门五间，启圣祠三间，棂星门一座，名宦祠一间，乡贤祠一间，魁星阁（即尊经阁）在东南角，节孝祠在西隅。

县学有文、武学额各八名，廪生二十名，增生二十名，二年一贡。设有教谕一人，训导一人，主管教学工作。据重修《长寿县志》（光绪元年刻本）记载，县学教员岁支俸银四十两，额设衙役二名，内门斗一名，膳夫一名，每名岁支工食银六两。

### （十三）大足县县学

大足县县学旧在县南门外，明嘉靖年间改迁于县内东北隅。康熙六年（1667 年）裁并荣昌，大足县县学遂废。雍正八年（1730 年）复设，雍正九年（1731 年）知县陈九夏复承修儒学署。乾隆九年（1744 年），知县李德重修尊经阁，增修戟门。乾隆五十九年（1794 年），士民捐资补修，嘉庆八年

---

[1] 李鼎禧．长寿县志：卷二 地理部［M］．石印本，1928（民国十七年）．

(1803 年)，士民复捐资重修。嘉庆二十三年（1818 年)，甘肃武威人张澍任大足县知县，到任后，十分关注大足县的文教事业。在《重修棠香书院碑记》中云：“大足为唐昌州地，历宋元明洎国初，时有登科第者，究无卓闻之硕儒。近效十年来并乡举者绝响，岂今昔土地之殊欤？抑以教化不兴，士安朴僿，靡所师承，虽有资性颖敏者，目不睹经史，耳不闻讲授，株守学究，心如废井，聪明锢蔽，华颠无成，良可哀也。”因此，他十分重视县学、书院及义学对士子的培养作用。任职期间，重修了大足县文庙，光绪《续修大足县志》卷 3 中记载了修建的经过：

> 于二十一年量力助金，扩其旧规，而制度未备。亟谋恢更众情凫藻，次岁即聚钱三千余贯。虽开辉弓，如之乐施史晨、李谦之饰治不是过也。遂鸠工庀材，揆日伐石，门阙翚如，泮池镜如，两庑豁以庭，两阶竣以砥。大成之殿，骞乎特起，仿佛睹龙蹲之仪；崇圣之祠，俨以鸿溶，依稀闻笙寞之响。桂树窅窊比乃龟檀，石栏云矩如游曲阜。凡名宦、乡贤、忠孝、节义之祠，罔不举；即鹿俎、雷洗、笾豆、棜禁之属，靡不周。[1]

光绪《续修大足县志》中绘有学宫图（见图 7.1)，学宫规制完备，建筑大气，绿树成荫，士子既能于此读书论道，也能修身养性。

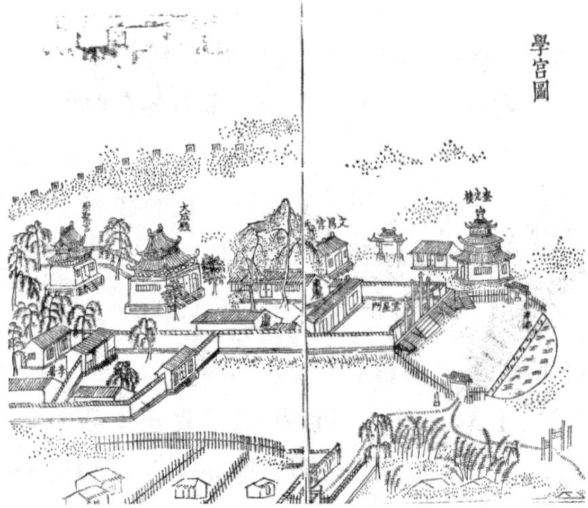


**图 7.1　大足县县学示意**

资料来源：张澍，赵时，王松．续修大足县县志：卷一 舆地志［M］．刻本，1899（清光绪二十五年）．

[1] 张澍，赵时，王松．续修大足县志：卷三 祠庙志［M］．刻本，1899（清光绪二十五年）．

大足县旧为荣昌兼摄，自雍正八年（1730年）改设邑令，其学额乃可得而言：廪膳生员20名，增广生员20名，附学生员无额。岁入文武生员各8名，科入文生员8名，岁贡生定例二年一贡，选拔贡生旧例12年举行一次，府学2人，县学1人，宁缺毋滥。雍正六年（1728年）奉文选拔一次，乾隆七年（1742年）复改为12年选拔一次。咸丰时因捐输津贴加广1名，同治时又增广3名，岁入文武生员各12名，科入文生员12名。

大足县县学训导于雍正八年（1730年）始立，历任训导大多为人才培养鞠躬尽瘁。雍正七年训导廖璇仪，每当大比之年备文送与学生，自捐俸禄于学宫周围植翠柏数百株。卸任之时，士民攀辕践行，道为之塞，可见其深得民心。咸丰元年（1851年），训导沈延广，字心如，四川开县人。少习经文，兼攻举业。清宣宗道光十五年（1835年）中举，后屡应会试不第，遂归里设馆授徒；课诲勤谨，教授有方，名播乡里。后历主邛州鹤山书院、绵竹晋熙书院、铜梁巴川书院；妥订学规，“循循善诱，成就良多”。1844年以大挑二等选授教职，更以“扶翼文教为已任”。咸丰元年（1851年）改授大足县学训导，为训诲士子有所作为，特作“杜邪教、正人心、修武备、兴蚕桑五言古诗四首，以剀切劝导为根本”。同治八年（1869年）辞职归里，仍以著述、讲学为事。

**（十四）铜梁县县学、安居乡学**

铜梁县县学学宫在飞凤山巅，明末毁于战火，蚀壁断梁，杂草丛生，苔藓青青，一幅残破景象。清朝康熙十五年（1676年），合州知州于成龙率士民高选等捐建，还出资购买若干书籍捐给文庙收藏，供士子们阅读。康熙六十年（1721年），邑人士复新之。雍正元年（1723年），知县诸涛在正殿后建崇圣祠三间。康熙六十年（1721年）知县陈焕章、乾隆三十年（1765年）知县郑王臣先后补修。道光元年（1821年），知县徐瀛、教谕白澍重建棂星门，改前石坊为天开文运坊，增立石狮二座，仪注石一座。道光二十二年（1842年），知县沈廷贵因“圣庙旧址覆压于前山腰，仅容殿庑数楹，而泮池红墙类多缺略，无不叹为湫隘……庙基既狭日久且就倾”❶，遂迁建于书院街张襄宪公祠地，规模宏峻，迥异从前，计费钱万八千缗。道光二十六年（1846年），知县余遂生规拓前后地基，移宽龙台，令与两庑接；又买当田业二处，以增补祭祀之需，计费钱三千余缗。同治七年（1868年），知县于腾以旧藏周鲁公作文王

❶ 韩清桂，等. 铜梁县志：卷十二 艺文志［M］. 刻本，1875（清光绪元年）.

尊一器，装匣安置祭器库，春秋释奠陈设。同治十三年（1874 年），知县韩清桂复筹款千余缗，修葺全庙。光绪元年（1875 年），知县邵坤以葺庙余资，重浚泮池，令可蓄水。早年，学宫内外还有敬一亭、跨鳌楼、题名塔、科甲题名碑等标榜科举制度的附属建筑供游人赏访，至光绪元年（1875 年）已先后废圮。

然铜梁县与其他州县不同之处在于，铜梁县有两所官学。据光绪《铜梁县志》学校志记载："夫一省之中各州县儒学皆一，而铜梁学则二"，其二则是安居乡乡学。安居乡原为安居县，有安居县县学一所。康熙元年（1662 年），裁撤安居县、铜梁县并入合州。康熙六十年（1721 年），复置铜梁县，以安居县并入，称为安居乡，属重庆府。虽名为安居乡乡学，其实际规模远胜于一般乡学，因此将其详细介绍。安居乡乡学学宫"在化龙山巅，创自明成化十六年，时安居乡始置县，规模甫具。弘治十八年重修。明季兵燹，仅存大成殿一间。国朝康熙二十六年知县蔡玉华率绅士增修崇圣祠及东西庑、戟门"❶。雍正八年（1730 年），将其裁附铜梁，旧额弟子员亦归铜梁。直至嘉庆十九年（1814 年），邑绅戴健行等请求设立乡学，前学使请求增设训导一员，专司训课。嘉庆二十三年（1818 年），监生周启标捐置祭田，以供春秋释奠。道光五年（1825 年），重新修葺宫墙，改建棂星门。道光二十四年（1844 年），知县余遂生以乡学年久失修为由率众修缮，但经费不继，中途停止。同治八年（1869 年），知县于腾、训导易全斐建大成殿一间，左右两庑各五间，戟门三间，崇圣祠一间，更衣、修馔、祭器、库房诸所，戟门外乡贤、名宦、忠义、节孝四祠及棂星门、宫墙，悉皆完备。

因此，两学的学额也有差别。铜梁县县学：原额岁科各取八名，嘉庆二十三年（1818 年）拨巴县学一名，仅各七名；咸丰六年（1856 年）以捐输津贴永增一名；同治四年（1865 年）永增一名，同治七年（1868 年）永增二名。至是岁、科各取十一名，廪生二十名、增生二十名，三年两贡。安居乡乡学：咸丰六年（1856 年）以前与铜梁无异；六年后，以捐输津贴永增一名，岁考取各八名，廪、增各二十名，二年一贡。

### （十五）璧山县县学

明末清初战乱，张献忠部队、明军、清兵和乡义勇先后驻扎璧城，使璧山

---

❶ 韩清桂，等. 铜梁县志：卷十二 艺文志［M］. 刻本，1875（清光绪元年）.

县县学学宫遭到极其严重的破坏。清朝康熙元年（1662 年），璧山县因人少并入永川县。康熙二十五年（1686 年），永川知县董粤固奉文修葺璧山县县学时，又迁至明代学宫旧址，“只修大成殿以备祭祀，至启圣祠、东西庑、戟门、棂星门、名宦乡贤祠俱未修葺”。雍正七年（1729 年），复设璧山县。“雍正十一年（1733 年），知县许绍熙奉文修建，改立西门内，坐西向东”，规模略备。计“大成殿三间，东西两庑各三间，名宦乡贤祠各一间。棂星门三间，戟门三间，外立照墙，左右二栅门，崇圣祠三间”❶。乾隆二年（1737 年），知县黄在中捐立大成殿匾额，捐立东西两庑、崇圣祠、名宦祠、乡贤祠诸匾额，又修造各祠牌位，加筑外垣墙，清厘学基。乾隆五年（1740 年）又捐明伦堂三间，头门一间，二门二间，捐建儒学衙署六间，石砌殿前丹墀门外甬路，又虔造龙亭龙牌供奉，学宫规制始备。乾隆五十七年（1792 年）重修，颇为壮丽。

咸丰四年（1854 年），因年久失修，丹漆漫灭，岁久颓剥，损坏严重。尤其是大成殿承重木梁柱历经一百二十一年已呈弯曲渐朽，势已不支。县令党钧与邑绅商议学宫重修之事，但因当时清廷正全力与太平军作战，不能以财力支助地方建设，而璧山县欲向百姓劝募一时也难成，乃向“殷实富者筹商捐修，鲜有应者”。唯来凤驿大善士周继盛“独慨然曰：‘圣庙重地也，而坠颓至此。吾侪所读何书，可坐视乎？余虽无盈余，愿独任之。’人有以工程浩大阻之者，君乃毅然曰：‘囊中无金，可告贷而来，苟不继，虽破产何异焉！’”❷ 他主持四处求购优质木材，历尽艰辛，卖掉自家良田数百亩，共用银五千八百七十八两，用了五年时间于咸丰九年（1859 年）春二月建成文庙大成殿。新殿“不特木石坚良，凡金碧丹漆，砖甓瓦墁，雕刻彩绘之属，莫不尽善”❸。时人评云精美壮观，重庆各府州县文庙莫能与之相比。邑人王倬作《重修大成殿碑记》，详细记录这次修建的缘由及过程。

**（十六）荣昌县县学**

荣昌县（今重庆市荣昌区）历来就有崇教尚学的民风，而当地历任知县等官吏对县学的重视更是促进了这种民风的发展。清康熙二十二年（1683 年）知

---

❶ 寇用平，陈锦堂，卢有徽．璧山县志：卷四 学校志［M］．刻本，1865（清同治四年）．

❷ 政协璧山县委员会学习文史委员会．璧山文史资料：第二十一辑［M］．内部交流本，2008：66－67．

❸ 政协璧山县委员会学习文史委员会．璧山文史资料：第二十一辑［M］．内部交流本，2008：71．

县史彰面对破败的学宫嗟叹不已，遂捐廉倡修。乾隆六年（1741 年），知县许元基重葺。乾隆十七年（1752 年），知县唐学海重葺。乾隆四十三年（1778 年），知县张星熠重修。道光八年（1828 年），知县张履实、教谕寇宗扩建泮池，重修棂星门，丹涂大成殿、东西两庑及戟门。道光十九年（1839 年），知县徐先琅、教谕寇宗再修，将倾颓者更修之，折败者朴斫而丹雘之。咸丰九年（1859 年），知县陆观濂、教谕谢金元倡捐重修，因旱灾突然爆发，未毕。同治元年（1862 年），知县饶宪章、同治二年（1863 年）知县韩清桂接踵重修，乃告竣。值得指出的是，学宫在文昌宫后设有教学斋，作为兴行教化、作育人才的场所，供诸生讲习月课。

清代前期，县学有廪膳生员 20 名，增广生员 20 名。康熙六十一年（1722 年）起，一直到光绪年间（1875—1908 年），曾先后 13 次“蒙恩诏”增加名额。咸丰、同治年间，因“历年捐输津贴”任务完成，业绩甚佳，又决定“永加文武学额各三名”。清康熙二十七年（1688 年），荣昌县县学始设训导一职，直至雍正八年（1730 年）拨归大足县（康熙元年，并大足县入荣昌县；雍正六年，复置大足县）。康熙四十二年（1703 年），始设教谕一职，直至科举制度废除。

朱珏，乾隆四十三年（1778 年）任荣昌县知县，乾隆五十六年（1791 年）卸任，共在任 14 年，对荣昌县感情深厚，政绩显著，史载其“补修祠庙，改建书院，砌莲花洋河堰，便民汲引”。不难发现，朱珏是一位极其注重教育的地方官员，其诗作《春日集试稼恕堂口占以示诸生》更是表达了他对荣昌县士子埋头读书、他日高中的殷殷期盼。

**春日集试稼恕堂口占以示诸生** ❶

［清］朱珏

澹荡风开二月春，华堂初试墨痕新。
玉台诗就千金价，石鼓文雄一代人。
好似登瀛无俗客，应知鸣鹿有嘉宾。
埋头此日休辞瘁，一著青袍便不贫。

**（十七）黔江县县学**

黔江县县学原在县治东北，康熙元年（1662 年）知县何一猷徙县西北隅，

❶ 文康．荣昌县志：卷二十二 艺文志［M］．刻本，1884（清光绪十年）．

康熙二十七年（1688 年）知县章绪、康熙三十八年（1699 年）知县李履祥增修。雍正十一年（1733 年）知县孙待桂将其移于城中北山上，乾隆五十八年（1793 年）知县黄昭苏迁建县西，嘉庆十年（1805 年）教谕周枝鲁锐意捐建，县学格局整然，规模大备，“前之望若荒园者，今则森森殿宇也；前之鞠为茂草者，今则奕奕泮林矣”❶。咸丰十一年（1861 年），发匪陷城，官学被毁。同治三年（1864 年），知县张锐堂改修，以地基卑隘，培升五尺，徙忠义节孝二祠于崇圣祠墙外左偏，徙钟鼓楼于名宦乡贤祠左右下偏。光绪六年（1880 年），知县韩宗斗移建北山上。光绪十五年（1889 年），知县张九章奉归故庙，重修培葺，并徙名宦乡贤祠于戟门左右，其原基各建官厅二间。

黔江县县学原有教谕 1 名、训导 1 名，训导兼摄酉阳州学。乾隆元年（1736 年）始裁训导一缺，拨归酉阳。由教谕 1 人主持县学教学活动，因此历任教谕与学生之间的师生关系极其密切，如同治十二年（1873 年）上任的教谕吴开聪在离任时作诗四首，寄语其学生，离别不舍之情，令人泪目。现展示其中两首，供读者品评。

**戊寅解官归里留别诸生❷**

［清］吴开聪

其一

樽酒依依话别难，此行敢诩近长安。
无才忍恋横渠席，有约应弹贡禹冠。
一带雪泥留幻迹，六年风雨稔辛酸。
还家最是西岩月，重照书生苜蓿盘。

其二

石城山水足清奇，坐客青毡已自知。
花县鸣琴会许听，杏坛振铎愧难施。
论文幸结三生契，载酒空劳一字师。
寄语门墙好桃李，春风切莫怨开迟。

《黔江县志·风俗志》记载：“（本邑）士多洁清自好，敦尚古处。近来钻研经史，文风日上，科第频兴。”黔江县学所培养的人才品性高洁，精于义

❶ 张九章. 黔江县志：卷二 规建志［M］. 刻本，1894（清光绪二十年）.
❷ 张玉林. 走进黔江：诗词曲联集［M］. 成都：四川科学技术出版社，2001：167.

理。如康熙癸卯举人汤学尹，“家学渊源，淹贯经史。年十二，应童子试，学使试作鹰嘴赋，奇之，名播士林。邑遭兵后，经学失传，公独阐明易理，诱掖生徒，常曰：‘制艺与理学同条共贯，不患制艺之不精，特患理学之不明。果能体贴圣贤言语，一生受用不尽’。”官广西值吴逆乱，遁迹山林，名其斋曰“勉庵”，时人呼为勉庵先生。❶

（十八）开县县学

开县县学在城内西街。康熙六年（1667 年），知县卢天枢重建，由于吴谭之变复圮；康熙二十四年（1685 年），知县王景舜复重建，殿庑门泮如旧制；康熙五十八年（1719 年），知县郭孝穆增建坊祠，后知县胡邦盛易地增建明伦堂。乾隆七年（1742 年），知县秦有年扩建崇圣祠。乾隆二十七年（1762 年），教谕黄燦重修。嘉庆十七年（1812 年），教谕刘国辅增修。咸丰二年（1852 年），合邑士民重修。重修之后的开县县学，“亥山巳向。中为大成殿三间，前为露台。台之左右为尊经藏书之阁，东西两庑各五间。前为戟门。门之前为棂星门，棂星门左右为礼门义路坊，又前为泮池。戟门之左为名宦祠，右为乡贤祠。大成殿后为崇圣祠。”❷（见图 7.2）

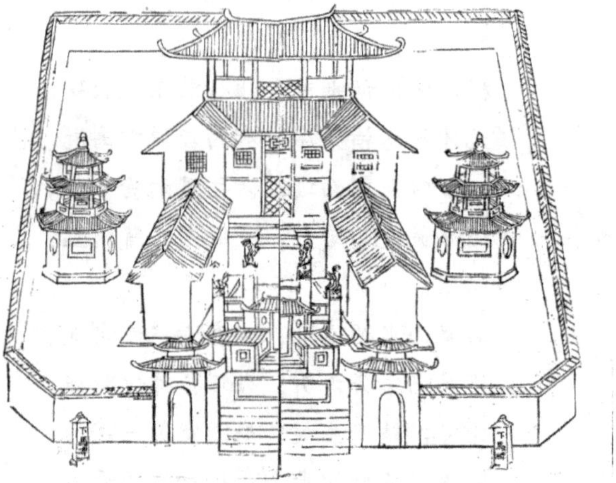

**图 7.2　清代开县县学建筑示意**

资料来源：李肇奎，等．开县志：卷一 图考［M］．刻本，1853（清咸丰三年）．

❶ 张九章．黔江县志：卷四 人物志［M］．刻本，1894（清光绪二十年）．

❷ 李肇奎，等．开县志：第八卷 学校志［M］．刻本，1853（清咸丰三年）．

开县县学学额较少，额进8名，廪生20名，增生20名，二年一贡，逢酉科拔贡1名。清嘉庆以前的一千多年，开县人才不济，士林不旺，中进士者仅3人，中举者仅16人（含武举9人）；嘉庆以后，中举者骤增，有进士4人，举人20人，虽比邻县不及，却远超其历史。其中道光二十七年（1847年）进士李宗羲是众多开县士子中的优秀代表。李宗羲（1818—1884），号雨亭，开县汉丰镇人，26岁参加乡试，中举人，次年赴京殿试，落第返乡，开馆收徒补贴家用，29岁被举荐为汉丰书院掌院。道光二十七年（1847年）又赴京考试，中殿试二甲第二十五名，被委派到安徽以知县任用。后一路官运亨通，青云直上，同治十二年（1873年）由于历次镇压农民起义有功以及修建运河、帮助水灾灾民之绩，被提升为两江总督，并办理南洋事务大臣。光绪十年（1884年）病逝于家，去世之前还口授遗嘱，向光绪帝建议，要以帝学、圣功、用人、理财为重。李宗羲对清廷忠心耿耿，鞠躬尽瘁，成为开县后生的榜样。

### （十九）忠州州学

忠州州学沿袭明制，分为新学和旧学两处。经历了明末甲申之乱，忠州州学变为一片废墟，清朝建立后，着手官学的重建与修复，原隶属于重庆府，雍正十二年（1734年）改为直隶州学。旧学建在玉屏山麓，于康熙四年（1665年）由知州杜永宁重修，道光二十三年（1843年）知州奎光重修，雍正七年（1729年）废止。新学于康熙五年（1666年）由知州刘肇孔重修，建大成殿一座，戟门五间；康熙十八年（1679年），知州萧星拱始修两庑；康熙二十三年（1684年），知州朱之琏补建明伦堂；康熙五十三年（1714年），知州刘毓岩重修；康熙五十五年（1716年），知州张煦补修；雍正七年（1729年），知州董思恭更修明伦堂诸祠；道光二年（1822年），知州李绍祖拨钱以作文庙修理之经费；道光四年（1824年），知州吴友篪捐俸补经费之缺，学宫至此建设完备。忠州学宫规模宏大，气势磅礴，建有大成殿三间，启圣祠五间，明伦堂五间，东西庑各五间，戟门三间，名宦祠一间，乡贤祠一间，棂星门一间，宫墙一座，泮池一所，碑亭二间，忠孝节义祠六间。在《忠州直隶州志·卷一》（同治十二年刻本）中绘制了当时的学宫图，如图7.3所示。

忠州州学学额略有变动。顺治十六年（1659年）岁试取进文生员12名，科试取进文生员12名，武生岁试取进12名。嘉庆十一年（1806年）州学学额为廪生30名，增生20名，三年两贡。同治八年（1869年），因忠州每年捐纳款额量大，清政府决定每一届岁考增收文、武生员名额各2人。州学学额为廪生30名，增生20名，附生28名，武生14名，计文武生员92名。清代，忠州州学共考取文进士22人，武进士1人，成为国家的中坚力量。

**图7.3　清代忠州州学建筑示意**

资料来源：侯若源，庆徵. 忠州直隶州志：卷一 图考［M］. 刻本，1873（清同治十二年）.

### （二十）梁山县县学

梁山县为今重庆市梁平区。梁山县县学建于县治南门内（今梁平区梁山镇），明末战乱被毁。清代随着政局逐渐稳定，梁山县的学宫、文庙也相继修建。康熙五年（1666年）知县王若羲在原有基础上重修，康熙二十五年（1686年）知县黄建中重建，康熙六十年（1721年）知县孙天霖重建，殿祠、庑门与垣坊毕备，雍正八年（1730年）知县王裕疆又加以修缮，乾隆二十三年（1758年）教谕重修明伦堂。嘉庆九年（1804年）知县符永培重建，直到他于嘉庆十二年（1807年）回任知县时才完全竣工，这是梁山县县学规模最大的一次重修，增修了崇圣祠、左右廊房，宫墙增宽，内凿泮池，与五间大成殿（孔庙）和它左边的儒学署（雍正七年教谕方松林捐建）、前面的明伦堂以及右边的桂香书院配套，成了完整的文化教育区（见图7.4）。

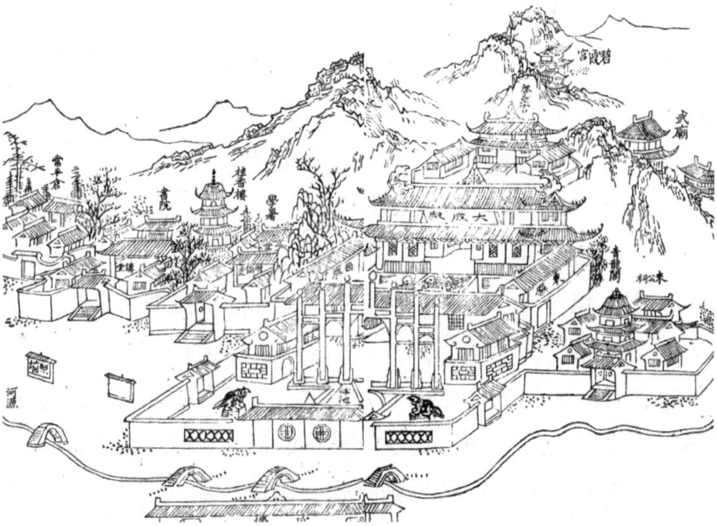

**图 7.4　清代梁山县县学建筑示意**

资料来源：朱言诗. 梁山县志：卷一 图考［M］. 刻本，1894（清光绪二十年）.

清代梁山县额取岁科文生各 8 名，岁入武生 8 名，廪膳生 15 名，增广生 15 名，岁贡生三年一贡。虽为蜀地一偏远小县，但梁山县的官学成就仍然十分显著，清代共考取进士 7 人，举人 51 人，另有武进士 1 人，武举人 16 人，及众多贡生。其中，刘仕伟，字信吾，在乾隆十年乙丑（1745 年）科考中武进士，是梁山县历史上唯一一位武进士。且他在文章诗词方面造诣亦深，实属文武全才。他在川西金川土司叛乱时，其母以岳飞为榜样，在其臂刺“精忠”二字，自备鞍马，报效国家；后升任山西宁武关参将，为侍奉年迈的母亲，请辞归乡，专心于医卜、书画，著有《金川从戎事实》刊行于世。其作诗文《母命报效》生动地描绘出了谨遵母命、报效国家的场景。摘录如下。

**母命报效**

鸠杖北堂鹊噪楹，趋庭慈训去从征。
归来不敢弹长铗，效命原非为请缨。
出塞须全仲叔策，慰亲尤切老莱情。
金酋扫荡烽烟靖，奏凯歌还报圣明。

### （二十一）云阳县县学

在相关典籍中，关于云阳县县学具体修建情况的记录并不多见，也不甚完整，“康熙二十四年（1685 年）知县杨天行重建殿庑、戟门、棂星门、崇圣祠、名宦祠、乡贤祠、忠义祠、节孝祠、明伦堂。雍正三年（1725 年）知县杜苞重修，七年（1729 年）知县殷山增葺”。云阳县县学学额在清代略有变动：原学额 8 名，乾隆时拨 1 名归石柱厅，定额 7 名，即文童岁科二试各取进 7 名，廪生 20 名，增生 20 名，二年一贡，逢酉科拔贡 1 名。

然而云阳县读书人魁名高中的却屈指可数。据民国《云阳县志》记载，自清道光以来，云阳多年来竟然无一人中举。云阳知县恒裕与全县文人学士为改变这种局面，在道光十七年（1837 年）捐资在谭家山之巅修建了文峰塔，以此勉励学子，潜心学问，以求科场夺魁。建成后的文风塔如人们意料之中的一样，尽显博大雄伟、浩荡磅礴之豪气：占地403 平方米，整个塔体通高 41.5 米，塔身为六边形，逐级向上收缩；塔身分为六方，每方窗上刻有花鸟鱼虫，精巧多姿；每棱外表都绘有神话传说中的仙人佛祖、珍禽异兽，栩栩如生；每层楼外有飞檐，飞檐处挂有风铃，风至铃响，婉转悦耳。文峰塔成为人们心目中朝拜的圣地，香火繁盛。自文峰塔建成之后，县人修学读书之风顿盛。在原有县学、书院的基础上，又先后新建了 4 所书院及众多私塾。从咸丰二年（1852 年）至光绪二十九年（1903 年），云阳考取进士者多达 40 余人，涌现出程德全、刘贞安、彭聚星等一大批政治、文化名人。“清代文化名人熊宇栋还作诗将‘宝塔舟侧’誉为云阳八景之一。春和景明之际，文峰塔矗立于苍松翠柏之中，满目青山，此时登塔，恍如进入仙山楼阁。秋高气爽之时，登塔远眺，巍巍巴山，浩渺长江，磨刀溪涓涓细流，以及云阳老城的风貌尽收眼底，置身于此，无不心旷神怡。”[1] 云阳县文峰塔走过了近 200 年的风雨历程，见证了云阳人民渴望知识、渴望改变命运的奋斗历程，为研究云阳历史文化提供了珍贵的实物资料。

### （二十二）奉节县县学

奉节县山川灵秀，人文荟萃，清四川学政郭尚先称道“夔属文风，奉节为最”，是以邑中才艺卓异者众多，县内精于诗文的耆儒硕学众多。

---

[1] 陶宏宽. 云阳风情录［M］. 重庆：重庆出版社，2007：216.

以上种种皆与奉节县内的官学教育不无关系。其中，奉节县学的设立过程颇为曲折。1644 年，清军入关，清朝正式建立。但当时奉节县仍属张献忠大西军农民政权，直到康熙三年（1664 年），清军围攻农民军，将士降清，奉节才正式归清朝所有。明末清初，奉节县战火不息，政局不稳，不具备官学教育顺利开展的外部条件。康熙二十四年（1685 年），巡抚韩士奇向朝廷上奏，设训导 1 名。康熙二十七年（1688 年），学政周灿以“虽司铎有人，实无一士可教”“曾设有教员，并未提明复学”而咨明礼部。康熙二十九年（1690 年）春，奉旨正式设立县学，取文武童生共 45 人，规定奉节县学学额 12 名。从此，奉节县诸生“念朝廷特恩，上宪德意，竟自砥砺，或专志于诗书，或研精于韬略，异日师师济济为国家腹心干城之用”❶。雍正八年（1730 年）复设大宁县学，分拨学额 4 名，奉节县学只取 8 名；廪生 13 名，增生 13 名与大宁县轮；二年一贡，逢酉科选拔，与大宁县共 1 名。

雍正十三年（1735 年），夔州知府崔邑俊移建县学于府学旁，所谓“士之游学者，悉附府学”。乾隆二十八年（1763 年），太守李景淳建圣庙于县治东北隅，县学随迁此处，虽规模草草，但始有单独的教学区域。嘉庆十年（1805 年），知府周景福“始捐多金，鸠匠图新”，可惜事未半而被调离；嘉庆十七年（1812 年），知县蔡星增修，“庙之未完者，次第完之”。增修完成后，大成殿、崇圣祠、泮池俱备，戟门东西分列乡贤祠、名宦祠，文庙门东西分列忠义祠、节孝祠。“其他，若龛、若楔、若垣墉、若彝器，悉符典制，伟矣，备矣。”❷

据《奉节县志》（光绪十九年刻本）记载，清代新建奎章阁，有楹联两对，一为“秀毓文山，伫待棘闱荫点额；辉腾碧汉，行看蕊榜遍题名”；一为“月近楼台，文面波澜回滟滪；星分翼轸，峰头彩笔接云霄”。不难从中感受出奉节县百姓、乡绅、官吏对士子们金榜题名的美好祝福。

### （二十三）巫山县县学

光绪版《巫山县志》载，巫山县自三藩之乱起，一直被吴三桂所占据，直到康熙二年（1663 年）才正式被纳入清朝版图，康熙二十一年（1682 年）吴三桂被歼灭，巫山县才恢复了正常的社会秩序。巫山县知县从繁忙的军务中

---

❶ 四川省《奉节县志》编纂委员会．奉节县志［M］．北京：方志出版社，1995：916.

❷ 曾秀翘．奉节县志：卷三十六 艺文志［M］．刻本，1893（清光绪十九年）.

脱身，开始注重文教的发展。巫山县知县向登元有感于其率领诸生斩荆棘、刈茅菅、筑台立位行朔望之礼的凄惨情形，康熙二十一年（1682年）联合夔州府知府吴美秀、同知王知人、通判王来宾重建学宫，殿庑、门泮、崇圣祠、名宦祠、乡贤祠、明伦堂、忠义祠、节孝祠、圣域贤关门等一一毕备，规模草创。康熙二十八年（1689年），知县龙德重修，“去茅茨而覆以陶瓦。其楹杙之朽腐者，新之；小不胜任者，易之。……两庑、棂星、照墙一一修补”❶。之后，岁久未修，逐渐倾圮。嘉庆年间，士商韩钫等募资重修崇圣祠，而大成殿、戟门、泮池等处因故工尚未竣，停止补修。道光四年（1824年），邑令杨佩芝捐廉筹款，添修两庑、棂星门以及之前各处未完之工，规制乃备。

巫山县县学最初并未设立教职，一直由县令兼任。雍正元年（1723年）奉文以县令难兼学务，将达州训导1员，分拨巫山，巫山始有训导。县学原有学额8名，乾隆年间拨给石柱1名，改为额取7名，廪生20名，增生20名，二年一贡，逢酉科拔贡1名。尽管巫山县县学起步较晚，很长时间内并无专门教职管理县学，但并不影响士子进学热情。截至光绪十七年（1891年），共有1名进士，11名举人，以及众多贡生等。其中，举人傅作楫是巫山县众多士子的优秀楷模。傅作楫，字济庵，号圣泉，康熙二十六年（1687年）举人，任黔江县儒学教谕，因功绩卓异，升任直隶良乡县知县，为官清廉，颇有直声。在任县令期间，有一宫廷内监仗势欺人，并马踏青苗，他不畏权势，处以杖刑，康熙闻之，十分赞许，说他有“御史风骨”，故每每破格提拔，官至都察院左副御史，后告假归乡。临行前，康熙帝赐他御书六言诗轴一幅，其诗曰：“危石才通鸟道，青山更有人家。桃园意在深处，涧水浮来落花。”不难看出皇帝对臣子的喜爱。他仕途得意，诗作成就也极高。道光《夔州府志》赞他“生平于书无所不读，诗尤悲壮雄浑，直逼少陵，蔚为两川隽望”。如他描写巫山的自然与人文景观的诗《巫山高》，写出了巫山凄冷的景色和哀绝的猿声，使人感到沉重的气氛。

**巫山高**

奇峰高十二，一叶下巴东。冷碧出云上，空青落镜中。
江声疏密雨，树色往来风。峡路苍茫里，寒猿听不穷。

❶ 连山．巫山县志：三十二 艺文志［M］．刻本，1893（清光绪十九年）．

### （二十四）城口厅厅学

城口厅在清初属夔州府，雍正六年（1728 年）复属达州。嘉庆七年（1802 年），升县为厅；道光二年（1822 年），改太平厅为城口厅，属绥定府。嘉庆二十三年（1818 年），城口营都司徐忠直请项建修文庙（居城东门外），建大成殿三间，崇圣祠三间，东西庑六间，戟门三间，棂星门牌楼一座，万仞宫墙一座，圣域贤关门二道，乡贤祠一间，名宦祠一间，月台、泮池俱全，周围红墙环绕。道光三年（1823 年），同知吴秀良率同阖厅士民复捐建学宫，并作诗《文庙文昌宫学署次第落成喜赋》二首，表达了对城口读书人的期待。

**文庙文昌宫学署次第落成喜赋**

［清］吴秀良

其一

在昔干戈地，于今改旧颜。宫墙三面拱，楼阁五云环。
野甸分青罫，遥岑拥翠鬟。此中有佳士，吾欲仰高山。

其二

共此劳心者，应怜着手人。山河尤太古，俎豆已维新。
国帑关经费，民膏念苦辛。所欣师道立，桃李尽逢春。

道光二十三年（1843 年），城口厅通判刘绍文在仲春释奠时，“周视堂庑，见其丹雘黝黯，鳌吻倾颓，蔓草侵阶，漏痕满地，规制虽在，毁败不堪”❶，认为“圣庙为学校本源之地，尤宜庄严以肃瞻拜者哉！”❷故他积极培修文庙，作《培修学宫记》一文记录修学的经过，摘录如下。

……各乡义学余息酌抽帮助……随晓谕各义学，均翕然乐从，共抽帮钱三百千文。先是，首事者买办筒瓦、石灰等项，用去钱一百三十千有奇。议者谓该处陶人制造不如法，向大成殿盖筒瓦多漏损，叠经补苴不止，请罢筒瓦。众然其说，余从之。爰、狐候选州判袁天生督理一切，廪膳生袁苞监匠作。添换片瓦，建瓴作脊。桷宋门壁损坏者，更易之；金碧丹漆毁污者，重辉之。自癸卯二月开工，至闰七月蒇事。凡大成殿、崇圣祠、两庑、戟门，并棂星牌坊、贤关、圣域、名宦、乡贤，及匾额、牌

❶❷ 刘绍文，洪锡畴，等. 城口厅志：卷二十 艺文志［M］. 刻本，1844（清道光二十四年）.

位、帐幔、月台、丹墀、泮池、宫墙、甬道、围垣，悉皆修葺完善，焕然一新。斯亦足以壮观瞻而虔禋祀矣！是举也，不伤民财，不劳民力，不需时日，费省功倍。首事者自备火食，其不敷之数，余捐廉足之。统计用钱三百二十千有奇。尚剩筒瓦若干匹，石灰若干石，存之以备公用。❶

**（二十五）垫江县县学**

垫江县县学建于县西门外，清康熙二十一年（1682 年）知县李允昌重建，康熙四十二年（1703 年）典史吕勤、康熙四十八年（1709 年）知县金杲、乾隆五年（1740 年）知县刘彝、乾隆四十四年（1779 年）知县吴轸先后补修。光绪十五年（1889 年），知县钱璋认为“自泮宫作而诵声起，弦歌闻而郅治隆。君子如欲化民成俗，其必由学乎”，故重修县学。重修后有正殿三楹，后殿三楹，东西庑各五楹，戟门五楹，而其泮池、棂星门、黉墙、左圣域、右贤关无不俱备。

有《重修文庙记》曰：

自泮宫作而诵声起，弦歌闻而郅治隆。君子如欲化民成俗，其必由学乎？垫江学宫在邑西关外。明成化时知县杨公珍创建，崇祯末毁于兵燹。国朝康熙二十一年，知县李公允昌重建。嗣后金公杲、刘公彝、吴公轸建而圮者，屡矣。以寒燠之迭更，风雨之不时，陈丹暗粉，渐就倾隳，剥落殊甚。怀宁钱公莅垫，修礼于先圣先师，见庙廨弊漏状，与司论田君、司训于君谋兴举。会适周郑氏同侄复礼归自忠州，输钱七百五十缗，公以作补修费。遴于邑绅，俾鸠工庀材，缺者补，漏者覆，阢者夷。经始于己丑年四月，阅一稔而告成。上栋下宇，内垣外墙，以丹以垩，焕如翼如。❷

垫江县学的办学方案、人员、内容等方面类似于重庆府学及酉阳州学，只是在课程层次难度及办学主体资格要求上低于府学，这是其中主要差别所在。学校办学的目的在于培养人才，通过造就合格人才影响社会，使学校存在的合理性得以确认。学校人才的质量及对社会发挥作用的大小是评价办学有效性或贡献率的有效指标。因此，通过培养人才视角分析垫江县学的教育成效及影响是有意义的。据相关材料记载，明、清两朝科举考试中，垫江县应试举子取得

❶ 刘绍文，洪锡畴，等. 城口厅志：卷二十 艺文志［M］. 刻本，1844（清道光二十四年）.

❷ 谢必铿，李柄灵. 垫江县志：卷四 学校志［M］. 刻本，1900（清光绪二十六年）.

进士及第 26 人，举人出身 180 人，其中含武举 11 人，生员（含贡生）302 人。当然，这里总数中应减去明代人数，根据全国一般区县两代科举中举人数所居比例分析，明代约为清代的 33% 左右，即三分之一。同时，在清代科举及第人数中尚有书院参加考选渠道，大约与县学平分秋色。但即使如此，一个长江上游的江边普通县城能有如此及第人群，也是难能可贵，且是实属罕见的。这在清代前期重庆各州县中表现十分抢眼。

清代重庆府垫江县籍进士李惺（1785—1864）是及第士人中的杰出代表。李惺幼承家训，聪颖好学，未满十岁，重修县魁星阁时，他题一联："一支彩笔与天通，摇摇星斗；万丈高楼平地起，步步云梯。"可一窥其才气与凌云壮志。他于嘉庆十三年（1808 年）中举人，嘉庆二十二年（1817 年）以三甲第九名进士及第被钦选翰林院庶吉士，嘉庆二十四年（1819 年）散馆后留京都入翰林院，历任检讨、国史馆纂修、文渊阁校里、国子监司业等职。李惺以天下大计、百姓安危为怀，偏逢清王朝由盛转衰的道光年间，目睹日益腐败的朝廷政事，深感国事难为，遂于道光十五年（1835 年）假托祖母年老，辞官返渝。后在四川成都等地从事教育和著述，培养人才颇多，当时朝内不少官员及文人墨客皆出自其门下，民谣"天下翰林皆弟子，蜀中进士尽门生"赞誉他在教育生涯中的成就和威望。同时，李惺在文学、哲学等方面也造诣深厚，著有《药言》《老学究语》等著作，留下许多饱含哲理、启人心智的教育格言警句，摘录部分如下：

> 师以质疑，友以析疑。千金在手，一尘不染；身无分文，心忧天下。习勤忘劳，习逸成惰。与朋友交，只取其长，不计其短。居不必无恶邻，会不必无恶友，惟善自持者两得之。人以言媚人者，但欲人之悦己，而不知人之轻己。或得或失，或顺或逆，或称或讥，或憾或译，无非锻炼我者。能受锻炼，身与世交益，不能受锻炼，身与世交损。[1]

领悟其中的思想内涵，大意谓李惺通过自己对于经典的感悟和为人处世经验的浓缩，希望读书士子能从中收获点滴裨益：在个人修养方面，正直不阿、廉洁自持、淡泊名利；在人际关系及社会谋职方面，通晓世事的情理，智圆行方，利国利民。

### （二十六）丰都县县学

丰都县县学在明末战乱中毁于一旦，直至康熙元年（1662 年）知县汤濩

---

[1] 王伟民，戴方华．涪陵颂［M］．重庆：重庆出版社，2009：141．

开始重建。康熙九年（1670年）知县李如澇、康熙四十二年（1703年）知县王廷献、康熙四十四年（1705年）知县朱象鼎、嘉庆十二年（1807年）知县瞿颉、嘉庆十八年（1813年）知县方宗敬、道光二十七年（1847年）知县张绍龄相继对其进行扩充和改建。同治九年（1870年）丰都县爆发严重洪灾，县学仅存大成殿，其余建筑荡然无存，光绪元年（1875年）才重新修建。经过历次修建，丰都县县学规制逐渐完备，在光绪《丰都县志》卷一中，丰都县县学《学宫图》明确地向世人展示了其严谨的格局（见图7.5）。

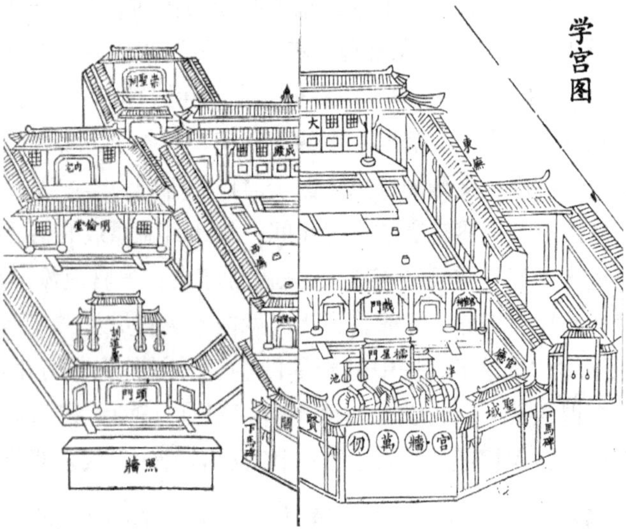


**图7.5　清代丰都县县学建筑示意**

资料来源：田秀栗，徐浚镛. 丰都县志：卷一 学宫图［M］. 刻本，1893（清光绪十九年）.

学宫为子山午兼壬丙向。宫墙东西辕为圣域贤关二门。内为泮池，上为棂星门。内左偏为官厅，上为戟门，内东西庑各七间，中共露台，上为大成殿三间，东西偏攒阁二间，钟鼓楼各一间。殿后为回廊，缘廊。下为崇圣祠三间，东西偏回廊各三间。学署外照墙一堵，头门三间，门斗房一间，牌坊一座，学书房三间，明伦堂三间，左右经义治事房各一间，二堂三间位儒学内宅，左右横房各一间。书室三间，训导乔松修建，内有藏书。[1]

丰都县县学学额在清朝略有变动：原额小学岁试文武生各8名，科试文生

[1] 田秀栗，徐浚镛. 丰都县志：卷二 学校志［M］. 刻本，1893（清光绪十九年）.

8名；同治七年（1868年），奉文永加广额岁科文生各1名、武生1名。县学廪膳生、增广生名额各20名，三年拔贡2名，岁在酉拔贡1名。有清一代，丰都县共培养了进士5人，大多供职于翰林院；举人46人，从顺治庚子榜到光绪己丑榜都有生员上榜。

（二十七）石柱直隶厅厅学

雍正九年（1731年）宣慰土司马宗大建厅学，乾隆三十九年（1774年）同知王萦绪重修。乾隆四十四年（1779年）改设石柱直隶厅儒学训导，训导1人，学额岁、科试各6名，廪生、增生14名，武生每次6名。乾隆五十年（1785年）同知刘炳增修，乾隆五十七年（1792年）署同知史钦义增修，宣慰马光裕建节孝祠。清光绪三十一年（1905年），停科举，兴学堂，废儒学。

（二十八）彭水县县学

彭水县县学学宫在顺治年间仅存瓦砾。康熙三年（1664年），知县尹严维、训导牟伟琮将学宫重建于东山，监生董文炷捐修明伦堂，县学规制粗具。康熙十二年（1673年），吴逆叛乱，彭邑陷落，县学复颓废；康熙二十二年（1683年），彭水县社会逐渐安定下来，故知县吴成龙重修县学；康熙二十三年（1684年），知县朱尔捷迁明伦堂于大成殿左，启圣宫于大成殿后，未久复毁；康熙五十一年（1712年），知县陶文彬重修，未成。两学皆寓居民舍。雍正十二年（1734年），教谕李开言创瓦屋三间，在城中县署南。乾隆四十三年（1778年），教谕高秉醇增修。嘉庆十六年（1811年），教谕黄韬文重修，头门三间，明伦堂三间，堂后左右厢各一间，左厢后厨房二间，后堂二间，规制略备。同治七年（1868年），训导张凤鸣以学署久未修葺，学宫多寓居书院，乃将学署基址变卖，就南门外圣庙旧址改修，以戟门为头门，宫墙为照墙，大成殿为明伦堂，左增客厅一间，启圣宫为内署，多因旧材改制修建。同治十三年（1874年），“知县庄定域、训导董本、巡检胡林、典史孙嘉辉，率主事支承祜，举人李铭熙，贡生萧瑛，廪生龚基亨等募众捐资续修，大成殿高三丈六尺，广五丈六尺……崇圣祠及东西两庑、戟门皆仍旧门；外新建乡贤、名宦、忠义、节孝四祠，前建石台，竖棂星门石柱，高一丈七尺五寸，两旁建圣域、贤关门；下为泮池，横广八丈，纵广五丈六尺；池外为宫墙，高二丈三尺，广十丈。通计自崇圣祠至宫墙，长三十二丈，四围缭以高墉，殿材皆巨木，督工迅速，人皆用命，凡期年而事竣，规模宏敞，焕然一新，较前倍臻完善焉”❶。

清初生员无定额。顺治十六年（1659 年）定为额取大学 15 人，中学 12 人，小学 8 人。本邑县学为小学，定为额取文生岁科两试各 8 人，武生岁试 8 人；增广生员 20 人，以岁科试次等者拔补；廪生生员 20 人，以岁科试优等者拔补；贡生二年一贡，以廪生资深者充岁贡，遇恩以正贡作恩贡、次贡作岁贡。如遇朝廷举行庆典特恩，文武学额各增 3 名。自乾隆以后，拔贡定为 12 年拔 1 名，每拔必当逢酉之年，以廪生优等者另试拟拔。

### （二十九）酉阳州州学

顺治十七年（1660 年），酉阳宣慰使冉奇镖率土投诚，清政府逐渐对乌江与长江水系中的民族杂居地带酉阳州开始改土归流的治理，官学教育也在汉化或清王朝政教一体化推行的计划设计之中。

酉阳州学，康熙二十一年（1682 年）重建于明代酉阳州学旧址城西二里，乾隆二十一年（1756 年）署知州徐日纪迁建，亦在州治之西。康乾时期，酉阳州学按照科举考试科目即理学教材要求开展教育活动，对少数民族地区文化传播和道德文明风尚提升发挥了作用。但迫于酉阳州经济财力所限，办学条件薄弱，酉阳州学明伦堂仅以风雨飘摇中毁损的破庙旧材改建，只有前后各三楹，十分狭窄。嘉庆二十五年（1820 年），训导谢准补修两旁的学舍，左三间右二间，诸生才有自修、讨论及退息之所。

酉阳州学的扩建主要是在嘉庆朝以后，这与“康乾盛世”促进教育高潮的重庆其他区域颇有差异，相较重庆山地，尤其处于崇山峻岭、深壑急流中的民族地区，官学基调的慢拍呈现应是反应迟滞的表现，但不能是落后的定论，而应该是后来居上的潜力。

教育发展自然有办学活动及人才培养的诸多方面因素特征。酉阳州学在嘉庆至道光时期表现出不少可圈可点的史实，此处限于篇幅不拟赘述。其中政府的投入经费及由此产生的硬件设施及环境改变应该是重要表征。酉阳州学此时期曾重修过三次：一次是清嘉庆四年（1799 年）岁在己未，署州事吴大勋首次补修，此次修补费银一千四百余两，“规制未备者无不周，而剥蚀渗漏者无不理”❷。一次是清道光十八年（1838 年）岁在己亥，知州事李徽典倡导再次

❶ 庄定域．彭水县志：卷二 祠庙志［M］．刻本，1875（清光绪元年）．

❷ 王麟飞．增修酉阳直隶州总志：卷七 祠庙志［M］．刻本，1863（清同治二年）．

补修。这次补修是历次重建和补修中规模最大的一次，用钱一千九百九十七千文，“大成殿、棂星门宫墙增高五尺，两庑丹墀缭墙增高三尺，后殿退后三丈。戟门右隙地建屋三楹，为节孝祠，与更衣所对，其名宦、乡贤分置戟门左右。而奎阁、学署瓦墁亦皆革故鼎新于铄哉！气宇之轩昂，规模之宏整，视从前加数倍也”。❶ 还有一次是道光二十年（1840 年），署知州史悠辰增修泮池、月宫桥。建筑设计及群院格局能体现教育理念及精神，其中浓缩的儒家道德伦理和理学教育内涵具体而微。

酉阳改土归流之后，改县为州，地位有所上升，原来县学易名为州学，黔江县学训导、学正改为州学教官，学校相关管理与教学事务主要由训导掌管。乾隆元年（1736 年）至咸丰六年（1856 年）共有 32 位各地人才担任酉阳州学训导，为酉阳地区人才的培养与社会教化作出了突出贡献。

清代前期酉阳州学为酉阳培养了 3 名进士及许多举人、贡生，对于当地民风世俗的改变、人才的培养起了重要作用。虽然时光荏苒，他们消逝在历史沧桑变幻的岁月中，但通过所留下作品，依然可以看出经过官学教育洗礼的才情与智慧。咸丰三年（1853 年），四川学政何绍基《酉阳试院阅岁科诸生文皆佳作书以志喜》以及某年中秋在酉阳州考试院由诸生所作的《月饼词》，都展现了酉阳士子的才情。

**酉阳试院阅岁科诸生文皆佳作书以志喜**

楚峰青入蜀山隈，扫尽蛮烟立马来。
佳节无心逢大月，深山作意育奇材。
文章自有真源接，风气还凭杰士开。
迟汝明光来射策，勤研经史是根荄。

**月饼词❷**

其一

佳节欣收汲古伦，诗才赋手斗清新。
试看饼样圆如月，谁是来年折桂人。

其二

春明月饼数陈家，赢得儿童笑语哗。

❶ 王麟飞．增修酉阳直隶州总志：卷七 祠庙志［M］．刻本，1863（清同治二年）．
❷ 王麟飞．增修酉阳直隶州总志：卷二十一 艺文志［M］．刻本，1863（清同治二年）．

消受帝城秋味饱，梦回一枕落三巴。

其三

莽莽山城雨气寒，湿云笼袖晓成团。
天公有意收残滴，夜月安排把酒看。

其四

潢池扰扰忽三年，荒遍荆吴豫粤田。
此夜月明烽火息，千村万落庆团圆。

其五

四时八节快如风，赋饼题糕意与同。
看遍人间儿女乐，嫦娥渐老鬓飘蓬。

其六

想见三孙半点痴，中庭拜月正娱嬉。
秋凉果饼休频索，须记阿翁念汝时。

何绍基在与酉阳州学参加科举考试的考生共度中秋节时，为活跃气氛，各言其志，有针对性地指导，要求以人、家、团、圆、同、时为韵作诗。考生们寓志于诗，或展现科举折桂的抱负，或寄托思乡之情。何绍基也期盼酉阳士子们能肩负饱读诗书、改变酉阳社会落后面貌及实现人文开化的时代责任及担当。

酉阳州学的学额变动较其他地区官学较大。酉阳州学设立后，由于其下属秀山县并未设学，因此统入其中。每岁额取文生 8 名，武生 8 名，廪生、增生各 20 名，两年一岁贡。补廪出贡，无分酉秀，按等第之先后、年分之浅深充之。乾隆二十八年（1763 年），秀山县知县边镛设立了秀山县学，但依然依附于酉阳，学额仍在酉阳州学之中，于人才培养等无益。因此，乾隆五十九年（1794 年）议准四川总督福康安疏称：

秀山自设县以来，生齿日繁，文风蔚起。现在考试生童约有三百余名，自宜因时酌剂设立专学，应如所请于额多人少之松潘、茂州、汶川、保县四学内各裁额二名，共额八名，拨归秀山。岁试取进文生八名，武生八名。科试进取文生八名，其酉阳学额仍按原额取进，毋庸议减。至额设廪增各缺，亦应如该督所请，于四厅州县各拨廪增三名，共二十四名。并原设廪增各二十名，共廪增六十四名，酉阳秀山均匀定额，分廪增各十六

名，均改为三年一贡。所拨该厅州县廪增原额，俟下届岁试时遇有缺出再行扣止，归拨其出贡年份照旧办理。❶

酉阳州学与秀山县学直到乾隆五十九年（1794 年）才正式分离，学额亦相互独立，酉阳州学廪生、增生各 16 名，三年一贡。其中廪膳生每名岁支饩银三两二钱，遇闰每名加闰银二钱六分六厘零，在地丁内扣留支给。

（三十）秀山县县学

秀山县旧无学，自酉阳州于雍正十三年（1735 年）改土归流后，秀山县地方官吏向中央请求设立县学，被“以县新辟，人文阙如”为由，使秀山县学暂附于州学。乾隆二十八年（1763 年），知县边镛募资在县署左筑至圣先师庙及儒学廨，规模初具，但当时县学尚附酉阳。乾隆五十八年（1793 年），清廷批准秀山创设县学（即官学），并将松潘、茂州、汶川、保县所裁减的学额共 24 名给秀山。至此，秀山有了县学、学额和学官。嘉庆七年（1802 年），知县金科羽始修葺学宫及文庙，增高大成殿，立棂星门，疏泮池，通以石桥；嘉庆二十年（1815 年），知县重饰殿庑，建造祭器。光绪八年（1882 年），知县杨振钧采纳诸生意见，大加丹垩，改易栋楹，更建棂星门，扩广泮池，规模益宏。

## 三、重庆官学的特点

清代前期重庆地方官学的恢复与发展呈现以下特点。

（一）明末清初重庆官学受战争毁坏严重，恢复重建艰难

明代后期以来，随着封建王朝社会矛盾的激化与危机的出现，重庆各个地方官学已呈现衰败之势，一些官学因为年深月久不得修缮，而日渐倾圮。而明末以后的干戈扰攘对各地官学造成了更为严重的破坏。綦江县学被明末战争破坏，片瓦无存。长寿县学兵燹后，学宫鞠为茂草，士鲜弦诵之声，民废耕桑之业。其他如奉节县学、涪州学、忠州学、丰都县学、黔江县学及万县县学等均毁于明末崇祯年间战乱。人为的损坏与自然的侵蚀相交相迭，再加上自然灾害频繁发生，以致清初重庆许多地方官学呈现出一幅唯有踪迹可寻，殿庑斋堂已片瓦无存的惨象。

❶ 王麟飞．增修酉阳直隶州总志：卷五 学校志［M］．刻本，1863（清同治二年）．

明末清初，张献忠农民起义军控制四川，建立大西政权。清代建立后，开始建立对全国的统治。顺治末年，四川大部分地区已被清军控制，但直到康熙二年（1663 年）清总督在重庆补筑通远门城墙，加强城防，清朝在重庆的统治才得以巩固。因此官学的损毁状态一直延续到清初尚未改变，从清初修建学校的碑文和地方志的记载可以清晰地看到当时官学颓废的情形。丰都县学在康熙九年（1670 年）重修的原因，即县令李如涝拜谒圣庙时，但见“礼乐弦诵之场鞠为茂草，牧儿荛竖，薪刈其间，兔葵燕麦，漫灭其址❶”。

战乱对学校发展造成的影响，并没有随着战乱的消失而立即结束。兵燹之余，财力空虚，民生亦艰，筹款艰难。虽有兴学之旨，但兴废葺旧之举实行起来十分艰难。从重庆各地地方志来看，地方官学的修建过程十分曲折，由恢复到完善，经历了漫长的过程。

### （二）清代前期重庆官学的发展呈波浪起伏状态

#### 1. 重庆官学恢复和重建的时间不一

为更清晰展现清代重庆官学的发展轨迹，进一步分析清代重庆官学各年代分布数据，在此对其进行了相关统计：顺治年间新建、重建官学 4 所，占全部官学数量的 12.90%；康熙年间新建、重建官学 22 所，占全部官学数量的 70.97%；雍正年间新建、重建官学 2 所，占全部官学数量的 6.45%；乾隆年间新建、重建官学 1 所，占全部官学数量的 3.23%；嘉庆年间新建、重建官学 2 所，占全部官学数量的 6.45%，共计 31 所学校。

**表 7.1 清代重庆官学年代分布统计**

| 时间 | 新建、重建官学数量 | 百分比（%） | 排名 |
|---|---|---|---|
| 顺治年间（1644—1661 年） | 4 | 12.90 | 2 |
| 康熙年间（1662—1722 年） | 22 | 70.97 | 1 |
| 雍正年间（1723—1735 年） | 2 | 6.45 | 3 |
| 乾隆年间（1736—1795 年） | 1 | 3.23 | 5 |

❶ 田秀栗，徐浚镛. 丰都县志：卷四 艺文志［M］. 刻本，1893（清光绪十九年）.

续表

| 时间 | 新建、重建官学数量 | 百分比（%） | 排名 |
|---|---|---|---|
| 嘉庆年间（1796—1820年） | 2 | 6.45 | 3 |
| 道光年间（1821—1850年） | 0 | 0 | 6 |
| 咸丰年间（1851—1861年） | 0 | 0 | 6 |
| 同治年间（1862—1874年） | 0 | 0 | 6 |
| 光绪年间（1875—1908年） | 0 | 0 | 6 |
| 不详 | 0 | 0 | 6 |
| 合计 | 31 | 100 | — |

可以看出，少部分官学，如綦江县学和涪州学是在顺治年间得以修缮，而大部分官学是在康熙年间得以重建或修葺的。出现这种情况的原因有以下几个方面：首先，由于清代对于各地的统治和管理是随着军事上的征服而逐渐进行的，因此对各地派官管理亦有先有后，以至于各地官学的恢复和重建亦先后不一。如重庆最早设置官学的奉节县在清入关以后一直被张献忠余部把控，直到康熙三年（1664年）在清军的包围下降清，奉节县才归清所有，经过20余年的政治统治，于康熙二十九年（1690年）建立奉节县学。其次，地方官学的兴修与否取决于明代地方官学保存的完好程度，如果在明末得到了修缮而且保存完好，则可直接利用，否则即须尽快修葺或者重建，以便官员春秋释奠和朔望行礼。由于明末清初重庆处于战乱纷争之中，大部分官学建筑毁于战乱，因此许多重庆官员到任后会将重建官学作为首要任务。万县知县张永辉到任后谒先师庙，行释奠礼，“见学宫止存正殿三间，而旁无两庑，后无启圣祠四配十哲”❶。再次，地方官学的恢复与重建同各地官员对于学校的态度及其筹措资金的能力与魄力有关。如果地方官员信奉并且遵循儒家以兴学重教为施政之本的政治理念和行政原则，则在上任之初往往即会考察官学的存废并制定相应的

❶ 王玉鲸，张琴，范泰衡．增修万县志：卷三十六 艺文志［M］．刻本，1866（清同治五年）．

措施。否则如果地方官员视学校为无足轻重之事，则不免推诿、延宕。最后，能否筹措到资金亦是影响学校兴修的关键因素。

值得注意的是清道光朝以后，重庆没有兴建任何官学，只是对之前兴建的官学进行修葺，这意味着清代重庆重建府学、州学、县学的任务在顺治至嘉庆年间已经完成。道光朝以后，尤其是鸦片战争后，清朝社会受到西方工业社会的冲击，随着西方文化教育的介绍与输入，传统教育也受到了动摇，重庆近代教育即将拉开帷幕。

2. 重庆官学的修建规格层次与王朝兴衰节律相伴随

教育是王朝社会兴废盛衰的晴雨表。清初官学兴建即已发端，但从各地对于官学的修缮规模及层次来看，大都因陋就简、略加补葺，以备举行春秋丁祭而已，大兴土木者实所罕见。这主要是因为学校建设受财政因素影响较大，而清初财政拮据，公私俱困，故不得不撙节开支，自然难以求全求善，更难以雕饰华美。随着清王朝的强盛，尤其是康熙、乾隆年间，重庆地方官学迎来发展的高峰。各地纷纷修葺学宫，扩建文庙，从官学数量到建筑规制均超越以前，极大促进了重庆文化事业的繁荣。

官学修建的频率提高以及工程层次、质量上升，这是王朝统治相对稳定及繁盛形势在教育上的反映。以江津县学为例，康熙十九年（1680 年）王璧奉檄任江津邑令，观学宫庙貌官舍折毁殆尽，“大成殿止数柱撑持榱桷，颓敞门壁，两庑周围墙垣悉就倾圮。启圣、名宦、乡贤诸祠则一片荒基，鞠为茂草。至棂星门、诸栅、甬壁、泮池，更粪秽山积目不忍睹❶”。他有志重修官学，因拮据未追。康熙二十年（1681 年）得政绅等乐为相助，并自身捐助四百余金，开始了官学的重建工作。只是对尚存部分加以补修，重建工作相对较为简易，“阙者创，朽者易，失序者举，颓废者兴，增设斋戒、俎豆二所”。❷ 数年后，即雍正八年（1730 年）邑令王朝选改建崇圣祠及明伦堂，新制殿龛，增设祭器，于棂星门外置义路礼门二坊，筑围墙，砌泮池，江津县学始规制粗备。乾隆四十一年（1776 年），日渐倾圮，邑令周凤仪、教谕冯乃驷、进士杨长佐倡建，继任邑令曾受一续建，皆与附近绅士共筹经费。这两次补建学宫，才将县学自大成殿、棂星门、魁星楼、明伦堂、启圣祠、名宦祠、乡贤祠进行了次第修建。从重庆各府、州、县、厅地方志看，情况基本相同。这一方面表

❶❷ 聂述文，等．江津县志：卷八 学校志［M］．刻本，1924（民国十三年）．

明官学的修复经过了较长的时间才得以完善，另一方面体现官学教育的稳定及质量保障需要在政府重视条件下的经济基础作为依托。

随着康乾盛世的落幕，内忧外患、政局腐败、财政匮乏、战乱频繁等社会危机纷至沓来，官学教育逐渐低落，只能勉强维系。而鸦片战争以后，则日渐式微，逐渐让位于新式教育。典型变化发生在清道光、咸丰以后，重庆官学明显衰败，学生大多不在学宫读书、住宿，学官亦不教学，只每月将生员集中在明伦堂点名一次，宣读卧碑文，但大都流于形式。在这种形势下，相比较而言，书院便获得了一个扩展力量的时机，反而成为封建教育后期赖以生存的主要场所。

### （三）重庆官学办学经费以官方拨款为主，同时其他经费渠道兼备

任何办学活动都离不开经济的支持，重庆官学也是如此。清代前期重庆官学隶属于所属地各级政府管理，投入经费办学的主体自然是相应层级的政府部门。地方政府的权威性在官学中也得到了体现。清代重庆官学大多由当地知府或知县提出创办或增修计划并划拨专项经费，甚至有的抽取自身部分俸禄用作兴学，以此作为兴学设教、尊师重教及化民成俗的榜样与表率。重庆地处内陆腹地，高山峻岭、沟壑纵横，江河激流交错其间，地势险峻复杂，又是多民族聚居地。清代为了稳定统治、促进少数民族地区的汉化进程，制定了一系列有利于民族地区选拔人才的考试政策，史称“文教为先”。故清代在酉阳州、石柱厅、城口厅等地政治稳定以后，都将兴办官学作为首要工作。虽然官学的起步比重庆其他州县晚，但酉阳州学、石柱厅学、城口厅学及秀山县学等官学的政治意义是其他地区官学所不可比拟的。

官学经费主要来自地方政府定额支出，官员的俸禄捐纳、学田收入、地方绅士、士子甚至其他乐善好施者的捐助也成为辅助方式，并发挥补充、支持作用。其实，此种现象自明代已然，清代延续并更加强化。在经费的形态上，学田的租税及现银投入仍是大宗来源。随着近代以后清代社会的形势逐渐变化，官方及其他途径的教育投入难以为继，这既是官学教育衰败的原因，也是官学教育逐渐没落的表现。

清代出于兴学育才、化民成俗、维护统治稳定及其他目的，十分重视教育的作用。国家和地方政府划拨专项定额经费用于官学，决定了政府办学的官学性质。在经费列支名目上尤其突出教官及山长、教师俸银、生员饩粮银以及杂役开支，这成为官学费用中的重心板块或更大比例，由此保证官学受国家的统

治及规范管理。这里以渝东南的秀山县为例。秀山县偏远落后，每年各种税赋相加，收入不到1000两银子，全县每年支出白银2100两，不够开支，不足部分都由司库补助。尽管收支差额巨大，每年依然投入教育经费：文庙祭祀费12两，武庙14两，训导俸给年支40两，县学门斗、膳夫役食银年支12两，优免诸生银年支51两2钱。合计为129两2钱，占全县总支出的6.2%，占全县赋税总收入的13.76%。[1]

学田是清代重庆官学经费的主要来源。清代重庆各官学的学田较为充裕，如重庆府学有上田87亩6分，中田73亩，下田130亩4分，中地13亩7分5厘，下地1亩2分5厘；江津县学有学田137亩，永川县学有学田216亩。《重庆市市中区教育志》记载了官学学田管理权的变化和收入、支出情况：自建学宫以来，捐置学田，康熙二十六年（1687年），巴县李锦勘复旧田酌定，岁租谷9石3斗9升6合，折租银3两5分5厘4毫8丝，原系县官收解。康熙五十七年（1718年），始归学官管理；雍正七年（1729年），上、中、下田共193亩2分7厘9毫1丝，应征条粮7分8厘2毫5丝，栽种1石4斗，共收租银7两，除纳条粮外，余存作修补宫墙及诸生考课茶食等费。[2]

地方办学经费除了学田制保障之外，也想方设法募集社会资金，地方政府或官员常常通过划拨田地、拨放粮食、自捐俸银、提倡当地富绅捐款等方式弥补学田租金之不足。从各地修学的实际情况来看，往往是地方正印官以兴学为号召，并率先捐俸以示提倡，鼓励和倡导地方士绅和士子进行捐助，其他各级官员亦量力捐俸助修。如同治七年（1868年），涪州州牧吕绍衣拨公款8000贯。同年，重庆知府黄毓恩捐助银1000两以助巫山县学。光绪七年（1881年），黄毓恩又捐助银6000两，分拨下辖的六县。财力不足的地区也不甘示弱：奉节县恩成、刘光第相继捐银1850两，忠州吏目吴德煦向官学捐俸200缗。大体上说，清廷对地方官学的恢复和重建采取支持和督促的态度，但实际上兴学举措却是花地方的钱，这也体现了清代重庆地区尊师重教的社会风气以及地方社会对官学教育的重视。

清代重庆官学发展的特点已于上述，究其主要原因如下所述。

第一，清代经济发展推动教育进步，促进重庆地方官学的发展。教育是一

[1] 秀山县教育委员会. 秀山土家族苗族自治县教育志［M］. 内部交流本，1992：132.

[2] 《重庆市市中区教育志》编纂委员会. 重庆市市中区教育志［M］. 成都：四川文艺出版社，1993：357.

定经济基础上的上层建筑之一，经济发展程度直接影响了教育发展的水平和进程。[1] 重庆地区地方官学教育也体现了这一特点：经济发展推动教育进步。明末清初长期的战乱，造成四川及重庆人口的大量死亡和迁移，土地大量荒芜，粮食奇缺，物价飞涨。重庆城虽“为督臣驻节之地，哀鸿稍集，然不过数百家；此外州县，非数十家，或十数家，更有一二家者”，合州“时州领三县，兵火后合计遗黎才百余人”，“永川、璧山、铜梁、定远、安居等县，或无民无赋，或哀鸿新集，百堵未就”，“一目荒凉，萧条百里，惟见万岭云连，不闻鸡鸣犬吠”，巴县“民靡有遗”，江津“人烟断绝凡十余年”，大足县“止逃存一、二姓，余无孑遗”。[2] 为了恢复四川和重庆经济，清王朝实行了一系列休养生息的措施。清初统治者一再强调“以安民为首务”，鼓励江西、山西、福建等地的无地、少地农民入川开垦荒地，促进农业的发展。清代重庆手工业，如丝织业、陶瓷业、造纸业等也有了进一步发展。在农业、手工业发展的基础上，重庆地区一些县城和城镇逐渐成为繁茂的商业集镇。綦江县城，每年二三月份，三峡之客云集，贩运货物，马驮舟载，熙熙攘攘，极为热闹。以上种种发展都为清代重庆地方官学的发展奠定了坚实的基础。

第二，封建统治者和地方政府对文化教育的高度重视。教育担负起了为封建统治者培养人才、训话民众、巩固统治的职责，是开民智、行教化、强稳定的有力工具，所以历代统治者均注重对教育的掌控。清政府为了加强统治集权，钳制百姓思想，较前代更加重视学校的发展，尤其是各地官学。顺治至康熙前期教育事业无明显的变化，但经过康熙、雍正两位帝王的大力提倡，重庆地方官学教育得到长足发展。中央统治者对教育的提倡为重庆官学教育的发展提供了良好的大环境，除此以外，历任重庆地方官员，无论官职大小，他们对重庆文化教育的重视也是发展的一个重要原因。他们大多以在重庆兴学设教为己任。如江津县邑令王璧在康熙二十二年（1683 年）补建县学时说：“牧民之要在于养士，固风俗之原也。士习端则民俗正，士习厚则民俗醇。凡创治之初，必先选胜地，以居学宫，根本所系，固不重欤?”[3] 他认为教育对社会风气的培养十分重要。以丰都县为例，《丰都县志》将在兴学教育中有建树的知县列入“崇祀名宦者”计有 12 人，分述如下。

---

[1] 李良品，彭福荣，崔莉. 乌江流域民族地区教育发展史［M］. 重庆：重庆出版社，2010：155.

[2] 李家发. 重庆历史与文化［M］. 西安：陕西人民教育出版社，2003：112.

[3] 聂述文，等. 江津县志：卷八 学校志［M］. 刻本，1924（民国十三年）.

李如：北直高阳人，己亥进士，创学校，吴逆叛抗书潜归。

王廷献：重建学校，修辑县志，升户郭陕西司主事前朝历任知县。

朱象鼎：浙江秀水人，戊午举人，内阁中枢改授康熙四十四年任修署修学。

瞿颉：江苏昭文人，戊子举人，嘉庆十一年任，修学修志。

方宗敬：湖南巴陵人，嘉庆戊午举人；十八年任，修署修学。

李谦：甘肃秦安进士，道光十三年任，十九年五月以事去，十月回任，崇奖士类，增置书院，膏火田亩，后告养归，卒于家。

张绍龄：直隶天津举人，道光二十二年任，二十四年调署昭化，二十六年回任，重修学宫。

黄奉槐：福建侯官人，道光癸卯科举人，咸丰八年署任，洁己爱民，胥丁不扰，增置义学，嘉惠士林。

田秀栗：陕西域固增贡生，同治五年署任，以靖边功保升知府，在任年余创建考棚，置宾兴田亩。

何治孙：云南晋宁州人，光绪四年任，六年以事去，七年回任，九年去，十三年回任，十六年去，创立学田院费。

沈全脩：安徽石埭人，光绪十七年署，详定学田章程。

傅达源：贵州贵筑人，光绪十八年署，创设经古课，刊定学田章程。❶

因为兴办教育对官员的升迁、名利有十分重要的关系，因此各级官员在区域政治稳定后，大多积极兴办官学教育，以教育的发展促进当地社会风气的转变。正是由于这无数的地方官员的大力倡建，清代重庆地方官学教育才得以迅速发展。

## 第三节　清代前期重庆官学的教学活动

教育目的是教育活动的出发点和归宿，教学内容、考试测评等都受到教育目的的制约和指引。清代重庆的官学教育在统治者的控制下，为中央选拔官

❶ 田秀栗，徐浚镛. 丰都县志［M］. 刻本，1893（清光绪十九年）。另外据该志书所载，列入该县“崇祀名宦者”而得以后人的敬仰怀念的明代有六人。他们分别是：鲁达花赤完者贴木儿，始建学校；桂仲拳，创廨署，立学校，课士爱民；窦谷曙，应天人，修学校，均田亩，定版籍；杨谦，陕西人，重建学校；李毅，修城修学；明绅，修城修学。从中可见丰都县在明清两朝地方兴学的兴盛。

吏，为地方教化民众，以稳固统治基础，兴旺封建帝国，这一教育目的贯彻清代始终。清代重庆地方官学为了贯彻这一教育目的，通过月课、岁考、县试、府试、院试和科举考试等逐层选拔优秀人才。考试的内容即为官学的教学内容，以儒家经典、理学著作和清代律例为主。

## 一、重庆官学的教学目标

清代重庆官学数量众多，遍及各府、州、厅、县，尽管等级有所差别，但其教育目的却是一致的。正如江津县邑令王璧在康熙二十二年（1683 年）补建县学时说："牧民之要在于养士，固风俗之原也。士习端则民俗正，士习厚则民俗醇。凡创治之初，必先选胜地，以居学宫，根本所系，固不重欤？"❶

清代地方官学的教育目的，包括培养人才和教化民众两个部分。具体而言，一方面是为科举考试及中央官学提供合格生员，另一方面为社会诸多领域培育贤才，通过官学教育输送一大批忠君的官僚后备力量及地方所需合格人才，以稳固封建统治基础，维护封建帝国的长治久安。清顺治帝入关后，在给礼部的谕令中称："帝王敷治，文教是先。臣子致君，经术为本。自明季扰乱，日寻干戈，学问之道，缺焉未讲。今天下渐定，朕当兴文教，崇经术，以开太平。"❷ 由此确立了"兴文教，崇经术"的文教政策。随后在明代学规的基础上，于顺治九年（1652 年）颁布《御制晓示生员卧碑》。其序言部分十分明确地表达了地方官学设立的目的是通过科举取士、向国子监输送优秀学生等手段，网罗与培养大批上报国恩、下立人品的贤才，宣传封建道德以端正士心，为封建国家的长治久安服务。

教育目的的另一方面，则是化民成俗，以善其乡，教化百姓，传播儒道，使民众遵守封建纲常，执行政府的政策法令，以稳定封建社会的统治基础。重庆地处偏远地区，地方官吏更加重视教育对民众的教化作用，因此十分注重地方官学的设置。如涪州学政任兰枝在《重修学宫碑记》中说："余惟学校者，礼义之所出，政治之所本，而人品心术之所在也。"❸《垫江县志》明确表达了官学与社会风气之间的关系，"自泮宫作而诵声起，弦歌闻而郅治隆。君子如

---

❶ 聂述文，等. 江津县志：卷八 学校志［M］. 刻本，1924（民国十三年）.

❷ 清实录：第三册 世祖章皇帝实录［M］. 北京：中华书局，1985：712.

❸ 吕绍衣，等. 重修涪州志：卷十四 艺文志［M］. 刻本，1869（清同治八年）.

欲化民成俗，其必由学乎？”❶《丰都县志》也详细记载了政府设立官学的目的，“尔知朝廷建学意乎？天生烝民有仁义礼智信之性，有君臣夫子夫妇长幼朋友之伦。修乎此则爵贵且灵于物，而为人悖乎此无以远违于禽兽。此学校之设，圣人所为继，天立极导之，以明人伦而复其性也。……今之升于学者，皆民之秀也，朝廷所以教育之者，恩至渥，制加详。皇上复颁训辞昭示中外，以士先德行而后文艺之意深切著明矣”❷。重庆地方官吏希望通过教育宣扬儒家思想，稳定统治基础。

清代重庆官学积极贯彻国家的教育目的，即使是重庆的一些偏远僻陋之地，或刚经改土归流接受汉族中原文化教育影响的少数民族边疆地区也完全仿效推行。当然，各地由于地理环境、经济基础、文化教育传统以及民俗士风等均有差异，致使官学教育所产生的力量及水平也有所不同。尽管如此，清代重庆官学也在遵循国家教育目的前提下，稳步前进，为国家培养了大批人才，同时地方社会将中原儒学文化与本地巴蜀文化不断融合，形成了重庆独特的文化特色。

## 二、重庆官学的教学内容

教学是学校教育制度的重要环节，清代重庆官学也不例外，虽不及中央官学那样完备和规范，但也有自己的规章和措施，以完成自身教化民众与培养官吏的双重任务。

清代重庆官学的教学内容以鸦片战争为界限，分为两个时期，前期以四书五经、大清律例等为主，后期则盛行“经世致用”实学思想、西学等。清代重庆地方官学属于清代官学大体系下的一部分，生员同样通过科举考试求取功名，因此，其教学内容与全国是一致的，只不过清代重庆官学生员在学期间的课程计划是具体而翔实的。同时，由于重庆官学分府学、州学、县学三级，虽然学校等级不同，但教学内容与考试科目基本一致，只是学习程度有深浅之分而已。

### （一）科举考试规范官学课程

清代礼部、国子监及各省学政对官学的教学内容无统一规定，但受科举制

❶ 谢必铿，李柄灵. 垫江县志：卷四 学校志［M］. 刻本，1900（清光绪二十六年）.

❷ 田秀栗，徐浚镛. 丰都县志：卷四 艺文志［M］. 刻本，1893（清光绪十九年）.

导向，课程、教材的设置及运用有基本统一的方案。顺治九年（1652 年）下诏："尔部传谕直隶学臣，训督士子，凡理学、道德、经济、典故诸书，务研求淹贯。"❶ 同年，又命令学政，将四书五经、《性理大全》、《资治通鉴纲目》、《大学衍义》、《历代名臣奏议》、《文章正宗》等书给生员诵习讲解。清代地方官学基本沿袭了明代的教育内容，以程朱理学为教学的基本内容。这些书目都是儒家经典和理学著作，这是科举制度下儒学教育本身的要求。同时，还需学习卧碑文、《圣谕十六条》《圣谕广训》《大清律》等律例，目的在于为生员做官做铺垫。

如上所述，清沿明制，地方设官学，称儒学；设儒学必同设文庙祀先师孔子，表尊师重道之意。儒学和文庙合称学宫。由州、县办的儒学称州县儒学，由府设的儒学称府儒学，简称州学、县学、府学。士子参加科举考试首先要经过童试取得生员资格后方得进县学或府学深造。清代重庆地方官学受科举考试和贡选考试的双重影响，官学的教育内容即科举考试内容。按照《清史稿·选举志一·学校上》的记载：清代府州县学儒童入学考试内容为："四书"文《孝经》论各一篇，并参以《性理》《太极图说》《通书》《西铭》命题，这些可视为清代地方官学入学前预备性学习内容。雍正朝又规定官学科试加经文、策论的内容；乾隆朝增试《小学论》、书艺、经艺、五言六韵诗。

清代地方官学开展教育活动、组织教学工作中，课程计划及具体要求进一步向科举考试靠近，甚至完全一致。地方官学以朱熹作注的四书五经课程为主，也读《春秋》《三传》及诗文等；研修史籍及经典；兼授有关八股文、诗赋、历史、官府文书、书法以及清政府颁定的法律条文，《圣谕广训》和《训饬士子文》则是必修的内容。重庆地方官学教材主要是儒学经典和宋儒学说，包括《十三经》《二十二史》《三通》《御纂经解》《性理》《诗》《古文辞》《性理大全》《文章正宗》《历代名臣奏议》《资治通鉴纲目》《大学衍义》《四子书》等。这些书由政府统一颁行，并准许书商出版发行。此外，还要修习大清律刑，以使童生遵守法度宪章，避免犯科触忌。而州学、县学的课程教材内容较少，程度水平降低，但具体科目编排中又有差异，显示出个性化。由于科举盛行，府、州、县学还设有一门必修课，即读写八股文，以应科试。生员经过一定的考试后取得名次，成绩好的可参加乡试或接受其他选拔，继续求得

❶ 赵尔巽，等. 清史稿：卷一百〇六 选举一［M］. 北京：中华书局，1976：3114.

高功名，按功名高低可得到相应的官职。所以州学、县学和府学是封建统治阶级罗织文人，以程朱理学培养人才的学校，是科举的附庸。后来，社会办学、民间读书逐渐增多，虽然应科举考试的人都要先经过童试取得生员资格，但生员并不一定要在县学、州学或府学就读。

清代重庆官学的教育内容与科举制度密不可分。科举制背后蕴藏着巨大的政治经济利益，在利益的驱使下，官学无可避免地成为科举的附庸，导致官学的一切教学活动都受到科举制度的指挥，自然也控制了官学的教学内容。清代科举制的考试内容已经相当固定化，在它的影响下，重庆地方官学的教学内容以应试为主要目的，生员将大部分精力集中在儒家经典、史书之中，一心只读圣贤书，接受儒家思想熏陶，但忽视了实学等其他知识，难以全面发展，为之后科举制度被废止埋下了隐患。

据同治《秀山县志·学校志》记载，教师日讲《四书》《周易》，《钦定书经传说汇纂》《诗经传说汇纂》《春秋传说汇纂》《三礼义疏》《孝经注》《性理经义》《古文渊鉴》《十三经注疏》《二十二史》《明史》《朱子全书》《三编唐宋文》《通鉴纲目》《资治通鉴纲目》等。重庆府学的课程教学内容主要有《御纂经解》《性理大全》《古文辞》《资治通鉴纲目》《历代名臣奏议》《四子书》《大学衍义》《二十二史》《诗》《校订十三经》《文章正宗》，研习八股文。[1] 由此可知，重庆地方官学的教学内容与教材与全国是类似的，但具体到各地官学、各级官学都有所侧重，教学内容并不完全一致，这是由于各级官学的课程内容及难度是扩展和加深的，在循序渐进中体现螺旋式上升。

实际上，清代重庆官学在施教过程中，也有部分开明地方统治者和学官注重培养素质均衡的生员，为国效力。也就是说，并非所有官学都被科举考试的内容所禁锢，仍有部分官学及开明地方官员、教官认清学校教育的意义，不仅仅是科举考试的预备场所，更是培养人才全面发展的重要场所。作为重庆府要地的万县便是思想开明的地方之一。在《增修万县志》中，十分明确地表述了建立学校的目的即为培养各方面的人才：

> 古之教者必立学。学者，人才之薮也。我朝加意庠序礼师儒先行谊，汉室崇儒而文翁化蜀不足云也。万人士英髦蔚起，理学则慕卢，稽古则善长清溪西夏，笃行则苍山静轩环山体斋，循良则存存，忠烈则秦刘陈张，

[1] 重庆市教育委员会. 重庆教育志［M］. 重庆：重庆出版社，2002：4.

其余不可胜纪，盖涵儒作人雅化有本原矣。夫春秋释奠，朔望释菜，范之以先圣先师，模之以先贤先儒。于夫明伦堂之卧碑，学宫之训饬，师儒所以教，弟子员所以学，岂区区季考月课校艺角技云尔哉。❶

奉节学政周灿在《奉节县复学碑记》亦云："尔诸生自今以往，念朝廷特恩，上宪德意，竞自砥砺，或耑志于诗书，或研精于韬略，异日师师济济为国家腹心干城之用。"❷ 他们的主张大致相同，在维护封建统治的基础上，改变空疏的学风，要求生员摆脱科举的束缚，博览群书，融会贯通，更好地为清廷服务。这可以看作官学教育在科举制控制下的教育功能的丧失，使部分有识之士提出的一些改革意见，虽未能给科举制带来全国性的根本性的改革，但也是一种力图恢复官学正常教育功能的积极尝试。

### （二）重庆官学的藏书与教学

清代重庆地方官学的藏书是为了满足生员学习、研究、考试的需要，因此可从侧面反映其教学内容。府州县学通过官方颁赐、官方购买、捐置等方式建立起必要的藏书楼。清代重庆官学按照清政府教育政策及科举考试科目类型及水平的规定，通过各种方式及途径收藏有许多种类的书籍。

巴县县学藏有教学和应试所应备的部分书籍，其他不足部分由师生根据自身特点及需求而拓展和补充。主要包括《上谕》一部二十四本，《三朝实训》一部十本，《学政全书》一部四本，《学政条约》一本，《颁示教官条约》一本，《训饬士子文》一本，《周易折中》一部十二本，《尚书汇纂》一部二十四本，《诗经汇纂》一部二十三本，《春秋汇纂》一部二十四本，《三礼汇纂》一部三十二本，《四书汇纂》一部，《十三经》一部十二套一百一十七本，《通鉴纲目》一部八套八十本，《二十一史》一部（《史记》二套二十本，《前汉》二套二十四本，《后汉》二套二十本，《晋书》四套三十八本，《魏书》二套二十四本，《隋书》二套二十本，《唐书》四套四十六本，《梁书》一套八本，《陈书》一套四本，《南齐》一套十本，《北齐》一套八本，《蜀志》一套十二本，《宋史》十二套一百二十四本，《南史》二套二十本，《北史》三套三十本，《辽史》一套八本，《金史》二套二十本，《元史》五套五十本），《明史》

❶ 王玉鲸，张琴，范泰衡．增修万县志：卷七 地理志 学校［M］．刻本，1866（清同治五年）．
❷ 曾秀翘．奉节县志：卷三十六 艺文志［M］．刻本，1893（清光绪十九年）．

一部四本，《御纂朱子全书》一部四本，《大清律例》一部。❶

丰都县学建有书室三间，内有藏书：《皇清经解十三经注疏》《五经小学述》《康熙字典》《史记》《汉书》《后汉书》《三国志》《南史》《北史》《五代史》《辽史》《金史》《国语》《国策》《史通削繁》《唐鉴》《蜀典》《资治通鉴》《水经注笺》《三才略》《皇朝经世文编》《汉魏丛书》《玉函山房丛书》《翁注困学纪问》《增广事类统编》《山海经》《王子安集》《李太白全集》《杜诗镜铨》《李义山诗文集》《三苏全集》《斜川集》《湖海文传》《袁文笺正》《有正味斋骈文笺注》《乐志堂文集》《文选》《古文苑》《蒋士铨评选四六法海》《宋四六选》《纪评文心雕龙》《骈体文钞》《三诗别裁》《七十家赋钞》《书目答问》《輶轩语》《弟子箴言》《学政全书》《忠州志》。并明确指出上述书籍的作用在于为来学诸生观摩、肄习之助焉。❷

从上述两县县学所收藏的书籍类目中可以看出御纂和经、史部典籍分布广泛，构成藏书的主体，子部和集部典籍的普及性相对较低。这与当时清政府制定文教政策及科举考试要求密不可分。其中御纂书籍是清政府在全国范围内颁赐的，可大体归纳为经书讲解及集注类、诏令类、法制类、科举规范类。这对于约束生员士人行为、思想，提高他们忠君、尊孔以及皇权意识必不可少的，因而也是重庆各府州县学的必藏书目。经、史部典籍藏书比例较高，则与清政府遵循儒家“以礼治心，经正民行”的统治思想文化、传播封建思想、推行教化等有直接关系。因此，相对其他官方、私人及书院藏书系统而言，官学藏书的伦理道德宣传及社会精神教化更为突出，对社会思想统一、地方文教发展有更为直接的影响。当然，两县学的书目名称中也有不同特色，巴县位于府域周边，突出经史伦理的知识观念，而丰都县则处于长江往三峡的腹心地带，文学诗赋浪漫情调平添几分，诗文内容更为突出。

“每日上堂功课，以四点钟点书，巳正至未正退班。以两点钟会讲，申正至酉正退班。每月功课：朔辰，礼先师毕，扁门考堂课一次；望，亦如之；逢十放功一日，以节其劳；月终校核勤惰，赏罚有差，甚者罚停月费。”❸ 这是清代江北厅厅学一个月的教学规程，讲授功课与考课结合，并关注生员身心健康，每十日放假一日，劳逸结合，赏罚分明。

---

❶ 王尔鉴．巴县志：卷四 学校官［M］．刻本，1761（清乾隆二十六年）．

❷ 田秀栗，徐浚镛．丰都县志：卷二 学校志［M］．刻本，1893（清光绪十九年）．

❸《江北县志》编纂委员会．江北县志稿（溯源－1949）：下册［M］．内部交流本，2015：60．

鸦片战争以后，科举制度长期束缚下的传统官学教育，在内忧外患和西学东渐的冲击下，面临着空前的危机。1904 年 1 月清政府颁布“癸卯学制”，开始建立新式学堂，逐步改变中国传统的教育体系。受到全国的影响，重庆也掀起了近代教育的崭新篇章，建立了一批新式学堂，教学内容随之产生了变化。从地方志看，重庆各地区的中、小学堂的教学内容与全国是一致的。课程以“中体西用”为原则，讲授西方政治、西方技艺、西方历史等西学，内容丰富，涉及范围广，这些教学内容的变化使学生的知识结构也随之变化，他们大体具备了近代社会知识分子应具备的基础文化知识框架。1903 年，重庆府学改为重庆府中学堂，开重庆学堂之先。经费来自原东川、经学、渝郡 3 书院，招收府辖各县、州、厅的送考生，学制 5 年，开设修身、讲经读经、中国文学、外国语、历史、地理、算学、博物、物理、化学、法制、理财、图画、体操等课。也规定了“读经”“修身”课程，意在向学生灌输传统封建道德伦理规范，继续培养忠臣顺民。虽然初创之时，各科教学仍不完善，但也开创了新式学堂的新局面，掀开了重庆近代教育的新篇章，历史意义不言而喻。

## 三、重庆官学的考课制度

官学的考课制度源于北宋，至清代完备。虽然清代之前重庆官学已经有所推行，但记录稀少，恐怕实行有序或有规则者不多。而清代的情形则变化极大，可以认为是科考预演、训练的标准场所，颇类似于当今高三迎考复习的应试教育。

### （一）清代重庆官学教学测评的类型

清代重庆官学教学测评的方式多样，其中童试、月课、季考、岁试是主要类型，现依次介绍。

#### 1. 童试

清代府、州、县学考试之士子，不论年龄长幼，皆称童生，童生入府、州、县学的入学考试称为童试，中试者可以取得生员资格和参加科举考试的资格，俗称秀才。童试分三级：本地知县主持的县试；知府或知州主持的府试；学政主持的院试。三次考试依次通过以后，方可进入府、州、县学学习。童试每次考试按永定学额录取，清初分给铜梁每科入学童生文武各 8 名，嘉庆二十三年（1818 年）各为 7 名，咸丰六年（1856 年）、同治四年（1865 年）各增 6 名，同治七年（1868 年）又增加学额各 2 名。正是因为有限的学额，士子更加钻研四书五经、八股文等，以期中第。

清代重庆地方官学受科举考试的制约，官学选拔学生测评科目参照或依据科举考试规划设计。按照相关文献记载：清代重庆府学儒生入学考试内容为《四书文》《孝经论》各一篇，并参以《性理》《太极图说》《通书》《西铭》命题，上述课程教材可视为重庆府学入学前预备性学习内容。雍正朝规定官学科试加经文、策论的内容；乾隆朝增试《小学论》、书艺、经艺、五言六韵诗。重庆府学的入学考试以及课程教学设计均以此为据而有所变化和调整。重庆地方州县学考试学科与府学基本一致，只是程度有所降低而已。

童试的考试内容与科举考试并没有较大差别，但考试难易程度、考试题量略有不同。《江北县志》记载了江北县学的入学考试范围及相关规则："清制，考试诸生，有县试、府试、院试之别。凡值岁试，同知集全县士子，定期考试。县试五场，府试三场，院试二场。在光绪二十四年以前，考试时艺、试帖；二十四年以后，改试策论、经义。县试初场试四书、五经义各一篇；次场试史、论二篇；三场试时务、策论；四场试经史杂著。二场放榜无名者，不得入三场；三场无名者，不得入四场；四场试杂著或史论，以两艺为完卷。不满三百字者，以不及格论。终场复试，以义或论一道，限时交卷。如五场文字，一律畅达，则取列案首。此为县长案，于完毕后，检卷申送府试。"❶

2. 月课、季考

生员入学以后，也需要接受学官和地方守令对他们的考核测评。月课、季考关系整个官学学风建设，一方面，学官、地方守令可以通过月课、季考及时检查生员的学业，适时给予其指导；另一方面，又可以此方式督促生员积极进学，约束生员行为。因此，统治者对月课、季考十分重视，顺治九年（1652年）颁发诏令，要求各类官学"严束生徒，按季考课"。雍正十二年（1734年）复颁发诏令，重申要言定月课、季考，"除丁忧、患病、游学、有事外，不应月课三次者戒饬，无故终年不应者黜革"。月课、季考一般由学官主持，除从四书中出题考八股文以外，还要考策论。凡月课成绩列优等者得一分，中等者半分，下等者无得分，年终合计获得八分以上者合格。这种考课制度，到了嘉庆朝以后，日趋松弛，后完全停止。"讫于嘉庆，月课渐不举行。御史辛

---

❶《江北县志》编纂委员会．江北县志稿（溯源－1949）：下册［M］．内部交流本，2015：65.

从益以为言，诏令整顿。嗣是教官多阘茸不称职，有师生之名，无训诲之实矣。”❶

清代重庆地方官学的月课、季考主要由当地教官，如教授、训导，以及地方官员主考。如梁山县学自雍正七年（1729 年）“开季考月课用以校阅文艺，鼓励诸生”❷，江北厅规定“清制，凡岁科两考取进新生，由县官率诣学官，释菜入学，师事教官。肄业三年，月有月课，季有季课，皆八股文及试帖诗，间有经义、辞赋；时务、掌故为随意课。不能者，听。……又于每月、四季，饬门斗传谕诸生，试其造诣之有无进步，名曰季课，汇报学政衙门，以备查核。”❸ 这说明在清代江北厅厅学生员不一定在学肄业，只需按时参加月课、季考，即可得到继续发展的资格。月课、季考最主要的考试内容为八股文和试帖诗，再次为经义、辞赋，而时务、掌故则不受重视，这是科举考试与官学教育相结合的弊端，即科举考试左右了官学的教育内容和考试内容，进而影响了众多读书人的知识范围。

3. *岁考、科考*

清代地方官学的考试，除每月一次的月课和每三个月一次的季考之外，主要还有岁考、科考两种。岁考每年举行一次，内容为书艺二道、经艺一道，科考每二年举行一次，内容为书艺、经艺及时务策各一道。这两种考试相当于上级主管部门对官学教育成绩的一种定期检验，并作为向国子监和乡试保送人才的资格凭据。

生员在学之中，以岁、科两试最为重要。岁、科考均由学政主持，前者关系到生员升降进退的切身利益，后者关系生员是否拥有参加科举考试的资格，因此生员尤其重视。学政到任第一年对生员的考试称为岁考，由学政亲自主试，内容是四书文一篇、经文一篇、五言六韵试帖诗一首。岁考成绩揭晓后，学政依据朝廷规定的“六等黜陟法”，对生员进行奖惩。即将生员的岁考成绩定为六等，分别对应六种生员，即廪膳生员、停廪生员（因岁考成绩欠佳被罚停止享受廪银的廪膳生员）、增广生员、附学生员、青衣生员（被罚降级的附学生员）、发社生员（因岁考成绩极差被罚往社学读书的生员）。

清代重庆官学还有类似奖学金的制度，其制大略为：岁试考列一等者，

---

❶ 赵尔巽，等. 清史稿：卷一百〇六 选举一［M］. 北京：中华书局，1976：3116.

❷ 朱言诗. 梁山县志：卷五 学校志［M］. 刻本，1894（清光绪二十年）.

❸ 《江北县志》编纂委员会. 江北县志稿（溯源－1949）：下册［M］. 内部交流本，2015：57.

增、附、童生（又称青社）俱可补为廪生。若无廪缺，附生、青社补增生；无增缺，青社补附生，均获“候廪”资格；原廪、增停降者，可恢复廪、增资格。岁考列二等者，增生补为廪生，青社、附生补为增生。无增缺，青社补为附生，停廪降增者复廪，增降附者复增。三、四、五等均以此类推，列至六等，廪膳十年以上者黜为发社（有参加入学考试的生童），廪膳六年以上与增生十年以上者发本处为吏，余皆废黜为民。凡岁考成绩成为廪膳生员，每年可以领取三两二钱的饩粮银，作为生活津贴。岁考将生员的等第和待遇与其学业成绩紧密联系，对提高生员学习积极性起到重要作用。科试列一二等者除可享受岁试一二等的待遇外，还可获得参加乡试的资格。列三等可得钱粮供给。

自道光朝以后，依据岁考成绩对生员奖惩的要求稍有宽松。体现在，一是极少将生员的岁考成绩列入第五、六等；二是廪膳生员、增广生员和附学生员很少有降级的；三是因岁考成绩基本取消五、六两等，青衣生员、发社生员也随之消失。岁考“六等黜陟法”施行的结果是，只要生员未能考中举人或未能获得贡生身份者，那么在其符合条件告老之前，每逢三年就得参加一次岁考，才能保住生员的身份。

学政到任第二年所主持的考试为科考，是准予参加科举的资格考试，府、州、县学之生员皆须应考。科考之内容为四书文一篇，策一道，五言六韵试帖一首，默经一段。科考名列一、二、三等之生员，取得参加科举考试的资格，准送乡试。

此外，清代地方官学在学政视察时，还要举行一种让生员掣签讲书的临时测试，测讲内容为大清律三条，测后即时奖罚，也是清代劝诫士子勤勉读书的一种有效方法。❶

由于各地生员成绩与地方官员的升迁挂钩，因此地方长官采用多种方式督促士子向学，其中奖惩方式最为常见。康熙二十一年（1682 年）长寿县县令上任后，十分重视县学的月课，经常检验生员一月内的学习质量，“倡月季则会课诸生，为之第其甲乙，厚其旌赏，以鼓励之”。用奖励的方式督促生员的学习，效果十分明显，“村童野老，方知学之为益；党庠家塾间，子夜书声不辍”❷。民国《南川县志·教育志》载：“知县张涛尤勤于诲士，每月必亲临试

❶ 李罗力. 中华历史通鉴：第 2 部［M］. 北京：国际文化出版公司，1997：2039.

❷ 张永熙. 重修长寿县志：卷十 艺文志［M］. 刻本，1875（清光绪元年）.

院局门考校手笔评骘，初到任，即捐本年铁厂陋规银六百两，用制文庙祭器，后岁拨四百二十两为月课加奖，谓之官课。光绪十三年重庆府发来罚款银一百五十两、钱三千贯。涛以银及钱一千贯归宾兴，二千贯存商，每月一分生息，岁得钱二百四十贯，匀作十课于官课，次日更试谓之府课，士之贫而能文者，藉各奖资足供薪米之用。”❶ 这说明用来奖励诸生的资金来源除了官员俸银，还包括地方资金等。

清代梁山县学对月课、季考十分重视，专门设立城中斋长、乡间斋长作为表率，督促诸生赴学考试。“国朝县设教谕、训导，其取士视学之上中下以为差。斋长之设原加意斯文广教育，以收失效，端士俗而养人才也。始自雍正七年闰七月。学院周牌开季考月课用以校阅文艺，鼓励诸生。且师时时相接，即可考察其行止，将来举报优劣有所凭据。而投递互结等事亦便举行，但有散处四乡者，每逢科试日期不能亲身赴学，形迹殊混妍媸莫辨。而岁中互结势将投递不齐稽违限期。每遇考课日，在城者令城中斋长届期率诸生赴学就试。其分处四乡者，令乡间斋长预令该学考课日期告示以文行兼优堪为士子表学者身司其任。”❷

清代是科举制度全盛历史时期，科举教育贯彻政府兴学，尤其是地方官学全过程。科举考试是应试教育的模式，但其中有标准化测评的信度，而且对教育公平性即提升官吏水平有独特作用。清代重庆官学考试与科举考试殊途同归，目的都是为统治阶层选拔人才。知识分子得以入仕，考试内容大多是四书五经和试帖，生员入学考试、平时测验等的内容大多与科举考试相同。从某种意义上说，地方官学走向科举既是当时社会要求、政府办学意志的体现，更有提高行政效率及促进社会向学风气形成的作用。对于重庆地方官学来说，还特别表现在西南地区儒学化的实现以及民族教育文化认同价值，但也使重庆官学各类考试成为为参加科举考试做准备的“实战演习”，从考试的内容到形式很大程度上受到科举制度的制约。

### （二）清代重庆官学教学测评的场所

清代地方官学月课、季考及岁科一般在官学常规教学制度中实施。但地方官学开学至中央官学只是少量生员，大多通过科举考试挤入仕途。因此，岁考

---

❶ 柳琅声．重修南川县志：卷七 学校志［M］．排印本，1926（民国十五年）．

❷ 朱言诗．梁山县志：卷五 学校志［M］．刻本，1894（清光绪二十年）．

的序列环节及不同层次考试便成为测评教学目标达成度的重要阶梯及依据。

清代科举考试可分为童试、乡试、会试三个大级，又可细分为县试、府试、院试、科试、乡试、会试、殿试七个小级。除了殿试是在京城皇宫保和殿举行因而没有建造专门的考场，乡试考场一般都设在各省省城，称为“贡院”(会试以顺天乡试贡院为考场)；童生参加的童试要经历县试、府试、院试三场，其中在各府城、直隶州城举行的府试、院试的考场均附设于学政行署中，通常都被称为“试院”；而在各州县举行县试的考场则一般等而下之，称为“考棚”。当然，这是仅就其大略而言，具体到不同地方，其名称亦各不相同。如在各府、直隶州举行府试、院试的场所一般称为“试院”，但也有一些地方称为“贡院”“考棚”的，即清代末科进士一等三甲探花商衍鎏《清代科举考试述录》所云学政院试“考场称贡院、试院、考棚不一律”。童试作为科举的预备考试，也是地方官学的入学考试，往往与当地官学联系密切，共同成为封建教育体系的一部分。

清代各州县在未建造考棚之前，往往以县衙公署、文昌阁等公共场所作为童试的考场。而考试所需的桌、凳等也都由考生自己携带，这使考试之前的准备工作耗时，考场混乱不堪，考试纪律难以维持。因此，清朝地方官吏积极修建考棚，以减轻生员携带桌凳之苦，方便参加考试。另一个原因则是为了严肃考场纪律，维持考试公平。以下举例介绍重庆各地考场状况。

1. 涪陵

《涪州志》记载：“川东州县向无考棚，试则诸童列坐于公廨前期预搭席棚，搭棚之具取于民，差役藉以需所扰累沿江州县，有强取船檐以供用榜人维舟以待试毕者。试之日唱名而入，应试者往往自挟几案以应名，拥挤杂沓，不胜其苦。风雨骤至，则坐篷下者群哗而避于堂，不能禁。”❶

2. 彭水

《彭水县志》载：彭水“旧无考棚，县试即在县署，未置有号凳。应试童生于纳卷后，即自借桌几，扛负而入，塞满堂署。临唱名，则各携坐贝，互相枨触，既接卷则纷纷觅坐，喧阗不已。及放棚又必共负桌几以出，否则为皂役等持去。应县试者咸苦之”❷。生员参加考试的场面极其混乱，不符合考试的

❶ 吕绍衣，等. 重修涪州志：卷十四 艺文志［M］. 刻本，1869（清同治八年）.

❷ 庄定域. 彭水县志：卷二 祠庙志［M］. 刻本，1875（清光绪元年）.

严肃性。因此在政治稳定后，也开始修建考棚，为各类考试的举办提供便利。

道光二十一年（1841 年），知县张翚飞始倡建彭水县考棚，率士民捐建。有官厅一间，号舍各五间，号桌、号凳各八十张。童生由县署大堂进入。至此规模初具。后任知县涂金兰复修头门一座，临正街乐楼二座，仪门三间，大堂、二堂各三间，皆朝西向。两廊各一间，添设堂号桌凳各十张。规制始备。后因人文渐盛，应童试者建次增多，往往人浮于号，且前逼近大街，点名时拥挤嚣尘，不能按名给卷，同治三年迁修圣庙后。❶

3. 綦江

綦江县原无考棚，“每县试，即于宫廨为考场。诸童先一日纳卷，后各于旅次借运桌几粘签塞满堂署。临唱名仍携坐具前后撑触无次。既接卷纷纷觅坐闹嚷，逾时未已。及至放棚，又必三五人，共负桌凳以出，不则皂隶诸色人冒领去。从前应试不过四五百人，嘉庆中年多至八九百。尽一日之长，神思已极困惫，出来又负累如彼往往倾跌。且东撞西突，外人有受其伤者”。直到嘉庆二十二年（1817 年），县令图敏、教谕韩兆瑞、训导张崇朴集诸谋建考棚。“即于文昌庙接修募得如千金承其事者，文生王安吉、罗燦文、陈师孝，武生王鹤年、陈定国，监生吴昌才、胡世镐等十余人。时邑中号囗家者言人人殊日为蜚语，崇朴不为动，先立横文堂，接次修号屋上下两层，及二门，及头门。东西场列桌几条凳，点名处、阅卷处、寝卧处、门子、厨夫之众，无不备。栋隆巍焕既文战得所，而文昌庙且树华阙而丰朱堂也。起讫凡二年，丁丑秋新移县试，诸应考人轻身出入，鱼贯从容”。之后文运日起。有匾额曰：“云倚桂殿以分棚五里偕来春簇瀛峰扶玉，笋映奎垣而校士千人共见月涵龙角照冰心。”❷

自嘉庆二十二年（1817 年）创建考棚以后，綦江县诸生才有专门考试之所。“惜其地倚山麓，布置参议二堂试官衡文权居文昌宫。且大堂孤露久之，有欹斜之势。”道光十二年（1832 年）正月县试，知县邓见号舍狭隘，规模未备，志在重修。迨孟夏偶于此会计城工，即毅然以改修。任五月内命董事饶校先等招工，悉拆之。“凿文昌宫前斜坡层叠甃石，垣上为宫，前甬道下为二堂。过厅基大堂旧址亦凿低三四尺，添建二堂五间，左右添内号舍四间，偏室

❶ 庄定域．彭水县志：卷二 祠庙志［M］．刻本，1875（清光绪元年）．

❷ 杨铭，伍濬祥．綦江县志：卷三 学校［M］．增刻本，1863（清同治二年）．

三间，厨房一间，中竖过厅。大堂悉易良材改建焉。匾曰：'惟公生明。'楹曰：'我亦当年劳白屋，谁于今日昧青天。'大堂东西添号舍五间，堂以下东西号舍平基更修之。仪门内置礼房差厅，头门外设鼓乐楼，其堂室号舍诸地面俱。捶三合土，令平如镜，净不起尘。坐号概易以新油漆始洁，嵌以石墩使不移动。又置堂号桌凳共计一千二百余号。凡需用诸器无不虑周而详备之。十三年癸巳十月县试，士林称便。十四年甲午四月，川东嵩观察奉大府札勘城工驻于内，周览赞美谓他邑无此整齐。至乙未年，买对面街房四间，拆去作照墙，以扩头门地势。东西辕门改通大街。邑中官廨，此为第一宏敞。"❶

4. 奉节

夔州科举考试场所称贡院。宋元祐五年（1090 年），郡守王伯庠建夔州大贡院于小南门，计屋一百一十间。绍兴年间毁于洪水。明弘治十二年（1499 年）建号房一百间，后设达州，继迁万县。康熙四十七年（1708 年）设于梁山（今梁平）。雍正八年（1730 年）重建于夔州府学宫。咸丰初年添修墙垣、房屋、号桌、号凳。光绪三十一年（1905 年）停科举，考棚遂废。至今附近街道仍名考棚街。❷

5. 丰都

丰都县原无考棚，考试之所先为县署，后迁往火神祠。直至同治七年（1868 年）由县令提倡，乡绅捐款共计白金三百九十两，钱一万九千五百四十贯，用于创建考棚。修建后的考棚规模宏大："屋二百十有四楹，倚城环墉以为之范，面街树墙，翼以两辕。墙内为雨亭，踵亭为重门，以肃关键。中敞两廊，趾石载版，以坐试士，布地以砥，以御尘埃。其上为堂，拓堂之右，循垣为箭道轩于堂后屋。其两头为校阅所楼，于其上为公余眺远之地。"❸

6. 万县

万县邑旧无考棚，试于县署。道光十九年（1839 年），职员杜钟嵋独任捐建号舍三十余间，坐号一千八百有奇。大堂，二堂，上房，头仪门并执事房，共六十余间。砖墙周一百余丈。越三载落成。计用制钱一万六千二百余缗。规模宏敞，工程结实。咸丰九年（1859 年）冬，知县冯卓怀移文庙左侧。魁星楼于考棚桂宫，在文昌庙左侧。正厅三间，漱江亭一座，榕舫三进，悬楼二

---

❶ 杨铭，伍濬祥．綦江县志：卷三 学校［M］．增刻本，1863（清同治二年）．

❷ 四川省《奉节县志》编纂委员会．奉节县志［M］．北京：方志出版社，1995：709．

❸ 田秀栗，徐浚镛．丰都县志：卷四 艺文志［M］．刻本，1893（清光绪十九年）．

间，长廊十三楹，荷池一泓。同治四年（1865 年）知县张琴建修以为宾兴之所。悬楼外隙地二亩，许卫鹏捐。❶

7. 梁山

梁山考棚经历了因属地行政区划调整而引发的转变，其中多次改建："梁邑向属夔府，岁科两试学院校夔士于此，雍正十二年改县隶忠州，县之士校于州之考棚，此遂空置。乾隆九年县署火焚，权为县署，后为典史署。故汇考在县署。道光五年，县令徐名湘以应试人众，县署隘不能容，乃以行台为署，仍以厅署为考棚。八年六月兴工，计经费四千七百零，建二堂五间，上悬太子书'祗承堂'，额左厢正四间，横二间，又左厅三间为武试较射之所。右厢正三间，厅一间，大厨房一间。大堂暖阁，进门二间，为收卷之所，东西文场号桌号凳，可容千余人。明远楼五间，雨亭一间，仪门五间，东西辕门照壁全。凡大宪过境，即以此为行台。"❷

8. 巫山

巫山县考棚迟至近代洋务运动时期问世，在县署仪门内，东西科房下。东文场一棚号桌、号凳各十五个，西文场二棚有号桌、号凳各三十。外置长桌凳各十条，临试移至大堂，共坐四百余人。光绪二年（1876 年）由职员周仁和捐资创建，历届试期将至，其后嗣皆修理一次，并以城外铺屋一所岁收租钱永作补修之资。

9. 永川

永川县考棚在县署左。道光五年（1825 年）知县特克同额因县素无考棚，率邑绅捐资创修，庚申之乱，幸未焚毁。辛酉秋，知县方翊清莅任，因衙署未建，以文场作署。东西号舍作书吏房。县试时借南华宫作考棚，同治四年（1865 年）衙署落成，始添置号凳，而文场仍旧。同治九年，知县周岐源重修头门三楹，龙门三座，大堂三间，二堂、三堂、花厅、书房厨房共十间，东西号舍四大间。❸

10. 璧山

璧山县考棚在文庙右山下，道光元年（1821 年）建。大堂五间，二堂五间。二堂右厨房二间，二堂下左右耳舍各一间。大堂下东西号舍，前层左右各

---

❶ 王玉鲸，张琴，范泰衡．增修万县志：卷七 地理志 学校［M］．刻本，1866（清同治五年）．

❷ 朱言诗．梁山县志：卷三 建置志［M］．刻本，1894（清光绪二十年）．

❸ 许曾荫，吴若枚．永川县志：卷三 建置志［M］．刻本，1894（清光绪二十年）．

五间，后层左五间，右三间。大堂前牌坊一座，牌坊下左右号舍各二间。头门五间，头门外左右乐楼各一座。甬墙一道，东西各立辕门。辕门外水井坎看司住房二间。道光九年（1829 年），邑人王嘉谟于二堂内募建仓颉像一尊。❶

11. 大足

大足县考棚，又称海棠试院。据称大足有一绝：海棠本无香，惟昌州（今大足）海棠色香俱佳，故大足号称海棠香国。道光十二年（1832 年）邑令章坦劝士民捐修考棚，规模宏整，计大堂三间、二堂三间、龙门三间、头门三间，颜其额曰“海棠试院”。两廊房共三十六间，每间号桌四张，“又二堂侧构间房以处试官之仆从，大堂左构官厅以试武童之步箭，大堂右构育贤房以处办公之书吏，乐楼辕门灿然俱备”。❷ 咸丰十年（1860 年）滇匪之乱，东西号房及头门、雨亭折毁；同治六年（1867 年），知县王宝臣补修。

12. 江北

江北县考棚因与巴县分治而创设，其变迁过程与清末废庙兴学相始终。“江北于乾隆二十四年与巴县分治后，士子考试较少，凡遇县试，均就县署为之。道光十三年，买卢氏住宅创修文昌宫，左右两廓下设考棚，列为四层，坐号整肃，容千余人。外则三门耸峙，届闭以时。更树大门，左右置屋，考试诸生，以避风雨。光绪二十六年，同知刘廷恕复就桂花街隙地创建试院，规模闳大，地势宽敞，外有东西辕门、照墙、鼓乐亭。正中外为头门，次为龙门，于此点名。门内东西文场，号舍排列。光绪二十八年，诏停科考，设学校。本县亦于三十一年，将嘉陵书院高小学校迁移考棚，作为校址，而试院遂废。”❸

13. 酉阳

酉阳有关方志文献对酉阳州考棚的历程、规模、设施等有翔实考证及描述：“轩（注：指古代帝王的御医乘坐的一种轻车），试士，俱有棚场……”这种棚场就是“考棚”，亦叫“考院”。它是专门举行童试及院试时，文生的文考场所，查酉阳州在未有考棚之前，文武童生赴重庆府应考，历时八十余年。赴考者寥若晨星，叫苦不休，众绅禀请，恳求另建考棚，以振士风。

酉阳州建棚一事，据《酉阳州志》载：“酉阳建棚，自嘉庆二十四年（1819 年），州属举人徐映台偕贡生陈盛佩禀奏，央求新建考棚，后经四川巡

❶ 寇用平，陈锦堂，卢有徽．璧山县志：卷四 学校志［M］．刻本，1865（清同治四年）．
❷ 王德嘉．大足县志：卷二 建置志［M］．刻本，1877（清光绪三年）．
❸《江北县志》编纂委员会．江北县志稿（溯源－1949）：下册［M］．内部交流本，2015：65．

抚上疏谨奏礼部疏称：‘（酉阳士子）向附重庆府试，近来文人倍增，酉阳距重庆府，路途遥远，士子往返维艰，且两地童生杂处，稽查难周，现据州属绅士，情愿公捐经费，另立考棚……乃系实在情形，应如所请，准予酉阳州专建考棚，为一州三县考试之所，仍旧照例岁科并考，以顺舆情。俟考棚修竣，即开新棚考试，所有臣等核议，缘由是否有当，伏候训示遵行，谨奏。’后称，‘道光元年七月初三日准礼部咨称，奉旨钦此’。”

筹建考棚时，在任州牧为刘碧溪，核其经济来源有三：一靠民捐输，二出卖济仓租谷，三向涪州借款。据考，道光十九年（1839 年）酉阳州牧李徽典撰《重修学宫碑记》，其石镌文曰：“盖近廿余年来，始而济仓，继而考棚，将亦孔繁矣！我不忍之，再四筹划，惟济仓租一项，前所积于道光七年（1827 年）经前署州刘碧溪先生禀请，出粜作为考棚经费。八年以后……所得资，培修学宫，有余者再酌先农塘养济院之用，并筹还设立考棚时借涪州未完之项。”❶

从《酉阳文史资料》获悉，实际上酉阳州的考棚是嘉庆二十四年（1819 年）就开始捐输，翌年择定文昌宫原旧基（即现在酉阳二中校址）作棚基，道光元年（1821 年）正式开始修建，于次年十月竣工，道光三年（1823 年）初行院试，直至光绪甲辰年（1904 年）停科考试止，前后使用八十一年。竣工后的酉阳考棚情况如下：

> 大门五间，二房二间，差房二间，差房三间，东西辕门栅栏全，仪门三门，大堂五间。前东文场五间，石脚号桌四十张。后东文场五间，石脚号桌四十张。前后木号桌共二十张，木号凳共一百条。前西文场五间，石脚号桌四十张。后西文场五间，石脚号桌四十张。前后木号桌共二十张，木号凳共一百条。东堂号木号桌二十张，木号凳共二十条。西堂号木号桌二十张，木号凳共二十条。东棚号四间共木二十七根，木号桌二十张，木凳二十条，油纸篾织全。西堂号四间共木二十七根，木号桌二十张，木凳二十条，油纸篾织全。二堂五间，房科六间。三堂正屋五间，下厅五间，厢房二间，大厨房三间，二厨房二间，厕屋四间，外宫厅三间，供给所正房三间，厕房二间。❷

❶❷ 王麟飞. 增修酉阳直隶州总志：卷五 学校志［M］. 刻本，1863（清同治二年）.

酉阳州考棚营建时间较晚，经费充足，因此考棚的规制形态更加完备，桌、凳、厨、厕等一应俱全，说明酉阳州地方社会对考试的支持和重视。酉阳考棚的楹联也表达了地方社会对士子们的期盼："焕乎文章，博大昌明，景运于斯为盛；蔚然杞梓，英多磊落，人才随地而生"；"入此门敢负初心，屡战风檐，犹历历记昔年辛苦；于斯文未能自信，僭持玉尺，唯兢兢校一日短长。"

清代重庆官学通过严密的教学测评，既考察了官学教师的教学成果，也调动了官学生员学习的积极性。而为举行考试而建造的考棚不仅体现了清代重庆地区的建筑水平，更作为科举考试制度的物化，体现了统治者的意志和权威。而学校人才的质量及其社会地位作用成为评价学校办学有效性的重要指标。童生进入官学必需的童试、进入官学后的月课季考、关乎科举考试资格的岁科两考等地方官学的考试也逐渐严格，体现了这些考试作为选拔性考试的特点，提高了清代重庆地方官学的教学质量，一定程度上起到了筛选优秀人才的作用。不可忽视的是，正是这种机械僵硬的考试选拔方式，也反作用于官学教育，影响了后续官学教育的健康发展。

# 第八章　清代前期重庆学校的繁盛（中）

清王朝实施严厉的封建政治和文化专制统治，官学教育是集中施行的场所，自然反映了这种特色。但清代作为大一统封建王朝，末期又以重文教和整理古籍著称，以官学和书院为代表的学校体系其完备、翔实程度远超历代王朝。这同样体现在重庆学校历史之中。

## 第一节　清代前期重庆官学的教育管理

与明代类似，清代中央王朝集权统治十分突出，而且满族贵族的特权地位始终存在。其结果是教育教学的受制及管控更为鲜明。当然，教育法规、条例及举措序列、条理井然，显示出封建王朝后期政治统治对于教育工具性利用的成熟及秩序的强力调控诉求。

### 一、重庆官学实施的御制条规

清朝为了禁锢天下士子的思想，不断颁布各种御制条规，这是整个清代的外部约束。除此以外，由于重庆地方政府在官学中的推行，在结合自身独特的人文环境条件下，对清朝重庆士人，尤其是读书生员带来了独特的影响。

顺治九年（1652 年）清世宗颁示的《御制晓示生员卧碑》，要求立于学署明伦堂和各学堂。卧碑内容如下：

朝廷建立学校，选举生员，免其丁粮，厚以廪膳，设学院、学道、学官以教之。各衙门官以礼相待，全要养成贤才，以供朝廷之用，诸生皆当上报国恩、下立人品，所有教条开列于后：一、生员之家父母贤智者，子当受教；父母愚鲁或有非为者，子既读书明理，当再三恳告，使父母不陷于危亡。二、生员立志，当学为忠臣清官，书史所载忠清事迹，务须互相讲究，凡利国爱民之事，更宜留心。三、生员居心忠厚正直，读书方有实用，出仕必作良吏。若心术邪刻，读书必无成就，为官必取祸患。行害人之事者，往往自杀其身，常宜思省。四、生员不可干求官长，交结势要，希图进身。若果心善德全，上天知之，必加以福。五、生员当爱身忍性，凡有司官衙门不可轻入，即有切己之事，止许家人代告，不许干预他人词讼，他人亦不许牵连生员作证。六、为学当尊敬先生，若讲说须存心听授，如有未明，从容再问，毋妄行辩难。为师长者亦当尽心教训，毋致怠惰。七、军民一切利病，不许生员上书陈言。如有一言建白，以违制论，黜革治罪。八、生员不许纠党多人，立盟结社，把持官府，武断乡曲。所作文字，不许妄行刊刻；违者，听提调官治罪❶。

八条圣谕内容的核心在于要求生员立志学为忠臣、清官，做“利国爱民之事”，并用天命论诱惑学子：“心善德全，上天知之，必加以福。”

就以上规定，可知清代教育在沿袭明代教育的基础上有所发展。教育宗旨在维护清朝统治地位的前提下，培养“两耳不闻窗外事，一心专读圣贤书”的学生。

重庆府州县各学宫刊立卧碑，对生员垂以明训“学为忠臣、清官”“上报国恩，下立人品”，约以条文。卧碑铭刻清政府颁定办学宗旨、生员的学习目的和恪守条规。如万县儒学，“顺治九年，题准刊立卧碑置于明伦堂之左，晓示生员。道光间，训导钟崇盛重刊，年久漫灭。咸丰五年，训导范泰衡谨书石，学弟子员重刊”。❷

清代的学校教育，不论私塾、学馆、书院、儒学，对学生的教育，无一不是为了培养忠君、尊孔的王室御用人才这个总目标而进行的。通过课堂的“讲经读经”，对学生灌输封建伦常道德，限制学生思想，并把日常学校生活及活动，也寓教育于潜移默化之中。诸如节日活动、衣着穿戴、举止言笑，均要合乎封建礼仪规范。每年一度的孔子诞辰日（农历八月二十七日），师生都要到县文庙参加隆重纪念典礼，顶礼膜拜。不能去的，也要在学堂内专设孔子牌位，举行祭祀活动。早在清乾隆十九年（1754 年），江北厅就建有孔庙，每月“朔望”（农历每月初一、十五日），县城学校师生都要去孔庙行跪拜升降

---

❶ 昆冈，等. 钦定大清会典事例：卷三百八十九［M］. 御制本，1899（清光绪己亥年）.

❷ 王玉鲸，张琴，范泰衡. 增修万县志：卷七 地理志 学校［M］. 刻本，1866（清同治五年）.

礼仪，同时向学生宣讲卧碑教条，以此加深尊孔观念。每年万寿圣节、皇后千秋节，学堂都要开展庆贺活动，以此加强忠君意识。

康熙九年（1670 年）又颁《上谕十六条》。重庆许多州、县建圣谕牌坊于学院、学宫，遵照执行。《上谕十六条》具体内容如下：

> 朕今欲法古帝王，尚德缓刑，化民成俗，举凡敦孝悌以重人伦，笃宗族以昭雍睦，和乡党以息争讼，重农桑以足衣食，尚节俭以惜财用，隆学术以端士习，黜异端以崇正学，讲法律以儆愚顽，明礼让以厚风俗，务本业以定民志，训子弟以禁非为，息诬告以全善良，诫匿逃以免株连，完钱粮以省催科，联保甲以弭盗贼，辞仇忿以重生命，等项，作何训迪劝导，及作何责成内外文武该管官督率举行，尔都详察典制，定议具奏。❶

康熙三十九年（1700 年），清政府钦颁《上谕十六条》于直省学宫，文称："直省奉有钦颁《上谕十六条》，每月朔望，地方官宣读讲说，化导百姓。今士子亦应训饬，恭请御制教条，发直省学宫，每月朔望，令儒学教官传集该学生员，宣读训饬，务必遵守。为有不遵者，责令教官并地方官详革，从重治罪。"❷ 从中可知，教育的对象已不限学生，而是波及社会民众，范围也就突破学校的院墙，而深入民间的社区村寨、城镇集市。

上述规条在重庆各地学宫普遍推行，甚至在乡村学馆私塾中贯彻。如道光年间，南川县邑令魏崧为使圣谕家喻户晓，下令乡学馆师，每逢朔望，轮赴场市、乡村宣讲圣谕，以使"乡愚心解神移，感恩效法"。凡馆师宣讲勤明、训课认真、查有实效者，免其一年一考，并准于次年加修接请。同时，子弟启蒙，馆师必考《上谕十六条》。凡子弟初入学，南川知县要召集生员先谒孔庙，拜孔子；次谒学师，跪着听读《御制晓示生员卧碑》和《上谕十六条》。

## 二、重庆官学的教师管理

《大清会典》对清代地方教育行政有明确记载："学则学政督之，分府、厅、州、县学以教士。"❸ 清代地方官学，府设教授，为正七品，训导为从八

---

❶ 昆冈，等. 钦定大清会典事例：卷三百九十七［M］. 御制本，1899（清光绪己亥年）.

❷ 王杰，等. 钦定学政全书：卷四［M］. 刻本，1793（清乾隆五十八年）：2 -3.

❸ 昆冈，等. 钦定大清会典（光绪朝）［M］//续修四库全书：第 794 册. 上海：上海古籍出版社，2002：66.

品；州设学正为正八品，训导不入流；县设教谕，也为正八品，训导也不入流。教授、学正、教谕的职责是主持并执行学务，称为教官。清代地方官学教职的设置大体因循明制，其损益之处有二：一是提高了府州县儒学教师的品位，明代府学教授仅为从九品官，学正、教谕均不入流；清代将府学教授提高到正七品，将学正、教谕提高到正八品，二者相差的幅度很大。二是降低了医学、阴阳学教官的地位，贬为不入流的杂品。这种变化，说明了清代中央统治者更加重视地方儒学教育，并进一步强化了尊孔崇儒的文教政策。

重庆地方官学在清政府大一统封建帝制对教育掌控下，教育行政管理及教官政治地位是与全国一体化的。《增修酉阳直隶州总志》载："教官一职，所以掌学校生徒训迪之事也。其县学教谕，汉曰'校学经师'，唐曰'县文学'，宋曰'县学长'，辽曰'县博士'，元、明曰'教谕'，本朝因之。县设教谕、训导，或一人或二人不等。"❶ 这里追述了地方官学历朝行政官员设置演变，同时说明清代酉阳州的状况。酉阳今属重庆直辖市黔江区的辖县，地处乌江及湘西沅江上游，交错纵横，崇山峻岭，民族众多，地势险峻而人口稀少。清代中后期为州县建置，有关方志中对教育管理有如此清晰记录，可知科举教育深入中国腹心地带已蔚然成风。类似的记载还有很多，大多分散于重庆的地方文献中，例如《云阳县志·学校志》："县训导之职掌领县儒学廪、增、附，佾诸生，考其功过优劣，闻于提学使者而黜陟之。"❷《南川县志》载："清代学制，教谕一员，训导佐之，知县居主体，一邑均称曰师，专司教育，而聚徒升坐，实行讲授者寥寥。惟掌入学，诸生册籍，备文送试，报丁起复。补廪出贡，旌表祭祀诸事，每月普通课士一次。"❸《梁山县志》："教职是师儒之官，是立四教、崇四术，以端教化者。"❹ 这些均叙述了地方官学教育管理的设置，不过对其职责的描述更具体化，且与儒学的关系甚为密切。

在清代重庆官学的教育管理中，教师管理处在重要的位置。官学教师在官学的教育管理中起到承上启下的中枢作用，是落实封建统治者意志的实际操作者，是教育目标得以实现的关键。清代统治者也注意到官学教师的重要性，因而在教师管理上着重抓两点：一是教师选聘，二是教师待遇。

---

❶ 王麟飞．增修酉阳直隶州总志：卷十三 秩官志［M］．刻本，1863（清同治二年）．
❷ 朱世镛，黄葆初，刘贞安．云阳县志：卷十一 学校志［M］．铅印本，1935（民国二十四年）．
❸ 柳琅声．重修南川县志：卷七 学校志［M］．排印本，1926（民国十五年）．
❹ 朱言诗．梁山县志：卷七 官师志［M］．刻本，1894（清光绪二十年）．

清代官学的教官虽多由科举常科、制科正途考职充任，但也允许捐纳任教，再加上官学体制本身的弊病，故教师往往徒有其名，缺乏教学之实，昏耄滥竽之徒比比皆是。清代学者钱大昕曾在《与友论师书》一文中哀叹“师道之废久”，指出当时的教师充其量不过是一些“童子之师”“乡会试之师”，或者不过是一些“外雅而内俗，名公而实私”的“投拜之师”；并指出教师水平的低劣和职业道德水准的下降，与科举制度中的徇私舞弊及投拜陋习有直接的关系，由此带来的最大恶果就是扭曲了正常的师生关系。“师之所求于弟子者，利也，传道、解惑无有也，束情之间，朝至而夕忘之矣。弟子之所籍于师者，势也，质疑、问难无有也，今日得志，而明日背其师矣。”❶ 清代学者窦克勤也在一篇《教官总说》的文章中指责当时的教官“其最上者闭户不事事，便称卓品；而其什伯相望者，不过视冷衙为利薮，变讲席作游说而已”❷。如斯之辈而为教官，根本不能承担续微言、广教化、正学术、成人才的职责。

清代前期诸朝皇帝也对官学教职的现状有所认识并采取一些措施加以纠正。例如，清世宗雍正四年（1726年）特谕慎重教官之职，要求学臣持正秉公，宣扬风化，“于教官之称职责者，即加荐拔；溺职者，即行参革”。次年又颁《州县教职选贤荐能谕》❸，指斥直省学臣所荐举的教官，人数不多，又或草率塞责，并下令在直省府州县学贡生中挑选“居家孝友、行己端方才，可办事而文亦可观者”❹ 担任教职。并强调：州县教职，为一方师长，选贤任能，乃其专责，倘敢虚应故事，滥举非人，照渎职例革职。尽管如此，雍正朝的官学教师整体水平仍然不高。

进入乾隆期，天下教职已“多系衰老庸劣之辈，不但不能以道德礼义化导齐民，并其课士之职，亦不克举”。为此，清高宗曾责令督抚、学政严饬所属教官，务以实心实力，勤学兴文，恪尽课士之责，并要求“其有年力衰颓、贪念禄位及庸劣无能、不称师儒之席者，秉公甄别，咨部罢斥”❺，不过清廷几乎所有的治弊措施，都是治头不治尾或治尾不治头，均不能从根本上改变清代官学的腐败及教官普遍的滥竽充数现象。这是因为，上述弊病仅仅是清

---

❶ 《永川县教育志》编写组．永川县教育志［M］．内部交流本，1993：1，22－23．

❷ 《潜研堂文集》卷三十三。

❸ 《清实录·世宗实录》卷四十八。

❹ 《清实录·世宗实录》卷五十六。

❺ 《清实录·高宗实录·甄别教官谕》。

代教育制度、科举贡试制度及官僚制度本身结构性弊病的综合现象之一，封建专制制度本身不做彻底的改良，教育领域中的诸多问题也自然不能获得根本解决。

具体而论，清代的官学不过是混取应试科举或挤入贡途资历的预备场所，其实质性的肄业过程，实际上只是通过一系列的资格性考试，最终获得一官半职，学校的教学考试统统围绕着做官这一主旨，因而很难突破“官”这个字，而求得学术文化意义上的发展。教官的任务不在于教书，而是要“严束生徒，按季考课”，“务立课程，令其时至学官，面加考试”。对于“亲老家贫，势不能在学肄业者，亦必分题考校，每月定期”。可见，地方儒学教官仅以组织考试为任，而学生不一定在学肄业，只要按时支领膏火，参加月课、季考或领取题目，回家作文，即可混取资格。

清中叶以后，贡生增多，以贡生为州、县学教官，多不称职。从乾隆，特别是嘉庆时起，学宫式微。因生员甚少，学宫的教育功能渐失，仅能履行组织月课季考、督促岁试、科试等社会管理职能。到后来，州、县学月课渐不举行，教谕、训导者，每岁、科两试点名收钱而已。师无所谓教，生无所谓学，州学既衰，教学之责渐移至于书院。

### （一）教师选聘

重科举、重正途，是清朝选官制度首要的和最主要的特点。清代对教职官员科举功名更为严格，要求必须出身正途。以下以清代重庆府学教授、涪州州学学正、开县县学教谕为例加以说明（见表 8.1—表 8.3）。

**表 8.1　清代重庆府府学教授出身**

| 出身 | 进士 | 举人 | 副贡 | 拔贡 | 岁贡 | 恩贡 | 不详 | 合计 |
|---|---|---|---|---|---|---|---|---|
| 人数 | 4 | 14 | 2 | 5 | 5 | 1 | 1 | 32 |
| 百分比 | 12.5% | 43.75% | 6.25% | 15.625% | 15.625% | 3.125% | 3.125% | 100% |

资料来源：重庆市教育委员会. 重庆市教育志［M］. 重庆：重庆出版社，2002.

**表 8.2　清代涪州州学学正出身**

| 出身 | 进士 | 举人 | 副贡 | 拔贡 | 廪贡 | 贡生 | 廪生 | 合计 |
|---|---|---|---|---|---|---|---|---|
| 人数 | 0 | 26 | 1 | 1 | 3 | 3 | 4 | 38 |
| 百分比 | 0 | 68.43% | 2.63% | 2.63% | 7.89% | 7.89% | 10.53% | 100% |

资料来源：重庆市教育委员会. 重庆市教育志［M］. 重庆：重庆出版社，2002.

**表 8.3　清代万县县学教谕出身**

| 出身 | 进士 | 举人 | 副贡 | 拔贡 | 廪贡 | 恩贡 | 岁贡 | 廪生 | 合计 |
|---|---|---|---|---|---|---|---|---|---|
| 人数 | 0 | 5 | 6 | 4 | 9 | 3 | 1 | 3 | 31 |
| 百分比 | 0 | 16.13% | 19.35% | 12.9% | 29.03% | 9.68% | 3.23% | 9.68% | 100% |

资料来源：根据清代张琴修，范泰衡《增修万县志·秩官志》记载的雍正年间至道光三十年间的教谕名单整理而成。

重庆府学和涪州州学教师出身中，进士和举人都占比60%左右，而万县县学教师出身则以贡生为主，一方面说明清代重庆官学的教师群体绝大多数是正途出身，大多为举人或者贡生，学术造诣深厚，教师选拔严格；另一方面，说明清代重庆各级官学的教师层次水平有所差异，府学教师学术造诣水平最高，州学次之，县学最弱。

另外，与其他官吏不得在其籍贯所在地担任官职类似，清代规定教职人员任职须回避本府。“凡本籍回避，顺治十二年题准，外官回避本省，教职回避本府。”❶ 教职回避本府，是较清代其他官员较为特殊的一项规定，是由教职官员群体的自身特点而决定的：其一，清代地方社会存在强大的宗族关系和血缘关系，官吏任用回避制度可以有效防止官员以亲结党，上下勾结，以维护中央集权统治；其二，教职人员可以在本省任职，但要回避本府，这是由于教职人员的主要职责是施行教化，以本省人为教官，熟悉民情，有利于教育生员。

《重庆府志》（清道光二十三年刻本）载：府学教授署、训导署俱在临江门内学宫左侧。教授署设教授 1 人，正七品官，一般由进士或举人出身者担任；训导署设训导 1 人，协助教授工作。两署另设文牍、杂务数人。教授、训导人选，以本省人为主，但避用本府人。教授、训导受四川省提学司学政管辖。明代川东道制设立后，重庆府教授署、训导署属川东道管辖。清道光二十年（1840 年）以前，历任该府教授 21 人。其后到民国二年（1913 年）府制撤销，历任教授李淳玉、李昆山、杨蔚起、杨毓秀、左纫兰、穆其琛、王寅亮、李毕田、左福荣、周能真、李开元、唐应莹、张起彩共 13 人。清道光二十年（1840 年）前历任府训导 17 人，其后历任府训导邓珩、薛敏材、邓松坪、龚运坟共 4 人。

❶ 允禄，等. 大清会典（雍正朝）[M] //沈云龙. 近代中国史料丛刊（三编）：第 773 册. 台北：文海出版社有限公司，1994：682.

重庆府所辖的2州、1厅、11县中，合州、涪州设学正署、训导署，巴县、江津、长寿、綦江、南川等县设教谕署、训导署，永川、荣昌、铜梁等县设教谕署，江北厅、璧山、大足、定远（今四川省武胜县）等县设训导署。署址在各州、厅、县学宫内或学宫左右侧。各署设学正或教谕、训导1人，通谓教职、教官，一般称教师；另设文牍、杂务数人，办理具体事务。如协办书院教学事宜，组织童生县考、秀才乡试，办理一年一度的祭祀活动及有关社会教化事宜。学正、教谕为正八品官，不管理行政，但有关学校、社会教化事宜，地方官则须与之会同办理。清康熙以后上述各署还定期召集当地士庶宣讲《圣谕广训》，进行社会教化。❶

清代重庆官学对教师的管理始终秉承德才兼备的原则，对教师的任教资格提出了严格要求，教师既要有深厚的学术知识，又要具备高尚的道德品格，这样才能完成“传道、授业、解惑”的任务。同时，教职人员是封建统治集团的一员，向学生传授的是统治阶级的意志，为有效贯彻国家的教育方针提供了保障。

重庆地方官学教师则依据清政府的规定办理，但各州县又有具体的差异，尤其是在教师“学官”的名称及要求等方面。还有些州县师生因区划调整而时有变动。兹将部分地方志所载的史料摘录如下，以窥其状，并对上述官学师资布局有所补充。

（1）重庆府学设教授署、训导署，均在夫子池街府学内，巴县儒学宫设教谕署、训导署。重庆府考棚设在桂花园。清代重庆府学学官设教授1人、训导1人。清代巴县儒学学官设教谕1人、训导1人❷。

（2）江北县设有儒学，学宫无常住生员，只专司教授之事。每月朔望，教师率在庠诸生司礼于孔子庙，以娴熟其跪拜、升降之仪，复宣讲卧碑教条，以申儆惕❸。

（3）忠州儒学设教谕、训导各1人，由举人、贡生担任，为七品至九品官。教谕、训导既是州教育行政长官，又是州学教官，掌管文庙祭祀和训导，

---

❶ 重庆市作家协会. 重庆市志：文学志［M］. 重庆：西南师范大学出版社，2013：29－30.

❷《重庆市市中区教育志》编纂委员会. 重庆市市中区教育志［M］. 成都：四川文艺出版社，1993：45.

❸ 重庆市江北区教育局. 江北区教育志［M］. 内部交流本，1989：1－2.

考核所属生员[1]。

（4）康熙年间大足县由荣昌知县兼摄，训导亦兼摄。雍正九年（1731年），大足单独设知县，建儒学，复设训导。清代训导多为举人、拔贡，惟乾隆九年（1744年）训导张万策为进士。光绪三十一年（1905年）废儒学，设学务局。光绪三十二年（1906年）裁教谕、训导，设视学。

（5）清乾隆二十七年（1762年），夔州府学训导移驻石柱。乾隆三十年（1765年），建石柱直隶厅训导署。乾隆四十四年（1779年），改设石柱直隶厅儒学训导，设训导1人[2]。

（6）清代永川县的学校教育，县立文庙祀孔，近庙立学，置学官管理教育。教育行政机构称“学署”，设教谕1人，欲称“学老师”。

（7）雍正八年（1730年）复设大宁县学，从奉节县分拨廪生13名与大宁县；二年一贡；逢酉年选拔，与大宁县共1名[3]。

（8）清代在垫江县城设县学，以教谕、训导主其事。童生考中秀才，入县学学习。

（9）铜梁县儒学在凤山，设教谕1人，掌管文庙春秋两季祭礼，训导所属地方生员[4]。清朝，县级教育行政机构是“儒学”或学署，俗称“学老爷衙门”。由此可见，地方“儒学”既是官学教育场所，也为地方教育行政机构。

（10）清代綦江在文庙的左右置儒学，设教谕1人，俗称学老师，掌管文庙春秋两季的祭祀和全县教育，并在文庙的右面置训导署，设训导1人，协助教谕做管理工作。生员中若有触犯刑律者，得先由教谕对之“罚学”（摘除顶子，取消秀才头衔），然后县署方能治罪[5]。其教谕1人以本省告降举人、明通举人、恩拔副榜铨用。训导1人，以本省岁贡资深者铨用。后裁去训导1员，膳夫2人，门子1人。

表8.4—表8.9列举了清代前期重庆各级官学教谕职官的相关信息，从中可以得知官学教师的分布、资历及时间等资讯，虽然零碎、烦冗，却弥足珍贵。

---

[1] 四川省忠县教育委员会．忠县教育志（1840—1989）［M］．内部交流本，1993：202.

[2] 《石柱县志》编纂委员会．石柱县志［M］．成都：四川辞书出版社，1994：488.

[3] 重庆市奉节县教育委员会．奉节县教育志［M］．内部交流本，1998：11－13.

[4] 《铜梁县志》编修委员会．铜梁县志（1911—1985）［M］．重庆：重庆大学出版社，1991：611.

[5] 《綦江县教育志》编辑组．綦江县教育志［M］．内部交流本，1985：20.

**表 8.4　清代重庆府学署教授**

| 姓　名 | 籍　贯 | 贡　举 | 任期时间 |
| --- | --- | --- | --- |
| 张起彩 | 昭化 | 举人 | |
| 冯　恺 | 南充 | 岁贡 | 康熙三十二年（1693 年） |
| 曾光祖 | | | 康熙四十九年（1710 年） |
| 余　藻 | 蓬溪 | 举人 | 雍正五年（1727 年） |
| 朱公裳 | 乐山 | 举人 | 雍正六年（1728 年） |
| 杜庭麟 | 犍为 | 举人 | 乾隆六年（1741 年） |
| 杨芳春 | 江油 | 举人 | 乾隆十年（1745 年） |
| 华芳声 | 邛州 | 恩贡 | 乾隆十二年（1747 年） |
| 王　师 | 汉州 | 副贡 | 乾隆十六年（1751 年） |
| 黄　� | 井研 | 举人 | 乾隆二十一年（1756 年） |
| 梅连昌 | 新繁 | 举人 | 乾隆三十四年（1769 年） |
| 李　淳 | 达州 | 进士 | 乾隆三十七年（1772 年） |
| 邓家容 | 内江 | 拔贡 | 乾隆五十二年（1787 年） |
| 王　韶 | 三台 | 副贡 | 乾隆五十七年（1792 年） |
| 王子宾 | 广元 | 拔贡 | 乾隆五十八年（1793 年） |
| 刘有恒 | 营山 | 举人 | 嘉庆四年（1799 年） |
| 吴启泰 | 中江 | 拔贡 | 嘉庆七年（1802 年） |
| 何怀瑾 | 叙永 | 举人 | 嘉庆十四年（1809 年） |
| 吴宗衍 | 射洪 | 拔贡 | 嘉庆十五年（1810 年） |
| 郑云锦 | 华阳 | 举人 | 道光元年（1821 年） |
| 李淳玉 | 资阳 | 进士 | 道光三年（1823 年） |
| 李昆山 | | 进士 | 道光二十六年（1846 年） |
| 杨蔚起 | 渠县 | 举人 | 咸丰元年（1851 年） |
| 杨毓秀 | 酉阳 | 举人 | 咸丰四年（1854 年） |
| 左纫兰 | 眉州 | 举人 | 咸丰十年（1860 年） |
| 穆其琛 | 华阳 | 举人 | 咸丰十一年（1861 年） |
| 王寅亮 | 阆中 | 进士 | 同治二年（1863 年） |
| 左福荣 | 安岳 | 岁贡 | 同治六年（1867 年） |
| 李莘田 | 眉州 | 岁贡 | 同治十三年（1874 年） |
| 周能真 | 资州 | 岁贡 | 光绪四年（1878 年） |
| 李开元 | 保宁 | 拔贡 | 光绪十八年（1892 年） |
| 唐应莹 | 成都 | 岁贡 | 光绪三十四年（1908 年） |

资料来源：重庆市教育委员会. 重庆教育志 [M]. 重庆：重庆出版社，2002：8.

**表 8.5　清朝重庆府学署训导**

| 姓　名 | 籍　贯 | 贡　举 | 任期时间 |
|---|---|---|---|
| 刘　勔 | 灌县 | 岁贡 | 康熙二十年（1681 年） |
| 邹养浩 | | | 康熙四十九年（1710 年） |
| 李惟轼 | 丹棱 | 岁贡 | 雍正元年（1723 年） |
| 吴存性 | 邻水 | 岁贡 | 雍正五年（1727 年） |
| 陈嘉言 | 简州 | 岁贡 | 乾隆七年（1742 年） |
| 杨宏绂 | 三台 | 岁贡 | 乾隆十一年（1746 年） |
| 郑　寅 | 资州 | 岁贡 | 乾隆十五年（1750 年） |
| 竹　宣 | 芦山 | 岁贡 | 乾隆十六年（1751 年） |
| 余乐天 | 丰都 | 岁贡 | 乾隆十七年（1752 年） |
| 申　冕 | 灌县 | 岁贡 | 乾隆二十六年（1761 年） |
| 肖文德 | 新繁 | 廪贡 | 乾隆三十年（1765 年） |
| 康景海 | 金堂 | 岁贡 | 乾隆三十五年（1770 年） |
| 高其建 | 垫江 | 廪贡 | 乾隆五十年（1785 年） |
| 张清彦 | 茂州 | 岁贡 | 乾隆五十五年（1790 年） |
| 袁　训 | 内江 | 举人 | 嘉庆十三年（1808 年） |
| 周　宗 | 屏山 | 岁贡 | 嘉庆十八年（1813 年） |
| 苏光熊 | 保宁 | 优贡 | 嘉庆二十五年（1820 年） |
| 邓　衍 | 宜宾 | 廪贡 | 咸丰二年（1852 年） |
| 薛启材 | 兴文 | 岁贡 | 咸丰四年（1854 年） |
| 邓松平 | 成都 | 廪贡 | 同治元年（1862 年） |
| 龚运灯 | 宜宾 | 岁贡 | 光绪十九年（1893 年） |

资料来源：重庆市教育委员会．重庆教育志［M］．重庆：重庆出版社，2002：9－10.

**表 8.6　清代忠州州学教谕、训导**

| 机构名称 | 设置地址 | 官员职称 | 姓名 | 贡举 | 任职时间 | 备考 |
|---|---|---|---|---|---|---|
| 儒学署 | 东门外学宫右侧 | 教谕 | 唐春芳 | | 顺治年间 | |
| 儒学署 | 东门外学宫右侧 | 教谕 | 田见龙 | 举人 | | 阆中县人 |
| 儒学署 | 东门外学宫右侧 | 教谕 | 程尔庆 | | 康熙初年 | |
| 儒学署 | 东门外学宫右侧 | 教谕 | 范光间 | 举人 | 康熙七年 | 顺庆府人 |
| 儒学署 | 东门外学宫右侧 | 教谕 | 马天麟 | 举人 | | 巫山县人 |
| 儒学署 | 东门外学宫右侧 | 教谕 | 陈衍邹 | | 康熙十九年 | 丹阳县人 |
| 儒学署 | 东门外学宫右侧 | 教谕 | 段仔文 | 举人 | 康熙二十五年 | 简州人 |
| 儒学署 | 东门外学宫右侧 | 训导 | 王玉柱 | 岁贡 | 康熙二十五年 | 井研县人 |

续表

| 机构名称 | 设置地址 | 官员职称 | 姓名 | 贡举 | 任职时间 | 备考 |
|---|---|---|---|---|---|---|
| 儒学署 | 东门外学宫右侧 | 教谕 | 张映奎 | 燕生 | 康熙二十六年 | 昭化县人 |
| 儒学署 | 东门外学宫右侧 | 教谕 | 段朝伟 | 岁贡 | 康熙三十九年 | 简州人 |
| 儒学署 | 东门外学宫右侧 | 训导 | 杨奋翩 | 岁贡 | 康熙三十六年 | 苍溪县人 |
| 儒学署 | 东门外学宫右侧 | 教谕 | 陶淑李 | 岁贡 | 康熙四十三年 | 苍溪县人 |
| 儒学署 | 东门外学宫右侧 | 教谕 | 蔡　圭 | 举人 |  | 泸州人 |
| 儒学署 | 东门外学宫右侧 | 教谕 | 陶仁明 | 进士 |  | 建始县人 |
| 儒学署 | 东门外学宫右侧 | 教谕 | 秦世德 | 举人 | 康熙四十六年 | 巫山县人 |
| 儒学署 | 东门外学宫右侧 | 教谕 | 罗茂杰 |  | 康熙五十六年 |  |
| 儒学署 | 东门外学宫右侧 | 训导 | 陈应雄 | 岁贡 | 康熙年间 | 大竹县人 |
| 儒学署 | 东门外学宫右侧 | 训导 | 谢天宠 |  | 康熙年间 |  |
| 儒学署 | 东门外学宫右侧 | 训导 | 李　藩 |  | 康熙年间 |  |
| 儒学署 | 东门外学宫右侧 | 教谕 | 周思荣 |  | 康熙六十年 |  |

资料来源：四川省忠县教育委员会. 忠县教育志（1840—1989）[M]. 内部交流本，1993：75－76.

**表 8.7　清代前期大足县训导**

| 机构名称 | 职称 | 姓名 | 学衔 | 任职时间 |
|---|---|---|---|---|
| 儒学署 | 训导 | 兰玉堂 | 郫县 | 康熙三十一年（1692 年） |
| 儒学署 | 训导 | 陆　祐 | 合江 | 康熙四十年（1701 年） |
| 儒学署 | 训导 | 刘　琦 | 汉州 | 康熙五十二年（1713 年） |
| 儒学署 | 训导 | 张锡隆 | 雅州 | 雍正八年（1730 年） |
| 儒学署 | 训导 | 杨作栋 | 开县 | 雍正十二年（1734 年） |
| 儒学署 | 训导 | 张万策 | 大竹 | 乾隆九年（1744 年） |
| 儒学署 | 训导 | 李　栋 | 崇庆 | 乾隆二十年（1755 年） |
| 儒学署 | 训导 | 李　茂 | 盐亭 | 乾隆二十六年（1761 年） |
| 儒学署 | 训导 | 郑世芳 | 黔江 | 乾隆三十三年（1768 年） |
| 儒学署 | 训导 | 杨学栋 |  | 乾隆三十六年（1771 年） |
| 儒学署 | 训导 | 许维宪 | 黔江 | 乾隆四十年（1775 年） |
| 儒学署 | 训导 | 文开明 | 泸州 | 乾隆四十四年（1779 年） |
| 儒学署 | 训导 | 孙广龄 | 九姓司 | 乾隆五十年（1785 年） |
| 儒学署 | 训导 | 严大昌 | 庆符 | 乾隆五十七年（1792 年） |

续表

| 机构名称 | 职称 | 姓名 | 学衔 | 任职时间 |
|---|---|---|---|---|
| 儒学署 | 训导 | 兰　玉 | 邛州 | 乾隆五十九年（1794年） |
| 儒学署 | 训导 | 廖璇仪 | 什邡 | 嘉庆七年（1802年） |
| 儒学署 | 训导 | 刘果茂 | 渠县 | 嘉庆二十年（1815年） |
| 儒学署 | 训导 | 程猷猷 | 郫县 | 道光五年（1825年） |
| 儒学署 | 训导 | 刘遵德 | 仁寿 | 道光五年（1825年） |
| 儒学署 | 训导 | 杨芝兰 | 剑州 | 道光八年（1828年） |
| 儒学署 | 训导 | 倪　坤 | 新津 | 道光八年（1828年） |
| 儒学署 | 训导 | 马瑞麟 | 仪陇 | 道光十二年（1832年） |
| 儒学署 | 训导 | 张家骥 | 梁山 | 道光十三年（1833年） |
| 儒学署 | 训导 | 彭维植 | 彭县 | 道光十八年（1838年） |
| 儒学署 | 训导 | 张开第 | 乐至 | 道光十八年（1838年） |

资料来源：大足县教育委员会．大足县教育志［M］．内部交流本，1995：23－24.

**表8.8　清代巴县学署训导**

| 姓名 | 籍贯 | 贡举 | 任职时间 |
|---|---|---|---|
| 朱世贵 | 金堂 | 岁贡 | 康熙十一年（1672年） |
| 侯名臣 | 德阳 | 岁贡 | 康熙三十四年（1695年） |
| 黄月辉 | 中江 | 岁贡 | 康熙四十一年（1702年） |
| 易道源 | 泸州 | 岁贡 | 雍正八年（1730年） |
| 罗维新 | 丹棱 | 岁贡 | 雍正十年（1732年） |
| 张　伦 | 昭华 | 岁贡 | 雍正十三年（1735年） |
| 杨文言 | 蓬溪 | 岁贡 | 乾隆十七年（1752年） |
| 刘　典 | 安岳 | 举人 | 乾隆二十五年（1760年） |
| 苏于荣 | 简州 | 拔贡 | 乾隆三十二年（1767年） |
| 黄艳啸 | 西充 | 贡生 | 乾隆四十四年（1779年） |
| 王世琳 | 夹江 | 贡生 | 乾隆五十年（1785年） |
| 蒲树生 | 保宁 | 贡生 | 嘉庆元年（1796年） |
| 张德炳 | 井研 | 举人 | 嘉庆四年（1799年） |
| 李恒嘉 | 太平 | 贡生 | 嘉庆十二年（1807年） |
| 罗　缵 | 绵竹 | 贡生 | 嘉庆二十年（1815年） |

续表

| 姓名 | 籍贯 | 贡举 | 任职时间 |
| --- | --- | --- | --- |
| 龙嗣文 | 华阳 | 贡生 | 嘉庆二十三年（1818 年） |
| 杨　淮 | 犍为 | 举人 | 道光元年（1821 年） |
| 蔡卿云 | 温江 | 岁贡 | 道光七年（1827 年） |
| 刘泰瞻 | 江油 | 贡生 | 道光十四年（1834 年） |
| 李又新 | 内江 | 举人 | 道光十九年（1839 年） |
| 高敏良 | 内江 | 举人 | 道光十九年（1839 年） |

资料来源：《重庆市市中区教育志》编纂委员会．重庆市市中区教育志［M］．成都：四川文艺出版社，1993：237－239．

**表 8.9　清代巴县学署教谕**

| 姓名 | 籍贯 | 贡举 | 任职时间 |
| --- | --- | --- | --- |
| 庞景于 | 达州 | 举人 | 康熙二十八年（1689 年） |
| 张溟鲲 | 嘉庆 | 举人 | 康熙三十八年（1699 年） |
| 黄　月 | 中江 | 副贡 | 康熙五十五年（1716 年） |
| 向廷赓 | （有传） |  | 康熙六十一年（1722 年） |
| 李九霞 | （有传） |  | 雍正六年（1728 年） |
| 侯九位 | 汉州 | 恩贡 | 雍正九年（1731 年） |
| 李　夏 | （有传） |  | 乾隆十三年（1748 年） |
| 刘　瑄 | 温江 | 举人 | 乾隆十六年（1751 年） |
| 安敏道 | 松潘 | 恩贡 | 乾隆二十年（1755 年） |
| 李其椅 | 通江 | 举人 | 乾隆二十四年（1759 年） |
| 罗成章 | 乐山 | 举人 | 乾隆三十二年（1767 年） |
| 汪天佐 | 雅州 | 拔贡 | 乾隆三十五年（1770 年） |
| 邓国玉 | 泸州 | 副贡 | 乾隆三十八年（1773 年） |
| 彭大经 | 夹州 | 副贡 | 乾隆四十年（1775 年） |
| 陈宝鼎 | 江州 | 拔贡 | 乾隆四十二年（1777 年） |
| 张孔学 | 昭化 | 拔贡 | 乾隆四十四年（1779 年） |
| 赵维诞 | 三台 | 举人 | 乾隆五十三年（1788 年） |
| 王运隆 | 温江 | 副贡 | 嘉庆三年（1798 年） |
| 杨若柏 | 梓潼 | 举人 | 嘉庆四年（1799 年） |
| 高曙陛 | 达州 | 举人 | 嘉庆五年（1800 年） |
| 何以善 | 南充 | 拔贡 | 嘉庆六年（1801 年） |
| 陈三陛 | 太平 | 恩贡 | 嘉庆十三年（1808 年） |

续表

| 姓名 | 籍贯 | 贡举 | 任职时间 |
|---|---|---|---|
| 覃经文 | 绥定 | 岁贡 | 道光十七年（1837年） |
| 向熙敬 | 成都 | 举人 | 道光十七年（1837年） |

资料来源：《重庆市市中区教育志》编纂委员会. 重庆市市中区教育志［M］. 成都：四川文艺出版社，1993：237－239.

### （二）教师待遇

清朝地方教官的品级和待遇，比前代有所提高。明代府学的教授为从九品，府学训导、州学学正、训导和县学教谕、训导都没有品级。雍正十三年（1735年），高宗即位后，考虑到教官“官职卑微，恐以冗散自居。不思殚心尽职”，故特加品级以鼓励之。经议定：京府教授，四氏学教授，各府、卫儒学教授为正七品官，各州学正、各县教谕为正八品官，各府州县卫训导为从八品官。不仅府州县学教官都有了官品，而且府学的品级比前代有较大的提高，其他教官的地位也相应提高。在经济待遇方面，旧例教职“两官同食一俸”，也就是说，一个教官只能得半俸。乾隆元年定：今后各照品级，给予全俸，永着为例。[1]

表8.10　清代文官俸[2]

| 京官 | | | | 外官 | |
|---|---|---|---|---|---|
| 官品 | 年俸银（两） | 禄米折钱（两） | 恩俸（两） | 官职 | 年俸钱（两） |
| 正一 | 180 | 90 | 270 | | |
| 从一 | | | | 总督 | 180 |
| 正二 | 155 | 75 | 230 | 巡抚 | 155 |
| 从二 | | | | 布政使 | 155 |
| 正三 | 130 | 65 | 195 | 按察使 | 133 |
| 从三 | | | | | |
| 正四 | 105 | 52 | 157 | 道员 | 105 |
| 从四 | | | | 知府 | 105 |
| 正五 | 80 | 40 | 120 | 知州 | 80 |
| 从五 | | | | 府同知 | 80 |

[1] 马镛. 中国教育通史：清代卷［M］. 北京：北京师范大学出版社，2013：139.

[2] 刘国新. 中国政治制度辞典［M］. 北京：中国社会出版社，1990：58.

续表

| 京官 | | | | 外官 | |
|---|---|---|---|---|---|
| 官品 | 年俸银（两） | 禄米折钱（两） | 恩俸（两） | 官职 | 年俸钱（两） |
| 正六 | 60 | 30 | 90 | 京府通判 | 60 |
| 从六 | | | | | |
| 正七 | 45 | 22 | 67 | 知县 | 45 |
| 从七 | | | | 通判 | 45 |
| 正八 | 40 | 20 | | 县丞 | 40 |
| 从八 | | | | 儒学训导 | 40 |
| 正九 | 33 | 16 | 49 | 县生簿 | 3603 |
| 从九 | | | | 司狱 | 31 |

综合表8.10，虽然清代地方官学教官的待遇较明代有所提高，但在其整个文官体系中，基本属于末端水平，较其他文官薪俸为微薄。虽然所列为县学训导收入，但一叶知秋，应该能从中推断其余。以下对重庆部分官学教官待遇一窥其状，亦可增补认识资源。

（1）云阳县儒学有训导1员，原额食半，俸银十五两七钱六分。乾隆元年（1736年）钦俸上谕："教职两员，同食一俸，未免不敷，养廉之处著从乾隆元年春季为始加为从八品，照县丞食俸之例，岁给全俸银四十两，在本县地丁银内动支报销。"同时县学额设衙役13名，后因钱粮不敷，只招募4名，每名岁支工食银七两二钱。顺治十三年（1656年）十二月奉文："钱粮入不敷出等事案内每月裁留银六两。"康熙八年（1669年）九月奉文："请复存留钱粮等事案内因钱粮不敷，每名岁摊支两个月零九日工食银一两一钱五分。"康熙五十七年（1718年）六月内奉文："恳请援复旧例等事案内请照外省衙役工食之例，每名加增银四两八钱五分。衙役四名，内门子二名，膳夫二名，每名岁支工食银六两，共银二十四两。"❶

（2）巫山县学设教谕1员，俸薪银40两，额设衙役4名，内门斗2名，膳夫2名，每名岁支工食银6两，共银24两。在巫山县地丁银内支发。❷

（3）酉阳州州学原有教官2员，每员岁俸薪银40两，共80两。额设门

❶ 朱世镛，黄葆初，刘贞安，等．云阳县志：卷九 财赋［M］．铅印本，1935（民国二十四年）．
❷ 连山．巫山县志：卷九 田赋志［M］．刻本，1893（清光绪十九年）．

斗、膳夫各2名，每名岁支银6两，共银24两。道光八年（1828年），教谕缺裁，只设训导1员，膳夫斗役亦随裁2名。

（4）开县学额设教谕1员，俸薪银40两。额设衙役4名，内门斗2名，膳夫2名，每名岁支工食6两，共银24两。在本县地丁银内扣留。❶

（5）长寿县有教官1员，岁支俸银40两，额设衙役2名，内门斗1名，膳夫1名，每名岁支工食银6两，共银12两。❷

（6）《奉节县志》（光绪十九年版）详细记载了夔州府府学教职与奉节县学教职的待遇，如下：

一、夔州府教授一员，岁额俸银四十五两，役食银十二两。

二、夔州府训导一员，岁额俸银四十两。额设衙役四名，每名岁支工食银六两，共银二十四两，今裁。

三、本县（奉节县）教官一员，岁额俸银一十九两五钱二分，薪银一十二两。于顺治十三年十二月内奉文：不必分柴薪，总算给俸银三十一两五钱二分。于康熙四十二年奉文"为恳恩特疏开复教缺"等事案内，添设教谕一员，将训导一员于雍正七年奉文分拨云阳，管理学务，食分俸银一十五两七钱六分。于乾隆元年九月奉文"为钦奉上谕事"，教谕照正八品岁额俸银四十两，额设衙役十三名，因钱粮不敷，量召四名，每名岁支工食银七两二钱。于顺治十三年十二月内奉文：每名裁留银六两。于康熙八年九月内奉文：因钱粮不敷，每名岁摊支二个月零九日工食银一两一钱五分。于康熙五十七年六月内奉文：每名加增银四两八钱五分，仍照衙役四名：内门斗二名，膳夫二名，每名岁支工食银六两，共二十四两。❸

虽按规定，训导应有40两养廉银，但纵观重庆各府、州、县地方志，并未见关于官学教职的养廉银的记载。养廉银本意为从地方中抽取银两，发给地方官，以养廉洁，号为"养廉"。纵观重庆各地方官学教职的待遇，以年俸为主要收入来源，但没有养廉银，可见收入不高。这种现象，从侧面反映出在清代统治者重视科举制度的倾向下，清代地方官学的实际地位不显著，并未把教职人员放在重要地位。但在重庆地方社会中，官学的学官在生员获得知识、参

---

❶ 李肇奎，等. 开县志：第七卷 田赋志［M］. 刊本，1853（清咸丰三年）.

❷ 张永熙. 重修长寿县志：卷三 田赋［M］. 刻本，1875（清光绪元年）.

❸ 曾秀翘. 奉节县志［M］. 点校本，1985：45.

加科举考试中，有不可取代的作用。因此，又拥有较高的社会地位，受到地方社会的尊重。同时，虽然官学教师的待遇并不高，但对比收入不稳的私学教师而言，已算收入稳定，能保障基本生活用度。《蜀海丛谈》中有这样的记载："川省学官，除廉俸外，当地学田局，皆有帮费以资办公。多者每月或百两少则三四十两。遇岁科两考时，谓之送考，尚别有帮费及例规。故优者每年收入，合计亦有千数百两，乃至二千两。瘠苦者，则年仅数百两。"❶ 这一记录的真实可靠性令人生疑，而其普遍性更属虚设。

## 三、重庆官学的学生管理

清代地方官学学生惯称为生员。换言之，生员是指经过各级考试录取入府、州、县地方官学的学习者。自从唐朝建立国学、郡县学，规定若干学生员额之后，就有了生员这一特定名称。而到明清，数量庞大、分布广泛的生员已成为封建社会的一个重要知识阶层。清统治者对生员采取笼络优待与严加约束并举、宽严相济的政策，实行了一套软硬兼施的管理制度，以兴利除弊。❷

为了显示对生员的特殊照顾，清代统治者为生员建立了与普通百姓不同的管理系统，即生员只受教官和学政的约束，地方官员可以监督但无权责罚生员。如生员犯错，地方官应向教官汇报，会同官学教官及学政发落，不得擅自惩治。此举一定程度上提高了生员群体的社会地位，维护了尊严。《云阳县志》也有类似的记载："凡诸生违反教条学规，堕行失德者，司其纠举而训励之。或因事争奸，听其曲直。事涉民刑者，移县庭纠治，县庭听生员之讼，应执法申斥者，必移儒学，得许始加朴责。科重者会名具牍上，提学褫革之。"❸ 清政府对生员的特殊照顾，还体现在给予生员廪膳和免丁粮、免差役等多种优待。顺治元年（1644 年）规定："各省府州儒学，食廪生员仍准廪给，增、附生员仍准在学肄业。俱照例优免。"顺治十二年（1655 年）又统一部署："各省提学，将各学廪、增、附名数，细查在学若干，黜退若干，照数册报，出示各该府州县卫张挂，俾通知的确姓名，然后优免丁粮。"重庆各府、州、县地方官学对廪膳生员的优待情况也是如此。如酉阳州学的廪生，每名岁支饩银三

❶ 周询．蜀海丛谈［M］．成都：巴蜀书社，1986：148.

❷ 王炳照，李国均，阎国华．中国教育通史：清代卷［M］．北京：北京师范大学出版社，2013：142.

❸ 朱世镛，黄葆初，刘贞安，等．云阳县志：卷十一 学校志［M］．铅印本，1935（民国二十四年）.

两二钱，共六十二两。遇闰每名加闰银二钱六分六厘零，在地丁内扣留支给，支剩银两解缴藩库归款。❶ 这种奖励政策使清代重庆地方官学生员在经济上有所保障，政治上有一定地位，免去沉重的赋役负担。有了源于王朝政府给予的令人羡慕光环，有利于生员有更多精力放在功课学习上，为其继续求学提高发挥正向刺激作用。

在对地方官学学生予以必要待遇保障的同时，清廷也制定了严格的学规，以着力于控制言论和行为，目的在于钳制生员思想，以稳定封建社会地方统治。清朝统治者制定了御制学规，这些以卧碑文、《圣谕广训》为代表的御制学规强调纲常道德，运用一套富含忠孝仁爱、礼义廉耻的语言，将“规”的范围由学校延伸到社会生活的方方面面，尽可能地限制天下学子的思想、行动。❷《增修万县志·学校志》记载：“顺治九年题准刊立卧碑，置于明伦堂之左，晓示生员。道光间训导钟崇盛重刊，年久漫灭。咸丰五年训导范泰衡谨书石学弟子员重刊。”除了御制学规，地方官员、地方教职也通过制定学规，便于对所在地的官学生员进行有效管理。

下以清代重庆部分州、县官学为例，了解地方官学生员的情况。

清代奉节县廪生，原编二十名，每名岁支饩粮银九两六钱，遇闰加银八钱。因钱粮不敷，原未领给。于康熙二十四年（1685 年）八月内奉文“为圣治当重熙”等事案内：廪生饩粮请复三分之一，每名岁支银三两二钱，共银六十四两。遇闰加增银二钱六分六毫六丝六忽六微六尘四纤。因大宁县归并管理，于雍正七年（1729 年）十一月内奉文复设，将廪生二十名分拨大宁县七名，廪饩银两仍于本县地丁银内扣留支给。❸

綦江县原额廪生二十名，每名岁支饩粮银九两六钱，遇闰加银九钱。因钱粮不敷，原未支领，于康熙二十四年（1685 年）八月内奉文为圣治当重熙等事案内廪生饩粮请复三分之一，每名岁支银三两二钱，共银六十四两，遇闰每名加银二钱六分六厘六毫，于康熙四十五年（1706 年）正月内奉文于本县地丁银内扣。❹

万县县学原额廪生二十名，每名岁支廪饩粮银九两六钱，遇闰加银八钱。

---

❶ 邵陆. 酉阳州志［M］. 重庆：巴蜀书社，2010：20.

❷ 吴小玮. 中国古代学规研究［D］. 上海：华东师范大学，2010：27.

❸ 曾秀翘. 奉节县志［M］. 点校本，1985：42.

❹ 杨铭，伍濬祥. 綦江县志：卷三 学校［M］. 增刻本，1863（清同治二年）.

以钱粮不敷，未领。康熙二十四年（1685 年）乃复三分之一，每名岁领廪饩银三两二钱，共银六十四两，遇闰加增，在地丁银内留支。增生二十名，二年一贡，逢酉科拔贡一名。❶

开县县学有廪生原额二十名，每名岁支饩粮银三两二钱，共银六十四两，遇闰加银二钱六分六厘，在本县地丁银内扣留。❷

酉阳州州学廪生二十名，每名岁支饩银三两二钱，共六十四两。遇闰每名加闰银二钱六分六厘零，在地丁内扣留支给。支剩银两解缴藩库归款。❸

巫山县学廪生原额二十名，每名岁支饩粮银三两二钱，共银六十四两，遇闰每名加银二钱六分六厘零，在巫山县地丁银内支发。❹

南川县额设廪生二十名，增生二十名，余称附生。附生等第优先者，遇廪增生缺，挨次填补。廪生岁领饩银三两二钱，本县地丁开支。增附无之。岁试每次去廪生，年久名次最先者，贡之京师得注册，选教职从此出。学未补廪而衰老者，以无志上进，恳免岁试，禀于学政，准给衣顶，于职官告老，休至同意。❺

以上相关优待措施，为清代重庆地方官学的生员在政治经济上提供保障，生员被免去了沉重的赋役负担，社会地位提高，令人顿生羡慕。这样，生员可以有更多精力放在功课上，使其继续提高有了更多可能性。

清政府一方面给予生员种种优待，另一方面制定了严格的学规，严密控制生员的言行，目的在于钳制生员思想，以稳定其统治。顺治九年（1652 年），因明代先例，刻禁例八条于卧碑，置于各地官学明伦堂之左，是为清代钦定学规之发端，史称“钦定卧碑文”。康熙年间，清廷颁布《上谕十六条》与《御制训饬士子文》晓谕天下；雍正二年、三年，《圣谕广训》和《御制朋党论》通行诸学；《钦颁训饬士子文》于乾隆年间颁发各学。除了御制学规，地方官员、教职也通过制定学规，对官学和生员进行有效的管理。

## 四、重庆官学的图书管理

清代府、州、县学是科举考试主要的生员供应地，为了满足学习、教学和

❶ 王玉鲸，张琴，范泰衡. 增修万县志：卷七 地理志 学校［M］. 刻本，1866（清同治五年）.
❷ 李肇奎，等. 开县志：第八卷 学校志［M］. 刊本，1853（清咸丰三年）.
❸ 邵陆. 酉阳州志［M］. 成都：巴蜀书社，2010：19.
❹ 连山. 巫山县志：卷九 田赋志［M］. 刻本，1893（清光绪十九年）.
❺ 柳琅声. 重修南川县志：卷七 学校志［M］. 排印本，1926（民国十五年）.

科举的需要，这些府、州、县学通过官方颁赐、官方购买、捐置等方式建立起必要的藏书。相对其他藏书系统而言，府、州、县学藏书的受益群体更为广泛，对统一社会思想、推动地方文教发展有直接影响。

清代重庆官学中的书籍大多由朝廷颁发或地方官吏购置，对于私人刊刻管理得极为严格。《黔江县志·选举志》载："儒学书籍，谨遵定制。尊藏钦颁御纂经籍并正史。各书准士子传抄诵习。其非圣之书、一家之说，学宫不立并严禁坊贾刊刻流传。"

现从各地方志中摘录几例如下，并对上章重庆官学课程与教学活动加以补充。

> 忠州直隶州州学藏有书籍：《上谕》一部，《三朝宝训》一部，《学政条约》一本，《颁示教官条约》一本，《训饬士子文》一本，《周易折中》一部，《尚书汇纂》一部，《诗书汇纂》一部，《春秋汇纂》一部，《三礼汇纂》一部，《十三经》一部（十二套一百一十七本），《通鉴纲目》一部（八套八十本），《二十一史》一部（《史记》二套二十本，《前汉》二套二十四本，《后汉》二套二十本，《晋书》四套三十八本，《魏书》二套二十四本，《隋书》二套二十本，《唐书》四套四十六本，《梁书》一套八本，《陈书》一套四本，《南齐》一套十本，《北齐》一套八本，《蜀志》一套十二本，《宋史》十二套一百二十四本，《南史》二套二十本，《北史》三套三十本，《辽史》一套八本，《金史》二套二十本，《元史》五套五十本），《明史》一部四本，《学宫备考》一部八本，《御纂朱子全书》一部四本，《大清律》一部，《续律》二本，《性理》一部，《古文雅正》全部，《康熙字典》一部，《学政全书》一部，《续增学政全书》一部，《礼部则例》一部，《条例》七本，《续纂条律》三本，《又条律》一本，《四川通志》一部，《续修四川通志》一部。[1]
>
> 梁山县书籍被收藏在县署、学署两处。乾隆九年七月，县署大火，各种书籍无从核查，仅存：《上谕》一本，《上谕》一道，《钦定礼部则例》十六本，《钦定铨选则例》六本，《钦定满汉品级考》六本，《钦定品枢政考》十八本，《钦定军卫道里表》六本，《钦定三流道里表》四本，《洗冤录》四本，《续纂大清律》一百八十八页（乾隆二十五年奉发），《钦定学

---

[1] 吴友篪，熊履青. 忠州直隶州志：卷六 学校志［M］. 刻本，1826（清道光六年）.

政全书》十二本（乾隆四十七年奉颁），《圣谕广训》一本，《读令常言》一本，《民间易犯条例》一本，《钦颁言志诗墨刻》一道（乾隆四十九年），《清汉则例》二部（嘉庆元年），《钦定学政全书》十五本（嘉庆六年），《寿民寿妇例册》一本（嘉庆十一年），《四川赋役全书》一本（嘉庆十二年奉发），以上存县署。《御纂性理》一部，《御纂诗经》一部，《御纂春秋》一部，《御纂书经》一部，《上谕》一部二十四本，《钦定日讲四书》十一本，《圣谕广训》一本，《御制碑文》一张，《钦依刊刻卧碑》一道，《御纂周易述义》一部，《御纂诗义折中》一部，《御纂春秋直解》一部，《学政全书》一部，《近思录》一部，《五言排律诗》一本，《明文明》一部二十二本，《读令常言》一本，《民间易犯条例》一本，以上存学署。❶

荣昌县学藏有书籍：《上谕》一部，《圣谕广训》一部，《书经汇纂》一部，《易经汇纂》一部，《诗经汇纂》一部，《春秋汇纂》一部，《日讲四书》一部，《性理精义》一部，《学政全书》一部，《通鉴纲目》一部，《朱子全书》一部，《明史》一部，《礼部则例》一部，《四书文》一部。因城陷，大多遗失。历代科名、仕宦、忠孝节义匾悬明伦堂左右壁❷。

大足县学藏有书籍：《上谕》一部，《圣谕广训》一部，《书传纂》一部，《易经汇纂》一部，《春秋汇纂》一部，《日讲四书》一部，《性理精义》一部，《四书文》一部，《御谕》一册，《资治通鉴》一部，《学政全书》一部，《朱子全书》一部。❸

重庆各地官学藏书数量及名称有较大差距，而且有的县除县学藏书之外，县署也有专门书楼，将前者称为学署藏书。两者有明显区别，可以发挥补充增益的效果。它们除了被用作教材外，在宣扬传统文化、传播封建思想、改善教化方面都占有重要地位。

除此之外，在重庆各府、州、县学中还藏有一定数量的方志类史书，它们

❶ 朱言诗．梁山县志：卷五 学校志［M］．刻本，1894（清光绪二十年）．

❷ 文康．荣昌县志：卷六 学校志［M］．刻本，1884（清光绪十年）．

❸ 张澍，赵时，王松．续修大足县志：卷二 建置志［M］．刻本，1899（清光绪二十五年）．

记载了重庆地方的疆域、建置、山川、城池、贡赋、兵防、水利、物产、风俗等；因此，可以说方志史书的收藏是府、州、县学藏书中最具地域特色的。现在留存的许多重庆清代方志多印有“学署藏”字样，也为方志的保存创造了有利条件。

## 第二节 清代前期重庆官学的教育经费

教育经费是地方官学创立的前提条件，也是地方官学得以继续发展的物质保障。清代前期重庆地方官学比明代有较大发展，其重要原因之一是此期政府采取了多渠道筹集办学经费的积极措施，从而使教育发展有了坚实的经济基础。清代重庆官学经费有四种来源：一为国家财政定额收支；二为学官的学田收入，主要由地方政府或官员筹集资金、划拨田地作为经费；三是宾兴会等教育组织团体以各种形式对教育文化工作的支持；四是民间与个人捐款的补充经费。清代重庆官学的教育经费支出主要项目为：教职人员的俸银、工食银，扩充官学建筑、考棚，春秋祭祀银两。

### 一、重庆官学的经费收入

作为官办教育主体的重庆官学，其办学经费的来源自然以政府投入为主，但具体项目可以细分，且各地也存在不同的情形。

#### （一）政府财政定额拨款

清代出于兴学育才、化民成俗、维护统治稳定及其他目的，十分重视教育的作用。因此规定教官及衙役俸银、生员饩粮银由地丁银内开支。重庆市城口厅官学有“廪生七名，每名应食全年饩粮银三两二钱，共银二十二两四钱，遇闰每名加增银二钱六分六厘一毫，共银二十四两二钱六分三厘四毫，于地丁内开支……训导门斗、膳夫二名，全年工食，共银十二两……于地丁内扣留”[1]。再如江北厅“廪生原额六名，每名岁支饩粮银三两二钱，共银十九两二钱，遇闰加银二钱六分六厘六毫六丝六忽六微四纤。于康熙五十年正月内奉文于本县地丁银内扣留支给，年终造册奏销支剩银两解贮布政司库听候

[1] 刘绍文，洪锡畴，等. 城口厅志：附录 城口县概况（民国三十一年编）[M]. 朱华忠，唐光荣，点校. 重庆：重庆出版社，2011：77.

拨支。……江北厅儒学训导一员岁额俸薪银四十两，额设衙役二名、内门斗一名、膳夫一名，每名岁支工食银六两，共银十二两（应为二十四两，应为记载错误）。……均于本厅地丁银内扣留支给。年终造册奏销起运”❶。

这里又以渝东南的秀山县为例。秀山是重庆的边缘地区，毗邻湘西。秀山各种税赋每年收入不到1000两银子，不够开支，不足部分都由司库补助，全县每年支出白银2066～2100两，其中属于教育经费的有：文庙祭祀费12两，武庙14两，训导俸给年支40两，县学门斗、膳夫役食银年支12两，优免诸生银年支51两2钱。合计为129两2钱，占全县总支出的6.2%左右，占全县赋税总收入的13.76%左右。以后又增加廪生补助银年支3两2钱、文庙春秋2次祭祀费增加为32两（较原增加20两），教育经费总数增至152两4钱。这些经费，“都从县地丁银内支付，不足部分再到省司库领取”❷。

除上述银两开支外，《重庆市财政志》还明确记载了路费盘缠银和进士坊价银。科举考试分京试和乡试。京试在京师进行，乡试在省督所在地进行，或委托州县办。主考官的路费，按路途之远近而定，四川为银600两，在省存公银内支给。各省额征文武举人会试路费银两，按年上报布政司。“至会试之年，州县在库存杂项银内先行支给，取具各举人之领据，报往布政司复销，攘款归蛰。坊价银，文者：进士一甲每名80两，二甲、三甲每名30两，外给表裹一端；武者：进士每名18两，外给顶帽银5两。以后又改为：文者不给表裹而赐以朝服；武者不给顶帽银而赐以盔甲，由工部发给。”❸ 由于重庆官学与科举同属一体，属休戚与共的关系，科举的政府款额列支亦可视为官学经费投入的补充。

### （二）学田

学田是古代属于学校的田地，其地租作学校祭和补助学生及贫士之用。学田或由皇帝诏赐，或由官府指定，或由私人捐输。源于北宋的学田制对保证地方学校和书院的经费起过一定的作用，用于弥补各级政府对官学资金投入的不足。在古代社会中后期，重庆也实施学田制兴学。据《蜀海丛谈》记载：“川

---

❶ 福珠朗阿，宋煊，黄云衢．江北厅志：卷三 食货志［M］．刻本，1844（清道光二十四年）．

❷ 秀山县教育委员会．秀山土家族苗族自治县教育志［M］．内部交流本，1992．

❸《重庆市财政志》编纂委员会．重庆市财政志［M］．成都：成都科技大学出版社，1995：45．

省各府、厅皆有学田，其租息所入，以供本郡邑文学科名之资助，且其款皆由地方筹集及绅富之慨捐者，历岁有增无减，积二百余年之久，故各属学田所入多称富裕。”[1] 府学和县（州、厅）学的经费由所属府、州、厅、县承担，主要出自官府所置学田的田租收入。如重庆府学有上田 87 亩 6 分，中田 73 亩，下田 130 亩 4 分，中地 13 亩 7 分 5 厘，下地 1 亩 2 分 5 厘。巴县县学有学田 193 亩 2 分，江津县学有学田 137 亩，永川县学有学田 216 亩，长寿县县学有学田土 400 石。乾隆六年（1741 年）大足县知县沈潜拨公田为学田，后经捐置、乐捐、置买，至光绪元年（1875 年）有由书院山长经管之学田 7 份，计租钱 62 千文，租谷 429 石；由义学斋长经管之学田 6 份，基址 1 幅，街房 1 间，租钱 1280 千文，租谷 66 石[2]。康熙五十八年（1719 年），合州知州姚孔镛捐置黄土堡田 54 亩。乾隆四十二年（1777 年），署州事陈景韩加租石 5 斗。乾隆二十年（1755 年），知州王采拨云峰寺田租 60 石；乾隆十九年，知州张兑和详拨枣峰寺田租 60 石；乾隆二十七年，知州王文炯详拨钓鱼城田租 88 石；乾隆五十三年，知州周澄详拨东渡口田 31 坵。[3] 丰都县儒学学田分二处：一处在波罗坝，岁租市斗谷 30 石，地课钱 11600 文；一处在杨家沟，岁租市斗谷 34 石，地课钱 6000 文[4]。

清代，忠州学务经费来源主要是学产收入及私人捐资。道光五年（1825 年），忠州学田年收仓谷市斗 1160 余石，以谷易价，岁收钱 920 余千文，收地租银 130 余两，合计收钱 1100 余千文，作书院山长及员工薪俸、差旅、裱糊及生员伙食、奖赏等开支。[5]

自建学宫以来，捐置学田以为办学之基。康熙二十六年（1687 年），巴县李锦勘复旧田酌定，岁租谷 9 石 3 斗 9 升 6 合，折租银 3 两 5 分 8 厘 4 毫 8 丝，原系县官收解。康熙五十七年（1718 年），始归学官管理；雍正七年（1729 年），上、中、下田共 193 亩 2 分 7 厘 9 毫 1 丝，应征条粮 7 分 8 厘 2 毫 5 丝，栽种 1 石 4 斗，共收租银 7 两，除纳条粮外，余存作修补宫墙及诸生考课茶食

---

[1] 周询．蜀海丛谈［M］．成都：巴蜀书社，1986：162．
[2] 《大足县志》编委会．大足县志［M］．北京：方志出版社，1997：973．
[3] 程业．续修合州志：卷六 学校志［M］．刻本，1878（清光绪四年）．
[4] 田秀栗，徐浚镛．丰都县志：卷二 学校志［M］．刻本，1893（清光绪十九年）．
[5] 四川省忠县教育委员会．忠县教育志（1840—1989）［M］．内部交流本，1993：157．

等费。清末书院、学堂经费多靠产业收租或热心教育的人士捐赠❶。

值得一提的是，学田的收入中较低比例用于发放教职人员薪水俸禄和生员廪膳，主要用来作为其他用途：①津贴各郡邑学宫、学馆；②送给值岁、科两考的学使，每邑例送棚费数百金；③每值科举，郡邑禀、增、附生赴省乡试，每人送旅费若干；④各县举行考试时的办公费用；⑤没有设学的地方则给当地书院以资助。

学田之设有利于地方文教事业的发展。从重庆地方史志资料反映的情形来看，学田及其他途径筹措的教育经费，在清代是有相当比例用于与科举考试有关的费用支出的。例如，丰都县县童试文武千余人，“试卷纸工诸费向取于应试者，寒素或不能具。同治元年，知县吴锦铨，以邑绅之请筹赀，置田为卷费，自是试者不给者”❷。用于此项支出的学田共五处：南岸的石龙门、江池、粟子湾、岩仓坝，北岸的有踏水桥。再以綦江县学的学田为例：

綦江县学学田官产在瀛山最上层，周围皆是自红崖大树坪以上，如莲花洞、白荆堂大湾等处，皆有田、有土、有竹木蓝茶，大概要值时价数千金。此地旧系九房笔墨之资。自冯公改修学宫时，定案拨归学校，每年收租银七十余两，为培补之用。不知何时，两学师收为私用，遂沿为例。而广文无权，不能管束。诸佃并无丰收之岁，又碍难告诸印官。且学差作弊如从前马贵等，视佃户为鱼肉，长衣食于各家，以致佃户私顶私当，佃又招佃，子又分子，葛藤穿插，俨然私家之物。遂致学宫不知有培补之事，而学署亦空有收租之名。酸儒营私弊必至于如此。闻有匡姓、卿姓等所踞甚宽，招佃亦多，岁纳租数钱，或两许而已。上年修志时，知县宋言及于此，卒卒为得端绪，亦漏未登载。今增修，又复忘之。宜请于贤良宰查礼房或户房，案其地界可考，即田土可知。着斋长踏勘，酌加租至百二三十两，视民产犹轻巧之至。签佃户知事者二人为佃长，承管收纳无所扰，累交斋长存留支用。

每岁秋收后，助两学师钱共五十千文，平常亦不过如此。

春秋祭每次支钱十千文，先两日雇人洒扫洗抹学宫，前后张灯鼓吹放

---

❶ 《重庆市市中区教育志》编纂委员会. 重庆市市中区教育志［M］. 成都：四川文艺出版社，1993：357.

❷ 田秀栗，徐浚镛. 丰都县志：卷二 学校志［M］. 刻本，1893（清光绪十九年）.

炮，并预备茶水。祭毕之下半日始行收卷，使不冷落，不草率。

科场之年，诸士寒俭者，多录遗文书，往往费手。酌将此钱送两学师，共三十千文，房书八千文。无论贫富，永不取资。

收租时，只令看司传谕佃长限日缴纳，不用书差。如违抗，方禀县差催。

无科场之年，及支用有余者，谨存为补修之用。❶

《綦江县志》详细记载了綦江县学的学田官产的演变过程、管理情况以及所收租金的用途。从中可以看出，清代对学田官产的管理并不是十分严密，导致出现许多官产变为私产、学田变为私田的情况，以致官学空有收租之名，而无收租之实，缺少了运行的资金。所幸有强硬的地方官员极力倾向官学，主持收回学田，改革收租方式，收到良好效果。“如此筹办，在诸佃，并无所苦；在老师，亦有实获，而多士又得帮助。且使佃户知有主人翁惠而不费。❷”

**（三）宾兴经费**

“宾兴”是中国传统文化中的宝贵财富。在清代教育与科举紧密结合的大背景下，宾兴组织以筹集资产增值取息、无偿资助考生参加科举考试的形式，成为清代教育经费中极为重要的新兴门类。它不仅为清代人才的培养作出了贡献，也给后人留下了追求教育机会公平与倡导教育社会公益的宝贵遗产。❸ 在我国教育发展史上，科举考试占有极重分量。应试、入学、登科、做官不仅是士子个人的奋斗目标，而且成为宗族和地方公众都关心的事情。为了促使本宗族、本地士子，尤其是贫寒人士能够顺利通过入学、登科的各种阶梯，除了地方官学、书院等对士人实行助学、助考外，尚有宾兴会之设置。宾兴会作为民间助学、助考的机构有许多名称，如采芹会、南宫会、登瀛会、乐英庄、兴贤堂、广华堂、同善会等，俗称“宾兴会”或“宾兴局”。

宾兴组织建立的原因主要是为帮助科举士子，特别是贫寒士子解决入学、考试费用。正如清代黔江县知县张九章所言：“窃惟典重宾兴，原鼓励人才之盛举，礼隆学校亦维持风化之要规。”而重庆地区各府、州、县大多分布在连绵的山脉之中，间有大江大河，交通十分不便。因此，府、州、县诸生更加迫

---

❶❷ 杨铭，伍濬祥．綦江县志：卷三 学校［M］．增刻本，1863（清同治二年）．

❸ 毛晓阳．清代科举宾兴史［M］．武汉：华中师范大学出版社，2014：19．

切需要外界的支持。部分重庆地方志中也介绍了当时读书人囊中羞涩地赴考的场景，并成为各地建立宾兴会的出发点之一。

《增修万县志·艺文志》记载："万去京师数千里，求试春官者行李之往来易至匮乏。即锦城秋闱奔走往返仆仆。道途间亦以月记。寒士艰于资斧，其欲前而却步也，亦固其所。且夫射策观光者，多士之志也。"❶ 故"知县王玉鲸谕监生陈绍绪捐田，岁入山课钱六十千，又捐银四百两，劝募邑绅杜钟嵋钱千二百缗，贺代元银千二百两。绅粮书捐多寡不等。买田三契，岁入谷共一百三十三石。值科场举行宾兴盛典，乡试每生助钱八千，会试钱四十千，新举者倍。恩、拔、副、岁、优贡初次北上助钱四十千，后则减半。现因乡试人众加募酌增，先是书院、宾兴、乡会试皆有资助，咸丰末年停止。现在书院略有余资，拟乡试复旧给钱二千会试，俟后充裕，议复"❷。

《丰都县志·学校志》记载："县至成都千里有余，试士往往无力具资斧，故应乡举者极少……" 正因为如此，同治六年（1867 年）知县田秀栗筹集资金，买入田地，收取租金和利息，为本县应试的生员提供资金。

奉节县宾兴会初置有杨柏水陆田地一分，价银七百两整，立有红契一张，老约、当约各一张存据。道光初年（1821 年），郡守捐银一千八百五十两，黎廷珧捐二百两，胡珠捐一百两，邢明富捐五十两，共二千二百两，交盐商黎继培生息。光绪七年（1881 年），由于该商经营不善，导致本息无着，自愿将祖遗府正街房屋铺点如数缴卖与宾兴会，共价银三千二百两，立有红契一张，揭得老约五张存据。除本息银外，当找足价数两清。共计前街铺面五间，座宅一院，后街铺面三间，座宅一大院。"同治十年（1871 年），郡守鲍康捐银三百两。光绪初年（1875 年），郡守黄毓恩捐银一千两，除补黎商房价外，余银作南北宾兴用。光绪十四年（1888 年），县令蒋履泰追回赵德恭私买宾兴会秀木山田业一分，当饬宾兴首事补给赵德恭原价开垦钱二百余串，新立契约交首事蔡希仲等执收，每年租谷五百五斗，刘魁鳌捐钱三百串，除补赵姓田价外，余钱作宾兴用。"❸

即使是民族地区，也相应建立了民间的助学组织，如酉阳州"初无宾兴，道光十四年甲午科，署州杨上容始举此会，捐送生监卷价银二十五两。道光二

---

❶❷ 王玉鲸，张琴，范泰衡．增修万县志：卷三十六 艺文志［M］．刻本，1866（清同治五年）．

❸ 曾秀翘．奉节县志［M］．点校本，1985：82.

十四年甲辰恩科，知州郑金榜复踵行之，各赠程费。二十六年丙午科，又赠程费有差，寻以道远费多，些微赆赠，于寒士无补。酉阳向有济仓田三百八十七亩四分五厘，自道光十八年后，现存大谷二千余石，州中举人陈序乐适自京师回籍，遂倡同学请以此款为宾兴之计。郑牧据情详禀大宪，已经准行，旋遇岁凶，署州福珠朗阿详请，仍复其旧，以实仓储，事遂中变。道光三十年，知州事罗升桔莅任，阅文庙中郑牧旧碑，悯其垂成忽败也，集绅耆计议，以仓谷粜剩余资为宾兴根本，复募之七里富民，合田土等捐项共钱约六千串，发交绅首经理，收其租息以备乡试年取用之资。此酉阳宾兴之始也❶”。即酉阳州的宾兴组织正式建立于道光三十年（1850 年），之前都是捐送给生员路费、卷价银等，但并未形成正式的组织。酉阳州宾兴会通过田土当买，价值钱二千九百二十九千四百八十文，合之现收银数约近六千之数，每年收租取息，或三年总收其息，每当乡试，先易银送省，文武生监于省垣会齐后，按照人数多寡均分，许多寒儒歉费者都以此为归计。

除宾兴会外，清代彭水县还有类似的助学机构，名为“蔚文堂”，意在振兴当地文教。清初，酉阳、秀山、黔江、彭水四县童生，须赴重庆府参加院试。道光元年（1821 年）在酉阳州设考棚，举行院试。建考棚银 8000 两由酉阳、秀山分担，其学政（主考官）行经彭水之费用，则由彭水县负担。道光八年（1828 年），知县周曦倡捐银 3500 两，呈解川东道，按每月一分，发商生息，到三年院试之时，才领取息募银，作学政过路费用。后商号缴还本银，被挪作军用。道光二十年（1840 年）奉令在藩库领回银 2800 两，由县署的“户书”廖大观领去 1200 两生息。廖为不法之徒，霸占产业，拖欠公款，为数甚巨，其子美连，杀人越货，肆无忌惮。咸丰八年（1858 年），知县王鳞飞上任，将廖大观、廖美连父子拿获正法，没收家产，得钱 18558 串 400 文，作振兴文教之用，特设蔚文堂，负责经营。用途有：供文武考生县、州、院三试卷价之用；作生员赴乡会试时宾兴费用；添送云上、汉葭两书院“山长”脩金；培修云上书院及添置院内用具。

彭邑初亦无宾兴等项，自咸丰八年十月间，署县事王鳞飞奉督宪转奉谕旨，擒治土匪廖美连父子，后查追该犯产业约价二万有余，禀请大宪尽数拨充彭水合邑各项公费，其文武童生卷价，并宾兴月课，及添送云上、

---

❶ 王鳞飞．增修酉阳直隶州总志：卷六 食货志［M］．刻本，1863（清同治二年）．

汉葭两书院山长脩金、暨培修云上书院置办器具等四项，系俱为振兴文教起见，因统名之曰蔚文堂，其所定章程与拨入业产细数，藩巡及州县各署均有案可查。[1]

建立宾兴组织，就必须要有严密的经营管理制度和资助制度，以保证助学工作的顺利进行。现分别以黔江县宾兴会、彭水县蔚文堂、巫山县宾兴会的经营管理章程为例，介绍清代重庆地区宾兴会的相关管理。

在上述三县中，宾兴会大多是由官员发起、士绅负责具体运行的组织。宾兴会或蔚文堂的管理者称为“首事”“在事绅董”或“首士”，虽然称呼不尽相同，但都是主要管理者。主要管理者是流动的，为了保证宾兴本息的安全，管理者大多采用轮流交替制，防止私自扣留的现象发生。对于每年的收支情况，要求每年登记造册，以便之后查看。由各方捐助的银两，地方官民士人往往不直接使用它资助士子，而是用其或置买田产、店铺收租，或发放给典当商生息，或直接放贷生息。这些置买的各式田产、店铺物业等资产，在地方文献中常常被称作“公产”。地方士人使这些资产生息增值，以增值生息部分资助三年一次的乡试、会试。这样处理，可以使资金能够常年循环，永资后世，“创成于今日，且兼行于后世”。值得注意的是，作为一种以助考为基本职能的公益基金，清代重庆地区宾兴会为了保障其能良性运营下去，一般都会在其管理章程中明确规定不得将基金收益用作别项开支。同时，宾兴组织在确定领取宾兴费生员的资格问题上体现出很鲜明的地域观念。大多数情况下，宾兴组织是以县为单位而设立的，其资助对象是全县范围内的应试生员，一般不存在受资助者的资格审查问题。宾兴组织是因科举制度而产生并得到发展的，清末新政推行过程中，在历史舞台上驻足了1300余年的科举制度被迫走向终结，宾兴组织作为助考组织而存在的性质发生了根本性的转变，宾兴组织积存的款项也随即被移作学堂经费。

### （四）其他来源

地方办学经费除了学田制保障之外，也想方设法募集社会资金，地方政府或官员常常通过划拨田地、拨放粮食、自捐俸银等方式弥补学田租金之不足。如丰都县儒学的办学经费除学田收入之外，同治六年（1867年）知县田秀栗

---

[1] 王麟飞．增修酉阳直隶州总志：卷六 食货志［M］．刻本，1863（清同治二年）．

定案，岁拨市斗米二石，补春秋祭银之不足。光绪十六年（1890年），知县何治孙以邑绅曾辉祖等之请，谓诸生多寒俊，修贽之费设措艰辛，令民购产纳税，为学脩院试诸费。[1] 同治七年（1868年），涪州州牧吕绍衣拨公款八千贯。同年，重庆知府黄毓恩捐助银一千两以助巫山县学，光绪七年（1881年）黄毓恩又捐助银六千两，分拨下辖的六县。财力不足的地区也不甘示弱：奉节县恩成、刘光第相继捐银一千八百五十两，忠州吏目吴德煦向官学捐俸二百缗。

但地方官员自己的力量是极其有限的，因此重庆地方官员也会联合当地富绅，向其筹集资金，或当地乡绅自发捐助，供官学的日常运作、生员科举活动等。如奉节乡绅“黎光廷捐二百两，胡珠捐一百两，刑明富捐五十两。刘魁鳌捐钱三百串”。

清代秀山的学校教育能发展到一定的规模，追溯起来，还是从集资办学开始的。秀山偏远落后，清政府没有批准设学，为了获准办学，生员都是附在酉阳州学就读，也就谈不上教育经费。古代的礼、乐和经典，是生员必修的课程，在孔子被称为至圣先师的时代，要设学先修孔庙，一个荒蛮不知礼乐之地，是不会被批准设学的。群众中蕴藏着一股极大的办学积极性，不少有识之士积极倡导自建孔庙，设学育才。乾隆五十九年（1794年），知县边镛在县署的左边开始修建孔子庙及学署，修建经费全部是向私人募集。秀山孔庙以后又进行了四次翻修，前后几次修理，用了数万两银子，都是绅民自行筹集的。

《蜀海丛谈》以四川省某县为例，列举了地方官员对生员参加科举考试的支持态度，并推及其他城邑，肯定了当时的地方官员支持办学的趋势。

> 某岁县考前，偶行乡间，遇文童某，谈甚洽。问县考已报名否，答以需卷费钱七百文，力不能办。素阅其文，颇清通。公恻然，厚赠之。因思邑中寒士似此者当不乏人，爰谋之县尹，问礼房吏每考卷费共需钱几何？云约一千数百钏。公立割膏腴田百亩，捐入学田。以后即以租入专充此费。报考者不再取分文，旋又捐腴田二百亩，专作公车费。故井邑举人赴春闱者，每次人可得助百金。即此观艺则他邑之似此者，当不

[1] 田秀栗，徐浚镛．丰都县志：卷二 学校志［M］．刻本，1893（清光绪十九年）．

乏人。❶

清代綦江县诸生参加科举考试路途遥远，旅寓之费、笔墨之需、保师之礼等花费不菲，然囊中羞涩，一定程度上影响了生员参加科举考试的热情。因此当地地方官员联合部分开明乡绅、富商筹集资金，置办田产，收取租谷以及租金，为生员参加科举考试提供资金支持。在《綦江县志·学校》中详细记载了义卷的兴起发展情况、义卷官产事实章程清单、详细开支情况等，成为研究清代重庆地方官学办学经费的重要史料。

**童试义卷记**

既立宾兴，之明年，侯以邑之，犹有典缺也。乃又谋为义卷。义卷者，为邑之童试而设也。綦瘠壤，应试士多贫，临期匆匆，不戒行李，多或携千文，少数百，最龃龉者卷价无岁不于礼房纷争，虽其中不无寻事生风之人。然每卷百六十文，诸士有旅寓之费，有笔墨之需，有保师之礼，所挟几何三四场，战方酣而囊已羞涩。计不得不索然归去。归去而府院试遂艰于前列，有因是老不得志者其情事亦大可悯矣。公自辛卯莅治，已两校士，曲折无不洞晓，极欲身肩此任而诸巨件纷如，虽五官并用，实亦无须臾暇，今各举差就绪，拟劝捐而碍于为之词，昕夕焦思，复捐鹤俸为倡。筵致诸殷实诸人以城工之助未久也，或默不作一语。公笑曰："此终场交卷事，交卷即发榜也。诸君其何说之辞?"于是满堂皆笑，各随其多寡资助。遂得如千金，即于安里买产者三，得里人之捐人者五，价在制钱六千贯□。岁共收仓斗租谷五百六十余石。即谷值□减可获价五百余千。饬斋长经□为小试费立案议规条勒石，岁科考文童永远□取卷赀。凡县府院试之一切需用，尽出其中，盖恢恢乎取之如寄焉。又会计其余以百金资举子北上，并筹集奎阁考棚六年一补葺之费，今而后寒士之愁释矣。礼房之肩息矣，而我贤侯拳拳之心畅然满足矣。尝读循吏传，善教士者无过于文翁之治蜀郡。然学舍义产诸上之资费，无闻焉。若乃自大纲，以至小纪，悉数之不能竟而无所不周，无所不任。如此殆天之笃生公为我綦造福。欤抑綦衰极当盛，必待公来为之父母也。诸人士倖有斯卷其作为文章形诸歌咏也。必且如垣墉之崇竣无寒俭气，必且如奎阁之巍峨无卑靡气，

❶ 周询. 蜀海丛谈［M］. 成都：巴蜀书社，1986：162－163.

又必如试院之重门洞开无黯暗气。行即饮宾兴之酒，济济翱翔艺苑，于以建工，于以立名。使数千载之南州灿然光昭于简册。此即诸人士所以报公，而公更以此望于多士者也。古人顺先王诗书礼乐以造士，又曰保有厥士。綦士荷栽培之厚瀛山，不坏公爱士之泽长与之无极也。得不尸而视之社而稷之欤？此举为公后劲事。佥谓不可不记。故记。[1]

## 綦江县义卷官产事实章程清单

计开

道光十五年知县邓仁堃创置文童义卷劝捐买产收支数目

捐助义卷之资（各姓名以及钱数详碑）

凡五里士民乐捐银钱合计实共收入制钱六千八百一十二串，又取诸押佃银钱合算作钱一千一百余串。

置买义卷之产

一处安里，地名灌坝沙丘田业一分。载粮一百一十四亩二分。田价制钱四千零八十串。取押佃纹银三百两。岁收市斗租谷一百一十四石。

一处安里，地名柏香林田土一分。载粮二亩七分半，去田价制钱四百零八千文。原取押佃钱四十九千文。岁收市斗租谷八石三斗正。

一处永里，地名水竹坪田土一分。载粮四亩。去田价银一百三十五两。取押佃银十五两。岁收市斗租谷六石五斗正。此田价系十六年捐修学宫项内之银。

一处遵里，地名胡家嘴田产一分。载粮二十八亩。去赎取钱五百七十五千。岁收市斗租谷二十四石。此长凭伊族取归义卷。

以上置买三起，赎取一起。四共去时值价钱五千三百九十四串，又银一百五十两。四共载粮一百四十八亩二分二厘。四共取押佃银三百一十五两，钱二百四十九千文。计四起岁共收市斗租谷一百五十八石八斗正。

施田入义卷之租

一处安里，地名新田湾，田业一分。系里民陈永扬乐施。载粮三亩，原价银八百二十两，招押佃钱一百千文。岁收市斗租谷二十石正。

一处安里，地名王家湾，田业一分。系里民吴景春乐施。载粮五亩，

[1] 杨铭，伍濬祥. 綦江县志：卷三 学校［M］. 增刻本，1863（清同治二年）.

原押佃钱三十五千。岁收市斗租谷十二石。

一处附里，太公山内田一分。系胡应举乐施。载粮七分，原价银九十两，取押佃银五两。岁收市斗租谷一石。

以上三起皆永远施入义产，载粮共八亩七分。取押佃钱二百三十五千文，又收押佃银五两。计三起岁共收市斗租谷三十三石正。

施当价入义产之租（各姓名原价附案详勒碑□）

一永里凡三处，金子山一分，伏先宝所施，岁收租谷九石；金竹林一分，叶义和所施，岁收租谷四石；尼姑庵□□一分，杨宁仁所施，岁收租谷三石。

一遵里凡二处，飞鹅石一分，李成安所施，岁收租谷一石二斗；胡家嘴一分，余国扬所施，岁收租谷八石四斗。

一附里凡三处，蔡家坝一分，蔡明谕所施，岁收租谷八石；又一分，刘天锡所赐施，岁收租谷七石；通远扬一分，张朝贵所施，岁收谷六石。

一安里凡三处，黄泥垭一分，谭宗元所施，岁收谷十二石；大湾一分，程子坤所施，岁收谷九石；又一分，杨昌灏所施，岁收谷五石。

又永里吴世禧所施，地名桥坝河，街房七间，地基一幅。岁收钱二十四千。又永里小红崖一分，刘应朝所施，岁收租钱四千文。又安里皂泥沟一分，罗傅氏所施，岁收租钱二千文。

一巴县连里一处，放生塘系翁正瞿所施，岁收租谷八石。

一遵里，民赵廷诩所施，当价银一百一十二两，赵世诩施钱五千文，岁收租谷四石。

以上十六起皆施当价入义卷之租，岁共收市斗租谷八十八石三斗。

通计以上连斋长饶校先、刘汉鼎等所置买及民间所施田产当价，每岁实共收市斗租谷二百七十石零四斗，收租钱三十千文均议明丰歉，两无加减。

凡置买赎取及施入各产其四至界畔，经斋长同售主、中人逐处查勘……

计开县试支用数目

一文童每岁科县考或五场或六场预备试卷三千四百本，计卷资八十一千六百文。

一每县考给礼房食费辛苦钱共六十六千，永不取童生一文钱。

一印红钱五十千文。

一看卷束脩钱五十千文。

一场内外一切杂费并终场酒席共需钱一百二三十千文。

计开府试支用数目

一礼房辛苦食费及领卷投册一应杂用共给钱七十千文。

一坐号每童生一名银三分二厘，按名摊算。

一小礼银八两。

计每考费钱五百四五十千文，以后如有不敷，可于各项减省，不得另派童生出钱，以负邓公培植雅意。

按知县邓仁堃定案，每会试之年，助文举人北上银一百两，在义卷项内取支。嗣因卷项不敷，道光二十四年，知县金谓鏐再定案时，有公余银二百两。以一百两作文昌庙义田押佃，岁收利谷十石。以一百两作义卷田押佃，岁收利谷十石。外施入安里蒋家山田业一分，岁收租谷十石。石壕田业一分，岁收租谷六石。附里石磴坎田业一分，岁收租谷二石。共计每年入市斗租谷三十八石，丰歉两无加减。计三年，积市斗谷一百一十四石。自甲辰年始为新旧文举人公车之助。如北上人多，照积谷均分。如只一人，给以八十石。如并无人去，存积以俟下科临时公议从厚，遇恩科亦然。此事年归年款，斋长务留心经理，永远定案不移。其新拔贡朝考助以举人一名之半。

《童试义卷记》开篇介绍了义卷的作用："义卷者，为邑之童试而设也。"通过乡绅捐款而置办的田地收佃银和租谷，为生员参加县试、府试以及官学管理提供源源不断的资金。同时，通过县志记载的有关乡试、府试的相关花费，也可以看出科举考试所需费用之多，一般读书人是无法独自承受这些费用的，需要借助地方的有关帮助，才能北上赴考。

## 二、重庆官学的经费支出

地方教育的发展，既要靠国家政策的引导、政府官员的重视，由国家支付一定办学基金作为经费保障，也要靠鼓励私人捐资兴学，调动社会民间组织的积极性。这是清代重庆地方官学有所扩展并沿袭的保障。据搜集到的重庆各地方志，教官俸银、相关工作人员工食银、生员饩粮银、春秋祭祀银全部都由地丁银内开支，这是官学的基本费用，保证了官学在国家的统治之下正常运行。

此外，包括与科举考试有关经费：主考路费、科场供给银、新举人花红筵燕银、公车费、旗扁银、进士坊价银、顶帽银等。列举部分州县官学的花费，一窥一二。

彭水县地处乌江下游，为长江水系支脉物资集散地。该县官学教育以县学为中心，每年教育支出包括：春秋祭祀银五十二两；乡饮银八两；岁贡盘费银二十二两五钱；县儒学斋夫四十八两，膳夫五十两；儒学门子、库庙夫五名，每名工食银七两二钱，共银三十六两。文庙及山川社稷各坛祠祭祀银一十六两；文昌宫春秋二祭银一十四两，在于监茶耗羡存公银内劝支。廪生每名岁支饩粮银三两二钱，共岁领银六十四两，遇闰每名加银二钱六分六厘六毫六丝六忽。县训导岁额俸银四十两。❶ 这些支出是彭水县学办学活动部分基本支出，保障了官学的日常运作、官学生员在学期间的基本生活消费。

綦江县每年支出教育用费包括：举人牌坊银一十二两四钱；加增进士牌坊银一两七钱；春秋祭祀银二十三两；岁贡盘缠银二十二两五钱；增编本县举人盘缠银八两；儒学斋夫银七十二两；膳夫银四十八两；加增教官马夫三名，每名工食银三两六钱，共银十两八钱；儒学门子庙夫五名，每名工食钱七两二钱，共银三十六两。❷ “县学原额廪生二十名，每名岁支饩粮九两六钱，遇闰加银九钱，因钱粮不敷原未支领，于康熙二十四年八月内奉文为圣治当重熙等事案内廪生饩粮请复三分之一，每名岁支银三两二钱，共银六十四两，遇闰每名加银二钱六分六厘六毫，于康熙四十五年正月内奉文于本县地丁银内扣。教职两员，岁额每员俸银四十两，共银八十两。于嘉庆十二年奉文按季付。”❸

梁山县每年教育支出包括：春秋祭祀银五十五两六钱；乡饮银八两；岁贡盘费银二十二两五钱，加增应朝盘费银十八两六钱六厘八毫；县儒学斋夫银七两二钱，膳夫银五十两；门子三名，庙夫、库子各一名，共五名，每名工食银七两二钱，共银三十六两，遇闰加银三两。嘉庆七年十月初四日奉文添设：文昌帝君春秋祭祀银一十四两。廪生十五名，每名岁支饩银三两二钱，共银四十八两，遇闰每名加银二钱六分六厘六毫六丝六忽六微六尘四纤，于本县地丁扣留支给。教谕一员，岁支俸银四十两。衙役四名，内门斗二名，膳夫二名，每

❶ 王麟飞．增修酉阳直隶州总志：卷六 食货志［M］．刻本，1863（清同治二年）．

❷ 杨铭，伍濬祥．綦江县志：卷二 赋役志［M］．增刻本，1863（清同治二年）．

❸ 杨铭，伍濬祥．綦江县志：卷三 学校［M］．增刻本，1863（清同治二年）．

名岁支工食银六两，共银二十四两。❶

江津县每年教育支出包括：春秋二祭文庙及各坛祠，原编银六十两，康熙十一年（1672 年）请给银十六两，康熙五十年（1711 年）饬由本县粮银内留支。教官二员，岁额俸银共八十两，额设衙役四名，岁支工食银共二十四两。廪生原额二十名，岁共支廪饩银六十四两，遇闰加银五两四钱。以上额设各项均在粮银内扣留。❷

上述可知，重庆官学的各项支出聚焦于学校办学的方方面面，较为完善和全方位。由于祭祀崇拜活动既是学校立德树人的手段，也是作用社会、参与文明道德风尚的力量，因此此项支出在所难免。同时，宾兴会组织虽然指向科举，有自身独立性，但与官学有交叉关系，其中的中介自然是科举考试。于是，两者在经费使用上的互动在所难免。

## 第三节　清代前期重庆官学的祭祀活动

祭祀是古代礼制的重要内容，学校教育与此关系最为密切，相关度极高。清代重庆官学普遍实施祭祀，崇圣与育才是统一的，既有课程文化开发与道德教育的意义，更有地方文明建设的社会价值。

### 一、重庆官学的祭祀对象

孔子由于独特的社会地位和文化价值，又是封建社会的文化权威，成为官学祭祀的主要对象。清代官学祭祀除主祭孔子外，还按照与孔子关系的远近和对儒学贡献的大小附祭孔门弟子及先贤先儒等，即所谓的“四配”“十哲”及东西两庑从祀者。

孔子是祭祀的主体，从唐代开始一直为中央统治者所重视。清代封建王朝颁布了各类匾额，悬挂在各地官学大成殿中。如康熙二十三年（1684 年）钦颁御书“万世师表”匾额，雍正四年（1726 年）颁御书“生民未有”匾额，乾隆三年（1738 年）钦颁御书“与天地参”匾额，嘉庆四年（1799 年）钦颁御书“圣集大成”匾额，道光元年（1821 年）钦颁御书“圣协时中”匾额，

❶ 朱言诗. 梁山县志：卷七 官师志［M］. 刻本，1894（清光绪二十年）.

❷ 聂述文，等. 江津县志：卷五 食货志［M］. 刻本，1924（民国十三年）.

咸丰元年（1851 年）钦颁御书“德齐帱载”匾额，同治二年（1863 年）钦颁御书“圣神天纵”匾额。这些匾额悬挂于大成殿中，代表了清朝统治者对孔子及儒家学说的推崇。

清代重庆官学的孔子像大致分为画像和木质牌位两种，几乎没有塑像。如《綦江县志·圣像记》载：“……恭迎入庙，展挂大成殿牌位后，高出二三寸，礼成，恭即卷起。每逢春秋祭祀及圣诞，展挂收卷如初。俾多士得瞻天地合德之容，神灵有赫文运弥昌于我邑有厚幸焉。……恭逢是日，诸生宜衣冠跄济，肃肃雍雍于桥门璧水之间，为子弟倡率，慎毋肆饮放纵，与商贾技艺之人同类而共讥也。”[1] 可见綦江县学常摆放孔子牌位，只有春秋祭祀和孔子诞辰日才悬挂孔子画像来供士子瞻仰，发挥道德伦理潜移默化的作用。

长期以来，人们对文庙祭祀存在误解，认为文庙作为祭祀孔子的专用庙宇，其中仅仅供奉着孔子一人。其实不然，文庙中的确是以孔子作为主祭对象，除此以外，经过朝廷批准的历代儒家圣贤也能以配享、从祀等身份进入文庙，供奉在大成殿及殿前东西两庑中，接受后人的祭拜。其中“四配”“十哲”被供奉在大成殿中，地位较高。《梁山县志·学校志》中绘有《大成殿祀位图》（见图 8－1），清晰地表现了他们之间的位置关系。孔子牌位为正居中，坐北朝南，“四配”“十哲”东西列侍于大成殿中。

除“四配”“十哲”以外，还有先贤、先儒，他们被祭祀于东西两庑中。在森严的孔庙祭祀等级中，他们居于“四配”“十哲”之后，构成孔庙祭祀体系中不可或缺的一部分。据光绪二十年版《梁山县志》记载，两庑中共祭祀先贤 79 位，先儒 62 位，共计 141 人。同治二年版《增修酉阳直隶州总志》记载，两庑中共祭祀先贤 79 人，先儒 57 人，共计 136 人。光绪十九年版《巫山县志》记载，两庑中共祭祀先贤 79 人，先儒 69 人，共计 148 人。民国十三年版《江津县志》记载，两庑中共祭祀先贤 79 人，先儒 73 人，共计 152 人。由此观之，各府、州、县所祭祀的先贤人数及姓名都十分一致，但所祀先儒却并不一致，这或许与当地教官、地方长官的个人好恶有关，或当地发展中杰出人物不同所致。

---

[1] 杨铭，伍濬祥．綦江县志：卷三 学校［M］．增刻本，1863（清同治二年）．

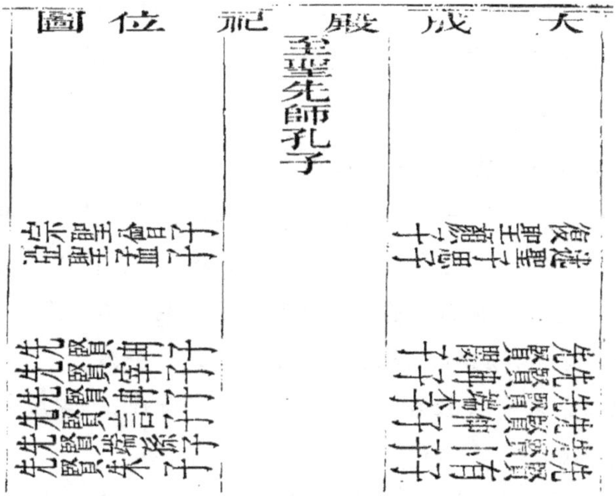


**图 8.1　梁山县学大成殿祀位**[1]

## 二、重庆官学的祭祀仪式——以城口厅为例

清朝顺治初年规定每年春秋仲月上丁日，府、州、县需要举行释奠礼。除春秋释奠外，每月朔望，地方正印官均须例行祭祀孔庙，行相对简单的释奠礼。除此以外，地方上新官上任、新生诣庙及宾兴等环节，均须于文庙行礼，只是繁简程度不同而已。以下根据城口厅的志书材料，就官学最高级别的祭祀——释奠礼为代表，叙述清代重庆官学祭孔的一般情形。

官学的祭祀是清代重庆官吏的行政工作，也是清代重庆各地官方祭祀活动中最受重视的一项。如民国初期南川县一位训导回顾总结说："国朝祀典之隆，惟文庙为最，文昌宫次之。每岁春秋二祭用太牢，仪同，而礼器、乐舞，文庙有加焉。"民国《南川县志》在回溯该县往昔祭祀情形时也总结说："往时，一邑祭典，祀孔尤严。"从重庆各时期方志记载来看，各地学校一般能够严格按照朝廷既定的规格举行对孔子的释奠祭典。祭祀仪式一般包括祭祀前的准备工作和正式祭祀仪式两部分。

### （一）祭祀前的准备

祭祀前的准备工作主要是释奠礼所需的各种祭品和礼器的准备工作，以及

[1] 朱言诗．梁山县志：卷五 学校志［M］．刻本，1894（清光绪二十年）．

礼乐排练、官学打扫等琐碎工作。官学祭祀等级森严，按照等级的高低，需要准备不同的祭祀器物。《城口厅志》记载了清代释奠所用礼器和祭品的种类及规格：

至圣先师庙春秋仲月上丁释奠：

大成殿正位：帛一（色白，长二丈八尺，实于篚），牛一，羊一，豚一（俎三），登一（太羹），铏二（左右和羹）。簠二（黍、稷），簋二（稻、粱），笾八（形盐、薧鱼、鹿脯、枣、栗、榛、菱、芡），豆八（韭菹、醓醢、菁菹、鹿醢、芹菹、兔醢、笋菹、鱼醢），尊一（醴），爵三（初亚终献），炉一（柱香、办香），灯二（大烛），祝版一，疏布，幂勺具，后俱仿此。

四配：（每主）帛一（色幅同正位，篚四），羊一，豚一（俎二），簠一（黍稷），簋二（稻、粱），笾六（形盐、薧鱼、鹿脯、枣、栗、菱），豆六（菁菹、鹿醢、芹菹、兔醢、笋菹、鱼醢），爵三（初亚终献），炉一，灯二（中烛），尊二（东西分设）。

十哲（东西）：各帛一（色幅同正位，各庑共篚），铏一（和羹），簠一（黍），簋一（稷），笾四（形盐、枣、栗、鹿脯），豆四（菁菹、鹿醢、芹菹、兔醢），爵三（初亚终献）。东西各羊一，豚一，尊一，炉一，灯一。

两庑：二位共一案，每位爵一，每案簠簋各一，笾、豆各四。东西各羊三、豚三、尊三，设香案二，每案帛一、爵三、炉一、灯二。

乐器：麾幡一首，金钟十六口（即古编钟），玉磬十六口（即古编磬），大鼓一面（即古应鼓），搏拊鼓二座，柷一座，敔一座，琴六张，瑟四张，排箫两架（即古凤箫），笙六攒，箫六枝，笛六枝，埙二个，篪二管。

舞器：旌节二首，羽籥三十六副（以上佾舞生三十六人，乐工五十二人）。❶

由此观之，清代重庆官学对祭孔物品的准备是十分重视的，包括器具、食物、人员等。所需的各种物品都比较齐全，而且相当考究。大成殿正位、“四配”“十哲”、两庑在官学供奉体系中居于不同的地位，也导致不同级别采用

❶ 刘绍文，洪锡畴，等. 城口厅志：附录 城口县概况（民国三十一年编）［M］. 朱华忠，唐光荣，点校. 重庆：重庆出版社，2011：166.

了不同的规格。丰富、完备的祭器配备反映了重庆地方官吏及学校对祭孔祀典的高度重视，这为祭祀礼的顺利进行提供了重要保障。

《城口厅志》云："前期二日，各署设斋戒牌，承祭分献官致斋两日。不饮酒，不食葱、韭、蒜、薤，不吊丧问疾，不听乐理刑，不判署刑杀文字，不预秽恶事。前二日，执事官补服志牺牲所省牲。前一日，执事者举祝案送致斋所，承祭官视毕，送至前后殿安设，一跪三叩头退。前一日，执事官补服上香，监视宰牲并供毛血。"这些准备工作，其目的一则是表示重视，二则表示虔诚。参与祭祀的人员必须遵守斋戒的相关要求，以感动神明。

### （二）祭祀活动过程

一次正式的孔庙祭祀工作琐碎，需要人员众多，大家各有分工，互相协调，才能保证整个流程井然有序。一般地方官吏只需在正式仪式上宣读祭词，众多工作还是由地方官学的生员去完成的。

整个释奠礼需要众多人员的参与才能顺利举行，包括：

执事：俱于本学生员中派用，预期示知，先令演习其数量焉。

通赞：立堂阶左，主赞行礼之总名。

鸣赞：立堂阶右，与通赞对。主唱叩跪二礼。

引赞：二人相对，立于官前，引导唱礼。

捧帛：预实帛于篚，候唱，跪进案前奠神前。

迎神：预执杯，候唱，灌地曰："降神神降"。

读祝：预书祝文浮粘版上，读跪官左。

司尊：预实尊酒，候唱，举羃，以勺酌之。

执爵：预涤爵，候唱，捧以授酒，与捧帛同。

盥洗：掌匜盘巾帨，侯官涤爵拭手。

陈设：牲馔灯炉，各案器，依定位，预为陈设。

洒扫：先期洒扫殿宇堂阶。

司户：殿上戟门，各一人，候唱，以司启闭。

监宰：监看宰牲去角与蹄甲，以入俎。

造馔：庶品如法燔炙剥烹，按图摆设盘肉。

香烛：预以香烛伺候，临祭，点注炉台。

饮福：一执酒，一捧盘肉，进于献官，仍接退。

燔瘗：候唱，燔柴燎炉瘗毛血，西北次。

彻馔：祭、前司启各牲馔，盖唱彻，稍微移动。

舞生：三十六名。

歌童：四名。俱在本地方童生中择选教习，岁给优免。❶

“正祭”是指丁日举行的正式的释奠典礼。根据《城口厅志》记载，正祭过程如下：

正祭日，主祭、分献、陪祀各官，朝服入两旁门，序立后（通赞唱），签祝版（引赞唱），升堂（引各官从东阶上），序爵序事请祝（请祝版至），签名（各官书名），下堂（从西阶下，通赞唱），启户（各门大开）。乐舞生就位，执事者各司其事。主祭官就位，分献官就位，培祭官就位（文东武西）。瘗毛血（司毛血生将毛血捧从中门出，埋于西北隅坎内）。启牲馔盖，举迎神，乐走昭平之章。乐作（引赞唱）。谒西北隅迎神（引众官至），神降复位（通赞唱）。参神（鸣赞唱），跪叩首（行三跪九叩礼），兴，平身（众官俱立），乐止（通赞唱）。行初献礼，初举献乐，奏宣平之章。乐作，引盥洗所浴手净巾。诣酒尊所，司爵者举幂，酌酒升坛（导承祭官由东阶上，入殿左门）。诣至圣先师孔子牌位前跪（行一跪一叩礼），兴，奠帛（捧帛生以帛拱举立献案前），献爵（执爵生以爵跪进，承祭官接爵，拱举立献正中），跪叩首，兴（不唱）。诣读祝位跪（鸣赞唱），众官皆跪（引赞唱）读祝文（读祝生至祝案前，一跪三叩，捧祝版立于案左）。跪读祝（读毕，捧祝版于正位前，跪安帛匣内，三叩首，退）。乐作（引赞唱）叩，兴（承祭官及各官行三叩礼，引赞唱）。行分献礼（引赞唱）。诣复圣颜子神位前跪叩，兴（行一跪一叩礼），兴（不唱）。诣宗圣曾子神位前，奠帛，献爵（如前仪）。诣述圣子思神位前（如前仪）。诣亚圣神位前（如前仪）。（其十二哲、两庑，分献官升坛、奠帛，献爵，亦照承祭官，行礼毕，引赞唱）。复位（承祭官从西门出，西阶下。分献官各复位立），乐止（通赞唱）。行亚献礼，举亚献乐，奏秩平之章，乐作（引赞唱）。复位（承祭官从西门出，西阶下。分献官各复位立），乐止（通赞唱）。行终献礼，举终献乐，奏叙平之章，

❶ 刘绍文，洪锡畴，等. 城口厅志：附录 城口县概况（民国三十一年编）[M]. 朱华忠，唐光荣，点校. 重庆：重庆出版社，2011：174.

乐作（引赞唱），升坛（献爵于右，如亚献礼毕），复位（各复位立）。乐作（通赞唱），饮福受胙（引赞唱）。诣饮福受胙位（承祭官至殿内立，捧酒胙二人，取正中一爵羊左膊，自正位案前拱举至福胙位右旁，跪接福胙，二人在左旁跪。引赞唱），跪饮福酒（承祭官受爵，拱举授接爵执事），受胙（承祭官受胙，拱举授接胙执事，由中门出，正阶下，送献官署），叩兴（承祭官三叩首），兴，复位（通赞唱），谢神（鸣赞唱），跪兴（承祭官、献及陪祀各官俱行三跪九叩礼，通赞唱）。彻馔，举彻馔乐，奏懿平之章，乐作（牲馔稍微移动），乐止（通赞唱）。辞神，举送神乐，奏德平之章，乐作（鸣赞唱），跪叩首（承祭、分献各陪祀官俱行三跪九叩礼），兴，乐止（通赞唱）。送神（引赞唱），诣送神所（众官俱之戟门），众官打躬（通赞唱），捧祝帛馔，各恭诣燎前（捧祝帛生至各位前，一跪三叩。捧，其祝在前，帛次之。馔生跪不叩。捧起，各送至燎所正位，帛爵俱由中门。承祭官退至两旁，候祝帛馔过，仍复位立，通赞唱）。望瘗，举望瘗乐（与送神同），乐作（引赞唱），诣望瘗位，举柴焚祝帛（祝帛焚半），复位，乐止（通赞唱），阖户（鸣赞唱），礼毕散班。❶

官学祭祀仪式由来已久，发展到清代已经十分完备。整个仪式由地方官主持，官学生员参与，规模盛大，程序繁琐，整个祭祀仪式庄严、虔诚。祭祀仪式并非简单地参拜，而是地方官学一种重要的教育活动，是地方官学施行道德教育的重要载体，通过环境和氛围的营造，发挥潜在课程的作用，具有重大的道德教化意义。地方官员和官学生员通过这种仪式向先圣先师表达敬意，拉近圣贤与生员之间的心理距离；在文庙祭祀现场身临其境感受这种神圣隆重、庄严肃穆的气氛，对参与祭祀的人员产生极强的感染力，从而对儒家文化深信不疑；同时，这种定期、反复、有规律进行的祭祀仪式，便于生员形成长期有效的记忆，从而使道德教化更持久。

清代重庆各府、州、县学普遍认识到道德教育的重要性，以及尊崇孔子与推行教化的内在关联，纷纷将生员道德养成、行先圣之道作为学校教育的重要目标，这也内化成学校的内部环境。文庙祭祀通过环境与氛围的营造，以一种颇具人文情怀的温和方式，对生员进行道德教育，使生员在“随风潜入夜，

❶ 刘绍文，洪锡畴，等. 城口厅志：附录 城口县概况（民国三十一年编）[M]. 朱华忠，唐光荣，点校. 重庆：重庆出版社，2011：175－176.

润物细无声”中获得潜移默化、熏陶感染之效。

## 三、重庆名宦祠、乡贤祠、忠义祠、节孝祠等祭祀活动

清代重庆官学有的附设名宦祠、乡贤祠，部分官学还设有忠义祠、节孝祠，或二者合并成忠义孝悌祠。也有些官学本身并无这些场所，但却与之沟通，利用其设施及资源，为教育工作增添有效力量。它们所祭祀的主要是名宦良吏，或学问渊博之人，或至忠至孝之人。拜祭者主要是当地士人和官学生员，意在追慕哲人先贤，弘扬儒家文化，获得人生感悟。与入祀大成殿、两庑的圣贤不同，入祀名宦祠、乡贤祠、忠义祠、节孝祠的人物以及数量往往因地制宜，没有统一标准。《增修酉阳直隶州总志》详细记载了酉阳直隶州及其下属秀山县、黔江县、彭水县所设名宦祠、乡贤祠、忠义祠、节孝祠的地点和所祀人员。

《增修酉阳直隶州总志》云：“国朝定制神主赤地墨书与两庑同（主高一尺四寸、阔二寸六分、厚五分，座高二寸六分、长四寸、厚二寸），祭品（名宦祠）与乡贤、忠义、节孝诸祠各帛一，豚一，羊一，笾、豆四，尊一，爵二，每春秋仲月丁祭附祀，教官一人，公服致祭行二叩礼。”表 8.11—表 8.14 记录了清代酉阳州学及属县县学的名宦等祠所祀人员牌位和祭祀时的礼节、器具、食物等的相关情况。

**表 8.11　酉阳直隶州及所属州县名宦祠祭祀人物一览**

| 所属州县 | 地　点 | 祭祀人物 |
|---|---|---|
| 酉阳州 | 文庙北，戟门左 | （宋）土官冉守忠、土官冉文炳，（元）土官冉万友，（明）土官冉兴邦、土官冉跃龙、宣抚经历司范汝梓，（清）知州耿寿平、知州陈如亨、知州李光堧、知州张兑和、州同张国维 |
| 秀山县 | 文庙左，戟门左 | 知县夏景馥、知县李光泗、知县边镛、知县吴桂、知县杨俊明、知县杨卿云、知县陈人骥 |
| 黔江县 | 文庙东偏内 | （汉）伏波将军马援，（宋）知县魏禧，（明）知县卢祥、知县谢牧、知县张志道、知县何珩、训导谢镛，（清）知县潘澄夏、知县何一献、知县章绪、知县谢赐履、知县翁若梅、知县王乖 |
| 彭水县 | 文庙左 | （宋）黔南节度使李承约，（元）知绍庆府王师能、绍庆府总管向午凤，（明）知县聂元济、知县周中规、教谕陈达，（清）知县尹严维、知县胡向极、知县朱尔捷、知县陶文彬 |

**表 8.12　酉阳直隶州及所属州县官学内乡贤祠祭祀人物一览**

| 所属州县 | 地　点 | 祭祀人物 |
| --- | --- | --- |
| 酉阳州 | 文庙南 | （明）冉天泽，（清）冉裕菲、冉广燏 |
| 秀山县 | 文庙右、戟门右 | （明）杨金奉，（清）糜奇瑜 |
| 黔江县 | 文庙西 | （宋）窦敷、范成大，（明）朱祚远、赵简、朱芾、朱家龙、杨名显、朱家屏、朱仔、汤学尹、朱祚光 |
| 彭水县 | 文庙右 | （汉）柳敏，（宋）文焕、冯章、项德、周礼、颜之学、孟献、何时杰 |

**表 8.13　酉阳直隶州及所属州县忠义祠祭祀人物一览**

| 所属州县 | 地　点 | 祭祀人物 |
| --- | --- | --- |
| 酉阳州 | 文庙南 | （明）冉跃龙、冉见龙、冉文焕，（清）杨廷英 |
| 秀山县 | 文庙右 | （明）杨通尧，（清）王大勇、周宏开、张应华 |
| 黔江县 | 文庙大成门外东偏 | （汉）柳敏，（明）李方升、王三征、石瑕 |
| 彭水县 | 文庙左 | （明）吕孝子、戴北辰、董文煊、张梅、向应腾，（清）邓琏、邓玉升 |

**表 8.14　酉阳直隶州及所属州县节孝祠祭祀人物一览**

| 所属州县 | 地　点 | 祭祀人物 |
| --- | --- | --- |
| 酉阳州 | 文庙北 | 无记载 |
| 秀山县 | 文庙左 | 无记载 |
| 黔江县 | 文庙大成门外西偏 | 无记载 |
| 彭水县 | 文庙后左侧 | 无记载 |

资料来源：根据《增修酉阳直隶州总志·祠庙志》绘制。

清代酉阳直隶州学及下属州县官学所崇祀的人物以明、清两代为主，汉、宋、元代人物为辅。

名宦祠所选择的人物除本身具有良好道德品质外，还要求政绩突出。《荣昌县志》记载的名宦祠中清代知县徐先琅赫然在列，这是由于他“清正廉明，善于听断”。除了这个县令的基本工作外，他还为荣昌县学的发展作出重大贡献，据他考察“童子科应试千余人，县学额取八名，未免有遗珠之嫌[1]”，向提调官要求增加一个名额。这一做法受到当地赞誉，也正有此，他才得以入祀名宦祠。清代重庆其他州县官学名宦祠中所供奉的官吏也都是为当地或国家作出突出贡献或政绩的，以此激励后世。乡贤祠中祭祀的都是当地人士，而且德业和学行突出，目的就是借乡贤之名在地方上弘扬儒学和理学。

能够入祀其中，除了他们本身宣扬教化、造福黎民这一原因之外，也是因为清代统治者利用这些祭祀，稳定政权、激励风俗。因此，这些人物被选入其中，也是有严格程序的。《增修酉阳直隶州总志·祠庙志》记载：“举报名宦、先贤，务核明其人生前居官政绩确有裨于国计民生，胪举事实各准具题礼部，秉公复核。”“载名宦、乡贤应确核事实，倘名实不能相符，即行指驳。又载各省呈请入祀乡贤祠，该督抚学政当于所列事迹确加查覆，实系品行端方、学问纯粹者方准题请。其有崇信二氏及仅称乐善好施并无经术文章，足为士林矜氏者，不得率行签请，以杜冒滥。”[2] 可以看出入祀乡贤祠、名宦祠的相关步骤：出具请求入祀人物的履历；出具具体事实；仔细核实；同意或驳回入祀。统治者对用徇私舞弊手段获得入祀乡贤祠资格的行为深恶痛绝，特别强调核实入祀人物的实际情况。这些严密的程序也说明了政府对此的重视。

## 第四节　清代前期重庆官学的教学环境

我国古代官学十分重视学校教学环境对人才培养的影响，如学校选址“远市而不喧，林深而宽敞”，注重自然环境的“清幽之胜”，人文环境的“明贤之迹”。清代地方学校的校址一般都设在远离闹市或在市中取静的地方，往往地势高爽，环境宜人，以便生徒安心读书，也体现着国家、地方政府崇文兴教的政策。清代前期重庆官学环境选择极具地方特色，办学环境分为自然环境和人文环境，切实发挥环境育人及潜在课程的教育功能。

### 一、重庆官学的校址选择

官学历来是古代城市中的标志性建筑，作为儒家文化的象征与传统教育的

[1] 文康．荣昌县志：卷二十二 艺文志［M］．刻本，1884（清光绪十年）．

[2] 王麟飞．增修酉阳直隶州总志：卷七 祠庙志［M］．刻本，1863（清同治二年）．

场所，其建筑选址是相当慎重和讲究的。古代对官学的选址没有明确的要求，但重庆各地方志中都设置专门的章节记载学庙和学署的基本情况，城治图中一般也清楚地标明位置，并附学庙图作为补充。这些官学或与学署相连，或与考棚、魁星楼、文昌阁等结为组群。部分官学建在城内，如重庆府学、长寿县学；部分建于城外，如忠州学。这绝非偶然造成，而与具有重庆地域特色的风水思想、地理气候以及星象学说等方面有关，也有其地域文化根源，并同时综合作用于官学的选址。

### （一）风水思想、星象学说

在古代社会，风水学说渗透社会生活的许多方面，学宫的建设也受其影响。古人认为，学宫建筑的位置是否合乎风水是地方文运兴旺的关键。作为风水学说的重要发祥地，重庆崇尚风水的传统由来已久，自然也对重庆地方官学产生了影响，将官学建在当地的“风水宝地”上是重庆地方人士的追求。巴县知县周开丰在为巴县县学选址时指出：“重庆发脉于黄胜关之山蜿蜒磅礴二千余里，两江交会始结为郡城。其中支落脉以崇因寺前阜为主顶，数叠而后聚，乃立县学，以长江为泮池，涂山为玉案，龙虎层绕，沙水完密，是二千余里之秀气独钟于郡城，而郡城之秀气又特萃于学宫，故历代发祥，伟人臣公，不暇悉数。”[1] 他认为正是由于巴县县学占据了良好的地理位置，才使当地得以培养优秀人才，这难免犯了唯心主义的错误。

值得注意的是，重庆地方官学校址的选择和学校的创建并不是一蹴而就的，有的官学经历了数次迁徙，其中因风水不利而迁徙的例子尤其突出。以綦江县学为例，綦江县学原坐辛向乙，在雍正十年（1732 年）由知县杜兰改为申山寅向，“从此文庙顿歇，科名冷落，榜上无綦江字者，五十余年”。乾隆五十一年（1786 年），知县冯汝弼认为科考久而不中，是圣庙基向失位导致。于是遍访堪舆家、术士，仔细斟酌，均认为旧制坐辛向乙为佳。又因县学构造已久，风霜剥蚀，栋宇倾圮。冯侯与教谕吴淳、训导李现，率乡绅罗正琦、罗世英、罗天麟等改修县学，认为“详观来龙，自古剑山辞楼下殿蜿蜒而来，由南转西，蜂腰鹤膝，踊跃奔赴至崇山分脉两结。左结县基作逆砂回抱本身，从丙丁六秀入首，雌雄交合，脱卸无煞，结作土星挂角形，宜立辛山乙向”。“时以事属艰巨，咸怀沮缩。冯令力主其议，改复辛山乙向。”从此，“自改修

---

[1] 朱之洪，等. 巴县志：卷二十 金石志［M］. 1939（民国二十八年）.

后，百官宗庙叨山水之钟灵，群彦胶庠藉斗牛之孕秀。申酉科，人文鹊起，辰戌岁，甲第蝉联”。“举贤书登甲榜者接踵目今正盛。”❶ 当地官绅十分迷信风水学说，将当地人文不兴、科举不振归咎于官学的风水不利。因此，他们改变官学朝向，转变气数，以求士子登第。

除了官学建筑注重风水以外，重庆各府、州、县还会建造文峰塔、魁阁等，认为它们是关系学校发达和科举兴盛的重要风水因素，配合官学的风水建设，可为一方士人带来读书做官的好运，因此推动者大多是当地官吏、乡绅和官学生员。清代巴县知县曹澍钟精通堪舆，在《创修涂山文峰塔铭》中记载："郡国州县常植塔于风脉关会处，觚棱锐削，上摩苍霄，谓助山川秀拔，郁起人文……立戟门前，览郭外诸山，环卫排比，如可招来几席者然。就笔架山中一峰，造塔其巅，钱出予富室，工兴佣雇，期月而成，四围郡峰，益增杰气，巴子故国，人文渊薮，从此当踔轹（音戳历，意超越）前古矣。”❷ 城口厅则修建魁星阁以凝聚秀灵之气，助力生员读书科考。城口厅通判刘绍文在《新修魁星阁记》中记载了魁星阁修建的缘由和过程："公请建修魁星阁，且日形家者言，厅治科甲不发，因三吉之方秀峰未起，宜于圣庙巽地高构楼阁，以培文风。余谓堪舆之书同属渺茫，而培植地方实守土之责，况日月星辰，祀典所在，又非不经淫祠比也，遂允其请。即于绅民中遴选老成公正者首其事，分簿劝捐。阖厅士民踊跃乐输，钱共一千五百余千文。乃度地于城之东南岸山老营盘，拓基砌石，鸠工庀材……是阁也，规模宏峻，巍然独出，于峰环水绕间，耸翠流丹，辉金映碧。洵足以增山川之色，而聚秀灵之气，岂徒备一厅之景胜，壮一时之观瞻哉！将见地灵人杰，英才蔚起，高登黄甲，共步青云，有如形家所言者，当亦予之所厚望也。”❸ 类似的例子比比皆是，再如綦江县邑令邓仁坤认为："魁星主科名而敷文命者也。……乃筹款鸠工庀材，立坤艮向，朝拱文庙，建阁三层，凌霄百尺，六面疏棂，玲珑丹黝。”❹ 这些碑记生动地刻画了官绅们执迷于风水与科甲的文化心态，为了振兴当地文运、助力生员科举，他们或亲自倡导，或捐己俸禄，或董事监工，不遗余力地推动和保证官学建筑活动的顺利进行。

由此观之，利用风水思想、星象学说对官学环境进行改造，是清代重庆地

❶❹ 杨铭，伍濬祥．綦江县志：卷三 学校［M］．增刻本，1863（清同治二年）．
❷ 朱之洪，等．巴县志：卷二十 金石志［M］．1939（民国二十八年）．
❸ 刘绍文，洪锡畴，等．城口厅志：卷二十 艺文志［M］．刻本，1844（清道光二十四年）．

方官学学校建设的重要内容。虽然参与这项活动的人物动机莫衷一是，但都从自己的利益出发点不遗余力地推动和保障官学重建和改造活动的顺利进行。站在现代社会的角度看，当时的做法带有迷信色彩是毋庸置疑的，关键是应做到剔除糟粕、保存精华，持科学态度看待。

### （二）地理气候、文化根源

受封建社会后期主流意识形态的理学思想影响，府学、州学、县学作为官办学校的主流，其学校建筑强调空间秩序及道德教育意义，呈现理学世界格物致知、即物穷理以及理一分殊的要求，所呈现的建筑群落设计图谱及其由此塑造出的精神世界气氛令人赞叹。以官学中轴线的方式组织空间，与社会等级"礼制"结构相对应，分轻重主次，组织秩序井然。中轴对称，层层递进，除了营造一种庄严、神秘的视觉效果外，还体现了儒家文化尊卑有序、主次分明的社会伦理观念。官学建筑群房屋设置大多相同，包含有文庙、明伦堂、泮池、敬一亭、名宦祠、乡贤祠等，渗透了多功能教育合力及秩序等级的相互对应。清代重庆府、州、县学规模不一，但都比较完整及实用，凡教学、生活等必要的建筑物一应俱全。大多数官学还辟有射圃，建有图书馆。

据光绪《铜梁县志·学校志》记载，铜梁县有两所官学："夫一省之中各州县儒学皆一，而铜梁学则二"，其二则是安居乡乡学。安居乡原为安居县，有安居县县学一所。康熙元年（1662 年），裁撤安居县、铜梁县并入合州。康熙六十年（1721 年），复置铜梁县，以安居县并入，称为安居乡，属重庆府。虽名为安居乡乡学，其实际规模远胜于一般乡学，而属于县学层次规格。安居县学地处化龙山巅，左有巍峨俊秀的波仑山，右有绵延起伏的清凉山，正门是滚滚东去的涪江水和琼江河，山下是闻名安居的王家大衙门和吴姓宗祠。遥遥望去，诸山来朝，势如星拱，气若长虹，为邑一盛观。❶ 以下以庙学合一建置的安居县学为例加以说明：安居县学教育教学建筑群采用南北中轴线对称的宫殿式建筑结构，东西两侧对称。依山势布置多层单体建筑，每层建筑均有数级台阶缓缓升高，层层叠进，给人以深邃、幽远、威严、庄重的感觉，体现了儒家文化尊卑有序、等级有别的社会伦理关系。

清代文人大多善诗，重庆的山川景物成为诗歌描述的对象，在教学活动中成为一类有效的课程资源发挥作用。上章引述的唐宋时期重庆文学诗赋，作为

❶ 重庆市政协. 龙乡铜梁［M］. 重庆：重庆出版社，2007：152.

一种文化资源穿越时空限制，延续至明清时期，乃至近现代，发挥地方课程资源的有效力量，而且与山水、建筑及其他历史遗产融合一体或相生相伴，共同作用于地方教育及精神培植。此种价值经久不息、历久弥新。

## 二、自然环境

重庆位于中国西南部、四川盆地东南部，长江上游。东邻湖北、湖南，南接贵州，西靠四川省泸州市、内江市、遂宁市，北连陕西省以及四川省广安市、达川市。地域内江河众多。长江干流自西向东横贯全境，在重庆境内流程为665公里。以长江干流为轴线，汇集起嘉陵江、乌江、綦江、大宁河及其他大小支流上百条，在山地中形成众多峡谷。特别是长江横穿巫山，三个背斜形成著名的长江三峡，即瞿塘峡、巫峡、西陵峡。这里地貌结构复杂，呈现出四大特点。一是地势起伏大。东部、南部、东南部地势高，西部地势低。东部最高处为大巴山的川鄂岭，最低处为巫山长江水面。二是地貌类型多样。以山地为主，有中山、低山、高丘陵、中丘陵、低丘陵、缓丘陵、台地和平坝八大类。三是地貌形态组合的地区分异明显。辖区西北部为丘陵区，中部为低山丘陵区，东南部为山区。四是喀斯特地貌分布广泛。这里有特色的喀斯特槽谷景观很多，典型的有石林、峰林、洼地、残丘、溶洞、暗河、峡谷、天坑地缝等。重庆城区依山傍水，城中有山，山中有城，参差错落，故以江城、山城闻名于中华（见图8.2）。

重庆属亚热带湿润季风气候，气候资源较为丰富，立体气候明显，具有春早夏热、秋雨冬暖，降水充沛、空气湿润，雨热同季、灾害频繁，以及日照少、风速小、多云雾的特征。全年降水量大，春夏之交夜雨尤甚，因此有“巴山夜雨”之说；重庆多雾，素有“雾重庆”之称。

独特的地理和气候环境，形成了重庆因地制宜、别具一格的建筑风格。在山川自然环境下，长期的生活与生产经验中，重庆人民总结出了独特的山地生活经验，形成了与自然和谐共存的传统自然观，注重尊重自然、顺应自然、因地制宜，充分发挥自然地形的潜力，依山就势筑院建宅。[1]

---

[1] 重庆市文物局，重庆市移民局．重庆·2001三峡文物保护学术研讨会论文集［C］．北京：科学出版社，2003：317.

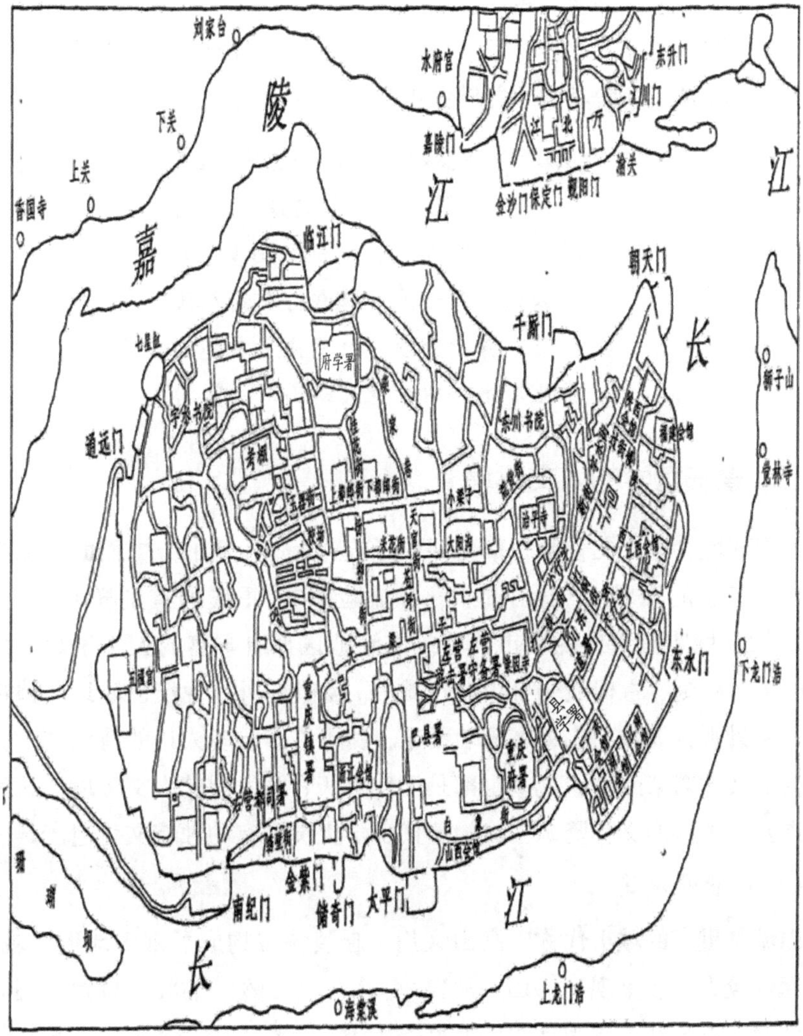


**图 8.2　清朝晚期的重庆**[1]

由于清代重庆府治与巴县县治同城的原因，因此重庆城实际有重庆府学和巴县县学两所官学。由图 8.2 亦能看出两所官学的位置分布。重庆府学在治西南，嘉陵江畔，占地较大。巴县县学在治东南，毗邻长江，占地较小，但庙制相同。

重庆独特的自然环境不仅对其官学建筑影响颇深，而且使重庆地区内生员

[1] 重庆市地方志编纂委员会. 重庆市志：第一卷 地理志［M］. 成都：四川大学出版社，1992：729.

得以拥有独特的进学环境。重庆山水旖旎，风景秀丽，生员们在壮丽的山水间尽情观赏，陶冶情操，互相学习。合川馆银溪乡学教官与其学生同攀华银山，有感山川的壮阔，期盼其学生能够独占鳌头，一举成功。

**辛酉馆银溪乡学携诸生登华蓥山❶**

岳池文生　杜绍唐

喜与吾徒结伴游，登峰造极壮诗眸。
衡云为我开千里，峨雪留人到九秋。
此日飞身凌鹫顶，他年捷足占鳌头。
平生不恨胸中窄，大地山河一览周。

## 三、重庆官学的人文环境

地理环境、地方文化等因素会深刻影响到人们生活的方方面面，也必然影响着地方官学的发展。“巴山蜀水，急流险滩”，重庆拥有别样的地貌景观，“山城”“江城”是重庆的城市代称。巴渝地区拥有丰富的人文景观，如名扬中外的大足石刻、古代战场合川钓鱼城等。除此以外，由于巴渝地区独特的自然和人文景观，无数文人墨客慕名而来，留下许多脍炙人口的诗词文章，使巴渝地区的文学繁荣起来。这些也都是清代重庆官学发展的人文环境。这种不同于全国其他地区的文化资源，成为清代官学生员享有的独特文化遗产。

### （一）官学建筑

山城是重庆的城市代称，高山大川、丘陵峡谷构成了重庆地形地貌特色，地势起伏较大，多呈现“一山一岭”“一山一槽二岭”的壮观景致。同时重庆也是江城，以长江干流为轴线，上百条大小支流在重庆全境汇集。长江是重庆的交通和物流命脉，从重庆的第一站江津开始，大部分区县都被串联到这条黄金水道之中。重庆独特的自然环境造就了重庆独特的建筑风格与人文环境。

重庆建筑大多因地制宜，依山而筑，伴水而建。清代前期重庆儒学受此影响，学校环境呈现独特特色。部分官学建在城内，如重庆府学、长寿县学；部分建于城外，如忠州州学。总的来说，重庆各府、州、县学依托大自然，依山建学，山林旖旎，流水潺潺，绿树奇花，组成游憩栖居的居学佳

❶ 张森楷．新修合川县志：卷六十四 诗［M］．刻本，1921（民国十年）．

境，为师生教学交流、问答讨论、潜心思考提供恬静淡泊、清新雅致及趣味盎然的氛围。

璧山县学文庙是重庆现存最完整的文庙之一。璧山文庙建筑现存大成殿、厢房、崇圣祠以及重新复建的棂星门，总占地面积1240平方米（含殿前天井）。古建筑群体位于东西向的中轴线上，呈对称格局，体现了我国古代中轴对称的建筑布局传统规划方式。大成殿坐西向东，该殿脊檩中部绘有太极八卦图，墨书题记："咸丰四年（1854年）甲寅四月二十九日毂旦"，另有残碑二通，碑文载："始于绍熙所建也，甲子之秋……"该殿建筑面积244平方米，厢房建筑面积210平方米。正殿筑于双层素面台基之上，其台基分别高1.2米和1.4米，阶梯式踏道左右两侧分别为4级、7级。大成殿为木结构古建筑，重檐歇山式屋顶，屋架为抬梁式露明造，11架檐屋前后乳袱，搭牵用四柱，柱径0.51米。面阔五间，明间面阔4.9米，通面阔16米，进深三间，通进深11米，通高14米。下檐斗栱下施普柏枋，为宋以后木构建筑做法。普柏枋横断面12厘米×25厘米。上下檐施斗栱，上檐84攒，下檐110攒，明间施平身科如意斗栱9攒、次间4攒、稍间5攒、柱头科4攒，转角科斗栱末施大斗，由柱头上穿榫挑出四层龙凤形假昂，施平盘小斗、托在大斗上45度斜向呈网状，叠成蜂窝形，俗称"鸦雀窝"。斜向各挑四层栱，两大斗间正面向里，向外各出挑两层斗栱，每层均施龙凤昂及多种花饰。梁柱均用石红天然矿物质颜料粉饰。歇山式琉璃瓦屋顶的戗脊、正脊、翼角及鸱吻均用镂空黄、绿色琉璃件组砌。台基栏杆上原雕有石狮，现已毁。台阶角端各有一石龙作为排水之用，现已毁。正面设6个鼓镜式柱础。当心间辟六合门6道，门上部为雕花窗棂。次间各3道六合门，梢间下设障水板，辟窗4道。崇圣祠为券棚式屋顶，砖木结构建筑，在大成殿后的坡上。❶

重庆复杂的地形条件、地理气候、文化资源为重庆各府、州、县学建筑的多姿多彩提供了得天独厚的天然条件，官学的建筑形制虽不得不严格遵循官方的规定，但在风格上却极具巴蜀特色。如平原地区地势平坦，建造官学时为了突出大成殿的主体地位，多采用修建台基的方式。由于重庆多山地丘陵，官学建筑多依山而建，山水旖旎，风景秀丽。在明清时期的"湖广填四川"运动中，不同地区的移民汇入四川，各地移民文化与巴蜀文化发生交流、碰撞、融

❶ 吴涛．巴渝文物古迹［M］．重庆：重庆出版社，2004：44.

合。文化的融合导致巴蜀建筑文化的兼收并蓄，形成独特的建筑风格。生员们在壮丽的山水间尽情观赏，陶冶情操，有利于知识的学习，也有利于人格的塑造。

### （二）魁星阁等人文遗产

“魁星”，中国古代天文学中二十八宿之一，称为“魁宿”，后被文人称为主宰文章兴衰的神。“魁主文章”，后此遂建魁星阁以崇祀之。“九天星宿阁前见，万里鹏程文运亨。”古时，大多州县皆建魁星阁或文昌宫供读书人祭祀，祈求当地文运昌盛。《重修巫山魁阁序》开篇即点明：“我朝文教覃敷遐迩一体，府厅州县皆有学，学必建魁阁，所以崇祀典壮文风也。”❶ 或渴望金榜题名的都市人将期望寄托在风水上，建造文峰塔，其功用主要是祈文运、调风水，兼具观赏功能。

巫山县魁阁，位于巫山县城东南数里许，滨临长江的文峰山南麓一块突出巨岩上。据《巫山县志》记载，巫山魁阁始建于清乾隆年间，此塔六角七级，乃为祈求文风焕然昌盛而建，故曰“魁阁”。乾隆五十四年（1789 年），宝塔刚落成，书生李安乡试就高中举人。按堪舆之论，魁阁建在巫山城东南方高处，不但暗合“紫气东来”之兆，还属于堪舆之术中的巽方。《山海经图赞》说：“地亏巽维，天缺乾角。”《易·巽》说巽象风：“随风，巽。”疏云：“风既相随，无物不顺。”巽为文章之府，塔有卓笔之形。奎阁建造原因乃是“弥补缺陷，调理风水不足”。❷ 后毁于火灾。后任知县欲重建，曰：“巫山古号名区，人才辈出，家弦户诵，彬彬然，礼乐遗风乃叠。岁科目少逊于往昔意者，其魁阁缺然之故。”重建告成以后，又说：“魁星主文昌，庙制宜阁，取象光明，形家所谓培助风水，收纳秀气理固然也。今者踵事增华，巍然特秀，祀事孔明，魁光朗耀。从此地灵人杰，文运较往昔而益开登桂院，入琼林，蒸蒸日上，皆魁阁钟毓之所致也。”❸ 另有一种说法，长江至文峰山脚下有一水势凶险的箜篌沱，修建此塔还有镇水辟邪、祈福平安之用，故又名镇水塔。

梁山县（今梁平区）文峰塔（见图 8.3）是座雄伟高大的八角空心石塔，高度达到 11 层，至今仍坚固如初，堪称文峰塔的标志之作，有 180 多年历史。塔身所选青砂石质地坚硬，每层塔壁石料用纵横交错的方法叠砌而成。其基础之稳固、计算之精确、构建之缜密充分展现了清代劳动人民的高超技艺。塔身

---

❶❸ 连山. 巫山县志：三十二 艺文志［M］. 刻本，1893（清光绪十九年）.

❷ 蒋华. 云踪［M］. 北京：团结出版社，2015：48.

上有 12 个隔层互换、透光、通气的窗门洞，每层 8 个檐角高翘，使塔身有凌空欲飞的动感。顶层 8 个翘角上所挂铁马风铃，每当微风轻抚时铃声叮咚，悦耳动听；从下往上的翘角正面刻有不同的图案，线条流畅洗练，刻工细腻精巧，形象美丽壮观。镌刻在第 10 级塔身上的“文峰”两字为草书字体，苍劲有力，门洞两边所镌“灵秀”“文明”，也倍增文化气韵。塔内原有一至五层的木楼及回旋登塔木梯，年久已毁。现为重庆市文物保护单位。❶

**图 8.3　梁平文峰塔❷**

北碚文峰塔的平面为方形，高 7 层，也是用石材构造，为一座石塔。塔身层层都有券门，每面都有门，四面极相似。塔身光面平，塔檐做一枋二圆形，犹如仿木结构。❸ 但是北碚文峰塔并非真正用作游览之用，其形制较小，仅取文峰之意。

万县（今万州）文峰塔位于万州城长江对岸的南山社区亮山子山上。该塔建造于清朝同治八年（1869 年），与梁平文峰塔形制大致相同。万州文峰塔

❶ 中华人民共和国国家旅游局. 中国旅游景区景点大辞典［M］. 北京：中国旅游出版社，2007：1601.

❷ 国家文物局. 中国文物地图集：重庆分册［M］. 北京：文物出版社，2010：248.

❸ 张驭寰. 中国古代建筑文化［M］. 北京：机械工业出版社，2007：192.

是川东地区最为典型的砖木结构古塔，为点缀风水与振兴文风而修建于山顶。塔身为 13 层楼阁式营造，呈六边形，塔体通高 36 米，塔尖为六角攒尖式，塔基为素面圆形。英国探险家阿奇博尔德·约翰·立德乐在他的游记《扁舟过三峡》中描述万县文峰塔："这一带有许多锥形弧山，这座塔坐落在一个锥形山峰之巅，表明城市已经不远了。"❶

**图 8.4　长寿县文峰塔楹联❷**

笔者收集到了重庆部分地区魁星阁的楹联，如下：

❶ 周永峰，周裕良，黄强．同舟共济：长江流域的引航救助［M］．武汉：长江出版社，2014：74.

❷ 林家义．长寿区碑刻拓片选［M］．重庆：重庆大学出版社，2016：16.

**奉节文峰塔石刻联（清·樊拱宸）**

千佛题名高赤甲，九天矗秀步丹梯。

**奉节魁章阁楹联（清·崔邑俊）**

秀毓文山，伫待棘闱荫点额。

辉腾碧汉，行看蕊榜遍题名。

**奉节魁章阁楹联（清·汪志敏）**

月近楼台，文面波澜回滟滪。

星分翼轸，峰头彩笔接云霄。❶

**长寿县题文昌宫石壁**

高阁凌空锁碧苔，观澜门户倚江开。

忠臣节概留金石，孝子磬名著鼎台。

放眼山楼通肄院，垂头蒲叶荐新醅。

生成欲报君恩重，莫认科名祀斗魁。❷

巴渝地区拥有丰富的人文景观，如名扬中外的大足石刻、古代战场合川钓鱼城等。无数文人墨客慕名而来，留下许多脍炙人口的诗词文章，使得巴渝地区的文学繁荣起来。这些也都属于清代重庆官学发展的人文环境。

为巴渝文学发展作出贡献的有，唐代诗人李白、杜甫、李商隐、王维、白居易等，宋代诗人、词人苏轼、黄庭坚、陆游等。杜甫在《碑目》中说："少陵游蜀凡八稔，在夔独三年，平生所赋诗凡千四百六篇，而在夔者三百六十有一。"在三年中，他饱览了夔州丰富的自然景观和人文景观，写下了许多优秀诗篇。❸"诗仙"李白五岁随父入蜀，青年时代遍游巴山蜀水，曾到渝州。后由渝州东下三峡，写下大量名篇佳作，如《峨眉山月歌》中的"夜发清溪向三峡，思君不见下渝州"、《宿巫山下》中的"昨夜巫山下，猿声梦里长。桃花飞绿水，三月下瞿塘"、《早发白帝城》中的"朝辞白帝彩云间，千里江陵一日还。两岸猿声啼不住，轻舟已过万重山"等，均成为后人千古传诵的佳句。❹ 这种不同于全国其他地区的文化资源，成为清代官学学生学习的重要文化遗产，起到督促、激励生员的作用。

---

❶ 四川省《奉节县志》编纂委员会．奉节县志［M］．北京：方志出版社，1995：769．

❷ 陈毅夫，等．长寿县志：卷十二 艺文志［M］．石印本，1928（民国十七年）．

❸ 李庆．重庆历史文化［M］．上海：格致出版社，2014：64．

❹ 李庆．重庆历史文化［M］．上海：格致出版社，2014：65．

黄庭坚于绍圣二年（1095 年）贬居黔州（今彭水苗族土家族自治县），寓于郁山的开元寺。他在郁山建有万卷堂、洗墨池、怡思堂等，读书讲学，怡然自得，与当地居民结下深厚友谊。并在彭水县城南乌江东岸峭壁之巅建绿阴轩，他与当地文人游息于此，谈论诗文，辍章联句，留下不少石刻。清代士子游览至此，多随景生情，属文写诗，思念先贤，激励自身。

**洗墨池**❶

［清］钱世贵

万卷书开一草堂，溪云常带墨花香。
功名谪降人千载，遗风飘零字数行。
水面文章添远思，池边草木有余芳。
临流怅触当年事，又觉江天近晚凉。

巴渝地区拥有丰富的自然和人文景观，这些也都是清代重庆官学教育引证的地方资源以及游历教学的人文素材。这种不同于其他地区的区域文化特色，成为清代前期重庆官学学生学习的特定课程，发挥督促及激励生员努力学习、服务桑梓、报效社会的作用。

**（三）宾兴礼**

宾兴礼是明代以来出现的一种府（州）县级别的科举典礼。在清代地方文献中，宾兴礼多专指送别考生参加乡试而举行的典礼，亦有不少文献将其记载为送别考生参加乡试、会试或贡生试所举行典礼的统称，有些地方还包括为中试考生举行的接风祝贺礼仪。❷ 这种仪式和礼遇显示选拔英才于学校的一种取向及风尚，对于官学师生具有风行草偃之效，可以作为动态人文环境的影响方式来理解。

《忠州直隶州志》对此有详细的记载："大比之年先试期一月，知州择吉具启延致应试诸生居期公堂，设宴演梨园，架彩桥于中门外，寅正一刻由署内传头鼓各执事齐集，寅正二刻传二鼓各生齐集，寅正三刻传三鼓开门乡先进由彩桥导诸生进谒知州，朝上三揖，入座赐茶毕，开宴，学师及乡先进，亲送酒，无算爵。宴毕，学师乡先进，各为诸生簪花披红，劳以元贶各出座谢宴，

---

❶ 黄节厚．乌江古代诗词译注［M］．成都：四川人民出版社，1994：315．

❷ 毛小阳．清代宾兴礼考述［J］．清史研究，2007（3）．

朝上三叩，知州立还三揖，并谢分州学师各一叩，均立还一揖。鼓吹由中门出，知州偕各僚送至龙门外，礼毕。”❶

《江北厅志》记载的江北厅宾兴礼：“今遇大比之年，有司于六月初旬，择吉延致应乡试诸生。届期，公堂设宴具，乐演梨园，架彩桥于仪门内。辰正一刻，由署内传头鼓，各执事齐集；辰正二刻，传二鼓，各生齐集；辰正三刻，传三鼓，开门。乡先进，由彩桥导诸生至公堂，进谒同知，朝上三揖，入座赐茶。毕，开宴。梨园开场，学师及乡先进，亲送酒，无算爵。讌（宴）毕，执事代学师、乡先进，为诸生簪花、披红，劳以元贶。各出坐谢宴。上三叩同知，立还三揖，并谢学师及各僚，均一叩，俱立还一揖。鼓吹，由中门出，同知偕各僚送至龙门外，礼毕。”❷

《綦江县志》载：“地方官每逢乡试年分行，宾兴礼，古礼也。綦自前令楚南邓公厚甫措设银两生息，于是始有宾兴费而张筵祖钱煌煌乎。举行大礼则自前县陕右武公芸汀一举后十余年来此，调不弹久矣。同治癸酉科知县田秀栗始兴复之于仪门内。架木为桥，桥两端著地中隆起如山脊。然命曰：‘月宫桥。’桥尽高搭剧楼，诸生肃具衣冠至署前，用地方官仪卫鸣铮呵殿作乐举炮迓入大堂就座，饮荐元酒，观杂剧。酒毕，送之出如初礼。是日也，城中文武同僚，暨邑中诸先达，咸集两旁。观者如堵立云。”❸

概括而言，这种专指欢送科举生员的宾兴礼的具体内容主要包括以下要素：

（1）时间：一般为乡试年，有“六月初旬”“乡试前一月”“孟秋”“乡试前七日”等表述方式。

（2）地点：一般在府州厅县的大堂，部分地区偶尔在明伦堂或考棚举行。

（3）人物：地方官与儒学教官、乡绅是宴会的主人，受邀请者为科举生员。

（4）事件：宴会、簪花、披红、过桥、发放旅资等。

作为一种科举典礼，清代宾兴礼背后所蕴含的价值取向无疑是以鼓吹和宣传科举制度为基础的。它主要说明或表达的意思，是要维护科举制度的正统性与崇高性。可以说，清代宾兴礼的产生与广泛传布，正说明了科举制度在清代

❶ 吴友篪，熊履青．忠州直隶州志：卷六 学校志［M］．刻本，1826（清道光六年）．

❷ 福珠朗阿，宋煊，黄云衢．江北厅志：卷五 学校志［M］．刻本，1844（清道光二十四年）．

❸ 杨铭，伍濬祥．綦江县志：卷三 学校［M］．增刻本，1863（清同治二年）．

国家各个层面的全面成熟，也表明传统科举社会在清代达到了空前的繁盛与稳定。

## 第五节　清代重庆官学的成就及教育影响

科举制是中国古代选拔文官的经典考试制度，其本质是为适应中国古代封建社会中央集权的政治需要而建立的一种政治制度，其核心则是考试。作为人类正统文明传承的主要载体，官学从科举制度产生伊始便与其结下了不解之缘。作为选拔制度的科举主要发挥“选士”的功能，相应地，当时官学教育则起着“养士”的作用。后者是前者的基础，前者对后者又起着直接的导向与制约作用，它们之间存在直接的互动关系。科举与官学教育关系的发展经历了唐、宋、元、明、清等朝代的历史演绎，在长达1000多年的历史长河中，它们关系的本质即考试与教育关系的属性得到了极好的展现。清代官学绩效或质量的集中评判尺度应在科举业绩状态及水平。

### 一、清代重庆科举考试业绩状况

清朝统治的二百余年间，重庆府（指未直辖前重庆所管辖的行政区域）士子科举中进士者98人，举人1117人；中武进士20人，武举人336人。数年前出版问世、由重庆市教育委员会组织编写的《重庆教育志》对进士情况列了详表加以介绍，而对其余各项内容仅罗列统计了分类的数字。笔者据嘉庆年间编纂的《四川通志》做了补充，力图反映今属重庆行政区的涪陵、万县、黔江三个地区的相关信息。但该部方志编修于1817年，下限时间是1814年，离科举制度废止尚有90年，仍然不全面。这样就只有再利用其他史志资料做补充说明了。经过这番梳理，应该大体能展示重庆清代科举及第的状况。以下将其中文进士名录列出（见表8.15），略去武进士、举人的信息。

**表8.15　清代重庆进士题名统计**

| 年　代 | 科　名 | 人　名 |
|---|---|---|
| 顺治十五年（1658年） | 戊戌 | 何缙（梁山人） |
| 顺治十六年（1659年） | 己亥 | 刘如汉（涪州人） |
| 康熙三年（1664年） | 甲辰 | 高宗励（梁山人） |
| 康熙十二年（1673年） | 癸丑 | 文景藩（涪州人） |

续表

| 年 代 | 科 名 | 人 名 |
|---|---|---|
| 康熙二十七年（1688年） | 戊辰 | 王升（巴县人）、高人龙（梁山人） |
| 康熙三十三年（1694年） | 甲戌 | 刘宜（江津人）、杨棠（万县人） |
| 康熙三十六年（1697年） | 丁丑 | 王嗣衍（长寿人）、成文运（忠州人）、李国凤（忠州人） |
| 康熙三十九年（1700年） | 庚辰 | 高元吉（梁山人） |
| 康熙四十八年（1709年） | 己丑 | 龙为霖（巴县人） |
| 康熙五十一年（1712年） | 壬辰 | 易简（丰都人） |
| 康熙五十二年（1713年） | 癸巳 | 杜薰（忠州人） |
| 康熙六十年（1721年） | 辛丑 | 王恕（安居人）、赵云龙（荣昌人） |
| 雍正元年（1723年） | 癸卯 | 何有基（涪州人）、凌尔炤（永川人） |
| 雍正五年（1727年） | 丁未 | 黄之玖（长寿人） |
| 雍正八年（1730年） | 庚戌 | 陈中（垫江人）、李作梅（长寿人）、杜煜（忠州人） |
| 雍正十一年（1733年） | 癸丑 | 张兰清（长寿人）、任国宁（铜梁人）、谭泽（奉节人） |
| 乾隆元年（1736年） | 丙辰 | 李为栋（巴县人）、邹锡彤（忠州人） |
| 乾隆二年（1737年） | 丁巳 | 周煌（涪州人）、高继光（巴县人）、张煦（涪州人）、杜鹤翔（忠州人） |
| 乾隆四年（1739年） | 己未 | 刘为鸿（涪州人）、罗愔（巴县人） |
| 乾隆十年（1745年） | 乙丑 | 罗醇仁（合州人）、陈斗（垫江人） |
| 乾隆十三年（1748年） | 戊辰 | 王清远（定远人）、林承模（江津人）、潘廷飏（江津人） |
| 乾隆十六年（1751年） | 辛未 | 周文权（江津人）、徐玉书（涪州人） |
| 乾隆十七年（1752年） | 壬申（恩科） | 邹锡畴（涪州人） |
| 乾隆十九年（1754年） | 甲戌 | 刘天成（大足人）、谢兴岐（璧山人） |
| 乾隆二十二年（1757年） | 丁丑 | 刘志（璧山人）、陈于午（涪州人）、王如涛（长寿人） |
| 乾隆二十五年（1760年） | 庚辰 | 陈于际（长寿人）、王家驹（江津人） |
| 乾隆二十六年（1761年） | 辛巳（恩科） | 张衡犹（铜梁人）、杨长佐（江津人）、陈于畴（垫江人） |
| 乾隆二十八年（1763年） | 癸未 | 陈鹏飞（涪州人） |

续表

| 年　代 | 科　名 | 人　名 |
|---|---|---|
| 乾隆三十一年（1766 年） | 丙戌 | 王汝璧（铜梁人）、张永载（涪州人）、李廷芳（长寿人） |
| 乾隆三十四年（1769 年） | 己丑 | 卢耕心（江北人） |
| 乾隆三十六年（1771 年） | 辛卯（恩科） | 周兴岱（涪州人） |
| 乾隆三十七年（1772 年） | 壬辰 | 王汝嘉（铜梁人）、文楠（涪州人）、熊德芝（涪州人）、冉广燏（酉阳人） |
| 乾隆四十年（1775 年） | 乙未 | 周宗歧（涪州人） |
| 乾隆四十三年（1778 年） | 戊戌 | 秦涟（梁山人） |
| 乾隆四十六年（1781 年） | 辛丑 | 魏儆祖（永川人） |
| 乾隆四十九年（1784 年） | 甲辰 | 张锦（巴县人） |
| 乾隆五十二年（1787 年） | 丁未 | 杨彦青（巴县人） |
| 乾隆五十五年（1790 年） | 庚戌（恩科） | 霍来宗（巴县人） |
| 乾隆六十年（1795 年） | 乙卯（恩科） | 韩鼎晋（长寿人） |
| 嘉庆四年（1799 年） | 己未 | 蹇兹善（江津人）、赖勋（万县人） |
| 嘉庆六年（1801 年） | 辛酉（恩科） | 陈煦（涪州人）、张廷达（涪州人） |
| 嘉庆七年（1802 年） | 壬戌 | 陈铭（綦江人）、陶斯咏（长寿人）、陈永图（涪州人） |
| 嘉庆十年（1805 年） | 乙丑 | 何增元（璧山人）、陈伊言（涪州人）、奚大壮（潼南人）、程伯义（垫江人） |
| 嘉庆十三年（1808 年） | 戊辰 | 刘邦柄（涪州人）、李源（江津人）、刘又向（垫江人） |
| 嘉庆十四年（1809 年） | 己巳（恩科） | 张进（涪州人） |
| 嘉庆十六年（1811 年） | 辛未 | 罗世德（永川人）、李莒（长寿人）、李存固（丰都人） |
| 嘉庆十九年（1814 年） | 甲戌 | 周立瑛（南川人）、卢尔秋（垫江人） |
| 嘉庆二十二年（1817 年） | 丁丑 | 邹同（涪州人）、袁垣（江津人） |
| 嘉庆二十四年（1819 年） | 己卯 | 李彬然（长寿人）、刘宇昌（璧山人） |
| 嘉庆二十五年（1820 年） | 庚辰 | 陈昉（涪州人） |
| 道光二年（1822 年） | 壬午 | 李郁然（长寿人） |
| 道光三年（1823 年） | 癸未 | 曾毓璜（铜梁人） |
| 道光六年（1826 年） | 丙戌 | 罗衡（合州人） |

续表

| 年　代 | 科　名 | 人　名 |
| --- | --- | --- |
| 道光十二年（1832年） | 壬辰（恩科） | 陈曦（涪州人）、王朝楠（璧山人） |
| 道光十三年（1833年） | 癸巳 | 陈镕（涪州人）、黄钟音（巴县人） |
| 道光十五年（1835年） | 乙未 | 伍辅祥（綦江人） |
| 道光十六年（1836年） | 丙申 | 朱右贤（荣昌人）、伍睿祥（綦江人）、韦杰生（南川人） |
| 道光十八年（1838年） | 戊戌 | 段大章（巴县人） |
| 道光二十年（1840年） | 庚子（恩科） | 龚瑛（巴县人） |
| 道光二十一年（1841年） | 辛丑 | 陈洪犹（綦江人）、郭先本（合州人） |
| 道光二十五年（1845年） | 乙巳 | 李成芳 |
| 咸丰三年（1853年） | 癸丑 | 徐忠锐（潼南人） |
| 咸丰十年（1860年） | 庚申 | 范垣 |
| 同治四年（1865年） | 乙丑 | 崔焕章、卢秉政 |
| 同治十年（1871年） | 辛未 | 邹峰 |
| 同治十三年（1874年） | 甲戌 | 石渠 |
| 光绪三年（1877年） | 丁丑 | 严泽 |
| 光绪二十年（1894年） | 甲午 | 王永庆 |
| 光绪二十四年（1898年） | 戊戌 | 马桢 |

资料来源：重庆市教育委员会．重庆教育志［M］．重庆：重庆出版社，2002：22－25．由于该书编于设立重庆直辖市之前，行政区域未包括涪陵、万县、黔江三区。笔者现据常明修、杨芳灿《四川通志》清嘉庆二十二年（1817年）刻本补充，但对1814年以后重庆各地中科第情况无法勘校。

翻开重庆方志资料，科举的名词术语以及试院、考棚、宾兴、学田等科举机构、方式俯拾皆是，成为读书士人以及民间社会中的惯用语，乃至口头禅。科举风行巴渝大地，可以想见社会各行各业曾为科考所牵动。以涪陵为例，据有关方志资料所载：我朝以科目取士，然博学鸿词、孝廉方正皆为特选。递岁开经济特科。亦由一、二品大员各荐所知，则选与举未尝不并行也。鸿博与孝廉方正，州志未载有州人与选者。而宋时李椿一家三举神童。国朝州人由甲科入翰林者，指不胜屈，同治乙丑一榜，登第至三人，可谓盛矣。州蜀学额，武试未停时，岁取文武各十五名，拨府各二；科试文十五名，拨府一。取进生员赴乡会试者，既有宾兴公欵，以资津贴。而岁科两试院费，暨两学平日应需各费，又有学田租入以备用（尚有棚费一欵，三费局支解）。涪士亦勇于向学，故科目较胜他邑云。[1]

乡试每3年举行一次，由政府派考官主持，中试者可称“举人”，清代260余年间，忠州考取文举人93人，武举人19人。康熙五十二年（1713年）州人何淮获解元，成文迥、胡维英、成宗发、杜薰同榜中举，时称“一榜五举人”。在乡试的次年举办会试，由礼部举办，中试者可称“贡士”。殿试是定期于每年的4月21日由皇帝对会试取录的贡士亲自策问的考试，录取者可称“进士”。据忠州旧志记载：清代忠州中进士19人，其中武进士1人。州人杜薰（康熙癸巳科1713年），其弟杜煜（雍正庚戌科1730年）及其子杜鹤翱（乾隆丁巳科1737年），在24年中先后中进士，传为“一门三进士”佳话。

宋至清，武隆考中贡生4人，举人10人，进士11人。垫江县明清两朝科举中，中进士26人，举人180人（武举11人），生员（含贡生）302人。[2] 乾隆至光绪三十一年（1905年）废科举时止，据不完全统计，南川县科甲人员有250余人。[3] 梁山在清代中进士8人，举人67人，恩贡23人，岁贡87人，优贡4人，拔贡19人，副贡11人。[4] 开县地处川东一隅，交通不便，信息闭塞，在长期封建社会中，教育未被重视，故人才不济，士林不旺。清代嘉庆以前1000多年，县人中进士的仅3名，中举的16人（含武举9人）；清代后期，入学中举者骤增，有进士4人，举人20人，虽比邻县不及，却以“公车上书”签名者在省内仅次于成都、华阳两县而被美誉为“举子之乡”。[5] 忠州自宋迄清，考中进士的有38人，明清两代中举的有147人，有父子皆进士、一门三进士、一榜五举人的记载[6]。大宁县清朝中举者8人，分别是陈延璠、沈济、沈端本、沈于华、向恩、向志屹、凌懋照、沈汇开，较之邻近县虽有不及，但对一个僻远的山区县也属不易。[7]

石柱县位于湘、黔、渝的交界处，现辖黔江区。该县以少数民族土著居民为主。随着改土归流社会变革的推行，民族教育文化明显地发展。康熙年间贡生可考者3人，分别为马斗虁、陈治才（后任大竹县学训导）、马千字（马斗

---

[1] 《涪乘启新·第十五课 选举》。
[2] 四川《垫江县志》编纂委员会．垫江县志［M］．成都：四川人民出版社，1993：565．
[3] 南川县教育局．南川县教育志［M］．内部交流本，1987：2．
[4] 四川梁山县地方志编纂委员会．梁山县志［M］．北京：方志出版社，1995：582．
[5] 四川《开县志》编纂委员会．开县志［M］．成都：四川大学出版社，1990：423．
[6] 《忠县志》编纂委员会．忠县志［M］．成都：四川辞书出版社，1994：525．
[7] 高维岳．大宁县志：卷七 人物 科第［M］．刻本，1885（清光绪十一年）．

赟嗣子）。雍正年间贡生可考者3人，分别为马维麟、谭世品、谭朝春。乾隆元年（1736年）至道光二十二年（1842年），恩贡4人：陈蕴才、马洪镇、刘子赤、谭人瑞。嘉庆至道光年间，考中进士3人：崔永福（嘉庆己未科进士，任职吏部验封司主事）、冉永淦（嘉庆辛酉科进士，历任山东平原、泰安、聊城等县知县）、刘庆余（道光戊戌科进士）。道光朝以来，中武举者3人：甲午科欧鸿皓、丁酉科谭先陞、庚子科欧阳彬。❶

清代的科举考试已经蔚成风气。国家开科取士，地方积极响应，民间各界均受鼓动，风起云涌，学界尤一马当先。王朝政治经济的中心固然，科举习尚浓郁，纵使偏远僻陋之地，或刚经改土归流接受汉族中原文化教育影响的少数民族边疆地区也完全仿效推行。当然，各地由于地理环境、经济基础、文化教育传统以及民俗士风等均有差异，致使科举的力量及水平也有所不同。重庆地区处于内陆腹地，但长江、嘉陵江流域的水运交通对其工商农业的发展十分有利，而且一直以来有深厚的教育文化积淀，学风浓郁，士风尚知，故而在内陆地区十分典型。

## 二、清代重庆科举及第士子办学业绩举要

清代科举考试持续时间长，推广幅员辽阔，对社会各界都起着风吹草偃、起伏波动、错落有致的多种不同影响，在清人文集、小说、诗歌、戏剧中都有丰富的体现。清代的重庆地区，由于长江、嘉陵江航运业的发展，刺激商品经济及工商贸易的长足进步，重庆的社会经济得到恢复，并有所提升。加上重庆所处的战略地位十分显赫，承东联西，关乎周边的稳定、民族地区的治理及社会稳定，故备受政府重视。重庆科举及第人士由元代中衰又逐渐攀升，明显提高。科举考试重在经济学及政治伦理，但考试程序复杂，经历阶段、层次的删选严格，层层淘汰，应该说绝大多数科试及第人士饱读诗书，旧学深厚，也有相当的学识能力。这不仅表现在政治管理、经济筹谋等方面，尤其在教育、教学中取得蜚声的业绩，值得地方教育史特别书写。而后者在重庆这样汉族与少数民族交错混居地区与东部沿海地区相比较，或许尤为突出、明显。这里择其要者加以介绍。

刘道开，字非眼，号了庵，巴县人，明末举人。清初，四川巡抚李国英聘

---

❶ 王槐龄. 补辑石柱厅志：学校第四［M］. 刻本，1842（清道光二十二年）.

他入幕府参谋。5 年后，他离职，到陕西洋川县开馆授徒，认真地督率和教诲学生，造就了不少人才。著有《楞严通悦》《自恬轩诗文集》等。

李以宁，字朗仙，号雪樵，巴县人。康熙壬子（1672 年）中举。他曾向王士慎、施润章（都是清初文学家）学习，后任广东西宁县（今广东省德庆西）知县。每当工作空暇，便召集县学生员来听他廛授诗文作法，受到学生们的爱戴。

李伯顺，江津县人。康熙辛酉（1681 年）年中举，任简州学正。他品德端方，处事严肃，别人见他都不敢失礼；有过犯的学生，更怕被他知道。他的学问宏深博大，喜欢栽培扶植青年。他教课认真，造就了不少人才。

易简，字位中，号半山，丰都人。康熙壬辰（1712 年）进士，官编修，后退职回家，闭门读书，对权势人物不屑一顾。晚年受聘掌教锦江书院、渝州书院，培育出不少真才，顾汝修、李其昌都是他的弟子，著有《位中诗文集》。

周开丰，字骏声，号梅厓，巴县人，康熙庚子（1720 年）中举，任福建龙岩州州判。退职回来，受聘担任东川书院主讲，他曾助巴县知县王尔鉴纂修县志。

吕正音，字弥节，号咸五，长寿县人。雍正乙卯（1735 年）中举，任咸安宫官学教习。后外放，历任湖南的知县和广西的知府。每到一处，他便兴办或振兴学校，新修或补修方志，尽心当地的教育事业。

周铣，号绪庐，涪州人。乾隆戊午（1738 年）中举，任甘肃伏羌县（今甘谷县）知县。为官清廉公正，特别注意栽培读书人，修建朱圉书院，选拔县里高材生入院就读，由他亲自讲授。受此影响，县人有了读书的风气。

罗醇仁，字济英，号岳峰，巴县人。乾隆乙丑（1745 年）年进士。他是当时名驰巴蜀的文学家，曾两次担任东川书院山长，培育了很多人才，著有《岳峰集》和《中巴纪闻》。

徐玉书，涪州人。乾隆辛未年进士，先任越雟厅学正，后升教授。一生执教，育人甚多，尤其对四川少数民族地区的教育事业做出了重大贡献。

李天英，字星九，号约庵，永川县人。乾隆丙子（1756 年）中举，戊子（1768 年）任贵州开泰县知县，精于吏事，又乡试同考官，所取录的都是当时英俊之才。后因事罢官，去江浙一带游历，写了不少好诗，“用诗文自豪，虽短篇零简，为人所传诵”，为当时名家如袁枚、蒋士铨、王文治、翁方钢等所推崇，因此名声远播。其后回家，受聘主持东川书院，“一时登甲，乙科者多出其门”❶。著有《居易堂诗钞》10卷。

陈朝书，字右文，涪州人。乾隆丙子年中举，任山西襄陵知县，修建学校，并捐俸创修临汾书院。

王家驹，字子昂，江津县人。乾隆庚辰年进士，博学能文。中举后他就在住宅后面修建宽房一间，召集子侄和乡里青年学子，由他讲学，造就了不少人才。成进士后，任夔州府学教授，先后30多年，使夔州各县文风大变，文教事业随之振新。著有《砚田草》《文庄汇稿》《梅影轩诗文集》《江津县志》等。

冉广橘，字炯庵，号栎溪，巴县（一作酉阳）人。乾隆壬辰（1772年）科进士，任山东屯留县知县。当时屯留风俗朴陋，不好读书。他去后，建麟山书院，聘来教师，使文风一变。年逾60岁后辞职回家，居贫，却淡泊自乐，勤勤恳恳地教诲青年，很快便有几百人来向他拜师求学。由于他教授有方，学生中考取科甲的不乏其人。著有《寓庸堂文稿》《二柳山房杂著》。

霍来京，字辑五，号瑞堂，巴县人。乾隆庚戌（1790年）进士。历任江苏高淳、常熟两县知县，升泰州（今泰县）知州，所至皆振兴学校、设立书院、注意培植寒士。曾多次充任江南乡试同考官。

林生华，字灿东，合州人。早年颖悟，颇有才气。拜张衡猷（乾隆进士）为师，学术修养更加深厚。家贫，以教书为业，终日无倦容。他的学生如柏荣、彭世仪、刘士铭等，先后高中。

何增元，字升畬，璧山县人，嘉庆乙丑（1805年）进士。为官30年，家贫如故。退休回家后，先后应聘掌教郫县岷阳书院和嘉定九峰书院，最后任锦江书院院长，受他教诲的学生难以数计。

程伯銮，原名程中铮，字次坡，号陶村，垫江县人，嘉庆乙丑年（1805年）进士，任京官，己巳年因事回家乡，应聘在垫江书院、东川书院主讲各约1年。道光癸未年（1823年），他任广西思恩府（今思恩县）知府，到任即捐资建书院。著有《七经文选》《陶林诗话》《古文制议》《奏议稿》等书。

刘邦炳，字握亭，号寅谷，涪州人。嘉庆戊辰年进士。在广东东海县任知县时，奖掖后进，给县学生员讲授，特别勤恳；又曾捐俸设立义学，使这个海

---

❶ 罗国钧．巴县志：卷九［M］．刻本，1939（民国二十八年）．

滨县的文风大振。

卢尔秋，原名卢履基，字桃坞，垫江县人。嘉庆甲戌（1814 年）进士，任湖南华容县知县时，创书院，并捐俸作膏火之资。

袁坦，字平轩，江津县人。嘉庆丁丑年进士。他在任江苏赣榆知县时，到任便对生员进行观风考试。又访民疾苦，与诸生讲论，引导生员躬行实践。见有衣冠不整、携笼斗雀及纨绔之徒，起初对他们阐明道理，指陈危害，教诲谆谆；对不思悔改的，便当众施行体罚。学生们庆幸得到良师，百姓也都赞赏他那严于教导的气魄。

李彬然，长寿县人，嘉庆己卯年进士，道光年间长期任锦江书院院长，为四川教育事业做出了贡献。著有《四书朱子集注古义笺》《四库全书未收书目表》及《长寿县志》5 卷。

曾毓璜，原名闻省，字小坪，铜梁县人，道光癸未年进士。他任云南景东直隶厅（今景东县）同知时，曾捐俸办学，选拔青年入学，尽心指导，对成绩优异的还给予物质奖励。这样，景东的读书人逐日增加，文化事业有了新的发展，边民的风习也纯正了。

李成芳，巴县人，道光庚子（1840 年）举人，乙巳（1845 年）三甲第 63 名进士，授夔州府学教授，循序善诱，乐育人才，多奖励后进，受业者多所成就。

李为栋，巴县人，雍正乙卯（1735 年）举人，乾隆丙辰（1736 年）二甲第 34 名进士。选翰林院庶吉士，戊午（1738 年）散馆，己未（1739 年）授编修。辛酉（1741 年）以编修任山西潞西府知府，府内原有文昌书院，悉为荒榛，捐俸千金建讲台及斋舍十数间，爽垲幽洁，门宇崇敞，题其额曰“起文书院”。府属 8 县子弟，得以肄业其间。书院生员膏火每岁得耗 700 金，李为栋为解囊资助。为日后经费计，将已荒废的藩府闲田招佃出租，其收入以充书院经费，余不足部分，概由他自身以所得薪俸填补。政暇，则从而邀沧曲李司马到院讲论课程，又按月设馔于府衙内，考试成绩优异者以佳肴奖励，从而激励士子。在嘉庆甲子（1804 年）和丁卯（1807 年）的山西乡试中，潞西府获举人独多，而在“起文书院”肄业者占其大半。他又倡修考院、公堂、宿舍，8 县子弟求学能住院寄读，深感方便。

李桓，彭水县人，顺治庚子（1660 年）举人，辛丑（1661 年）三甲第 180 名进士，授江西新昌县知县，博学工文，淡于仕宦，卸任后聚徒讲学，于经史子集之书多所发明。居家构屋数椽，聚书甚多，一时俊彦，皆以李桓为师。卒年60岁。著有《赖园集》行世。

陈于畴，号福斋，垫江县人。乾隆丙子（1756年）举人，辛巳（1761年）三甲第126名进士。性沉静寡言，少年时即广泛浏览经史，学业长足长进，中进士后，选翰林院庶吉士，大考后任山东郓城县知县，旋调浙江湖州府长兴县任知县。履任后，待民以诚，感民以义，历任6年，陈请归养。服侍父亲从容寝膳，必躬必亲。每耽酣书中只要得其一义，便亲手抄录。常读书手不释卷，经史文艺无不淹博宏通，远近老幼无不从师，尊之为一时名公硕望。

陈永图，字固庵，涪州人，乾隆戊申（1788年）举人，嘉庆壬戌（1802年）三甲第16名进士。他在中乡试后以经术授业弟子，门下登科者甚众。成进士后，签分湖南，授永兴县知县，不久即调宜章县署知县，湖南乡试同考官。在治永兴、宜章时，他乐于捐资办学，广开学校，使永兴、宜章两县文风大振。又约集人纂修《宜章县志》，自己担任主纂，文献搜罗无遗。尤有卓异惠政，在任5年，民尽化之，时宜章一县风清和雅，道不拾遗，夜不闭户，景象升平，为湖中之冠。曾与黄本骐合纂《宜章县志》24卷，撰有《章水唱和集》。

张进，涪州人，乾隆己酉（1789年）举人，嘉庆己巳（1809年）三甲第68名进士，授四川龙安府学教授。

赵尚辅，字翼之，万县人，光绪壬（1882年）举人，癸未（1883年）二甲第34名进士，选翰林院庶吉士，乙酉（1883年）散馆，丙戌（1886年）授编修，戊子（1888年）以编修任湖北学政。捐俸刻湖北丛书，搜集楚人经史，考订诸集遗文，使湖北丛书赖以行世。其间耗费巨资亦不能装帧，同官感其对付梓一事如此热忱，才助以千金，乃得以刊行问世。对湖北一省清代艺文搜集尤详，使许多渐近泯灭的文化资料得以保存，其贡献实为非小。

周煌，字景垣，号海山，涪州人，乾隆丙辰（1736年）举人，丁巳（1737年）二甲第46名进士，选翰林院庶吉士，戊午（1738年）散馆，己未（1739年）授编修，辛酉（1741年）以编修充山东乡试副考官，壬戌（1742年）以编修充会试同考官，丁卯（1747年）以编修充云南乡试正考官，乙亥（1755年）授侍讲学士，册封琉球使。丙子（1756年）晋升为侍讲，随即赴琉球，己卯（1759年）再任侍讲学士，次年充福建乡试同考官，辛巳（1761年）擢内阁学士，充江西提督学政。戊子年（1768年）出任浙江学政。庚子年（1780年）充会试副考官，寻调兵部尚书，充四库全书馆总纂官。

周煌生而异颖，性端谨老成，动复如成人。13岁学举子业，下笔奇思迭出，惊为异才，旋举孝廉。他入仕后奉职克勤，风度端凝，立朝正色，居官清廉，任职垂50年，屡司文柄，三典乡试，一主会试，两视江西、浙江学政。喜文工诗。著有《琉球图志略》《应制集》《海车集》《豫章集》《湖海集》《蜀吟》《海山诗稿》《诗林韶获选》《乾隆辛酉山东乡试录》等。又工书法，笔法遒劲，刚健流利。

徐玉书，涪州人，乾隆庚午（1750年）举人，辛未（1751年）三甲第140名进士。授四川越巂厅学正，后任教授。徐氏的一生任职于教，育人甚多，尤其对四川少数民族地区的文化教育出力很大。

李惺，字伯子，号西沤，清乾隆五十年（1785年）生于垫江城南郊凤山下一小院（今冯家湾）。父名如连，为增广生。祖父李振，乾隆四十五年（1780年）庚子科举人。李惺在世代书香门第熏陶下，自幼聪明好学，才思敏捷，智慧超群，未满10岁，县魁星阁重修，李为之题联："一支彩笔与天通，摇摇星斗；万丈高楼平地起，步步云梯。"对仗工稳，气度不凡。字里行间，壮志凌云，一时名播乡里，传颂不已。14岁考入县凌云书院肄业。嘉庆十三年（1808年），参加乡试中举，时年23岁。嘉庆二十二年（1817年）32岁，京会试三科，中三甲第9名进士。中进士后，作为"庶吉士"进"庶常馆"学习，嘉庆二十四年（1819年）散馆后留京入翰林院，历任检讨、国史馆纂修、文渊阁校理、国子监司业，历7年调詹事府左春坊。李惺认为教育可以培养造就人才，从道光十五年（1835年）起，执掌锦江书院历20年，后以年老专门任教，又在眉山、泸州、三台、剑阁等地讲学7年。

李惺任国子监司业、省书院掌院，加上各地讲学，先后共34个春秋，为教化人才、传播知识，孜孜不倦，呕心沥血。他学识渊博，矢志培育英才，无论书院内外的读书人，凡求教于他，他就给予满意的回答，从不懈怠。不仅高徒遍全川，即使在朝野，多少官员、文人学者亦出其门下，有人以"天下翰林皆弟子，蜀中进士尽门生"赞誉李惺施教之丰功伟绩，于此可窥其社会声名威望之高。李惺潜心治学，实践教育，其治学之道为：诱导学生独立思考，因材施教，少讲多练，认为"问即是学，好问即是好学，善问即是善学"，"学贵知疑，小疑则小进，大疑则大进，疑在觉悟之机也，一番觉悟，一番改进"。立论既深辟又通俗，为人乐道，在今天来看，颇有现代教学理论中的启发性及发展学生思维能力的思想因素，很有价值。

除教育之外，李惺在文学、哲学、书法等方面也造诣颇深。他主张推陈出新，又不脱离社会和人民。李惺诗作，一扫当时诗坛存在的歌风吟月、卖弄风骚、文学游离于现实之外的流派，敢于抨击时政，反映人民生活，诸多名句脍炙人口：“灯错狐善祟，磷密鬼成军”“山深无却火，地润有灵湫”“泉声终夜雨，抱月宿西楼”“大佛端然无一事，看人过去看人来”。他集古人垂训之语，编为《药言》，以其格言警句，教人以立身处世之道，如“立身之道，第一要诚实，人之识见有深浅，器量有大小。若使人重，使人重不若使人敬”“习勤忘劳，习逸夫惰”“贫不可羞，不可贫而无志；贱不可恶，可恶是贱而无能；老不足叹，可叹是老而虚生；死不可悲，可悲是死而无闻”等语，饱含哲理，其意深邃。又著《冰言》（意“寝心之言，若冰也”），概述治学齐家仕宦之理，可取之处极多。李惺书法喜工楷，行笔高雅，飘逸洒脱，铁划银钩，苍劲有度，墨宝易见于佛教古刹胜地，新都宝光寺、梁平双桂堂均有遗存，并被纳入《天府书画名人录》中。

李惺不仅关心国家大事、乡里风教疾苦，刚直敢言，且为人严正不阿，非道不取，笃厚乐善。幼时弟兄分居，他只取几箱书籍足矣。兄死后，李惺事寡嫂以礼终，并抚育兹珍、兹然、兹蠖三侄。李惺与学友相交甚厚，讲学所得均与之共享；教子严而有方；对贫困亲友，不吝资助；布衣蔬食，俭朴自恃。李惺病逝之日，家无余资，将生平记载名臣名儒学习 9 册和《玉山堂诗集》30 卷，尽付门生。

同治三年（1864 年）二月二十三日，李惺卒于成都寓所，时年 78 岁，葬于仁寿县。门人将其牌位请入成都“乡贤祠”，并将《西沤全集》10 卷、《西沤外集》8 卷付印，共约 50 万字，对研究清代文学、哲学、佛学颇有价值。时人推崇李惺为一代“大师”，誉为清朝大才之一。清国史馆为之列传，赞其“成就甚众一时”。徐世昌在《晚晴移诗汇》卷中评价李惺：“西沤天资，嗜古力学，博极群书，陶然鼓铸，而成一家之言。诗古文辞，清空高澹，一扫浓纤之习。”李惺是垫江人民的骄子，其出生之地城南乡，乡人改为“西沤乡”，乡中小学校亦改为“西沤小学”，并竖“西沤故里”以资纪念。

由于历史条件的局限、封建礼教的影响，李惺存“妇人多无识见，以故其言多不可听”的思想，表现为对妇女的歧视；而虽有忧国忧民之情，但缺乏激流勇进之志，洁身自好而已，均可鉴而不可取。

王清远，字宇曙，号蜨园，定远县人，年十七补弟子贡名籍，乾隆丁卯举于乡，戊辰成进士，任湖南临湘县知县。调城步，再调长开县，故苗地未设学校，清远莅任后，进民之俊秀者亲与讲习，文风始振。因请设学寻调繁监利获邻省巨资，同官皆贺，清远曰："除盗安民守土责也，岂可以此邀功"，卒不求保荐，旋以同官累镌级归，扁舟西上，行李肃然，抵家后闭户著书，淡如也。当道聘主东川书院讲席，引汲后进，多所成就，有《修竹草堂集》。

## 第六节 清代重庆官学的社会成效

清代重庆官学教育承前启后、继往开来，不仅继承和完善前代教育发展之成果，还对后世教育的发展产生重大影响，在重庆教育发展史上占有十分重要的地位。就地方社会而言，清代重庆官学教育不仅对当时社会政治经济结构表现出极大的适应性，而且在诸多方面产生重要影响，可以说在一定程度上塑造了地方社会的文化面貌。具体而言，不外乎文教水平之提升，人才之培养，社会结构之变化，社会风俗之改善，地方文化建设之开展。学校教育对地方社会的改造，最明显的效果是促进地方文教水平大幅提高。经过清代官学教育之后，重庆文化教育水平获得了显著提高。无论从发展规模、区域分布，还是从教育系统的完备性和稳定性而言，重庆官学教育都取得巨大成就，并奠定了之后教育发展的格局。对此前文已经详细论述，以下主要介绍学校对地方社会其他方面的影响。

### 一、地方人才队伍的培养

政府兴办教育的初衷，主要是造就人才，提升社会文化水准。清代重庆发达的学校教育，最直接的成果就是培养了大批人才，不仅为官僚队伍输送大量官吏，还为社会各行各业培养大量人才。

第一，培养大批官宦人才。朝廷设置府、州、县学的最直接目的，是培育官僚队伍，为管理庞大帝国输送合格人才。众多生员经层层科举考试筛选，登上仕途，加入官僚队伍。清代"科举必由学校"，科举考试是清代选拔官员的主要途径。这一大批获得科举功名的士人大多来自各府、州、县学，由各级官学所培养。他们大多数都走上了仕途，成了清朝统治的各级官员。科举考试录取率很低，竞争均极激烈，经过层层筛选，这些人能够脱颖而出，绝非等闲之辈，而往往具备优异的才干，其中不少人甚至担任中央或地方要职。他们在内为重臣，在外为贤令，是王朝统治和地方治理的栋梁之材。不仅如此，他们在任职期间，亦不忘桑梓，积极为家乡建设出谋划策、贡献力量，这对清代重庆的发展意义重大。举例一二加以说明。

傅作楫，字济庵，号圣泉、雪堂，奉节人，祖籍巫山。顺治三年（1646年），其父傅汝和为避郝摇旗兵乱举家迁居夔州（奉节），后以家资财力，建圣泉书院于白马寺之西，招奉节、巫山两县学子来学，为培育两县人才作出了重要贡献。傅作楫于清康熙二十六年（1687年）中举人，历任黔江儒学教谕、直隶良乡县知县、太常寺少卿、都察院左副都御史等职。康熙十一年（1702年），曾主持浙江乡试。有《雪堂诗钞》《筑云楼》《燕山》《辽海》《西征》等。

第二，为各行业培养人才。官学教育的主要目标是培养忠君廉政的封建官吏。生员的正途是中举和出贡，从而登上仕途。但科举的残酷性广为人知，最终能够通过科举入仕为官者毕竟少数，他们是生员中的幸运儿。为数众多的生员，皓首穷经，难求一第。大量与入仕为官无缘的生员或拥有科名者，为谋生计，不得不流入基层社会，进行职业选择。他们多少受过一定教育，拥有一定文化知识和技能，与一般劳动者相比，更有机会在生活的奋斗中脱颖而出，获得成功。同时，他们用所掌握的知识技能，在重庆地方社会各行各业发挥着重要的作用。

由于所受教育和身份地位等原因，生员大多从事与文字书写相关的职业，其中担任塾师、从事教读极为常见。这既为自身创造了安身立命的经济基础，也为普及文化教育、提升民众智识起到积极作用。也有一些生员淡泊名利，修身养德，注重通过钻研学问，著书立说，表达自己的理想情怀。

丰都县进士易简，曾任翰林院编修，之后闭户读书，不慕荣势，并主讲锦江书院，造士甚众。黔江县汤学尹，康熙癸卯举人。家学渊源，淹贯经史。年十二，应童子试，学使试作《鹰嘴赋》，奇之，名播士林。邑遭兵后，经学失传，公独阐明易理，诱掖生徒，常曰："制艺与理学同条共贯，不患制艺之不精，特患理学之不明。果能体贴圣贤言语，一生受用不尽。"官广西值吴逆乱，遁迹山林，名其斋曰"勉庵"，时人呼为勉庵先生。[1]

[1] 张九章．黔江县志：卷四 人物志［M］．刻本，1894（清光绪二十年）．

## 二、地方社会风气和社会结构的改变

兴学重教为教化之根本，化民易俗乃教育之目的。清代府、州、县学教育除了培养人才以外，还负有敦化民俗、引领世风的重要任务。而各级学校在促进士绅阶层形成与发展，改变地方社会结构的过程中作用甚大。正是由于清代重庆府、州、县学的普及和迅速发展，培养大批士人，其中不少人登第入仕，跻身士绅之列，促进重庆士绅阶层形成与发展。士绅阶层在主持地方公益事业、维护基层秩序等方面具有极大的话语权，在中国传统社会生活中扮演极为重要的角色。他们热心地方上各种公共事务，发挥广泛的作用和社会影响。

众多拥有儒家济世情怀的学子在乡间身体力行，默默地以个人的品格、价值，以自身榜样的力量，维系着宗族，在乡村社会倡导良风美俗。如丁世泰，字一开，康熙岁贡，绥阳训导。“事母孝，年六十，告归，母八十余。家贫授徒于城。二三日辄归。省市粱肉亲奉之，无论寒暑，与诸生语，不禁涕出，孺慕之诚老而弥笃。”❶

士绅居于乡村社会，作为地方社会的重要分子和主导力量，主持地方公益、造福乡梓，经常视为自己的神圣职责。在各种地方公益事业中，修桥铺路开渠、兴学教化，从事家乡建设，是最为常见的。

黎筠，邑庠生，性慷慨，好施济。“初应童试，见圣庙倾圮，有志修葺。于道光二十八年鸠工庀财，独力重建，栋宇一新。蒙议叙同知职衔。子黎长春勇于为善，有父风。因治城水洞门外山路峻险，道光二十六年，独力捐修石梯数百丈；并建鼎盛桥一座，有碑立桥右。”❷

贺盛文，邑监生。夔郡旧无考棚，官绅屡议合郡下所属六县之力共建而不行。盛文慨然独任命子代元留夔城监修。经始道光二十七年，迨二十九年，将落成而盛文物，故至三十年春告竣。计号舍二十九间，坐号千七百有奇。自辕门、甬壁、旗杆、乐楼、头仪门、抱厅、大堂、二堂、衡文堂计九层，及左右供役房，共百有五间。围墙百余丈，院右建提调公馆，内堂大堂头门计三层，十有五间。统计捐钱二万一千八百余缗。❸

综上所述，清代重庆府、州、县学教育取得前所未有的发展，由此造就

❶ 王尔鉴．巴县志：卷九 人物志［M］．刻本，1761（清乾隆二十六年）．
❷ 曾秀翘．奉节县志［M］．点校本，1985：177．
❸ 王玉鲸，张琴，范泰衡．增修万县志：卷三十六 艺文志［M］．刻本，1866（清同治五年）．

了一大批依靠入学读书、科举仕宦的社会群体。这一群体人数众多，已然构成一个相对独立的具有鲜明特征的士绅阶层。他们上与官府连通，下与民众熟悉，作为名副其实的官民桥梁，在各种地方公共事务中发挥重要作用，是清代重庆社会变迁的重要引领力量，并对民国的重庆社会发展产生了深远影响。

学校教育活动的主体是学生，通过传承人类社会积累的生产生活经验、社会规范等，造就合格的社会成员。学生社会化的过程实际上也是调整社会人才队伍结构的过程。教育对社会的作用，主要是通过促进人的发展来实现的。因此，教育必须符合社会发展的方向，与社会需求相一致，避免学生与社会需求之间的冲突。

地方上兴学设教的浓厚观念影响到了改土归流进程中的少数民族地区。如土家族地区地方官学的创设与管理，使大批土家族子弟能接受儒家思想熏陶，潜心钻研儒家经典。同时，这些人日后或承袭土司，或任地方官，或设馆教学，或居家著述，或为教谕训导，这对于改变该地区落后的风俗习惯起到了积极促进作用。如酉阳州“自改土来，士习诗书，风气断乎一变”。彭水县“彭邑士人，尊师向学……城乡各处，弦诵相闻。届小试之年，应试者云集，考棚不能容，较前殆增数倍”❶。由于学校制度和科举制度的推行和实施，让一些中下层土家族子弟也能考中秀才、举人乃至进士。这样，“富家以诗书为恒生，穷苦子弟争自摊磨，亦不以贫废读”❷。土家族地区尚学之风日盛。

## 三、建设地方文化事业

学校是人才荟萃之地，对地方文化事业自有特殊贡献，清代重庆府、州、县学业是如此。且不说学校培养众多文人学士对地方文化的贡献，仅从学校作为教育机构直接参与地方文化建设而言，亦有不少优异表现。

参与编修地方志，是各级官学直接服务社会、在地方文化事业建设中发挥作用的重要方式。清代重庆方志编纂出现前所未有的兴盛局面，成就斐然，蔚为大观，这不能忽视官学教育的作用。清代重庆发达的府、州、县学，培养出大量胜任方志编纂工作的人才，成为地方长官修志时仰赖的主要力量。尽管地

❶ 庄定域．彭水县志［M］．刻本，1875（清光绪元年）．

❷ 湛玉书，李良品．乌江流域土家族地区土司时期教育的类型、特点及影响［J］．教育评论，2006（1）．

方志的编修工作繁琐，但作为地方上具有良好文化素养的队伍，各级官学师生广泛参与修志，极大地推动了清代重庆方志编纂事业的繁荣，并使之维持在较高水平。纵观清代的重庆方志，几乎每一部方志的编修都离不开各级学校师生的积极参与。从资料搜集，到编纂校对，再到付梓刻印，广大师生全方位参与其中，其盛况前所未有。且生员参与地方志的编修有极大优势，他们接受系统的文化教育，多具有良好的读写素质，而且生长于当地，熟悉地方掌故，可谓中坚力量。以《增修酉阳直隶州总志》为例，其主修、参阅、总纂、监纂以地方官员、州学训导为主，校字、采访、监刻、镌刻、缮写、绘图以酉阳州学生员为主。

生员还经常参加地方文学活动。比较常见的文化活动，是各校师生或在佳节，或兴之所至，邀同学数人，外出游山玩水，吟风弄月，成诗歌数首、游记数篇，传观达人雅士，成为当地文化圈的佳话。重庆本就是处处风景如画之地，生员置身其中，抒发胸怀，留下许多佳作。清代文人大多善诗，重庆的山川景物自然成为诗歌描述的对象。如合川学教官杜绍唐与其学生结伴同攀华银山，有感山川的壮阔，纷纷作诗抒情畅意。教官在攀登顶峰后，目之所及，雄伟壮观，联想到生员参加科举考试，则期盼其学生能够独占鳌头，一举成功。

清代社会文化制约了清代重庆官学的建筑规制、教学内容、教育目的等官学教育的方方面面，同样清代重庆地方官学教育也对重庆乃至全国的文化起作用。这就是教育与文化的关系，文化制约教育，教育保存、传承、创新文化，两者相互依存。需要特别注意的是，教育是民族文化代际传递的主要方式，在大力弘扬我国优秀传统文化的大环境下，我们需要在学校教育中将民间艺术、优秀文学作品、神话传说等优秀民族文化加以传承，增强民族自豪感和认同感。

以历史主义的发展观或比较史学的视角透视，清代重庆地方教育是制度完备、办学体系化以及学校数量剧增的历史时期，这固然与科举制度这一杠杆的牵引促动有关，但是肯定地说离不开地方官学的热心支持、推动，甚至捐助。而从管理学的示范效应上说，又起到风化及转移士风民俗的作用，风吹草动，民间兴学设教，躬身向学的价值导向及社会氛围更加浓郁而深入。

# 第九章　清代前期重庆学校的繁盛（下）

清代的义学、乡学和私塾等私学，是府、州、县学校教育的重要补充。全国城镇的农村士子，多在这类学校中受教育。尤其是广大农村中蒙童的教育，主要是这类学校承担的。所以，在清代教育中，它们占有极重要的地位。

私学是重庆民间学校教育的基础，数量大，类型多，对重庆地方文化和社会风俗伦理影响深刻而广泛，在长期的办学实践中形成了自身的一些特点，并对地方社会的文化教育发生了显著的作用。

清代重庆各地的乡村中都相继建立义学、乡学，且吸收农村贫寒子弟入学接受初等教育。这类义学或乡学，都是由元、明两代的社学演变而来的，有的县、乡仍沿用社学的名称。无论其名称如何，都是设立于县及县以下的场镇和农村中，这类学校带有普及初等教育的性质。在清代重庆的农村场镇与村庄，除设立义学或乡学之外，还有许多私人创设的私塾、蒙馆，担负起普及初级文化知识教育的任务。

义学、乡学、私塾还是有区别之处的。如经费来源方面便不尽相同，作为同样受到官方支持和倡导而创建的教育机构——乡学和义学，其经费来源相对较为相似。首先，乡学和义学都有官员捐廉，他们起模范带头作用，号召广大乡绅市民踊跃捐资捐物，投身于文化建设中来。其次，乡学和义学也得到了民众的捐助。其中涉及个人单独捐助、乡绅共同捐助和家族捐助多种形式。再次，乡学和义学都有自己的学田，都可以通过获取佃租或者将剩余的钱发商生息获取利润以维持日常开支。私塾与义学则大为不同，虽然清政府为了促进教育、移风易俗，也支持创办私塾，给更多的学童创造机会学习，但仅限于口头上的支持。私塾依然是依靠着前代流传下来的规矩——“自给自足”，即仅靠收取学生束脩和膳食费来维持日常经营管理，是非常纯粹、私人的民间教育机构。

从整体上分析，重庆私学的三种类型中当以义学为主，占据显著地位。明清时期江南及黄淮流域，乃至长城以南的广大地区私学的代表当推私塾，这与重庆地区有别，其中缘由还须思索。

## 第一节　清代前期重庆的义学

义学又称义塾，属启蒙教育，以“导为善俗”为宗旨，是一种官倡民办的免费学校。清代是中国义学发展的繁盛期。清初义学主要为旗人子弟所设，教授幼童学习满蒙文字。后来为了维持边境地区的稳定，实行文化同化政策，康熙、雍正年间，令云南、贵州、四川、广西等地广设义学，招收苗、彝、黎、瑶等少数民族子弟入学读书。雍正元年（1723 年）时，下令“谕各直省现任官员，自立生祠书院，令改为义学，延师授徒以广文教”。乾隆以后，内地各省府州县也广立义学。乾隆二十六年（1761 年），“定嗣后各府、州、县义学教习，如系举人、副榜、拔贡、岁贡本优者，听各属延请册报外，其生员饬令该教官将文理优通、品行纯笃者报送地方官，该印官覆加访核亲试，然后延请。仍令教官不时稽查，如有荒废学课，生徒游荡者，即行更换，仍报学正查覆”。在官方和民众的共同努力下，义学的发展到了顶峰。除了原有的八旗义学、少数民族义学之外，义学成了教育对象主要是民间贫寒子弟的免费学校，完善了以乡村为主的广大地区的蒙学教育，为中国古代教育的普及作出了重要贡献。义学在这个时期可说是应运而生的：一方面，在政治上能满足统治者教化人民、笼络人心的需要；另一方面，社会的发展也要求逐步普及教育，以适应人民生产和生活的需要。《创修鹿鸣义学碑记》：“是年，会集乡里绅士及一甲粮户等，量力捐输，共成厥美。一时闻者欣喜，趋事维殷。于是或捐学基，或捐产业，以为学费。未逾两月，而学田学俸，悉皆裕如。”

到清末新政，清政府相继在光绪二十八年（1902 年）颁布《钦定学堂章程》和在光绪三十年（1904 年）颁布《奏定学堂章程》，并于光绪三十一年（1905 年）废科举，建立近代学制。重庆义学在国家教育政策的引导下逐渐转变为初等小学堂。

### 一、重庆义学的时空分布

本书通过对重庆各县地方志资料，并结合《四川通志》等对清代重庆义学的设立情况进行统计，见表9.1。

**表9.1　清朝重庆义学统计**

| 州厅县（清代） | 顺治年间 | 康熙年间 | 雍正年间 | 乾隆年间 | 嘉庆年间 | 道光年间 | 咸丰年间 | 同治年间 | 光绪年间 | 宣统年间 | 年代不清 | 合计 |
|---|---|---|---|---|---|---|---|---|---|---|---|---|
| 巴县 | | | | | 1 | 12 | | 4 | | | | 17 |
| 江津县 | | | | | | | | | | | | |
| 长寿县 | | | | | | | | | | | 12 | 12 |
| 永川县 | | | | | | | | | | | 3 | 3 |
| 荣昌县 | | | | | | 17 | | | | | 2 | 19 |
| 綦江县 | | | | | | | | | 5 | | 1 | 6 |
| 合川县 | | | | 3 | | 3 | | | | | 27 | 33 |
| 铜梁县 | | | | | | 10 | 3 | 1 | 5 | | 1 | 20 |
| 大足县 | | | | 1 | 1 | 13 | | 7 | | | | 22 |
| 璧山县 | | 1 | | | | | 1 | 4 | | | | 6 |
| 江北厅 | | | | 3 | 2 | 38 | | | | | | 43 |
| 潼南县 | | | | | | | | | | | | |
| 奉节县 | | | | | | | | | 3 | | 21 | 24 |
| 涪州 | | | | | | | | | | | 2 | 2 |
| 忠州 | | | | | | | | | | | 25 | 25 |
| 丰都县 | | | | | | | | | | | 12 | 12 |
| 黔江县 | | | | | | 1 | | | 4 | | 1 | 6 |
| 万县 | | 1 | | | | 10 | 3 | | | | 1 | 15 |
| 梁山县 | | | | | | | | | | | 26 | 26 |
| 开县 | | | | | 1 | 32 | | | | | | 33 |
| 酉阳州 | | | | | | | | | | | 9 | 9 |
| 巫山县 | | | | | | 4 | | | | | | 4 |
| 彭水县 | | | | | | 4 | | | | | 1 | 5 |
| 云阳县 | | | | | | 8 | | | | | | 8 |
| 夔州 | | | | | | | | | | | 9 | 9 |
| 大宁县 | | | | | 3 | 10 | | | | | | 13 |
| 垫江县 | | | | | | 30 | | | | | | 30 |
| 石柱直隶厅 | | | | | 2 | 8 | | | | | | 10 |
| 城口县 | | | | | | 24 | | | | | | 24 |
| 合计 | 0 | 2 | 0 | 7 | 10 | 224 | 7 | 16 | 17 | 0 | 153 | 436 |

由表 9.1 可知，清代重庆义学分布广泛，除了极少的县没有义学外，重庆义学的设立基本覆盖各府、州、县。义学的分布之广和当时重庆政治、经济的发展密切相关。从政治上看，清代统治者大力倡导兴办义学，颁布政令以推广教育，地方官员为振兴地方教育设立义学，正是这种重视文化教育的氛围为义学的发展提供了条件。从经济上看，义学的发展与明清时期重庆商业发展密不可分，经济的发展也推动了义学的整体发展。

同时，亦能看出道光时期是重庆义学兴办的高峰时期。之前历任帝王虽也重视创办义学等，但由于重庆地处偏远，政策执行上略显迟缓，加之重庆经济尚不发达，缺乏资金，因此官方和民间对义学的创办并不热情。道光十五年（1835 年）下令：“稗城乡士民共知遵守，各省、府、州、县设立书院，置田收息以资膏火，并建义学以教乡僻童蒙。”重庆各地积极兴办义学，一时间绝大部分州县建有义学。以江北厅为例，道光年间先后计有“三益”“正蒙”“鹿鸣”“正德”“崇仁”“流芳”“宗善”“请益”“集贤”“成英”“请业”“山泉”“直山”“复兴”“时中”“金沙”“平山”“日新”“育德”“敦蒙”“三台”“汇泉”“作圣”“入德”“正谊”“正风”“玉成”“辅仁”“就正”“崇儒”“启蒙”“培英”“养正”“育才”“彰德”“龙山”“翠英”“端蒙”38 所。

同治、光绪时期是义学兴建的第二大高峰期，也是其复兴期。

## 二、重庆义学的办学场所

重庆义学创办潮在嘉庆、道光年间才迎来高峰期。当时，除去少部分偏远地区外，每乡每里都设立了义学，供贫寒子弟上学念书。此前重庆大多数州县并无义学，多为地方官后来奉文修建。由于经费有限，而创办义学又是具有公益性质的“义举”，因此在义学的选址上，呈现出的最大特点也是“义”。绝大多数义学都设立在公馆之中，借用公馆的房屋做学舍。公馆多为以下两种类型。

第一类是寺庙道观。因为义学的财政经费有限，为了最大限度地节省资金，一些义学选择建设在道观与寺庙中。如同治年间，忠州直隶州有 29 所义学，设立在寺庙道观的就有 25 所。其中，有 10 所设在乡里的武庙中，7 所设在文昌宫内。巴县共有义学 15 所，其中以寺庙命名的义学就有 5 所，分别是石鼓寺义学、龙潭寺义学、昙华寺义学、青峰寺义学和新开寺义学。还有一所义学设在龙隐镇宝轮寺，名为龙山义学。

第二类是衙署旧地、学宫、祠堂。祠堂一般也是当地的望族祠堂。一是因为望族祠堂有足够可以利用的房屋和空间；二是利用望族在当地威望和名声来吸引乡里子弟前来就读；三是在自家祠堂建立义学对望族本身也是一件双赢的事，既教化了本族子弟，也因善举扬名在外。如璧山县的敦本义学，由当地人士高春山捐置，设在自家的高氏祠堂中。忠州直隶州的石宝寨学馆和胡家溪义学馆则分别设在当地的邓家祠内和秦家祠内。尤其是学宫、试院，一般是城市文化中心，这里聚集了很多的官员、士绅、教师等优秀博学之士，具有浓厚的文化氛围，而且义学建立在该地区可以利用其优秀资源，提高办学质量。

除此之外，还有义学新建、新买房屋做学舍，或直接设在他人捐赠的房屋中。另外，还有部分义学具有地方特色。例如清代时期，大宁等县盛产食盐，由于盐业的发展，当地不少百姓依附盐业生活，聚居在盐厂周围。因此嘉庆二十二年（1817 年），大宁知县李嘉佑便在盐厂设立义学一所，招收附近贫寒子弟入学就读。

## 三、重庆义学的经费来源与支出

清代重庆义学等基础教育机构能否正常运行的决定性因素是办学经费、支出方式及规范，途径相对简易，筹集来源及方式更属不易。以下分述之。

### （一）经费来源

重庆地区的义学虽由地方官奉朝廷旨意设立，但朝廷并不直接划拨义学经费，因此创办义学和维持义学发展的“义举”需要当地官员联合绅民鼎力合作，共同完成。义学创办方式最多的是由地方官号召，各方出资支持置办。现对重庆地区义学的经费来源做以下几点探讨。

#### 1. 地方官捐资

义学奉旨设立，区域特色对义学的筹建和发展有着直接影响，地方特殊的行政体制、地理人文环境、地方官的品行能力都时刻影响着义学。清代重庆地区地方官对于义学的态度大体是支持赞同的，甚至有很多义学的经费由地方官提供。例如，道光四年（1824 年），大宁知县柏守贞捐资设天宁寺敬业义学 1 所。綦江县文风浓郁，历来重视品行教化。知县图敏在嘉庆二十年（1815 年）设义学 4 处，在重庆尚属先行者，而这 4 处义学的教师束脩俱由现任捐资。道光五年（1825 年），署邑令宋灏又捐廉设 8 处义学。后又为了劝谕民间捐输义学经费，宋灏起带头示范作用，首先捐银五百两，交首士存放生息，作为义学经费。

2. 民众筹资

民众筹资经费有两种形式，绅民单独出资和乡里共同出资。单独出资的绅民一般家境殷实好文风，在当地属于大族，期望设立义学教化本族和乡里子弟。璧山县共有 6 所义学，其中 2 所——敦本义学和养志义学，均为高春山捐设，敦本义学直接设立在高氏祠堂内。此外，在重庆地区，孀妇对推动义学发展也起了重要作用。大宁县的孀妇胡赵氏热衷于当地的教育事业，曾在光绪六年（1880 年）捐修义学于考棚案内，并将自制袁仁册名卤水五天，捐作义学逐年的延师之费，岁定束修钱 50 千文。同年，捐钱 2914.6 千文，修建考棚，历时四年竣工。光绪十一年（1885 年），胡赵氏又将自制卤水换取书院以往年价格，买东街瓦屋二处，作为义学馆。知县高维岳验明呈请褒奖，颁赠胡赵氏“乐善好施”匾额。

共同出资则是由几位乡绅或是乡里共同捐置义学。如合川县的方溪乡学，创办于道光十七年（1837 年），由里人王鸿绪、王鸿业两兄弟邀集李、彭、黄三姓捐置。又如城口县在道光年间先后创办了 25 所义学。而这 25 所义学中，就有 19 所系当地乡民共同集资修建。

3. 经济牙行捐助

牙商的组织称为牙行。据考证，最早出现在秦汉时期，是为买卖双方说合交易并收佣金的居间商，类似于今天的代理商、经纪人，却具有某些代替政府行使商业管理的权利。获得必须有相应付出，因此在很多方面，牙行必须听从官府调派差遣。经济牙行对义学的捐助一是为了“义举”，但更多的是来自官府的压力。由于清代乾嘉以后，商品贸易资本经营方式已经进入前资本主义经济阶段，牙行势力及其作用增强。这种情形已深入长江上游内陆腹心地带的重庆。酉阳直隶州下辖的酉阳、秀山、黔江和彭水四地中，除秀山县无义学外，酉阳的 9 所义学中 7 所均由知州令经济牙行酌拨钱地设置。黔江的 3 所义学、彭水 6 所义学也皆由经济牙行捐建。

4. 寺庙道观划拨

许多义学建在寺庙道观内，上文已叙，此处不再赘言。建在寺庙道观内的义学分两种情况：一种是仅将义学设于其中，其经费仍由其他捐置；另一种是寺庙道观对义学直接进行经济支持，即用寺庙道观的田业租额供给义学，以寺养学。如巴县的青峰寺义学和新开寺义学，每年寺中拨谷 10 石，延师课读。此外还有其他特殊情况，如合川县的崇正乡学，设立在石佛寺。寺内僧人因非法售卖寺田引起诉讼官司，于是州主李徽典在查明案情后，饬里人承买作为义学年租，共 24 石，以 18 石延师。

5. 书院帮支

同为教育机构，都以教书育人或科举考试为最终目标，义学受到书院或是其他兄弟义学的帮支也算是资源的合理配置。嘉庆八年（1803 年），石柱厅同知刘大经在厅城文昌宫内创办义学，后迁于南宾书院内。嘉庆二十二年（1817 年），同知刘书建洋渡溪义学。道光六年（1826 年），同知徐九道建下路坝、临溪场、西界沱等义学。道光十五年（1835 年），同知秦歧翔建沿溪场义学。以上所述义学经费均在石柱南宾书院经费中拨支。合川的端蒙小学于道光二十四年（1844 年）设立于波崙寺，却由附近的方溪乡学拨租谷 12 石，作为馆师束脩。

6. 租金利息

义学受到的捐赠一般分为两种：一种是田地店房；另一种是现款。如果是田地屋基，义学会将它租给佃农，将收取的租额作为经费来支付教师束脩或是学生膏火等开支。如果是现款，一是将它用来置买田地店房，再按上述方法获取佃租；二是发商生息，即将它作为本金交由某些信得过的商人经营，不动用本金，只将每年获取的利钱作为经费使用。如上文所述，城口县共有 25 所义学，其中通过发商生息获取经费的就有土城、明通井、鸡鸣寺等 10 所义学。通过收取租额租谷的有太和场、羊耳坎、秀水溪等 11 所义学，两种方式都采用的则有福兴场、袁家塝、双河口和后裕河 4 所义学。这两种是维持义学日常运转最普遍的方式。

以下以巴县、荣昌、大足、奉节诸县所设义学为例，获悉清代重庆义学经费来源情况。

> 巴县原无义学，自清道光六年（1826 年），知县刘衡奉总督札饬，劝谕各乡市镇捐设义学，归各乡绅士经理，此本县义学之始。
>
> 体恩义学在二圣场。职员张万元捐田租四十八石，在本境分作两馆，延师课读。
>
> 凌云义学在廉里，地名狮子场，离城一百二十里。乡约（明清时由县知事催用的乡间小吏，负责传达政令，调解纠纷）刘文林捐田租二十

石，在本境延师课读。

崇文义学，一名迪化义学，在木洞镇。每年房、田、土租共收银五十一两五钱，延师束脩、薪水、聘金（工资）共银三十二两，余作补修费。由巡检关聘。

石鼓寺义学在孝里荒草沟。系孀妇瞿向氏捐田租五十石，土租三石，在寺延师课读。

龙潭寺义学在正里。系本境绅粮醵（音聚，聚集）费设立，每年延师课读，束脩四十两。

昙华寺义学在双胜场，剑南商氏李玉珍捐田一份入庙，年获租谷二十石，文生刘炳南等禀请设立义学，后更名崇儒义学。

文峰场义学在文峰场，里人张文星捐建田一契，岁入租谷三十石，分作两塾。

长生义学在长生场，道光年间，里人职员张熙樵，耆民向杰倡设，年收租十八石，延师课读。

育材义学在惠民场。道光年间，里绅张九龄等，醵金买田租二十二石，以十二石作延师束脩，余作祭祀、修补之用。

青峰寺义学在蔡家场。同治癸亥（1863 年），贡生廖湘、文生伍映文等禀请设立。每年拨寺中谷十石，延师课读外，考课一次，在县详请立案。

新开寺义学在蔡家场。同治二年，贡生廖湘等祟巴县王臣福、学政黄、请设义学，名养正义学，每年寺中拨谷十石，延师课读。

云程义学在迎龙场。同治五年，里绅刘介人、梁禹甸、赵洪硅等倡设，岁收田租谷三十八石，延师课读。

敦本义学在栋青扬谭家湾。同治三年，职员金云捐田业全分，房屋二十余间，仓厂、山林、竹木、田租三十六石，交老君洞住持放佃、收租、完粮。即由该住持延师，在本庄课读。每次束脩，关聘共钱三十六千，余作老君洞修费、焚献。

培元义学在麻柳场。同治五年（1866 年），士民曹廷华、谢长祥、蒋宗元、田正富等捐募，置得法华寺田土一分，去银六百两，每年收租，以兴义学。职员赵德瑜捐银一百两，襄成其事。

龙山义学在龙隐镇宝轮寺。田租二十四石。其义学束脩，每年银二十四两，按四季会文，每季额课十二名，每名资膏火钱一千文。首人孙灼光、陈化南，童义和、童义泰等递相管理。

按以上各书院及义学，自清光绪二十七年（1901年）变法，令各省、府、厅、州、县设立学校。至二十九年、三十年各书院及义学尽改为学校，而书院、义学之名无存矣。❶

道光六年（1826年），荣昌县知县龙翔在全县倡办21所义学，其经费来源如下：

知县龙翔募置田业9处，价钱11124.5千文，岁收租谷市斗302石，土租钱135.8千文，捐项余钱0.31千文，并岁收租谷、租钱作为各义馆脩脯之用。

大足县道光七年（1827年），由知县狄廷飏在全县倡办的13所义学，其经费来源如下：

知县狄廷飏捐银20两，并增募周东升捐银400两，换钱414千文；普河寺僧云汉捐银80两，换钱88千文；高峰寺僧道开，捐钱166千文；双林寺僧悟道，捐钱140千文；弥陀寺僧兴莲，捐钱140千文；中峰寺僧道宣，捐钱82千文；赵慎言，募钱130千文；徐维龙，捐钱110千文；十方吏节，共捐钱100千文；嘉胜里保元会，捐钱200千文。共1570千文，分交各房，及李增祥捐弥陀场水猫洞田1份，年收铁钱48千文，交礼房经理设乡学13斋。其中，康明琳施业租谷17石，易价支给，设敦行斋，周朝刚捐钱取息支给，设求益斋，张廷瑞弟兄乐捐当价钱160千文，佃田取14石易价支给，设桂林斋；沈时宪等募钱800余千文，置买叶姓田，收铁租钱68千文支给，设桂香斋。

清代大足县义学著名的称“十二斋”，除了学田、市场佣金等投资来源外，捐资兴学也十分明显，举例来看：

斋长年收铁租钱送给。

周东升捐银四百两，换钱四百一十四缗；普河寺僧云汉捐银八十两，换钱八十八缗；高峰寺僧道开捐钱一百六十缗；双林寺僧悟道捐钱一百四

❶ 向楚．巴县志选注［M］．重庆：重庆出版社，1989：428－430.

十缗；弥陀寺僧兴莲捐钱一百四十缗；中峰寺僧道宣捐钱八十二缗；赵慎言募钱一百三十缗；徐维龙募钱一百一十缗；十房书吏共捐钱一百缗；嘉胜里保元会捐钱二百缗；以上共捐钱一千五百六十四缗，绅粮及各房书吏生处，岁取分给各斋。县民张廷端弟兄捐当价钱一百六十缗，佃田收租谷十四石，合钱二十八缗，给桂林斋束脩捐田业列左：李增祥捐水洞里一分载粮三十亩，年收铁租钱四十八缗，即分存礼房经理分给正蒙昂霄、博雅、养正、学文、国端各斋束脩，康明琳施双路铺田业二契，共载粮六亩，年收铁租二十二石，以五石作本场禹庙焚献，余谷十七石由斋长支给教给敦行斋束脩。沈时宪募钱八百余缗，买叶姓田一分，年收铁租钱六十八缗，给桂香斋束脩。

同治十三年知县王德嘉复劝设乡学七斋，生息列左：玉成斋在玉龙场，额送束脩贽程各仪共钱四十缗，斋长率力暨入学小费钱八缗，款由场绅周治章等遵县谕募本场十二会年助钱三十二缗，又募场乡士民捐钱一百缗，置买街房一间，年取息钱十六缗，共成钱四十八缗，由斋长分给。大雅斋在大堡场，额送束脩贽程来第三仪共钱五十缗，斋长率力暨入学用钱三缗，款系增生邓可均捐得买杨学廷田业一分，载粮二十五亩，收租谷三十二石，田斋长变卖送给斋在场，后系场绅胡赓等募赀建置，并了共事。双壁斋在双河场，额送束脩程仪共钱五十四缗，米一石，斋长率力钱二缗，款系场绅蒋苕等协议，年拨本场二圣宫米市息钱五十六缗，米一石。龙文斋在回龙场，额送束脩程仪其钱六十缗，款系场绅旷霖溥等遵县谕，于本场牛市抽厘送给。古香斋在方古场，额送束脩程仪共钱五十缗，斋长率力暨入学小费钱五缗，款系场绅王青云等募钱二百二十五缗。年取息钱二十七缗，本场监秤认助钱十二缗，银平认助钱十六缗，共成钱五十五缗，由斋长分给。万选斋在十万场，额送束脩程仪共钱五十缗，款系场绅卢焕章等遵县谕募钱五百三十五缗，除置田收租谷八石，合钱十六缗外，存钱一百缗，年取息钱十四缗，又本场各会年认助钱二十缗成共钱五十缗，由斋长按季支给。青云斋在云路场，额送束脩伙食聘贽程节各仪共钱五十四缗，斋长率力钱六缗，款系场绅高云从、白玉等遵县谕募钱三百缗，以二百缗贷本场米市僧斗口生息，年缴息钱四十缗，以一百缗贷杂粮市僧斗口生息，年缴息钱二十缗，共成钱六十缗，由斋长按季分给。[1]

奉节县各义学经费来源如下：

文秀义学、文育义学、文基义学、文端义学，以上义学每年束脩，取大宁县卤水银三十余两，暨邑绅潘炳道光辛卯年所捐杨家坝田地一分，岁收谷四十二石作义学之费，府县有案。后因田为水冲塌，岁收不齐，每塾束脩均由历任郡守捐俸添脩。

文渊义学、养正义学、稽察义学，以上三学，光绪十三年汪郡守鉴捐设，后历任捐给束脩。

端本义学，光绪十四年蒋令履泰捐钱三百串，交首士蔡希仲、雷振东生息作束脩。

敦仁义学，在城内仁寿坊；兴文义学，在城内文德坊。以上二学，系邑生员张钤、黎廷光、潘兴嗣、黎廷珍、刘国栋，职员胡珠、米盈凝、王士俊、丁风翥，贡生费松年等公设。

敬梓义学，在城内；东来义学，在城内。二学系五省客长赵德辉、李淮、王崇煦、朱荣贵、李大隆、冯昭微等公设。

悦安义学，在县南安坪驿，系奉节县职员徐明楫捐设。

先甲义学，在县南甲高坝，系邑廪生冉崇恭同众捐设。

日新义学，在县南新村坝，系邑增生刘孝达同众捐设，今废。云邑戴辉映改设。

毓秀义学，在县南任家坪，系邑生员李维玉同众捐设。

豫兴义学，在县南清水塘，系粮民刘富贵、刘富文同众捐设。

长兴义学，在县南长士旁，系职员陈万金同众捐设。

青云义学，在县北一百三十里木瓜坪，系绅粮陈可章、罗奕品同众捐设，置有田。

莲池义学，在县北松木岭，系粮民胡盛礼同众捐设。

作圣义学，在县北百一十里，系乡绅杨春芳、刘朝定等倡设，置有田。

三余义学，在县北干溪口，系奉节县曲坝庠生熊兆滨捐设，置有义学

[1] 王德嘉．大足县志：卷二 建置志［M］．刻本，1877（清光绪三年）．

田地一分，去价银二百余两，每年收租谷十六石，馆设四甲梓橦宫，交本邑绅士经理。[1]

清代重庆义学的经费来源主要靠民间捐款筹集资金，政府所拨学田及庙产等占比较少。且几乎没有统一的教育管理机构对经费进行规划，大多依靠地方乡绅或捐助人自行管理。

**（二）经费支出**

义学的经费支出主要是指开展教学活动所需要的基本开支，据重庆地方志资料分析，其义学经费主要包含教师束脩、学生的膏火及纸墨笔砚、义学的建置及维修费用。教师束脩在下文中有详细介绍，在上述巴县义学例证中包括了不少有关束脩以及义学其他支出的情形，可以参考。此处再做一点补充。

义学招收的学生都是贫寒子弟，虽然入学免学费，但平时的纸笔费用仍难以承担。因此一些义学为学生提供膏火，并为学生置办纸墨笔砚。荣昌县有义学四处，“每处每年修金钱四十四千文，原定每年月课六次，每课取超等文生三名，特等文生四名，上取文童七名，次取文童九名。每课膏火奖赏钱共十二千文[2]”。

义学建立之初，需要很大一笔建置费用。随着岁月流逝，风雨侵蚀，义学的校舍破旧不堪，对其进行修理，则要支付维修费用。《夔州府志》记载：“开县有义学十四处。道光六年署知县林丹云设立。林令倡捐钱二百千文，劝捐钱七千一百串零二，共收钱七千二百串。除罗廷达系捐铺房地基折钱一百八十千文。官买西街铺房，去价钱四百九十二千文，修补学舍及置器具用去钱三百一十六千文。”[3] 而且，可以肯定地说，这笔费用当不会以小数字表述，甚至时间愈长，频次愈多。

## 四、重庆义学的教学活动

义学虽然只是基层的教育机构，但是也需要运行章程来进行日常的管理，毫无章法、任意妄为是万万不可取的。义学规章的制定一般是由当地的官员和德高望重的乡绅等人，在以前或周围的办学经验基础上，结合自身特殊情况加

---

[1] 曾秀翘．奉节县志［M］．点校本，1985：81．
[2] 文康．荣昌县志：卷六 学校志［M］．刻本，1884（清光绪十年）．
[3] 恩成．夔州府志：卷十七 学校志．刻本，1827（清道光七年）．

以改进完成的。进而再邀请德高望重的乡里耆老为董事，监督管理义学。为了能够规范管理、照章办事，重庆义学多将自己的规章立于壁板或刻于碑石之上，既醒目，又能起警示作用。

### （一）教学时间

重庆义学一般是在每年春初开馆，号召本乡子弟入学，年终闭馆放学。在秋收农忙时节，放子弟回家帮忙农作。农忙放假，不只是重庆地区如此，更是四川省内约定俗成的教育惯例。但重庆也有农忙时不放假的例外，如綦江的义学章程就明确规定："至川省风气，秋收以后，幼读者均不入馆。童子年幼，不能任纳稼之劳。且礼有冬读书之文，史有三余读书之说。何故任其舍业而嬉耶？此习不可不除。今着每年二月初五入学，十二月初五日散馆。照此永远遵行。"❶ 按照礼教，每年开馆散馆时俱有酒席。开馆时的酒席作为新的一年的开始，是为了营造氛围，号召乡中子弟入学。散馆时的设宴欢愉是对这一年做总结陈词和下一年的打算计划。总结这一年先生弟子工作学习的情况，是值得嘉奖还是惩罚；下一年先生弟子是否还在原馆，是去是留；如果是离开，那么也就方便义学尽早做出反应，为空出的职位聘请其他合适的人士。

每天清晨，义学中的子弟来馆中上课，酉时下课放学。而礼仪规制又要求乡童到馆后，必须先到义学供奉的至圣先师前作揖，再到老师面前行礼作揖，然后才能归坐。酉时下课回家时，也必须重复来时的礼仪。义学虽然没有被纳入官学体系，但官府依然对义学负有不可避免的责任。为了加强对老师和子弟的监督管理，杜绝义学的有名无实，官府会在每年年初开学后，派礼书到城乡各处义学查取馆册。馆册上详细记载了每馆学生的总人数，包括大学生和小学生人数，各自年岁几何，学习情况如何。馆册在学署都有备份，以备官府随时赶赴义学按册查点，以观课师之勤惰，察学生之贤愚。勤于读书的学生，奖励纸笔。反之则受到责罚。

### （二）教学内容、教学方法

义学分为蒙馆和经馆。前者占绝大多数比例，后者可谓凤毛麟角。蒙馆只是对学童进行基础的认字识字教育和封建礼仪教化，教材也多是《三字经》《百家姓》《千字文》《幼学琼林》《弟子规》《列女传》等启蒙认字书籍。经

❶ 杨铭，伍濬祥. 綦江县志：卷三 学校［M］. 增刻本，1863（清同治二年）.

馆讲授的知识难度稍大，多用《唐宋八大家文钞》《七言诗》《孝经》《诗经》《四书》《易经》《春秋》《礼记》“春秋三传”等教材。贫寒人家的子弟进私塾念书，只为粗通文墨，能认字算账即可，因此普遍入学蒙馆。家境较殷实的学生学习要求则比较高。如果是以科举为目的，则会另外延请名师，单独设学教导，不限于义学范围。并根据学生自身学习进度和领悟能力，逐次学习四书五经和《古文观止》《唐诗三百首》《千家诗》《论说精华》和《经史百家杂钞》等书籍以及写作知识，包括对联、应用文、诗词和“八股文”，特别以八股文写作为重。

义学除全国性通用教材外，重庆地域特殊，也有部分自编教材，如綦江县，“督宪戴所衍蒙养五言诗千本，及孝经六百本，小学五百本。又集邑士人新衍蒙养七言诗选刻发给三千本，并刊发督宪所颁学规八百本。每到场市必集学馆诸童默写背诵，各有奖赏”。[1] 黔江县义学也采用邑人陈三善撰写的《三字节要腴词连解》教学，这本书采经史要意、雅词句释，以训童蒙。将这些书作为教材也是为了教导学生积极向善，防止他们恶性发展。而对学生学习成果的检验，则是在每月月终设考课检查。

义学的教学方法是与具体学科联系的。重庆义学所开设的课程主要有5门：识字、写字、读书、作文、珠算。

（1）识字：识字是写字、读书、作文的基础。义学十分重视识字教学，其主要方法有指物识字、卡片识字、对比识字等数种。

（2）写字：义学十分重视写字教学，教学的基础原则是先大后小，先慢后快。

（3）读书：义学重读不重讲，读书、背书、温书是义学的主要功课。读书教学，一般是学童立于教师案旁，教师先读，学童随之跟读，读至数遍或十数遍，令学童回到座位自读，读至数十遍后，再至教师案前背诵，背诵无误再教新课。每日教新课前，又顺势将前数日或前数月所读的书，轮流背诵，称“温书”或“理书”。规定学童“逐日带温”“逐旬逐月通理”。教新书不忘温书，是义学读书教学的一条原则。

（4）作文：义学的作文是从学属对开始的。属对的训练一般从“一字对”做起，进而“二字对”“三字对”“四字对”，及至“多字对”（五字、七字、

---

[1] 邓仁坤，罗星. 綦江县志：卷三 学校志［M］. 刻本，1826（清道光六年）.

九字），对句在语音上要求平仄相对，词汇上要求词性相同，语法上要求语法结构相同，修辞上要求修辞手法相同，逻辑上要求讲究概念、分类、比较的逻辑关系，十分严格。它不但是作文的开始，亦是作诗的基础。

在作文训练中，一般采取“先放后收”的步骤。开始作文时，“以放为主”，鼓励学童大胆地写、放手地写，以不挫伤其兴趣和信心。待有一定基础后，再要求严谨和精炼，即所谓“先做放胆文，后做小心文”。清代科举采用八股取士，学童程度较高后，便以学习八股文作法为主要功课。

（5）珠算：俗称“打算盘”，这是义学中一门很重要的功课。一般先学三盘清、七盘清，次学斤求两、两求斤，再学归除，从二归开始，直至九归九除。学打算盘要求背诵珠算歌诀。

綦江县某义学“章程”中教学方法的规定较为集中，以此为例，可作为样本推测其余。

> 凡学徒到馆中，将前五日读过生书，带背一遍，然后再上生书。是一首书，读过五日，又带背五日，可以永久不忘。背时有差谬字句，即与讲解书理，亦可启发聪明，加功不难也。读过之书，闲时责令默写，读时方肯留心。古有读书三到之说，三到者：心到、眼到、口到也。今之子弟，亦能成诵，而心有不存，徒然口到。一经默写，错字盈幅，皆由心眼不到耳。若责以默写，则读时自然留心细看，此亦收其放心之一法。
>
> 幼童描摹朱字，默写偏旁，先责其端楷。稍长令写影格，教以执笔之法。撮笔之法：撮笔管于指尖，指宜实、拳宜空、腕力宜到。欲左先右，欲右先左，无垂不缩，无往不收。切忌东涂西抹，歪斜错乱，违者戒饬。
>
> 讲对课之法，最宜幼童。从一字至七字止，逐次渐加，使之先明字义，辨别虚实。讲求平仄久之字理，明白对仗工稳，将来作文作诗，势如破竹矣。❶

虽然此处只是綦江义学的规章，但也可从中窥见重庆整个义学的教育模式。在教育方法上，注重背诵，但要求复习性和理解性地背诵。写字对课都有具体方法，需按部就班地执行。这是经历前代几百年的教育经验总结下来的方

❶ 杨铭，伍濬祥．綦江县志：卷三 学校［M］．增刻本，1863（清同治二年）；宋灏，罗星．綦江县志：卷三 学校志［M］．刻本，1826（清道光六年）．

式方法，具有实践性、有效性和可操作性等优点，但某些地方未免过于死板。再结合当时以八股取士的政治环境，这就不可避免地将学生圈定在一个固定模式里，限制了学生自身的发展。而时代在进步，社会在发展，这种故步自封的方式必然导致转折或灭亡。因此，在清末改制的大浪潮中，义学也难逃命运的安排，淹没在茫茫历史洪流中。

## 五、重庆义学的教师与学生

义学的教师与学生构成这一层级教育机构的主体力量。尽管义学属于古代学制的层阶，大多为蒙学，少有经学，而实际的教育功能是显著的。重庆义学师生教学关系及条件的内容具有典型性。

### （一）义学的教师

#### 1. 教师的选用

义学主要属于蒙学的初阶，对学生后期的学习发挥着重要作用。崔学古的《幼训》中曾说："为师难，为蒙师更难。蒙师失，则后日难为功；蒙师得，则后来易为力。甚矣，不可不慎也！"因此无论是官府，还是私人，聘用教师时都持慎重的态度，对义学教师提出了更高的要求。

清代统治者非常重视义学的建设，颁布了对义学教师的选用标准。顺治皇帝规定"择其文义通晓、行谊谨厚者补充社师"。雍正皇帝要求"择生员学优行端者补充社师"。我们从中能够看到统治者对义学教师的要求逐渐提高，顺治皇帝时义学教师只需要博学多才和品行笃厚，到雍正年间就对义学教师的身份提出了进一步要求，必须是满腹经纶和品行端正的生员（主要是指儒学生员，是经过府、州、县三级考试而进入政府设置的府学、州学、县学学习的学生）。总之，清代统治者对义学教师的选聘标准就是三点，一是生员身份，二是才学广博，三是德行高尚。

清代统治者将义学教师的选拔权下放到地方，由地方官员进行推举。地方不仅有权推举教师，也享有罢免教师的权力。如果教师不称职或教学能力不行，或者品德不好，地方百姓和学生都可以通过公议来罢免他们。重庆地区义学教师虽是选拔品学兼优之士，但更注重德行。

如在合川，必须是举人或是贡生才能在经馆里任教，廪生或附生只能在蒙馆里任教。綦江县则是通过考试来给每馆选取正副教师各一名。教师上岗后也不是拥有了"铁饭碗"，如果正取教师有不教、不肖、无故旷工、贪得银钱等品行不正的行为，则由副取教师补充，若副取教师仍不合格，也会按例禀官辞退。

同时，由于教师在义学中处于主导作用，为了保证取得良好的教学效果，重庆各府、州、县对他们的行为有严格的要求。主要表现在：清代义学教师受到地方府、州、县的管理；义学教师并非终身制，其教学行为决定其去留；对教师日常行为进行限制，以防止其干涉地方事务。

如綦江义学章程规定义学教师"不徒贵文理明通，必须敦品砥行之事，正心术，修孝弟，尚廉洁，肃威仪以为立教之本，正学业，分句读，明训迪，考勤惰，以尽立教之方。轻浮佻达之必戒，举动言论之必端。师道立则善人多课师有不若是者，虽经考选，亦随时辞谢，定不徇情。……一乡学考选师儒之中，有能率德砺行、尽兴尽力、迎机善导、卓有成效者，岁终准于公项内劝支银四两，以酬其劳，并由县送给花红奖赏。一乡学师儒有怠惰苟安、不勤训讲，或包揽词讼、贪得银钱，或出入无时、误人子弟者，准地方团保经理义学首士禀官辞去。照本县所定新章，将考取副师"❶。

2. 教师的待遇

义学教师的待遇主要是指其经济收入，束脩是最基本也是最主要的部分。义学教师的束脩与书院教师的束脩形式一样，有两种，现钱和谷粮。这两种绝大多数来自义学自主经营的义田佃租或是利息钱。重庆地区在清代时期，很多地方以苞谷作为义学教师的束脩，这意味着在当时，苞谷作为了佃租。这是由于在清代，产量大、易存活的苞谷在重庆地区开始大面积种植，清代中后期逐渐成了主要粮食。因此，以苞谷为实物地租也是顺理成章的事。义学教师的束脩依各个地区经济文化水平、束脩形式和所在义学自身等级的不同而又各有差异。如城口地区，以苞谷作为教师束脩的大概在 7 石到 16 石。而其他以谷为束脩的大概在 10 石至 50 石。极少部分义学，教师束脩只有 8 石。而以现钱为束脩的差异更大。如合川的龙多乡学和翘秀乡学，虽设在乡里，却因身为经馆，教师每年束脩钱有 120 千文。此后，翘秀乡学还上涨到 200 钏。另外，复初乡学和凤山乡学，也有 80 千文和 70 千文。涪州义学教师束脩为每年 50 千文。黔江县义学每学馆束脩 30 余千文，按三季奉送。万县上堡义学每年束脩钱 56 千文。但总体来说，重庆地区义学的教师平均束脩只在 20 千文到 40 千

❶ 宋灏，罗星．綦江县志：卷三 学校志［M］．刻本，1826（清道光六年）．

文之间。个别州县教师待遇较高，如云阳县义学教师束脩银为24两，开县各义学教师束脩钱为50千文。

除了每年的束脩钱外，如果教师“能率德砥行，尽心尽力，迎机善导，卓有成效者，岁终准于公项内动支银四两，以酬其劳。并由县送给花红奖赏”。即使如此，义学教师作为最底层的教育工作者，即便工作勤勤恳恳、兢兢业业，每年拿到全部的束脩和花红奖赏，对比当时的物价水平和生活标准，薪水依然偏低，生活依旧艰苦。如果无法保障日常生活，教师必然不会认真教学。因此，这些成了义学向前发展的阻力。

### （二）义学的学生

#### 1. 学生的招收

义学设立的初衷是教化百姓，给乡里子弟一个读书学习的机会，特别是那些家境贫寒的子弟。富家子弟多通过科举考试取得功名，而贫家子弟默默无闻，多沦为乡野。古代的官员与士绅正是看到了这种情况，广立义学，他们的主要目的是招收贫穷子弟入学读书。重庆义学也是以此为办学宗旨，于每里设立义学，收取乡里子弟，无论冠者、童子均可前来免费就读。

从大量的地方志资料中能看到，清代重庆义学的倡建者多次强调义学招收贫穷而无力读书的子弟。道光六年（1826年），巴县知县刘衡奉总督令，要求各乡市镇捐资设义学，重庆府治所在地义学始兴，免费或减半收费，招收贫穷家庭儿童就学。史称：“巴县原无义学，自清道光六年知县刘衡奉总督札饬劝谕各乡市镇捐设义学，归各乡绅士经理，此本县义学之始。”[1] 乾隆六年（1741年），大足知县沈潜遵其先人“读书以明理为要，为政以教养为先”之遗训，在县城东街设义学一所，且捐置义馆膏火。嘉庆十一年（1806年），大足知县宫鉴桂以“学必适于童蒙”，“教之洒扫应对进退之节，礼节射御书之文，所以收来其身心，启迪其聪明，为大学之根基”，遂捐银100两，于县城西街设养正义学。

#### 2. 学生的管理

（1）学生入馆后，必须虚心学习，接受教师教导，遵守义学的规章制度。义学通过制定学规，规范学生的言行举止。这些学规讲究孝悌忠义，重点在于明礼躬行，强调的不是学习的内容，而是日常生活中的伦理道德，以适应社会

---

[1] 罗国钧．巴县志：卷七 书院 义学附［M］．刻本，1939（民国二十八年）．

的需要。通过这些学规章程，可以管理书院的日常教学，约束学生的不良习惯，养成良好行为规范，以保障教学活动正常进行。教师也必须担负起教导学生的责任。

如綦江的义学章程就清楚记载着：子弟须尊师重道，平常按时到馆上课，若其家中有事，必须先到师长面前告假，说明请假情况和何日销假，再登记簿中。如果有学生顽劣不堪，教师必须耐烦戒饬、严加教诲，如果屡教不改，则禀告首士将其逐出义学。馆中更是禁止博弈、赌钱、吸烟、狎妓、偷淫等不良行径。如果还有出入看戏、成群嬉戏、口角詈骂者，先重惩馆中教师，再告知首士将违者逐出。

（2）教师、地方官员或士绅会定期考查学生课业，给予奖惩。"合川县龙楼乡学，每岁延师课读，束脩钱四十千文，月课两次，塾师评定甲乙，课奖凭董事给发。"❶ 綦江县义学章程规定："今着经理义学首士刊刻功课簿式刷印成本，发给城乡义学。每月每徒注立名姓，各给一本，所行功课，如读书写字对课背书等项于每日下逐一开注明白，每三个月赴案呈缴一次，以凭查核。❷"设立功课簿，督促学生的学习，这大约参考了官学和书院的做法。

（3）政府用政策激励父兄监督学生课业。綦江县义学章程记载："尝见顽劣子弟遭师责罚，辄于父兄前毁谮之，明理之父兄自知子弟之不肖，责而去之。其或有溺爱不明者，听子弟之饰说，反苛责其师是不啻使子弟为恶也。有一于此准经理义学首士禀逐究处。……不立功课簿则师徒怠乎，父兄官长无从考核。"❸ 为更好地管理学生，需要发挥父兄的作用，以便更好地督促学生培养德行与修习功课。

## 第二节　清代前期重庆的乡学、私塾

乡学、私塾是乡里民间的教育组织机构，以私塾为主。但在重庆学校史上，乡学材料显示较多，远高于其他地域的同类记录。私塾教学及塾师阶层相关问题是清代教育中的突出内容，重庆视角的分析或许有些新意呈现。

---

❶ 张森楷．新修合川县志：卷二十四 学务志［M］．刻本，1921（民国十年）．

❷❸ 宋灏，罗星．綦江县志：卷三 学校志［M］．刻本，1826（清道光六年）．

## 一、重庆的乡学

清代重庆地方史籍中有“乡学”一类私学的记载，其教育程度仍属初等教育，其设学地点以较大乡村集镇为主。《南川县志》明确表述了乡学设立的目的：“今蜀中诸州县增设乡学，虽其所教者不过幼仪之节，章句之文而发蒙，实作圣之基，小成负大成之望行。”此处以南川县、梁山县、大足县乡学设置的情况加以说明。

南川县乡学始于乾隆二十四年（1759年），学生免费入学。道光五年（1825年），知县彭履坦倡议捐银400两，募钱6000多贯，买田租450小石，于东西南北4路分置乡学22处。其中4处为四路乡学，18处为里甲乡学。每处有租谷10小石，不足的由地方绅士捐资。有的乡学也有固定地租，以聘请当地学究训课。当时还在县的总乡学开设“生童常课”，聘师为乡党子弟课读，以惠贫家子弟。

南川县四路乡学分：

东路　城东外土桥场乡学

南路　城南万寿寺乡学

西路　西路观音桥乡学

北路　城北普泽寺乡学

南川县里甲乡学18处

| | | |
|---|---|---|
| 五显庙乡学 | 小河坝乡学 | 陈家场乡学 |
| 元村坝乡学 | 大兴场乡学 | 水江石乡学 |
| 三汇场乡学 | 龙泽桥乡学 | 汉场坝乡学 |
| 兴隆场乡学 | 万盛场乡学 | 两路口乡学 |
| 磴山寺乡学 | 德隆场乡学 | 三教寺乡学 |
| 官地坝乡学 | 安山寺乡学 | 白沙井乡学 |

道光年间，梁山县知县刘衡劝立乡学，由绅耆捐资和乡镇筹款兴办，多由各乡斗口钱[1]（粮食市场计量升斗收费）开支，后又集中县内庙产和私人捐赠及没收盗匪财产等作为学田。至道光四年（1824年），梁山县共有乡学20

[1] 王德嘉. 大足县志：卷二 建置志［M］. 刻本，1877（清光绪三年）.

所：东路——葫芦场乡学、柏家场乡学；南路——沙垭场乡学、石柱坪乡学、麻柳场乡学、马家场乡学、观音场乡学、人和场乡学；西路——袁坝驿乡学、屏锦铺乡学、双河场乡学、沙河铺乡学、老营场乡学、回龙场乡学；北路——新场乡学、杨家场乡学、兴隆场乡学、露斯场乡学、土门场乡学、虎城场乡学。

大足县乡学设置的时间较晚，但是气象远大，数量及经费都显著提升，堪称代表。

道光七年（1827 年），知县狄廷飏奉宪檄劝设乡学十三斋；同治十二年（1873 年），知县王德嘉以束脩太薄，塾师多不适馆教，每斋就地劝增束脩一倍，期收实效。其生息附详各斋下。

养正斋在城内西街，原束脩每年三十缗，由粮房、礼房支给。按旧志所载，义学乃东街公署，实非老义学也。老义学在西街内，有古井，不知设自何时，碑剥落，惟年月上有一“万”字依稀可识，疑万历时碑。乾隆年间知县查昌朝取城东公馆四层屋材，立正房及左右厢，后旷为居民所占。乾隆六十年（1795 年），知县七宝始查，招佃收租，给礼生工食。嘉庆九年（1804 年），署县潘相拨入书院收租。嘉庆十一年（1806 年），署县、宫鉴桂捐俸重修，名为“养正义学”，又捐银一百两并三杰所施，当价钱八十缗，交绅生息以作延师之资，嗣因利息不敷将本拨贴无存。道光七年（1827 年），知县狄廷飏于建设各场乡学所募公款内拨出粮房生息钱十八缗、礼房经理水猫洞施田钱租十二缗以作每年束脩。同治十二年（1873 年），知县王德嘉饬拨案香书院租谷十石并院前廖姓铺面基址，年收租钱一千二百文，永增脩脯。

育贤斋在东关场原脩二十缗，每岁由十房各给息钱二缗，同治十三年（1874 年），知县王德嘉谕绅陈集春等募钱一百缗交孟兰寺米市，岁取息钱二十缗以增原脩。

正蒙斋在弥陀场，原脩二十四缗，岁由粮房给息钱十八缗、礼房给息钱六缗。同治十三年（1874 年），县谕场绅李灿章等增募钱一百五十缗，交惠民宫生息钱六十缗，以增原脩，馆设惠民宫。

昂霄斋在马跎场，原脩二十四缗，岁由粮房给息钱十八缗、礼房给息钱六缗。同治十三年（1874 年），县谕场绅李春华等将本场福善堂所置义学束脩钱二十缗并入此斋，以增原脩馆设文昌宫。

博雅斋在龙水镇，原脩二十缗，馆舍租钱三缗，每年由粮房给息钱十八缗、礼房给息钱九缗。同治十三年（1874 年），县谕本场绅张文富捐钱二百缗，岁收利谷十石，以增原脩。

国瑞斋在瓮溪场，原脩二十四缗，馆舍租钱三缗，每年由粮房给息钱二十四缗、礼房给息钱三缗，同治十三年（1874 年），县谕场绅何开雷、鼎新等拨陈文盛施入川主庙文昌官田谷七石五斗，禹王宫大成会田谷二石五斗，共成十石以增原脩。

学文斋在中鳌场，原脩三十缗，每年由粮房给息钱十八缗、礼房给息钱十二缗。同治十三年（1874 年），县案追出永兴寺古树价钱一百缗，交禹王宫濂溪祠两米市，各领钱五十缗，岁各取息钱十缗，以增原脩。

正伦斋在三溪镇，原脩二十缗，年由户房全数送给。同治八年（1869 年），知县吴嗣伯、场绅吴绍伯场抽本场米市斗息加脩八缗。同治十三年（1874 年），吴绍伯等复遵县谕（同得英斋）。

敦行斋在双路铺，原脩二十八缗，由斋长收康明琳施业租谷送给。同治十三年（1874 年），遵县谕每年再由康明琳施业加租谷四石，以增原脩。

求益斋在邮亭铺，原脩三十缗，由斋长岁收周朝缙捐钱生息送给。同治十三年（1874 年），县谕场绅傅济川等加募昆卢寺天灯会钱一百缗，年取息钱十五缗，以五缗作入学祭祀等费，以十缗助增原脩。

桂林斋在三驱场，原脩二十八缗，由斋长年收佃田租谷送给。同治十三年（1874 年），遵县谕于本场米市抽取厘钱三十二缗，增补原脩。

得英斋在三溪镇。原脩二十缗，年由礼房全教送给。同治八年（1869 年），知县吴嗣伯、场绅吴绍伯等抽本场牛市斗息加八缗；同治十三年（1874 年），吴绍伯等复遵县谕，仍于米市斗息内再抽钱十二缗以增原脩。

桂香斋于双河场附近，原脩二十缗，夫马钱六缗，由斋长年收铁租钱送给。

清光绪三十二年（1906 年）废科举以后，将原有乡学改为初等小学堂，收七岁学童，修业年限为五年，均按“癸卯学制”办理。

乡学所授课程与义学相差无几，在此不赘述。清代重庆地区乡学中值得注意的地方，是乡学的学规。如南川县知县魏崧制定的《乡学条规十则》，对乡学教师、学生、教育内容、乡学管理等进行了相关规定。

**知县魏崧乡学条规十则**

一、馆师具系本邑子民，本官志所以礼貌相符者，原为崇尚师儒起见，尔等各宜自爱。立品为先，弗预馆外事，弗客馆外人，弗蹈前人故辙。尸位贻议设，一朝有过而去自问，能无报然？

二、馆师每逢朔望，轮赴就地各场市，乡村宣讲圣谕一日。如朔望系赶场日期，改为次日宣讲。盖赶场日人虽多而各有所事，不能静听耶，听亦不过行云流水，过而不留。惟闲场日，人皆无时，男妇老幼，听者必多。该馆师常逐条句通从俚语，易以方言，反复详细，务使乡愚心解、情移、咸思效法。

三、宣讲圣谕顺至公所。或庙宇、或会馆、或人烟稠密宽阔处所，恭设香案敬谨。宣讲应用桌椅及馆师茶点、饭食着首事谨备支应。

四、子弟初发蒙者，该馆师先将圣谕条目十六条敬谨抄写，教令恭读，随后再读《三字经》《孝经》《小学》诸书。已发蒙者，亦抄。令补读，随读随将。髫年天性未漓，聪明易启，迎机开悟正在此时。课读之外，再将洒扫应对，进退之节，尊卑长幼，亲疏之序，子臣弟友之道，礼义廉耻之防尽心讲解。惟童稚未能领悟深奥。但使善行、善言闻之，既熟则一切自能效法。慎弗因其年幼无知，弗与讲解，误人子弟。

五、馆师向系一年一考，有考必换。如果能按照章程认真训课，准免其考，接就次年之馆。若宣讲圣谕勤明，经本县查有实效者，并准加修接请。

六、考取馆师，本县必查选生童中有品学专以教学为业而极寒苦者，考而取之，原所以整顿学校亦藉以此培植寒士。

七、乡学首事，四乡各有一人。除照常经理学田事宜外，责成首事各将本乡学事宜尽心经理。馆师勤惰、认真、查察。年终据实具禀，以定去留。毋稍徇私致干未。便如馆师有过犯不能客矣，年终具禀仍随时禀换。

八、子弟中有寡妇之子，该馆师必因人加意。盖其母饮冰茹，艰苦万端，专望其子。成立全仗先生管教。若孤子无成则寡妇失望。更有独子累世家祧关系一人。倘或失教则父母无属望之人，此尔等人尤当宽严互用，格外尽心。

九、乡学官给修脯，原为贫民无力延师而设，不准格外索取束脩。倘因馆师管教认真，自愿进情，及上馆时致送贽见，逢节致送节礼与食物者仍听其便。

十、逢节放学，准以五天为率。即有事耽延，亦不得过八天至逐日。

早晚放学顺先远后近，先幼后长，不可同时并放，致在途相聚玩耍。若子弟家有事，必令其父兄亲自告假，弗任子弟朦告谎假在外闲游滋生别故。❶

乡学所面对的教育对象除了需要发蒙的幼童以外，还有乡村村民，因此其教育内容也相应地有差别。对缺乏文化的乡民主要以宣讲圣谕为主，目的为宣传封建伦理道德，巩固统治基础。清代顺治年间，皇帝颁布了用以宣扬封建伦理道德的训导条文，内容为：一训孝顺父母，二训尊敬长辈，三训和睦乡里，四训教导子孙，五训各安生里，六训毋作非为。康熙九年（1670 年），又颁布《圣谕十六条》。至雍正时期（1723—1735 年），又以每条加注，称《圣谕广训》。号令各地，宣讲传播。但当时的圣谕宣讲，为统治者倡导的教化宣传活动。到了乾隆时期以后，各地的宣讲人员或采用史书文献，或取于演义传说，或搜得乡里轶闻，边讲边唱，逐渐形成了仍称为“圣谕”的曲艺表演形式，并有圣谕的唱本刊印或传抄。❷ 而对幼童的教育内容以发蒙为主，除《圣谕》以外，还有《三字经》《孝经》《小学》诸书。课读之外，再将洒扫应对、进退之节、尊卑长幼、亲疏之序、子臣弟友之道、礼义廉耻之防尽心讲解，灌输封建道德。

## 二、重庆的私塾

作为地方行政区域划分中最小的教育机构，“塾”最早在西周时期出现，由地方政府主办。私塾，顾名思义，则是指由私人创办，与政府无关的教育机构。清代私人讲学之风亦盛而不衰，私人讲学为私学中的高级阶段，后来多与书院讲学合流。而私学低级阶段的蒙养教育，则多称为私塾。私塾的习惯概念是指私人设馆，教读蒙书和经书，宣扬封建伦理道德的学校。在我国几千年的历史长河中，私塾曾起过传播文化的作用。

### （一）私塾分类

根据各地不同的风俗习惯，私塾的名称也多样化，仅从经费的来源方式分析归纳，可将重庆的私塾分为以下两类。

其一是门馆，或称团馆、散馆、私馆，是指塾师以自己家宅，或租赁的他

---

❶ 魏崧．南川县志：卷七 学校志［M］．刻本，清咸丰年间．

❷ 中国曲艺志全国编辑委员会《中国曲艺志·云南卷》编辑委员会．中国曲艺志：云南卷［M］．北京：中国 ISBN 中心，2009：69．

人房屋，或凭借的祠堂、庙宇等公馆为教育场所，招收附近学童入学就读。重庆清贫学究，因馆设塾，吸收附近学童，并按年龄大小、程度高低、家境贫富议定全年学资，每年分端午和中秋两次交纳。其学门兴旺者，学子多达30人以上。光绪年间，谭兆兰在高旭镇张王庙兴办“谭氏学塾”，父子先后为师，远近求学者云集。梅子乡曾广曦设“省吾家塾”并自任塾师，路阳乡刘光济设“刘氏集馆”，榨坪乡曾锡光设“曾氏家塾”，双土乡甘作赓设“甘氏家塾”。❶

其二是专馆，也称坐馆、东馆，由官僚乡绅或富裕家庭延聘塾师设专馆于家，以教诲自家子女。经主家与馆师同意，也可吸收少量附读学童。云阳县于嘉庆十一年（1806年）在云镇，由盐场陶工家庭延聘湖北黄冈人陶朗斋在场设塾，弟子百余人。在水磨乡，设有集馆“半济堂”，弟子先后共300余人。

### （二）塾师待遇

私塾教师多为尚不能进入仕途的秀才、监生、生员，亦有少量仕途不得意的进士等高功名者，他们多为获取脩金而设馆授徒。

中国自古就有尊师重教的传统风尚。然而，与塾师们在某种程度上所享受到的精神待遇相比，物质待遇似乎更具有现实意义，它往往成为塾师及其家庭成员的主要生活来源。私塾的类型是以其办理方式来划分的，这就从某一个方面决定了塾师经济待遇的差异。分析其中原因，主要有这两点：①各类私塾经费来源不同。各类私塾由于其办理方式的不同，经费来源自然也就不同。②各类学童的家长对教育的认识和重视程度不同。家馆、族塾的学童家长往往为了光宗耀祖，特别注重对后代的教育培养。这类家长因而对塾师的选择要求甚严，塾师的待遇较优；族馆的设立者也希望通过对族人“养”和“教”的“收族睦族”的物质活动和精神活动，达到“尊祖敬宗”“光大家族”的目的，因而他们对教育很重视，并能实际地为一族人的教育投入经费。而大多数普通家族尤其是农村家庭的孩子多在塾师的自设馆里读书，由于家庭生活的贫苦，家长终日耕作于农田，无暇顾及孩子的教育，更主要的是他们对文化教育尚认识不够，只是希望孩子通过学习能识字、算账等，因而他们对教育不是十分重视，在与塾师议定学俸时常常讨价还价或尽量压低。清朝名画家郑板桥曾就当时乡间塾师境遇写一首打油诗：“教馆本来是下流，傍人门户过春秋；半饥半

❶ 秀山县教育委员会. 秀山土家族苗族自治县教育志：上册［M］. 内部交流本，1992：4-6.

饱清闲客，无枷无锁自在囚；课繁弟子偏懒惰，功少东家结冤仇。”❶ 它深刻地反映了大多数乡村教师在被歧视和贫困的生活中苦度岁月的实际情形。

清代塾师的物质待遇主要包含两项内容：束脩和膳食。❷

束脩就是指学生交给塾师的学俸或学钱。学生的学费视其家庭经济情况和文化程度而定。在中国古代的乡村地区往往“生徒每百里赍粮而至”，以粮食为计量结算束脩，但是随着社会经济的发展，塾师薪金以钱财结算的办法实际上渐趋主流，在物价较稳定的年代里，塾师的学俸都以铜、银、纸币交付。早期塾师的束脩以银两计；嗣后以铜串计，即铜币按“串”计算；纸币按元计算；更后以银圆计。学生学俸的交付方式分一家负担或众生公摊，也有由村、族统一交付的。学俸的交付时间分年初议定或年终议定，有的也分学季交付。酉阳城西山三抚庙内，有一所由廪生宋文选设立的团馆。束脩由学生自由缴纳，富裕之家，每人每年十串以上；贫寒之家，每人每年五串以下。❸ 清代江北区境私塾、村塾多为乡里公益开办，延请塾师，为方便本地儿童就近入学。

膳食，塾师在其执教期间享受学生或其家庭供膳的情形比较普遍。①“自爨公养”。塾师在执教期间，由学东按顺序安排学生供给塾师柴、米、油、盐、菜蔬，塾师本人或其家属自烹自调。②“搭伙包干”。由学东一户包供塾师一年的膳食，结算时，由各学生家长公摊，或者由塾师免收东家子女的学俸，而相应增加其他学生的学俸。③“吃转饭”。学东无力包伙，塾师又不能“自爨公养”的情况下，由离学校近而有供膳能力的学生家庭轮流供膳，塾师则适当减免供膳户学生的学费。④“随家进餐”。这种办法是塾师在家里或家附近设馆采用的，学生往往也送些必用品，用作塾师的口俸。如一斗米、一斤油、一斤盐、一斤茶、一斤烟，即所谓“升米四斤”。

上面所述的束脩和膳食是塾师能得到的主要物质待遇，除此之外，每年的特定节令，学生为表示对塾师的敬忱，也会送一些数量微小的礼品。如学生“拜门”时往往要给塾师送礼。另外，每年农历五月端阳放假，学生个人或集体摊钱购买包子、猪肉、白酒之类的东西送给塾师，称为“送瑞阳”；农历八月十五中秋节，学生将茶叶、烟丝、糕点之类的东西送给塾师，称为“送中

---

❶ 孙震，吴杰．教育学［M］．长春：吉林教育出版社，1986：84．

❷ 闻洁．塾师经济待遇初探［J］．教育与经济，2000（3）：55－58．

❸ 中国人民政治协商会议酉阳土家族苗族自治县委员会，酉阳土家族苗族自治县县志编纂委员会．酉阳文史资料选辑：第五辑［M］．内部交流本，1985：6．

秋”；腊月初放年假，学生为了感谢塾师一年教诲之劳，分别买些猪肉、食糖之类的东西赠送给塾师，称为“送年辞”。

### （三）私塾的教学工作

私塾的教育教学，一般而言，根据不同种类，选用不同的教材、管理和方法。

1. 教学时间及相关准备

根据私塾的种类不同，分别开展教学。

散馆由塾师设于家中，这是重庆私塾的一般形式。每年农历正月十五后，塾师便在自家设塾的门上或十字路口、来往行人多的地方贴上“某（塾师的姓）馆择吉于某月某日上学大吉”的红纸招生广告，学童的父兄纷纷前往洽谈，面议束脩多少，视其学生年纪大小、学问深浅、家庭贫富而定。塾中必须供奉“大成至圣先生孔子之神位”。书桌、坐凳一般由学童自带。塾师教桌上，一般设土红或洋红1盘，砚台1个，戒方（拍桌惊众的工具）、蔑板（体罚工具）各1块，签筒（装着学童上书、背书轮次的竹签）1个，签板（学童轮流上厕所用）1个。

到上学日期，家长必备香烛和“礼封”（用红纸包封小钱200文至600文不等），名曰“贽敬”，这是送教师的见面礼。学童穿着新衣，由家长亲率到塾，焚点香烛，令学童向孔子牌位前行三跪九叩礼，次向塾师行跪拜礼，塾师说些鼓励之语后，入学仪式便结束了。

专馆是富贵人家聘请塾师来家设塾。先由东家（塾师对主聘人的称呼）亲到塾师家面谈，定学童人数、供膳与否，征得塾师同意后，即恭缮了聘书，并备水礼（酒肉点心之类），送至塾师家，即算聘定。学童除东家子弟外，另有来读的称“附馆”，附馆学童征得东家同意，方能收入。附馆生要另付学费。塾师应聘后，择定上学吉日，至期，举行仪式，敬送礼封。东家还备丰盛筵席，邀请亲友陪坐，款待塾师，以示尊敬。随后择期开课。

2. 教材的使用

私塾的课程主要有4门：读书、习字、作文、珠算。私塾课本不固定，学生读什么书，取决于塾师和家长。一般先读杂书，再读经书。塾师根据学生的文化程度决定学生当前应学的教材和课程。由浅入深，从《三字经》《百家姓》《杂字》《千字文》《增广贤文》《幼学琼林》《朱子家训》《四言鉴》《千家诗》《唐诗三百首》至“四书”“三传”“五经”，女生还读《女儿经》《训女四言》《闺阁箴》等。如铜梁县的私塾，课程学习一般先从《三字经》《百家姓》开始，再学习四书五经，还可以选读《增广贤文》和《古文观止》等。

“五经”等书不一定塾师都能教，学生也不一定都学，即使教，也重读不重讲，学满 3 年，塾师才“开讲”（一般主要是讲“四书”、《古文观止》）。同时学生“开笔”，“开笔”从对字、联句开始，然后进到作文和作诗，称为“窗课”，大约每月两三次，是衡量学生学业成绩的主要方法，是没有考试的“考试”。只要求读个“挂账书”的贫寒子弟，一般只读些杂书，学些“甲子”、珠算、尺牍、契据之类的常识。这些材料多由塾师选定，也有由塾师建议、家长选定的。

在封建科举时代，体育活动并无明确要求和计划。例如，重庆梁平县的官学、私塾及清代的书院、义学、乡学等既无体育课，也无体育教师；不但未开展体育活动，而且连学童自发的游泳、爬山等活动也常被禁止。但民间儿童的踢毽子、跳绳、抽陀螺、滚铁环、捉迷藏、放风筝等活动则屡见不鲜。

3. 教学活动组织

私学的教学活动日程安排，教学内容进度安排，是“大体则有，定体则无”，往往随教者、私学经办者或有地位的学生家长的兴致而任意安排，更谈不上有班级管理、学籍管理、学年编制等。当然私学有些管理规章，如学生守则、教规之类，都是严督不怠。特别是对《御制大诏》和《圣谕广训》，教师更是竭力贯彻。此外，官学的一些管理方法，如惩戒、体罚等，也被广泛应用到私学中来。

私学没有确定的修业年限，也没有明确的“毕业”标准，采用集中式的个别教学为主的制度，学生水平不一，进度不一，出学时间不一。学生“出学”的依据不是水平而是“意愿”和家庭所能提供的条件。而衡量一个学生是否毕业，不是看其学到了什么，而是看其学了什么，即不是依据学生的知识水平，而是依据老师所教。学生毕业，一般没有什么仪式和手续，也没有证书。在教学中，重庆各地塾舍多借用寺庙、祠堂或私宅，桌凳一般是学生自带，高低、长短、大小参差不齐，很少模仿考试、教学环境的设计和采光度。塾师每堂 1 人，多属就地取材，能者为师，毕业舌耕糊口的“冬烘先生”居多，也有少数有名望的学者和宿儒以及潦倒科场、失意仕途的人物。学费每生全年大谷两三斗至三五石，视塾师声望和家长贫富而定，城市则折合现金。每堂学生有数人至二三十人，年龄、程度不一。习惯上旧历正月中下旬开学，腊月初一结束，中间只放端午、中秋和圣人节（农历八月二十七日孔子诞辰日）3 次假。

每天教学时间分为上午和下午两段。上午约 8 点钟学童进馆，12 点钟后放学。下午约 2 点钟进馆，6 点钟放学。教学全凭教师个人的治学和教学经验。都是学生一进馆，非读即写，没有休息时间，也不许下位，连上厕所也要到先生面前拿“公签”方可离去。塾师的工作是非常繁重的，每天都要教生书、听背熟书，圈阅习字本和诗文等。塾师对学童的管教颇严，学童必须循规蹈矩，若触犯“学规”和认不到字、背不上书、写字不工整等即受处罚。塾师备有大小戒尺，小戒尺为长形木条，用于课堂上敲击桌面，警告学生专心读书。大戒尺为长 2 尺许的厚竹板，专用来惩罚学生。轻则打手心、罚跪，重则笞臀，此外，还有揪耳朵、罚站、罚跪等。其理由是“师严而后道尊”“严师出高徒”。塾师因怕落“教不严，师之惰”的骂名，而护短的家长毕竟又是少数，所以私塾学生几乎没有不受体罚的。

每日 3 道“生书”，塾师一一笔点口授。写字把手辅导，错别字当面圈改。考字逐个检查（每日放午学前，在学生“考字本”上丹书当日生字 5～10 个，认完放行），逢初一、十五将半月考字总认一遍，叫“总字”。下午点名背“温书”（学生将读过的书各背一部分，教师做记号）。每读完 1 本就要通背 1 遍，叫“包本”；读完若干本后还要一起连续背诵，有时一次背的书多达十几本。逢三逢九讲书，蒙生则提前放学，晚上塾师批改作业，学生读夜书、做窗课至深夜，次日清早读早书。师生教学活动时间每天不少于 10 小时。

4. *教学方法*

重庆各地私塾内设孔子牌位，上书“大成至圣先师孔子之位”。两旁贴有对联：“孔圣先师有教无类，桃李公门广育英才。”学童入塾须向孔子牌位行跪拜礼。先拜孔子，后拜先生。私塾的学生由于年龄、程度不一，所以采取个别授课，因材施教。这种教学方法体现在私塾教学整个过程的各个方面。

认字：学童五六岁入塾。先生先教学童识字，每天教认单字，教授字数按每生接受能力而定，周而复始地反复练习。识上千字左右，便教读《三字经》《百家姓》《千字文》《增广贤文》等韵文书。然后再教授上述其他课本。

教读：学生将书呈列先生席前，请先生点书。先生照课本逐句领读，学生随之而读，先生教一回，用红笔在书上画个圈，教学生读多少书文因人而定。教读数遍后，学生回座位自读。读得滚瓜烂熟时，到先生席前背诵，为了防止学生遗忘，每天下午还要抽背熟书。学生读完一本书的标准是：熟读、背诵全本书，故私塾教法第一步是以熟读、背诵为主。

讲解：学生熟读背诵一些书文后，先生开始讲书。先生逐句串读，学生逐句硬记，每天讲一次，讲多少不定。学生听先生讲后，回到座位上默默练习，次日到先生席前讲给先生听，学生讲解无错后，先生再讲新课。

写字：蒙童习字先是先生手把手教写字。教写字的基本笔画，如点、横、直、勾等以及转折运笔轻重等方法。后令学童“描红”，接着学“影写”（即写蒙格），后学“仿写”。“仿写”多写成句韵文，如“一二三四五，金木水火土，六七八九十，升斗合刀尺，大中小人少，山川山有石”；又有“一去二三里，烟村四五家，楼台六七座，八九十枝花”之类。最后教学生摹字帖。先生推荐欧、柳、颜、赵等家字帖，令学生选择临摹。写得好的字，塾师加红圈，写得特别好的加边二圈，错字及写得不好的字打上红“×”之类。随后则为四书五经题。

写作：学生开始作文后每周1次。初教学生写婚、丧、贺、请帖以及祭文和契约之类的应用文。学生进入读经、讲经阶段后，在理解字义的基础上，先生教学生“对子”，如“云对雨”“雪对风”“晚照对晴空”“来鸿对去雁”“宿鸟对鸣虫”等，为写作做准备。读《古文观止》及诗文，由组词造句直到成篇，教学生练习写文章。作文题目初为《说鸡》《说狗》《说牛》等儿童熟知的素材。

批改作文：一般每5天练作文1次，先生对学生的作文进行全批全改。先生批改后，令学生誊清在另一个练习本上，再送先生圈点，并加上眉批、总批及批改日期，然后发还学生。

个别传授盛于私塾，其程序是读书、背书、温书。指导学童读书的第一步是教“句读”。文辞语意已尽处为句，未尽而须停顿处为读。使学童逐字逐句点读分明，以便理解文意。塾师一般先教“三、百、千”之类易于上口的韵文书；预备习“对”的儿童，授以《龙文鞭影》《幼学琼林》等，然后教以“四书”。善教者先教书中生字，然后带读，学生跟着念。授课形式多为学童立于塾师案边，先由塾师带读。《训蒙诀歌》要求教师范读须做到“声声字眼念清真，不论遍数教会认”❶，只有教会学童正确朗读后，才能作罢。要求学

❶ 璩鑫圭. 中国近代教育史资料汇编：鸦片战争时期教育［M］. 上海：上海教育出版社，1990：403.

童读书“须要读得字字响亮，不可误一字，不可少一字，不可多一字，不可倒一字，不可牵强暗记。……读书有三到，谓心到、眼到、口到。心不在此，则眼不看仔细，心眼既不专一，却只漫浪诵读，决不能记，记亦不能久也。三到之中，心到最急，心既到矣，眼口岂不到乎”❶。熟读不仅为了巩固读书成果，也是培养学生自学能力，是深入理解学中内容的一个步骤。背书，是用来督促检查学童读书的重要手段。重庆各地有不少私学几乎是每读必背。理书即温书，是复习过去学过的知识。孔子有“温故而知新”的名言，私学有读新书不忘温旧书的制度。每天上新课之前，必须经过“温书”再过渡到新课，规定每十日、每一月、每一年都要理书一遍。这样就能做到随读随理，旋转不穷，则书无不熟。私家教学崇奉“书读百遍，其义自见”，少作讲解。儿童读书一直到心口渐顺时，才算熟练。这正是古代教育家“熟读精思”读书法的具体运用。讲书，是教师讲解书意。讲解时要做到“微而臧”“罕譬而喻”，等等。讲书的顺序是先“讲”后“贯”，即先讲清文义，再讲清全文的基本思想。私学讲书是个别施教，讲解时还要求教师从学童天资的高低、学识的基础出发，做到因材施教。

除了蒙学程度的初等教育之外，有的塾师教学程度要求极高，在基本知识基础上，深入经史典章。清代酉阳州“李光塽……初下车过村塾，见几上古本《大学》《周礼》《尔雅》，辨识难字，曰李公之教也。公教士一以愔行为。先课文以先正为法。一字一句一名一物必曰是出某经，是出某史，汉唐人经义取诸腹简，如数家珍，权衡度数，不差累黍。酉阳文教初敷其俊秀者，近知经学矣”❷。这样的教学效果如何，是否超出学生的程度和能力层次，不得而知。

重庆私塾，大多民办，散处里巷、乡村。各地私学对入学年龄、学习内容以及教学水平等方面，都无统一的规定。这是我国封建社会自给自足自然经济基本结构在教育上的反映。塾师地位低下，生活清贫，负担繁重。然而私塾读、写、作教学质量不低，学童就业之后，一般都有相当的阅读书写能力。这和私学有方分不开，也和广大塾师的辛勤教授有关。乡学塾师的知识积累有限，加之教育方法简单枯燥，一定程度上对学生的知识获取造成了不良影响。私学的教学常用体罚手段。从罚跪（学塾中悬有孔子像者，则罚跪在孔子像

❶ 孙培青．中国教育史［M］．上海：华东师范大学出版社，1992：391.

❷ 王鳞飞．增修酉阳直隶州总志：卷十二 职官志一［M］．刻本，1863（清同治二年）.

前）到鞭笞，饥饿（不许学生回家吃饭）也是蒙学中变相的体罚。教师采取的是压服，而不是说服，夏、楚、戒方成了他们主要的凭借，后人乃又有“抬头怕看先生面”“宛如老鼠见狸猫”之嘲。这是私学教学中的典型糟粕，理应清除。

## 第三节　清代前期重庆的私人讲学活动

私人讲学是古代教育的重要类型，源于春秋时期儒墨显学，直至清代，并未消停。只是宋元以后书院兴盛，亦官亦私，但程度水平专业化层次明显，故将私人讲学大多归属于书院讲学，而缺少其独立性及影响力。但从清代重庆方志文献中获悉，此类活动依旧存在，且并不少见。举证一些例子，可以丰富私学类型及程度的不同认识。

李桓，彭水县人，顺治辛丑（1661 年）进士。他学问渊博，善于作文，对做官则很冷淡，放弃知县职位，回家里增修房屋，收罗书籍，聚徒教授。讲学时，每多独到见解，生徒甚多。著有《赖园集》。

熊兰征，原名元征，字克起，丰都人。明末曾中副榜，未出仕。入清后仍在家乡以教书为业。学生中不少人后来都出了名。他著述甚多，注《庄子》及《离骚》，有独到见解。

汤学尹，号勉庵，黔江县人。康熙癸卯（1663 年）中举，在家乡教学。黔江久经兵祸，经学几乎没有人懂了。学尹教授青年学生循循善诱，严格认真，虽盛暑、严寒也从不中断。学生们尊称他为勉庵先生。

高人龙，字惕庵，梁山人。康熙戊辰（1688 年）进士，为官数年即退职归里，潜心研究濂、洛、关、闽 4 家理学，给学生们讲论，从无懈怠，远近闻风来学的不绝于途。遂宁李天根，把高人龙与学生的回答整理成集，名曰《惕庵语录》。他讲学 50 多年，门下出了许多高业弟子。

黄之玖，字贻我，长寿人。雍正丁未（1727 年）进士，行河南登封县知县，不久便卸任归家，教授生徒。他学问渊博，经史百家都曾研读。他的学生很多，远道而来的不少，其中一些人后来文行知名。他著有《五经文字》《恒言家训》等书行世。

李国凤，字兆五，忠州人，康熙壬申（1692 年）举人，康熙丁丑（1697 年）三甲第 95 名进士，性沉毅，其学志坚，全神贯注，如遇精彩之语或会心之言，手舞足蹈，或歌或哭。中进士后从游者日众，登门求文者接踵而至。康熙壬午年（1702 年）送弟子赴重庆参加岁试，暴病殒命，卒于旅店中。

陈于舞，字蕉园，涪州人。乾隆壬申（1752 年）举人，乾隆丁丑（1757 年）三甲第 92 名进士，选翰林院庶吉士，未赴散馆试即告归，教诲生徒。平时起居不苟言笑，盛暑酷热，必衣冠整洁，育人循循善诱，终日不倦，乡人咸钦其严谨处世的态度和奖励后进的开明风范。

刘道溢，号竹堂，大足县人，乾隆已亥（1779 年）举人，三上春官不第，退而教授生徒，所作诗文乡文人传诵。

冯麟，大足县人，家贫，力学，工楷书，邑令赵宪高器重之。由选贡中乾隆戊子科乡试，性恬退不求仕，进居家课读，循循善诱，教其子赓飏、赓盛、赓福，俱列明经。

萧濂，大足县人，贡生，生性端严，动循礼法，教徒邑之东乡。燕居亦正衣冠，四子三列文庠一岁贡。

谭致中，大足县人，笃学不倦，工草书，诱掖生徒，成就甚众，邑大史刘天成出其门，以明经选大邑县训导。子云龙，岁贡生选潼川府训导。

周日庠，大足县人，字康田，廪生，性耽经史，教读二十余载，邑中能文之士，多出其门。

杨希震，号方山，大足县人，增生，性耽经史，常伏枕默诵，有东汉学者边孝先之风文名，由此藉甚，以家贫授徒邑之西乡，勤劳成疾而卒。

蒲影，号双溪，大足县人，品学俱优，教徒五十年，邑中乃邻封登贤书，游庠食饩者甚多，以岁贡授彰明县训导，秩满归讲明理学，以诲诸生，卒年九十六龄，犹龆龀，其门人铜梁孝廉戴健行、杨通溥挽之曰“全受、全归”❶。

杨廷玉，大足县人，岁贡，大足县人，性耿介，有俭德笃尽孝友，课徒家塾，足不履城市，为诸生讲说经义，必教以躬行实践，不可徒事辞章。每岁从游者多至七八十人，及门领青衿者以百计，次子昌祐拔贡，四子昌祉亦补弟子员，孙曾列黉宫，士林羡之。

杨昌祐，大足县人，嘉庆癸酉拔贡，性纯谨，笃学能文，善承父志，教读南门外，虽公事不见，邑宰时谓是父是子。

刘炳旭，大足县人，倜傥有大志，博学，工诗文，少即名噪，有撞破烟楼

---

❶ 王德嘉. 大足县志：卷八 人物志 儒林［M］. 刻本，1877（清光绪三年）.

之目，以廪贡授平武县训导，郁郁卒于官。长子桓精于韬钤，以茂才投曾涤生爵相营，动力所呈谋略多合相宜，爵相甚器重之。

李型廉，大足县人，道光乙酉拔贡，简重好学，终史之余，凡医卜星相等书靡不端楷抄录至髦不倦，主讲书院，成就甚众。

白受采，大足县人，廪生，讲求圣贤实学孝友，无亏一生，绳趋矩步，躁释衿平，从游者多，成令器，历来学师莫不称为真正读书人。

罗文藻，大足县人，文生，优品学，课徒诗文之余即讲《米子小学》《近思录》及陈榕门五种遗规。著有《仪节便贤》《声音辩论》，并辑刻《迴澜要览》劝世，尤笃宗古继绝嗣拯贫困，极解推无德色，咸丰初倡修凌云案，保全一方，复募赀举设鼎新乡学，以培文教。

以上私人讲学并非清代重庆诸地存在之全部，只是部分比例。但作为特别种类的私学教育，是有意义的，表明清代重庆学风士风的强劲、文风的盛行。当然，讲学者及其开展活动是否纯粹私人行为，程度及方式与私塾或义学、乡学是否结合，或许还不能确定。但无论如何，作为地方学校办学的珍贵素材，仍然十分值得珍视。

# 第三编

# 重庆学校的早期近代化（清代后期至近代早期）[1]

---

❶ 本编部分内容得到吴洪成教授所指导河北大学教育学院教育史专业、教育学原理专业硕士研究生刘梦熙、王蓉的协作，并在有关学术刊物发表。谨此说明，并向合作者及编者致意谢忱。其余主要内容由吴洪成教授独立完成。

# 第十章　清代后期重庆的新式学堂概述

## ——以中小学堂为中心

19 世纪中叶，我国封建社会日益走向衰败。鸦片战争爆发以后，西方列强入侵，使中国由一个长期稳固的封建帝国，转而成为一个不断失去平衡、受制于他人的半殖民地、半封建的国家。有志之士在忍受西方屈辱的同时，也在“师夷之长技”，其中就包括借鉴西方文化的教育思想和教育制度，在自我反省的基础上，对中国的传统教育进行改革。重庆地处祖国西南，周围为高山和高原环抱，除东有长江与外界沟通外，其余三面基本上是封闭的。这种地理环境的封闭性，使近代重庆的经济、政治、文化的发展，较之沿海和长江中下游地区要缓慢一些。从 19 世纪末开始，近代重庆社会才发生了明显的变化，重庆近代教育的发展才拉开了帷幕，与此相伴随的，便是具有标志性意义的新式学堂的出现和迅速发展。清代的重庆隶属于四川行省，是其所辖府治所在地，其时高等学堂一般而言设在省城所在地，所以重庆府没有高等教育机构。另外，近代中国各地，除沿海少数城市外，师范学堂及专门学堂基本上设于普通学堂之后，限于篇幅及论述对象的相对稳定独立性需要，因此，本章所论新式学堂主要以中小学堂为主。

## 第一节　清代后期重庆新式学堂兴起的社会背景

鸦片战争以后，“牢固的中华帝国遭受了社会危机”[1]。重庆虽地偏西南，社会形态也发生了深刻的变化，这种变化广泛地体现在从社会经济到社会政治，从人的思想意识形态到社会文化的各个层面中。重庆的近代教育改革的艰

[1] 马克思，恩格斯. 马克思恩格斯全集：第 7 卷［M］. 北京：人民出版社，1965：264.

辛历程，就是在这“数千年来未有之变局”的背景下开始的。

## 一、政治概况

清末重庆的政治形势极端复杂，社会矛盾重重并不断激化。比较突出的有两类矛盾，首先是统治阶级与被统治阶级之间的矛盾。由于土地兼并严重，贫富分化加剧，苛捐杂税多如牛毛，人民生活困苦不堪，迫使人民一次次揭竿而起，1860 年张国福、1862 年石达开都曾率起义军攻打重庆。其次是人民大众同帝国主义的矛盾。鸦片战争后帝国主义就图谋将侵略势力延伸到中国内陆，大多数州县都建立了教堂或布道室，一些不法教士和教民为非作歹，横行乡里，由此引起了多次群众反洋教的斗争。1863 年 2 月，重庆人民愤怒于法国教会欲霸占长安寺的行径，将蹇家桥天主教真元堂和沿街天主教民的店铺捣毁。1886 年至 1899 年，重庆“大足教案”发展为声势浩大的余栋臣反洋教农民起义，沉重打击了腐败的清朝统治和西方侵略势力，是中国近代史上最早的、最大的教案。义和团运动中，重庆人民又最先喊出了“灭清、剿洋”的口号。

义和团运动失败后，重庆人民继续探索救国道路。1903 年，邹容在上海写出并公开发表了《革命军》一书，在中国历史上第一次提出了鲜明而详细的资产阶级共和制度的政治理想和纲领，猛烈地抨击了封建主义意识形态，为辛亥革命做了思想舆论上的准备。1905 年，同盟会重庆支部成立，并于 1911 年成功地发动了反清武装起义，11 月 22 日在重庆成立了“蜀军政府”。重庆政治形势的急剧变化，社会政体的性质从封建性转化为封建化资本主义，传统教育的体制及内容、方式都无一例外地向近代的民主性教育转变。

## 二、经济概况

清末，中国的大门被打开后，外国资本主义势力就馋涎欲滴地觊觎四川这片膏腴之地，为了扩大经济侵略，他们步步向重庆逼近。根据《烟台条约续增专条》，重庆开埠，市场被迫向世界开放，洋货入川如决堤之水，不可遏制，经重庆浸及穷乡僻壤，在一定程度上破坏了重庆的自然经济基础，加速了西南地区农副业产品的商品化过程。进出口贸易的开展，为重庆近代民族资本工业的产生提供了部分商品、资金和技术市场。1891 年，四川省第一家民营新式工厂森昌泰、森昌正火柴厂在重庆建立，它是国内最早创办的火柴厂。重庆早期的民族工业以纺织业为重点，1900 年至 1905 年，重庆创办的织布厂为同期全国创办织布厂总数的三分之一。工商业的发展，使重庆和西南各地在商品产销和原料采购上关系更加密切，因而促进了金融业的发展。1891 年重庆开埠时，已有 16 家山西票号，清末重庆票号势力急剧膨胀，最盛时达 28 家。

从 1891 年开始，经过 20 年的努力，重庆建立了一批民族资本主义企业，加上商品贸易和金融业的发展，重庆成为四川民族资本主义发展水平最高的地区。政治经济的新变动一方面使外国势力日益渗透，另一方面影响了人们的思想观念，促使传统教育发生改革，近代新教育在重庆产生并得到发展。

## 三、文化概况

鸦片战争前后，重庆的士林风气十分败坏。封建士大夫们麻木、褊狭、闭塞、无知，广大士子朝夕相望、梦寐以求的是入学、中举、金榜题名。世界大势的变化、国家的安危、民族的兴衰，对他们来讲无关痛痒，士习日弊，人才日痼，风气日塞，给重庆社会的进步带来了严重的影响。即使是外国的大炮也没有对他们产生什么震动，他们依然沉湎于旧的意识之中。

19 世纪六七十年代，东南沿海地区的一些进步知识分子受外国资本主义的影响，开始主张向西方学习。维新变法思想，随着民族资本主义的产生，也开始传播开来。19 世纪末期，维新变法运动开始在重庆兴起。1896 年，维新思想家宋育仁回到重庆，于 1897 年 11 月，创办四川第一家近代报刊——《渝报》。爱国维新志士传播新思想、新文化，开通风气，启迪民智，给死气沉沉的重庆思想界以巨大的震动，给闭塞的重庆吹入了一缕新鲜空气，“渐释”西南人民“固闭之心”[1]。

在维新思想传播的同时，还有一种新鲜事物也随着重庆门户的打开悄然登陆，这就是西式学堂的出现。光绪二十年（1894 年），英国基督教公理会在巴县城区都榔街创办文益书院，后迁至南岩文峰塔侧，更名广益中学堂。光绪二十三年（1897 年），美国基督教布道会在巴县城区曾家岩村创办私立波德女中学堂。1898 年，法国教会在巴县城区创办法文学堂。外国传教士来华办学，是欧美列强对我国进行文化侵略的重要手段，但在客观上对传播西方文明，推动中国近代教育制度的建立和新式学堂的发展也起了一定的作用。

---

[1] 梅际郇．说渝报［N］．渝报，1897（1）.

## 第二节　清代后期重庆新式学堂的设立

清代后期自洋务运动以来，便开始了模仿、引进西方学制的思想构建及实践探索活动。洋务学堂的创建开其端，改良派到维新派提出了学制的框架及具体内容，并开展广泛的办学活动。戊戌变法的四年间，出现了第一次兴学热潮，为新政时期制定“新学制”章程打下了基础。清政府在学务考察及舆论导向下，以日本学制为蓝图制定了1903年“癸卯学制”(《奏定学堂章程》)，从而形式上终止了古代封建传统的教育体制，确立了近代西方工业化时期的新教育体制，各地办新式学堂既具有了法律保障，又成为一项责任义务。

在清末的教育改革中，大力发展新式学堂是一项主要内容，因为它使新教育思想具备了现实依托。从总体上看，与沿海地区及京城相比，新教育思想在重庆的传播较慢，新式学堂的起步也较晚。但是，星星之火，一经点燃，很快就成燎原之势。清末“新学制”颁行后，清政府推动各地办学，三令五申，严格考核，建立督导及视学官制度。受其督促，重庆各地积极筹办经费，选配教师，努力保障新教育的发展。新式学堂星罗棋布，犹如雨后春笋，不可限制，重庆成为当时中国内陆地区新教育发展的一个代表。

### 一、重庆新式学堂创办概况

重庆地方政府采取措施调动社会各方面的积极性，多渠道、多形式地创办新学。重庆新式中小学堂遍及各地，从学堂层次上看，小学有初等、高等、两等（即初、高小合校），中学有实业学堂等各种名目，在各地普设半日学堂（即半日上课、半日做工），“专教贫苦子弟之无力入学及无暇入学者，务教以农工商者普通之知识”❶，另外还成立补习学堂、罪犯学堂等。从学堂性质上分为三类：官立（由官府办理）、公立（以地方公款建立，地方管理）、私立（私人捐资建立，私人管理）。重庆新式学堂的创办主要有两种方式。

一是设立新学堂。如1892年，洋务派代表人物、川东兵备道黎庶昌，在巴县城区创办川东洋务学堂，此为重庆官立学堂之始；1897年，川东副使在渝兴办“中西学堂”，开设中、外文等课程；1898年，江津县以“讲求实学，

---

❶ 佚名．奏牍［N］．广益丛报，1908：28－29.

博通时务”为宗旨，创办西文学堂、算学学堂；1904 年，官立重庆府中学堂正式建立，之后合川、永川、铜梁、璧山、江北及川东各州县厅也相继建立了官立学堂。清光绪年间（1875—1908 年），长寿县举人戴锡畴在双龙乡沙坪寺创办萃英两等小学，1905 年以原来学校为部分基础及资源，在双龙乡筹资设立公立两等小学堂。

二是将书院、私塾改造成学堂。重庆除新建部分新式学堂外，多数都是从原有的书院、义学、社学、私塾改建而成。《名山县新志 · 学校志》直称：“学校者，改良之学宫书院也。”1898 年 5 月，朝廷下令各省县将大小书院改为学堂，1901 年 8 月又令省属书院改为大学，府及直隶厅州属书院改为中学，州县属书院改为小学。重庆遵照执行，公、私立小学相继设立。重庆府城区先后创办官立小学 9 所（1 所为官立高等小学），4 所在城内，5 所在城郊。1904 年，民立小学开智学堂肄业 50 余人，正蒙公学 20 余人，知新学堂 10 余人。

1905 年后，重庆开始对私塾进行改造，培训私塾教师，补习算学、历史、舆地、体操、图画等课程，试图将私塾改办成兼习中西学的初等教育机构，在此基础上广设“简易识字学塾”。据 1911 年的《教育杂志》（第 3 卷第 6 期）记载：“学部调查各省简易识字学塾成绩，以四川为最”，全川（含重庆）计有 16300 余所，学生 245000 余人。

从时空分布上看，重庆新式学堂从戊戌维新以后开始有明显发展，1905 年方兴未艾，以后迅速增加，到 1910 年达到高峰。1905 年 9 月，随着清廷宣布自次年起废除科举制度，全国上下废旧学、办新学的热潮开始一浪高过一浪。就当时四川而言，“渝城地居冲要，得风气之先”❶，重庆人求新的文化习性等因素使得重庆近代教育得到迅速发展。最初规定府、直隶州可设中学，州县可设高等小学，民间只能设公、私立初等小学。但后来这种限制放宽了，只要经费、师资合乎一定条件，即便是乡镇或私人均可设立高等小学，甚至中学，各县创办学堂之风接踵而起。巴县仅在 1905 年就新增学堂百余所，❷ 远在渝东南民族地区的秀山县，也于 1906 年将凤鸣书院改为高等小学堂，其他各州县更是纷纷筹资兴学。光绪三十年至三十四年（1904—1908 年）的《东方杂志》《四川官报》《广益丛报》等对此多有报道，部分记载如下。❸

❶ 佚名. 新闻［N］. 四川官报，1905（20）.
❷ 《重庆教育志》编撰委员会. 重庆教育志［M］. 重庆：重庆出版社，2002：97.
❸ 《重庆教育志》编撰委员会. 重庆教育志［M］. 重庆：重庆出版社，2002：97－98.

长寿县，“筹费逾八千，建堂八十所”，“川东蒙学堂之多，以长寿为最，统计四乡公立、私立小学及乡塾改设者，不下200余处”。

铜梁县，“于数月内办成小学堂约费万金，又公立蒙学数十所，又在城内敬节堂拨借厅堂立女学一所，去秋创办以来，来学已有五十余人，地窄难容，今年又在城内养济院借房屋添设一所。城乡共四所女学堂，凡七八岁至十岁幼女均送入读书，习字学算”。

合川县，“风气大开，学堂林立，有高等小学堂六，两等小学堂四，初等小学堂九十二，附属小学堂二，半日小学堂二，均已开办，日求进步”。“高初小学已近百堂，教师不敷，初级师范作简易科毕业以资应付。”

江北厅，“近日将考棚中号凳一律拆去，装修为住宿室，冰鉴堂将改作讲堂……拟以此为初等小学堂，六事公所改为高等小学堂”。

璧山“高等小学略有条理”，永川“各处小学拟定七十余所”，綦江“高小校舍不敷，分地设立”，大足“高峰寺僧禅捐款建立高等小学”。

据学部总务司光绪三十四年（1908年）所列“重庆府普通学堂学生统计表”（无潼南县）统计，未直辖前重庆地区共有小学堂1137所，学生38624人，其中高等小学堂27所，学生753人；两等小学堂65所，半日学堂24所，学生879人；另有中学堂15所，职业学堂11所，师范学堂2所。川内各地兴办的学校，以重庆“占多数”❶。

## 二、重庆新式学堂的办学经费

重庆新式学堂勃然兴起，迅速取代了传统的官学、书院、义学。学堂的设立和发展，都需要有足够的教育经费做保障。重庆各学堂办学经费的筹集，根据其创办方式和性质，主要有以下几种途径。

（1）各地所办官立和公立学堂，按所属级别划拨经费，县立学堂由县署拨款或由县署筹集，乡镇所办学堂从乡镇公款中拨给。另外各级政府增加场市息钱、附加税，充作办学经费。

（2）由书院改建而成的学堂，用原书院经费办学。东川书院、经学书院、渝郡书院的学田、房产租金、利息收入划归重庆中学堂。涪陵县办学态度积极，经费筹集措施稳健，据《涪乘启新·第十六课 倡办学堂》记载：“州境书

---

❶ 隗瀛涛．四川近代史稿［M］．成都：四川人民出版社，1990：369，401．

院旧有钩深、桂馨、鹤鸣、石阳四书院，及义学十数处。自奉新章改设学堂，城乡一律举办。除书院、义学旧存之款外，更取给于肉斗称再息、庙会神金、各项杂捐与闲款，可划拨者，涪地向称富裕，集款尚易。”

（3）私立学堂，主要由私人捐资助学。清政府提倡私人捐资助学或办学，在《奏定学堂章程·实业学堂通则》中规定：官员绅商有能力慨捐学款，扩充实业学堂经费者，或筹集常年学款，自行创设实业学堂者，奏请皇上从优奖励。由于政府的鼓励，重庆各地捐款兴学，成绩斐然。如长寿县舒绍法捐银1万余两，巴县罗绍康捐资创办私立游艺女子中学堂，曾纪瑞、许云龙捐资创办私立开智小学堂，杜成章捐资创办私立光园小学堂，杨鹤龄赞助、杨焕斗出资创办私立依仁小学堂。

（4）学生交纳学费作为学校经费。重庆学堂初办时，学生入学皆免交学费。为了补助办学经费之不足，光绪三十一年（1905年）四川总督部堂行文《通饬各属征学费札》，开始在中小学堂征收学费。光绪三十三年（1907年），清政府颁布《学堂收费章程》规定：除初等小学堂暂时酌免，师范学堂及半日学堂、艺徒学堂一律不收外，其余各学堂均应征收学费，作为办学经费。宣统二年（1910年）五月，四川提学使因经费不敷，规定初等小学堂新生每月缴银圆0.2元，旧生0.1元；高等小学堂新生每月0.4元，旧生0.2元。

（5）教会学校主要由教会拨款，不足数由董事会筹集。例如：由基督教美以美会创办的求精中学堂，该会年拨1万元，后规模扩大，年拨2万元，不足数由校董会补助。

（6）其他筹款方式，如从庙产盈余和同乡会会款中提取办学经费等。据《江津县志》记载，1903年，江津“县人夏凤薰亲往各乡镇酌提神金庙款成立初等小学，时人称之”。1904年，江津“知县蔡承云亲履四乡，各就庙会筹定之款设立初等小学堂132所。其中女子初小学堂4所，并倡先捐廉三百金，劝募绅民量力捐资。于城内修建江津中学堂”。江西太和县旅渝同乡会购置田业、街房租金为基金创办私立泰邑小学堂。

## 三、重庆新式学堂的师资

教师是学校教育的实行者、推动者，很大程度上决定着教育成效，乃至教育工作的成败。近代新教育的质量保证主要在教师的数量及水准上，为此，加强选用及考核，是建设教师队伍的有力保障。

清光绪二十九年（1903 年），根据学堂章程的规定：初等小学堂正教员，应由初级师范学生中考试成绩中等且有毕业文凭者担任；高等小学正教员，应由初级师范毕业考试成绩列最优等、优等及游学寻常师范毕业得优等、中等文凭者担任；副教员应由初级师范毕业生中考试成绩中等及游学寻常师范毕业取得毕业文凭者担任。上述人员不足时，对暂时充任者的资格也有相应规定。清宣统元年（1909 年）又规定，初级师范学堂完全科毕业生，优级师范完全科毕业生及优级师范选科毕业生，担任小学教师者无须检定；其他教师都要参加检定。对成绩优良的教员，由学堂呈明督学局或省提学使司给予实力尽职文凭，得此文凭者，不再参加检定。重庆城区中学教员的任用：书院改者，沿用书院聘请品学兼优的名士担任，报县署审批；教会办者，由校董会推荐，学堂聘用。可见，清末新教育热潮中，政府重视教师资格认定及职业能力素质的考核，这十分有助于近代新教育推广，并最终代替旧教育，也表明当时教育的近代化、国际化已经有相当的势头及水准。

## 第三节　清代后期重庆新式学堂兴办的历史意义

新学堂的兴办，新教育的发展，不但培养了大批具有新文化、新思想的人才，而且对近代重庆的社会政治、经济、文化各个方面，也产生了巨大而深远的影响。在中国长期闭关，对外部世界缺乏了解的社会历史背景下，在十分封闭、传统势力异常强大的重庆，进行这种全新的教育改革，并在 19 世纪末到 20 世纪初短短的十余年间取得这样大的成绩，确实是很不容易的。

### 一、促使重庆教育逐步走向近代化

新式学堂的创办，是新教育、新思想实践的具体体现，虽然其中仍带有封建色彩，但毕竟冲破了传统儒家教育一统天下的局面，改革了学校教育培养统治者的一贯模式。“新学制”的推行，还打破了学校教育重道德伦理、轻科学技术的传统，不仅专门建立了实业学堂，在普通学堂中也引进了大量西方自然科学和社会科学。新式学堂所实行的课堂讲授方法和分级分科教学，较之于私塾书院的授徒方法和死记硬背，无疑有助于受教育者更好地接受和消化所学知识，并在此基础上发展智能。随着一个个改革诏令、措施的推行，旧式书院、义学逐渐裁撤或改建成新式学堂，旧学的阵地日益缩小，新学逐渐壮大。与新学堂的设立相伴随，新学的行政管理机关从省学务公所到各地劝学所已经建立，官方和民间教育研究机构、教育团体也多有设立，它标志着重庆教育近代化已崭露头角，初显成效。

## 二、引进近代文化知识

过去旧式书院和学塾主要讲授四书五经等内容，学生接受的知识面狭窄，而且千篇一律，千人一面，禁锢了人们的思想。在近代新式学堂中，西方科学文化知识大量涌入，其中更蕴含着西方的新思想、新观念。从有关资料中，我们可以看到重庆新式学堂在课程改革方面有如下几个特点。

### （一）西学、新学占课程的主要部分

清末重庆的新式学堂中，不仅在中等及其以上的学校课程中旧学很少，甚至没有了，而且在许多小学中，四书五经也遭到摒弃。学堂中使用的教材由清政府学部颁发，或由以商务印书馆、文明书局为代表的民营出版业编写、出版，留日学生翻译，有的则直接订购外国教材。如 1908 年，四川省学务公所订购日本早稻田大学讲义，由提学使方旭出告示劝购法政、理财、师范等科计 24 册。此外，四川学务当局的机关报《四川学报》和《四川教育官报》还大量登载有关教育的译著、论文和教材，其中有《地理学讲义》《心理学》《英文》《教育学》《生理卫生学》《财政学》《国际公法》《学校管理法》《德国民法》《图书馆教育》等。

### （二）课程内容丰富，涉及领域广泛

重庆过去的书院、私塾绝大多数只学习“八股”试帖之类，甚至连经学、历史等也很少学习。士子们的知识面极其狭窄，对近代自然科学、社会科学、世界历史、地理等茫然不知。而新式学校不仅以西学、新学为主，而且内容丰富，涉及面广泛。普通学堂或师范学堂的学生面对的学科内容较为宽广，既有中国史地，又有外国史地；既有数理化学科，也有教育学、心理学；既有生理卫生，又有体操等，大体上具备了近代社会知识分子所应具备的基础文化知识框架。至于法政学生则是过去的刀笔吏所不可同日而语的，他们几乎学习了当时的中外各种法学知识，而实业学堂学生的知识结构则更是封建士大夫所不可比拟的。

面对此情此景，部分封建统治者忧心忡忡，却又无可奈何。《四川教育官

报》1907 年第 12 期有专文发表："比年以来，士习颇见浇漓，每年不能专心为学，勉造通儒，动思逾越范围，干预外事，或侮辱官师，或违抗教令，悖弃圣教，擅改课程，变易衣冠，武断乡里，甚至本省大吏，拒而不纳，国家要政，动辄捏写学堂全体空名，电达枢部，不考事理，肆口底訾，以至无知愚民随声附和，奸徒游匪借端煽惑，大为人心世道之害。"文章描绘了他们的忧患心绪，反映了新学取代旧学不可抗拒的趋势。

## 三、扩大了教育的对象

近代新式学堂的兴起并普遍推行，从整个教育近代化的层面来考察，最大的有利之处还在于使整个社会的受教育面空前扩大了。新学改造和代替旧学的过程，实质上就是教育从社会上层向中、下层转移的过程，从封建地主阶级垄断教育过渡到大众化的过程。尤其是重庆的文化教育在历史上一直处于比较落后的状态，元、明、清中叶以来的七百多年间，更是呈日渐衰落之势。新教育的推行，各类新式学堂的兴办，不但使商人子弟和一般平民子弟比起封建时代来获得了更多的受教育机会，就连贫苦子弟无力入学者也可以进半日学堂学习知识。特别是女子学堂的创办，更使那些长期受到歧视、与文化知识无缘的女子有了接受教育的可能。

## 四、转变社会风气

重庆地处中国腹地，自古以来风气闭塞，痼癖落后。清末，国家政治的腐败，帝国主义的侵略和掠夺，使中国处于灾难深重的境地，加之文化上的因循守旧，教育和科举的僵化腐朽，社会空气异常沉闷，重庆人对创兴之初的新学是冷漠、鄙弃以至敌视的。但随着新学堂培养出有学识、有礼貌、能解决实际问题的人才，人们不得不对新学刮目相看。民众对新学由漠然、怀疑到热情拥护，进而形成关心教育、捐资兴学的热潮。新学的推广，也传播了新思想，保守、封闭的状况有了一些改变。四川当局把兴办学堂视为开通民智的过程，省学务处办起《四川学报》《四川教育官报》，作为向大众广泛宣传的媒介。各种教育机构也视开通风气为己任，如教育研究会便进行"戏剧改良"，对旧有戏目中"风情月意、牛鬼蛇神、有悖大义公理者弃之"，而倡导"另编新戏剧，激忠爱之思，启国家之念，好义急公，冒险进取，不悖于世界之倾向者演之"。此外，学界还办有图书馆、阅报所、戒烟（鸦片）会等社会性组织。所有这些，都对开启民智、转变社会风气产生了深远影响。

## 五、推动辛亥革命运动发展

重庆近代学堂在辛亥革命中起着重要作用，许多学校都有着深厚的革命基础。新式学堂推动了重庆近代思想解放的新潮流，启迪了一代先进的青年学生，使他们登上了资产阶级民主革命的征途，成为重庆辛亥革命的重要力量。清廷宣布铁路国有政策后，各学堂学生罢课力争，要求收回成命，这些学校亦成为"各道党人交通会聚之所"。长寿高等小学堂体操教员廖树勋（同盟会员）在革命爆发后，利用该校军训用枪百余支，在城内考棚宣布革命。长寿县新市乡的惠民小学堂是一所初级小学，辛亥革命时，同盟会员何建民在校任教，发动起义，进行反帝反清斗争，长寿起义军司令傅春潮曾设炮厂于该校。在"府中学堂，设有同盟会机关部"[1]，同盟会领导人物杨庶堪、张培爵、向楚皆曾任重庆府中学堂监督或教习，他们在学堂内传播革命、发展组织，重庆府中学堂成为同盟会的活动基地和重庆辛亥革命的中心。

总体上看，重庆新式教育在全国开始较晚，但发展很快，使得重庆后来居上，成为当时全国新式教育最发达的地区之一。但也应该看到，重庆的近代学堂中还存在着许多弊端与不足，如有些校舍危困，设备简陋；部分学堂并未脱离旧学窠臼，校内旧习气甚重；不少学堂由于封建统治者的严格控制，有名无实，形同虚设；办学经费拮据，阻碍了学堂的发展，降低了办学的质量；尤为值得注意的是新教育中人文精神的失落，忽视学生个体性情及情意的培养塑造，也可以说是近代教育发展过程中留下的一大遗憾。

尽管有上述难以克服的种种问题，我们仍应承认这样一个不争的事实。清末，重庆近代教育已初具规模，新式学堂从层次到类型都已比较完备，既有官办学堂，也有私立学堂；既有专门性质的学堂，又有一大批普通中小学堂，还有师范学堂；虽然带有起步之初的局限及办学中的流弊，但是结束了以科举取士为目的，以四书五经为主要内容的封建主义教育体制。这些根本变革，标志着重庆教育已经在形式上告别了传统教育的古老时代，踏进了近代教育新的历史时期，堪称是重庆从古巴国以来漫长教育历史发展进程中一个新的里程碑，为重庆地区近现代教育的发展、人才的培植、文化的嬗变奠定了坚实的基础。

---

[1] 隗瀛涛．四川近代史稿［M］．成都：四川人民出版社，1990：396，415.

# 第十一章　清代后期重庆小学、女学、师范及实业学堂

清代后期重庆以小学堂数量最多，对社会基层影响力最强，师范学堂及实业学堂兼有专业技术教育特质，转变社会行业结构意义突出，而女子学堂则不仅具有普遍及专业教育因素，更是社会思想解放的一种力量。本章以清末为中心，探讨重庆上述三类学堂的办学问题，适当结合民国初期素材以做延伸。

## 第一节　清代后期重庆的小学堂

清代后期重庆近代小学起步于维新运动时期，至 20 世纪初的 10 年间形成制度化，并有较快的发展，基本上奠定了重庆近现代初等教育发展的基础。在其产生及发展过程中，形成了一些特点，也出现了一些问题，是中国清末小学教育史上的缩影，尤其是内陆地区兴学历史的一个典型。

1840 年鸦片战争以后，帝国主义列强用炮舰打开了中国的门户，并不断扩大其势力范围，对西南重镇重庆一直十分觊觎。1890 年 3 月，英国迫使清政府签订《烟台条约续增专条》，准重庆“作为通商口岸”。1891 年 3 月 1 日，重庆海关正式成立。这使英国正式取得了在重庆开埠通商的特权，标志着外国资本主义终于打开了重庆乃至西南的大门。从此外国资本主义的势力渗透到了重庆及西南腹地。重庆及四川开始迅速地沦为半殖民地半封建社会。由于社会的转型，教育开始变化，开始了新式学堂兴起并取代传统教育的过程。清末重庆的新式小学发展正是在这种历史背景下拉开序幕的。

### 一、雨后春笋般涌现的重庆小学堂

在重庆海关成立的同年，美国基督教会以传教士鹿依士之名在巴县城区曾

家岩创办了私立求精学堂，接着又在巴县城区创办文益书院、私立启明小学堂。受其影响，1894 年，巴县弹子石小学堂建立，成为近代重庆地方兴办新式小学的肇始。西方传教士在华办学是欧美列强对我国进行文化侵略的重要手段，但在客观上，对传播西方文明、推动重庆近代教育制度的建立，亦起了一定的作用。

戊戌变法运动有力地冲击了旧的教育制度。维新派以西方资产阶级进化论和天赋人权学说为思想武器，批判封建君主专制，抨击封建主义的旧思想、旧文化，大力提倡新学，影响遍及全国。1898 年 5 月，清政府下旨令各省县将大小书院改为学堂。1901 年 8 月又重申此令。重庆府遵照执行，公私立小学相继设立，重庆城区先后创立官立小学 9 所，其中 4 所在城内，5 所在城郊。一些郊县纷纷建立小学堂，如 1898 年，江津县以“讲求实学，博通时务”为宗旨，创办西文学堂、算学堂，翻开了该县新式教育的新篇章。璧山县的一些开明士绅，在新教育思想的影响下，于 1899 年在嘉场创办了第一所新式小学堂，即正嘉场蒙学堂。次年，灶门滩办蒙学堂。1902 年，大路场也创办了一所新式小学堂。云阳县在 1898 年将五溪书院改成新式小学堂。同年，忠州由祠堂筹资兴建的江氏私立神滩小学创立。1902 年，铜梁知县钟尔谷，将巴川、琼江两所书院合并，改办小学堂，定名为“巴琼学堂”，堂址设在巴川书院，分寻常、高等两级。次年，新兴场设立初等小学堂，学堂负责人称总理。

对照中国近代教育的发展历程及区域分布状况，可以惊异地发现重庆近代教育起步虽晚，但进展神速，区县分布较广。在中国近代教育史上，除个别小学外，新式小学起步于戊戌维新时期，主要集中在澳门、广州及上海。新式小学作为近世普通教育中的基础教育，在急躁浮动的近代中国，其发展状况能反映教育近代化的客观进程。由此可见，重庆作为一个内陆地区，教育近代化的水平并不太低于当时的先进者如两湖及江浙地区，达到了全国的中上发展水平。

20 世纪初，清政府为了缓和国内外日益激化的阶级矛盾和民族矛盾，进行了一次自上而下的改革运动，由此开始了晚清最后十年的所谓新政时期。

1904 年 1 月 13 日，清政府颁布了由张百熙、荣庆、张之洞等人重新修订的学堂章程，称“癸卯学制”，这是近代中国第一部以政府名义颁布并在全国实施的近代学制，一直沿用到 1911 年清王朝覆灭。初等教育成为该学制完整体系中的第一个阶段，分为初等小学堂五年和高等小学堂四年两级。学制颁行后大大促进了新式小学的发展。重庆府遵照部定规章执行，公私立小学相继设立。

据《四川官报 》所载："渝城地居要冲，得风气之先"，新式学堂创办迅速，川内各地兴办的学校以重庆"为占多数"。重庆府城区民立小学相继兴建，1904 年"开智学堂有肄业生 50 余人，正蒙公学 20 余人，知新学堂 10 余人"❶。

1905 年 9 月，清政府宣布自次年起废除科举制度。重庆的新式学堂也就在改书院、办学堂的运动中，热热闹闹地兴办起来了。清末重庆的新式小学堂只有少数是新建的，其余大多数从原有的书院、义学、社学、私塾改建而成。各级地方政府采取措施调动社会各方面的积极性，多渠道、多形式地筹设学堂。当时的新式小学有官立、公立、私立三种类型，但以官、私为主。最初规定府、直隶州可设中学，州县可设高等小学，民间只能设公立、私立初等小学。但是，后来这种限度放宽了，只要经费、师资合乎一定的条件，即便是乡镇或私人均可设高等小学甚或中学。这样，小学堂的建立便灵活方便了。1905 年以后，还积极改造私塾，培训私塾教师，补习算学、历史、舆地、体操、图画等课程，试图将私塾改办成兼习中西学的初等教育机构。重庆还大力推行对下层贫苦阶层子弟的教育，在各地普设半日学堂，"专教贫苦子弟之无力入学及无暇入学者，授以农工商者普通之知识"❷。教学形式灵活，教学时机多样，又成立补习学堂、罪犯学堂等，一般属于初等教育程度。在对私塾进行改造的基础之上，1909 年开始广设简易识字学塾，据 1911 年《教育杂志》报道："学部调查各省简易识字学塾成绩，以四川为最。"全川（含重庆）计有 16300 余塾，学生 2450000 余人。❸

重庆的近代小学教育在戊戌维新以后起步，1903 年方兴未艾，以后逐年增加，到 1910 年达到高峰。据有关材料统计，清末重庆所属大县学堂数 100 余所，小县也有 10～90 所不等。1907 年，四川（含重庆）共有小学堂 7629 所，小学生 233000 余人，1908 年有小学堂 8700 余所，小学生 277000 余人，1909 年共有学堂 7793 所，仅次于地处京辅的直隶省（8723 所），居全国第

❶ 《四川官报》甲辰第 20 册，"新闻"，1904 年。

❷ 《广益丛报》第 2 年第 28、29 合刊"奏牍"，1940 年。

❸ 《教育杂志》第 3 年第 6 期，"纪事"，1911 年。

二，❶ 而且在以后几年清末兴学热潮中，在全国所居的地位都非常稳定。

## 二、重庆部分州县兴学情况一瞥

在清政府“兴学诏书”及“废科兴学”一系列制度的倡导下，重庆各县纷纷筹资兴学。《奏定学堂章程》颁布后，学务大臣曾向各省下发咨文催办小学堂，称“小学堂为养正始基”，“使教育普及，人人皆由小学递升”，“故督饬地方官劝导广设小学，实为当务之急”，“教先于养，本父母应尽之责”，要求“转分所属遵照奏定章程摘要之示认真倡导，未办者竭力经营，逐渐推广，已办者加意考察，务臻纯备”。四川省政府按朝廷要求，令“各州县建设小学堂及蒙养学堂”，重庆府及各州县纷纷响应，兴学之风渐盛。❷

光绪三十年（1904 年）至光绪三十四年（1908 年）的《东方杂志》《四川官报》《广益丛报》等对此多有记载：长寿县“筹费愈八千，建堂八十所”，“川东蒙学堂之多，以长寿为最，统计四乡公立、私立小学及乡塾改设者，不下 200 余处”。铜梁县“于数月内办成小学堂约费万金，又公立蒙学数十所，又在城内敬节堂拨借厅堂立女学一所，去秋创办以来，来学已有五十余人，地窄难容，今年又在城内养济院借房屋添设一所。城乡共有四所女学堂，凡七八岁至十岁幼女均送入读书，习字学算”。合川“风气大开，学堂林立，有高等小学堂六，两等小学堂四，初等小学堂九十二，附属中学堂二，半日学堂二均已开办，日求进步”。璧山“高等小学堂略有条理”；永川“各处小学拟定七十余所”；綦江“高小校舍不敷，分地设立”；大足“高峰寺僧捐款建立高等小学”。江津“知县蔡承云亲履四乡，各就庙会平称斗息筹定之款设立初等小学 132 所。其中女子初小学堂四所，并倡先捐三百金，劝募绅民量力捐资。”❸

根据各地方表及教育史志资料所载，清末重庆各地兴办小学情况举例如下。

（1）南川。1903 年，南川学界名流与地方绅士以“振兴中华，服务桑梓”为宗旨，废各场乡学，设蒙养学堂。1905 年，废科举办新学，改县立书院为高等小学堂，并举办“南川县师范传习所”，培训师资。次年，设劝学所，倡导兴学，至 1911 年高、初等小学堂已达 60 所。

❶ 朱有瓛．中国近代学制史资料：第二辑 下册［M］．上海：华东师范大学出版社，1989：838.
❷ 熊明安，等．四川教育史稿［M］．成都：四川教育出版社，1993：201－202.
❸ 重庆市教育委员会．重庆教育志［M］．重庆：重庆出版社，2002：97－98.

（2）忠县。1905年于白鹿书院附设师范传习所，为新学培育师资。次年，改儒学署为劝学所，设劝学员劝导兴学，改白鹿书院为高等小学堂。乡场市镇义学、乡学和条件较好的私塾相继改为初小、两等和高等小学堂。1908年《全国第二次教育统计图表》载：忠州有高等小学堂2所，学生90人；两等小学堂8所，学生366人；初等小学堂76所，学生2034人。

（3）奉节。1904年，夔州知府方旭创办夔州府师范学堂（实为讲习所），招收六县文生80余人入学，为六县创办初等小学堂培训首批师资。次年，改莲峰书院为高等小学堂。同时，改义学、私塾为初等小学堂。是年二月，知县侯吕镇出巡北岩各乡，为鼓励民众捐资兴学，亲题“薰德善良”匾额，表彰绅毛解之捐资创办北堂初等小学堂。夔府所属巫山县于1905年开办第一所官立高等小学堂，为了冲破女子很少有机会上学读书的籓篱，在县城又办了女子初等小学堂。同年，大宁县将凤山书院改为大宁县高等小学堂，开县在县城除开设高等小学堂之外，还开办了女子初等小学堂。至清末，开县共有小学堂6所、两等小学堂3所、初等小学堂297所、半日小学堂5所，合计311所学堂。

（4）涪陵。涪陵县境内近代新式教育始于清末，1902年蔺家坝邓有人捐资的新式小学创办。1903年州署于城西秦义园设立官立女子模范高等小学堂。次年，以学生陈萱荫为堂长的官立小学堂开办，珍溪镇又创办公立两等小学堂。此后，境内小学教育呈逐年上升趋势。1911年，该县劝学所注册的小学堂有162所。

（5）酉阳直隶州（酉阳、秀山、黔江、彭水各县）。至1908年统计的小学堂设立情况：高等小学堂4所，两等小学6所，初等小学堂203所。

以上对重庆各州县新式小学堂的统计并不全面，只是列举式的。但从中可以显示重庆近代新教育的步伐很快，成效突出。近代新式小学的建立并逐渐代替传统的学塾，这是历史的趋势，而小学堂作为近代新学制的基础以及庞大的数量规模，又整体上决定了学制的走向基调。从整体的教育变革来考察，学堂和近代学制的建立，结束了以科举取士为目的，以四书五经为主要内容的封建传统教育，使诸如数学、格致、生理卫生、动植物、理化等近代科学知识和外语、体育、音乐、美术等课程进入学校；在教育的层次和结构上，与近代实业结合的教育类型及方式得以拓展。在教学上，逐渐采用班级教学及欧洲、日本的新教学方式，所有这些都是教育在新的历史背景下，与社会转型一致的根本性变革，是重庆教育现代化进程的重要阶段。

## 三、重庆新式小学堂的教育及教学活动

清代后期新教育制度是模仿日本教育、引进欧洲教育的结果，因此整个教育体制的革新及近代性是十分突出的。但这种体制是在浓厚顽固的固有教育体制仍然顽强存在的背景下出现的，因此带有传统教育的某种痕迹，甚至残留传统的因素，也就不足为奇了。

### （一）教育管理及教育经费

清代后期办新教育，从1862年京师同文馆成立发端，此后的40年中都处于朦胧状态之中。1904年1月，清政府颁布推行由张百熙、张之洞、荣庆制订的《奏定学堂章程》，明确提出：初等小学堂的办学宗旨为“以启其人生应有之知识，立其明伦理、爱国家之根基，并调护儿童身体，令其发育为宗旨，以识字之民日多为成效”。高等小学堂的办学宗旨为“培养国民之善性，扩充国民之知识，强壮国民之气体为宗旨，以童年皆知作人正理，皆有谋生之计虑为成效”❶。这就明确了新式学堂的办学宗旨及培养目标。

近代教育行政机构建立于清末戊戌维新时期，康有为、梁启超最早倡议在省及州县设立地方教育行政专门机构，以发展新教育。❷ 1905年10月，山西学政宝熙奏请学部，省设立学务处，府、州、县设劝学所。地方教育行政机构的建立，主要是为了管理地方教育，劝诱地方人士建立学堂、推广新学。劝学所设视学1人，兼学董，并在县以下划分若干区，每区由学董选举本区品行端正、热心教学的绅士充当劝学员，及推行本区学务。

教育视导是上级教育机关对下级教育机关奉行法令、计划的考查和辅导。1906年，学部颁布《劝学所章程》，规定各县劝学所设视学官1人，兼充学务总董。重庆府所属各县共设视学14人，劝学员数十人。如梁山县于1906年将原来的儒学署改为劝学所，教谕改为视学，下设劝学员，并颁布《劝学所章程》。巴县于1907年设立劝学所，朱廷鎏、曾纪瑞、邓德林先后为视学官。

日本教育视导制度的输入，为中国教育视导制度的建立提供了经验和蓝

---

❶ 朱有瓛．中国近代学制史资料：第二辑 上册［M］．上海：华东师范大学出版社，1987：174，183．

❷ 陈景磐，陈学恂．清代后期教育论著选：上［M］．北京：人民教育出版社，1997：292－293．

本。堪称当时输入日本教育的窗口刊物《教育世界》1901 年第一卷上首先刊登《文部省官制》，介绍日本视学制度。全国第一份省级教育刊物《直隶教育杂志》以《日本视学制度介绍》为题，详细介绍视学制度的沿革。❶ 综观当时重庆各州县视学人员的来源，受过新式教育及留日学生出身者居一半左右，另外相当比例是有传统科举功名的官僚或士大夫。这种人员构成使得视学群体带有严重的官僚习气。视学人员都有一定的品级，到各地巡视，随带仆役、文书，有的视学官张口索要钱物馈赠，有的侵吞学款，横行乡里。这些行为，常激起各地的反感。清末的视学人员不少是回国的留日学生。他们所接受的教育从内容到形式，都是日本教育模式，加之清末新教育便是仿效日本教育的产物，着重于制度以及校舍、设备、课本等有形的建设。所以，视学人员视察的要点和所提的意见大都以他们心目中的日本教育模式为标准，较多集中在学校有形的物质方面。❷

学籍管理是指对学生在校学历的管理，包括对升留级、毕业及学业成绩，学籍转移、退学的管理及对考勤、鉴定、奖惩的规定等。1903 年《奏定初等小学章程》和《奏定高等小学章程》规定，凡国民 7 岁须入初等小学堂，初等小学堂同一学级，不论学生之年岁，但依同一程度教之。初等小学堂毕业由堂长、教员会同考查儿童平素之成绩，给以毕业凭单，愿入高等小学堂时，不用考试，直接升入学习；高等小学堂修毕各学年课程者，应由本学堂堂长呈请地方官，会同举行毕业考试，分别给以毕业凭单。

各乡村绅董于每学年第一学期之前 1—2 月内考察本乡村有多少适龄儿童，编造学龄簿呈交地方官及小学堂，高等小学堂应备有学生履历登记簿及学生登记册。学龄儿童中如患有传染病或行为不良，且妨害其他儿童教育，应命其停止上学。清末开办的新式小学堂规定每年农历正月二十日开学，小暑节放假，为第一学期。立秋后六日开学，至农历十二月十五日散学，为第二学期。一学年寒暑假各 35 日，但各地可视寒暖情形变通安排。各小学堂实施 13 日为一周期，上学 12 日后，停课 1 日。节假日如皇上万寿节、皇后千秋节、中秋节，均可停课 1 日。

清末教育的办学宗旨中十分突出儒家经训的灌输及臣民意识的养成。新办

---

❶ 《直隶教育杂志》第 1 卷第 3 期，1904 年。

❷ 南川县教育局．南川县教育志［M］．内部交流本，1987：213．

学堂仍在要求培养忠君、尊孔的规范及人格素质，以实现“中体西用”的办学方针。通过课堂的“讲经读经”，对学生灌输封建伦常道德，限制学生的思想，把日常学生活动也寓于教育之中，诸如在重大节日，衣着穿戴、举止言笑均要合乎礼仪规范。每年一度的孔子诞辰日（农历八月二十七日）师生都要到县文庙参加隆重纪念典礼，顶礼膜拜。不能去的，也要在学堂内专设孔子牌位，举行祭祀活动。每年皇上万寿节、皇后千秋节，学堂都要开展庆贺活动，以此强化“忠君”意识。

清末的学堂章程中严格规定了“读经”“修身”课程，以培养学生传统封建道德伦常规范，成为知书识礼、亦旧亦新的忠臣顺民。这里以丰都县为例加以说明：丰都县小学堂高级部一年级读《诗经》，每日 120 字；二年级读《诗经》《书经》，每日 120 字；三年级读《书经》《易经》，每日 120 字；四年级读《易经》《礼记》节本，每日 120 字。各年级每周“读经”课程均为 12 节，四年共计 1920 节。初级部一年级读《孝经》《论语》，每日 40 字；二年级读《论语》《大学》，每日 60 字；三年级读《孟子》，每日 100 字；四年级读《孟子》《礼记》，每日 100 字；五年级读《礼记》，每日 100 字。各年级每周皆为 12 节课，五年总计 2400 节课。丰都县小学堂还同时开设“修身”课程，与“读经”课程并列，初等小学堂修身课选读《朱子语录》及有益风化的诗歌，每周 2 节课，五年总计 400 节课；高等小学堂读“四书”和有益风化之诗歌，每周 2 节课，四年总计 32 节课，这类课程的开设，完全是为了培养学生“忠君”“尊孔”的思想观念，形成学生封建道德意识。[1] 但是，历史的发展往往出乎设计者的意料。由于受民主革命风潮的影响，各地学堂师生时有结社、演讲活动，对学堂的规定往往加以抵制，甚至还有些在传播民主革命思想，走上民主革命的“第二条战线”。

### （二）课程与教学

1904 年 1 月，清末“小学堂章程”规定小学堂分为初、高两等，分别提出了培养目标、教学要求、设学条件、教学内容要点。初等小学堂学制 5 年，高等小学堂学制 4 年，共 9 年。初等小学的科目有修身、读经讲经、中国文学、算术、历史、地理、格致、体操，另设图画、手工为随意科，每周授课 36 小时。高等小学堂的科目有修身、读经讲经、中国文学、算术、历史、地

---

[1] 丰都县教育局．丰都县教育志［M］．内部交流本，1989：141.

理、格致，另设图画、手工为随意科。每周授课36小时。初小、高小学堂的课程设置大体一致，但只是名称的雷同，内容则是循序渐进，依次提高，可见是课程设置中的循环体系，既兼顾知识逻辑性，也考虑到学生可接受性以及从事初步农、工、商业生产的基本需要。1909年，清政府对初等小学堂的学制做了调整，将原订初等小学堂5年毕业作为完全科，同时设4年毕业或3年毕业的简易科，以适应地方财力和国民的不同需求。1906年，学部规定教育宗旨为“忠君、尊孔、尚公、尚武、尚实”，作为各类学堂的办学要求与技师资格，以“读经讲经”灌输“忠君、尊孔”的思想意识，以其他一系列课程实现知识、技术、体质及素养的培植与发展。

从各地地方志及教育史志资料情况看，重庆各区县的小学教育基本上是按国家的统一要求全面施行，只是在教学、课程的一些具体设计上有局部细微的差异。此处不赘。

清代早期，重庆民间私学主要选用传统的蒙学教材或读物，如“三、百、千”及《龙文鞭影》《声律启蒙》等。“维新变法”以后出现了不少宣传科学知识的儿童读物，有的还注入了民主思想，如重庆邻县自贡举人黄芝编的《地球韵言》便极有代表性，该书从《京师歌》起，到《中国通商口岸》终，每首包括自然、人文、政治、经济各个方面。在《四川歌》里，既介绍了四川（含重庆）省情，又揭露西方列强夺四川矿权、盐权的野心；对重庆开埠一事，提醒国人不要丧失主权。像这样具有科学、民主思想的读物，也被引进了民间私塾。

19世纪末20世纪初，中国近代出现了第二次留学浪潮，大批留学生赴日留学，重庆的朝天门送走了大批爱国青年，留日学生鉴于国内兴学热潮的到来，纷纷编译日本学堂的教科书，以适应因新式教材严重不足所产生的急需，但这只能是应急性地局部解决新式教材的“恐慌”。1901年成立的京师大学堂译书处只是编译大学及专门学堂的教科书，无力解决更为迫切的中小学堂课本。直到1905年，刚成立的学部规定“凡本部教科书未出以前均采用各家著述先行审定，以备各学堂之急需”[1]，这才开始了教科书副业的规范统一。次年，学部编译图书局成立，开始编写全国通行统一的教科书，这是近代中国有计划编写成套教材的开端。1907年后连续5年先后公布了经学部审定或由学

[1] 朱寿朋．光绪朝东华录：五［M］．北京：中华书局，1956：4126．

部组织编写的初、高等小学堂暂用书目，宣讲所应用书目，中学堂、初级师范学堂、女子师范学堂、女子小学堂教科书和简易识字学堂及识字学堂选用的教材书目数量最大。重庆各地县镇官立、民办小学堂均采用学部审定或编写的教科书。

教学方法是教师为完成教学任务所采用的方式或手段，受教学目的、教学内容及学生认识规律的影响。科举时代的教学，既无教学计划，也无教学进度的要求。在私塾中，大都盛行脱离实际、强迫硬灌、死记硬背的教学方法。规定上午到校即读生字，下午温书，要求能背诵。凡读书，均强调“读书三到”的治学方法，都是督促学生背诵进度，手执“戒尺”，以示严教。对懒散难于上进者，轻则训斥，重则体罚。

清代后期重庆办新学后，“新学制”中规定：“凡教授儿童，须尽其循循善诱之法，不宜操切以伤其身体，尤须晓以知耻之义，夏楚只可示威不可轻施，尤以不用最善。凡教授之法，以讲解为最要。讲解明则领悟易。所诵经书本应成诵，万一有记性过钝实不能背诵者，宜于试验时择紧要处令其讲解。常有记性甚劣而司性尚可者，长大后或渐能领会，亦自有益。若强责背诵，必伤脑力，不可不慎。”“教师对所教各科详细节目，讲授之时不可紊其次序，误其指挥，尤贵使互相印证，以为补益。”[1] 由此，迫于形势的变动，尽管教师大多出自科举时代教育体制的培养模式，但也对专攻四书五经、作八股文章的传统教学方法进行了相应的改革。随后，又从日本、欧美输入包括“预备、揭示、比较、总结、应用”五个程序的“五段教授法”“二部教授法”“蒙台梭利教授法”等一些新式的教学方法，标志着中国教育已由传统向近代转型。近现代教学改革与实验的浪潮正是清末民初从小学教育界教学方法的改革试验入手的。重庆近代新式小学教学方法的变革正是这种历史演化的生动写照和鲜明案例。另外，“小学堂章程”中列入普通体操、兵式体操及卫生课程，提出具体目标及标准，对改变静坐读书、文字书本的教条机械以及枯燥呆板的形式主义教学，促进学生活动操作及个性抒发，确实起到了推动作用。

此外，由于新学涉及面极广，各地教育行政官员认识到知识素质急需提高，并动员社会力量关心教育，赞助教育。为此，各地设立了教育会及教育研

[1] 朱有瓛．中国近代学制史资料：第二辑 上册［M］．上海：华东师范大学出版社，1987：189，197．

究所，以达到“期于辅助教育行政，图教育之普及”。由于时代的原因，当时的重心在小学教育的研究及推广。1906 年 7 月，学部奏定《各省教育会章程》，饬各厅州县俱设教育会。四川积极响应，同年成立了“四川教育会”，制定章程，设立正副会长，由学界有声望且品德端方人士充当。[1] 于是，各地纷纷成立教育分会，除遵行部令及四川教育会章程之外，还自定章程。地方教育的职能是广泛的，它不仅研究教育的各个方面，还通过学务调查、讲演、讲习、阅报的形式向地方绅民宣传新的教育思想，发动有识之士关注地方教育，对教育当局提出改革建议，从而辅助教育行政的推行，为新学的发展开辟了道路。据统计，至 1909 年，四川、重庆有教育会 65 处，会员达 9000 余人。[2] 如重庆江北县于 1908 年组织教育会，选举周柏材、罗孟光为正副会长，成立伊始即就江北高等小学堂为会址。[3] 铜梁县教育会初建于 1907 年，呈报四川省提学使司务案，有男女会员 125 人。1910 年，夔州府绅士禹襄（日本法政大学毕业）在府城文昌宫成立教育会，朱炳辉、丁睿任会长，负责会务。[4] 如果说教育会的成立旨在鼓动兴学并就兴学事项提供咨询与讨论，那么教育研究所的成立则是为了探讨教育规律，介绍新教育学说并力谋教育质量的提高。重庆府、州、县在劝学所内多附设小学教育研究所，为增进小学教师队伍建设，组织教师定时集中，到所听课，开设科目有教育原理、心理学、地方教育、教育行政、理科概要等。1906 年，重庆另设立了学务研究所，其主要活动是“约集各学堂教员互相讨论，综核各属之学务”，以提高教师的教学水平。

## 四、简短评价

综上所述，在十分封闭、传统势力异常强大的重庆进行一系列的教育改革，能在短短十年左右的时间取得这样大的成绩是很不容易的，这些成绩的取得是与重庆地方政府的努力兴学、认真规划督饬，进步知识分子的推波助澜、积极宣传和参与，开明士绅的热心捐助以及广大民众的热烈响应分不开的。

新式小学的兴办、发展过程，是传统的私塾、义学、社学、书院逐渐裁撤、日渐消亡的历史。与此同时，旧学阵地日渐萎缩，新学领域不断扩大，新式小学教育管理及研究机构的建立和有效运作，标志着重庆小学教育近代化的

---

[1][4] 熊明安，等. 四川教育史稿 [M]. 成都：四川教育出版社，1993：189.

[2] 秀山县教育委员会. 秀山土家族苗族自治县教育志 [M]. 内部交流本，1992：37.

[3] 重庆市江北区教育局. 江北区教育志 [M]. 内部交流本，1989：50.

初步进展。

在传统的学塾、私学机构中，主要讲授蒙学教材，四书五经（或改编本）、道德伦理的教条，学生接受知识面狭窄，一成不变，千篇一律，禁锢了儿童的思想，泯灭其个性。而在新式小学中引进大量西方自然科学知识和社会科学知识，有助于儿童全面发展。知识的传播又是借助于一定的教学手段进行的，新式小学堂采用的班级教学组织及讲授、讨论方法，较之于私塾、义学的个别教学、机械背诵无疑更有助于接受、理解并有效地运用知识，在此基础上发展智能。这在教学改革的历史进程中是传统向现代嬗变的重要一环。

从整个教育近代化层面考察，新学改造和代替旧学的过程，实质上就是教育从社会上层向中、下层转移的过程。开放性、科学性、组织性及普泛性构成了衡量教育近代化进程的几个重要指标。新式小学堂的普遍兴办，使商人子弟和一般平民子弟比起封建时代来获得了更多的受教育机会。特别是女子学堂的创办，更使那些长期受到歧视，与文化知识无缘的女子有了接受教育的可能。新式学堂的体制是以工商业生产的规模化和政治经济民主化改良为前提的，反过来服务于社会政治经济的近代化。重庆近现代历史证明：重庆近代新式小学堂的兴起并作为学制的一部分普遍地推行，是与重庆近现代社会其他领域的近代化相伴随，并与重庆社会的需要及时代特点相契合的。

当然，应该指出，重庆近代新式小学堂还存在许多流弊，有相当一部分并未脱离旧学窠臼，有的形同虚设。由于封建统治者的严密控制，学堂内旧习严重、营私舞弊、浮报滥夸亦属不少，筹集学款也往往增加民众赋税，甚至激起民众反抗，这些在兴学中存在的问题应该引起我们格外关注，并引以为戒。

## 第二节　清代后期重庆的女子学堂

清代后期重庆女子学堂兴起于19世纪末20世纪初，是在近代社会变革及外来文明的影响下逐步发展起来的，其中以女子小学堂、女子师范学堂为主，虽然办学性质仍残留浓厚的封建性与保守性，但是所包含的进步教育的因素占据着突出地位，并且与中国教育近代化的步伐相统一。清代后期重庆女子学堂是中国近代女子教育的历史缩影，对之加以探析不仅可以深化对清代后期重庆教育改革的理解，而且有助于认识近代内陆地区女子教育演变的曲折历程及深层内涵。

女子教育是一个教育历史的概念。女子并不是一开始就过着受屈辱、受蔑视的生活，在母系社会时期，她们曾是社会的主宰者、权力的执掌者，具有至高无上的地位，在广义的教育活动中也占据着重要的支配地位。原始社会的未成年人实行“儿童公育”，由氏族统一抚养，婴儿出世只知其母、不知其父这一社会状况就可以论证这一史实的实然性存在。步入父系氏族社会后，女子的社会地位才开始降低。沿至封建社会中后期，女子的社会身份与受教育权同时滑落低谷，一蹶不振。直到近代后期，随着社会解放运动的深入、新社会制度的建立，男女平权、共同接受教育已成为女子教育的内涵，女子教育主要是适应女性生理、心理的教育设计或职业技术的专门培训。考诸历史，中国近代新式的普通教育与女子教育均产生于清末维新运动时期，至清末民初形成制度化，取得了学制中的地位及法律上的尊严。

清代后期的重庆是隶属于四川省东部地区的中心城市，下辖广阔的嘉陵江下游、长江上游城镇乡村。近代四川的教育顺应了社会教育发展的大潮流，加快着女子教育的发展步伐。在 20 世纪初的清朝末年，四川（含重庆）女子学堂的发展十分迅猛，占全国总数的 16.4%，仅次于江苏。本节探讨清代后期重庆女子学堂的历史及相关问题。

## 一、重庆女子学堂的产生背景

沿袭 2000 多年之久的封建教育体系中是没有女子教育的地位的。“女子无才便是德”成为千百年来人们遵从的信条。重庆地处中国腹地，自古以来风气闭塞，观念陈旧滞后，更是深受封建文化的影响。文化上的因循守旧，教育和科举的僵化腐朽，使得重庆士绅把女子送到私塾或书院读书的寥寥无几。即使让女儿入家塾或族塾的蒙学教育机构，也只是让她们识几个字，读些《女儿经》《女诫》之类的书，目的在于养成知书识礼的闺秀。她们普遍以“相夫教子”为至上使命，“治国、平天下”是与她们不相干的。清代后期以女子学堂为中心的女子教育对传统女子教育而言是一场剧烈的教育革命。

### （一）社会变革对重庆女子学堂的催化

19 世纪中叶，清王朝的封建专制统治急速走向衰败，社会形态发生了深刻的变化，这种变化广泛地体现在从社会经济到社会政治，从人的思想意识形态到社会文化的各个层面中。在中国社会经历深重的民族危机与巨大变动的背景下，清代后期重庆的女子教育拉开了帷幕。

1895年，以“公车上书”为转折点的戊戌变法，从一种社会思潮变成了具有相当广泛的群众基础的政治运动，并向全国各地蔓延扩展。1896年，维新变法运动开始在重庆兴起。维新思想家宋育仁回川，把维新变法的火种带到重庆，他联络了一批在渝的爱国维新志士，创办报刊，制造舆论，宣传变法维新，使维新运动形成了一定声势，并逐渐向其他城市扩展。报刊、翻译、出版等文化事业，成为传播新思想、新文化，开通风气，启迪民智，改革社会的一种有效手段。1897年11月，四川第一家报刊——《渝报》在重庆创刊，宋育仁任总理，省内设成都、嘉定等22个代理处，省外有北京、天津、上海等26个代派处，可见其影响范围之广大。1898年的戊戌变法虽然以失败告终，但是康有为、梁启超等为保国、保种、救亡图存而提倡的重视女子教育、兴办女学的口号并没有因为维新变法的失败而被打入冷宫。清末时期，女子接受教育的观念日益深入人心，女子学校逐渐扎稳根基。

1901年，迫于国内外形势危机造成的强大压力，为了延续岌岌可危的统治，清政府被迫宣布实行新政。此后，朝野条陈请办女学堂者日众，各地开始先后兴办私立女学堂。1902年，商务印书馆开始编印女子学堂用书，为女学堂的教学提供了可靠的教学资源。当时报刊有关这方面的报道及讨论评述的时文不胜枚举。陈以益于1901年在上海创办的《女报》是当时竭力倡导和宣传女子教育的媒体，主要包括论著、教育、家庭、社会文艺、记载等栏目，其在重庆的发行量、销售量很大，表明了市场传播的成效非常显著。该刊提倡女学对国家富强的作用以及女学关系到国之强弱与种族存亡的观点。其第一、二号刊载的《论禁女学堂之非》指出：“中国人民之所以弱，由女子之不强也；人民之所以愚，由女子之无学也。教育之所以不发达者，由女子之无教育也”，从而推出了“文明之发达，必由于教育。教育之普及，必肇自家庭”的结论。所以，女子教育普及了，女子的一切问题也就迎刃而解了。1904年1月在上海创刊的《女子世界》发刊词说：“女子者，国民之母也。欲新中国，必新女子；欲强中国，必强女子；欲文明中国，必先文明我女子；欲普救中国，必先普救我女子。”[1] 丹忱在《女子世界》第四期上发文大力倡导兴办女学。《女子世界》提出了解决女权问题的根本在于兴办女学的观点，认为女子接受教育可以使其养成独立人格，摆脱依赖性。针对大多数女子目不识丁的现状，如果

---

[1] 丁初我．女子世界［J］．女子世界报社，1904（1）．

要兴女学就一定要先读书，读有用的书，有能力还可以出外留学。[1] 1906 年，“垂帘听政”的慈禧太后迫于全国人民兴女学的压力，正式面谕学部举办女学。[2]

在这些进步思想的指导之下，重庆的思想文化得到了很快发展，人们越来越认识到教育对于国家发展进步的重要性。女子接受教育的程度同社会的稳定发展和国家的繁荣富强同样息息相关，密不可分，女子教育作为一种充满生机与活力的新生事物也呈现出不可遏制的发展态势。

### （二）西方外来文明对女子学堂的触动

西方外来文明的影响和近代科技的传入，冲击了我国适应封建经济基础的价值观念，使得人们放弃了妄自尊大的传统文化，价值观念的转变是女子教育发轫的重要条件。

受西方文化的影响及“开民智、兴学堂”社会潮流的震荡，重庆的社会习尚发生了转移，新式女子教育便开始滥觞于此。1897 年，立德乐夫人在重庆倡导天足会，响应者在江津、巴县先后发起建立天足会，并拟定了《天足渝会简明章程》，规定：“入会者女不得缠足，子不得娶缠足之妇。入会者女年十岁上，已缠足者愿否解放，听其自便；十岁以下均须一律解放。”消息传出，“一时闻风钦慕，愿如会约者，颇不乏人”。[3]

光绪二十三年（1897 年），美国基督教布道会在巴县城区曾家岩村创办私立淑德女中学堂。外国传教士来华办学，是欧美列强对我国进行文化侵略的重要手段，但在客观上对传播西方文明、推动中国近代教育制度的建立亦起了一定作用。

近代社会剧变对传统价值观念的冲击，西方文化传播所带来的思想启蒙，促使清末重庆女子开始意识到命运要由自己掌握，要勇敢地走出家庭，迈向社会，要求女性同样有接受教育的权利。正是在上述历史场景的诸多因素交错影响下，重庆近代女子教育拉开帷幕，并在艰难历程中开拓演进的征程，成为近代重庆教育的重要内容之一。

## 二、重庆女子学堂的发展

在近代中国最早创办女子学堂的是西方传教士，从 1844 年开始，他们就

[1] 丁初我. 女子世界 [J]. 女子世界报社，1904 (1).

[2] 杜亚泉，胡愈之. 杂俎 [J]. 东方杂志，1906 (2): 20.

[3] 宋育人. 渝报 [N]. 1897 (9).

在中国的通商口岸和沿海城市创办了第一批女子学堂，其中最具代表性的是英国女传教士爱尔德赛在宁波创办的宁波女塾。零星出现的早期教会女学从办学体制、课程设置到教育方式等方面都冲击了中国的封建道德秩序，突破了中国女界的禁锢，培养了一批知识女性及专业人才。

西方传教士的教育活动也极大地影响了重庆开明人士的思想，他们开始对传统的“女子无才便是德”的封建思想观念进行反思，提出“参访西法，增设女塾”的主张。1903 年，重庆便成立了“女学会”，其目的是为“振兴女学”，决定先就重庆城中设女子学堂，待“规模周备，经费充足”，再行推广。并制定《重庆女学会章程》，规定宗旨是：“凡有关于女学之责任，如整齐学务，建立学堂，编书购器等事，本会皆尽力肩任之。无论会内外诸友，有以女学事询或托办有关女学之事，本会皆可代办。总期化无学之女为有学，无用之女为有用。”在未立学堂时，先立“女师范学堂”，“以广师资而便学者”。❶女学会的成立为重庆女子教育的发展提供了有力的组织支撑和鲜明的舆论导向。

女子学堂的兴起使民间送女孩入学者多了起来，女学发展的前景透露曙光，但是兴办女学的阻力依然强大。1904 年 1 月，张之洞、张百熙、荣庆在《奏定蒙养园章程及家庭教育法章程》中指出：“中国此时情景，若设女学，其间流弊甚多，断不相宜。”❷ 他们认为“女学之无弊者，惟有家庭教育”。开展的女子教育实际上是家庭教育，开办的女子学校实际上是“幼稚园”，也就是家庭中以相夫教子、三从四德为核心的贤妻良母教育。直到 1907 年，清政府正式颁布了我国第一个女子学堂章程——《学部奏定女子小学堂章程》26 条以及《学部奏定女子师范学堂章程》39 条，这标志着中国女子第一次获得了享受学校教育的合法权利。女子学堂章程的制定，对于女子教育发展起了实际的推动作用。

章程下达后，重庆各州县纷纷设立女子学堂。虽然遭到保守势力阻挠，甚至捣毁女学的现象也依旧十分顽固，但是，在政府顶层设计及政策力量的推动下，女子学堂作为新生事物的出现犹如雨后春笋，不断生长，蔚为大势所趋，无法遏制。清末重庆以女子小学堂和女子师范学堂的发展

❶ 杨庶堪，朱必谦. 教育附录［N］. 广益丛报，1902（9）.

❷ 舒新成. 中国近代教育史资料：中册［M］. 北京：人民教育出版社，1981：381.

最为可观。

（一）女子小学堂

清政府颁布的《奏定女子小学堂章程》，规定女子小学“以养成女子之德操与必须之知识技能并留意使身体发育为宗旨”。[1] 女子小学堂分为初等、高等、两等并设3种。初等小学堂分为修身、算数、国文、体操、女红5种；高等小学堂分为修身、图文、算术、地理、格致、中国历史、女红、图画、体操9科。女子初等小学学制为4年，授课时数是24～28小时，女子高等小学为28～30小时。重庆积极响应清政府的办学号召，按照章程规定大力兴办女子小学堂。

在重庆所辖区县中以重庆铜梁县女子学堂最为显著，它也是当时四川最早创办的女子学堂。1903年，黄德润耗资万金在重庆市铜梁县城创办了4所女子学堂。最初是在县城内的敬节堂拨借场地创办了女子小学堂，之后，入学者人数增加到50多人，地小难容，于是又在城内的养老院借房屋添设了一所女子小学堂。由于县城北路安居，南路户口繁多，为满足更多女学生接受教育的需求，又开设了一所女子学堂。学堂主要招收7～10岁的女童入学读书，习字学算，所学科目包括修身、算术、图文、女红等。县人胡凤岚自日本回川后被延聘为新开办的高等女子小学堂堂长。该校主要教授修身、国文、算术、地理、格致、女红、体操、图画等课程，[2] 与清末女子高等小学堂课程计划一致。上述女子学堂的课程编制及教学内容除了使女子学习掌握新的知识技能外，还包括了期于实践躬行而设置的修身、家事、裁缝、手艺等课程，体现了以培养贤妻良母为目标的价值取向。铜梁县女子学堂的创立具有书写清末重庆女子教育新篇章的地位。

1905年，长寿县知县唐我圻以600金购买林庄学堂外的韩侍郎花厅作为校舍，创办女学。其后渐次扩大，学科设置亦趋完善。[3] 1906年，綦江创办女子小学堂1所。同年，丰都县节妇黄张氏认捐千金设私立女子小学。秀山县邑绅岳子厚自捐学费，在城内设立女学，聘请女教习，招收女生30余人。光绪三十三年（1907年）六月二十日《广益丛报》记载：“夔属近学年学风大振，

---

[1] 张百熙，张之洞，荣庆．奏定女子学堂章程［M］//朱有瓛．中国近代学制史料：第二辑下册．上海：华东师范大学出版社，1989：573.

[2] 杜亚泉，胡愈之．各省教育汇志［J］．东方杂志，1904（5）：123.

[3] 四川省长寿县教育局教育志办公室．长寿教育志［M］．内部交流本，1987：7－8.

女学亦次第设立，日前由各属学堂汇报，综计全蜀女学共得二十余区，以万县最占多数，奉节、开县次之，其办理之善，则首推奉节梁君所立维新女学云。”其中提到的维新女学位于奉节县木牌坊，不久停办，其他可资证信息阙如，无法获得。宣统二年（1910 年），江北县开办了县立宾兴女子小学，堂址在毗卢寺，为该县女子教育的先始。宣统元年（1909 年），开县女子初等小学堂成立。在重庆这些学堂中，有些女学堂是教会创办。如 1911 年在永川城内福音堂兴办的懿德女校，是由教会办的，仅供信奉基督教的女子读书，有学生 10 余人。

到 1907 年时，全国共有女学堂 428 所，女学生 15476 人。其分布状况如表 11.1 所示：

**表 11.1　光绪三十三年（1907 年）全国女子学堂分布及状况一览**

| 所在地区 | 学堂处数 | 职员人数 | 教员人数 | 学生人数 |
|---|---|---|---|---|
| 京师 | 12 | 22 | 59 | 661 |
| 直隶 | 121 | 127 | 168 | 2523 |
| 奉天 | 12 | 17 | 60 | 674 |
| 吉林 | 0 | 0 | 0 | 0 |
| 黑龙江 | 2 | 1 | 4 | 90 |
| 山东 | 1 | 5 | 6 | 54 |
| 山西 | 5 | 7 | 15 | 149 |
| 陕西 | 10 | 10 | 20 | 154 |
| 河南 | 3 | 4 | 4 | 84 |
| 江宁 | 24 | 61 | 99 | 803 |
| 安徽 | 2 | 8 | 12 | 86 |
| 浙江 | 32 | 64 | 138 | 995 |
| 江西 | 6 | 15 | 13 | 155 |
| 湖北 |  | 12 | 21 | 477 |
| 湖南 | 7 | 13 | 36 | 412 |
| 四川 | 70 |  | 157 | 2246 |
| 广东 | 6 | 12 | 37 | 391 |

续表

| 所在地区 | 学堂处数 | 职员人数 | 教员人数 | 学生人数 |
|---|---|---|---|---|
| 广西 | 17 | 9 | 26 | 589 |
| 云南 | 18 | 195 | 34 | 1027 |
| 贵州 | 5 | 5 | 24 | 267 |
| 福建 | 3 | 7 | 21 | 244 |
| 江苏 | 72 | 197 | 545 | 3395 |
| 甘肃 | / | / | / | / |

资料来源：学部总务司《光绪三十三年分第一次教育统计图表》。

由此可见，1907 年四川（含重庆）共有女子学堂 70 处，仅次于直隶（121）、江苏（72），远多于其他省份，除未能统计的外，占全国女子学堂总数（428）的 16.4%；女学生 2246 人，仅次于江苏（3395）、直隶（2523），远多于其他省份，占全国女学生总数（15476）的 14.5%。可见四川、重庆女学的发展优势明显，是中西部女子教育的先进地区。

### （二）女子师范学堂

19 世纪末，由于兴学导致师资匮乏，中国有识之士才认识到师范教育的重要作用。我国近代重视师范教育之议，发端于梁启超。他于 1896 年发表《论师范》一文。在该篇文章中，梁启超认为，当时的府州县学官，“号称冷宦，不复事事”，而书院山长、蒙馆学究，虽然数量可观，“车载斗量，趾踵相接”，但总体素质低下。而洋务派所办的洋务学堂，如同文馆、水师学堂等聘请洋教习，仍是弊端丛生，主要原因是“西人言语不勇，必俟翻译辗转，多半失真”。由此，注定了发展新教育不能一味依靠洋教习来进行。梁启超最后明确提出师范是“群学之基”，教师是“学子之根核”，“革旧习，兴智学，必以立师范学堂为第一义”。[1] 1897 年 4 月 8 日，南洋公学开学，先设师范院，表明中国师范教育迈出了第一步，使师资养成有了专设机构。兴办女子师范教育也顺应潮流跟上了时代的步伐，其风气迅速向全国蔓延开来，重庆也不可避免地受到了影响。

为争取女子受教育的权利，以“振兴女学”为先务，重庆女学会决定在

[1] 梁启超. 变法通义：论师范［M］//陈学恂. 中国近代教育文选. 北京：人民教育出版社，1983：142－144.

重庆设立女子师范学堂，为女学的推广准备师资力量。1904 年，重庆女学会女子师范学堂诞生，该校又称巴县女子师范学堂，校址位于巴县城内全节堂。1905 年春，《重庆日报》的创办人卞小吾在重庆培德学堂建立了女工讲习所，招收女工"半工半读，既授以文化，又授以技术"，参加学习的女工"均已放足，服饰亦甚简洁"❶。此为重庆女子职业教育的萌芽，其开风气之先的意义自然突出。

《学部奏定女子师范学堂章程》规定："女子师范学堂，以养成女子小学堂教习，并讲习幼儿保育方法，期于裨补家计，有益家庭教育为宗旨。"❷ 女子师范学堂分为初、高两等，学制各 4 年，每年 45 周，每周 34 小时课时。每州、县必须设立一所女子师范学堂，初办可由官府筹设，也可民办。毕业于女子高等小学四年级，年 15 岁以上或毕业于女子高等小学二年级，年 13 岁以上且家世清白、品行端正、身体健全者可入女子师范科学习。学习科目分为修身、教育、国文、历史、地理、算术、格致、图画、家事、裁缝、手艺、音乐、体操等，家庭困难者，可不学音乐。其中影响力较大的女子师范学堂包括四川淑行女学堂和巴县女子师范学堂。

1907 年，华阳举人陈慎言在成都创立的"四川淑行女学堂"，招收能识字、会书写的女子，分别教授初高中课程，成效显著。不久，清朝学部命令各省在省城设立一所女子师范学堂，于是，该校改名为"成都淑行女子师范"。1907 年 8 月招收师范生一班，学制两年。学生于 1909 年 7 月毕业，经过考试，"成绩甚优"。除招新生外，该校女生有志愿学师范者"亦可就近升级"。1911 年，该校创办人之一陈罗徵之女宝琼女士留日归来，开办保育科，培养保育人员。在陈慎言先生的精心管理与经营下，学校扩充校址，增加班次，提高教学质量，成了四川省女学的榜样。1914 年改名为"四川省立第一女子师范学校"。❸ 成都是四川的省会，其榜样的力量影响了全省，包括当时积极办学的重庆。重庆女子师范教育有了新的起色，如合川嘉懿女子高小，1910 年办，附师范 1 班，初等 1 班；主要开设修身、教育、国文、地理、历史、图画、格致、家事、手艺、裁缝、音乐、体操等课程；设堂长 1 人，以男子年高有德者充当；学监 1 人，以女子充当；教习数人，男女参半。重庆女子师范教育在清

---

❶ 稚珊．卞小吾遇难纪实［M］//重庆文史资料选辑：第 12 辑．内部交流本，1981：116.

❷ 舒新成．中国近代教育史资料：下册［M］．北京：人民教育出版社，1981：811.

❸ 应竞丽，姜晓宇．四川女性教育研究［M］．成都：四川大学出版社，2007：80－81.

末新教育的大浪潮下发展起来。尤其是巴县女子师范学堂堪为代表。学校按清末女子师范教育的办学要求、课程计划及组织方法开展教育活动。由于当时国内师资力量不足，在女子教育领域，数理、教育学科方面更为短缺，于是聘请了日本女教习太田喜智从事教学及组织活动。太田喜智生于日本千叶县，从东京女子高等师范学校毕业后渡海来华。1906 年 7 月，任巴县女子师范学堂教习，她以自身丰富的专业学科知识和成熟的教育经验，推动着该校不断向前发展。1910 年 5 月，太田喜智晋升为巴县女子师范学堂的管理者之一，直至 1913 年 1 月离校。当时，太田喜智与重庆府中学堂的藤川勇吉一起在内陆腹心重镇任教，为重庆的中日教育交流作出了突出贡献。

## 三、重庆女子学堂评价

清末重庆女子教育的历史影响是多元的，既有纵向延续的作用，也有思想观念或认识内容的借鉴与启迪。这里主要从前者立论，略述民国时期重庆女子学堂的延续性。以下仍对清末重庆女子学堂的类型加以介绍，并加以评价。

1912 年 1 月 1 日，孙中山在南京宣誓就职，中华民国正式成立。民国初年，女子小学堂发生了如下变化：①初等小学校可以男女同校；②女子高小以上可以设女子中学、女子师范学校及女子高等师范学校；③特设之女学校章程，暂时照旧；④课程标准，女子不另行规定一套。之后，“壬子癸丑学制”的颁布再次明确了男女同校。男女同校的初等小学可由市、镇、乡设立，6～14 岁的男女儿童均可入学接受教育。初等小学校所修科目主要有修身、国文、算术、游戏、体操、图画、手工、唱歌等；高等小学校的课程主要有修身、国文、算术、中华历史、地理、理化、博物、手工、体操、唱歌、外国语、农工商业等；男女课程基本没有区别。1912 年成立的重庆巴县县立第一女子小学，现重庆南岸区龙门浩小学，在当时基本上实现了男女同校，所设课程与上述规定基本相同，可见重庆女子小学校同样符合上述小学的教育变化趋势。从课程教学内容的编制来看，“贤妻良母”的女子教育办学目标走向边缘甚至淡出，更加体现了培养女国民的质量要求。女子教育热潮的兴起使得全国女高小学生在 1912 年达到了 130984 人，1919 年达到了 215626 人，是 1907 年的 18 倍，发展速度很快。民国初期，重庆的女子教育相对于清末而言大大向前推进了一步，尤其是初等小学男女同校的实现为女子初等教育的发展铺平了道路。这也为民国后期 1919 年至 1949 年重庆男女教育在宪法及学制框架、规程内的平权和民主性拉开了序幕。

1914 年 8 月，四川省为培养小学、幼儿园教师，在重庆创办了四川省立第二女子师范学校，首招旧制师范预科，之后添设保姆科、小学幼稚园、初中、高中。行政机构设教务处、训导处、事务处。学制预科 1 年，本科 4 年。[1]最初女师招收学生，凡年满 15 岁以上的未婚女生，高小毕业具有同等学力者，身体健康无残疾的，均可报名投考，录取成绩优良者。肄业时间为 5 年，保姆班则只两年。因当时社会不重视幼稚教育，保姆班毕业生就业难，第一班于 1916 年暑期毕业后即停招。[2] 该校的校训是“诚朴宏毅”，经蒙裁成校长详细解说，即为：做诚实不欺的人，做诚正不阿的人，做诚恳和善的人，做坚强不从俗的人；生活要朴素，思想要纯正；目光要远大，志气要恢宏；目标看准，坚毅向前，不达目的，决不终止。他说：“你们再不能像从前的女子，一切依人靠人，听人主宰。须知前人能轰轰烈烈干的事，你们也能干；男子能干的事，你们女子也能干，千万不可自暴自弃。”[3] 可见当时重庆有识之士改变女子生存现状和创办女子教育的坚定决心。1935 年，该校改名为四川省立重庆女子师范学校，现为重庆市第二十九中学。

正是在近代女子师范教育这片肥沃土壤的培育下，重庆女子师范教育的规格不断向上提升。抗日战争时期，随着国民政府的内迁，作为战时首都（陪都）的重庆地位上升。1940 年，国立女子师范学院在重庆江津县白沙镇成立，后成为国统区的最高女子学府，主要开设教育、国文、理工、英语、史地、音乐、家政 7 系及体育专修科，后来陆续增设了数学系、国文专修科及国语专修科。各系均为 5 年制，在校修业 4 年，第 5 年充任实习教师，毕业发给学士学位文凭。新中国成立后，1950 年，国立女子师范学院与四川省立教育学院（师范相关系科）合并组建为西南师范学院，后改为西南师范大学。2005 年，西南师范大学与西南农业大学合并为现在的西南大学。可见，重庆女子教育在从前的基础上又迈上了更高的台阶，踏上了高等教育的远大征程。

从原始社会开始，女性在教育上就占据着重要地位。在进入父系社会之

---

[1] 顾明远. 教育大辞典［M］. 上海：上海教育出版社，1990：102.

[2] 四川省政协文史资料委员会. 四川文史资料集萃：第 4 卷 文化教育科学编［M］. 成都：四川人民出版社，1996：599.

[3] 四川省政协文史资料委员会. 四川文史资料集萃：第 4 卷 文化教育科学编［M］. 成都：四川人民出版社，1996：608.

前，妇女在农业、手工业等生产劳动中就是主力和骨干，也是生产技能和知识的主要传授者。女性在儿童教育中的地位也是得天独厚的，“庠”是原始社会末期出现的原始学校的萌芽，由部落退下来的女酋长在其中集中教养儿童。虽然从进入父系社会开始，女性的地位逐渐走低，但是不可磨灭其之前的功绩和重要性。近代以后，女学开始逐渐得到发展，女性的地位慢慢回升。女学的创立是中国传统教育结构重大变化的特征，也是教育近代化改造与现代性增长的显著标志。它的出现是对封建上层建筑的一次有力冲击，是对“女子无才便是德”的封建传统观念的又一次挑战，不仅对教育发展影响深远，而且对社会风气的转变、男女平等社会氛围的形成及传统伦理观的革命都有一定的意义。

清代后期重庆女子教育的发展加快了重庆教育的近代化步伐，改革了学校教育男性性别特权垄断的一贯模式，挣脱了“女子无才便是德”的封建束缚，为女子争取独立的社会地位迈开了第一步。女子教育打破了过去重庆的女子只知道在家相夫教子、纺纱织布的局面，开始接触新知识、新生活，为以后社会破除对女性的偏见、解除对女性的束缚以及女子社会地位的提升都具有十分重要的作用。由于重庆地处中国腹地，风气闭塞，文化上因循守旧，使得重庆士林乃至一般民众对女子教育的态度非常冷漠，甚至敌视。然而，随着清末至民国整个近现代女子教育的发展，女子学堂的增多，女子入学人数也越来越多，重庆社会的思想观念逐渐转向文明开化，女学的兴办对于重庆转移社会风气，开通民智产生了深远的影响。

在中国长期闭关、开放不久、对外部世界缺乏了解的社会历史背景下，在地理环境相对封闭、传统势力异常强大的内陆腹心地域重庆设立女学，进行学制创新，并且能在短时间内取得这样大的成绩确实是很不容易的。这些成绩的取得与进步知识分子的推波助澜、积极宣传和参与、开明士绅的热心捐助、广大民众的积极响应都是分不开的。诚然，清末女学堂深受“贤妻良母”主义办学方针的影响，在经历了辛亥革命民主运动冲击后的民国时期得到改观，但是仍有残留，以致沉渣不断泛起。对此，本书不再讨论。总之，清末重庆女子教育的产生与民国时期的发展有助于涵养重庆女子新国民德行，学习并掌握近代科学文化及知识技能，形成独立自主的意识和服务社会的能力，为她们从家庭走向社会、从愚昧走向文明开辟了一条光明大道。

同时，清代后期女子教育不仅为我国近现代女子教育向纵深化发展奠定了基础，也加速了女子教育由传统迈向现代化的进程，为我国现代女子教育事业的建立打下了深厚根基。清末女子教育扩展和丰富了现代教育内容，从教学科目的设置到教学内容的安排，既有国文、外语、数学、理化、历史，又有女红、生物、教育及家事，从根本上突破了传统以“三纲五常”为核心的女性教育内容。清末女子学堂的建立，学制、就学年限、教学组织管理及考评机制的安排等规划设计，尽管还不够完善，但确实使我国女子教育走上了制度化、法制化道路。女子教育制度的确立是我国现代教育制度的重要组成部分，为我国现代学制的性别角色平等地位的确立迈出了艰难而又关键的一步。清末女子教育还促进了女性教育思想的发展，从清末女子教育初创时的“贤妻良母”到1922年“壬戌学制”男女教育在学制上平等的“自立自强”思想的转变，促进了女子男女平等意识的形成。重庆清末的女子教育就是中国内陆地区的一个典型案例，也具有上述内容的特性。由此，中国现代女性不仅追求教育平等，还不断实现婚姻自由、职业自由，形成了知识女性群体。知识女性的社会、政治、经济、文化及其他行业部门参与意识不断提高，使其不论在自身家庭领域还是现代社会舞台都能够彰显女性魅力，焕发女性光彩。当今的时代，我们应该越来越重视女子教育问题，建立与社会发展相适应的女子教育课程及培训体系，形成具有自身特色的女子教育发展指标及管理机制，并逐渐确立女子家庭、职业、社会的良性循环系统，从而有效确立女性在社会事业中合理角色担当的正确走向，使女性在人格健全、地位平等、身心完善的综合素质能力基础上，不断为我国的社会稳定、国家富强和民族繁荣发挥出积极的作用。

## 第三节　清代后期重庆的师范学堂

清代后期新式学堂的兴办，急需大量的新式教师，师范学堂随之产生。重庆建立了师范学堂，并在各地设置了多样化的师资培训机构，按照清末“新学制”的要求实施教育管理、安排课程和教学计划，并对中小学堂教师进行资格认定和考核。清代后期重庆的师范学堂为新式教育培养了所需的合格教师，推动了当地教育由传统向近代的转型进程。

### 一、清代后期“兴学”热潮与师范学堂的产生

中国现代师范教育制度肇端于清代末年新政兴学时期。晚清时期重庆地方

政府在新式学堂创办之初，就认识到了师范教育的重要性。所以，相较于沿海通商口岸及长江中下游地区而言，虽然重庆兴学起步较晚，但当地的师范教育却先行一步，得到了优先发展，成为反映清末中国内陆师范教育发展的一个典型代表，更是西南地区教育新旧转型的一个侧影。

19 世纪末期，清政府面临内忧外患，统治者不得已宣布“维新变法”，在各方面进行改革。针对日益衰败的传统教育，1901 年清廷实行“废科举、兴学堂”的教育新政，下令兴办新式学堂，全国各地掀起创办新学的热潮。

师范学堂在一定程度上决定着整个教育的规模和成效，因为在近代中国兴办新式学堂，需要有合格的教师。随着近代新式教育的发展，师资匮乏的问题日益凸显，有识之士认识到了师范教育的重要作用。近代重视师范教育之议发端于梁启超。他认为当时的师资无法适应近代兴学育才的客观需求，只会是“欲开民智而适以愚之，欲使民强而适以弱之也”。洋务学堂弊端丛生，往往华文一两语可明，而西人衍至数十言，“西人于中土学问，向无所知，其所以为教者，专在西学”，从而使学生求学“每拨弃本原”；“所聘西人，不专一国，各用所习，事杂言庞”，而未能一致。由此，注定了发展新教育不能一味依靠洋教习来进行。❶

南洋公学师范院和京师大学堂师范斋的创立为中国师范教育的诞生标志。1897 年 4 月 8 日，南洋公学开学，先设师范院，表征着中国师范教育迈出了第一步，使师资养成有了专设机构。次年，京师大学堂设师范斋。清政府总理各国事务衙门提出：“西国最重师范学堂，盖必教习得人，然后学生易于成就。中国无此举，故各省学堂不能收效，今当于堂中别立一师范斋，以养成教习人才。”❷ 借鉴西方教育经验，养成“教习人才”，很快成为朝野的共识。

1901 年 7 月，两江总督刘坤一、湖广总督张之洞第一次会奏变法事宜，奏请令各省分遣学生出洋游学，学习师范教育：“宜专派若干人入其师范学堂，专习师范，以备回华充小、中学普通教习。”❸ 同年，罗振玉发表文章，针对师范学堂严重匮乏、导致兴学困顿的问题，提出改良变通的意见：“今日

❶ 梁启超. 变法通义：论师范 [M] //陈学恂. 中国近代教育文选. 北京：人民教育出版社，1983：142－144.

❷ 筹议开办京师大学堂章程 [M] //朱有瓛. 中国近代学制史料：第一辑 下册. 上海：华东师范大学出版社，1986：655.

❸ 刘坤一，张之洞. 奏请派游学生学习师范以培养中小学教习 [M] //朱有瓛. 中国近代学制史料：第一辑 下册. 上海：华东师范大学出版社，1986：983.

各行省兴学以立小学堂为最亟，而养成小学堂之教习则为尤亟。考东西洋各国立寻常师范学堂以为小学堂教师，立高等师范学堂为中学堂教师，其卒业之期，概三年之久。今中国兴学将待师范生卒业，而后令开小学校，抑令不必受师范学者而充教习乎？既不待师范生卒业，则三年内将不得立小学堂，使不受师范学者充教习，则又不以胜任。”鉴于这种两难困境，他主张仿日本速成科之例，立师范急就科，并为之拟订出详细章程，共有10条：“定校地”“招学生”“定学期”“定学科”“选课书”“聘教习”“行考试”“购图器”“筹经费”“定年限”，❶ 基本包括了办学的各个方面。

1902年，清政府颁布《钦定学堂章程》（即“壬寅学制”），指出教育是国家发展的根本，作为教育“母机”的师范教育更是国家谋求进取的基础之基础。“壬寅学制”的条文中，明确要求各地着力兴办师范学堂，并实行官费教育制度，以尽可能多地鼓励并招收有志于教育事业的学子。1904年1月，清政府重订学制即“癸卯学制”，公布《学务纲要》《优级师范学堂章程》《初级师范学堂章程》《实业教员讲习所章程》等规章制度，正式规定独立设置师范类学堂馆所，主要包括师范馆、优级师范学堂、初级师范学堂、师范传习所、实习教员讲习所。1907年3月8日学部颁布的《女子师范学堂章程》标志着女子师范教育作为女学师资养成机关获得了法律上的确认。上述“新学制”中关于师范学堂及相关办学机构规章的颁布，推进了近代师范教育的制度化进程。清末重庆的师范教育正是在这种社会背景及教育大潮中出现的。

## 二、清代后期重庆师范学堂概述

重庆地方当局及士绅学界较早认识到了师范教育与新式学堂之间的密切关系，对发展师范教育充满了极大热情。从中国内陆地区近代师范教育的发展来看，重庆师范教育曾位于先驱地位，早在1900年永川的达用学堂创建时，就开办过师范班。截至清末，重庆依照清政府各项教育规章的规定，设置了各类师范教育培训机构近30所，这在清末邻近省区是十分罕见的。根据笔者所掌握重庆市县有关方志资料证载，整理如下。

光绪二十六年（1900年），永川达用学堂附设师范班，永川知县罗崇龄创

❶ 罗振玉. 设师范急就科议［M］//朱有瓛. 中国近代学制史料：第一辑 下册. 上海：华东师范大学出版社，1986：985－986.

办，有学员60人。此后，有不少知识青年赴四川优级师范选科学堂学习。

光绪二十七年（1901年），涪州官立师范学堂，在涪陵县北岩钩深书院原址创办，聘请翰林施氏为总教习，招收内外庠生40名，讲授经、史、文学、舆地、掌故、时务、算术。开办5年，于光绪三十一年（1905年）改为“官立涪州中学堂”。

光绪二十九年（1903年），重庆府中学堂创设师范科；长寿师范传习所设凤山书院内。

光绪三十年（1904年），重庆女学会女子师范学堂诞生，该校又称巴县女子师范学堂，校址位于巴县城内全节堂；夔州师范传习所由夔州知府潘秉年创办，设于莲峰书院，招收辖境内六邑（奉节、大宁、巫山、云阳、开县、万县）学生80名，学习10个月，毕业后充任各乡初等小学堂教师；该年建立师范教育机构尚有：璧山县奉令设立璧山师范传习所；由渝郡书院改办的重庆师范讲习所；由几水书院改办的江津县立师范传习所；铜梁县高等官立小学堂附设师范传习所、长寿林庄学堂附设师范班。

光绪三十一年（1905年），合州中学堂速成师范班建立，学生半年毕业，班级人数55人；长寿高等小学堂附设师范讲习所，忠州白鹿书院附设师范传习所，知州任睿之创办，由教谕辜作霖、训导黄应霖主讲，授简易学科，一年结业，为兴办学堂培养教员；合川简易师范开班，学制3年，班级人数45人；荣昌县师范传习所成立，同时在县模范女子学堂内附设师范班；长寿女子学堂附设师范班。

光绪三十二年（1906年），川东道张铎倡建，士绅杜成章等赞助，由川东道36县联合创立官立川东师范学堂，首任监督（校长）是毕业于日本弘文师范的铜梁人杨霖，初为1年制师范科，后招2年制师范科，1907年开办5年制师范及附属小学；南川隆化高等小学堂附设师范传习所，培训小学教师；字水书院改办巴县师范学堂、在凌云书院开办垫江师范传习所；巴县中学堂附设简易师范科；綦江师范传习所开办；江津中学附设师范班。

光绪三十三年（1907年），开县高等小学堂附设师范传习所，不定时选拔原有塾师或青年学生，参加师范科目学习，结业后充任新学教师；巴县设立速成师范学堂；合川劝学所附设师范学堂。

光绪三十四年（1908年），酉阳州牧唐我圻关注师资培养，振兴山区教育，他于酉阳州立高等小学堂之内附设师范速成班简易科；长寿县改林庄中学校附设师范传习所为县立师范学堂，设5年制、3年制师范各1班；江北厅、大足县分别设立师范传习所。

师范教育的发展，为重庆各地学堂的开办奠定了基础。1907年，四川、重庆共有教员12824人，1910年达到15291人。1909年，四川视察学务报告说："外洋留学及本省师范学堂毕业者接踵，教职员尚不缺乏。"❶

从以上史料可以看出，清末重庆的师范学堂办学的主要特点有：①多种层次和类型的师范教育机构并存，既有官立师范学堂，也有传习所和简易师范，多以师范传习所和附设示范班的形式开展。由于当时重庆受辖于四川省，高等层次的师范学堂较少，因此这一形式的师范教育占了很大比例。师范传习所和简易师范规制简单、学制短，适应了当时对师资的急需，对重庆近代中小学教育初兴时期的影响最大；②留有西方教会办学的踪迹。甲午海战之前，重庆作为长江上游的商贸集散中心被辟为对外通商口岸城市，受西方工商经济及教会势力的渗透。传教士在重庆办学甚早，以光绪十三年（1887年）美以美会女传教士轲立亚在重庆戴家巷开办的女子小学为最早，较早开设了教会学校培养信徒和教师，西方传教士更是在1904年创办了专门的师范学堂——重庆女学会女子师范学堂；③留日教育直接引导清末师范学堂的办学活动。受清末四川派遣留日师范热潮的影响，此一时期重庆的师范学堂亦有不少由留日归来的学生参与创建或担任教师，如南川县高等小学堂兼办师范传习所由留日师范生罗祖泽任教员，酉阳师范传习所由留日师范生程昌祺任教习兼所长，川东师范学堂的筹建、管理与教学均是留日速成师范生所担任；④对比四川全省设立的师范教育机构，重庆处于先进行列。据相关统计资料：1903—1905年，四川、重庆共开办师范传习所110所，师范学堂数最多年份为1907年（29所），其次为1909年（20所），1908年因师资问题有所缓和，数量下跌。著名师范学堂有4所，其中：川西成都（省会所在地）2所，即通省师范学堂、优级师范学堂选科学堂；川南泸州1所，川南师范学堂；川东重庆1所，川东师范学堂。上述区域分别反映了清末四川（含重庆）师范教育的地理分布状况，可以反映出重庆师范教育的先驱地位仍然明显。

---

❶ 光绪三十三京外学务一览表［J］. 蜀报，1907（4）.

## 三、重庆师范学堂的教学与管理——以川东师范学堂为例

教师是学校中承担教育、教学任务，以教书育人为主要职责的教育专业人员（或称专业教育者）。作为一种专业教育者，教师和非专业教育者如父母、长老等的根本区别，就在于他具有一种社会的职业身份和职责。清末重庆的师范学堂是应培养教师的需求而出现的，是培养新式教师的摇篮。因此清末重庆师范学堂是有别于同期重庆普通学堂和其他学堂的一种具有自身特点的专业教育。

### （一）教师资格的认定及对教师的考核

为了保证“新学制”推行的质量，清政府注重对中小学教师进行资格认定。光绪二十九年（1903 年），清政府颁布《奏定初等小学堂章程》《奏定高等小学堂章程》《奏定中学堂章程》，开始对小学堂堂长、教员的资格做出规定。例如，小学堂堂长“须用在初级师范学堂毕业，实通晓管理法者”。[1] 高等小学堂正教员以初级师范毕业考列最优等，及游学外洋寻常师范毕业得有优等文凭者定选；副教员以初等师范毕业生考列中等，及游学外洋得有寻常师范毕业文凭者定选。按照《奏定任用教员章程》的规定，普通中学正教员应由优级师范毕业生担任，成绩优等以上或游学外洋高等师范毕业，成绩中等以上者的优级师范毕业生只能充任中学副教员。小学教师应由初级师范毕业生或留洋寻常师范毕业生并领有毕业文凭者担任，至少应由简易师范生或简易师范传习生担任。[2]

笔者在此承续上文的分析，四川、重庆清末师范教育与此期留日运动紧密相关。四川、重庆的留日学生从 1901 年派遣发端，到 1906 年高潮期达到 800 人，1908—1911 年虽有所下降，然仍相当可观。作为内陆省份的四川（含重庆），留日学生如此数量十分惊人，可攀比于直隶、湖北、江苏和浙江。留日川、渝籍莘莘学子、热血青年或爱国志士的专业选择以学习师范和法政者居多。前者就与清末四川、重庆的兴学活动紧密联系，清末四川、重庆的兴学热潮大致与留日浪潮在全国分省中的位置相应，处于前列。为解决师资人才的空缺，四川继任的总督锡良一面设立师范学堂、师范讲习所，同时又要求各州县

---

[1] 张之洞，张百熙，等．奏定高等小学堂章程［M］//朱有瓛．中国近代学制史料：第三辑 上册．上海：华东师范大学出版社，1989：199.

[2] 涂文涛．四川教育史：上［M］．成都：四川教育出版社，2007：228－230.

选拔品行端正、可堪深造者，赴日学习师范、教育专业、学科，以明办学及教学的教理方法。据日本学者实藤惠秀《中国人留学日本史》的描述，四川、重庆留日学生学师范者多云集于日本教师教育名校宏文书院，仅 1904—1905 年就有川、渝籍学生 352 人，该院专设了四川师范速成科班。甲午海战后，国内社会危机加重，国人的日本观发生变化，在清政府顶层设计奖励留学政策的引领下，重庆不少青年热衷于留学日本，重庆府设立了东文速学学堂、游学预备学堂等。1901 年，四川总督奎俊接受日人井户川辰三的建议，向清政府奏请派遣留日学生，在首批赴日留学的 22 名学生中，陈崇功、胡景伊、龚秉权就是重庆人。此后，四川、重庆各种官费、自费留日学生与日俱增。

重庆府参照遵行学部颁行“新学制”章程中有关教师选用条件的规定严格推行，并注重教师任职能力水平的实际考核。依据四川省学务处、提学使司的部署，重庆提出对教师的考核标准如下：服务上，凡任教员者须奉戴教育之宗旨，勤奋职务，凡教员须尊奉法律命令，不可从事于营利事务；教学上，要导儿童为善良，不可使抱贪求奇功之念，不可以身体教育委之于体操，不可抱鄙令之心志与陋劣之思想；职务上，教员须保全身心之健康，教员须学历丰富，教员须磨心志，教员须常研究教育法，教员须经常讲究心理学、生理学及卫生学，教员须知管理之方法，教员须熟练恳切勤勉，教员须具刚毅、忍耐、威重诸德。处置儿童须宽厚和平，教员须有善良之性行，教员须品行高尚，学识渊博，经验积重。❶

光绪三十四年（1908 年）四月，重庆建立小学教育研究会，拟定《小学教育研究会简章》，其宗旨是“专为改良小学教育而设”，其中对小学教员服务做明确规定：凡任教员者须奉戴教育之宗旨，勤奋职务，教员须遵奉法律命令，须住居于学堂之侧近，不可从事营利事务等。❷

清末教师报酬称束脩金，简称脩金。光绪三十年（1904 年），中、小学教师岁脩金分别在 120 千文和 8 千文以上。宣统二年（1910 年）改年酬为月酬，脩金改称薪水，小学堂教员分 9 级，本科正教员 1 级 30 元，级差 2～5 元，依次递减，至第 9 级为 8 元；专科正教员分 8 级，1 级为 24 元，级差 2～4 元，依次递减，第 8 级为 6 元；副教员分 5 级，1 级 14 元，级差 2 元，至第 5 级为

❶ 重庆市教育委员会．重庆教育志［M］．重庆：重庆出版社，2002：591.

❷ 重庆市教育委员会．重庆教育志［M］．重庆：重庆出版社，2002：596.

6 元。小学堂 2 级以上教员和中学堂教员报酬相当优厚，中学堂教员最低 20 元，最高 50 元。[1] 中学堂教师待遇总体高于小学教师，只是未获得统一薪资标准的相关记载。相比较当时社会行业收入水平及物价状况，教师的待遇较高，教师月薪的等差既与学堂层次类型相关，也与业绩能力的考核相联系。

教师任职资格及其对任职期业绩水平考核的规定，是对教师条件要求的法制保证，这对保证办学质量，发挥教师在教学中的主导性及教导、组织作用是必要的条件。清末对教师任职条件及素质的要求是有益的，值得借鉴。

### （二）师范学堂的教学活动

清末重庆师范学堂的课程设置，贯穿着“中学为体、西学为用”的思想。初级师范学堂完全科设修身、教育、读经讲经、中国文字、历史、地理、算学、理化、博物、习字、图画、体操，其别于中学堂者，着重教育学及将习字列为专科。所设课程除讲授教材内容外，还讲授各科的教学方法。简易师范科设修身、教育、中国文学、历史、地理、算学、格致、图画、体操。师范传习所开设课程与简易科相同。教育课程包括讲授教育史、教育原理、教育法令、学校管理及实事授业。教育学课是授课时数数量较多的一门课。第一学年每周 4 小时，第二学年每周 4 小时，第三学年每周 8 小时，第四学年每周 14 小时，第五学年每周 15 小时。

川东师范学堂创办之初，教习“皆博雅端谨之人，能求学于东而毕业于师范者也”。光绪三十四年（1908 年）6 月 19 日，《广益丛报》消息：川东师范学堂聘有经史教员王昌麟，国文教员龚秉枢，数学、理化教员副岛四郎、部好一郎（均为日本教习），地理及修身教员孟洪波，博物教员刘雪樵，英语教员王鲠，体操教员姚鸿，译员冉滨谷。可见，重庆师范学堂所开设课程与《奏定初级师范学堂章程》的规定基本相同。学堂文学师资除了国内各种途径聘请、参选之外，一个重要的来源是聘用日本来华教习任教自然、博物、数理及教育类课程，以补救国内教师在学科专业的结构性失调，纾缓燃眉之急，保证师范学堂教师培养的质量及教学运行秩序的正常。清末重庆师范学堂教员聘任日本教习人数除了上述工人之外，尚有巴县女子师范学堂的太田喜智，她与重庆府中学堂的藤川勇吉同在这一内陆腹心重镇任教，在重庆中日教育交流中贡献突出。

---

[1] 重庆市教育委员会. 重庆教育志［M］. 重庆：重庆出版社，2002：603.

从1907年起，川东师范学堂实行了文理分科。当时定理科为甲班，文科为乙班。理科班着重于数、理两门课的教学，且理科招生多于文科，理科班招生60名，文科班则是50名。这固然有清末重庆兴办新式学堂中理科师资缺乏而取应急之举的打算，但它从一个侧面反映了重庆教育界在西方文化思想的冲击下，对于传授自然科学知识相当重视，这也使师范教育体系结构趋于合理。

在教学方法上，兴学之初，各地开办的新学堂仍多沿袭旧法，教师照本宣科，学生囫囵吞枣、死记硬背。随着师范教育的发展，各学堂开始注重教学方法的改良及西方教学方法的介绍与实验。光绪三十年（1904年），清政府派员赴东洋考察，逐渐推行班级教授法、二部教授法、复式教学组织及自学辅导主义教授法，教学形式主要是串讲❶。

清末重庆师范教育非常重视教育实习，称为实事授业。师范生在附属小学堂练习教育幼童，由师范学堂各科教员及附属小学堂堂长与教员会同督导，监视其授业，品评其当否。实事授业为教育学课的一部分，是师范教育计划体系的重要环节，有助于将教育理论运用于实践，同时又能通过实践检验、发展理论。

### （三）师范学堂的教育管理

教育管理主要依据法规章程，通过行政手段对教育加以组织及调控，以达到有序、高效及协调一致的效果。学校机构分工配合，教育工作的目标，经费的筹划、支配，教职员的职责与权限，学生的道德、习惯、知识素养的训练要求乃至于学校关系、学校文化等均在管理范畴之内。但考诸某一教育机构或类型，尤其是教育历史的场景及剧幕，则不能做面面概观，当择其切要、适当者述之。

清末重庆师范学堂按照《奏定初级师范学堂章程》“教育总要”的规定重视德育工作，德育的目的是变化学生气质，激发学生精神，砥砺学生志操，养成良善高明的性情，不萌邪妄卑鄙之念，以使师范生将来有教育国民之责，当激发其爱国志气和学成以后必当勤学诲人，尽报效国家之义务。为达此目的，师范学堂开设读经讲经及修身课。读经讲经课程讲授《春秋左传》《周礼》，以忠孝大义训勉学生尊君亲。修身课摘讲陈宏谋《五种遗规》（《养正遗规》《训俗遗规》《教女遗规》《从政遗规》《在官法戒录》），阐述封建的修身、齐

❶ 吴洪成，彭泽平．自学辅导法在近代中国的实验［J］．课程・教材・教法，1998（4/5）．

家、处世、居官之道。又颁布《各级学堂管理通则》，规定在课堂及礼堂内悬挂《圣谕广训》。月朔时，监督教员召集学生于礼堂内宣读《圣谕广训》一条，开学、教学、毕业时，率诸生至万岁牌前或圣人面前行三跪九叩礼，不许学生干预国家政治及学堂事务。川东师范学堂教员程昌祺在《静观斋日记》中写道："丙子十二月初八日（即 1907 年 1 月 21 日）是日为本堂卒业之期，午前十时，川东道、重庆府及各学堂来宾甚众，先入礼堂祀圣毕，学生又向余等行一跪三叩礼毕，厥成。代表观察训词毕，授予毕业证书。"这种封建礼仪活动是学堂进行德育教育的重要手段。

《奏定初级师范学堂章程》规定，初级师范学堂由府、州、县设置，未设初级师范学堂的府、州、县可设师范传习所。根据设置与领导的关系，川东 36 县联合设置的川东师范学堂，受川东道尹领导。永川、长寿、铜梁、江津等县设置的师范传习所或学堂附设师范班，受该设置县知事领导，由分管学务的官员主管。初级师范学堂设监督、教员、副教员、监学、附属小学办事官、小学教员、庶务员，由监督统率各员，主持学堂工作；教员负教育学生之责；副教员协助教员教育学生；监学以教员或副教员充任，管理学生斋舍事务；附属小学办事官以教员兼任，管理附属小学堂教育事务，小学教员教授附属小学学生，并指导师范生实事练习；庶务员管理收支及一切庶务。

师范学堂招生要求，哪一级设立的师范学堂，便在哪一级区域内招生。川东师范学堂招生由川东 36 县选送，大县每县 10 ～ 20 名，小县每县 5 名。完全科招收 18 ～ 25 岁的品行端谨、文理优通、身体健全的高等小学堂毕业生，入学后试读 4 个月转为正式生。简易科招收 25 ～ 30 岁的高等小学堂毕业生。川东师范学堂修业年限完全科为 5 年，简易科为 1 年。光绪三十年（1904 年），四川总督与学务处通令州县设师范传习所时规定：每所额定 150 人，僻苦地方准予酌量从减，一律以 10 个月卒业。但奉行各属多延置不办，各县师范传习所及中小学堂附设师范班，修业年限无统一定期。关于师范生的资格，重庆学务综核所正董天烈在条陈学务中提出：就近挑取本地生员及各学堂学生，并现任四乡小学教习年龄长者（25 岁以上 45 岁以下），文理通者，有操行、无嗜好者，概作师范生。[1] 酉阳知府唐我圻（字恭石）在《唐恭石初到酉阳晓谕示

[1] 凌兴珍．清末新政与教育转型：以清季四川师范教育为中心的研究［M］．北京：人民出版社，2008：110.

文》中称，将在州城设一师范学堂：一州三县之人，无论生监，只要有保甲或族邻甘结，均许先期在礼房报名投考。正取一百二十名，备取一百名。正取在堂讲习，期以一年卒业后，分遣教授四乡初级小学堂。❶

关于师范学堂经费，从当时四川师范学堂的办学经费来源来看，除省立学堂办学经费由省学务处暨学务公所筹集经费拨款开支外，各道府州县立学堂经费由各地自行设法筹措，来源五花八门，而私立学堂则由私人捐资设立，普遍处于没有稳定来源、额度规定及支出限制的无序状态。重庆设立的师范学堂，办学经费来源复杂。❷ 川东师范学堂开办之初，其建筑费及开办费由府道拨款及缙绅杜成章等人捐助，常年经费“由各属申送学生按额每名年解卅两以为常年经费，其分配方法则视县之大小以定名额之多寡，以后增加以此为准则”；光绪三十三年（1907 年），川东道尹公署“拨道库银五万两为基金，年入息金五千两，合各县结款为常年经费”；“拨杂项银五万两发商生息，年可入息金五千两，连同各县解款，及校场地课、房租等为学校基金”。❸ 拨道库银 5 万两为办学基金，发商生息，每年可得利息约 5000 两。此外，川东 36 州县按所选送官费学生之多寡解款。基金之利息加上各县之解款，即为学堂之常年经费。❹因经费来源困难，川东师范学堂开设之初，除设官费生外，还招自费生。办学经费的不足还导致师范学堂办学规模偏小，影响和困扰着师范学堂的存续与发展。师范传习所的经费主要使用政府拨划给学堂的经费，也通过集资、捐款等途径筹集经费。除个别传习所经费宽裕外，多数传习所经费紧张，只能因陋就简地设立。长寿师范传习所附设于高等小学堂，斋舍仅能容 30 人，只好正取、备取各 30 名，正取以本年入堂，备取则明年入堂。由于经费紧张，有的传习所不仅不给师范生食费，有的甚至收取学费、伙食费等。光绪三十二年（1906 年），綦江县师范传习所报考 300 余名，录取 100 名，每名每月伙食费、学费等需要交钱 5000 文，开学时到校就学的只有寥寥数人。办学经费不

---

❶ 凌兴珍. 清末新政与教育转型：以清季四川师范教育为中心的研究［M］. 北京：人民出版社，2008：116.

❷ 凌兴珍. 清末新政与教育转型：以清季四川师范教育为中心的研究［M］. 北京：人民出版社，2008：295.

❸ 凌兴珍. 清末新政与教育转型：以清季四川师范教育为中心的研究［M］. 北京：人民出版社，2008：297.

❹ 许增纮，潘洵. 川东师范学堂与西南师范学院的组建［J］. 西南师范大学学报（人文社科版），2005（3）：129－133.

足，严重影响到师范学堂的发展。

光绪三十一年（1905年），重庆府中学堂派出官费学生前往日本宏文学院专习师范，这是对重庆本土师范教师的域外培养方式的拓展。重庆中学堂留日速成师范生经费，来源于重庆府学堂经费，不足部分由各属摊缴。例如，重庆中学堂资送速成师范生9人和监督孔庆余1名赴日速成师范，留学经费由重庆府学堂经费项下每年提3000两专为留学10名之用；如学堂实有不敷，再拟酌派本府公款摊缴；如提拨专款不敷留学之用，则由各属共同筹补。[1]

清末师范学堂简易科以上毕业生，可获得功名奖励，且略优于同等学堂。清末四川师范学堂毕业生都按成绩优劣授予相应功名。宣统元年（1909年），重庆府中学堂初级师范简易科29名学生就曾获奖。师范毕业生的功名奖励虽然对推动师范教育发展起了积极作用，但这种封建科举制的遗风还是给师范教育带来复杂的多重影响，此举于民国元年（1912年）被彻底废止。

师范生就学期间享受国家公费补助待遇，毕业后规定服务教育工作这种定向型师资培养模式，是清末教师教育的特色，后来的师范学校办学也有延续。而当时学生从师范学堂毕业任教以后，经济待遇较高，应该认为国家以较高薪级标准稳定师资，确立其经济地位，有助于培植民众尊师风尚。这种举措十分有利于师范教育的发展。

## 四、清代后期重庆师范学堂的历史地位

首先，清代后期重庆师范教育培养了数量充裕的师资，保证了新式教育在内陆山区的有序发展。清代后期新式学堂课程内容的变化，西学的引进，使私塾先生等传统教师难以胜任教学的要求，必须有相应配套的新式教师。重庆师范教育根据自身的特点和教育发展的需要，创办各类学堂馆所，多样化、多渠道为重庆各地学堂培养了较为充足的合格教师，为重庆教育的长足发展提供了师资保障。最初发展的师范传习所和简易师范，不仅为新式学堂培养了大量教员，而且还是废除科举后吸纳、转化士子童生为新式学堂教师的一个渠道。据学部总务司光绪三十四年（1908年）所列“重庆府普通学堂学生统计表”统

[1] 凌兴珍．清末新政与教育转型：以清季四川师范教育为中心的研究［M］．北京：人民出版社，2008：157．

计，未直辖前重庆地区共有小学堂1137所，学生38624人，其中高等小学堂27所，学生753人；两等小学堂65所，半日学堂24所，学生879人；另有中学堂15所，职业学堂11所。川内各地兴办的学校，以重庆“占多数”❶。这些记录，如果涵盖重庆直辖以后的涪陵、万州、黔江地区，将会明显增加其数字。

其次，女子师范学堂的出现，具有特殊的社会作用。由于地理位置等因素的影响，重庆近代教育发展较迟。但在西南地区，因其长江港口及商业重镇的区位特点使其得风气之先。光绪三十年（1904年），西方基督教会进步的重庆女界有识之士在重庆设立重庆女学会，在巴县城内全节堂首创女子师范学堂，并发布《重庆女学会章程》，其中规定：“本会于未立女学堂之时，当先立女师范学堂，以广师资而便学者。”之后，四川各州县女子师范学堂、女学堂附设师范、保姆传习所、女工师范传习所相继开办。❷女子师范教育的创办，不仅提供了女子受高等教育的机会，而且将女子在社会上的工作合法化，为女子接受中等教育、寻求职业、走向社会、赢得自立提供了机会与途径，打开了女子走向社会之门，影响了一代又一代女性。重庆地偏西南，社会经济各方面发展相对落后，新式教育也起步较晚，能在全川首倡女子师范教育，实属不易。

再次，清代后期重庆师范教育促进了全川的新教育发展。如前所述，重庆师范教育曾位于中国内陆地区先驱地位，萌发时间较早，而且开办的师范学堂也比较多，远超一般州府所创办的师范学堂。四川基本形成了以成都、重庆、泸州为主干的、多层次、多类型并行的师范教育体系，师范学堂数量和学生数量均居全国前列。师范教育的发展为全川普通学堂培养了合格的师资，相信也会由此辐射西南各地新式教育的近代化进程。据《蜀报》第1年第4期公布的《光绪三十三年京外学务一览表》记载，1907年，四川（含重庆）共有教员12824人，1910年达到15291人。另据统计1907年，四川（含重庆）共有学校7793所，排于全国第二，学生244500人，位居全国之首。

当然，清末重庆的师范教育也存在中国师范教育发展之初的一些共性问题，如各地师范教育发展不均衡，有些师范学堂存在办学不规范、培养出来的教师良莠不齐等弊端。尽管如此，清末重庆的师范教育毕竟迈出了发展的第一

---

❶ 隗瀛涛．四川近代史稿［M］．成都：四川人民出版社，1990：301．

❷ 凌兴珍．清末新政与教育转型：以清季四川师范教育为中心的研究［M］．北京：人民出版社，2008：351．

步，并发挥出教育“工作母机”的作用，推动着重庆乃至整个四川教育的早期现代化进程，并因近代以来重庆中心城市区位优势的崛起，而产生震荡辐散，并波及长江上游乃至西南地区。

## 第四节　清代后期重庆的实业学堂

重庆近代职业教育兴起于清末新政时期，依照“新学制”的规定，设立了实业学堂及专门学堂，从教育目标、内容到教育方法都旨在培养实用技术人才，服务于重庆近代农、工、商业的发展需要。重庆职业教育制度的形成，对重庆教育由传统向近代的转型发挥了重要的作用。

1901 年《辛丑条约》签订以后，民族危机加剧，国内外矛盾尖锐。迫于内外的压力，清政府被迫祭起了改革的旗帜，演出了近 10 年新政改革这回光返照的历史一幕。新政时期的改革包括了政治、经济、文化教育、军事等各个方面，但以教育改革最为有效。清末的“新教育”始于洋务派于 1862 年创办的京师同文馆，但作为一场新教育运动蓬勃展开并达到高潮，实际出现于清末的新政改革时期。实业教育，其实质等同于今天的职业教育（是近代职业教育在早期的代名词），应是清末教育改革的闪光点之一。近代中国职业教育的发生、发展首先始于东南沿海开风气较早、近代工商业基础较好的地区，渐次往内地延伸、拓展。由于我国学术界目前对同类问题探讨，主要集中在沿海地区，对内陆地区则有所忽略，故可资借鉴的研究成果不足。

### 一、清政府有关实业学堂的规章

1902 年颁布的《钦定学堂章程》，明确了实业教育的体制，把实施实业教育的学堂称为实业学堂，又将实业学堂分为三级：初级实业学堂修业 3 年，中等实业学堂及高等实业学堂各修业 4 年。1904 年颁行的《奏定学堂章程》对农、工、商各级各类实业学堂和艺徒学堂的入学条件、学制及培养目标都做了明确的规定，实业学堂“在振兴农工商各项实业，为富国裕民之大计”，“其学专求实际，不尚空谈”，“小试则有小效，大试则有大效”。[1]

根据章程中有关条文，初等实业学堂招收初小毕业生。初等农业学堂学习

---

[1] 奏定实业学堂通则［M］//舒新城：中国近代教育史资料：中册．北京：人民教育出版社，1981.

农业最浅近之知识技能，毕业后能从事简易农业，修业3年。初等商业学堂学习商业最浅近之知识技能，毕业后能从事简易商业，修业3年。中等实业学堂招收高小毕业生，预科2年，本科3年。中等农业学堂授以农业所必需之知识技能，以各地方种植畜牧日有进步为成效。中等工业学堂授以工业所必需之知识技能，以各地方人工制造各种器物日有进步为成效。中等商业学堂授以商业所必需之知识技能，以各地人民至外省外县贸易日多为成效。实业补习普通学堂和艺徒学堂旨在使广大群众均有可执之业，虽薄技粗工亦略具科学知识，以厚民生而增国力。实业补业学堂在从业人员及欲从事各种实业的儿童中招生，授以简易实业知识技能，并补习小学课程，修业3年。艺徒学堂令未入初等小学但粗知书算的12岁以上儿童入学，授以中等程度的工业技术，使之成为善良工匠为宗旨，修业年限不定，至多以4年为限。

重庆的行政区划当时属四川管辖，故无高等实业学堂的设立权限。重庆的实业学堂（实施职业技术教育的学校教育机构）是在《奏定学堂章程》推行以后发展起来的，既是推行新政、发展实业所必需，又是新政教育改革的一部分。重庆的职业教育兴办并未拘泥于章程，而是因地制宜，采取了较为灵活的方式。

1907年，四川总督赵尔巽上奏筹设川省实业学堂，以推广、加强四川教育的发展，其中认为实业学堂与地方工矿、资源及经济特色密切结合，学科专业的设置应反映其特色，他提到了窑业、染织、采冶、理化四大部门。对发展川省实业学堂的意义及相关问题，他在奏折中这样写道：

> 窃维近今数十年，环球各国，已成工战商战时代，实业不兴，商务安望起色？惟是外洋各项工业，无一不与理化算学相关系，故必有通于各种科学之人才，然后旧者可图进步，新者可望发明。否则，摹仿一物必假技师，而所得有限；留学外洋仅成工手，而所造未精。即欲调查工厂，亦告无识门径之人。具此种种困难，工业之前途实难望其发达，即就川省言之，二十一万方里之面积，原料非不富也；手工向称精美，民智非不强也；设劝工厂以养之，辟劝业会以鼓励之，提倡非不力也。然而数年以来，迄第二次工会之开办，一二摹仿外洋之品类，皆得粗遗精，刻鹄类鹜。日用普通之物，则精者所值甚昂，仅供少数富人之玩好，粗者无资抵制，徒夺寻常工人之利权，地利如此其优胜，人力如此其经营，而效果如此其微末，推求其病，则因无学堂以养成实业之人才，而从事实业者，又皆无专门学业之故。夫学生之与学徒性质大有区别：矩矱相承，学徒之事

也；理想独辟，学生之事也。程度迥殊，教法自异。故欲造成完全之实业人才，非亟筹设立专门学堂不可。奴才莅事以来。随时督同司道反复筹商，佥称实业一项实为商矿枢纽，川省提倡实业，尤以商矿为注重要点。

所拟章程内载实习四科，皆就川省固有之原料而订：

一曰窑业。陶瓷一项，向产隆昌达县等，原料不减江西，惟嫌制造粗劣，是以日用各物，虽明知邻省外洋来川之品物价较产地十倍之昂，亦不能取给于彼。三十二年（1906 年）七月，曾由商务局详派陈生其般前往醴陵、景德镇调查，知此业改良尚易，当经带同学生入醴陵实业学堂学习，现在速成科卒业者已有数人，重庆商民设有一厂已著微效，再求精深，则非藉资学力，其奚以济？

一曰染织。川省系产丝之区，染织本固有之利，然观士大夫服用之所需，类皆贵苏杭而贱土货。所产同而获利不同，则染与织之优劣不相若也。外洋于染织一业，大抵能考察各国人情之好尚，精益求精，近年输入之品日新月异，人选竞趋之，漏卮甚巨。日本西京染织最为著名，染织学堂亦复林立，考其丝质不佳于我，核其价值乃廉于我，所能胜我，其一在花样精新，则善织之故，一在光彩夺曰，则善染之故，盖世界愈过文明，则服物愈趋华美。于人情之取合，考商业之盛衰，则川省丝业之前途非亟求改良染织，以期与外洋并驾、邻省齐驱，势难逃劣败之公例也。

一曰采冶。川矿之富，各国艳称，言矿政已十年，虚糜库帑以巨万计，成效未彰，力九不继。自奉部文改设调查局以来，颁定局章，注重查矿、炼矿二事，不知先无采矿之学，未发现者固不能查，先无冶金之学，已发见者更不能炼，宝藏惟有坐失，巨款惟有虚糜，虽法美意良，亦徒托诸空言可耳。此对于全省矿业而采冶学之不容稍缓者也。

一曰理化。化学一科为用最广大，而凡百制造小而饮食卫生莫不发明于此，虽各种普通学校莫不兼列此科，而一则与以普通之知识，一则教以应用之精微，详略不同，深浅迥别，外洋工业分科，化学常独占一部，故于此校亦列专科。

以上四科实业。所关原不止此，但因地时不得不先其所急。计开办经费约需银四万两，第一年预备科约需银一万六千两，第二、三年实习科约岁需银三万九千余两。现惟火柴官厂每年约可得余利银五千两，丝业保商局公费余存项下每年约可得银六千两，堪资挹注。其余不敷之数尚巨，再由奴才饬局会同藩司筹拨弥补。除将章程咨送学部农工商部外，应请饬下部臣核明立案，以便选聘教员，购买仪器，克日开办❶。

清光绪三十四年（1908年），商部会同学部《具奏四川实业学堂办法章程折》，对四川总督锡良奏请筹设四川实业学堂的酌拟章程折作了批复，认为四川“土地沃饶，原料既多，民智渐瀹，实为提倡工艺最宜之地”。原奏请章程注重四川实情，因地制宜，应由“该省督臣随时督饬认真经理，逐渐扩充，冀收实效”。办学经费除源于火柴官厂、保商局余利及余存款项外，“不敷之数由该省督臣设法筹拨，以重久远”。学堂课程应遵章详订，并应“兼习修身、中国文学、算学、物理、化学、图画、体操各科普通学，以期完备”❷。商部与学部联合颁布的奏折肯定了四川（包括重庆）发展实业学堂的设想，并提出了具体意见，影响了清末该地区职业教育的实际推行及发展进程。

清光绪三十四年（1908年）四月五日，“学部议复闽督松寿奏请筹办实业学堂”，并议限两年之内，“每府应设中等实业学堂一所，每州县应设初等实业学堂一所，每所应收生百名。并通行照办”。❸

上述章程内容大都针对四川、重庆兴办职业教育的实际问题提出意见，也有的基于全国兴学的急迫性而加以筹设、计划，应该说，这些对重庆近代职业教育的发展都起到宣传、推动及规范的实际作用。

## 二、重庆兴办的实业学堂

重庆地处长江、嘉陵江交汇处，是长江上游的工商贸易中心，因此，自然成为四川，乃至西南诸省近代新教育产生的摇篮，与工农业生产、商业贸易及西方科学技术联系密切的职业教育尤其如此。

由于总督锡良在川省推行各项新政，大力举办各种实业、发展商业，急需各类人才，于是重庆陆续出现了一批实业学堂。

---

❶　护理川督赵奏设川省实业学堂章程折［M］//璩鑫圭，童富勇，等．中国近代教育史资料汇编：实业教育、师范教育．上海：上海教育出版社，1994．

❷　具奏四川实业学堂办法章程折［J］．商务官报，1908（1）．

❸　奏定学堂章程 实业学堂通则［M］//朱有瓛．中国近代学制史资料：第二辑 下册．上海：华东师范大学出版社，1989．

清同治九年（1870 年），川东兵备道姚觐元在浮图关为了教农民栽桑养蚕，亲自编写蚕资料及通俗读物，以大坪为技术示范区，使养蚕技术逐渐推广到川东各地。这是区内可考的最早的技术推广教育。

重庆的实业学堂开办得最早的是光绪二十七年（1901 年）在合川大河坝建立的四川蚕桑公社，1903 年以后亦称四川蚕桑公社民立实业中学堂，其办学宗旨规定：“（1）本社专以考验桑虫、蚕病、丝弊，讲求栽培养育、杀蛹制种、缫丝等法，为本省农家改良旧术，指授新学，以开风气，而扩利源；（2）延聘教习，传授生徒，以为培植人才，扩充蚕桑之基础。”[1] 从中可以看出，该实业教育机构既有学校职业技术教育的旨意，但也包含社会职业技术传授及培训的任务。四川蚕桑公社从创办到宣统二年（1910 年）止，前后 9 年，6 个班的毕业生，共 110 多人，分赴四川各县，为振兴四川蚕业，推广新法养蚕作出了卓越贡献。光绪二十八年（1902 年），遵省令，丰都县成立农务局，主办传办所，学习栽桑养蚕技术，购进桑苗 2000 株。重庆其余的实业学堂是在 1903 年“癸卯学制”颁布以后才开办起来的，既是推行新政发展实业所必需，又属新政教育改革的一部分。这批实业学堂不拘泥于部颁章程，采取了因地制宜、较为灵活设置的方式。

表 11.2 是现今可考的重庆部分实业学堂办理情况。

**表 11.2　1901—1906 年重庆可考的部分实业学堂办理情况**

| 学校名 | 成立年代 | 所在地 | 备　注 |
|---|---|---|---|
| 四川蚕桑公社 | 1901 年 | 合川 | |
| 蚕桑传习所 | 1902 年 | 丰都 | 学习裁桑养蚕技术 |
| 蚕桑学堂 | 1904 年 | 忠县城东白桥溪附近 | 植桑养蚕 |
| 蚕桑学堂 | 1906 年 | 酉阳县城西山沟 | 专门学习养蚕缫丝，一年多后停办 |
| 蚕桑学堂 | 1906 年 | 酉阳县龙潭经院 | 由留学日本的陈德元任校长 |
| 夔州商业学堂 | 1906 年 | 夔州 | 专收商家子弟，授以簿记、商品、书算、英文各科，毕业后由各商家录用 |

[1] 四川蚕桑公社［M］//朱有瓛．中国近代学制史资料：第二辑 下册．上海：华东师范大学出版社，1989．

续表

| 学校名 | 成立年代 | 所在地 | 备　注 |
|---|---|---|---|
| 实业学堂 | 1907 年 | 秀山县城 | 传授缝纫等技术 |
| 游艺女子学堂 | 1907 年 | 巴县保节院 | |
| 蚕桑学堂 | 1908 年 | 南川 | |
| 蚕桑实业中学堂 | 1908 年 | 万县万州书院 | 万县文明坊办有女子蚕桑传习所，县人邓焕奎创办蚕桑学堂，推广栽桑养蚕和缫丝技术 |
| 蚕桑学堂 | 1908 年 | 忠州 | |
| 重庆商业学堂 | 1909 年 | | 重庆商务总会为培养商才而创办 |
| 蚕桑传习所 | 1909 年 | 云阳 | 1911 年改名蚕桑学校 |
| 蚕桑传习所 | 1909 年 | 巴县 | |
| 蚕桑传习所 | 1909 年 | 江北 | |
| 蚕桑学堂 | 1909 年 | 永川县城桐子坳 | |
| 蚕桑传习所 | 1909 年 | 垫江县学署 | 传授栽桑养蚕技术 |
| 树坤女子学堂 | 1909 年 | 巴县保节院侧 | 1925 年，游艺女子学堂与树坤女校合并，更名为私立游艺树坤女子学堂 |
| 联合县立中等商业中学堂 | 1910 年 | 重庆 | 1913 年，学校改革中，改名为重庆联合县立商业学校 |
| 重庆中等商业实业学堂 | 1910 年 | 初设机房街，后迁桂花园 | |
| 简式蚕桑传习所 | 1907 年 | 永川 | |
| 简式蚕桑传习所 | 1910 年 | 黔江 | |
| 省立重庆高级商业职业学堂 | 1910 年 | 重庆 | |
| 中等蚕桑实业学堂 | 1910 年 | 夔州 | |
| 蚕桑讲习所 | 1910 年 | 江北 | 招收 30 人 |
| 初等农业职业学堂 | 1911 年 | 江津 | 民国后停办 |
| 八省蚕桑传习所 | 1911 年 | 巴县 | |
| 农业学堂 | 1911 年 | 大足县 | |
| 农业学堂蚕桑科实业学堂 | 1911 年 | 梁山县 | 分设农科、蚕种两个专业 |
| 县立乙种农业学堂 | 1911 年 | 梁平县 | 设农业、蚕桑两科 |

续表

| 学校名 | 成立年代 | 所在地 | 备　注 |
|---|---|---|---|
| 初等农业职业学堂 | 1911 年 | 江津县城东门外遗爱祠 | 招收初小毕业生，即相当于高等小学堂 |
| 开县农业学堂 | 1911 年 | 开县 | |
| 乙种农业学堂 | 光绪末 | 合川 | 授蚕桑新法 |
| 县立中等农业学堂 | 清末 | 永川 | |

资料来源：重庆各州县志及四川文史资料；王笛. 跨出封闭的世界：长江上游区域社会研究(1644—1911)［M］. 北京：中华书局，1993：172.

重庆实业学堂的分布特点是：工业、商业学堂主要集中在重庆城区，一般州县则是中、初级农业学堂，其中以蚕桑类为主。这种分布基本上切合当时重庆经济发展的实际情况。从中也不难看出，重庆在清朝末年创办的实业学堂中，是以蚕桑学堂为主体的。蚕桑学堂占整个实业学堂总数的二分之一，居第一位，体现了因地制宜的设学原则。因为四川自上古时即有蚕桑，各地遍植桑树，实为蚕桑之都。蚕桑是制丝的原料，在原料产地，广置蚕桑学堂，讲求缫丝学艺，是明智的。次为农业学堂，占整个实业学堂总数的五分之一，是清末重庆以农业经济为主的体现。商业学堂居第三位，仅有 5 所，表明清末重庆地区的商业尚未发达。实业学堂仅有 1 所，不是学工，而是学习缝纫技术。无工业学堂，表明清末重庆的实业教育存有片面性❶。

应该肯定地说，各类实业学堂的兴办，为促进重庆、四川乃至西南地区工商业的发展、农业的革新作出了贡献。

在近代早期职业教育发轫之初，职业教育含义尚不清晰，一些专门教育亦有职业教育的功能及取向。如此一来，还应顾及专业学堂的兴办。清末重庆的专业教育主要有法政、医学、体育等教育机构。

清廷在宣布实行新政以来，对官制进行了一些改革，加之西学传入，人们逐渐对法律和政治产生兴趣，四川留日学生在法政大学、早稻田大学、经纬学堂等校学习法政科的数量相当多。1906 年清宣布预备立宪之后，法政学堂便应运而生，开有大清律例、大清会典、法学通论、宪法、刑法、民法、商法、

❶ 四川蚕桑公社［M］//朱有瓛. 中国近代学制史资料：第一辑 下册. 上海：华东师范大学出版社，1989.

行政法、刑事诉讼法、民事诉讼法、裁判所构成法、国际公法、国际私法、监狱学、警察学、经济通论、政法学、货币学、银行学、财政学等课程。因报考法政学堂者众而学堂容量不济，1910 年，在重庆成立了川东公立法政学堂、重庆公立法政学堂、川东官弁法政学堂、官吏法政学堂。法政学堂依照日本模式，采用日本教材，引进日本教学方法，对于培养法政专门人才、传播宪政知识起了积极的作用。

1905 年，巴县士绅刘焕彩、李晴湘等人报请知县傅松龄同意，改字水书院为巴县医学堂，这是巴县最早的中医学校。两年后，该校迁五福宫，后迁桂香阁，易名重庆官立医学堂。学校成立之初，规定重庆附属 15 州县各定童生 5 名，经考试择优录取，首期报名学生 80 名，学制 3 年，经费公助民捐。

1908 年，由重庆士绅上书川督创办重庆体育学堂，为陆军学堂输送生员和培养中、初级学堂体育师资，第一任监督为梅际郇（辛亥革命后任职蜀军政府行政部），学制 1 年半，课程分学科、术科、随意科。按学部规定，术科除队列操外，还有哑铃、瑞典体操、兵式体操等，随意科则有旅游、英文、拳勇、刺刀术等。学生入学年龄限定在 26 岁以下。1909 年第一班毕业 50 余人，多数升入陆军学堂。

在从事职业技术教育的实业学堂之外，有的工矿企业也设置专门机构，着力培训技术人才。如重庆著名民营企业家何鹿蒿 1905 年创办的鹿蒿玻璃厂便是一个典型的例子。何鹿蒿于 1902—1904 年在日本学习，掌握了玻璃器皿制造的每一项关键技术，然后购买了当时制造玻璃器皿所需的全套原料和设备，回渝办厂。从建厂开始，就招收学生（初为 40～50 人，后增至 100 人以上），进行为期 3 年的职业技术培训，使之成为玻璃制造的专业人才。何鹿蒿为此不惜血本，在企业自身艰难的情况下，投入了大量资金，竭尽了全力。正如该厂所聘日本技师因学生学成而被解聘时心中不满而说诽谤性质的话所表露的："你们何老师将你们技术教会，但成本却损失数万元。"[1] 鹿蒿玻璃厂之举虽首先是为了企业的生存和发展，但同时也有利于重庆专业技术人员队伍的形成，促进近代职业教育体系在重庆的建立。直到今天，工矿企业附设职业学校，仍

[1] 何鹿蒿．鹿蒿玻璃厂四十年的回顾［M］//民建重庆市委．重庆工商史料：第二辑．重庆：重庆出版社，1993.

是大力提高员工技术素质、推动职业技术教育的有效方式。可惜的是，这一点并未被我们的许多企业家所认识。

## 三、重庆实业学堂的管理与教学

历史地看，重庆近代职业教育是在清末“新学制”有关实业学堂章程规定的基础上发展起来的，但各类实业学堂所设学科专业的门类，根据重庆社会的实际情况做了相应的变通和灵活的调整，基本上包括了当时社会生产领域。有的热心教育的地方士绅考察当时情况后，就本地“最相需，最得益”之实业门类，选派学生出国留学。这种“相需”与“得益”的办学思想，是对中国传统教育唯义理所在，不求利益旧格局的突破，它反映了近代民族工商业资本运转中市场经济的需求，意味着重庆近代职业教育开始成为文化知识、科学技术与社会生产之间的桥梁。

### （一）教育管理

清末重庆实业学堂的外部管理似未形成定制，一说各州县的公私实业学堂须由主办单位呈报四川省提学使司审批，但据《合川县志》记载，“光绪二十九年（1903 年）张森楷赴京向清政府申请蚕桑学校立案，经批准成立四川民立实业中学堂”，当时的清廷也在直接审批各州县的实业学堂。无论怎么说，在清末实业学堂开办之初，外部管理体制未成定制是情有可原的。至于清末重庆实业学堂的内部管理体制，各校也不统一。按规定实业学堂的管理机构应照中学堂章程办理，设监督 1 人，统理学堂事务，设相当数量教员，专司教授；还配备各项职员。但四川蚕桑公社民立实业中学堂设社长 1 人，总理社内大小事务；副社长 1 人，帮理社中大小事务，常在川住社；总教习 1 人，总理各科教学，甄别学生优劣而黜陟之，并同社长商讨社中创改的未尽事宜；设教习 2 人，分理教授各科，记注学生各科的分数，兼任社长、总教习指办各事；设干事 1 人，专管督察斋内学生，检点社内杂物及文牍信件往来等事；设会计 1 人，专习社内经费收支。四川蚕桑公社的管理机构和管理人员设置，针对本社情形颇具灵活性，尚未完全遵照“癸卯学制”的《实业学堂章程》办理。

重庆各实业学堂的德育，以封建伦理道德教育为主，这从有关课程设置及管理规章中可以窥见。如：设“修身”“读经”为必修科，以四书五经等儒家学说为教材。遵守《奏定学堂章程》禁令：学生在学堂以专心学业为主，凡不干事，一概不准予闻；各学堂学生，不准干预国家大事及本学堂事务，妄上条陈；各学堂学生不准离经叛道，妄发狂言怪论以及著书妄谈、刊布报章；学生不得私充报馆主笔及访事人；各学堂不得私自购阅稗官小说、谬报、逆书，凡非学科内应用之参考书，均不准携带入堂，如此等等。由此可见，在实业学堂的管理上仍体现封建专制的权威及高压政策，是对学生个性的压抑、思想的束缚。

在教学管理上，重庆实业学堂在发挥教师教学的主体性及学生学习自觉性的基础上，尤其重视学业成绩的评定及考核。清末重庆各实业学堂均需大考，考试成绩分甲、乙、丙等，分等次发给执照。巴医学堂第一届学生 70 余人毕业考试，重庆知府奥芳亲阅试卷，认为学生品学兼优。学生临证实习 1 年，合格者始发毕业证书。该班优秀学生大部分升入 5 年制师范班，培养成为精通医经典籍的“高级中医医士”。四川蚕桑公社实行每月考试，评定甲、乙等，以别优劣，每学期举行期考，四期结束在毕业时大考。社章规定各课成绩“由教习将已讲各学已授各法随时命题考试”❶，以分数为凭据，满 60 分者准及第，发给毕业证书；不满 60 分者落第，不给证书，留级学习，次年考试再落第，即除名出社。1909—1910 年，该社共毕业 110 多人，蚕社出资选送 8 名学生前往日本深造，这些毕业生和归国学生先后分赴阆中、达县、威远、邛崃、奉节、遂宁、广安、荣县、夹江、犍为、富顺、乐山、仁寿、华阳、绵阳、三台、南充、剑阁、巴中、南川、涪陵、彭水、开县、通江、岳池、江北、铜梁、大足、武胜、射洪、蓬溪、西充、垫江、秀山等县蚕桑传习所、公私蚕桑社、丝厂充任教习和技师，为全川蚕桑事业作出了贡献。

### （二）课程与教学方法

教学是实现教育目标、完成教学任务的基本途径，是学校教育的中心环节，近代早期职业教育的目标主要是通过实业学堂的教育活动逐步达成的。

1902 年以前零星出现的实业学堂的课程主要是参酌欧、美、日本成例，结合本地情况自行规定。1904 年 1 月公布的《奏定学堂章程》中有“实业学堂章程”，对农工商学堂、实业补习学堂、艺徒学堂的基础文化课、专业课都做了规定。重庆各地实业学堂稍加变通，按部章施行，举例如下。

梁山县乙种农业学堂的课程设置分为普通科目：修身、中国文理、算术、

---

❶ 何鹿蒿．鹿蒿玻璃厂四十年的回顾［M］//民建重庆市委．重庆工商史料：第二辑．重庆：重庆出版社，1993.

理财大意、图画等科；农业科：农业科技、土壤、肥料作物、农产制造、家畜、虫害、气候、实习八科；蚕桑科：蚕体解剖、生理及病理、养蚕及制种、制丝、桑树栽培、气候、农学大意、实习八科。

重庆商务学堂预备科设置如下课程：修身、习经、国文、算术、习字、历史、地理、计学、簿记（见表11.3）。

**表11.3　1906年重庆商务学堂课程**

| 课　程 | 介　绍 |
| --- | --- |
| 修身 | 择古人嘉言懿行及行正格言，有关商界用者为之演讲，俾知立身处世之道，庶异日就业商场，端品行顾信义，不致有习奢侈、沾嫖赌赊骗败名等弊 |
| 习经 | 已读未读之经不令全弃，择其有关商界切要者，随时讲解片言之善，终身可行，不必尽读全经 |
| 国文 | 语言文字本相辅而行，若徒腾口说，不能以笔墨达情乾则终为商界缺点，兹定国文一科，注重深浅之论说，其次亦须能写信札 |
| 算术 | 珠算笔算皆商界所必需，先教珠算，次教笔算，庶循序渐进由浅入深 |
| 习字 | 写信写账为商界要紧之事，则习字一科，在所难缓，首楷书，次行书，尤以动笔轻快，字体光润为主 |
| 历史 | 不读中国历史，不知古今商业之变迁，不读外国历史，不知东西各国商业之发达，耳目太隘，智识不开，实我华商通病，则中外商业历史宜急讲 |
| 地理 | 商业不讲地理，则货物之出产、运道、远近、销场之广狭皆懵焉一无所知，待其经贸时，必无从措手，则中外商业地理志各书不可少矣 |
| 计学 | 生产之道为途其广，理财事其法不一，我华商不能规不利有远谋，皆由不明计学之故，则西人讲学一书，尤为极要 |
| 簿记 | 进出买卖，账目必清，倘或不得其法，则由错乱生谬，伤交情遭讼累，为害非浅，故簿记亦商学之最要学者，不可不先练习 |
| 注 | 以上为两年预备科所习，卒业后升入中等，再加外国语言文字、商政、商法、商律、商品、商情 |

资料来源：重庆市教育委员会．重庆教育志［M］．重庆：重庆出版社，2002：352.

四川蚕桑公社理科四个学期课程表包括如下课程：第一学期，理化大意、数学大意、东文初级、显微镜使用法、气象论、显微镜实习、栽桑实习；第二学期，土壤论、肥料论、害虫论、栽桑法、应用数学、养蚕法、东文拼法、栽桑实习、养蚕实习、制种实习、解剖实习；第三学期，栽桑法、养蚕法、解剖论、杀蛹法、蚕体生理论、缫丝法、东文浅理、栽桑实习、考种实习、杀蛹实习、缫丝实习；第四学期，缫丝法、蚕体生理论、蚕体病理论、蚕桑经济学、东文深理、养蚕实习、制种实习、检查茧丝实习。

四川蚕桑公社实习科课表：春，栽桑法、去害虫法、养蚕法、杀蛹法、用显微镜法、缫丝法、制种法、蚕体生理、蚕体病理、检查蚕丝法；夏，栽桑（人各1亩）、去虫害、缫丝（兼究土法改良）、养蚕（人各1钱至5钱蚁）、杀蛹、检查茧丝、制种。

《四川蚕桑公社事宜通章》第6条“教约”第8项规定：“本社教授实习于养春夏蚕外，兼及栽桑、去虫、杀蛹、缫丝、考种等法。”学生实习又有不同的要求，上述“教约”第10项内容称：“其实习生则于每期终后面试一次，初期但以桑地无虫，蚕丝无病，子种无毒为满分；次期则以每人种桑一亩，连年茂盛，养蚕蚁一两，迭次丰收，制种三百纸一律净健为满分。”❶

这些课程究其内容明显是近代农工商业的科学技术，是对传统教育的实质性改造，促进了科学技术在中国内陆山丘腹心地带的传播，也推动了重庆传统农业、商业及手工业的技术革新与现代转换。从课程编制看，有通选课、专业分化课及专业核心主干课，且遵循教学原理、循序渐进，各学期的课程部分交叉联系，程度及水平逐渐提高，以圆周式及小步子逐渐加深知识技能，便于学生理解、掌握。注重实习课的安排，更体现了近现代职业技术教育强化训练学生职业技能及操作能力的实际需要。这种举措可谓清末职业教育与传统经典文字教育在教育组织方法上的最大差异，同时也是教育由传统向近现代转型的显著表征。

实业学堂在注重文化知识的学习及专业技能培养的同时，兼顾方法的改进，如书本与实际的联系和身体与精神的锻炼，增强儿童体魄和“好勤耐劳之习”，开设农业和商业课程，“使知农业之乐趣”和“人已交利之理”❷，以培养学生的劳动精神与商业品性。这有助于克服传统教育“耻言利”的观念习俗，是一种具有时代性的明显超越。

清末学部规定：初等农业学堂、中等实业学堂、实业补习普通学堂、艺徒学堂，其教授方法重实习不重理论，由浅近而入精深。各类实业学在根据专业

---

❶ 四川蚕桑公社［M］//朱有瓛．中国近代学制史资料：第一辑 下册．上海：华东师范大学出版社，1986：973－974．

❷ 奏定高等小学堂章程［M］//舒新城．中国近代教育史资料．北京：人民教育出版社，1981．

性质和各专业的繁简程度酌定实习时数。当时，重庆府各州县的蚕桑传习所、蚕桑学堂、农业学堂推行半农半读的教学组织方式，即半日学理论，半日实习农耕，农忙季节则停课学习技艺。1905年，巴县医学堂2年学医理，1年临证实习。学堂设治疗所，以便学生临证实习，要求学生在各科教师指导下，动用四诊八纲，辨证施治，务求理法方药，精当确切，能独立处理疾病，实习期满，及格者发给证书，较差的延长实习期。1908年，医学堂增办师范班，前3年学经典医籍，后2年临证实习。1912年，又增设速成师范班、完全讲习班。由于学生过多，只保证师范班的实习。速成师范班和完全讲习班实习期短，在治疗所实习评定成绩时有一定困难，所以只发给学生结业证。

## 四、重庆实业学堂分析与评价

有研究表明，晚清的新式教育，由于整个资产的投资重点在中学堂以上的高等教育，初级学堂大多因资产短缺而处于发展无力状态[1]。而且高等学堂办在省城、京师或其他重要城市，而中等学堂办在直隶州府，连初级学堂也办在县城，因此这样的教育体制，对实业教育而言，自然更加隔绝了教育与实践的关系。晚清的实业教育是在边创设新学堂、边废除科举制度的情况下进行的，学历成了替代科举功名的新型文化资本，人们循着科学制度的老路寻找着新的出路，于是能为官作宰的法政学堂自然成为众所趋之的去所，而为发展国家所需的实业类人才相对而言则呈萎缩状态。有鉴于此，清廷为鼓励学习实业科目，在留学政策上对实业科学生进行奖励。1910年规定官费生“以已入大学习医、农、工、格致四科之专门学者为限，习法政、文、商各科者，虽入大学，不得给官费”，自费生习农、工、医、格致科，经游学监督查明，“确能循分力学，成绩优异者，由监督处咨明本省，酌易补助学费”。[2] 这表明了清政府对发展职业教育的战略认识，同时力谋切实保障职业教育的应有地位。

清代后期重庆近代实业学堂的兴起是对重庆传统教育的州学、县学及书院、私塾等官私学体系的重大突破，标志着重庆教育从文字书本取向科举致仕走向为工农商业实际培养实用技术人才的革新。科学技术及专门技能的课程大量开设，传统四书五经及经史八股的内容被迫退却或大大削弱，不仅传播了西

---

[1] 应星. 废科举、兴学堂与中国近代社会的转型［J］. 战略与管理，1997（2）.

[2] 学部奏酌拟管理欧洲游学生监督处章程［M］//陈学恂，田正平. 中国近代教育史资料汇编：留学教育. 上海：上海教育出版社，1991.

方科技文化，转变了人们的价值观念，而且对于重庆近代工业化及商业化的发展起了促进作用。

诚然，近代重庆刚诞生的实业学堂还有其不可避免的局限性，如实业学堂内部体制管理中的封建专制性因素的浓厚存在；对学生的教育中仍保留“修身”“读经”的内容，以维护封建文化的应有地位；学堂的设置偏于城市，忽略了乡村，必然降低理论联系实际及实习的深度、广度；虽对实习的要求相当严格，但对联系社会现实，即怎样与农、工、商各业建立比较融洽的关系，并无具体的规定与实施细则等。这样就仍然会带有科举制度的某些特性，为读书而读书，而不是为了真正解决生产活动中的问题而教学与研究。但无论如何，从颁布的文件、建立的学堂以及教学、管理的规章来看，清末重庆的职业教育制度是一个比较完善的体系，以后职业教育的发展是在此基础上逐步进行的。

# 第十二章　近代重庆中学、教会学校

本章主要内容是探讨重庆的近代中学及教会学校问题。这里的时限范围不限于清末，而延伸至民初的近代，大体以五四运动为界碑。做如此处理的缘由一则这两类学校与民国以后的整体一贯性更强，二则笔者所查阅资料中所居内容比例较高，便于构建创作。就专题自身而言，近代重庆中学及教会学校的地域作用及全国典型性十分明显，具有重要意义。

## 第一节　近代重庆中学

近代重庆的新式中学兴办于19世纪90年代初，在此后近30年间得到较快的发展，开展了丰富的办学活动，基本上奠定了现代中等教育发展的基础，通过呈现典型中学的相关案例，分析重庆中学教育在区域社会进程中所起的作用，不仅可以深化对重庆近代教育史的认识，而且也能从一个侧面反映近代内陆地区中学教育的主要特点，重庆近代中学演进历程的梳理和探讨有助于为当代中等教育改革提供有益的借鉴。

重庆简称巴或渝，地处中国西南，位于四川盆地，周围被高山和高原环抱，仅能通过长江与外界沟通。因历史上交通极为落后，自然经济和半自然经济占主导地位，这样的地理环境影响着近代重庆的物质生产和社会状态，导致重庆近代史具有鲜明的内地特色，也使其教育的发展速度较之沿海和长江中下游地区缓慢。但是到了清末，重庆新教育却初具规模，各地新式学堂不胜枚举，既有官办的学堂，也有私立学堂；既有一批中小学堂，还有实业学堂、蒙养院以及专为贫苦子弟无力入学者而设的半日学堂等。这种格局虽经历教育改革大潮发生变异，但其奠定的基础却具有历史惯性的影响力，一直持续到民国以后，成为重庆近代教育改革的有机组成部分。在晚清及民国时期，重庆的行政区域大多由四川省管辖，此后又迭经变化。1997 年，重庆成为中央直辖市，除了原属区县外，处于川东的涪陵、万县及黔江地区也归入重庆直辖市区划范围，由此成为长江上游拥有广袤地域和众多人口的第一大城市。本节集中探讨重庆近代中学教育的历程及主要内容，以弥补当前学界对此关注的薄弱及成果的缺少，其中存在的不足望读者赐教。

## 一、近代重庆中学的发展状况

中国古代无“中学”这一级，有的学者将书院和府、州、县学理解为相当于中学教育程度，[1] 但书院的教育内容主要是儒学经典、文学诗赋及历史典籍等内容，而学生毕业后多被选入中央官学，或者通过科举走向仕途，这与近代中学教育大相径庭。到了清末，随着社会形势的变化，大力发展新式中学堂就成了教育改革的一项重要内容。重庆开埠后，西方资本主义文化开始传入，教育开始发生变化，新式学堂兴起并取代传统教育。1901 年清政府颁布“新政”，改书院为学堂，1905 年废除了延续长达 1300 多年的科举考试制度。1912 年 1 月，孙中山为临时大总统，在南京建立了中华民国，进行资产阶级性质的教育改革。本书所述近代是涵盖 1840 年鸦片战争至 1919 年五四运动的 79 年时限范围。因此，这些历史事件成为构建近代重庆中学教育的重要节点。

1840 年鸦片战争后，西方帝国主义列强用炮舰强行打开了中国的大门，为获取利益，不断扩张其势力范围，对重庆一直十分觊觎。1890 年，英国迫使清政府签订了《烟台条约续增专条》，从此重庆被迫开埠。1891 年 3 月 1 日，重庆海关正式成立，西方势力不断入侵，西方教会纷纷来重庆设立学堂。

1890 年美国美以美会女布道会的韦女士（France Wheeler）主办一所孤儿院，地址在重庆戴家巷。后又开设有初级小学，1906 年该院迁至成都。1910 年又迁回重庆曾家岩。1914 年开办高等小学校，1922 年增办初级中学。1937 年呈四川省政府教育厅批准立案，定名为重庆私立淑德女子中学。[2] 1891 年，教会美以美会在重庆建成的求精学堂是区域内最早的新式中等学堂，学制 4 年。1894 年，英国基督教公谊会又创办重庆广益学堂。西方传教士来渝办学，是欧美列强对我国进行文化侵略的重要手段，但在一定程度上，对传播西方文

[1] 李定开，等. 简明中国教育史［M］. 成都：四川人民出版社，1985：66.

[2] 刘吉西，李栋，等. 四川基督教［M］. 成都：巴蜀书社，1992：358.

明、形成重庆近代教育制度发挥了一定促进作用。

受西方教育思想的影响，重庆的一些有识之士开始仿照欧美和日本模式，积极倡办新式学堂，发展近代教育。1892 年，贵州省遵义人黎庶昌任职川东道，捐资设立川东洋务学堂，开设中文、英文、算学 3 科，经海关税支付，这是重庆最早的政府官立中学堂。

1901 年，清政府命令各省、府、州、县大小书院一律改称学堂，府、厅、州属书院改为中学堂，并制定了新学制，包括“壬寅学制”和“癸卯学制”，规定了包括中学堂在内各级各类学堂的学制、课程，开创了我国新式教育制度，重庆各地的中学堂纷纷破土而出。以忠州（今忠县）为例，1902 年，杨景祁与杨泰麟募捐兴办忠州私立中学，次年停办。1905 年，杨景祁偕门生刘国骥（北群）又捐资于忠州城东门外文昌宫复设忠州中学堂。

由于清末重庆中学依据“新学制”的教育法令规章兴学及开展办学活动，因此有必要述及相关条文内容，并做简略分析。1902 年制定的《钦定学堂章程》，将中学纳入了统一学制。章程规定由府治所设中学堂，称官立中学堂；由私人捐资所设中学堂，称民立中学堂；中学堂三四年级，分设实业学科，由此我国中学开始出现分科选修教学。1904 年 1 月，颁布《奏定学堂章程》，与《钦定学堂章程》相比较，在中学堂规定上有以下几点不同：第一，除要求按中学堂定章府治必设 1 所外，还规定“如州县皆设一所最善”；第二，除规定设立官立、民立中学堂外，又增设以地方公款办学的公立中学；第三，将中学的修业年限由 4 年改为 5 年；第四，由中学堂三四年级分科改为中学堂不分科，另外设立实业学堂体系；第五，读经课由每周 3 小时改为 6 小时，挑背讲解经典 3 小时，另有温习经典每日半小时。[1] 显然，上述文件要求是全国普遍性、一体化的办学政策方案，清末重庆的中学教育必须据此进行。当然，在实际运动中，少量学校教育会做变通调整，显示出个性特点，无论在学堂类型，还是课程教学中均是如此。

由于四川总督奎俊及继任者岑春煊、锡良等都积极办理新政，督饬各地速办新式学堂，并采取措施扶持新教育制度，四川、重庆新式学堂获得迅速发展。1902 年 10 月，四川总督岑春煊设立川省学务处，由张鸣岐主持，“督办全川学堂事宜”，处理各属学务文牍、筹拨经费、购运学堂用品和派员巡查各

---

[1] 舒新城. 中国近代教育史资料：中册［M］. 北京：人民教育出版社，1981：501－503.

属学堂，严饬各道、府、厅、州、县赶办学堂，并届期上报，若有“玩世固执之辈”，“无论官绅，定予严处，断不宽贷”。❶ 上行下效，风吹草偃。1903年，重庆知府张铎将东川书院改置重庆府中学堂，招收各州、县高等小学堂毕业生，经州、县申报投考录取。与此同时，重庆的其他地区也开始设立中学堂。1904 年，四川全省共有学校 150 余所，而又以重庆为最多；到 1910 年达到高峰，清末时期重庆有中学堂 14 所❷。

这里的 14 所主要指重庆成为直辖市前的数量，据笔者现今查阅新增区域涪陵、万县、黔江三地的方志资料，新创立的中学 10 所，总计 24 所。1912 年 1 月中华民国成立，1912—1913 年教育部颁布“壬子癸丑学制”规定学堂改为学校。

19 世纪 90 年代中学堂开始出现，1891 年重庆设立第一所中学堂，相对其他省区设立时间较早。重庆中学堂设立时间集中于 19 世纪末 20 世纪初，主要集中于重庆市区及各辖区。清末重庆中学堂共 24 所，笔者根据相关史料记载，将重庆近代中学状况加以整理，如表 12.1 所示。

**表 12.1　清末重庆中学堂一览**

| 学校名称 | 地　址 | 创办时间 |
|---|---|---|
| 私立求精学堂 | 重庆城区曾家岩 | 1891 年 |
| 川东洋务学堂 | 重庆巴县城区 | 1892 年 |
| 私立广益学堂 | 南岸区 | 1894 年 |
| 永川县达用学堂 | 永川县城 | 1900 年 |
| 忠州私立中学堂 | 忠县官坝场 | 1902 年 |
| 永川县达用学堂 | 重庆城区两路口骆家花园 | 1903 年 |
| 忠州中学堂 | 忠县北城三牌坊街 | 1903 年 |
| 合州中学堂 | 合川合阳镇 | 1904 年 |
| 奉节县高等小学堂（中学部） | 奉节莲峰书院旧址 | 1905 年 |
| 万县中学堂 | 万县考棚 | 1905 年 |
| 官立涪州中学堂 | 涪陵北岩 | 1905 年 |

❶ 凌兴珍. 清末新政与教育转型：以清季四川师范教育为中心的研究［M］. 北京：人民出版社，2008：99－100.

❷ 吴洪成. 重庆的学校［M］. 重庆：西南师范大学出版社，2008：248.

续表

| 学校名称 | 地　址 | 创办时间 |
| --- | --- | --- |
| 夔州府官立中学堂 | 奉节城考棚 | 1905 年 |
| 官立江津中学堂 | 江津几江 | 1906 年 |
| 云阳县立中学堂 | 云阳镇云双路 | 1906 年 |
| 梁山中学堂 | 今梁平县城内四牌楼街 | 1907 年 |
| 璧山官立中学堂 | 城内石河云居寺 | 1907 年 |
| 铜梁中学堂 | 县城内与铜梁县高等官立小学堂合址 | 1907 年 |
| 巴县县立中学堂 | 市中区机房街，后迁石灰市 | 1907 年 |
| 官立涪陵文昌宫中学堂 | 涪陵城区 | 1909 年 |
| 江北厅官立中学堂 | 江北区城前街 | 1909 年 |
| 綦江县官立中学堂 | 綦江县考棚 | 1910 年 |
| 酉阳官立中学堂 | 酉阳县城 | 1910 年 |
| 石柱官立中学堂 | 石柱县城 | 1910 年 |
| 官立明城中学堂 | 重庆城区曾家岩 | 1911 年 |

资料来源：重庆府、州、县志资料。

表 12.2 为重庆民国初期新创办的中学，清末时期创办的中学堂在民初也依旧存在并延续发展，此处并未重复呈现。

**表 12.2　民国初至五四运动前新增重庆中学校一览**

| 学校名称 | 地　址 | 创办时间 |
| --- | --- | --- |
| 私立明诚中学 | 重庆城区曾家岩 | 1912 年 |
| 华英初级中学 | 南岸区弹子石 | 1912 年 |
| 淑德女子中学 | 重庆城区曾家岩 | 1914 年 |
| 文德女子中学 | 重庆城区打铁街 | 1914 年 |
| 成德女子中学 | 重庆城区民生路莲花池 | 1918 年 |
| 精益女子中学 | 南岸区 | 1919 年 |
| 私立广益中学 |  | 1919 年 |

资料来源：重庆府、州、县志资料。

从表 12.1—表 12.2 中可以看出：①办学时间：清末及民国初，清末时期重庆创建的中学堂较多，数量高达 24 所；民国初年重庆新创办的中学堂较少，仅仅有 7 所，然清末创办的中学堂在民国初年延续办学。

在整个中国近代历史时段，重庆共设中学 31 所。②区域分布：重庆设立中学堂主要分布在长江沿岸及嘉陵江沿岸，除此外重庆其他地区也有分布。清末时期重庆中学堂设立在长江沿岸有 16 所，分别是市区曾家岩、巴县（今巴南区）、南岸区、忠县、重庆城区两路口骆家花园、江津几江镇、奉节县、万县（今万州区）、云阳县、江北区、綦江县（今綦江区）；分布在嘉陵江沿岸的中学堂有 2 所，分别是合川区和铜梁县（今铜梁区）；分布在除长江、嘉陵江沿岸的其他地区的中学堂有 6 所，分别是永川县（今永川区）、涪陵区、梁平县、石河云居寺、石柱县。民国初年，重庆新创办的中学主要集中在嘉陵江沿岸，少量中学集中于长江及其他地区。民国初年至五四运动时期重庆在嘉陵江沿岸创办的中学校有 5 所，主要集中在荣昌县，市区的民生路、打铁街；长江沿岸的中学仅有 3 所，即精益中学、华英中学和私立明诚中学，分布在曾家岩及南岸区。清末时期重庆在长江沿岸创办的中学堂较多，长江沿岸的中学堂在当时的条件及要求背景下已经相对饱和，必须发掘新的区域——嘉陵江流域继续办学校，属于补充及拓展。③学校类型：就创办类型而言，清末重庆中学堂大体分为三类：官立中学堂、公立中学堂、民立中学堂；就政府支持及管理视角看，官立中学堂属于最高层面，公立中学堂、民立中学堂属于中下层面。清末时期官立中学堂有 10 所，分别是官立江津中学、官立涪州中学堂、夔州府官立中学堂、璧山官立中学堂、官立涪陵文昌宫中学堂、江北厅官立中学堂、綦江县官立中学堂、酉阳官立中学堂、石柱官立中学堂、官立明城中学堂；公立中学堂有 10 所，分别是川东洋务学堂、永川县达用学堂、忠州中学堂、合州中学堂、奉节县高等小学堂（中学部）、万县中学堂、云阳县立中学堂、梁山中学堂、铜梁中学堂、巴县县立中学堂；私立中学堂仅有 3 所，分别是私立求精学堂、私立广益学堂、忠州私立中学堂。笔者考查民国时期新创办的官立学校较少，民国时期新创办的主要是私立中学校，大多数是西方传教士创办的教会中学校，公立中学校仅有 1 所——荣昌县立中学。可以认为，民初在振兴民族之商业的热潮下，作为长江上游商贸物流及航运中心的重庆各地民间经济提升显著，有助于私人兴学的开展。

## 二、近代重庆典型中学举要

若要对重庆清末至五四运动时期的 31 所中学逐一详细介绍，颇为繁琐，也因文献短缺，难以做到。故此处以最能够代表近代重庆中学教育办学水平及组织管理特点的私立求精中学堂、重庆府中学堂、夔州府中学堂、忠州中学堂、璧山中学5所中学为例，加以剖析。

### （一）私立求精中学堂

1891年11月21日，美国基督教美以美会在重庆曾家岩创办私立求精中学堂，属重庆第一所教会中学堂，1893年正式开始授课，学制6年。1891年牧师鹿依士以白银1200两购地建校，将原附属于来龙巷宽仁医院内的短期培训机构搬迁融合进去，史料记载："值清光绪，岁在辛卯，中西士夫，谋兴学以启迪后进，爰遴选董事，鸠工筑室，开办求精学堂。"[1] 鹿依士为学堂监督。学校的办校宗旨是传播基督教教义，转变思想观念，养成西学人才。办学初，美国美以美会每年筹款1万元作为教育经费，随着学校办学规模扩大，每年教育经费已入不敷出，不足的经费由校董会补给。清末私立求精中学堂开设的课程突出基督教神学教义及仪式的科目及活动；其次是西学的科学技术及实验方法知识技能，还有中国传统经典、文史内容。开设课程中尤以"形学备旨"及"八线备旨"等较高深的数理内容最为显著，富有特色。据该校史料记载：截至1905年，学堂有学生41人，监督1人，经学教员1人，中西历史教员和算数教员、格致教员、地学教员、英文教员、物理教员共3人，其中2名美国人，3名中国人。[2] 1912年将私立求精中学堂改为重庆求精中学，1930年又改为私立求精中学。新中国成立后，1952年改名为重庆市第六中学。学校实施严格的管理规章，以维系教育的秩序、规范，展现出显著的教育效果。

求精中学培养了一批优秀毕业生，如有"数学秀才"之称的叶誉彰在清末民初川渝数学教育界声望显著，以及刘伯承、张大千、张凌高等都是其中的佼佼者。张凌高是重庆璧山人，教育家，因年少为一名西方传教士赏识，遂资助其入求精中学堂读书，后考入华西协合大学，毕业后任四川省美以美会代理牧师。抗战爆发后，张凌高主持内迁及川内的教会大学联合办学，为抗战教育事业作出了重要贡献。新中国十大元帅之一的刘伯承于1915年从重庆求精中学毕业后，任该校军事教官，同学们都对刘伯承的军事课教学深感兴趣。少年时代的张大千曾在重庆求精中学求学，这位蜚声中外的现代国画艺术家，四川盆地腹心地域内江的骄子，为这所著名中学教育机构增光添彩。

---

[1] 重庆市档案馆藏《求精中学校史》，重庆求精中学校《1945年秋季毕业纪念册》。

[2] 李定开，吴洪成. 重庆教育史：第一卷［M］. 重庆：西南师范大学出版社，2006：452.

### （二）重庆府中学堂

重庆府中学堂于1903年由东川书院改办而成，办学经费来自东川、经学、渝郡3所书院旧款。学校招收对象是高等小学堂毕业生，学制为5年。可见，办学体制包括初级中学与高级中学两个阶段，属完全中学编制。在当时重庆新教育体制下，教育程度较高，设施条件也十分齐全、充足，可称作模范样本，所以学生收费很高，非一般家族所能承担。学生一学期伙食和学杂费为白银32两，后改为28两。在校学生有200余人，入学者大都为官宦或富家子弟。学堂要求学生一律住校。学监每天点名记录缺席者，每晚查寝室记录不归者。学生晨起，如寝室门窗不开者扣分，被盖不叠、帐门不挂者扣分，不按规定穿着制服、制帽者扣分。由此可见该校校规的严格。

重庆府中学堂依照清政府颁布《奏定中学堂章程》（1903年）设计的教学计划实施教学、考核等活动，开设课程有修身、国文、英文、经学、历史、博物、地理、数学、物理、化学等12科。除此之外，中学堂设有体操课，教学内容是唱歌、舞蹈、游戏、体育、艺术或活动类课程，目的在于锻炼学生的身体，增强学生的情趣。体育教师是留学日本的罗敬堂，他的教学课堂氛围生动活泼，充分激发学生的积极性，使学生乐而不倦。重庆府中学堂毕业生、著名历史学专家陆殿舆先生的回忆录中就高小和府中学堂的体操课加以对比描述说："我在高等小学堂时，我们把体操看成玩意儿，认为是儿戏，没有意思。但是在重庆府中学堂的体操，却大大不然，觉得这一科不但花样很多，趣味浓厚，而且的确有益于身体健康，不能不归功于体操的教学得法。"❶

日本来华教习藤川是重庆府中学堂的物理、化学科教师，教学态度认真负责。他教课时配有翻译，学生领会程度高，在翻译后的间隙时间，学生大多能完整记录讲授内容。他教学方法新颖，不要求学生死记硬背，采用直观性原则，循序渐进、灵活运用启发式，边讲边练，激发学生的积极性。重庆府中学堂设有理化实验室，学生能做少数的简单实验。陆殿舆对这位日本教习的教学态度及采用的教学方法十分佩服，他曾说："藤川先生整整教了我们五年的理

---

❶ 李桂林，戚名琇，钱曼倩. 中国近代教育史资料汇编：普通教育［M］. 上海：上海教育出版社，1995：350.

化，所教的知识很多，印象最深。”❶

辛亥革命后重庆府中学堂的多数教师为革命党人，同盟会重庆支部设在学堂内，故被称为重庆辛亥革命的“胚胎之地”。1911 年，同盟会支部长、学堂监督在中学内设立武装起义地下指挥部，为辛亥革命期间重庆的光复、独立作出贡献，促进了辛亥革命在全国的胜利。可以认为，重庆府中学堂既是重庆近代中学教育的代表，也是重庆资产阶级民主革命的摇篮。

重庆府中学堂在民初“壬子癸丑学制”的学制改革背景及规程内容要求下有所变革，办学目标、课程编制及组织方法都加以改变或调整。例如，规定理科教学时应注重学生实验，其实验重点至少须占总数的1/4，外国语以英语为主，但遇地方特别情况，得任择法、德、俄语之一种。如此等等，均在学校办学中得以贯彻，此处不赘。

1914 年该校改名为重庆县立联合中学，1915 年迁骆家庭花园（现重庆市教育科学研究院）。学校名称经历“联合中学”“共立中学”“直属联中”“重庆中学”，1997 年定为重庆第七中学（今重庆七中）。

### （三）夔州府中学堂

夔州府中学堂由清末夔州知府鄂芳和代理知府方旭遵章创设，校址在夔州府（今重庆市奉节区）西坪，首任堂长梅树宁。1903 年，开始动工兴建校舍，包括教学楼、实验楼、师生宿舍及图书室各种教学建筑设施，藏书近万册。1905 年，定名为夔州府官立中学堂，属下川东第一所新式官立中学，次年正式开始招生，招生对象是夔州周边的 6 个县。经费由 6 县宾兴会和工商贸易中的契税分摊，建校时由夔州府所属 6 县集银 8442 两作为教学基金。1906 年，6 县人士以该校容纳学生有限，又以各县中捐资项下提款于原考棚增设中学堂 1 所。前者称夔州府官立中学堂，后者称夔州府公立中学堂，共有学生 600 余人。西坪校舍宽敞，设备完善，教学仪器为黑龙江将军程德全（云阳人）捐赠和学校自购，居全渝学校之冠。学校开设课程，除文、史、地、数、理、化之外，还有修身、读经讲经，新添课程有法制及理财，学制 5 年。聘请教师有万县举人谭以大、奉节举人王大尧（栋云）、巫溪名士李子戚（麟士）等讲授修身、文史等课程，还聘有日本丰田、扈成二人任数理化课程。教育宗旨是

❶ 李桂林，戚名琇，钱曼倩．中国近代教育史资料汇编：普通教育［M］．上海：上海教育出版社，1995：349 – 350.

“忠君、尊孔、尚公、尚武、尚实”，夔州府学堂办学中尤其突出两项，堂长及监督敦促教师从语言、容止、行礼、做事、交际、出游6方面考核学生品行，由专人负责考核记录。1909年，受民主革命思潮及立宪观念的影响，学生成立学生自治会，反对官僚压制师生言论自由，甚至进行罢课。

1912年1月1日，中华民国成立，一周后建立教育部。近代著名教育家蔡元培为首任教育总长，对清末教育进行大刀阔斧的改革，包括中学与师范学校的学制、课程及组织管理等。夔州府中学堂管理体制及办学方案发生变化。继任校长史锡绰，为贯彻教育部“注重道德教育，以实利教育、军国民教育辅之，更要以美感教育完成其道德”的方针，培养学生“自由、平等、博爱”的道德观念，学校设训导主任、级任教师、学生自治会。此时，学校在办学建置类型上却发生中学与师范的复杂关系。1912年，西坪校舍创办夔州府联合县立师范学堂，官立、公立两校合并于考棚办理。1913年，学校又改名夔州联合县立中学校，由于学校的组织管理动荡，教学混乱，无法正常办学。地方官员张钫师将“夔州联合县立中学校”和“夔州联合县立师范学校”合并为“夔州联合县立中学师范合校”。张钫师募赠500两用以办学，改善办学条件，并派人维护学校秩序，保证了学校的管理及教学秩序。1916年在校学生多达218人，教员17人。1917年校舍毁于战乱，校址迁至考棚。1919年停招师范学生，成为单一的中学教育类型。

### （四）忠州中学堂

1904年忠州（今重庆市忠县）、丰都、垫江、梁山（今梁平县）1州3县集资在忠州合办忠州中学堂，是忠州最早的公立中学堂。校址设在北城三牌坊街，沈树南（忠州人，字韶九）负责筹办建校，于1905年落成。何荣楠任学堂第一任监督，因其东渡日本留学未归，由忠州举人、曾赴日留学的陈光绩代理一个学期（1906年上半年）。第二任监督是垫江举人李炳灵（字可渔），曾任成都府学教授，并一度执掌由忠州白鹿洞书院改名的高等小学堂。校舍新建两排四幢两层砖木楼作为教学及办公用房。学堂教员多为科甲出身，彭山县陈夔周任史地课，丰都县谭其光任理化课，福建省杨果祁兄弟和侄子三人分任英文、算术、理化课，号称“三杨”。[1] 理科教员多聘请外籍教师。忠州中学堂开设课程有修身、经学、国文、历史、地理、舆理、算术、代数、几何、物

[1] 《忠县志》编纂委员会．忠县志［M］．成都：四川辞书出版社，1994：525.

理、化学、英语、体操、音乐等科。1911 年招收甲乙丙丁戊五个班级，共 300 名学生，规定前三班学生可以参加毕业考试，但考试制度仿制科举，优秀者给予恩贡、拔贡、岁贡、优贡科举功名出身，体现了清末“废科兴学”之后，实施“奖励学堂科举功名出身”的政策精神。

1912 年民初教育改革以后，中学学制由 5 年改为 4 年，成绩考核分为半学期、学期、学年和毕业考试 4 种形式。1915 年，忠州中学由忠县独办，改名为忠县县立中学。1916 年，忠县县立中学课程计划依照民初“壬子癸丑学制”的改革方案，开设修身、经学、国文、英文、地理、算学、自然、生理卫生、图画、音乐、体育、工艺等学科。1949 年中华人民共和国成立之后，该校成为川东知名中学。1953 年春，为四川省忠县第一中学校。1959 年秋，改为忠县城关中学校。1982 年，改名为忠县中学校，成为完全中学，延续至今。

### （五）璧山中学

1907 年，璧山县新成立的县级教育行政机构劝学所总董高凌霄组织筹建璧山官立中学堂，璧山县近代最高程度的教育机构正式诞生。高凌霄，清末进士，抗日时期历任四川大学、华西大学教授，解放后任四川文史馆研究员及成都市政协委员，1956 年病逝。璧山官立中学堂遵照清末“新学制”及《学务纲要》的教育宗旨，恪守“忠君、尊孔、尚公、尚武、尚实”的教育方针，但同时在办学活动中形成“兴学强国，为国育才”的教育理念。首任堂长赵圣夷，为了适应理科课程的实验教学需求，办学伊始便从日本购进价值白银 300 两的教学仪器，由政府拨款及社会筹资学校开办经费共白银 3000 两。建校当年招生 40 余人，连同以璧山县数所高等小学堂直升的共 110 余人，分两班上课，此即璧山中学的雏形。❶ 1909 年，经四川省教育行政机构提学使批准，将璧山中学堂改为璧山县立中学堂，只招收男生 80 名，分甲、乙两班授课，学制为 5 年。在办学之初，由庙堂改造利用为教学建筑，改建成型的教学楼 2 座，教师办公及宿舍楼 3 座，礼堂 1 座。1909 年，又重建围墙，修校门，筑运动场，学校办学环境及设施初具规模。1906 年，清政府学部《奏请宣示教育宗旨折》又对上述教育政策内容加以明确指示规定：“窃谓中国政教所固

❶ 政协璧山县委员会文史资料委员会．璧山县文史资料选辑：第 3 辑［M］．内部交流本，1990：32－33.

有，而亟宜发明以距异说者有二：曰忠君，曰尊孔。中国民质之所最缺，而亟宜针砭以图振起者有三：曰尚公，曰尚武，曰尚实。❶ 璧山官立中学堂经费主要依赖于政府投入，其中占55%属公款提取，私人捐助占28%，其他途径筹资13%，学生缴纳的学费仅占4%。可见，办学经费来源渠道多元，而且以官费为主，其他私人捐资等方式为辅，学生学费占比极低。

1912年中华民国成立，万象更新，教育改革势在必行。璧山中学堂更名为璧山县立中学校，简称璧山中学。学校学制由5年改为4年，但仍仅招收男生。这说明，清末民初兴学运动中，一些偏远地区或内陆腹地县镇男女教育的性别差异极大，女子入学仍局限于女子小学堂及女子初级师范学堂，女子中学堂的设立稀少。这种格局直到五四运动后建立"壬戌学制"（1922年新学制）才得以改变。为适应普通基础教育发展对师资的需要，加速培养合格甚至优秀的教师，1912年至1942年的30年中，璧山中学一直承担着附办师范班的任务，先后附设一年制（招收初中毕业生）的小学教师"养成所""传习所""乡村师范班""简师班""小学师资训练班""师范科"以及3年制（招初中毕业生）的师范班的任务，为璧山县培养出数以千计的小学教师。为了增强学校办学实力，提高办学质量，璧山中学多方邀选良师，海纳百川，广揽人才，敬业砺志，为国家哺育了一代又一代的精英，孕育、保持、发扬了厚重的学校文化传统和优良的学风校风，从而使社会影响力不断扩大。

## 三、近代重庆中学的办学活动

1840年鸦片战争后，中国的社会性质发生了改变，中国由独立自主国家慢慢变成了半殖民地半封建国家，一些有识之士开始寻求救亡图存的道路，开眼看世界，学习西方的教育思想和教育制度就是其中的重要内容。近代中国教育制度仿照日本和德国的教育制度，而又带有浓厚的封建教育制度残留。近代重庆中学教育的演变及其办学实践就是近代教育办学活动的生动体现。

### （一）教学目的与课程设置

1904年1月，清政府颁布的"新学制"中规定办学宗旨为："至于立学宗

❶ 陈学恂. 中国近代教育史教学参考资料：上册［M］. 北京：人民教育出版社，1986：564－565.

旨，勿论何等学堂，均以忠孝为本，以中国经史之学为基，俾学生心术一归于纯正，而后以西学瀹其智识，练其艺能，务期他日成材，各适实用，以仰副国家造就通才，慎防流弊之意。”❶ 课程依教育目的所确定，以教育目的为指导，为教育目的提供具体内容和具体措施。清政府发布“上谕”称：学堂以忠君、尊孔、尚公、尚武、尚实诸端为其趋向，政府通过开设课程进行上述教育。1902 年《钦定学堂章程》（史称“壬寅学制”）规定普通中学修学年限为 4 年，但因意见不同而没有实施；1904 年 1 月颁布并实行的《奏定学堂章程》（史称“癸卯学制”）规定中学堂修学年限为 5 年。中学堂的教学科目为修身、国文、外国语、历史、地理、数学、博物、物理、化学、法制、经济、图画、手工、乐歌、体操 15 科。两个学制都较重视国文、外语、数学，但“癸卯学制”突出对国文的重视。“壬寅学制”以西学为中心，如外国语、数学、博物、理化，教学占总课时一半以上，中学仅占 40% 左右；“癸卯学制”以中学为中心，如读经讲经、中国文学、历史占总课时一半以上。中学堂的三门核心课程——国文、数学、外国语在两个学制中的比重不同。“壬寅学制”三门课程比重较平衡，尤其对外国语重视；而至“癸卯学制”，三门核心课程比重相差悬殊，读经讲经、中国文学比重显然比数学、外国语上升，外国语仅次于国学，所占比重为 20%，数学比重最少。这些差异表明出“壬寅学制”改革较大，正因为如此才遭到守旧派的反对，而“癸卯学制”是一个中庸的折合办法，体现“中体西用”的思想。至 1909 年清末实行文实分科，除了普遍必修课程之外，文科主要以读经讲经、国文等为主科，其余为通习科；实科以外语、数学等为主科，其余为通习科。从上述重庆中学堂课程设置介绍中，可以看出与“癸卯学制”方案之间的一致性。清末除通过开设课程进行教育外，还寓教育于各项学校统一组织的活动之中，如重庆各地中学堂孔子诞辰之日师生都要到庙堂参加纪念典礼，跪拜听训。不能去者也要在学堂内设孔子牌位，举行叩拜祭祀，以此加深尊孔观念。皇帝生日，叫万寿节；皇后生日，叫千秋节。学堂师生都要开展庆贺活动，以此加强“忠君”意识。知识与道德的倡导与精神及行为控制在教育机构中历来都是同时进行的。

但清末重庆中学教育各学校间在相当程度上并未实现统一教科书，许多学科教学以不同的形式由教师根据学部相关章程及内容，根据现实条件和自身状

---

❶ 陈学恂. 中国近代教育史教学参考资料：上册［M］. 北京：人民教育出版社，1986：529.

况，自编教材，组织教学。当然，也有一些学科选择运用学部推荐、公布的教科书。但总体来看，教科书资源欠缺，学生差异较大，各校常常会根据学制统一的标准，开发教材或讲义的资源。

1912 年 9 月 2 日，民国教育部颁布教育宗旨“注重道德教育，以实利主义教育、军国民教育辅之，更以美感教育完成其道德”❶。民国初年颁布的“壬子癸丑学制”规定中学修学年限为 4 年，课程不分文实，废除读经讲经，保留了修身课，音乐进入中学课程，且设置了女子中学的课程，这是女子教育跳跃性的一步。民国时期各地中学校主要延续清末已创办的机构，最为突出的变化是女子中学的建立。在课程设计及实际影响方面，求精中学最为独树一帜。求精中学为教会学校，而教会办学课程设置未全部按照教育部制定的标准。其课程突出英文和数学学科，而其他的科目也要以英文进行教学，如英文地理、英文历史、英文理化等。教学内容以西学为主，人文社科比重较少。可见，教会办学的教学内容在围绕教育目的要求的同时，结合教会学校的神学化个性而进行设计的独特性。

“壬子癸丑学制”男女中学课程表见表 12.3。

**表 12.3　“壬子癸丑学制”男女中学课程表（1912 年 12 月）**（单位：课时/周）

| 学年＼学科 | 修身 | 国文 | | 外语 | | 历史 | 地理 | 数学 | | 博物 | 理化 | 法制经济 | 图画 | | 手工 | 家事园艺(女) | 缝纫(女) | 乐歌 | 体操 | | 共计 | |
|---|---|---|---|---|---|---|---|---|---|---|---|---|---|---|---|---|---|---|---|---|---|---|
| | | 男 | 女 | 男 | 女 | | | 男 | 女 | | | | 男 | 女 | | | | | 男 | 女 | 男 | 女 |
| 第一年 | 1 | 7 | 7 | 7 | 6 | 2 | 2 | 5 | 4 | 3 | 0 | 0 | 1 | 1 | 1 | 0 | 2 | 1 | 3 | 2 | 33 | 32 |
| 第二年 | 1 | 7 | 6 | 8 | 6 | 2 | 2 | 5 | 4 | 3 | 0 | 0 | 1 | 1 | 1 | 2 | 2 | 1 | 3 | 2 | 34 | 33 |
| 第三年 | 1 | 5 | 5 | 8 | 6 | 2 | 2 | 5 | 3 | 2 | 4 | 0 | 1 | 1 | 1 | 2 | 2 | 1 | 3 | 2 | 35 | 34 |
| 第四年 | 1 | 5 | 5 | 8 | 6 | 2 | 2 | 4 | 3 | 2 | 4 | 2 | 2 | 1 | 1 | 2 | 2 | 1 | 3 | 2 | 36 | 35 |

资料来源：课程表内容、数据参考朱有瓛《中国近代学制史料》、《中国近代教育史资料汇编·学制演变》、《第一次中国教育年鉴》（开明书店 1934 年版）、《第二次中国教育年鉴》（商务印书馆 1948 年版）、《教育杂志》（1909—1948）、张文昌《中等教育》等书刊。

五四运动以前的民国早期男女中学校并行而立，并未合校，当然不存在男女学生同班学习。男女中学课程设置略有差别，家事园艺和缝纫是女学生专修课程，由于社会现代文明发展程度不高，女性教育仍不受关注，外语、数学、

❶ 陈学恂. 中国近代教育大事记［M］. 上海：上海教育出版社，1981：229.

图画、体操等编制计划显示：男生每周安排此类课程时数比例较女生多一些，教学程度或难度也会相对更高。受振兴工商业的社会思想驱动，中学职业教育的渗透及选修课的设置成为先进的表率和先驱。江津中学开设树艺和园艺两科，成立农事试验场。璧山中学设有园艺、农林、农科等职业班，璧山中学先后为璧山培养了初、中级职业技术人员上千名，为璧山地方建设作出了重大贡献。❶

### （二）教学方法

清末中学堂兴起后，实行班级授课制。这样的授课方式开创了重庆学堂教学的新局面，教学大纲和教材不完整，教师教什么，采用何种方法教，主要由教师选择及设计。教师边讲授边板书，由学生笔记，教师自主性较大，但教法多为逐字逐句讲解，要求学生记忆和理解，大多数采用教师满堂灌的教学方法，很少进行提问和练习。尽管如此，有些中学教师采用的教学方法较为先进，如有的采用启发式和循序渐进式教学方法。任鸿隽于 1904 年考入重庆府中学堂，在校学习近两年，他在《五十自述》中回忆说：

> 余所进之重庆府中学堂，则废科举后创办之第一中学也。虽名学堂，科举习气仍充塞堂中，次年科举全废，始渐成学堂形式。是时监督为杜少瑶先生，巴县举人而湖南候选知县也。教习则有梅黍雨、孔保之、杨沧白诸先生，皆一时知名之选，梅先生授外国史、世界政治、世界地理诸科，孔先生授国文、伦理等科，杨先生授英文。梅先生所授诸科，仅及导言，然上下古今，清辨娓娓，实有以启发智慧、开拓心胸之效。当时从学诸人之感想如何，吾所不知，吾个人之略解世界大势，梅先生启之也。孔先生之国文则授《马氏文通》，伦理则授严译《群己权界论》，于西方文字思想之大概，亦略有所得，杨先生年最少，来较晚，吾虽不获直接从事问学，然先生慷慨好谈国事，隐然以革命思想为青年领导。吾尤好从杨先生游，故吾之革命思想亦此植其基矣。❷

清末重庆中学堂开设自然科学课程，当时的教师具备能力任教这些课程的

---

❶ 政协璧山县委员会学习文史委员会. 璧山县文史资料选辑：第 13 辑 [M]. 内部交流本，1999：34.

❷ 任鸿隽. 科学救国之梦：任鸿隽文存 [M]. 上海：上海科技教育出版社，上海科学技术出版社，2002：677－678.

人数远不能满足要求，故自然科学的科目教师多聘外籍教师。清末重庆府中学堂日本教习藤川先生对启发式教学用得最为灵活。藤川先生经常就刚才讲过的事情提问，叫学生解答……他最善于提问题，比如讲物体的稳定性，重心愈低下，稳定性愈强，他接着就问小孩子玩耍的不倒翁，为什么不倒?❶ 这样的教学方法促进了清末重庆的中学教育向近代化发展。

民国前期重庆教学方法开始明显地由传统向现代转变，单纯的“师授学承”的注入式教学逐渐失去它的主导及强势性威严，各级各类学校新的教学方法开始不断地引入。

第一，讲解启发法。教师从学生的实际出发，采用多种方式启发学生的思维，循序渐进地发展学生的智慧，主张废除体罚，体现学生主体性的努力，而不是以教师为绝对的中心。璧山中学教师逐步冲破旧习，在仍然强调“读书三到”的基础上接受新的教法，主张废除体罚，提倡循序渐进，循循善诱，讲读并重，明义致用。❷

第二，自学辅导法和实验法。自学辅导法是在教师指导下，使学生通过自学而获得知识的一种方法，一般小学三年级以上的班级采用。自学辅导法由辛亥革命后传入重庆，试图改变重庆教学只重教而不重学的缺点，发挥学生学习的自主性和积极性，防止教师包办一切。实验法是教师指导学生运用仪器设备独立完成作业，从而获取新的知识。民国初期渝东地区，中学教学实践中运用比较典型。1915 年“自学辅导法”和“实验法”传入重庆忠县，忠县境内的中学开始采用这两种教学方法。

第三，五段教学法。赫尔巴特将教学过程分为明了、联想、系统、方法四个阶段。赫尔巴特的门人弟子齐勒尔和赖因将老师的四个阶段扩充，称为五段教学法。预备，提出新问题，引起学生对新知识的注意；提示，讲授新教材；联想，对新旧知识进行比较分析，并建立两者之间的联系；总结，使所学知识系统化，得出结论、定义；应用，将所学知识解答课题或练习，运用到实际生活中。五段教学法于清末开始传入重庆渝东地区，五四运动后在渝东各地中小学教学活动或组织方式中普遍流行。江津中学创办时，即从日本购回仪器、标本、挂图，进行直观教学。1909 年，江津中学在开学典礼时，演示制取氢气，

---

❶ 朱有瓛．中国近代学制史料：第二辑 上册［M］．上海：华东师范大学出版社，1987：540.

❷ 李定开，吴洪成．重庆教育史：第二卷［M］．重庆：西南师范大学出版社，2006：56.

激发学生对科学的兴趣。教员中的留日生引入预备、提示、联想、总结、应用“五段教学法”。[1]

### （三）办学经费

教育经费是发展教育事业的基本物质前提，缺乏教育经费支撑的办学必然会因“巧妇难为无米之炊”而陷入危机，乃至流产或关闭。近代清末重庆书院分为官办书院和民办书院。官办书院由官府承担办学经费，民办书院采取由办学者筹资、官府资助的形式。清末新政时期（1901—1911 年），重庆书院改为学堂后，以原书院办学经费办新式学堂教育。清末新创办的府及县立中学堂由县政府拨款或筹集办学经费；各乡镇创办中小学堂从各乡镇公款中抽取；教会学堂由教会拨款，不足款项由校董事会筹集。如基督教创办的求精中学堂，美以美会每年拨款 1 万元，之后学堂规模扩大，每年拨款 2 万元，不足款项由校董事会筹集。清末中小学学堂在初办时少收学生的学费，中学堂的教育经费经常入不敷出，没有教育经费的保证，中学堂的发展速度难以保障。1908 年四川教育经费近 29 万两，人均约 1 两，可是该省每年敬神做会的开销即不下 100 余万两。为此，1907 年清政府于《学堂收费章程》中规定：“除初等小学暂时酌勉，师范学堂及半日、艺徒学堂一律不收外，其余各学堂均应征收学费，作为办学经费。”[2] 除此之外，清政府还鼓励私人捐资助学，并奏请政府给予嘉奖。在清政府的鼓励下，重庆各地捐资助学成效显著。教育经费的支出主要有教职员薪资、服饰用品、图书标本器具、营建修缮以及学生学习资助或奖励等。

民国初年，重庆中学教育经费基本沿用清末办学经费筹集方式，主要有官筹和民筹。1912 年，四川省政府清算了前清的教育经费，将教育经费按比例及阶段安排陆续拨给各学校。尽管如此，教育经费还是入不敷出，四川省政府给予补助并制定了补助原则。县立中学和民立中学教育经费来源不同，县立中学由县政府承担教育经费，民立中学由个人捐资筹建学校，教会创办的中学由教会承担学校的教育经费。荣昌县立初级中学的教育经费由荣昌县政府拨款；周家桢（1882—1929 年，四川巴县人）为巴县中学筹措资金，四处奔走，向银行贷款 4000 元建校费。私立明诚中学的教育经费由加拿大英美会布道会四

---

[1] 江津县地方志编辑委员会. 江津县志［M］. 成都：四川科学技术出版社，1995：666.

[2] 重庆市教育委员会. 重庆教育志［M］. 重庆：重庆出版社，2002：638.

川分会每年拨款8000元，民国时期教会中学收取学生的学费也是经费的来源之一。1918年至1919年重庆处于军阀混战时期，中小学教育经费被军阀挪用为军费支出，用于办学经费严重不足，部分中学经费困顿，教学质量下降，学校濒于解散。战争对教育带来的冲击及破坏由此可见一斑。

### （四）考试制度

考试制度属于教育评价的主要内容，不仅有鉴定教育质量，调整、改进办学举措的诊断及反馈意义，更有督促师生，筛选学生升学或奖励的功能，在教育活动，尤其是教育过程中至关重要。清末《奏定学堂章程》对中学堂的成绩考核有诸多规定，重庆中学的学生测评据此实施。

中学堂的考试分为临时考试、学期考试、学年考试、毕业考试、升学考试。考试所得分数与平时功课分数取平均值。同时，教师可据教学情况随堂考试，作为评定成绩参证。学生成绩实行百分制，60分为及格者，不满60分为不及格者，学堂毕业考试成绩最优等、优等、中等者保送升入高等学堂或优级师范学堂。[1] 中学堂的毕业考试由中学堂备案或由学堂监督报地方教育行政部门。

民国初年教育部颁布了《学生学业成绩考查规程》和《学生操行成绩规程》两个文件，重庆中学学生的成绩考核基本依照以上两个文件进行。各地中学将学生的考试成绩分为平时成绩和实验成绩，平时成绩又分为周考、月考及课堂考试；实验成绩分为学期、学年、毕业考试。学生成绩等级为甲乙丙丁四级，甲为80分以上者，乙为70分以上者，丙为60分以上者，丁为60分以下不及格者。及格者毕业或升级，不及格者留级；两次留级仍不及格者令其退学。由此可见民国初年重庆普通中学的考试制度较健全，考试次数多，且对成绩不合格者的处理较严重，这样做有利于端正学生的学习态度，提高教学水平。

## 四、历史的评价

近代重庆中学是在十分封闭、传统势力异常强大的环境中兴办与发展的，在短短20多年的时间内取得很大的成绩，确实难能可贵。以下主要从历史积极意义角度对此加以反思性总结。

第一，促进重庆中学教育近代化的形成。教育近代化的核心是教育内容的改革，即课程的科学化。清末新学制的颁布打破了学校教育重伦理道德、轻科

---

[1] 谢青，汤德用．中国考试制度史［M］．合肥：黄山书社，1995：482.

学技术的传统。新式学堂的教育内容不再仅仅是经学教育，还增添了外语、地理、化学、体操等课程，更新了教育内容，培养了一批西艺人才。教育是社会经济、政治、文化的反映，时代的变迁决定了教育内容的变化，中学堂引进了西方自然科学和西方社会科学内容，形成了以新的专业和知识内容为中心的课程结构，冲破了儒家教育一统天下的局面。重庆传统旧式书院逐渐改为中小学堂，融入近代新教育机体。中学教育办学机构有官办、民办和公办（官私合营）等多种类型，标志着重庆教育近代化的重大转折。

在中国传统意义上，与中学办学水平相应的传统教育类型是书院和地方官学，而以书院为主。近代创办的中学堂课程内容丰富，教学组织形式灵活，改变了传统书院的颓废之气。旧式书院中，主要讲授四书五经、道德伦理的教条，知识陈旧，学生不易理解，抹杀了学生的积极性和创造性，固化了学生的思想。然而中学的教学内容紧跟时代步伐，引进西方科学文化知识，教学内容丰富，涉及面广，包括数理化、体育、音乐等内容，激发了学生的学习积极性。旧式书院教师讲课以读原文为主，学生以死记硬背为主，而中学教学中知识的传授依靠新的教学手段进行，采用班级授课制组织教学及讲授，较之于书院的教学，更能理解并有效地运用知识，这样的方法更易于为学生所接受，并有效地调动学生的积极性。从教育与社会关系整体上考察，近代中学教育的体制是以工商业生产的规模化和政治经济民主化改良为前提的，反过来又服务于社会政治经济的近代化。

第二，有助于重庆社会阶层受教育机会扩大。从整个教育近代化层面考察，新学代替旧学，西学代替中学，学校代替科举，是教育历史的重大进步。中学教育中教育性质及权利方面都是一个重要标本。近代重庆中学的建立较之封建时期地方官学相比，商人子弟和平民子弟有更多的接受中等教育的机会，扩大了中等教育的对象。特别是民国以后女子中学校的兴办，改变了女子不能入学、接受教育的局面。

第三，推动重庆地区辛亥革命的发展。列强的侵略和清政府黑暗统治的双重冲击，激起了学生向西方寻求救亡图存的道路，为辛亥革命奠定了思想基础。新式学堂的兴办，西学系统地进入中学课堂，学生开始有序地学习西方资本主义科学文化知识，接触西方的资产阶级社会政治思想。重庆近代中学堂在辛亥革命中起着重要作用，许多学校都有着深厚的革命基础。重庆府中学堂是重庆辛亥革命的中心，杨庶堪等人组成了同盟会重庆支部，并在重庆府中学堂任教习，同为教习的还有张培爵、向楚等，革命党人来往重庆均在此落脚。重庆知府钮传善知道此事后深为恐惧，当他对杨庶堪问及重庆府中学堂是否有革命党时，杨从容回答说："重中的教师都是些文人秀才，'秀才造反，三年不成'，何足为虑，教师中保证没有革命党人，如果有的话，那就只有我。"❶ 他一方面如此回答，另一方面积极准备起义，府中学生用于军事操的100多支枪成了起义武装力量的一部分。当起义成功后，钮传善交印剪辫与杨庶堪携手游行。由此可见，重庆府中学堂既是重庆近代中学教育的摇篮，也是重庆资产阶级民主革命的摇篮。它不仅在中学教育发展史上有着继往开来的作用，也在重庆民主革命史上占有重要的一页。

第四，促进重庆区域社会的经济发展。重庆近代中学的兴起，由于课程及知识结构的变化，为工商业社会培养了一批实用技术人才。这些应用型人才用他们所学的知识改造落后的生产方式，创办民族资本主义工商业。一些青年爱国学生更是发出了"商战"呐喊："鉴于洋货充斥市场，利权外溢，实为国弱民贫的一个重大原因，应自力更生，振兴实业，抵制外货，挽回利权，以苏民困。"❷ 他们通过接受西方工商业社会观念与技术的传播、训练，以新的技术及管理方式抵制外国资本主义的经济侵略，在一定程度上促进了本民族资本主义工商业的发展，从而加快了重庆近代经济和社会进步的征程。

## 第二节　近代重庆的教会学校

重庆作为近代中国长江上游重要的通商口岸、西南地区经贸中心，较早地吸引了传教士来此布道，逐渐成为基督教会在华西地区的传教中心。传教士在重庆创办了数量不少的教会学校——幼稚园、教会小学、教会中学乃至各类专门学校，形成了重庆近代教育史上特殊的教育类型。近代重庆教会学校在传播宗教神学、扩张文化宗教势力的同时，客观上对科学技术的传播、学校教学课程、组织管理及教学方法的现代转型都发挥了作用，并由此在一定程度上促进重庆近代新教育的发展。

基督教在重庆的传播有着十分悠久的历史，并对该地域内社会的各方面产

---

❶ 吴洪成. 重庆的学校［M］. 重庆：西南师范大学出版社，2008：324.

❷ 涂文涛. 四川教育史：上册［M］. 成都：四川教育出版社，2007：268.

生持续性影响。1840 年 6 月中英鸦片战争爆发以后，西方教会凭借西方列强船坚炮利的军事威慑力加剧在中国的渗透步伐。《中俄天津条约》（1858 年）、《中英烟台条约》（1876 年）签订后，西方传教士借助不平等条约特权的保护打开了在重庆传播基督“福音”的道路。西方传教士在传播神学教义过程中发现中国极其重视教育，于是便将办教育作为媒介或途径实现传播“福音”的目的，地处长江上游的重庆区域在近代教育发展历程中，继东部沿海地区之后，陆续出现了教会学校的独特教育类型及办学活动，并对内陆腹地广袤地域社会产生影响。

## 一、重庆教会学校的发展历程

西方教会学校在重庆的发展主要经历以下两个阶段。

### （一）教会学校的创建时期（1875—1905 年）

鸦片战争打开了中国的大门，西方的政治、经济、文化强行闯入中国，中国社会面临着“四千年一大变局”的深刻危机，中国开始沦为半封建半殖民地社会。1876 年《中英烟台条约》规定，“四川重庆府可由英国派员旅居，查看川省英商事宜”，基督教士因此乘隙而入。1877 年英国“中华内地会”派麦卡悌（John McCarthy）到四川传教，在重庆建立了第一个基督教堂。1881 年美国美以美会教会在重庆开设传教据点。1891 年前以重庆为中心在四川活动的外国教会有美以美会、浸礼会、内地会、公谊会、伦敦会、巴黎外方传教会、圣书公会 7 个，教徒 10 万余人，传教士入华的目的是为传播基督“福音”，发展基督教事业，在遥远太平洋彼岸东方大国吸收基督虔诚的信徒。但由于中西社会矛盾的冲突与对抗异常激烈，兼之以孔子为代表的传统儒学文化的思想阻力十分强大，传教士的传教过程并非一帆风顺，其间遇到了种种挫折。传教士发现在中国“教育极受人们推崇”，[1] 一个没有受过教育的人在社会上所能起的影响极其有限，于是教育成为他们关注的重点。为有效传播基督教，他们将教堂转向课堂，通过教会学校传播教义。清末及民国早期重庆行政区划辖于四川行省，习惯上称为川东地区，而且由于重庆所处长江上游航运中心的地位，其工商业经济水平凸显，教会学校比例更高。

[1] 陈学恂. 中国近代教育史教学参考资料：下册［M］. 北京：人民教育出版社，1987：8.

由于重庆教会学校处于“民教交恶，人恒歧视之，不屑就也”[1] 的尴尬境地，教会学校这一时期发展缓慢。美国基督教牧师鹿依士（Spencer Lewis）1939 年到重庆后，即从布道、办医、办学三方面开展工作，其曾认为当时中国知识界“务虚文而薄事实，士风之颓靡，于斯为极”，为此尤为需要“力挽其弊，创兴学塾”。[2] 基于这种认识，1891 年，其在重庆曾家岩创建求精高级学堂，1904 年更名为求精中学堂。此后，一批教会中小学堂随之建立起来。如 1894 年美以美会在戴家巷创办启明小学；1904 年将广益书院更名为广益学堂（1894 年英国基督教公谊会英人会友陶维持等人创建）。此时教会学校无统一学制，学校规模也较小，教学经费都是由教会和校董会承担，学校的教育管理权归教会所有。如广益学堂教学体制严谨、规范，采用英国牛津大学的管理办法，学习风气浓厚，教学质量高[3]，先后实行 7 年、5 年、4 年三种学制。求精中学初创时学生数十人，教职工 6 人，学制为 6 年，1901 年改为 4 年。教会学校在重庆打开了新的局面，突破以科举和官学为中心的传统教育体制，采用西方教学模式，在重庆教育开始走上近代化的特定阶段发挥了重要作用。

**（二）教会学校的发展时期（1906—1919 年）**

1906 年，华西各教会派系组建了一个专门机构管理教会学校——华西基督教教育会，简称华西教育会，旨在有效协调并管理华西地区的教会学校。该会设计通过本地区教会学校学科课程、规范教材、统一考试以推动教会学校办学活动及取得成效，促进整个华西地区教会教育的有序运转，增进教会办学效率，实现其在中国内陆地区传教布道、扩大势力范围的战略意图。华西教育会规定，凡所在教会学校都要向其注册，服从管理，受其监督。这使得重庆的教会学校只接受教会的管理，从而不受中国政府的约束，自成体系。晚清政府宣布“至于外国人在内地设立学堂，《奏定（学堂）章程》并无允许之文，除已设学堂者，毋庸立案外，嗣后如有外国人呈请在内地开设学堂者，亦均毋庸立案”。[4] 对教会学校不加约束，任其发展，这一条款与华西教育会的组织意图恰好合拍。进入民国，北洋政府教育部在 1917 年、1920 年和 1921 年先后三次颁发教会学校立案法令，以教育法规章的条例要求，力图谋求教育主权的独立

---

[1] 朱之洪，等．民国巴县志：卷七［M］．成都：巴蜀书社，1992：264.
[2] 重庆市教育委员会．重庆教育志［M］．重庆：重庆出版社，2002：799.
[3] 重庆市民族宗教事务委员会．重庆宗教［M］．重庆：重庆出版社，2000：346.
[4] 朱有瓛，高时良．中国近代学制史料：第 4 辑［M］．上海：华东师范大学出版社，1993：26.

及完整，对教会办学加以规范调控。但是，重庆所处的地理环境非常特殊，所辖地域深入长江三峡、四川盆地及大巴山环绕的腹心地带，地理环境及区域位置相对遥远和闭塞。在短短的10余年间，该地又依次经历了“反袁战争”“川滇黔”三省军阀混战和川军内部斗争三场大规模战争，造成连年干戈扰攘、学务转被摧残，政潮澎湃、波及学子的混乱局面，因此真可谓天高皇帝远，“屋漏偏遇连夜雨”。在这种特殊情形之下，教育部的立案要求并未对重庆的教会学校产生多大震荡或影响，教会学校的管理及教育活动仍无拘无束，自行其是。此时的教会学校发展迅速，在原有基础上，新设众多教会学校。如1908年创办的仁爱女校，教授针织、数学、国文、图画、教理、法语等课程；1911年在重庆曾家岩创办的启明师范学堂，开设初中班，1919年更名为明诚小学，1925年又更名为明诚初级中学；1914年在重庆市区打铁街创办文德幼稚园，1918年更名为文德小学；1919年英美会与重庆南岸创办华英中学，1926年更名为重庆私立华英中学，1936年改名为重庆私立精益中学。

这一阶段重庆教会学校呈现出如下特点：①天主教会一改过去只重视宗教教育的态度，开始注重学校教育，其新办学校比例提升。如1908年天主教会创办仁爱女校，传授新的课程知识内容，并施以职业技术训练，明显改变了传统的传教布道的教育内容；②办学层次明显提高，中学和职业学校占据更高份额。如1915年英美会传教士赫玉光（J. E. Holt，加拿大人）在荣昌县北门礼拜堂附近修建中式房屋，创办华英妇女学堂；③各差会出现联合办学，并突破地域限制在异地开办分校。如1912—1919年，美以美会和英美会在原求精中学堂的基础上联合办理求精中学校，扩大了办学规模，改善学校环境条件及设备资源，提高了社会声誉。

## 二、重庆教会学校概述

鸦片战争后，传教士已不满足以医疗卫生、教堂文化事业进行传教，开始试图通过开办教会学校进行传教，通过培养布道人员影响中国未来社会发展方向。华西基督教教育领袖人物方叔轩就将教育视为“选择未来的中国教会领袖的场地”。[1] 显然，重庆的西方传教士认识到控制中国教育的重要性，并以此为培植与扩大教会势力的基本途径。西方各教会创办的教会学校按教学内容

[1] 刘吉西，等. 四川基督教［M］. 成都：巴蜀书社，1992：341.

分为两类：一是神学教育学校，包括教理学校、经书学堂、主日学校及大、中、小修院；二是世俗教育学校，包括幼稚园、小学、中学、专门学校。

### （一）神学教育学校

西方教会在重庆建立初期就非常重视培养本地的神职人员，以服务于传播基督教教义，为此而陆续创办了一批神学教育学校，修院分大、中、小修院三级，修院培养出来的人员大多数都是各地教会的骨干。范若瑟（1814—1887年），巴黎外方传教会教士。1838 年来华，1840 年在重庆西郊马王乡深坑子开始创办小修院，招收 10 岁左右男童入学。1856 年在巴县成立中修院。1865 年在巴县太平乡成立大修院，1886 年迁至沙坪坝高家花园续办。大、中、小修院学生，又称修士，以《圣经》为主要教材，除此之外专修科学文化、伦理学、拉丁语等学科，基督圣灵科也是研修的重要内容。学制为 3 年或 4 年，经费主要由教会提供。1894 年，法国天主教会在忠县创办天池震野中修院，课程设置随院长更替而异。初设拉丁文、国文为主，历史、地理、算术为副科，每周授课 1 ～ 2 个小时。1924 年院长更换，增设历史、地理、物理、化学、算术等西学课程科目，由专任教师授课。除此之外，神学教育类机构还有重庆灵修学院、重庆圣道学校等院校。

### （二）世俗教育学校

重庆教会学校创办于 19 世纪 80 年代，初期开办的是教会小学，至 19 世纪末开始增办中学。其中教会小学最多，1899 年传教士在四川、重庆创办的小学仅 31 所，学生仅 806 人，至 1907 年教会小学增至 173 所，学生高达 3316 人，由此可见教会小学发展速度之快。如 1915 年英美会传教士赫玉光，在荣昌县北门礼拜堂附近修建中式房屋开办华英妇女学堂，办学宗旨为培养传道员，即具备西学素质或专业知识技能的人。教会学校采用西方近代教育管理模式，课程设置虽仍保留传统儒家经典，但更多属西文、自然科学、职业学科内容及技能训练等。这些教会学校为四川、重庆培养了一批近代新式人才，在区域社会的近代化进程中发挥了积极作用。

#### 1. 教会幼稚园

学前教育属初等教育范畴，西方教会对学前教育极其重视。美国监理会教士在《论中国亟需设立幼稚园》中说：“儿童者，世界之旭日。吾于今益信之，是故人群不欲进步则已，欲求进步，其必自儿童教育始。”[1] 重庆的幼稚园教育始于20世纪初，由于受教育观念的局限，至五四运动前期重庆近代新式公共幼稚园仅有3所，发展缓慢。如1914年重庆私立文德女子初中开始创办幼稚园，1918年将幼稚园改为小学。重庆私立文德女子初中在重庆南岸弹子石，属中华基督教会，1914年创办幼稚园，1918年改办小学，1925年改办中学。[2] 由此获悉，在数量甚微的学前教育机构中，教会办学力量仍然举足轻重。

2. 教会小学

教会办学的重点是教会小学，这是因为小学教育所需人力物力相对较少，而且招生对象广泛且容易招生。教会小学设立之目的是传播福音，主张破除中西偏见与隔阂，获得学生父母信任教会的力量及办学效果，在城镇中设立一种部分公益性教育机关，而使人信奉基督教。[3] 教会小学教育经费由各教会负责，不足部分由各校董事会补给。1894年，美以美会牧师鹿依士在重庆城内戴家巷创办启明小学，每年教育经费由美以美会拨给400银圆。教会小学创办之初不被重庆绅士所接受，为提高招生比例，开始给学生提供食宿和生活用品，以此笼络吸引学生入学。铜梁县尹嘉镇的导善小学和明城中学附属小学都属著名教会小学。导善小学教师由信教的新知识人士担任，招收学生以信奉天主教的教民子弟为主，同时也兼容部分教外子女入学，一律免收学费。20世纪初，由于中国社会形式的变化及教会小学办学质量优于私塾，重庆一些经济富裕者送子女入教会小学，教会小学开始收学费、书费等教育经费。教会小学开设课程除了讲耶稣故事的道学，还有国文、数学、地理等，教学过程采用班级授课制，有时也交叉使用问答讨论等启发式教学方法，师生关系融洽，学习氛围活泼。1914年，铜梁县巴川镇由教会创办文育小学，初设时为“经书班”，学生有10人，1924年改为蒙学班，招收男女学生各一班；1929年成立初级小学，正式命名为铜梁县私立小学校，由教会办学演化为民办私立教育机构，学校规模最大时有8个班，教职工及学生共计近200人。中华人民共和国成立后至1951年，教会无法续班，由地方政府承办，更名为铜梁县巴川镇第三小学，即现在的巴川二小。由此可知，教会学校也有转型、演变成为中国

[1] 重庆市民族宗教事务委员会《重庆天主教会史》。

[2] 刘吉西，等. 四川基督教［M］. 成都：巴蜀书社，1992：405.

[3] 李楚材. 帝国主义侵华教育史资料：教会教育. 北京：教育科学出版社，1987：205.

公、私立学校的状况，其教育资源的现代性转型意义仍然存在。1911 年，璧山县卫理公会创办私立华美小学，每年教育经费 300 银圆，为教育活动的开展提供较为充实的经费保障。该校除开设国文课程，还开设了外国语、体操等课程，并提倡学生积极参加课外活动，注重教学与生活的联系。这些举措有裨于学生将所学知识与实践联系起来，开拓并加强学生的实践能力。

3. 教会中学

教会中学是教会教育的重要组成部分，在地方社会的影响最为显著。教会中学学制为 3～5 年不等，由各教派办学者自定。1922 年以后，受到源于美国现代教育移植而来“壬戌学制”的规范引导，教会中学学制统一定为 6 年，实行初中 3 年、高中 3 年分段设计。教会中学的教师不仅有西方的传教士，还有中国教师，这是因为教会中学的开设课程不仅有西学和宗教内容，还有中国历史文化及儒学，其中尤为突出数学、理化、博物、生物、地理等课程。如数学课程中就有“形学备旨”及“八线备旨”等较高深的数学分支。这样就形成了西方自然科学、传统儒学经典、宗教教育三大部分课程体系。教会中学突出的优势是外国语及自然科学课程，尤其以前者特色鲜明。19 世纪末中国的官办新式学堂也纷纷开设外国语，但教会中学开设的外国语教学质量优于官办及其他学堂，这有助于提高教会办学竞争力。19 世纪末至五四运动时期，重庆的教会中学共有 10 余所。以下就其中著名或可实查者加以介绍。

（1）求精中学。1891 年 11 月 21 日，由美国基督教美以美会在重庆曾家岩创办，牧师鹿依士用白银 1200 两购地建校，将原附属于来龙巷宽仁医院内的学堂迁来，取名求精高等学堂，学堂监督为鹿依士，至 1893 年正式开始授课。建校初的办校宗旨是传播基督教教义，转变思想观念，养成西学人才。有史为证：“值清光绪，岁在辛卯，中西士夫，谋兴学以启迪后进，爰遴选董事，鸠工筑室，开办求精高等学堂。”❶ 办学初美国美以美会每年拨款 10000 元作为教育经费，但随着规模扩大，每年拨款已入不敷出，不足的经费由校董会补给，之后开始收取学费。1901 年毕启任（美籍传教士）为堂长，定学堂学制为 6 年，因中西教法，颇称兼备，游学者望风而至❷。1904 年以前校名为“重庆求精高级学堂”，相当于高中部，其程度高者甚至达到大学预科水平。

❶ 重庆市档案馆藏《求精中学校史》，重庆求精中学校《1945 年秋季毕业纪念册》第 35 页.

❷ 张丽萍. 中西合治：华西协合大学［M］. 成都：巴蜀书社，2013：57.

在清末，各省书院改制时大都将省城最为著名书院改为所属省份高等学堂，四川省则将成都尊经书院改为四川高等学堂，同年改为求精中学堂。大学预科和高等学堂同是大学堂和中学堂之间的教育阶段，时间均为 3 年。据该校史料记载（1905 年）：学堂有监督 1 人，经学教员 1 人，中西历史教员和算学教员、格致教员、地学教员、英文教员、物理教员共 3 人。其中 2 名美国人，3 名中国人。[1] 1912 年改为重庆求精中学。培养了一批优秀毕业生，叶誉彰、刘伯承、张大千、张凌高等人曾在求精中学求学。

（2）广益中学。1894 年，英国基督教公谊会陶维义等人在重庆城内创办广益书院。1904 年，广益书院迁至重庆南岸区文峰塔下，更名为广益中学堂，陶维义任堂长，学制 5 年，学生 40 余人。1912 年韦济恒任校长，学制由 5 年改为 4 年，学生人数增加，办学规模扩大，至 1916 年陶维义返校任校长时，学生人数已达 120 人。学校教育经费主要由教会提供，不足时由校董会筹集。学校管理严格，要求学生住宿，着统一服装。校园设施齐全，图书馆藏书近万册。学生升学率极高，为重庆培养了一批近代早期新型人才。广益中学师资力量雄厚，教师多为外籍教师，著名的有英国籍何尔德（Holder）、加拿大籍文幼章（James Gareth Endicott）等。学校注重英语教学，课程及教材内容多源于英国中学的原片及教材讲义，英文课由外籍教师任教。学生英语成绩突出，以适应外资企业就业需求及工商业经济的挑战。学校的体育教学极有特色，校长陶维义曾为英国国家足球队队员，携带第一个足球入渝，1900 年创建了西南地区第一个足球场，组建了西南第一支足球队——重庆富克斯队。1919 年五四运动爆发后，校内民主爱国运动情绪高涨，校内学生罢课并参加示威游行，成为重庆进步潮流的重要堡垒之一。新中国成立后，国家对外国教会办学加以改造和利用，1951 年，广益中学由重庆市政府接收主办。

（3）文德女子中学。1914 年英美会在重庆打铁街创办文德幼稚园，1918 年将幼稚园改办为小学，1925 年提升为中学，但只收女学生。学校教育经费充足，开设课程有宗教、国文、外国语与自然科学相关种类诸多学科科目等。学校考核测评及管理制度健全，规定国文、数学、英文三门学科中有超过两门不及格者予以留级处分，并对学生成绩优秀者给予奖励，特优者保送入华西协合大学。1942 年，精益中学女生部合并过来，校舍也随之扩大，又增加了高

---

[1] 吴洪成. 重庆的学校［M］. 重庆：西南师范大学出版社，2008：378.

中部，共有高、初中班14个，近700人。这是文德女中的极盛时期。1945年，抗日战争胜利，达官、富商纷纷携眷离渝。文德女中学生逐渐减少，高、初中虽有12个班，学生只有二百七八十人。1947年，刘哲如赴加拿大留学，教会指派张玉莲代理校长，因其压制学生，激起学潮，被逐。1948年，刘哲如回国后，仍复校长职，直到1951年，重庆解放初期，精益、文德仍是私立学校。❶

4. 其他教会学校

西方教会在重庆的办学，更为重视初等教育与中等教育，教会职业学校较少，职业学校主要集中在长江下游城市。辛亥革命后，受实业救国思潮的影响，为了适应长江上游地区工商企业兴办对专业技术人才及熟练工人的需求，社会有识之士竭力呼吁增加"职业科目"，加强职业教育。教会职业学校开始在四川、重庆等更广阔的范围创建，其中以医学职业学校为主，除此外还有其他种类技术职业学校的存在。需要说明的是，这里叙述的时间对近代时限做了适当延伸。如1914年成都的私立仁济护士职业学校，1915年荣昌县的私立华英女子职业学校。随着社会的发展，重庆教会职业学校开始崭露头角。1917年涪陵福音医院院长为解决医院护理问题，创办涪陵私立德济高级护士职业学校，招收学员，进行医护专业技术培训。1924年，教会在重庆城区创办重庆宽仁高级护士学校，又于1929年开办仁济护士学校，1946年将其易名为私立德济高级护士职业学校。该学校开办之初仅一两个班，到1949年已扩大到22个班，生员来自涪陵、长寿、丰都等地，学制为三年。❷ 1953年更名为四川省涪陵护士学校。1940年加拿大传教士孙兰英和中国人尹维贞，在华英妇女学堂（1915年创办）的原址创办华英女子职业学校，教授学生纺纱、织布技能，后于1949年停办。❸ 这些职业学校为重庆、四川培养了一批社会所需新型专业人才，促进了区域社会的进步。表12.4是笔者据所见资料查阅、整理并加以编制的有关近代重庆教会学校信息，可以肯定，许多学校并未列入，只能是其中的一部分。

---

❶ 政协重庆市南岸区委员会文史资料研究委员会．重庆南岸文史资料：第3辑［M］．内部交流本，1987：45．

❷ 涂文涛．四川教育史：上［M］．成都：四川教育出版社，2007：282．

❸ 刘吉西，等．四川基督教［M］．成都：巴蜀书社，1992：400．

**表 12.4　近代重庆各级各类教会学校**

| 类别 | 校名 | 校址 | 创办时间 | 创办机构 | 备注 |
|---|---|---|---|---|---|
| 幼稚园 | 文德幼稚园 | 打铁街 | 1914 年 | 英美会 | 1918 年将幼稚园改变为小学 |
| 小学 | 启明小学 | 关庙街 | 1894 年 | 美以美会 | 创办于戴家巷，后迁至关帝庙 |
| | 仁爱女校 | 通远门 | 1908 年 | 天主教会 | 创办时设针织课，后设数学、国文、图画等课程 |
| | 华美小学 | 璧山县丁家镇 | 1911 年 | 卫理公会 | |
| | 懿德女子小学 | 永川县城 | 1911 年 | 福音堂 | |
| | 兆曙小学 | 永川书院街 | 1912 年 | 天主教会<br>弥额尔堂 | 1950 年停办 |
| | 私立德化小学 | 荣昌县城 | 1912 年 | 美以美会 | |
| | 育成女子小学 | 璧山县 | 1912 年 | 美以美会 | |
| | 文育小学 | 铜梁巴川镇 | 1914 年 | 天主教会<br>天主堂 | 1952 年政府承办 |
| | 导善小学 | 铜梁尹家乡 | 1919 年 | 天主教会<br>天主堂 | 1950 年停办 |
| | 明城中学<br>附属小学 | 曾家岩 | 1919 年 | 天主教会<br>天主堂 | 1925 年停办 |
| 中学 | 求精中学 | 曾家岩 | 1891 年 | 美以美会 | 1998 年，重庆市教委批为“重庆市求精中学校”，1999 年被列为“重庆市首批重点中学” |
| 中学 | 广益中学 | 南岸 | 1894 年 | 公谊会 | 曾用名广益中学、重庆市私立广益中学校、四川省重庆第五中学校、四川省重庆市广益中学校。1997 年，更名为重庆市广益中学校 |
| | 淑德女中 | 曾家岩 | 1897 年 | 美以美会 | 1932 年核准立案 |
| | 明城中学 | 曾家岩 | 1911 年 | 天主教会主母会 | 创办时为“明城师范学堂”，1925 年更名为“明城初级中学”，1950 年停办 |

续表

| 类别 | 校名 | 校址 | 创办时间 | 创办机构 | 备注 |
|---|---|---|---|---|---|
| 中学 | 文德女中 | 打铁街 | 1914 年 | 英美会女布道会 | 1952 年秋，与精益中学合并，改名为私立文益中学。1953 年，由重庆市人民政府接管，命名重庆市第十一中学校 |
| | 成德女中 | 民生路 | 1916 年 | 天主教会方济各女修会 | 初办时为“德肋撒女校”，1922 年更名为“成德女中”，1940 年停办 |
| | 精益中学 | 南岸 | 1919 年 | 英美会（加拿大联合教会） | 由基督教华西教育会创办，校长是加拿大籍万鹏里，学校的教师为传教士和牧师。1919 年，增设初中班，更名为华英初级中学。1952 年，将精益中学和文德女中合并为文益中学 |
| 专门学校 | 法文学堂 | 杨家坪 | 1898 年 | 天主教会 | 由法国人任教，教授法文和格致学，教外学生也可入学 |
| | 法文书院 | 青年路 | 1904 年 | 天主教会主母会 | 1919 年停办 |

资料来源：《重庆天主教史》（征求意见稿）；重庆市渝中区人民政府地方志编纂委员会. 重庆市市中区志［M］. 重庆：重庆人民出版社，1997；重庆市民族宗教事务委员会. 重庆宗教［M］. 重庆：重庆出版社，2000；周勇. 重庆通史［M］. 2 版. 重庆：重庆出版社，2014；隗瀛涛. 近代重庆城市史［M］. 成都：四川大学出版社，1991。

由表 12.4 可以看出如下内容信息：①在重庆辖区创建教会学校的宗主主要是英国、美国及加拿大等国家的基督教会，既有新教派办学，也有天主教会旧派办学，至 1919 年为止年各国基督教教派在重庆创办的学校数量不一，美国美以美会在重庆创办 5 所各级教会学校，英国天主教会 10 所，英美会 3 所。这主要是由于文献素材搜集不易所带来的困顿，统计数量只是办学中的一部分，但仍可视为具有取样以推测整体的效果。②教会学校的类型主要是教会小学和教会中学，专门学校很少。可见教会办学重心在中小学普通教育，内容及取向重在文化知识传播、神学教义渗透及西方观念培植。③教会学校的创办时间主要集中于清末至辛亥革命前。辛亥革命后创办的教会学校较少，但教会学校规模有所扩大，教会学校教育教学及管理结构也日趋完善。

## 三、重庆教会学校的教学与管理

教学与管理是学校教育活动的基本内容及重要组成要素。由于文献资料难以搜求以及整理分析的困难，难以详细展现，本书只能根据现有资源尽力加以描述。

### （一）教学目的

教学目的对整个教学活动起着统贯全局的作用。基督教传教的最终目的是对华进行西方文化渗透，并促使中国社会走向基督教化。教会的办学目的在不同的时期呈现出某种程度的差异性，办学初期目的是作为传教的辅助手段，借此扩大福音布道的范围；随着教会学校规模的扩大，影响力提高，教会办学目的旨在培养“领袖人物”，不断扩大教会的作用。1877 年，狄考文在《新教差会与教育的关系》一文说，“把学校视为发展基督教徒和为教会培养布道人员的看法是片面的”，明确提出教会学校“目标不仅仅是要保卫和促进基督教事业，而且要在智力、道德和宗教三个方面教育学生，使他们接受西方的科学和文明，推动个人和社会的发展”。[1] 1890 年，狄考文指出“真正的教会学校，其作用并不单在传教，使学生受洗礼”，“而是要教会学校使学生能成为社会上和教会内有势力的人物，成为一般民众的先生和领袖，从而取得旧士大夫所占的统治地位”。[2] 此时教会学校不再局限于培养布道人员，而试图造就培养取代中国占统治地位的旧式士大夫的新式知识分子。1891 年，美国基督教美以美会在重庆创办的求精中学堂建校初的教育目的是传播基督教教义，借此扩大传教的范围。课程是服务于教育目的的，进入 20 世纪初，求精中学的课程设置开始有所变化，增加了国文（语文和文学）和英语课时比重，目的是培养新式知识分子。

### （二）教学内容

教学内容是实现教育教学目的的手段，因此有什么样的教学目的就要有与之相适应的教学内容和教材，这是由一定社会经济和政治要求所决定的。19

---

[1] 何晓夏，史静寰. 教会学校与中国教育近代化［M］. 广州：广东教育出版社，1996：33 –38.

[2] 杨遵道，叶凤美. 清政权半殖民地化研究［M］. 北京：高等教育出版社，1993：289.

世纪80年代重庆教会学校开始创办，截至1919年五四新文化运动，大致可以分为两个不同阶段。

1. 19世纪80年代至1906年为第一阶段

重庆不同的教会学校有着不同的方案。求精学堂初建时学制为6年，1901年将6年学制改为4年；广益学堂则“采用英国牛津大学的管理办法”。[1] 教会学校设置的课程不一，但都重视数学、国文、英文课和宗教教育，宗教课程主要以讲授《圣经》为主，宗教活动及仪式为辅助活动课程，在办学中尤其强调以《圣经》为各种课程的根基。[2] 为了突出西方文化及思想的统治与教育中的地位，学校学生不仅要学习英语、训练英语，而且其他学科的教学也用英语进行，如教学内容有英语地理、英语历史、英语化学、英语物理等。

2. 1907—1929年为第二阶段

这一时期重庆教会学校的教学内容遵循华西教育会制定的统一课程标准。华西教育会根据教会办学的动机意图以及“壬子癸丑学制”的内容规定各级教会学校的学制标准及教学内容，如1917年规定教会中学的课程为《圣经》及修身、语文及文学、数学、地理、历史、理科、英文、法治及经济、图画、手工（或缝纫）、体操11科。1918年除11科外，一些教会学校还自行开设中国文字学、中国文学史、中国文化史、修辞学、逻辑学、图书、簿记等科目。

由表12.5可以看出：1917年，华西教育会制定的课程主要以国文、英文、数学为重心，且第一学年至第四学年课时标准不变，神学教育内容比重下降，《圣经》及修身的课时比重与理科相同，地理、历史、图画、手工（缝纫）、体操课时比重较小，第四学年较之前三学年每周课时有所增加。值得一提的是华西教育会规定女生的手工课内容为缝纫，显示出华西教育会适应中国国情调整教育内容，符合社会发展的要求，易于被重庆民众所接受。

**表12.5　中学课程纲要（1917年华西教育会制发）**

| 科目 | 第一学年 | 第二学年 | 第三学年 | 第四学年 |
|---|---|---|---|---|
| 《圣经》及修身 | 3 | 3 | 3 | 3 |
| 语文及文学 | 6 | 6 | 6 | 6 |

[1] 石胜福．重庆宗教［M］．重庆：重庆出版社，2000：346.

[2] 李楚材．帝国主义侵华教育史资料：教会教育．北京：教育科学出版社，1987：48.

续表

| 科目 | 第一学年 | 第二学年 | 第三学年 | 第四学年 |
| --- | --- | --- | --- | --- |
| 数学 | 6 | 6 | 6 | 6 |
| 地理 | 2 | 2 | 2 | 2 |
| 历史 | 2 | 2 | 2 | 2 |
| 理科 | 3 | 3 | 3 | 3 |
| 英文 | 6 | 6 | 6 | 6 |
| 法治及经济 | — | — | — | 2 |
| 图画 | 1 | 1 | 1 | 1 |
| 手工（缝纫） | 1 | 1 | 1 | 1 |
| 体操 | 1 | 1 | 1 | 1 |
| 每周课时数 | 31 | 31 | 31 | 33 |
| 备注 | 女生的手工课内容为缝纫 | | | |

资料来源：陆志轩. 重庆市求精中学校志（1891—1998）［M］. 内部交流本，326.

五四运动以后，中国爱国进步人士掀起民族主义风暴及非基督教运动，力图维护教育权的民族性及国家化。教会办学受到冲击而被迫调整，这是现代中国教会教育的变动取向。此处略加叙述。1925 年前后重庆的教会学校开始纷纷向北洋政府立案，并根据政府的要求设置教学内容。1927 年，华西教育联合会年会决议建议各中小学从 1928 年起即开始将《圣经》研究作为选修课程，开始增加国文课程比重，英语课程略微减少。1929 年，国民政府规定初中教学内容为党义、国文、外国语、历史、地理、算学、自然科、生理卫生、图画、体育、工艺、职业科目、党童军 13 科，高中教学内容为党义、国文、外国语、数学、本国历史、外国历史、本国地理、外国地理、物理、化学、生物学、军事训练、体育、选修 14 科。这一时期的教学不再把《圣经》作为必修课，而是把党义作为各级学校的必修课，教会学校的教会内容根据政府的要求设置，受政府的管辖，但有的学校根据自身情况稍做变通。华美小学 1933 年的课表设置中，各年级均安排有公民课，除初三年级每周一个钟点外，其他年级每周均上两个钟点。除公民课外，还开设有三民主义、党义等课。[1] 重庆启明小学开设党义课（后改为公民课），不及格者不能升学。向政府立案后的

[1] 尹文涓. 基督教与中国近代中等教育［M］. 上海：上海人民出版社，2007：148.

重庆教会学校在教学设计中除开设国文外，特别重视外国语、物理、化学、动物、植物、体操、图画等课程，教学内容有较大的拓宽和加深。教会学校在具体教学活动中谋求教育与生活、学校与社会的联系，提倡学生参加课外文体活动。这样既丰富了学生学习和生活的内容，又使学生学到了能够运用于生产和生活的近代科学文化知识。由此可见，此期的教会学校已不仅仅是传经布道，而是向世俗方向迈进。

### （三）办学经费

学校的日常教学管理离不开经费的支撑。重庆教会学校的教育经费主要由各教会及校董事会承担。《巴县志》记载，办学之初，美以美会年拨一万元，后因规模扩大，年拨二万元，不足之数，由校董会补助。[1] 在教会学校创建时期，教会学校收取少量学费，不仅如此，有的教会学校为了吸引学生，笼络学生上学，还给学生发放一些补助。在某种程度上，初期教会小学校带有慈善机构的特点。但随着教会学校规模的壮大，社会部门对新式人才需求骤增，教会学校开始向学生征收学费，将所收学费作为学校的教育经费，主要包括学费、杂费、伙食费等。20 世纪初，求精中学的学费采取分科缴费的形式，每门科目都要缴纳学费，英文科的学生至毕业大概要花费 300 元左右的学费，算术科的学生大概需花费 200 元，这笔费用对重庆居民来说是天文数字，教会学校无疑成了“贵族学校”，办学贵族化的倾向十分浓厚。

20 世纪 20 年代以后，中国社会的西化转向十分明显，教会学校毕业生的出路及收入愈益受人羡慕。在教育市场驱动下，尽管教会学校的学费昂贵，且有不断加重的趋势，但教会学校人数依然不断增加。《四川重庆广益中学章程汇录》记录 1921 年广益中学学生缴费情况：“正班、预班均一体征费四十六元，分两期预先缴足。以后二、三、四年，每年递减五元。四年以后，仍照第四年纳费。理发、洗衣、油亮一并在内，食费每月暂定银洋二元七角（涨跌随时），于每学期入堂时预先缴足。”1924 年重庆文德女子中学每学期学费为三十多元，折合大米 900 斤。这时教会学校不仅学费昂贵，而且需要学生提前缴费，教会学校几乎成为贵族教育的代名词，是社会上层政界、商业、金融及买办资本家族子女的奢侈品。

---

[1] 朱之洪，等. 民国巴县志：卷七［M］. 成都：巴蜀书社，1992：452.

### （四）师资队伍

教会学校创建初期，学校规模小，课程较单一，教会学校教师主要由传教士担任。他们一般身兼两职，既要传经布道，还要承担学校的教学任务。如求精学堂初建时，学生人数较少，教师仅有三人，都是基督教传教士，属美以美会成员。圣经、外语等科由传教士讲授，经学、中国历史、中国地理等学科由美以美会聘请中国士大夫任教。民国以后，随着教会学校规模的不断壮大，课程设置多元化，教会学校的师资力量结构发生变化，教师除传教士外，还有教会学校的毕业生，主要来源于设在四川成都的教会学校最高学府华西协合大学，尽管他们是基督教的信仰者，但并非全属基督教的教徒。此外，一批留学海外的新式专业技术人才，具有西方科学文化知识结构的知识分子回国后从事教育活动。由此，教会学校中国教师的比例急剧增加，如广益中学 1921 年中国教师占学校教师总量的比例就高达 50%。在以后数年中，这种趋势愈演愈烈，甚至出现中国籍教师居于绝对优势的现象。

**表 12.6　1929 年广益中学（中学部）教职员一览**

| 姓　名 | 籍　贯 | 担任职务及学科 |
|---|---|---|
| 杨芳龄 | 巴县 | 校长兼英语及社会科学 |
| 陶维义 | 爱尔兰 | 英文 |
| 艾悼云 | 江北 | 三民主义 |
| 王若虚 | 巴县 | 教务主任兼算学 |
| 邓鹤年 | 万县 | 训导主任兼自然学科 |
| 吴子龄 | 遂宁 | 事务主任兼社会学科 |
| 杨静轩 | 秀山 | 国文 |
| 古裕如 | 石柱 | 国文 |
| 杨伯荀 | 江津 | 自然科学 |
| 吕粤如 | 巴县 | 艺术 |

资料来源：重庆市档案馆藏《现任教职员一览表》，《重庆广益中学校同学录》（民国十八年）。

由表 12.6 可以看出：广益中学外籍教师仅有一人，除此外皆是中国教师，且教师籍贯除四川遂宁外都是重庆辖区。由此得知，广益中学师资本土化力量的强大。广益中学教师多数为重庆辖区教育名师，此外也有留学归国心系重庆教育的人士。如校长杨芳龄于 1921 年曾赴英国留学，1925 年回国，回国后任广益中学的校长；邓鹤年于 1904 年东渡日本，入东京弘文师范学院学习西方自然科学课程。

### （五）学生生源及毕业去向

教会学校初建时期处在“民教之恶，人恒歧视之，不屑就也”的尴尬处境中，重庆绅民不愿送子女到教会学校读书，尽管有的教会学校实行免费制度，招生仍面临着严重困难。如在求精学堂创办初期，鹿依士经过多种努力，才招来“约有十余人就学，鹿君乃大喜其有成效也”。民国初期，随着教会学校的身价提高，学校的生源主要来自重庆各界中上流社会阶层的子弟，教会学校出现“贵族化”的倾向。教会学校的毕业生去向直接影响到教会学校的办学影响力。教会学校的培养目标一定程度上决定了毕业生的去向，教会学校创建初期目的是传播教义，培养的学生也是为传播“福音”做准备，因此教会学校的多数毕业生从事传播“福音”的工作。这符合教会学校的培养目标内在本义。民国后，随着教会学校世俗化加强，办学规模的不断扩大，毕业生越来越多，传教事业已容纳不下如此多的毕业生，而此时社会经济结构朝工商业资本方向转型，实用科学及技术人才需求加大，很多行业，如海关、邮局、银行、铁路、矿山等部门岗位，需要一批新式人才和英语水平高的毕业生。据统计，1925 年，广益中学的毕业生在各类工作岗位就业者占毕业生人数的 39.3%，从事传教事业的人仅占 8.2%。[1] 由此可见，教会学校培养的学生中已有越来越大比例脱离了神职职业，而是投入了与重庆社会经济联系密切的行业中工作，利用自己的专业学识及能力，为区域地方的建设作出了他们的贡献，推动长江上游地域的近代化进程。

## 四、近代重庆教会学校的历史作用

尽管教会学校的办学宗旨是传播教义，扩张教会势力，企图通过教育宣传西方世界思想观念，实现文化侵略的战略意图，但是教会学校在管理模式、教学方法、课程及教材设计和试用等方面对传统的书院、学堂以巨力冲击，为近代中国教育带来参照及积极的影响。笔者主要从正面价值方面对此加以探讨。教会学校在近代重庆教育史乃至区域社会中的影响是客观存在的，但又有其复杂多层面的关系。通过梳理及分析，可以得出如下认识。

---

[1] 重庆市南岸区政协文史资料委员会. 重庆南岸文史资料（纪念广益中学校建校 100 周年专辑）［M］. 内部交流本，1993：68.

### （一）推动重庆教育近代化进程

在教会学校的影响下，重庆开始创建新式学堂，采用新式教学方法及管理模式。新式学堂教学内容借鉴教会学校的方案，设有外语和自然科学等课程。清末时期传统教师授课死板，多采用灌输式教学方法，学生死记硬背、学习陈旧的教材。新式学堂借鉴教会学校班级教学组织方法，个别学校开始尝试实验法教学。如1892年重庆出现了华西地区第一所国人开办的新式学校——川东洋务学堂。引入自然科学技术课程的重庆学校开始探索将教学与实验结合。1915年，“自学辅导法”和“实验法”传入重庆忠县，忠县县立中学开始采用这两种教学方法。这些努力使学生获得了在传统教育中难以习得的知识及方法。由此，深处内地的青少年学生接触到了西方的教育制度、知识内容、学习方法。一些爱国之士认识到经济的发展依靠人才，人才的培养有赖教育，富国强兵就应像资本主义国家那样，用科学知识培养人才。正是在传教士的一系列教育活动中，中国人认识到了封建制度的落后。[1] 教会学校打破僵化的传统教育观念，动摇了传统教育观念的主体地位，为近代重庆教育改革做好了必要的准备和铺垫。

### （二）培养一批新型专业人才

重庆教会学校客观上有助于重庆地区经济的发展。人才问题是关系国家发展的重要问题，人才资源是国家发展的最宝贵资源。重庆教会学校的创建，使深入内陆腹地的莘莘学子有机会接触到西方科学文化知识，扩大了学生的知识范围和视野，培养了一批适应时代需求的新型人才。他们中的优秀分子促进了重庆近代化的进程。除了造就一批社会新兴行业的经济贸易、语言文字及工程技术的实用人才之外，还有毕业生在其他事业中取得卓越成就。如著名画师张大千1914年就读于重庆求精中学，他以不断创新的画风在画坛上声名鹊起，后于亚洲、欧洲等地举办过多次画展，被誉为“当今最负盛名之中国画师”。邓达先1917年就读于重庆求精中学，后就读于复旦大学，1929年同沈懋德等人创办了重庆大学，重庆大学的创建为重庆培养了一批优秀的人才，促进了重庆以及四川的经济发展。总而言之，教会学校培养的大多数学生不再以“学而优则仕”为目标，而是以富强国家为己任，立志为发展重庆、四川乃至整

---

[1] 黄新宪. 基督教教育与中国社会变迁［M］. 福州：福建教育出版社，2000：107.

个中国，奉献自己的聪明才智。

### （三）促进中西文化交流

教会学校的开设为重庆士绅及中外学者提供了一个交流沟通的平台，西方先进的文化借此平台输入内地，与此同时中华传统文化中的优秀成分也得到传播。中西文化发生碰撞，进步的重庆士绅、学者经过痛苦的反省、抉择，不断地吸收借鉴西方科学和思想文化。重庆教会学校引进西学课程，设置图书馆或图书室，开展丰富多彩的学校文体活动，有助于拓宽学生视野，使其学到更多的西方科学知识与实用技能。教会学校的外籍教师通过授课、课外活动及师生各种交流活动等方式，向中国学生传播西方先进的文化，并促使学生思想观念发生现代性转型。在这过程中，他们同时接触了中国传统文化，中西文化不断交流，也有助于中国文化走出国门，影响世界，对人类文明产生积极作用。

教会学校本身是西方文化殖民渗透的组成部分，同时又在传播、扩散西方文化。这种集双重使命或性质于一体的现象恰是教育复杂属性的特征，以此来透视教会学校办学的宗旨离不开传播福音、发展教会神道事业，具有强烈的西方文化殖民性。另外，在历史车轮进入民国初年以后，教会办学的社会世俗性逐渐增强，神学宗教性降低，如上文所述重庆的教会学校破土而出及发展时段恰以其时为主。因此，几乎是相伴而生并接踵而至的是教会学校将西方近代教育制度和教育思想传入重庆，一定程度上有裨于重庆的教育近代化进程。

# 主要参考文献

## 专著

[1] 司马迁. 史记［M］. 北京：中华书局，1959.

[2] 班固. 汉书［M］. 北京：中华书局，1962.

[3] 范晔. 后汉书［M］. 北京：中华书局，1965.

[4] 陈寿. 三国志［M］. 北京：中华书局，1959.

[5] 房玄龄，等. 晋书［M］. 北京：中华书局，1974.

[6] 沈约. 宋书［M］. 北京：中华书局，1974.

[7] 姚思廉. 梁书［M］. 北京：中华书局，1973.

[8] 魏收. 魏书［M］. 北京：中华书局，1974.

[9] 魏徵，令狐德棻，等. 隋书［M］. 北京：中华书局，1973.

[10] 李延寿. 南史［M］. 北京：中华书局，1975.

[11] 刘昫，等. 旧唐书［M］. 北京：中华书局，1975.

[12] 宋祁，欧阳修，等. 新唐书［M］. 北京：中华书局，1975.

[13] 脱脱. 宋史［M］. 北京：中华书局，1977.

[14] 宋濂，等. 元史［M］. 北京：中华书局，1976.

[15] 常璩. 华阳国志校注［M］. 刘琳，校注. 成都：巴蜀书社，1984.

[16] 永瑢，纪昀，等. 四库全书［M］. 上海：上海古籍出版社，1987.

[17] 蔡沈. 书经［M］. 上海：上海古籍出版社，1987.

[18] 董仲舒. 春秋繁露［M］. 上海：上海古籍出版社，2010.

[19] 王象之. 舆地纪胜［M］. 刊本，清同治年间.

[20] 马端临. 文献通考［M］. 武英殿校刊本，1747（清乾隆十二年）.

[21] 徐松. 宋会要辑稿［M］. 北京：中华书局，1957.

[22] 傅增湘. 宋代蜀文辑存［M］. 香港：龙门书店，1971.

[23] 王珽. 庙学典礼［M］. 杭州：浙江古籍出版社，1992.

[24] 昆冈，等. 钦定大清会典（光绪朝）//续修四库全书［M］. 上海：上海古籍出版

社，2002.
［25］程颢，程颐．二程全书：遗书［M］//四部备要．北京：中华书局，1936.
［26］魏了翁．鹤山集［M］//文渊阁四库全书．上海：上海古籍出版社，1985.
［27］元稹．白氏长庆集［M］．北京：文学古籍刊行社，1955.
［28］诸葛亮．诸葛亮集［M］．北京：中华书局，1974.
［29］钱大昕．十驾斋养心录［M］//四库备要．上海：中华书局，1936.
［30］黄宗羲．宋元学案［M］．北京：中华书局，1986.
［31］《刘禹锡集》整理组．刘禹锡集［M］．卞孝萱，校订．北京：中华书局，2000.
［32］杨慎．升庵集［M］．上海：上海古籍出版社，1993.
［33］杨时乔．新刻杨端洁公文集［M］．济南：齐鲁书社，1997.
［34］王廷相．王廷相集［M］．北京：中华书局，1989.
［35］朱有瓛．中国近代学制史料［M］．上海：华东师范大学出版社，1986—1989.
［36］许殿才．中国文化通史：秦汉卷［M］．北京：中共中央党校出版社，2000.
［37］李国钧，王炳照．中国教育制度通史：第3卷［M］．济南：山东教育出版社，2000.
［38］顾明远．教育大辞典：第八卷 中国古代教育史［M］．上海：上海教育出版社，1991.
［39］马镛．中国教育制度通史：第5卷［M］．济南：山东教育出版社，2000.
［40］王炳照，李国钧，阎国华．中国教育通史：清代卷［M］．北京：北京师范大学出版社，2013.
［41］璩鑫圭．中国近代教育史资料汇编：鸦片战争时期教育［M］．上海：上海教育出版社，1990.
［42］孙培青．中国教育史［M］．上海：华东师范大学出版社，1992.
［43］顾明远．教育大辞典［M］．上海：上海教育出版社，1990.
［44］李定开．简明中国教育史［M］．成都：四川人民出版社，1985.
［45］舒新城．中国近代教育史资料［M］．北京：人民教育出版社，1981.
［46］李桂林，戚名琇，钱曼倩．中国近代教育史资料汇编：普通教育［M］．上海：上海教育出版社，1995.
［47］陈学恂．中国近代教育史教学参考资料［M］．北京：人民教育出版社，1986.
［48］陈学恂．中国近代教育文选［M］．北京：人民教育出版社，1983.
［49］陈学恂．中国近代教育大事记［M］．上海：上海教育出版社，1981.
［50］欧阳周．中国元代教育史［M］．北京：人民出版社，1994.
［51］陈高华．元史新论［M］．上海：上海社会科学院出版社，2005.
［52］赵子富．明代学校与科举制度研究［M］．北京：燕山出版社，2008.
［53］陈景磐，陈学恂．清代后期教育论著选［M］．北京：人民教育出版社，1997.
［54］张惠芬，金忠明．中国教育简史［M］．上海：华东师范大学出版社，1995.

[55] 丘光明. 中国古代计量史 [M]. 合肥：安徽科学技术出版社，2012.
[56] 李罗力，等. 中华历史通鉴：第2部 [M]. 北京：国际文化出版公司，1997.
[57] 刘国新. 中国政治制度辞典 [M]. 北京：中国社会出版社，1990.
[58] 张驭寰. 中国古代建筑文化 [M]. 北京：机械工业出版社，2007.
[59] 国家文物局. 中国文物地图集：重庆分册 [M]. 北京：文物出版社，2010.
[60] 谢青，汤德用. 中国考试制度史 [M]. 合肥：黄山书社，1995：482.
[61] 熊明安，等. 四川教育史稿 [M]. 成都：四川教育出版社，1993.
[62] 熊贤君. 湖北教育史 [M]. 武汉：湖北教育出版社，1999.
[63] 贾大泉，周原孙. 四川通史 [M]. 成都：四川大学出版社，1994.
[64] 周勇. 重庆通史 [M]. 2版. 重庆：重庆出版社，2014.
[65] 隗瀛涛. 四川近代史稿 [M]. 成都：四川人民出版社，1990.
[66] 李定开，吴洪成. 重庆教育史 [M]. 重庆：西南师范大学出版社，2006.
[67] 涂文涛. 四川教育史 [M]. 成都：四川教育出版社，2007.
[68] 戴伟，杨欣，丁世忠. 乌江经济文化研究：第二辑 [M]. 重庆：重庆出版社，2005.
[69] 李良品，彭福荣，崔莉. 乌江流域民族地区教育发展史 [M]. 重庆：重庆出版社，2010.
[70] 李庆. 重庆历史文化 [M]. 上海：格致出版社，2014.
[71] 吴洪成. 重庆的学校 [M]. 重庆：西南师范大学出版社，2008.
[72] 李家发，张世均，蒋述东. 重庆历史与文化 [M]. 西安：陕西人民教育出版社，2003.
[73] 重庆市政协. 龙乡铜梁 [M]. 重庆：重庆出版社，2007.
[74] 谭兴国. 蜀中文章冠天下：巴蜀文学史稿 [M]. 成都：四川人民出版社，2001.
[75] 蓝勇. 稀见重庆地方文献汇点 [M]. 重庆：重庆大学出版社，2013.
[76] 杨慎. 全蜀艺文志 [M]. 刘琳，王晓波，点校. 北京：线装书局，2003.
[77] 胡问涛，罗琴. 冯时行及其《缙云文集》研究 [M]. 成都：巴蜀书社，2002.
[78] 池开智. 合川历史文化纲要 [M]. 重庆：重庆出版社，2009.
[79] 魏靖宇. 白帝城竹枝词碑园 [M]. 成都：巴蜀书社，1995.
[80] 张继海. 汉代城市社会 [M]. 北京：社会科学文献出版社，2006.
[81] 于迎春. 秦汉士史 [M]. 北京：北京大学出版社，2000.
[82] 洪适. 隶释 [M]. 北京：中华书局，1985.
[83] 马总. 意林 [M]. 上海：上海商务印书馆，1939.
[84] 常璩. 华阳国志校补图注 [M]. 任乃强，校注. 上海：上海古籍出版社，1987.
[85] 王国维. 观堂集林 [M]. 北京：燕山出版社，1997.
[86] 吴承仕. 经典释文序录疏证 [M]. 北京：中华书局，1984.
[87] 吴宣德. 中国区域教育发展概论 [M]. 武汉：湖北教育出版社，2003.
[88] 萧统. 文选 [M]. 海荣，秦克，标校. 上海：上海古籍出版社，1980.

[89] 李文郑. 百家姓宗祠对联 [M]. 广州：暨南大学出版社，2015.
[90] 李肇. 唐国史补 [M]. 上海：上海古籍出版社，1979.
[91] 陈尚君. 全唐诗补编 [M]. 北京：中华书局，1992.
[92] 郑敬东，唐德正，等. 重庆古文化资源研究 [M]. 重庆：重庆出版社，2014.
[93] 刘禹锡. 刘禹锡集笺证 [M]. 上海：上海古籍出版社，1989.
[94] 宋大川. 唐代教育体制研究 [M]. 太原：山西教育出版社，1998.
[95] 柏世友，柳定祥，李健，等. 中国长江三峡大辞典 [M]. 长沙：湖北少年儿童出版社，1995.
[96] 张丰瑞. 成都社区教育课程建设指导性纲要 [M]. 北京：中国水利水电出版社，2012.
[97] 吴洪成，王培培，郭春晓. 重庆书院史 [M]. 北京：知识产权出版社，2017.
[98] 马积高，万光治，李生龙. 历代辞赋总汇：宋代卷 [M]. 长沙：湖南文艺出版社，2014.
[99] 薛新力. 巴渝古代要籍叙录 [M]. 郑州：中州古籍出版社，2008.
[100] 中共重庆市委宣传部. 重庆读本 [M]. 重庆：重庆出版社，2009.
[101] 王群生. 重庆历史名人典 [M]. 重庆：重庆出版社，2005.
[102] 王雷，谭发宝. 宋朝故事（青少版）[M]. 成都：天地出版社，2016.
[103] 彭官章. 土家族文化 [M]. 长春：吉林教育出版社，1991.
[104] 胡昭曦. 胡昭曦宋史论集 [M]. 重庆：西南师范大学出版社，1998.
[105] 贾志扬. 宋代科举 [M]. 台北：东大图书股份有限公司，1995.
[106] 苗春德. 宋代教育 [M]. 开封：河南大学出版社，1992.
[107] 张邦炜. 宋代政治文化史论 [M]. 北京：人民出版社，2005.
[108] 陈汉才. 中国古代教育选诗注 [M]. 济南：山东教育出版社，1985.
[109] 马培汶. 历史文化名人与涪陵 [M]. 重庆：重庆出版社，2006.
[110] 杨倩描. 宋代人物辞典 [M]. 保定：河北大学出版社，2015.
[111] 冉光海. 涪陵历史人物 [M]. 重庆：重庆出版社，2015.
[112] 黄庭坚. 黄庭坚全集辑校编年 [M]. 南昌：江西人民出版社，2011.
[113] 胡昭曦. 谯定、张栻与朱熹的学术联系 [M]. 长沙：岳麓书社，1993.
[114] 刘培. 北宋辞赋研究 [M]. 济南：山东人民出版社，2009.
[115] 蓝勇. 西南历史文化地理 [M]. 重庆：西南师范大学出版社，1997.
[116] 应竞丽，姜晓宇. 四川女性教育研究 [M]. 成都：四川大学出版社，2007.
[117] 谭继和，龙凤阳. 社会科学文选 [M]. 成都：成都出版社，1990.
[118] 四川省涪陵地区文化局. 涪陵地区书画名人录 [M]. 内部交流本，1986.
[119] 张光义. 学校文化建构与践行 [M]. 重庆：西南师范大学出版社，2015.
[120] 陶宏宽. 云阳风情录 [M]. 重庆：重庆出版社，2007.
[121] 王伟民，戴方华. 涪陵颂 [M]. 重庆：重庆出版社，2009.

[122] 周询. 蜀海丛谈［M］. 成都：巴蜀书社，1986.
[123] 毛晓阳. 清代科举宾兴史［M］. 武汉：华中师范大学出版社，2014.
[124] 重庆市文物局，重庆市移民局. 重庆·2001 三峡文物保护学术研讨会论文集［M］. 北京：科学出版社，2003.
[125] 吴涛. 巴渝文物古迹［M］. 重庆：重庆出版社，2004.
[126] 蒋华. 云踪［M］. 北京：团结出版社，2015.
[127] 中华人民共和国国家旅游局. 中国旅游景区景点大辞典［M］. 北京：中国旅游出版社，2007.
[128] 周永峰，周裕良. 同舟共济：长江流域的引航救助［M］. 武汉：长江出版社，2014.
[129] 林家义. 长寿区碑刻拓片选［M］. 重庆：重庆大学出版社，2016.
[130] 黄节厚. 乌江古代诗词译注［M］. 成都：四川人民出版社，1994.
[131] 中国曲艺志全国编辑委员会《中国曲艺志·云南卷》编辑委员会. 中国曲艺志·云南卷［M］. 北京：中国 ISBN 中心，2009.
[132] 孙震，吴杰. 教育学［M］. 长春：吉林教育出版社，1986.
[133] 马克思，恩格斯. 马克思恩格斯全集［M］. 北京：人民出版社，1965.
[134] 凌兴珍. 清末新政与教育转型：以清季四川师范教育为中心的研究［M］. 北京：人民出版社，2008.
[135] 民建重庆市委. 重庆工商史料［M］. 重庆：重庆出版社，1993.
[136] 刘吉西，李栋，等. 四川基督教［M］. 成都：巴蜀书社，1992.
[137] 李楚材. 帝国主义侵华教育史资料：教会教育［M］. 北京：教育科学出版社，1987.
[138] 张丽萍. 中西合冶：华西协合大学［M］. 成都：巴蜀书社，2013.
[139] 刘吉西，等. 四川基督教［M］. 成都：巴蜀书社，1992.
[140] 何晓夏，史静寰. 教会学校与中国教育近代化［M］. 广州：广东教育出版社，1996.
[141] 杨遵道，叶凤美. 清政权半殖民地化研究［M］. 北京：高等教育出版社，1993.
[142] 石胜福. 重庆宗教［M］. 重庆：重庆出版社，2000.
[143] 尹文涓. 基督教与中国近代中等教育［M］. 上海：上海人民出版社，2007.
[144] 黄新宪. 基督教教育与中国社会变迁［M］. 福州：福建教育出版社，2000.

## 地方志

[1] 常明，杨芳灿. 四川通志［M］. 刻本，1817（清嘉庆二十二年）.
[2] 庄定域. 彭水县志［M］. 刻本，1875（清光绪元年）.
[3]《彭水县志》编纂委员会. 彭水县志［M］. 成都：四川人民出版社，1998.
[4] 陶文彬. 彭水县志［M］. 刻本，1710（清康熙四十九年）.
[5] 韩清桂. 铜梁县志［M］. 刻本，1875（清光绪元年）.

[6]《铜梁县志》编修委员会. 铜梁县志(1911—1985)［M］. 重庆：重庆大学出版社，1991.
[7] 重庆市江北区教育局. 江北区教育志［M］. 内部交流本，1989.
[8] 宋灏，罗星. 綦江县志［M］. 刻本，1826（清道光六年）.
[9]《綦江县教育志》编辑组. 綦江县教育志［M］. 内部交流本，1985.
[10] 吴友篪，熊履青. 忠州直隶州志［M］. 刻本，1826（清道光六年）.
[11] 侯若源，庆徵. 忠州直隶州志［M］. 刻本，1873（清同治十二年）.
[12] 王鳞飞，等. 同治增修酉阳直隶州总志［M］. 成都：巴蜀书社，1992.
[13] 邵陆. 酉阳州志［M］. 成都：巴蜀书社，2010.
[14] 德恩. 道光涪州志［M］. 刻本，1845（清道光二十五年）.
[15] 曾受一. 江津县志［M］. 刻本，1768（清乾隆三十三年）.
[16] 徐鼎，杨彦青. 江津县志［M］. 增刻本，1804（清嘉庆九年）.
[17] 聂述文，等. 江津县志［M］. 刻本影印，1924（民国十三年）.
[18] 江津县地方志编辑委员会. 江津县志［M］. 成都：四川科学技术出版社，1995.
[19] 魏崧. 南川县志［M］. 刻本，清咸丰年间.
[20] 柳琅声. 重修南川县志［M］. 排印本，1926（民国十五年）.
[21] 曾秀翘. 奉节县志［M］. 刻本，1893（清光绪十九年）.
[22] 四川省奉节县志编纂委员会. 奉节县志［M］. 北京：方志出版社，1995.
[23] 杨鸾，秦觉，等. 云阳县志［M］. 刻本，1541（明嘉靖二十年）.
[24] 江锡麒. 云阳县志［M］. 刻本，1854（清咸丰四年）.
[25] 陈之良. 云阳县志［M］. 刻本，明嘉靖年间.
[26] 朱世镛，黄葆初，刘贞安. 云阳县志［M］. 铅印本，1935（民国二十四年）.
[27] 寇用平，陈锦堂，卢有徽. 璧山县志［M］. 刻本，1865（清同治四年）.
[28] 王玉鲸，张琴，范泰衡. 增修万县志［M］. 刻本，1866（清同治五年）.
[29] 南川县教育局. 南川县教育志［M］. 内部交流本，1987.
[30] 朱言诗. 梁山县志［M］. 刻本，1894（清光绪二十年）.
[31] 四川梁山县地方志编纂委员会. 梁山县志［M］. 北京：方志出版社，1995.
[32] 许曾荫，吴若枚. 永川县志［M］. 刻本，1894（清光绪二十年）.
[33]《永川县教育志》编写组. 永川县教育志［M］. 内部交流本，1993.
[34] 连山. 巫山县志［M］. 刻本，1893（清光绪十九年）.
[35] 张森楷. 民国新修合川县志［M］. 刻本，1921（民国十年）.
[36] 程业. 续修合州志［M］. 刻本，1878（清光绪四年）.
[37]《大足县志》编委会. 大足县志［M］. 北京：方志出版社，1997.
[38] 王德嘉. 大足县志［M］. 刻本，1877（清光绪三年）.
[39] 张澍，赵时，王松. 续修大足县志［M］. 刻本，1899（光绪二十五年）.

［40］文康．荣昌县志［M］．刻本，1884（清光绪十年）．

［41］张永熙．重修长寿县志［M］．刻本，1875（清光绪元年）．

［42］四川省长寿县教育局教育志办公室．长寿教育志［M］．内部交流本，1987．

［43］陈毅夫，等．长寿县志［M］．石印本，1928（民国十七年）．

［44］李鼎禧．长寿县志［M］．石印本，1928（民国十七年）．

［45］谢必铿，李柄灵．垫江县志［M］．刻本，1900（清光绪二十六年）．

［46］四川《垫江县志》编纂委员会．垫江县志［M］．成都：四川人民出版社，1993．

［47］《重庆教育志》编撰委员会．重庆教育志［M］．重庆：重庆出版社，2002．

［48］重庆市奉节县教育委员会．奉节县教育志［M］．内部交流本，1998．

［49］万县市教育委员会．万县地区教育志［M］．重庆：重庆出版社，1997．

［50］刘绍文，洪锡畴．城口厅志［M］．刻本，1844（清道光二十四年）．

［51］王寿松．秀山县志［M］．刻本，1892（清光绪十八年）．

［52］《重庆市市中区教育志》编纂委员会．重庆市市中区教育志［M］．成都：四川文艺出版社，1993．

［53］李肇奎，等．开县志［M］．刊本，1853（清咸丰三年）．

［54］四川《开县志》编纂委员会．开县志［M］．成都：四川大学出版社，1990．

［55］《绵阳市志》编纂委员会．绵阳市志（1840—2000）［M］．成都：四川人民出版社，2007．

［56］高维岳．大宁县志［M］．刻本，1885（清光绪十一年）．

［57］张九章．黔江县志［M］．刻本，1894（清光绪二十年）．

［58］王槐龄．补辑石柱厅志［M］．刻本，1842（清道光二十二年）．

［59］刘芳声．合州志．刻本，1579（明万历七年）．

［60］江朝宗．重庆郡志［M］．刻本，明成化年间．

［61］王梦庚，寇宗．［道光］重庆府志［M］．刻本，1843（清道光二十三年）．

［62］张文耀，邹廷彦．重庆府志［M］．刻本，明万历年间．

［63］朱锡谷．巴县志［M］．刻本，1833（清道光十三年）．

［64］王尔鉴．巴县志［M］．刻本，1761（清乾隆二十六年）．

［65］朱之洪，等．民国巴县志［M］．成都：巴蜀书社，1992．

［66］向楚．巴县志选注［M］．重庆：重庆出版社，1989．

［67］罗国钧．巴县志［M］．刻本，1939（民国二十八年）．

［68］《忠县志》编纂委员会．忠县志［M］．成都：四川辞书出版社，1994．

［69］四川省忠县教育委员会．忠县教育志（1840—1989）［M］．内部交流本，1993．

［70］吕绍衣，等．重修涪州志［M］．刻本，1869（清同治八年）．

［71］王鉴清．涪陵县续修涪州志［M］．影印本，1928（民国十七年）．

[72] 重庆市地方志编纂委员会. 重庆市志 [M]. 重庆：西南师范大学出版社，2004.
[73] 重庆市作家协会. 重庆市志：文学志 [M]. 重庆：西南师范大学出版社，2013.
[74] 重庆市渝中区人民政府地方志编纂委员会. 重庆市市中区志 [M]. 重庆：重庆出版社，1997.
[75] 吴潜，傅汝舟. 夔州府志 [M] //天一阁藏明代方志选刊. 上海：上海书店出版社，1961.
[76] 恩成. 夔州府志 [M]. 刻本，1827（清道光七年）.
[77] 田秀栗，徐浚镛. 丰都县志 [M]. 刻本，1893（清光绪十九年）.
[78] 秀山县教育委员会. 秀山土家族苗族自治县教育志 [M]. 内部交流本，1992.
[79] 江北县县志编纂委员会. 江北县志稿（溯源—1949）[M]. 内部交流本，2015.
[80] 丰都县教育局. 丰都县教育志 [M]. 内部交流本，1989.
[81] 福珠朗阿，宋煊，黄云衢. 江北厅志 [M]. 刻本，1844（清道光二十四年）.
[82]《石柱县志》编纂委员会. 石柱县志 [M]. 成都：四川辞书出版社，1994：488.
[83]《重庆市财政志》编纂委员会. 重庆市财政志 [M]. 成都：成都科技大学出版社，1995：45.
[84] 政协璧山县委员会学习文史委员会. 璧山文史资料：第二十一辑 [M]. 内部交流本，2008.
[85] 中国人民政治协商会议酉阳土家族苗族自治县委员会，酉阳土家族苗族自治县县志编纂委员会. 酉阳文史资料选辑：第五辑 [M]. 内部交流本，1985.
[86] 政协重庆市南岸区委员会文史资料研究委员会. 重庆南岸文史资料：第 3 辑 [M]. 内部交流本，1987.
[87] 政协四川省奉节县委员会文史资料委员会. 奉节文史资料选辑：第 5 辑 [M]. 内部交流本，1995.
[88] 四川省政协文史资料委员会. 四川文史资料集萃：第 4 卷 文化教育科学编 [M]. 成都：四川人民出版社，1996.

## 报纸杂志

[1] 梅际郇. 说渝报 [N]. 渝报，1897（1）.
[2] 佚名. 奏牍 [N]. 广益丛报，1908（28－29）.
[3] 佚名. 新闻 [N]. 四川官报，1905（20）.
[4] 佚名. 新闻 [N]. 四川官报，1904.
[5]《广益丛报》第 2 年第 28、29 合刊“奏牍”，1940.
[6]《教育杂志》第 3 年第 6 期，“纪事”，1911.
[7]《直隶教育杂志》第 1 卷第 3 期，1904.

[8] 宋育人. 渝报 [N], 1897 (9).
[9] 杨庶堪, 朱必谦. 教育附录 [N]. 广益丛报, 1902 (9).
[10]《光绪三十三京外学务一览表》,《蜀报》第1年第4期, “记事”, 1907.
[11] 具奏四川实业学堂办法章程折 [J]. 商务官报, 1908 (1).
[12] 杜亚泉, 胡愈之. 各省教育汇志 [J]. 东方杂志, 1904 (5): 123.
[13] 杜亚泉, 胡愈之. 杂俎 [J]. 东方杂志, 1906 (2): 20.

## 期刊论文

[1] 周兴茂. 三峡文化、巴文化与土家文化 [J]. 重庆三峡学院学报, 2001 (3).
[2] 李明斌. 巴蜀铜兵器上虎纹与巴族 [J]. 四川文物, 1992 (2).
[3] 蒙文通. 略论《山海经》的写作时代及其产生地域 [M] //中华文史论丛 (第一辑). 北京: 中华书局, 1962.
[4] 徐中舒. 四川涪陵小田溪出土的虎钮錞于 [J]. 文物, 1974 (5).
[5] 段渝. 涪陵小田溪巴王墓新证 [M] //李绍明, 等. 巴蜀历史·民族·考古·文化. 成都: 巴蜀书社, 1991: 269-283.
[6] 卜然然. 汉代地方官学的教师设置 [J]. 教育学报, 2007 (5): 87-88.
[7] 张邦炜. 唐代学校的盛衰 [J]. 四川师院学报 (社科版), 1985 (2).
[8] 湛玉书, 李良品. 乌江流域土家族地区土司时期教育的类型、特点及影响 [J]. 教育评论, 2006 (1): 92.
[9] 袁征. 宋代学校教学内容的变化与理学统治地位的确立 [J]. 教育评论, 1991 (5).
[10] 肖忠华. 宋代人才的地域分布及其规律 [J]. 中国历史地理论丛, 1993 (3).
[11] 缪进鸿. 长江三角洲与其它地区人才比较研究 [J]. 中国东南地区人才问题国际学术研讨会论文集. 杭州: 浙江大学出版社, 1993.
[12] 杨金鑫. 程朱理学与书院 [J]. 哲学与文化 (台湾), 1990 (6).
[13] 田敏. 论明初土家族土司的归附与朱元璋“以原官授” [J]. 贵州民族研究, 2000 (3).
[14] 吴洪成, 蔡晓莉. 明代重庆官学述评 [J]. 河北广播电视大学学报, 2018 (4).
[15] 毛小阳. 清代宾兴礼考述 [J]. 清史研究, 2007 (3).
[16] 闻洁. 塾师经济待遇初探 [J]. 教育与经济, 2000 (3).
[17] 吴洪成, 蔡晓莉. 清代前期重庆官学述评 [J]. 河北科技师范学院学报 (社会科学版), 2019 (3).
[18] 吴洪成, 彭泽平. 自学辅导法在近代中国的实验 [J]. 课程·教材·教法, 1998 (4/5).
[19] 许增纮, 潘洵. 川东师范学堂与西南师范学院的组建 [J]. 西南师范大学学报 (人

文社会科学版)，2005 (3)：129－133.
[20] 应星. 废科举、兴学堂与中国近代社会的转型 [J]. 战略与管理，1997 (2).
[21] 关荣华. 四川苗族教育研究 [J]. 西南民族学院学报 (哲社版)，1992 (5).

## 学位论文

[1] 吴小玮. 中国古代学规研究 [D]. 上海：华东师范大学，2010.
[2] 范雪银. 汉代巴蜀地区私学教育研究 [D]. 成都：四川师范大学，2014.
[3] 蔡晓莉. 清代重庆官学研究 [D]. 保定：河北大学，2019.

# 附录　重庆古代学校文献选介

这部分文献素材搜求、整理及点校十分费心劳神，对充实古代中国学校资源有裨益。有些点校篇目非常难以把握，勉力为之，诚惶诚恐。附录于此，希冀有助充实、呼应前面正文内容或论据，也可为后续探讨或有兴趣者提供帮助。以下分列几部分，其中以官学及围绕学校而设的科举相关篇章为主。

## 一、官学

### 兴学设教散议

［西晋］虞溥

稍迁公车司马令，除鄱阳内史。大修庠序，广招学徒，移告属县曰："学所以定情理性而积众善者也。情定于内而行成于外，积善于心而名显于教，故中人之性随教而移，善积则习与性成。唐虞之时，皆比屋而可封，及其废也，而云可诛，岂非化以成俗，教移人心者哉！自汉氏失御，天下分崩，江表寇隔，久替王教，庠序之训，废而莫修。今四海一统，万里同轨，熙熙兆庶，咸体息乎太和之中，宜崇尚道素，广开学业，以赞协时雍，光扬盛化。"乃具为条制。于是至者七百余人。溥乃作诰以奖训之，曰：文学诸生皆冠带之流，年盛志美，始涉学庭，讲修典训，此大成之业，立德之基也。夫圣人之道淡而寡味，故始学者不好也。及至期月，所观弥博，所习弥多，日闻所不闻，日见所不见，然后心开意朗，敬业乐群，忽然不觉大化之陶己，至道之入神也。故学之染人，甚于丹青。丹青吾见其久而渝矣，未见久学而渝者也。

夫工人之染，先修其质，后事其色，质修色积，而染工毕矣。学亦有质，孝悌忠信是也。君子内正其心，外修其行，行有余力，则以学文，文质彬彬，然后为德。夫学者不患才不及，而患志不立，故曰希骥之马，亦骥之乘，希颜之徒，亦颜之伦也。又曰锲而舍之，朽木不知；锲而不舍，金石可亏。斯非其效乎！……

时祭酒求更起屋行礼，溥曰："君子行礼，无常处也，故孔子射于矍相之圃，而行礼于大树之下，况今学庭庠序，高堂显敞乎！"

注：此处标题为笔者据内容拟定。

资料来源：房玄龄，等. 晋书：卷八十二 列传第五十二 虞溥［M］. 北京：中华书局，1974：2139－2141.

## 汉巴郡太守樊敏碑跋

［南宋］赵明诚

右汉巴郡太守樊君碑云：君讳敏，字叔达。肇祖虙戏，遗苗后稷，为尧种树，舍漆徙岐，天顾亶父，乃萌昌发。周室衰微，云伯匡弼，晋为韩魏，鲁分为扬，充曜封邑，厥土河东，树汉之际，或居于楚，或集于梁，君缵其绪，华南西疆，又云总角好学，治谷氏经，贯究道度，无文不睹。于是国君备礼招请，濯冕题舆，杰立忠謇，有夷史之直，卓密之风，乡党见归，察孝除郎、永昌长史、迁宕渠令。大将军卒。光和之末，京师扰攘，雄狐绥绥，冠履同囊，封袂长驱，卑走枕北。国复重察，辞病不就。再奉朝聘，七辟外台，常为治中诸部从事，又云，季世不祥，米巫凶虐，奸狡并起，陷附者众，君执一心，赖无污耻，复辟司徒，道辞不往。牧伯刘公，表授巴郡，以助义都尉养疾闾里，又辟奋义校尉，八十有四，岁在协洽，纪验期臻，奄✍藏形。其后有铭，最后题建安十年二月上旬造。他汉碑类多刓缺，而此碑独首尾完好，故载其大略于此，所谓米巫凶虐者，谓张角也。

资料来源：王尔鉴. 巴县志：卷十四 艺文志［M］. 刻本，1761（清乾隆二十六年）.

## 汉初学记

［宋］张唐英

仁宗皇帝，庆历中，尝以三代之盛，百工庶，尹皆有经，常法度之教，以揉治民奇邪之性，使趋于粹美。此由其道，素行于庠序，而后施于朝廷，故推有本源而无末流之弊，于是诏建学于天下，以观淘治之污而使之洁清，铲道之驳而使之醇一。当是之时，老辈晚生相与勉慕，不荒不嬉，渐捐去僻丽之习，而熏灼乎彬郁之文。未逾年，献议者以为法令之明，戎武之厉，吏事之干，此足以知天下。彼诗书礼乐，但外为藻绘，非理世急务，于是弦诵之声，复寂寞而无闻，是不知三者虽于治不可缺，然不可颛用以治天下。傥颛而行之，则尧舜之仁不及商鞅之法，汤禹之教不及孙武之术用，孔子之道不及李斯之智，是用刀锯戈矛簿书，期会以待天下之士，此岂享国久远之谋哉？盖虎视之君，拔本障原，任已速亡之术也。为郡县者，诚能兴之于已废之后，此岂不谓之适要哉！合州汉初旧无学舍，有破屋数间，以为孔子庙。地势卑下，岁常有江水涨浸之患。治平二年冬，进士冯元崇率邑之儒衣冠者，各办材甓工役之费，易福源僧院之隙地，重建孔子殿及创学斋四十间，以为师生肄业之所。县令王周卿实董其事，县尉冉和以俸给二十万为彩绘之用。君子谓是役也，既得劝学尊道之要，又合仁宗庆历诏书之意。学者诚能日于其中，讲究六经之旨，以及于九流百工而求其治心正身化民成俗之道。予将见汉初之俗，齐鲁如也，岂徒土木之工，以市好事之名哉！

资料来源：常明，杨芳灿．四川通志：卷七十八 学校志三［M］．刻本，1817（清嘉庆二十三年）．

## 合州学宫记

［宋］刘象功

周衰道丧，不绝者熄，禽贼兽搏日以穷敝，天恶其乱遂生。夫子以救先王之道，凿聩破盲，雷奋蛰启，天下以醒。是时，周室不王，诸国不侯，河吞溃震，荡泱寥廓，霸者迭兴，惟力之角。而皇帝王之道湮塞芜没，孰为道德仁义，礼乐忠信，教化政刑者耶？故皇皇汲汲明其所为，君君臣臣，父父子子，兄兄弟弟，夫夫妇妇之道，以教天下尊卑秩然，乃知其忠孝慈顺，恺悌辑睦之义。后世治身治家治国治天下者，莫不由是而出也。斯所谓夫子之道，古之人穴处茹毛饥瘠以死，神农黄帝粒食宫室以教之，洪水既昏（浑），鱼化而鳖溺，舜禹平治以生之。海内黩兵，君亲失序，夫子礼义以化之，是与数君德均而力齐，道同而义合，故历代尊奉。自京师达于州县，皆有庙貌，祀以王礼，颜曾思孟皆有封爵，七十子皆绘像而从祀。荀况、扬雄、王通、韩愈实传圣人之道，皆不遗焉。朝廷之礼备矣，后之学圣人者不然，蘧庐而进，代不绝人。及其刺一州，令一县，则春秋祭献之礼虽存，而尊奉之意殊缺。甚者，至于墙屋颓圮，豢牧媟嫚之不禁，徒能严服庄重过门而弗顾。噫！蹈道服儒而叛其本，于教若何？先儒所谓食毋合腴者是人哉？不若黄老浮屠非，学不忘其本。建治塔庙金碧骇目，朝夕礼敬，事之如生。虽穷山僻野，皆其党人。不知其岁千万数，而吾夫自之门无其一二。睹之愧缩，有如合之向学乐善，识其本源在景祐中。郡将徐公建学于大江之南，夏秋涨溢水在山杪，高波凌虚，覆舟溺人，学者退而无归，以是病者，五十年于兹矣。夫众志未判，则必有智谋，事当改作，则必有开论。石照令杨君廷杰心术素高，境土称治，当余暇日，与众决之议者，咸协得地塽垲于治之西南隅。于是，度材于果阆二州，浮江而至，皆无取于旧学，署之而已。乃相地广袤，隄水堑荒，以门以垣，殿于正阳，为夫子像，四公十哲居其左右，其壁内外从绘诸子。

资料来源：常明，杨芳灿．四川通志：卷七十八 学校志三［M］．刻本，1817（清嘉庆二十三年）．

## 夔州府修学记

［宋］蒲宗孟

夫茫昧窈渺，浮于空虚，运于两间，充轫于万类而不息者，天地之气。气有逆顺，然而其施于物也，无厚薄。光明盛大，横于古今，亘于日月，笼络于万世而不绝者，孔子之教。教有兴废，然而其被于人也，无远近，无厚薄，而百谷之生有不齐焉者，过在播植之人，非气之异也。教无远近，而四方之学有不同焉者，失在倡劝之人，非教之弊也。枯原瘠野可使为丰壤，耜锄之不勤，辟垦之不工，地虽美，求其茨粱之收，嬉戏孺子皆知其不可。礼义之不修，忠信之不行，人虽材，求其圣贤之归，委巷小人皆知其不能。告于人曰："地不足植而不耕，是弃其地也。"告于人曰："人不足治而不教，是弃其人也。"弃地者将引而入于饥寒；弃人者将引而使为禽兽。饥寒至，禽兽之性发，何所不有。

令四方学，可谓至盛，而持其术者，可谓不弃其人矣。然犹教化之所洽，风俗之所尚，与其讲磨养育之具，独完于京师，浸渍于齐鲁闽益，而盛大于吴越。惟夔为西南之陋，当天下学者翕然向劝之时，此邦之人尚不识书生。庆历诏郡县立学，令龙图阁直学士庐江何公郯为郡别乘，始能用文章理道感悟其俗。于是人渐知读书，逮十余年方有进士，后又有以进士得科名者。庐江公既去，历二十载传至于今，秀民稍稍辈出而为之倡者，待其人尚如枯埇，而耜锄辟凿之不复加，故穷岁月更寒暑，终莫能丰乎所获。

治平三年，兵部郎中，吴兴陈公由三司判官，出领本路转运使，入境之日，悒然伤孔子之教不大被于一方，乃下令风动诸郡，使其守长招辑学子，以德义错磨其人。守长承命，虔不敢懈，各饬僚吏以施教诲。夔州刺史长沙贾侯率先诸郡整治，序宇完坏补缺，设为规程，郡之人喜闻而乐从，日谋于其家，告于其父兄，奔走入学。惟恐后时而不得群于其间。既至，服勤诗书，出入时，又谋于其友，告于其子弟，率德励行，耻其身之不尊，名之不高，而孝父忠君之说不闻于耳。日夜讲解，疲不知倦，四远之人，执业而就学者，交足在境。

学既盛，诸生以孔子之庙庳隘毁坠，阶不容立，堂不容处。奠献之际，设席无地，宿燎无所，又谋于其乡，告于其常所往来，而闻于郡曰："污宫败室，安足为孔子之所居，而称吾陈公所以尊事圣人之意耶，愿输财以新之。"是年冬，孔子四十六世孙以尚书员外郎来为转运判官，乐陈公之不鄙，摈其人能均齐人之教，剔刮愚聩不以远近为闻，使皆议忠信，守仁义，以自治也。欢然叶力以终，厥事又以其家之庙像及冕服之制，合颜渊而下衣冠之饰，授其刺史贾侯。

明年二月，贾侯相址择吉，率其属日从事于朝廷，亲畀匠，指俾营俾构官工私庸杂作众治，六月，庙乃成。丰宇广厦，明敞廓大，中严孔子之座，冕旒服章，悉用本庙之制，而颜渊以下，从燕居之仪，翼侍左右，并图周汉以来及唐之大儒二十余人于壁间。笾豆罍樽，尽易去旧器，使就洁严。

诸生将考于新宫，又谋于其徒，告于其长，有请于学官曰："始者入于学，惧无以承陈公之赐，故群趋而朋来，既就讲肆，又恐无以谢陈公之教，故勤行而力修。术业既专，又嗟无以充陈公尊德事圣之意，故率财以为庙，今庙成而无传，诸生不任其责，责在学官，学官当有以施其职也。"宗孟曰："然，是诚学官之所宜为。昔者，鲁作泮宫，邦人是歌，郧侯修庙，韩公有诗。宗孟典领学事，实司文词。"其初其卒又皆与诸生游咏其间，敢拜稽首，刻诗庙碑。诗曰：

夔于西南，有国自昔，人罕诗书，士罕逢掖，谁为丰腴，独此境瘠，简简陈公。初顾嗟蹙，曰：人则然，其聩可剔，教无远折，人自损益，岂不在我。示以标的，使之得涂，安往不适。下令诸都，风动邦伯，庶邦守长，虔命踧踖。夔实有府庠、序，先辟。方疏渊源，灌溉枯胍，旋不逾时，芃芃其稷，既获既耕，乃渐有获。公日来观，骢马白额，旗旐筏筏，紫绶缥舄，温润其音，以勉其画。杠梁其湍，以拯其溺，与之酬揖，升降同席。与之坐起，左右接膝，匪弃伊教，咸乐亲炙，四远承风，笈负坟籍、争来于夔。奔走交迹，人侈公惠，衎衎晨夕，相视庙貌，毁坠颓突，曰：吾圣人是岂来宅，辇财输金，愿就更革。吉日辛卯，爰始斯役，众工勤事，不待绳迫，众板勤椓，其均历历、檐阿斯翚，棱廉斯戟，像貌有严，堂涂有赫，是奠是享，神降无射。公来在庙，礼容庄惕；公来在泮，笑语悦怿；克明克嘉，有警陋僻。凡公之仁，浸渍洒涤，孰为父兄？不舞公泽，邦人孔怀，惧或沦失，学官宗孟，实任斯责。作诗记始，以镂金石。

资料来源：常明，杨芳灿. 四川通志：卷七十八 学校志三［M］. 刻本，1817（清嘉庆二十三年）.

## 夔州府重建州学记

［宋］徐粹中

世无不可成之材，亦无不可善之俗。舄卤之地可使为良畴，九夷之陋可使为洙泗。其以为难者，亦诚有所未至焉耳。唯天下之至诚为能成天下之化，天地之化育可赞也。况于人乎？君子之于天下也，不患材之不成，俗之不善，患吾之诚或有未至。是以无所不用其诚，亦无往而不化。夔之有学，本末载于旧记，岁久屋老，常有震陵之忧。绍兴二十三年，有吴兴沈公自宗伯翰苑均逸候藩，由东蜀移镇于夔。会夏大水，屋被漂垫，公命相土更筑于旧学之北，得高明爽垲之地，并其庙迁焉。横经有堂，肄业有舍，藏书有阁，膳馐有所，背山面江，庙居其中。肇工于秋九月，戊申告成，于明年夏五月辛巳，总百三十四楹，有来群士，其至如归，相率抠衣，愿识其实。梓中常读《易》之观曰观盥而不荐，有孚永若且盥而不荐者，为化之诚也，有孚永若下观而化之诚也，是以为彖辞则曰圣人，以神道设教而天下服，为爻辞则曰观国之光。利用宾于王于戏公之化于夔，诚既至矣，诸生其勉之。异时观光上国，进用于朝，人知劝勉，相率以从善，浸浸乎入于邹鲁之化，孰不曰自今日始，谨拜手而为之颂。曰：夔之为州，介于巴楚，民生其间，鱼盐商贾。庆历治平始为黉序。迨夫崇观俊，造接武，我皇中兴，嗣复疆土，阐扬文教，增光烈祖，建侯作屏，以绥以抚。二十七年，禁从分虎，政未及施，劝化庠序来相其居，榱椽败腐，顾将新之，候时而举会。夏，大水漫为洲渚，卜筑维新，奂轮有度，民初垫溺，未遑安堵。公命赈之，爰发仓庾，泮宫之修，子来乐胥日者，夜郎称兵，啸聚三岁，兴戎未免攻取泮宫，既作囚执，为虏鸱鸮革心，好厥音吐。在昔僖公修泮，东鲁爰服，淮夷颂声鼓舞。今也沈公尊道学古，乐育人材，不问淳卤，达以至诚，化如时雨，乃会其人，乃丰其贮，士不家食，于焉游处，匪命匪携，率规蹈矩，利用宾王，陵我鸿羽，岂不自公肇开义府？昔者孟轲圣道是辅，韩愈称之功不下禹。粹中于公亦云斯语。绍兴二十四年八月初一日谨记。

资料来源：常明，杨芳灿. 四川通志：卷七十八 学校志三［M］. 刻本，1817（清嘉庆二十二年）.

## 永川重修学记

（嘉定间邑人）李涛

岁在戊辰，涛被县檄，更新学宫，亟欲搜访建学者名氏，乃得嘉祐间江阳尉蒲宗孟。石刻内载邑令宋太始作夫子庙时固未有学也，盖名贤碑碣唯蒲记仅存，以故其他皆莫能考。庚辰冬，锦官侯望之以行台剡辟属，宰是邦，才视策首，谒先圣先师，建两序斋室，严督语诸生曰：向曾大夫宗丞令永川，曰县未有学，实宗丞创之。闻者但唯唯，初未以为信，后数日复出永兴道，宪使李降所志宗丞墓铭，下教诸生，其辞有曰：元丰中为小溪尉，移令永川。邑人未知学，公为辟黉馆，命他郡文学之士为之师。诸生荏涌至此，幡然感叹，相与言曰：吾鄙弟子知游于斯，息于斯，岂知兴学所自耶？于是即学宫，合力建祠，永世不忘。涛，邑人也，既深喜诸生不背本，且勉之曰：背文翁起学宫，高朕创礼殿。厥后蜀人以石龛，其历千百年，配吾夫子春秋祭享。前宋太立庙似与高朕同，犹托蒲公一记以传不朽。若夫使吾党有肄习之所者，宗丞也。使不薄俗而家诗户书者，宗丞也。自元丰迄嘉定，百余载间，文物转盛而荐第举不乏人者，亦宗丞往岁辟黉馆有以兆之也。回视文翁化蜀，异世一辙，当时岂无去思？如蜀人所以待文翁者，今不幸遗远矣。祠其可已乎？涛旧常于东西序，后祀下增筑两轩，一则绘时贵寿像，其一向虚尘。顾宗丞幸惠吾党者必此尤，宜表而出之。因属诸生别置宗丞祠于虚轩与时贵像对峙。旦刊志铭于祠之右，俾来者过斯轩，三复斯文，皆知有所依据，则宗丞之祠愈铭而愈知，守护与此学，相为无穷可也，猗与休哉！梁候竭来践世职，听夕徜徉于宗丞棠荫之下，又能继宗丞之志，抚字之余，一以学宫为念，矧诸台阁，好音高播。吾党之士孰不愿肖形以寿侯，远大镵石以纪仆德政，尚需奏纛。至乃庖厨有所器用，有库且又造祭脉，严祀事，旷世堕典，井井条陈。于戏！墙仞峥嵘，冕旒穆清，后背朔阴，前向离明，文笔不容不焕也。龙旋虎转，桂岭光现，下瞰碧溪，前临翠献，英灵所从而发也。果见工役甫竟，土风鼎兴，鼓箧鳢堂，蜚英扮社，异才间出，累举联翩如何？如梁如张等辈，迭冠鹗章，若章若景，奏名联题，雁塔佥谓嗣此校验，将见有加无已，非归之鼎新学宫不可也，虽然系谁之力欤？大抵事有本末，效有迟速，经曰：君子务本。吾夫子以为学之首篇，则自学之外皆末也。世未有舍六经而治人，未有舍六经而学。夏侯胜曰：士苟明六经，拾芥青紫。愚则曰：苟务其本，迟速必效。吾夫子载道于经，为万事纲常之宗主，为士者可忘本哉？论至于是，则李君独力更创之功大，而根本之论，百世不磨矣。虽然文翁建学碑记，其得子产乡校传述其美，彼以其势以其位则成祟也。易不以其势不以其位，功以齐而力信之。宜大书特书，且图其像于诸时贵之右，以示不忘。

资料来源：江朝宗. 重庆郡志［M］. 刻本，明成化年间.

## 鼎新学宫记

（嘉定间通直郎通判永康军）李延智

学校，化民成俗之本，王政所由兴也。三代盛时，校庠序之设以之立制垂宪，未尝一日无教。逮及叔世郑国不修子侨之刺作，而后贤之颂兴，则乡校系于一国者如此。圣道显晦虽不在是，而王政善否，实由是而分焉；自两汉以降，而李唐之时用科目取士，学实兴世，变相为盛衰。育才官人之法，视古大不侔。今郡邑得兴学，自仁宗二十三年诏延于徽宗宣和之末舍法罢休。高宗驻碑南渡之后，贤最还朝之日，祠宗丞以先之，特为学校设耳。宗丞，讳成，字子中，既冠而登科，积官至宗正寺丞。才五十而谢仕，其刚正节义，阅志即得之，兹不赘述。

资料来源：江朝宗. 重庆郡志［M］. 刻本，明成化年间.

## 创学绘像记

（嘉定间邑人）罗文

一掌运力，可湮江河；万牛回首，推起大厦。天下唯非常之才，能辟非常之事，唯博物之士能成创物之功：自得于天而参以人，不在乎势而在乎智，此李公更创学宫之大致也。按韩文，天下通祀，独唯夫子。天子以下，北面拜跪，以故夫子庙在，在必南向。吾乡学宫，旧制独不然。夫子殿基位不正南，有乖乎北面荐祭之礼。殿内十哲，迫近圣容，壁外先贤昔里而之，有乖乎日配日从之义。门屋瘴陋，廊庑迫促，讲堂湫隘，局落不明，风摧雨破，柱折瓦解，填漏支倾，百补千败，噫辩方正，位用礼所，先设庠化邑，汉史所重，而猥琐若此，风教何赖？当是时，间有议，及更创则四顾浩瀚，以谓不特一室一庑，人皆难之，阳春白雪，附和者寡，大章之作，有待一夔而已。李君庆源，其先以学起家，久欲改卜会。邑令燕公德裕从学职之请，以此诿之，君慨然曰：家塾党庠，其教一也，奚敢辞？于是退而规画瓦、金、谷，用度欲不及，众亦不尽仰给于官，秋毫以上，皆自经营。方转殿之日，抚掌一呼，众夫云集，匠石不劳，风斤不运，力扶一正，神动天随。朝北面南，而方位遂正。乌获之力，贲育之勇，无以过也。遂乃撤开四壁，以广殿庭，先哲退座，而配飨之礼严别，创从祀先贤峨冠而从圣之容肃。前敞地基而建文昌楼，后凿通渠则创明道堂，左垦关，环构堂庑，廊腰蘑牙，翚飞凤关。辟雍公，养造士，率循故常。比年以来，所谓学校，类皆为礼存庠，不过以吾夫子与社稷为天下通祀。凡守令告至终、更春秋舍奠朔望肃楫之所而已，奚暇问其他日，郡文学例当外道馆阁之职，为养资望，改京秩之计。虽都府名藩，月书季考，率皆文兴，则党庠遂序，其气象可想矣。昌之永川，环邑皆山，厥壤沃野，虽崇岗峻岭，皆可耕鉴。禾麻菽麦，杭稻之饶，他郡仰以足食。风俗朴茂，知孝弟力田，乖于机巧趋利，无游手逐末，囊橐其开。桂子一山，钟英毓翠。人物荐弟相望，士类犹病其功业不大震耀于世，归咎学宫议新之。会郡太守司门王公驹庄官之初，留神学校，且重葺三华楼，以幸惠吾属，故上作下应。邑令燕公德裕亦锐情改作，以遂士子之请。县尉簧公震、酒正刘公墩义举宁州学宫，南向之验以赞其谋。摄簿正赵公潭经营之廉；邑事李公鸣复作成之。因拓故基，裨益高旷，由礼考义，植表正位，素玉广殿，取离南向高瓷。巨栋垂阿，步詹屹如也。前为三门，中架重屋，阶序宏大，严如也。增讲堂之挟抚，分肄业之斋庐，旁建两厅，左右两序，翼如也。库帑庖厨，莫不有所縻钱，万绵粮伍拾斤有奇。予蛭湃首，斥伍百缗、谷百斤以兴役，且始终董其事。学职冯仲寅继亦师其徒，捐俸以作用度。郭艮成又辟所居之地以益其基，于是一邑之士始翕然影从。工役因顿以济，经始于戊辰十月，落成于己巳十月。工既讫事，宫廷严肃，耽耽隆隆，百里善类，骈集佥谓，蓄月以来，未尝观此巨丽也。懈以书来，丐闻其事，于石延智，唯先大父自终南宦游入蜀，先君客是邑，因家焉，智生于斯，长于斯，流落不能保桑梓，恭承科诏，移送外铨。籍古戎户籍，窃弟太常不与乡人题名，念之弗能无恝然。今诸君增饰儒宫，悉革旧制，乃碑记名于其间，顾不讳欤？遂不敢辞，以记其事。尝考之周官，古者建国，辨方正位，审曲面，执国中，九经九纬，经涂九轨。经者，所以立本；纬者，所以成人。东西为经，南北为纬，犹织正机而经南北。故君子将营宫室，无不谨其所向。公刘作邑，必相其阴阳以奠民之攸居；卫公成楚丘，必定之方中以取正。是以化行而俗美，岂偶然哉？矧今三门与文明诸峰相植而争长雄焉，殆所谓景山与京，其吉可知矣。《诗》曰：涎后稷之稼，有相之道。盖天人之理，山川之胜，有待而后发。人杰地灵，得时而后兴。吾党之士，至今既得藏修游息之所，宜父诏其子，兄诱其弟，修其孝弟忠信，明于礼乐刑政，使异时举而措诸事业者，无非经邦用世之学。涵养器识，进修不倦，俾出应时需者，无非公卿辅相之望，以无负贤守令而下兴崇易置之意，则洙泗之风，尚可复见于今日。若日既得而患失，始勤而终怠，譬如为山未成，一篑而止；掘井九仞，而不及泉，使名教之地讫为虚器，以贻孔门羞，非延智之所敢知也。

资料来源：江朝宗．重庆郡志［M］．刻本，明成化年间．

## 南川县儒学

儒学在县治西。国朝洪武初知县程光道建，岁久倾颓，正统及今，知县董端、刘斐相继修葺。前为大成殿，东西庑戟门、棂星门，后为明伦堂，东西斋会馔堂。学之前为射圃，其侧为文昌祠，置官教谕一员，训导二员，廪增生员四十名，吏一名。宋延柘戊午权教谕耆儒韦宜孙撰旧学碑，记曰："南平军，今之南川，古之隆化也。全盛之时，僻处南方兵戈之所，未到四方文物之士。避难者众，习俗渐染，家诗户书，遂称文物之邦。任于此者，皆名公巨卿、当世豪杰，三岁大比，举不乏人。如赵南畴先生父子、韦叔正叔侄父子、张商望等辈皆自科目出，中间亦有著述流传于世，皆学校涵养人才之所由致也。戊午兵火后，正殿隳废，讲堂倾圮，旦望诸儒，行香春秋，二丁报本，官儒陪班并无驻足之地，识者寒心。自圣朝混一以来，路府州县，莫不以建学为第一事，累事是邑之政者因循苟且，一日必葺者难其人。中牟薛麟承事，顾瞻旧基，恻然动念，奖诸儒。令尹马廷下车之初，不忍坐视，首以学校为重，上能体圣天子崇儒重道之美意，下合同僚主簿董曼撰率诸儒能继承旧令尹之政，先圣十哲，革故鼎新，文风丕振，三年之间，户口增，狱讼简，盗贼化为君子，愁叹转为讴歌。非贤令尹之政，感召何以臻此？耆老人等举留于本路，乞转闻于省台，宜孙等忝为学掾，目击盛事，岂容缄墨，遂为之记。"

资料来源：江朝宗．重庆郡志［M］．刻本，明成化年间．

## 修学记

杨先韩

致和元年进士杨先韩撰《修学记》曰："三代之学，皆所以明人伦也。人伦明于上，小民亲于下，则学校之设，非专为儒流也。"《诗》云："天生蒸民，有物有则，民之秉彝，好是懿德。"人之秉彝好德之心，则皆有君臣、父子、夫妇、朋友、长幼之伦，然非在上者建学立教，有以明之。使知人之所以为人异于禽兽者，在此则亦安能循理尽分，知有义、有亲、有别、有信、有序之不可一日无者哉！是以成周盛时，人自童蒙，朝夕恒受教于家塾，比其少长迁之党庠，迨其成才进之，乡序、乡大夫、乡老为之师，三年大比，则考其德行、道艺，献其书于王，王拜受之，登于天府，谓之造士。夫以一万二千五百家为乡，今之县学，犹古之乡序也，今之邑宰，犹古之乡大夫也，则县学乃毓秀兴贤之地，所系岂小小哉？南川山水，县孔庙古墓背砚池泉，而笔架蜂左列钟鼓、右捧印台，为一邑胜处。地灵人杰，斯文发祥，在承平时，擢巍科、登显仕者举不乏人。自戊午兵劫，及丙子丁丑之间，士民散亡，学校荒废。至元戊寅，南北混一，始立县事，凡百草创，未遑殂豆。延及戊午，县令马君讳廷扫除瓦砾，更修礼庙，覆以茅茨，春秋旦望，聚集群儒，祝延圣寿，稍稍礼仪，岁久弊漏，无以妥圣灵，宣文化，器诉不兴，先生乐道，人之善愿。顾予记文刻之石以示来者，余常观朱文公作修学记，凡七而作县学者，居其五皆美邑，令兴学化民，而邑之人才风俗实有赖今杨公政教之善，众口成碑，亦何待于余文？虽然载口碑以成文，人心天理，愈久愈著，此又碑之不可磨者，故喜而为之书。

资料来源：魏崧. 南川县志：卷七 学校志［M］. 刻本，清咸丰年间.

## 劝农事拜都记

奥鲁

涪州属县曰乐温，古设其官，今来复也。然山川明秀，人物阜灵，下临大江，舟楫辐辏，富商大贾征利其间，实人民之要会，市易之渊薮也。其西曰凤山，山之巅巍然，石壁昔人镌为神像于岩山内，下则有祠，昔毁于兵。原其所始，盖自咸淳己酉邑人韩申之所建也。后至元丁丑，邑士李氏雄谋于乡，先生易岩曰：“其神主领斯文，阴相科举，掌挂禄，嗣籍福，枯邦国。所在有祠，于此独无，将何以展诚敬乎？”乃会群议，各舍钱谷，命工师，集大木，运瓦石，剪荆棘，不日而正殿鼎新，神像俨然，次立三门，廊庑皆备，下临深溪，俯视居民于一方之雄观，实祈福之圣地。而是役也，经始于至元丁丑冬，落成于至正癸未春。仆仰托神庥，忝由进士第来守，是邦乡之英彦请为之记。夫愚尝思庙祀之礼，古人所以报德酬功，自今观之，如伏羲、神农、皇帝开物成务，周公、孔子之修道立教，功在万世，其祀为最正。其显于蜀川，吾七曲圣师焉。圣师以神道设教，扶天常，奠人纪，秉造化，大纲秦衙，品类于杳冥之中。河汉之文、雷霆之威、雨露之泽、日月之运，乾端坤倪、阴阖阳闻，功著迹显。世治则开人心，陶礼乐，育英才，美教化，翊圣主，世道苟有变，则胚胎硕果不食之妙，以为宇宙生育之机，转危为安，易乱为治。拳拳勉人，为子之孝，为臣之忠，正夫妇兄弟朋友之伦，挽颓风，敦薄俗，使天下复归于仁寿之域。此其所以九十余化，出幽人明，运赫赫之灵而不可测也。国朝崇重征锡，是加制沼，有曰科举之令，再颁考察之籍，先定则斯神之辅元开化必有其兆，岂虚言哉？乐温乃圣师眷顾之地，故昔多闻人达，士谯君最其尤者，中朝士大夫糜不加敬。至刘元诚，谓不意穹壤之间而有兹人。其次则若北崖晏君，受学考亭，得圣人不传之妙。又若东腮张君，经略最优，与东山壬彦博齐名。耀科登仕者则又不一而足，抑其地气之美、人物之厚、风俗之淳，而为圣师之所与焉，不然则运腾风山之相去不舍，何其真迹之两见也？圣师有云：“吾之于人心最纯处皆吾真宅。”然则自今以往，千门万户之春，千江万井之月，其乐邑士君子之地欤？昭代方隆，人才辈出，后生少年，其能精阴陟于仁义之田，种善果于诗书之圃，则能攀口中之桂，咏西山之毫，宁无作兴者焉？仆之于此，又将拭目而观之也。

资料来源：王梦庚，寇宗．重庆府志：卷二 祠祀志 庙坛［M］．刻本，1843（清道光二十三年）．

## 捐修学宫碑记

（清大宁县邑训导）雷携

天下事有前人为之而后人继之者，犹易；有前人不及为之而后人创之者，实难；从未有丝毫不费朝廷一钱，而能使庙貌巍峨、墙垣周备，如今日宁邑之文庙者也。考宁自明季兵燹后，县治既废，所谓学宫者，丘墟矣。幸我朝定鼎百余年来，多方培养，是以生齿日繁，始于雍正八年，复设县治，虽前刘侯偕予有捐修之请，而刘侯旋以忧去，其殿堂门庑荒废如故也。壬子秋，恭逢邑侯李公以名孝廉宰兹崖邑，始至，目击学宫倾圮，大惧人才放失，遂慨然以捐修为己任，筹之于予。予曰：“是役也，工程浩大，不下数百金方能济事；况公初下车后，一尘不染，焉能计及此？”公曰：“否否。吾家世本忠孝，簪缨不替，皆一卷书所致，焉有一行作吏，而不于木本水源之地，亟加之意乎？”爰是寝食未遑，不惜数百余金之费，鸠工庀材以成此举。未余年，而前后殿宇、棂星戟门，以及名宦、乡贤，并四围墙垣，莫不焕然一新。观者改色，咸谓公之德直与凤山共永、锦水俱长矣。夫我公之治宁邑也，九载于兹，固已政通人和，刑清讼理，而且以催科之中寓以抚字，浑厚之内寄以精明，种种教养，难以枚举。而惟是庙貌之既成也，上以妥先圣之灵，下以慰多士之望，行见宁邑人文日盛、科第复开者，端有赖于是矣。昔明有汉侯者，创修泮池，而残碑犹存，况我公之毅然独举，而百废俱兴者哉！所谓前人为之后人继之犹易，前人不必为之而后人创之实难者，不信然乎！何可不因诸生之请而亟勒诸珉，以垂永久也？是为序。

资料来源：高维岳．大宁县志［M］．刻本，1885（清光绪十一年）．

### （綦江）补修学宫碑记

（清教谕）牟渊

綦之学创造者非一日，经营者非一人，亦大略可睹矣。惜规为犹未尽善，位置犹未合宜，工力且未能坚厚，而久远终以为歉。癸未岁，邑侯许公简命兹土，家世渊源，材识宏远，下车之日，谒先师庙，一拭目而当因当创之制已熟悉于心，缘各上宪以公贤能不时调遣，一代庖于仁怀，再代庖于绥阳，连年奔走不暇，遂有志而未逮。丁亥春，公与綦之弟子员计亟以修理为务，而次第其工焉。自圣庙两庑，凡罅隙朽蠹者，无不改观。复修二门，视旧为高阔名宦乡贤祠各皆辉煌壮丽，四围墙垣则定其尺寸而增之筑之，栅栏诸门则计其久远而丹之漆之，义路礼门厚其盖覆而扩大之。此公之以因为创者也。若夫缮其龛座，隆其牌位，而圣庙之中堂皇典重易明伦堂为启圣祠，而一一维新后辟草莱以为义学。前凿窊下以为泮池，规模不变，此又公之以创因者也。然公不参一议，亲为裁酌，不取一钱，自捐清俸，口授手画，期年劳瘁务期于尽善合宜，以历诸久远。公之此举，可谓留心学校，大有功于名教也。

綦学自本朝定鼎以来，其创作而经营之者当以我公为最。今公秩满，升冀州牧而去则遗爱之。思其在宫墙者为犹笃也。岂徒纪其盛而矣哉？

公讳国棠，字惠南，奉天开原人，由拔贡铨授应系之，以垂于后。康熙四十九年庚寅孟秋月记。

资料来源：杨铭，伍濬祥．綦江县志：卷三 学校［M］．增刻本，1863（清同治二年）．

### （綦江）重修学宫恢复旧制碑记

（训导）李现

从来振兴必藉天肇始，而观成在善于图，终非肇厥始则振兴无，自非图厥终则观成无。因二者交相需亦交相济也。綦邑文庙旧制坐辛向乙，当其时，人文蔚起，科甲联绵，彬彬称盛。后迁申山寅向，文运顿歇，遇落孙山者五十余年，且构造已久，风霜剥蚀，栋宇倾圮。莅兹土者屡谋改修而事未就，现自壬寅秉铎来兹盖往往悼叹于振兴之无由焉，越丙午值前县古滇汝弼冯侯加意作人，培植学校，爰从而请曰地灵人杰。每相倚伏，虽不必狃于风水之说，而举废兴衰事理之在天下有志者竟成耳。冯侯日善斯言，实获我心第恢复匪轻更新不易，若木若石，若砖若瓦，若土若炭，若丹臒若黝垩。经费孔多，弗揆其当，无以端厥始也；弗谋其远，无以要厥终也。于是，集合邑绅士耆老议图改修，众皆曰："善。"愿共乐输，同襄盛举，随经领袖邓生廷辉、霍生天□、罗生正琦命匠鸠工，递相办理，而琦尤独力支持，摒挡一切资费三载有余。因之大成正殿焕然改观，崇圣、戟门规模亦具，东西两庑皆从此而次第举行。美哉，是役观成几可望矣。嗣缘公务鳞集，乐输耽延，而棂星泮池，红墙路道，乡贤名宦忠孝节义等祠，尚未经修。戟门以前基址狭隘，民房蔽塞。己酉之夏，署纂乡云杨侯触目萦怀，亲给银百四十两，买前房基二路。而圣域贤关，犹未增其式廓，礼门义路，无自示以周行。及庚戌，谋诸天祐常侯，侯曰："是诚不可不急为图，亦不可另为计用。更乐输为募化，选五里绅士，领缘簿以赞其力，选正直端方老成谙练以董其事。"由是，买房基之路，水者石者土者瓦者雕者墁者，积渐修理。又备署县天禄张侯严饬督催，捐囊内金以助工费准庙外隙地，以掉民基，变通鼓舞。而棂星牌坊泮池月台，名宦乡贤忠孝节义，并移崇圣祠，东西两庑沟坎□墁，围墙照壁，义路礼门，圣域贤关，诸事俱备。此则后领袖处士罗世英、刘思珩、陈永福、黄毓相、赵芝荣栉风沐雨，竭志斡旋。及众首领同心协力，踊跃急公而成焉者也。统计改修以来，前君子肇其始，后君子图其终，八年之久，功甫告竣。伏冀将来学士文人，保护维持，永垂弗替，伫看人文蔚起，科甲联绵，都人士长沐休嘉焉。谨勒石以志于后。

资料来源：杨铭，伍濬祥. 綦江县志：卷三 学校［M］. 增刻本，1863（清同治二年）.

### （綦江）道光十六年重修学宫碑记

綦学宫自乾隆丙午改修迄今五十余年矣。向还辛乙，陈警堂先生遽捷乡试入祠林。从此，举贤书登甲榜者接踵，目今正盛。地理之说，于吾綦尤信而有征，非冯公之力，曷克有此？顾历时已久，渐有倚坏，规模虽具，终弗洽于时式。道光十二年，厚甫邓贤侯莅治。凡城垣堤工试院奎楼等，无不改弦而更张之。有如海市蜃楼，不逾时而耳目为之一新。渝属诸城，无此巨观矣。而公之聚精会神者，尤在于学宫。至十五年，诸已就绪，乃谋为斯巨典，而堪舆家咸谓"本年坐宫不利"。公曰："然。则吾预修两庑、棂星、戟门等，当必无碍。"遂率斋长鸠工庀材，而五月之交，适大宪调晋省垣审办巨案，相去千余里，犹时时走札督工。至腊底，旋而各皆告葳矣。时公有调繁之云，抵署便来恭谒谓："必于开春一月内将大成殿等完工乃去。"先令运土培补后山地脉，载以竹树，方汲汲筹间架而旬日内富顺催檄踵至。公怅然曰："如是不及待耶，手廉银四百附斋长，若何位置，若何相讫。"匆匆别父老子弟去，去之日，行者送者泣沾□，不可仰视。斋长饶校先、刘汉鼎等，体公厚意，夙夜维勤，不敢稍从简略。公又虑费不继，自富邑再送四百金来。至六月，而大成殿、启圣祠与忠孝、名宦、乡贤各祠均一一竣事，材美而工巧，体大而思精。巍乎！焕乎！今之学宫，非复曩时之学宫矣。公与冯公前后相望，殚心作育，如此后主小子□不感激涕零□□□石人耶？至士先器识而后文艺，以忠孝节义相劝勉，以建功立业为有用于世云云。言犹在耳，不备述也。是役，凡费钱四千四百五十贯有奇，公之八百金在内。时每银一两易制钱千五百文。云道光十七年秋邑廪生王念贻谨序。

资料来源：杨铭，伍濬祥. 綦江县志：卷三 学校［M］. 增刻本，1863（清同治二年）.

## （同治元年綦江）建大成殿记

（教谕）雷大壮，（训导）萧世楷

岁在丁巳，大壮、世楷先后秉铎南平，仰瞻圣庙，栋宇半多剥蚀，慨然有重修之志。越明年，适有黔逆之警，滇匪粤匪继之。辛酉壬戌之交，一年之间，粤逆三至，民力凋敝，筹款维艰。惟圣庙为合邑气运所关，缓之万难再缓，因会商杨合鉴堂仿前广文杨畅园先生建修文塔之例，按文武监三庠每人给发印簿一本，每簿以十千为率，分之不见其多，合之不见其少。时复有万顺新盐号倡捐银四百两，爰诹吉于壬戌年十一月十七日动工。大殿拆修，易以石柱，其木质之坚实者仍之，朽坏者更之。不敷之款，由大壮、世楷先行垫借。而以三庠陆续所缴者，弥补之。计三阅月而告竣。实用钱一千三百串有奇，而庙貌可垂久远矣。抑余闻之人心不正，变故斯临，伏望三庠诸友读圣人书，身体力行，于以迓神庥回天，怒熙熙然。偃武修文，升平共享也。岂不懿欤？

资料来源：杨铭，伍濬祥. 綦江县志：卷三 学校［M］. 增刻本，1863（清同治二年）.

## （乾隆甲辰綦江）改修学宫课序

（职员）危毓琳

吾綦邑学宫，首刹不知何时查，自明迄国朝三百余年，几经更改。乾隆四十一年丙申，邓贤侯莅治，肫肫兴儒学。吴、李二师筹议，谓青衿非不矢志观光而科第阒如，久而不发，必圣庙基向矣宜，以致如此。因传谕多士遍访堪舆。辛丑夏六月，巴邑孝廉杨彦青荐术士刘并毓琳仔细斟酌，俱以坐西向东为是，业议改卜而未果。迨冯侯下车，深谙地理，决意改修。甲辰春，闰三月初五日，会同两广文先生并邑士，诣审立向，无不吻合。于是详观来龙，自古剑山辞楼下殿蜿蜒而来，由南转西，蜂腰鹤膝，踊跃奔赴至崇山分脉两结。左结县基作逆砂回抱本身，从丙丁六秀入首，雌雄交会，脱卸无煞，结作土星挂角形，宜立辛山乙向，收右巽巳方，长生催官贪狼等水上堂，丙方滩子口冠带水，卯方龙角溪禄水朝拱倒，左出艮位，由御街正库转戌，乾元武而去，合法合局。地理书云："水缠元武流，代代出公侯。禄水朝堂，腰悬金印，催官到局，身挂朱衣冠带。"水朝少年科第，而且面向三台坐乘六秀瀛山高耸，诰轴开花，敛岭分驰，从官紧卫，案内朝嶂，作帐下之贵人，阶前眠洲，为泮外之王带。大武取其石峙堆，甲妙于左排周围，四顾无不有情，亦河岳生成之奇矣。惟艮方必建魁楼耸翠，则螽斯千古食禄，万钟朝对。更修塔以培文峰，则健笔凌云，掇科尤易。据前立艮，向以外堂，戌方收水，则失内堂之生时，元窍不通，兼弃特耸之文峰而收卑小之堆埠。不惟不能致贵，反夭聪明之士。无怪数十年不发一科耳。琳学愧雕虫，才同蠡测，立向分经拣选年月，必竭其所知佐斯。臣典自改修后，百官宗庙叨山水之钟灵，群彦胶庠藉斗牛之孕秀。申酉科，人文鹊起，辰戌岁，甲第蝉联。其可以烛照而数计焉。后之君子翩翩联袂以应昌，期有不颂我冯侯之作育哉？

资料来源：杨铭，伍濬祥．綦江县志：卷三 学校［M］．增刻本，1863（清同治二年）．

### （綦江）恭祭圣诞碑

宇内祠庙，世俗竞相赛会其香火之盛。有奔走百里商贾技艺之人，而经旬未已者，而惟吾夫子庙则自春秋二祭外，肃然封闭焉。非吾辈不若商贾技艺之人也，祭不欲数，数则渎之，义也。而人人心中慼然如有不安，以故各处间有圣诞之祭。岁戊子广文杨畅园先生捐数金为倡，诸生遂欣然醵资。于八月二十七日设馔致祭。綦于是始祭。嗣又令新进文武生各出钱一千，凡捐纳贡监职官者亦如之。查邑中旧规，凡新中举人，准于书院膏火谷内拨给市斗谷三十石，一次兹赴礼闱之费。迨辛卯恩科伍濬祥中式北闱，适雁鸣塔告成，众议扣谷十石，演戏酬神。上科壬辰陶泽中式，又值新建奎阁方竣，亦仿照办理。本科甲午伍辅祥中式，着无容演戏，将所扣谷十石，易而为钱，得二十五千。本县亦捐二十五千，共五十千，均交斋长生息，作为每年祭资。继自今拔贡副榜，即照此减半办理。倘沐圣人在天之灵，科甲连绵，愈积愈多。或读书人家故而捐资附入者，源源不竭，不惟俎豆生香，亦可辉煌庙宇矣。所希恭逢是日，诸生宜衣冠跄济，肃肃雍雍于桥门璧水之间，为子弟倡率，慎毋肆饮放纵，与商贾技艺之人同类而共讥也。

资料来源：杨铭，伍濬祥．綦江县志：卷三 学校［M］．增刻本，1863（清同治二年）．

## （雍正五年涪州）重修学宫碑记

（学正）任兰枝

我国家文德诞敷，崇儒重道，今天子御极之初，既加封孔子五代王爵，又令天下各州郡详请改学，增设博士弟子员。一时山陬海澨，霞蔚云蒸，靡不争自濯磨以应昌隆之运，猗欤休哉！自昔学校人文之盛，未有如今日者也。余奉命督学西川，巡行各属，见当事诸君率皆有志，修葺学宫，教励士子，以求克副上意，心窃嘉之。娄东王君为太原华胄，簪缨鼎盛，以副车出牧涪州，律己公抚民惠。治涪数载，息讼劝农，锄奸剔蠹，罔有遗力。而敷政覃化之余，尤兢兢以风教为首务。每朔望祗谒先师，见学宫不饬，荒陋狭隘，愀然兴感，谓圣人之道，与天地无极。历代忠孝挺生，英哲奋起，皆沐圣人之教，而成顾令具瞻，所在榱桷几筵，尽沦草莽。是岂所以妥圣贤而隆禋祀，且有宋大儒，如伊川、山谷诸先生谪居此地，遗爱犹存。夫非后起而官斯土者之责欤，爰进阖州绅士而商之。自涪学遭明季兵燹之后，湫尘已极。虽经前任萧董各牧更番修举，今逾数纪，仍就倾颓。君乃捐俸为之倡，斩荆驱石，庀材鸠工，经始于雍正四年，岁次丙午三月，其大成殿、崇圣祠、明伦堂、东西两庑及礼门、戟门、泮池、棂星门等皆黝垩丹碧，巍焕炳烺。复新建名宦、乡贤、忠义、节孝四祠，各置神主，配享春秋，缭以周垣，坚固高峻。工即竣，绘成一图，请记于余。余惟学校者，礼义之所出，政治之所本，而人品心术之所在也。涪虽僻处巴蜀，去京师万里，然值圣朝右文郅治薄诲教化大行之时，君乃建学明伦，礼乐具备，文物聿新。俾涪之人士揖让圣人之堂，日习夫衣冠剑佩钟鼓管弦之盛，吾知優然忾然其益兴起于圣人之教，有不待言者，今科秋闱榜，涪士登贤书者，较他邑独倍焉。君之为此也。树百代之仪型，萃千秋之彬雅，其为西蜀人文之助，厥功岂浅鲜哉！君名愿，字济谷，其治尚德化，崇本务。此举尤其守涪首事，余故乐为之记。

资料来源：傅炳墀．涪州志：卷十四 艺文志［M］．刻本，1869（清同治八年）．

## 重修涪州学宫碑记

周　煌

涪州文庙创自前明宣德间，州大夫邵贤、观察陈大道先后集事，一时人才蔚起，称极盛焉。迄明之季泠却残烟鞠为茂草。我朝定鼎，文教聿兴，圣祖仁皇帝临驭之二十二年，洪都萧公星拱来治斯邑，因前任赵公廷正草创之旧而更新之，栋宇巍峨，典制大备。都人士槐市衣冠，科名踵接，甲于全蜀。今百余年来风霜剥蚀，丹碧飘零，大宗细桷，半皆朽蠹。当事屡进绅耆欲事修葺，以公冗不果。乾隆甲午秋，大殿前檐倾折，时陈君于宣自绥宁任告归，倡议重修。长子宗岐在籍，襄厥事同人舒其文，协力输募庀材鸠工，竣固宏敞，门庑堂殿配食从祀诸祠，焕然改观。于以妥神灵，明祀事，绍前光而昭来许也。戊戌春，余奉使就假归里，适落成，诸司事属序于余，爰志颠末，工始于甲午年仲冬月，告成戊戌年十二月，计阅日一千五百二十，费金一千二百有奇。督建历任刺史马公文炳、王公兴谟、牛公兆鼎，赛尚阿公司铎张君中元、王君正策，司训涂君会川、吴君懋仁，董事候补，通判知湖南绥宁县事陈君于宣，翰林院编修周宗岐，国学生舒其文，监修邑廪生周宗汭、何道燦、陈儒，而经理部署始终不懈，舒君之力褒焉备勒诸石。

资料来源：傅炳墀．涪州志：卷十四 艺文志［M］．刻本，1869（清同治八年）．

## （长寿县）重修学宫记

（邑孝廉）李开先

康熙二十年，清师除逆贼于百丈梁，遗孽悉平。我太守孙公于二十一年奉简命来守重庆。时值兵燹后，学宫鞠为茂草，士鲜弦诵之声，民废耕桑之业，所望正已帅属回寒谷之春者，惟贤太守是赖。汉宣帝云：百姓安其田里，无愁叹之声者，政平讼理也，与我共此者，其良二千石乎！正此日之谓矣。会公至，首以育德兴行为已任，遂檄十七，属重兴学宫。公捐俸以为之。倡月季则会课诸生，为之第其甲乙，厚其旌赏，以鼓励之。故甲子贤书，元卷遂在渝属。而奏凯之数，较昔倍加。时村童野老，方知学之为益；党庠家塾间，子夜书声不辍。于戏！此果孰为之而至是乎？昔人有言：向来一瓣香，敬为曾南丰。则公之德化合属，可一日谖乎？至于听讼折狱，明敏慈仁，系鲜冤民，案无滞牍，缙绅之子弟笃荷垂青，城社之鼠狐不敢骫法。杜少陵所谓：天下得元结辈十余公，参错为邦伯，万物吐气，海内人安。若公者，其无愧矣。考明万历时楚孝廉贺公讳逢圣，为广文春秋禋祀甚虔，邑宰梦先师遣子路享其祭。宰惊异，令左右伺之，及祭先贤子路，牌位果覆于盘匜之上。明年己未，贺公以榜眼及第，官至宰相，为时名臣。吾蜀亦有仕于楚者，祭敬如宾，后棂星门柱内作钟鼓声，子弟皆获隽。今者公命各属，于荒烟蔓草中复见宫墙富美，俎豆馨香，其诚敬更在昔贤之上。先师必来格，而锡以纯嘏。身居台辅，代袭公卿，可不俟詹尹之卜，而信其必然者。今工既告竣，例应立碑，以纪其事，爰勒之石，以昔贤之报，为公左券。而又以今日之功，为后之司民牧者告焉。谨记。

资料来源：张永熙. 长寿县志：卷十 艺文志［M］. 刻本，1875（清光绪元年）.

### （万县）增修学宫记

（知县）张永辉

壬戌之秋，余奉天子命来牧南浦，见城郭倾圮，人民凋敝，荆棘丛生，荒烟满目，未尝不为之感慨欷歔。视事之明日谒先师庙，行释奠礼，见学宫止存正殿三间，而旁无两庑，后无启圣祠四配十哲。而外禋祀缺然。且池为采芹之地，奈何颓塌石积。周围墙垣四顾皆无，而其甚者更有鸡豚马匹充斥盈庭。何以奠先灵化民俗乎？余恻然伤之，因谓诸生曰："夫内而辟雍，外而郡邑，各建有先师庙，春秋必告虔者，所以大尊崇也。夫尊崇先师，必尊崇所自出。况群贤羽翼，道统诸儒，阐明圣教，安可以阙焉不祀顾令亵越如斯耶？"诸生曰："万邑介于水陆，频年逆乱，兵戈相寻，无有宁日。学宫久已荒废，文峰虽有都历插天，而后殿不耸阁汶之气，消索人文贤书不登者已二十年矣。"前任水师营傅公仅建正殿三间，他未及举，盖有待也。越明年癸亥，余乃登彼高冈，度其纪堂，遂鸠工庀材，辟后山之数丈而建启圣祠，平东西之隙地而为两庑，整南方之半壁以为池，建中央之数尺以为台墙，高数仞也。堂广数武也，升降有序，阶级森然也。迨大工告竣，而启圣祠适与都历峰相为掩映，程子介石辄登云路而染天香，呦呦鹿鸣于焉以赋，然后知学宫为人文发越之地，固有如是之不爽者乎？令栋宇巍峨，辉煌丹雘。非独妥侑先圣贤在天之灵，盖欲诸士子鼓箧肄业咸进而学焉。夫肆为工事，学为士资，士君子而能奋发为雄，潜修实行，不独将来之甲士联云，且率一邑而化为仁让之俗，此余之厚望也，夫亦余之厚幸也。夫康熙二十有二年，岁在癸亥冬十二月朔文林郎夔州府万县知县西河张永辉撰。

资料来源：张琴修，范泰衡. 增修万县志：卷三十六 艺文志［M］. 刻本，1866（清同治五年）.

## 重庆府府学落成记

（知府）王梦庚

道光壬寅岁，庚奉檄权守重庆。莅任之翊日，祗谒黉宫，仰见宫墙壮丽，美富毕臻，爰进、李苏两学博。询之曰："蜀学最盛者在汉，有文翁石室，后为高公礼殿，礼殿即夫子庙堂，自是废兴不一。渝城庙制胡能巍焕若是？"两学博曰："此前太守汪公日宣之力也。庙在唐以前无考，宋绍兴间始建于治西，时高宗手书《六经》《论语》《孝经》《孟子》，图孔子并七十二弟子像，躬为序赞，颁之郡国，以示惇劝，故郡皆有学。"前明始建于洪武四年，修于宣德、景泰间，规模粗具，迨弘治壬子，太守刘思贤始踵厥美。嘉靖丙辰迄辛酉，薛守天华增其式廓，曹给谏汴为之记，称极盛焉，至明末荡为焦土。我国朝定鼎以来，制军李公德英始建于康熙三年，时驻军渝城也。厥后康熙二十三年培修者为孙守世泽、巴令焦应汉。而三十三年、五十五年之役，巴令陈尧智、谭懋学董其成。雍正三年，张守光磷建尊经、魁星两阁；雍正九年，巴令朱介珪重新之；十一年，太守顾君赘建明伦堂；十二年，马守世藻竣其事。乾隆元年，巴令沈天成又培治两庑，盖土木之易毁而难成也。如此，且附近居民侵占隙地，渐伤湫隘；十五年，张令兑和扩清基址；十七年，王令尔鉴甃石泮池；十九年，又浚深之。继此川东巡道宋公邦绥、郡守傅公显以次重修，功亦伟矣，惜惑于术士之无识者，改移卯酉斜趋庚甲，越七十余年无有过而问者，而黝泐遂过甚矣。道光十四年，汪公日宣来守是邦，甫下车，慨然思改作之，适剑州牧张君权摄邑篆，汪公知其能，任厥事，爰谕阖属士人量力输将，以襄厥举，而遐迩响应，莫不率从。爰詹吉兴工，曰敬移神主，两庑毕祔，神库祭器，扃钥是严。惟尔府学教授李淳玉、训导苏兆熊职之。提调众务，鸠工庀材，详稽庙制，硕大且俨，惟尔署巴县令张嗣居职之。曰辨方正位，树表揆景，相度阴阳，宿离不忒。其檄调荣昌儒学教谕寇宗职之。举凡董工役，骏奔走，严出入，察窳惰，则都人士暨习吏事者择而任焉。于是撤旧庙，除瓦砾，得古基址而更正之，肇工于戊戌九月，越明年己亥夏落成。庙凡九楹，高四丈八尺，广十一丈有奇，戟门七楹，东西庑各七栋，棂星制三门，以及圣域贤关，名宦、乡贤各祠，库藏庖湢，罔不备举。乃未及涂塈，茨施丹雘，而太守以祈雨中暑病卒，其崇圣祠、尊经阁则于二十二年始观厥成，正位而崇奉焉。而公适来守是邦，愿碑以纪之，庚不文，又簿书鲜暇，无以应也。癸卯春，方有事于兴辑《重庆府志》，李君又以为请，窃念代庖以来，瓜代有期，愧未能培滋学殖，辅邕儒风，所欣幸者，庙制崇矣，几筵肃矣。诸生幸列门墙，释奠释菜，拜圣人之堂阶，读圣人之遗书，于以敦崇心性，砥砺廉隅，昭文章、显德行，出则翊赞休明，处则仪型党里，俗变巴蜀，风成邹鲁，不其懿与。是为记。其都人士之输金钱、董工役、掌度支者，备详他石，兹不具书。

资料来源：王梦庚，寇宗．重庆府志：卷二 祠祀志［M］．刻本，1843（清道光二十三年）．

## （梁山县）重建明伦堂碑记

朱尔阅

从来明伦堂之与学宫并建，上自都会，下逮州县皆然。凡以训迪士子，讲学论道，敦行饬己，非徒焕其巨规，侈人观瞻已也。而观瞻之典，即于是乎在梁邑之建斯堂也，始于康熙壬寅。邑令孙天霖盖以八十有余年矣，阅时久而历年多，栋宇剥落，墙垣倾圮，物理固然无足异者。余自乾隆戊寅莅任以来，目击其状，不遑宁处，即思捐资补葺，第因陋就简，实出无益，固不如其已也。然欲改作之，奈工程浩大，独力难支，乃为酌之合邑绅士，而绅士以重修为可再质之邑侯鲁公，而鲁公尤首颔之。是事尚未举而谋已，佥同又何虑其难成耶？余乃筹寻地之广狭，家之饶裕，募捐若干，即余亦亲为劝导，期于有成而后已迄于今，巍焕者其制耶，宏敞者其规耶，易狭隘而式廓，易弇鄙而辉煌，蔚乎其改观也已。且夫学宫之成毁与文运之盛衰固相为乘除者也。考有明盛时，百废具举，而学宫乃造士之地，尤为巍焕一时，真儒辈出。即如梁邑之高古，涂来诸贤相继蔚起，铭诸鼎彝，班班可考，人文之盛，甲于下川东焉。迨遭献贼之变，人民涂炭，学宫茂草，虽历年不乏增饰而丕振，无具文教于以浸微矣。幸而斯文不坠，大道常明，当乾隆己巳间，学师龚在庠，爰有大成殿之修。至己卯小子阀复为明伦堂之建，两美焕然，后先辉映。斯故学宫之允成也。而士风亦因以渐盛。前乡闱而标虎榜者有人，越午闱而夺经魁者有人，科甲联翩，宫墙顿为生色，使多士诚争相懋勉，将由此而捷南宫膺翰苑安在？高古涂来至贤不可复见于今日也哉！余既幸绅士果能相助以成斯堂，而尤幸梁庠文风之蒸蒸其日上也，于是书乎。

资料来源：朱言诗．梁山县志：卷三 建置志［M］．刻本，1894（清光绪二十年）．

## （巴县）勘复巴县学地碑

周开丰

重庆发脉于黄胜关之山，蜿蜒磅礴二千余里，两江交会始结为郡城。其中支落脉以崇因寺前阜为主顶，数叠而后聚，乃立县学。以长江为泮池，涂山为玉案，龙虎层绕，沙水完密，是二千余里之秀气独钟于郡城，而郡城之秀气，又特萃于学宫。故历代发祥，伟人臣公，不暇悉数，昔人肇造郡邑，首重学校，择胜斯地，岂徒然哉！学宫之右，有地一区，前立县城隍祠，中为督学试院，后圜围以高墙，墙外高地，左昂右俯，后倚主顶，右接府署后苑者，皆学地也。康熙五十七年，制府两台，以试院规模狭隘，而校场制府公署地既宏敞，久成闲旷，于是议改制府为试院，而以旧试院为司马公廨。部复准行，其基址现在，未尝少混越也。乾隆十九年，因府同知移驻江北镇，估变旧院为新署资，县示朝挂。未及午，遂有泾县例监朱云龙者，闻风承买，串同乡约胡焕若乘夜插签定界，越出城墙，将空地直连尊经阁后者一概侵占，欲凿脉修街，创设市廛，以图厚利。吾乡绅士，再三申理，竟恃横无忌，反指主顶为民地，不得已奔诉郡守傅公，于二十年正月二十三日传谕通县绅士次日齐集候勘。傅公登后顶之上，一览了然，即谕朱云龙将侵地还学，具退状领原价，命绅士承买，其官署照旧界管业，凡所侵占者，寸壤皆归学宫。既而坐明伦堂面谕本学杨训导，将凿灭主顶与直逼正殿住家及密迩明伦堂造屋之人，一概斥逐，且先办此处，再清查射圃一带占地修屋者，续行办理。绅士遵谕，竭力凑办，随于二月二十日，缴价县库。比时傅公因公远出，顷又缘太夫人忧去，事尚有待，适会前县令王公复署邑篆。本年七月二十八日，亲临勘视，慨然引为己任，射圃一带暨乐五等家，俱勒限拆迁。今岁正月二日，又失火延烧，几致不救，现在押折，凡侵占污秽，渐次廓清，夫然后先圣得以妥侑于斯矣。夫莫为之前，后无所启，莫为之后，前无以继，我贤守令扶翼圣道，培植人文，鸿功正谊，万世不能忘者。谨据直书，不事文藻，勒石棂星门内，多士沐泽而颂歌，魑魅见鼎而匿迹，而观感兴起者，必且后先辉映于无穷也。傅公名显，字令宜，满洲镶红旗举人，乾隆十九年春，知重庆府事，仁明果断，阖属蒙休。

王公名尔鉴，号熊峰，河南直隶陕州卢氏县人，庚戌进士，前知巴县三年，善政多端，后迁他邑，乾隆二十一年，复署巴县。

资料来源：朱之洪，等. 巴县志：卷二十 金石志［M］. 1939（民国二十八年）.

## 夔州府重修儒学记

（四川提学副使，前翰林编修）苏奏

事有参天地而莫尚者，圣人立人极是也。无人极不自立，必资于教化而后立。教化不自行，必资于学校而后行。自唐虞三代迄今，莫不以学校为首务。建置之制虽不同，而所以使天秩天叙之懿，诗书礼乐之文显明于世者，则无不同。世之士成陶成于此，而发轫人官亦由于此。惜乎去古既远，士多以利禄役志，略道德而专文艺，学校将坠于虚器。然礼废庠存，苟有善教者因而修之，则唐虞三代之良法美意即此而在。是则士之学，师之教，使不重其大者。而唯乘时之所好，以为干进之媒，已非第一等事矣，矧于文艺亦或歉于焉，岂不深可慨也欤！夔之为郡，当全蜀之冲。崇山大江，耸护环抱，上自峨峨数千里，延绵逦迤至于是。下有三峡为濠，群峰为钥，其地既雄且吉，人士之产，宜乎希古迈今；道德文章，甲于他郡。夫何不能甲，乃反下之？究其由，盖郡有学校之名，无学校之实故耳。宫墙狭隘，堂宇卑陋，弦诵游息，祭祀饮射，皆不足以展布。自国初百余年来，守非一人，皆因循苟简，未有以是为急务，开扰增修，大其规模者。弘治己未，壶关杨公奇由甲科以部署正郎拜命，来知郡事，政治之暇进诲诸生。一旦款谒文庙，载瞻久之，慨曰：“学校颓敝如此，何以励士风、敦教化哉！”遂默为经纬。比三年，凡基址深广，规制次第，材费多寡，力役久近，悉定于心，乃具檄请于巡抚。时予亦预允其牒。于是首建大成殿五间，覆以琉璃碧瓦，峻耸炫烂。翼以两庑，前为戟门，又前斩石为棂星门。石柱之首，镌刻龙凤，工极精巧。中凿泮池，架石为梁于上。殿之右建明伦堂五间，旁列志道、据德、依仁、游艺四斋。仪门、学门各三间。膳堂五间。号房建于明伦堂之后者九十有二间，建于膳堂之前者东西各八间。尊经之阁，则建于膳堂西北，亦以琉璃四印之，巍然有凌空之势，焕然有耀日之光。下至庖湢有舍，廪储有厥，文昌有庙，忠贤有祠。廨宇四所，建于学门之内。牌坊二座，建于学门之外。街衙之南亘以墙垣三十余丈为屏蔽也。既完且美，足历久远，全蜀诸学莫之能右。是役经始于弘治十五年十二月十五日，讫功于正德元年十一月朔日，为费三千有奇。夫役众费广，民无怨言者，以区画有方，财出公帑，杨公时捐俸资以济之，而力役则多责办于质讼之徒，故事不烦而功易于就绪也。落成之日，士气增倍，郡之黄荀泊士夫往来，凡有识者，靡不啧啧称赏，以为伟哉盛事！非杨公廉明通敏，曷克成是？然杨公此举，岂直为观美计？其意盖欲弘教化，兴道德，以赞圣天子立人极之功，亦不但使多士专文艺以取科第而已。士或游焉而不知为学，学焉而不知所向，向焉不抵所成，与或舍本逐末，急人爵而弃天爵，则负于杨公多矣！不唯负于杨公，亦且负于予之期待也。教授罗滋遣生员管辅、王臣捧状来请记，遂为记之。

夔郡守杨公升任后，凡再易守，未有经心于学校者，此记亦束置高阁，因循未刻。正德己巳，吴公莅任，即以学校为首政，兴滞补遗，凡百具举。又以杨公之善不可泯，乃取此记珑石而刻之，而复以亭焉。况此时全蜀多警，军旅之事猬兴，固又难为而其为之也。若无难，凡厥所费亦不但四五百金，工役亦以千数。公帑不动锱铢，民庶不见烦扰，而及其拳拳兴劝之意，固又前所无者，彼昔文翁，安得独擅其美也？吾道重光，斯文有赖，而我为师、为弟子者之遭逢又何如耶？又明年辛未九月之吉，夔儒学教授滇南刘永识。

资料来源：吴潜，傅汝舟.（正德）夔州府志：卷六 学校［M］//天一阁藏明代方志选刊. 上海：上海书店出版社，1961.

## 夔府儒学重修记

（四川提学副使、前翰林庶吉士）王崇文

全蜀为天下形胜地且富饶称陆海。夔府坐蜀，尽东山川气所聚会，秀若巫峰，奇若滟滪，险若峡流，于蜀尤佳，信天下伟观也。其人生朴实奋毅，可与向善。顾在上者，率以山远地僻，缓于教化，其学宫亦倾圮弗治，士欲修经学道，无所于归。弘治己未，壶关杨侯奇自户曹郎中来知郡事，谒庙初，顾瞻之余，慨然以兴废创作为责。乃拓地开基，择工鸠材，自大成殿东西庑以及明伦堂并斋居号舍，悉撤而构之。规模宏敞，体势尊严。其财用官不称费，民不告劳，远近慕向之。工未完，擢两浙都运，继任之者弗能终。

正德庚午，今守临川吴侯潜自工部郎中来，即以学校教化也，叹兹工役岂宜沦废，不与有终。时蜀寇扰，侯于征调频繁暇，从容诹度，不计岁月。复甃泮池、街道，作戟门，监碑亭，塑两庑贤像，宰牲有所，师儒有第。祭器、乐器之类，昔所未有，各完且美。于是地若辟而宏，宫若竦而大，墙若增而高，夔学甲全蜀矣。侯尤笃意启迪，每诸庙，必退就讲堂，诸生业量勤惰劝惩之。人人自奋，期于成就，夔府始彬彬多文学士。下至武夫田舍，亦知遣子入学为荣。盛矣乎！夫夔学，非杨侯，固无创其始，非吴侯抑谁与善其成耶？且吴侯当干戈未息，虽昼夜抚字流亡，而未尝一念忘教化先后。政固有先后矣。其教授刘永，生员冯翱辈荷侯乐育，走请予记其事。伏唯圣道在人，如日在天不在地，无一时之不明不行，有焉人之罪也。夔据楚蜀间，山川盘纡，郁结之气，宜于人物发之。而百余年来，人才杰出者仅有，是非学校不修，教化不明致耶？今杨侯建学宫，虽未就绪，吴侯继成其美，学者有依归地。侯又阐明教化，孜孜不倦，俾夔千里内翕然风靡，家诗书，户礼乐，咸知善可为，恶不可少加于身。如往岁梁山陷，县簿夫妻死义，而士有代母以死者。近日临江市民不容廖贼同里，亦有卓然见此，非侯教化所渐被与吾道庶乎明且行矣。信哉！孔子所谓“君子学道则爱人，小人学道则易使”也。继自今守兹土者，率能以侯之心为心，以学校为先，以教化为急，夔人日变月化，何患其不及邹鲁哉！昔鲁僖以泮宫起颂，文翁以兴学流芳，侯今为政，何以异古之人乎？且侯先为杨侯创碑记，建学颠末，休休让善之美，尤不可及，他日大炳用兆于兹矣。是为记。

资料来源：吴潜，傅汝舟．（正德）夔州府志：卷六 学校［M］//天一阁藏明代方志选刊．上海：上海书店出版社，1961．

## 黔江县学记

（侍讲）刘球

蜀多僻县，黔又僻之尤者，界在重庆东南万山中，蹈崖石，披草莱，行数日始可达。其南接施乡。施，古夜郎地，皆夷獠所居，故黔之民半夷。元、宋以前，虽郡县之犹未建有学。明洪武初，并其地于彭水，置黔江千户所，寻复为县于所城之西，而学庙则建于城内，黔之有学自兹始。然其地多为强暴所侵，千户孙文徙于县治东北，惟文庙占地爽垲，其他学舍皆下湿而卑隘，久之，雨淋水涨，决所隳垣，师生讲诵游息，举不得其所。正统元年，安城谢君讳牧，由进士来宰斯土，听政之暇，数与诸生讲艺学宫，悯其陋，而欲更之。越二年，政得其理，民怀其惠，乃与诸生谋迁于射圃。先建明伦堂，次则二斋，次则门廊、廪库，次则师生之舍，庖湢之所，未数月而告成。由是学与庙前后相属，其规模宏丽，有加于昔数倍。明年，谢君会朝京师，奏缺学官，请择硕儒为之，使诸生得有所从学，且属予记。夫儒者立政，必教化行而民知所向，则强者不得恃其横，狡者不得逞其奸，诈者不得肆其欺，愚者求通，懦者立志，彝伦之敦可叙，风俗之漓可悖，教化之移人也，不亦远哉！孔子所谓“君子学道则爱人，小人学道则易使”者，此也。不先于教化之立，而徒峻法严刑，以威其民，是岂为政之道哉！晋范忠宣公令襄城，大兴学校，择贤者以教之，又亲劝诱焉，民被其化，以兴于善，其后公之功名德业满天下，而发迹盖自襄始。襄犹中土易化之地，非若黔江僻处荒徼，施教尤难也。谢君乃能兴学立教如此其勤，其亦以忠宣之心为心乎？意其化之所渐，必有人佩诗书，士服仁义，兴起于幽远之乡，相与和其声，以鸣国家之盛者，特记诸学壁，为黔之子弟劝，且见君之为政不失所先焉。

资料来源：邵陆. 酉阳州志［M］. 成都：巴蜀书社，2010：93.

## 忠州儒学提名记

（明）邱梁

邱梁曰："余蚤游乡校，知校职不理簿牒，少尘氛，宾客罕至。校务既简，又设司训综之乃愈益。间朔望，有司循故事升堂，诸生始集。讲毕呼坐命茶。茶已辄，揖退坐斋舍中，阒寂幽旷，吟卧自适，间或约眺山水，理觞咏人。恒谓教职为间曹以故教法惰废，士习怠惰。"然朝廷重建郡邑，俾司牧者，治之而偏授校职棼以他务，盖欲其宁静专一操化柄造多士也。讵令其悠悠卒岁比之隐丈人哉！惟善教者，品列条具，先德行而后文艺，其所本皆切五常之懿以成性，其所著皆约六经之旨以成文。传经稽理，则博引而约归，搦管而摛词，则宏深而奥衍，不规规于文艺葩藻之末矣。至于品古骘今，论风俗之盛衰，政治之得失，使博蓄如帑，高览如陟，会礼乐名物、古今事变于一心，使异日者出而应世无忝于盛世之选。此非可以易易言也。忠州之校自国初以迄于今二百年矣，求其以善教名者，盖仅仅焉。梁以弇浅滥竽州刺诣学，首询诸博士，则提名之石未立，虽欲征其善否，无从也。适郡学博陈君力文、李君阳凤、方君鹤、王君三聘咸有章志贞教之致，不以其地僻秩散，遂自惕也。而诸士之观感濯磨者，视昔有加其庶乎前之所谓善教者，犹爰砻石镌二百年来诸校职之名氏，俾后之人按名而考，厥实以寓劝惩，非直为观美也。将以崇教化而励儒风也。是为记。

资料来源：侯若源，庆徵. 忠州直隶州志：卷十二 艺文志［M］. 刻本，1873（清同治十二年）.

## 改建县学记

（明）黄常

天有四时，至教彰焉。人有五常，恒教立焉，则天之序因人。六经以垂教万古，惟吾夫子之道，所谓集群圣之大成，立百世之标准，故历代学校遍于天下，所以崇教化之本，登风俗之基，譬犹布帛、菽粟生民日用之不可阙者也。丰都学田在县治之东，地喧而隘，兵燹后，仅存遗址，圣朝混一几十余年，未能顿复，惟草屋三间，以奉神设主，识者病之。洪武二十一年春，县令杨公、典史邢公、教谕王公相继到任，顾瞻废坠，慨然曰："学校乃国家大事，今若是何以淑人心，兴教化哉！"迺议考卜于县治之西山，下令训导张友仁，董治之，木植材用咸出于土产，藉民力以致之，阴阳向背，一效旧制。越明年，殿成，而杨公以考满去，邢与张互襄厥事，就殿之前，建东西庑，庑之外正门中联，而三辟之右，为明伦堂。堂之前四斋属焉，棂星有门，祭器有库，廪禄有储，庖湢有所，僚以周垣，树以嘉木、土爽而垲室大，以崇视旧制，加三之二焉，虽费而不为烦，虽劳而不怨，可谓用之以礼、动之以义者矣。又明年秋，工落成，张公遣人来求余一言纪其事，余曰："圣人之道在天下，千万载犹一日，虽时有治乱而天命民彝终无可泯之理，惟在人为之耳。丰都之学既有杨邢二公倡始之，又有吾子以成厥功，可谓有功圣门矣。勒之坚珉，垂之永久，其孰曰不可？"遂为纪其始末，特加详焉。杨公谦陕西人，邢公志山东临阳人，王公必祁温陵人，张公重庆之乐温人，其父汉宾尝为学训导，卒，友仁继之，实能成父之志，是可嘉也。

资料来源：田秀栗，徐浚镛. 丰都县志：卷四 艺文志［M］. 刻本，1893（清光绪十九年）.

## 奉节县复学碑记

（清学政）周灿

奉节为夔府附郭，又大宁归并之邑也。前明弘治裁邑学附郡，迄今凡二百余年。我皇清定鼎以来，生聚教训，人文渐兴。康熙二十四年巡抚韩士奇请于朝，设训导一员。会前任两学使，一以报满，一以宅忧，皆未及考。故数年来，虽司铎有人，实无一士可教。余丁卯仲夏甫视事，随据郡邑申详于巡抚姚缔虞，转令照例录取，咨明礼部，随准部查从前建废年月及取进额数。余复请于护抚藩台李辉祖，逐一咨复。嗣准部议，谓"曾设有教员，并未题明复学，应无庸议"。此康熙二十七年十二月间事也。时新抚中丞噶尔图节钺初临，检阅全牍，慨然叹曰："官无士训，其虚设乎？命出于朝，可竟已乎？"复檄藩司与余，详议具复。遂会同督宪司马葛合疏上请后，奉谕旨准行。此今春二月间事也。秋七月，余按试夔东，通前科岁两试，取进文武童生凡四十有五人，环余而拜曰："我奉邑从胜国时有邑无学，与无邑同。既蒙复学，而未准录士，与无学同。生等得备弟子员，实自公今日始。请志颠末，以示厥后。"余曰："此圣天子崇文巨典也。余尝出使南交，见雕题凿齿之俦，莫不被服圣教。近琉球国且遣子弟入大学读书，同文之盛，亘古未见。况尔蜀文献名邦，奉为夔东首邑，岂终置之膜外乎？然非上宪爱育人才，一片谆诚沥疏上告，亦猝难动九重之听耳。奉今日之无学而有学，主持者，大中丞左右者，方伯详请者，郡邑余第奉行之，乐观厥成而已。抑于此，窃有惧焉。尔诸生自今以往，念朝廷特恩，上宪德意，竟自砥砺，或专志于诗书，或研精于韬略，异日师师济济为国家腹心干城之用，余亦与有荣施焉。不然徒博一青衿夸耀闾里，日居月诸碌碌以老，是有学而无异于无学。诸生负于教诲，余则负朝廷与列宪一番盛举，是又余所厚望于诸生者也，尚其勉之哉！”

资料来源：四川省《奉节县志》编纂委员会. 奉节县志［M］. 北京：方志出版社，1995：916.

## （璧山县）重修大成殿碑记

王　倬

余少时游邑之学官，每春秋二祀与祭其间，见殿宇森严而规模甚隘，趋跄者仅容十余人。风雨飘零，丹漆漫灭，然衰栋尚固。考其碑记，则雍正十一年（1733）前任邑令许公绍熙所建也。

甲子（1744）之秋，余掌重璧书院，学师海楼彭君因公在省，余代祭焉。则见殿势崇隆，金壁辉煌，宏敞庄严，焕然改观。问之同学，则曰：“邑绅周君斯士所独修者也。”问：“何以独修？”则曰：“学内董事饶生化堂所劝修者也。”然未得其详。

乙丑（1734）春，饶生投刺来谒。余问之，具道始末。云：“是时咸丰壬子（1852）间，殿就摧颓，岌岌乎有不可终日之势。同学董事筹议补葺，咸议非随粮派捐不能奏功。奈兵差络绎，杂派过多，欲派不可。爰奉学师石城高公命订簿五十本，俟大成劝募。殊事与愿违，秋谷不登，欲募不能。乃与邑中殷富者筹商捐修，鲜有应者。”周君独慨然曰：“圣庙，重地也，而堕颓至此，吾侪所读何书，可坐视乎？虽无赢余，愿独任之。”人有以工程浩大沮之者，君乃毅然曰：“囊中无金，可告贷而来，苟不继，虽破产何惜焉！”

于是庀材鸠工，闻郡庙及邻封江津、定远位置甚美，即往彼一一观摩焉。于渝郡购名材四株，于定远买载大木数筏，学师更于本邑遍求美材不下千株，有可以充梁栋者虽多金不吝。得香楠、油柏八株以为殿柱。经始于甲寅年（1854）正月十八日，竣工于己未年（1859）二月十五日也。高五丈一尺六寸，深三丈三尺，南北四丈八尺，共用银五千八百七十八两。又云：工竣后尚未泐石勋劳，又当有事，邑人纷纷逃难不遑。庚申冬（1860），逆贼围璧二十余日，竟得保全，此固邑人之福，未必非圣庙之灵也。因请记于余，余不敢辞。

周君名继盛，字斯士，议叙通判职衔。与余同居登里，且同庚为姻兄弟，往来甚悉，其为人生平慷慨慕义，见善必为。早年缺于子嗣，时来凤驿官桥毁拆，议修复费以万计而君独任之。次年即生长君名光黼，后续生子三，兹于修大成殿之次年，长君即入邑庠，食廪饩，例选司铎；次凤山，议序按察司参军衔；三名光珍，亦于乙丑（1865）蜚声黉序；其少者皆崭然见头角，前程未可量也。一门鹊起，人以为善行之报云。

赐进士出身前翰林院庶吉士，历任湖北当阳、麻城、山西太原等知县王倬撰。

廪膳生员王象乾敬书。

值年首事、教职邹国治、文生陈方偲、吴肇镐、蒋若兰监工。

同治五年（1866）岁次丙寅八月二十四日合邑泐石。

资料来源：政协璧山县委员会学习文史委员会．璧山文史资料：第二十一辑［M］．内部交流本，2008：66－67.

## 二、文庙

### 永川孔子庙碑记

宋嘉祐五年，泸州尉蒲宗孟撰：嘉祐五年二月，昌州永川县孔子庙成。其县尉廖琮走仆，夫以书来请文宗孟发书考事，求其庙之所作之因，且阅其始终，而琮之言曰：永川自有县无孔子庙，春秋荐献、释奠、释菜之礼无以展敬。赖朝廷教化濡染，频年以来，又得贤郡守，敷明主上，崇儒尊道之意以讽喻其俗。邑之学者赧然，以不孔庙子为羞，遂相与率财，创起孔子之宫。前刺史王侯教而倡之，及今刺史裴侯而庙始成。所以朝夕左右其事者乃幕中鱼康伯，而躬领庙役者实县令宋泰焉。宗孟曰：盛矣乎！礼仪之行也，永川盖昌之下邑，最为遐荒僻陋之处，今乃亦能与大府通邑争强而取胜，遵道而重儒，孜孜以事圣人为急，使神安其楼，礼盛于庭。非宋之德与孔子之道尊明侈大，遐照远浸，则安能有是乎？尝闻世之言：圣人者必曰尧舜而已矣，孔子而已矣。今天下无郡县不徧庙孔子，无庙不循祀孔子。世世封用王爵，服用王礼，王者跪起拜伏，于内外臣一如其徒。而尧与舜因不能屈，人主致是礼，使郡县岁岁具是仪。岂孔子之贤诚过于尧舜者远矣乎？后世礼义不衰，人异禽兽，中国异夷狄，以能尊圣人也。叛礼义，贼圣人，骨朽必诛。商、斯、秦仪、杨朱、墨翟、慎到、田骈、邹衍、惠施之徒，所以至今戮绝，不得其死。道异大中，法异五常也。学者既知所以尊事圣人矣，其能知夫出异术却异教，使不吾圣人之汩乎？阓汗疏清，斩蔓揭华，蚤暮游其门，其必有以思乎？堂之深，登其堂其必有以思乎？室之奥，日率岁磨然。后见永川诸生左右揖让，取圣人之道，如探囊中之物，为易也。不然不学为羞，与不庙而羞其实等矣。宗孟乐闻朝廷教化与孔孟之道浸渍覆露之远，又喜夫刺史、县令与永川诸生能知所以尊事圣人，于是作为歌词以声其美丑，以励其学，永其志云。词曰：庙宇耽耽兮，豆笾孔时；师生躬事兮，乐且有仪；永川县之化兮，自今其基；问谁之然兮，二守倡之；诸生翕从兮，如埙应篪；不可忘兮，唯书与诗；愿勤其终兮，学以自持；毋为庙羞兮，以永斯碑。

资料来源：江朝宗. 重庆郡志［M］. 刻本，明成化年间.

## 璧山文庙

（县文管所）陈仁远

璧山县建于唐朝肃宗至德二年（757 年），文庙亦同时修建。到元朝丙申年（1356 年），璧山县撤销，文庙随之废弃。明成化癸卯年（1483 年）复设璧山县，文庙亦在南门内旧基复修。当时学界人士认为南门地理不利文人兴起，倡议搬迁学庙。万历四年（1576 年），县令成宗耀在西门改建学庙，坐西向东，明末毁。康熙二十五年（1686 年），永川县令董粤固奉命修葺璧山大成殿以备祭祀，仍建在南门旧基。雍正十年（1732 年），复设璧山县，次年知县许绍熙奉命修建文庙，改建于西门内，县署旁侧，坐西向东，计有大成殿 3 间，东西两庑各 5 间，名宦卿贤祠各 1 间，棂星门 3 间，戟门 3 间，外立照墙，左右二棚门，石砌殿前丹墀，门外甬道。后因年久失修，殿宇毁废，丹漆脱落。咸丰四年（1854 年），璧山邑绅奉直大夫周绍熙独资重建，三年告竣，用银五千八百七十八两。

现今大成殿位于璧城镇中心大成广场西侧，凤凰坡东麓。正殿、耳房以及重新复建的山门建筑体位于东西向中轴线上，呈对称格局，体现了我国古代中轴对称建筑风格。

大成殿总占地面积 1240 平方米，尚存 650 平方米。其正殿为木结构，重檐歇山式屋顶，屋顶为琉璃瓦铺盖，屋架为抬梁式结构，每朵斗拱均有龙凤或兽头木雕装饰，上下檐施斗拱，上檐共 84 朵，下檐 110 朵，11 架檐、屋前后乳袱搭牵用四柱。

大成殿通高 12.08 米，共分三屋，砖柱抬梁结构，柱径 0.51 米，共 4 柱，面阔为六柱五间，共 16 米，皆为雕花窗格式木门，木门共六扇三道，进深为 3 间 11 米，殿前有阶梯式踏道，共四级，厢房面阔 5 间 19 米，进深为两间 6 米。

山门为重修。牌坊为仿木结构，四柱三间，面阔宽为 14 米，高为 10.8 米，夹杆石为石鼓形状。

室外三面砖墙围护，墙上有陶塑花纹图案，风景壁画，金黄色琉璃空花砖屋脊，金黄色琉璃瓦盖，鳌鱼吻翘角，彩陶塔幢人像镇屋盖。其建筑造型大方壮观，建造技艺精湛，装饰图案佳美，为璧山现仅有而保存较好的古建筑。

另有残碑二通，碑文载：始于绍熙所建也，甲子之秋……

大成殿是我国古建筑的典型代表作之一。它的中轴对称格局，抬梁式结构，重檐歇山式屋顶等结构都反映了我国古代建筑艺术。我国的文庙经过历朝历代的演化，保留了我国古代建筑的许多优点，而大成殿就是典型的代表之一。大成殿是我国古代儒家文化对中国遗留下来的财富之一，其建筑艺术、雕刻艺术都反映了儒家文化对中国社会文化的影响，以及各朝代对儒家文化的重视，其规格之盛大、建筑之精美，超过古代县城所有建筑。

现文庙大成殿修缮一新后，左耳房成立了“精微艺术馆”，右耳房为“吕风子纪念馆”，正殿将作为文物展览厅进行开放，与大成广场连成一片，成为璧山县文化氛围非常浓厚的休闲娱乐场所。

资料来源：政协璧山县委员会学习文史委员会. 璧山县文史资料选辑：第十六辑 璧山旅馆 [M]. 内部交流本，2002：81－83.

## 重庆市区名胜夫子池

彭伯通

夫子池是街，以重庆府文庙的泮池得名。县庙街以巴县文庙得名。府文庙包括泮池，左面和前面的街道都以夫子池命名，在旧城西临江门内。抗日战争初，庙左一段夫子池街并入邹容路，泮池前仍称夫子池街。县庙街在城东北接状元桥街，南接下新丰街，抗日战争初并入林森路，今解放东路。

重庆府治、巴县县治同城，所以有府文庙，又有县文庙，一向称府学、县学，统称学宫。学宫制度起源于汉武帝诏天下郡国一律立学，也就是从罢黜百家，定儒家为一尊开始，为时两千年。元代以前重庆设学官情况不详，明清两代府、县各立孔丘庙，称学宫，近庙立学，设专官主持，便有学官；置弟子员若干人，学政三年两考进。后来教生员的责任转移到书院。

重庆府文庙比巴县文庙的规模大，宋绍兴年间（1131—1162 年）建，明洪武四年（1371 年）重建。明清两代不断培修，都有碑记。清光绪三十二年（1906 年）升为大祀，宣统元年（1909 年）年川东道朱有基改建庙制，增大规模，刚竣工，辛亥革命就发生了。

府庙制，大成殿五间居正中，立孔丘木主居殿中，南面。孔庙自唐开元元年（713 年）开始塑孔丘像以祀。至明嘉靖九年（1530 年），世宗纳阁臣张璁议，改用木主，以别于佛教，意则儒家正统不屑与宗教同列。庙堂两配颜渊、曾参、子思、孟轲四子，两壁配闵子骞等十二哲，两庑从祀公孙侨等先贤七十九人、公羊高等先儒七十五人，先贤、先儒随时增加。大成殿后有崇圣祠，祀孔丘的父亲叔梁纥，明世宗追封为启圣王，故原名启圣祠，也有配祀，从祀。大成殿前，棂星门居中，东养正门，西进茹门（木主南面，故庙左为东，右为西，实际上庙的方位并不正，以东南为南），外有名宦祠、乡贤祠。名宦有杜安、李严、王濬、余玠、刘绘、傅光宅、李国英、韩成等四十五人。乡贤有周巴蔓子，明蹇义、牟俸、刘规、刘春、黄钺、江玠、刘鹤年、刘彭年、李邦、任辙、刘宗、刘世曾、蹇达、赵可怀、简笈、刘世赏，清刘如汉。再前为大成门七间，东居仁门，西由义门。外为泮池，周二百七十三公尺，阔八十二公尺，深一公尺七，水出香水桥。左侧有明伦堂、尊经阁、魁星阁、仓圣阁、礼器库、学署等。

辛亥革命后，巴县教育局迁入崇圣祠。1914 年改建明伦堂，设四川省立第二女子师范学校。1931 年，重庆市政府填平泮池为公共体育场。1934 年 10 月，巴县教育局失火焚毁。1935 年，庙内设巴县县立模范小学校，后改名巴县县立中学小学校。抗日战争中庙为日机炸毁。

资料来源：彭伯通. 古城重庆［M］. 重庆：重庆出版社，1981：104－105.

## 重修奉节县学文庙碑记

［清］赵钟眉

奉节县在前明先有学后无学。在国初，先复学，后分学。士之游庠者，悉附府学。学靡常，学宫因以不建。盖兴坠之故，人才人力系焉，未可强也。乾隆间，有长白李公景淳守斯郡，慨然创圣庙于治东北隅，规模草草。至嘉庆（1796—1820 年）年初，中州周郡伯景福来，始捐多金，鸠匠图新，甚盛举也。惜都人士集腋力绵，事半举而公去。公去矣，奚望乎？北平蔡邑侯者，狷介人也，滞兹土十一载。平时好激励人才，历科多膺选举者。今春诩然奋力输财，先以二千金修府黉序。旋沥清俸遴正士举。兹庙之未完者，次第完之。计增大成门三楹，配飨祠各一，楹棂星门一座，上下阶磴二百余丈。其他，若龛、若楔、若垣墉、若彝器，悉符典制，伟矣，备矣！隶之学者，乐观厥成矣！尝慨天下事，图始靡难，图终为难。是役也，不扰民，不动众，一肩独仔，可谓为所难为。行见人才之兴，即由人力而起多士，其有幸乎哉！是不可不记。

资料来源：曾秀翘. 奉节县志：卷三十六 艺文志［M］. 刻本，1893（清光绪十九年）.

## （长寿县）重修启圣祠记

（邑孝廉）　王潜奇

昔舜以圣人之德，居圣人之位。桥牛以下之庙，享历千余年而不坠，而夫子称之曰“大孝”。周公以圣人之德，佐圣人之君，建七庙，立世室，极乎卜年卜世之久，而夫子称之曰“达孝”。明乎孝子之心，所以致于亲者无穷，而追王上祀之典，其重焉者也。夫子生当周季，虽摄相宗鲁，止属大夫之列，有舜与公之德，无舜与公之遇。所以致孝于亲者，较之舜与公不且忧，然莫及哉。然生知之出，有开必先，乃汉唐以来尊崇我夫子者，代有隆礼，而未及于夫子之所生，则于尊崇夫子之礼未备也。元文宗四年，始封先圣父为“启圣王”，先圣母为“启圣夫人”。明世宗九年，令两京国子监并天下学校，各建启圣祠，以上丁日致祭。是舜与公之孝，夫子于千秋百世后，始无遗憾也已。我长邑学校，建于明初，毁于流寇，迨国朝定鼎，创修于太守孙公，继修于邑侯黎公，皆未能复厥旧观也。前任石侯，抚长五载，悉心经画，扩其规模，易其弊陋，凡为殿、为门、为庑，俱如旧制，教士有明伦之堂，崇文有魁星之阁，无不宏厂巍焕，上下翼拱。士之规行矩步于其间者，庶几复见宫墙之美富矣。独启圣一祠，方营改建，而侯适以避位去，遂不果。我贤侯薛父母，甫下车谒圣，见启圣祠倾圮，即慨然曰：“学宫所欠者止此，此于工一篑也。前之人任其始，余独不能殚其终乎？”因与司教韩公、司训李公量其资费，酌捐清俸，率庠友黄珂、王漠、田宏通等十人为之鸠工庀材，征瓦运石，不数月而祠成，翠飞矢棘，制与庙称。韩、李二公嘱余记之。余曰：是役也，能以夫子致孝之心为心者也，不伤财，不劳民，历数公之经营，至此而始为完美，是其所成者大也。昔明万历时，楚孝廉逢圣贺公为广文禋祀甚虔，夫子命子路享其祭，后公果以鼎甲为名宰相，则知夫子之神，无乎不在，感焉而无乎不通也。今我侯于祭祀时必虔必敬，且推夫子致孝之心，而致敬于启圣先师公。异日身居台辅，为时名公卿，不可以贺公之验于前者，为公卜于后哉！是为记。

资料来源：张永熙. 长寿县志：卷十 艺文志［M］. 刻本，1875（清光绪元年）.

## （康熙十二年丰都县）重修文庙记

刘如汉

高阳李侯莅枳之三年，政洽民和，百废修举而学宫首成。甲申以后，兵燹频仍，礼乐弦诵之场鞠为茂草，牧儿荛竖，薪刈其间，兔葵燕麦，漫灭其址。官于斯者，会未过而问焉。李侯下车，恻然叹曰："读圣贤书而坐观钟鼓销沈，俎豆坠地，忍乎？"爰检冰囊率作。经始自庚戌之冬至癸丑之春，阅三岁月而竣事，为殿，为堂，为庑，为门，为斋舍，为庖滔，为垣圃，焕然复其旧观。厥费不下数百金，而未尝以丝毫累民间也。邑人士欢欣鼓舞，既乐先圣庙貌之崇，又欢侯之有功于文教为不可泯，郎君于硎，走书万里，征记于予。予维古之记学宫者多矣，而家弦户诵独盱江李泰伯袁州一记，其故何哉？以其词绝枝蔓而一本于忠孝也。夫为臣尽忠，为子尽孝，宣尼立教之大旨，故元祭酒孛本鲁翀以此二句为夫子戒，斯言卓矣。窃怪世之儒者高谈姓名，侈口程朱，各谓得千圣不传之绝学，而考其实有愧于人伦之大者，不少是。岂郡县立学之初意欤？李侯学问渊博，家世忠孝，虽牛刀小试所以训俗化人者，不可殚述。斯举也扬圣主作人之化，继文翁政教之美，创十六邑已坠之绪，不可谓非善政之首焉，多士于焉，藏修于焉，息游出而用世必由真忠真孝，建三不朽以答侯觊者矣。予与侯为己亥同门友，平时以道义相砥砺，故喜而记之如此。

资料来源：田秀栗，徐浚镛. 丰都县志：卷四 艺文志［M］. 刻本，1893（清光绪十九年）.

## 邑侯罗公積修圣庙碑记

黔江学宫，宋元以前无可考，至明永乐年间始建于县治东北，后迁于县治东，再迁于县治西北，卒复于东北山下，即今所也。余于嘉庆九年夏六月署黔篆，入学谒圣，所见者仅一大成殿，而望若荒废，园囿一无所有，拜跪之所，蔓草丛生。余环视久之，矍然曰："有是哉？天下有如是之学宫而可称为县治哉？"回署，即于前任司铎刘君商及建修，更集绅士谋之迁延数月，迄无成议。适刘君以俸满推升其署理者，则彭水广文望洙周君也。初接见述及前言，既慨然肩其任，略无难色。自是鸠工庀材，凡一木一石，皆躬自购备，朝夕董率，不惮口讲而指画焉。费有不敷，则又不惜家喻户晓，是以所至之处，无不倾囊相助。其为学宫谋既已竭力矣。余官虽清苦，亦免为出力。除署中公项尽出支应外，仍偕少府傅君捐薄俸以济之。故自经始至落成仅数月，而入庙遍观，自内宫至外墙，格局整然，规模大备。前之望若荒园者，今则森森殿宇也；前之鞠为茂草者，今则奕奕泮林矣。读圣贤书，所学何事，前之官斯土者，孰忍倾废若斯。乃余与周君，仅署篆官署，仅如撰舍反向，与有成焉。数十年谋之而不足者，越数月为之而有余，文运之兴替，固自由数也。抑余读县志及庙旁残碣，自正统九年重修后，迄今三百六十年。天运一度甲子六轮，创修落成年月无不相符，益知圣庙之修非偶然也？黔之不科第，久矣。今学宫焕然改观，行见人才蔚起，科甲蝉联，其所以造于黔者。所系岂浅鲜哉？

资料来源：张九章．黔江县志：卷二 规建志［M］．刻本，1894（清光绪二十年）．

## （梁山县）重修文庙碑记

符永培

天之诞生孔子，所以为天地立心，为生民立命，为万世开太平者也。其道原于天，而承于尧、舜、禹、汤、文、武、周公。其理具于人心，而著于君臣、父子、兄弟、夫妇、朋友之伦。其教备于六籍，而讲于庠、序、庙朝、邦国、乡党、家庭之间，蔼然以师道作则，立教垂世，切近精实，为众人所与知与能，统智愚贤不肖之俦，范围罔越，是圣人之道一天道也，薄海内外，远近学舍莫不建立圣庙，以岁时修其祀事。

我国家重熙累洽，久道化成。圣天子御极首幸太学，释奠先师，焕乎唐虞三代之风矣。梁邑学宫，历代增修，数十年来，材木渐朽，加以鼠穿蚁蠹，日就圮坏。前署令今蜀臬方宪，创议重建，以升任未果。岁壬戌，余承乏兹邑。入境之始，斋沐谒圣庙。周视殿庑，怅然以惧念身膺民社，人才之隆替，学校之盛衰，有司分内事，分所当为，不勉而为之。使延教之本不修，守土之责也。且夫溺于福田利益之说者，尊崇二氏，遇浮屠老子庐，尚施舍不倦，会是礼门义路之人于圣人之宫，不欢赴耶？因谋所以新之，捐俸外，劝谕邑人，各出其所有，若陶若梓，若攻石之用，悉具。功甫及半，而余奉檄视篆开江，旋偕计吏北行。至丁卯春仲，回任则庙工中辍，再易星霜，何观成之不易欤？乃复集诸敦事者蠲吉鸠工，百废具举。中为大成殿，后为崇圣祠，为两庑，为戟门；为名宦、乡贤、忠义、孝弟祠；为棂星门，为泮池，阶砌砥平，榱栌森耸，炳炳翚翥，益丽曩观。邑人士请纪其事，窃为春秋，凡有兴作必书，而学校则兴作之大者。今兹庙貌重修，圣贤之灵，洋洋如在，斯道相维于不坠。以上称圣主敷文德育贤才之至意，凡我同志懋敬哉！

圣道崇则文教修，文教修则士知奋勉。夫石以琢砻为础为墀，木以准绳为梁为栋，士以范型希贤希圣。多士升堂阶闻金石之音，入宫墙见宗庙之美，挹之以礼乐之粹，浸之以诗书之华，束其身于子臣孝友之中，游其心于天地民物之大，彬彬郁郁，由学以致道。处则楷模乡里，出则黼黻升平，庶无负作庙之深心也。岂徒节坚焕采务新其仪观乎，是宜勒石以志不朽，诸董事姓氏例得备书。

资料来源：朱言诗. 梁山县志：卷五 学校志［M］. 刻本，1894（清光绪二十年）.

## （城口厅）培修文庙记

（通判）刘绍文

昔鲁哀公诔孔子曰“尼父”，为之立庙，旧宅置卒守，此庙所由昉也。汉高帝过鲁，祀以太牢，是其庙仅在阙里。明帝始诏郡县祀孔子，灵帝置鸿都门学，画先圣及七十二弟子像，庙制均未详。唐兴，武德二年，诏国学分立周公、孔子庙。贞观二年，别祀周公，尊孔子为“先圣”。越四年，诏天下州县皆立孔子庙，四时致祭。宋诏文庙门立戟，谥“至圣文宣王”。元世祖诏春秋二丁释奠。明嘉靖中，厘正祀典，改称“至圣先师孔子”，四配称“复圣颜子”“宗圣曾子”“述圣子思子”“亚圣孟子”，十哲以下皆称先贤，左丘明以下称先儒。去塑，设木主，罢封爵。国朝世祖章皇帝，谥为“至圣先师孔子”，通行直省各学。尊礼之隆，至当不易，超轶前古。盖以吾夫子生当衰周，开来继往，祖述宪章，植万古之纲常，立百王之大法，使天下后世知有君臣、父子、夫妇、长幼、朋友之道，其功德更有贤于尧舜文武者。宜其世世崇报，有加无已也。

城口昔隶太平，原无庙学。今上御极之二年，改设厅治。前丞吴秀良，倡同阖属士民捐资若干，始度地于城外东南隅，建修圣庙，以崇祀典。岁壬寅，余守斯土，于仲春上丁释奠。礼成，周视堂庑，见其丹雘黝黯，鳌吻倾颓，蔓草侵阶，漏痕满地，规制虽在，毁败不堪。询知创建以来，垂二十余年矣。虽时久则敝，理有固然。顾非所以妥圣贤而崇文教，况圣庙为学校本源之地，尤宜庄严以肃瞻拜者哉！急欲新之，以任事伊始，不遑暇及。

适邑绅等公禀培修文庙，并请以各乡义学余息酌抽帮助为项。余思培植学宫，守土之责，且为夙有志焉而未逮者。抽帮义学余息，更属以公济公，欣如所请。随晓谕各义学，均翕然乐从，共抽帮钱三百千文。先是，首事者买办筒瓦、石灰等项，用去钱一百三十千有奇。议者谓该处陶人制造不如法，向大成殿盖筒瓦多漏损，叠经补苴不止，请罢筒瓦。众然其说，余从之。爰狐候选州判袁天生督理一切，廪膳生袁苞监匠作。添换片瓦，建瓴作脊。桷末门壁损坏者，更易之；金碧丹漆毁污者，重辉之。自癸卯二月开工，至闰七月蒇事。凡大成殿、崇圣祠、两庑、戟门，并棂星牌坊、贤关、圣域、名宦、乡贤，及匾额、牌位、帐幔、月台、丹墀、泮池、宫墙、甬道、围垣，悉皆修葺完善，焕然一新。斯亦足以壮观瞻而虔梗祀矣！是举也，不伤民财，不劳民力，不需时日，费省功倍。首事者自备火食，其不敷之数，余捐廉足之。统计用钱三百二十千有奇。尚剩筒瓦若干匹，石灰若干石，存之以备公用。

学中诸生瞻仰其间者，佥称委任之当，办理之善也，请为志之，以昭来许。余愧不文，记恶可已。窃维圣人之道，弥纶宇宙，偕天地而永久，揭日月以常新。所愿斯庙之成，与圣道并垂不朽。是又望诸后之君子维持而保护焉，以共谅区区之意云。谨记。

资料来源：刘绍文，洪锡畴，等. 城口厅志：卷二十 艺文志［M］. 刻本，1844（清道光二十四年）.

**万县重修文庙碑记**

昔三代以上皆有学，以祀先圣先师，而学之间实自有虞氏始然。考之经传，先圣先师俱无专主，故其姓氏多不载。至有周之末，天生我孔子，继尧舜禹汤文武之道，垂教天下万世。而后，尧舜禹汤文武之道，如日月经天，江河行地也。自是有天下者，由国及乡，皆建学立庙，春秋崇祀之。以颜曾思孟四大贤配飨，别建启圣祠以祀。圣父叔梁氏，以颜曾思孟四大贤之父配飨至正室，外之左右建二楼，左藏经书图籍，右贮笾豆簠簋。阶下建两庑，以祀历代理学先儒先贤。庙门之外左设名宦祠，右设先贤祠，皆祀有功于圣教者。而门前数十步凿泮水如半璧以节游，观四面如矩以象地之方，墙垣如归以象天之圆。凡此即吾万邑古制可盖天下乡国规模也。猗欤休哉！自三代以后，以迄于今，孔子专主先圣先师之席也，道隆功盛，蔑以加矣，蜀□不幸自。甲申流寇犯川，诗书灰烬，宫墙坵墟。幸王师定蜀，而万县草昧伊始，且中间顽梗作祟，任事者虽勉力恢图，率皆止创正室，而后无启圣祠，前无两庑，遂命圣父、群贤、诸儒不得崇享祀，其于报本尊崇之典能无阙焉？我邑侯张公永辉吉贞以壬戌岁，星临兹邑，下车即先行释奠礼，遍观古迹之既颓，惧圣灵之未妥，慨然以建学作人为己任。于是百务未遑，即捐资励士，董其事不期年而大功落成。由斯启圣雍雍在宫，先圣穆穆在庙，先贤先儒济济在左右，明伦有堂，棂星有门，而菁莪棫樸辟雍钟鼓之风可复见于后矣。盖孔子之道如天，其作春秋明王道，以天自处，即以天子之事自任，故虽未登尧舜禹汤文武之位，而能继尧舜禹汤文武之道，至使万世帝王无不入学北面植弟子礼。凡天子之太子、公侯卿大夫元士之嫡子皆执笾豆，骏奔走以明君臣、父子、长幼之节焉。然非后起而有心斯道建明光复之如我邑侯张公者，又何以使煌煌古道复见于今日也哉！余于是序二帝三王以来，独吾孔子专主先圣先师之席之本末，并我邑侯建明光复之伟功，勒诸石以志不朽云。

注：此处标题为笔者据内容拟定。

资料来源：王玉鲸，张琴，范泰衡. 增修万县志：卷三十六 艺文志［M］. 刻本，1866（清同治五年）.

## 三、私学

### 綦江义学章程

綦邑义学经费置有田产收租谷一百二十九石，向由礼房书吏经理支发。数十年来，每岁领谷者不下四十余人，并未训有子弟，以致义学废弛。自去年五里团绅禀案外，本县立定新章，五里设义学五堂，城中设立一堂。考选课师六名，副取六名，课师每名每月支发谷二石，如有不认真教读者，即行辞去，立延副取者到馆，其租谷仍责成礼书催收。每年拨给薪水谷五石，其支发派文昌宫首士经理每年拨给薪水谷四石，所有课师之谷，按月支发，课师不得预领，首士不得缓支，期于款归实用，泽于童蒙。

每年二月义学上馆后着派礼书向城乡六堂查取义学馆册。每馆有学生多寡，大学生几名，年岁若干，读某经书作文诗否；小学生几名，年岁若干，读经书几部。造具姓名清册送署，以备本县岁试赶义学，按册查点。俾观课师之勤惰，藉查学生之贤愚。勤于读书者，奖以纸笔；懒于读书者，责以夏楚。如此认真考察，庶不致有名无实，义学虚设□□□□□□风俗不徒贵文理明通，必须敦品砥行之事，正心术，修孝弟，尚廉洁，肃威仪以为立教之本，正学业，分句读，明训迪，考勤惰，以尽立教之方。轻浮佻达之必戒，举动言论之必端。师道立，则善人多。课师有不若是者，虽经考选，亦随时辞谢，定不徇情。

童蒙乐嬉游而惮拘束，不能不施夏楚以抑其心智。尝见顽劣子弟遭师责罚，辄于父兄前毁谮之，明理之父兄自知子弟之不肖，责而去之。其或有溺爱不明者，听子弟之饰说，反苛责其师，是不啻使子弟为恶也。有一于此，准经理义学首士禀逐究处。

乡学为彰明礼教之地。凡跪拜揖让、洒扫进退之节最宜讲究。童到馆先向至圣先师位前揖，然后对师揖，归坐。坐容端，行容徐，立容恭。酉刻归去，礼亦如之。此虽幼仪而敬肆别焉，气质化焉。此蒙以养正之功，见于外者也。学师切不可稍事疏忽。

凡馆中子弟自清晨来学至酉刻散学，一日有一日之课程，一月有一月之功效。不立功课簿则师徒怠乎，父兄官长无从考核。今着经理义学，首士刊刻功课簿式刷印成本，发给城乡义学。每月每徒注立名姓，各给一本，所行功课，如读书、写字、对课、背书等项于每日下逐一开注明白，每三个月赴案呈缴一次，以凭查核。

凡立身行己之道，人伦日用之常，莫备于四书五经。为之师者，随时随事，为之指点印证，反复讲论。童子虽未能领悟深奥，而于事父事兄之至理，立爱立敬之大端，朝夕熟闻，使之欢欣鼓舞，日趋于善，而天良不至于澌灭。达为名宦有补于国家，穷则淑身不失为君子。讲解之功，岂浅鲜哉？

凡学徒到馆中，将前五日读过生书，带背一遍，然后再上生书。是一首书，读过五日，又带背五日，可以永久不忘。背时有差缪字句，即与讲解书理，亦可启发聪明，加功不难也。读过之书，闲时责令默写，读时方肯留心。古有读书三到之说，三到者：心到、眼到、口到也。今之子弟，亦能成诵，而心有不存，徒然口到。一经默写，错字盈幅，皆由心眼不到耳。若责以默写，则读时自然留心细看，此亦收其放心之一法。幼童描摹朱字，默书偏旁，先责其端楷。稍长令写影格，教以执笔之法。撮笔之法：撮笔管于指尖，指宜实、拳宜空、腕力宜到。欲左先右，欲右先左，无垂不缩，无往不收。切忌东涂西抹，歪斜错乱，违者戒饬。

讲对课之法，最宜幼童。从一字至七字止，逐次渐加，使之先明字义，辨别虚实。讲求平仄久之字理，明白对仗工稳，将来作文作诗，势如破竹矣。

刊发四言韵文吕李嘉言等书皆人生根柢之书，可以预植善根，与其读《千字文》《百家姓》之类于理毫无发明，不如就现在人人其由之事，使之背诵，暇时为之讲说，较有裨益。此外，如《阴骘文》《觉世经》《太上感应篇》等书虽非功令之书，亦可为劝善杜恶之助。

乡学中有子弟懒于读书者，不肯赴馆，先生亦不查究。先生又每藉事故即不到馆者，今着师徒先立出入簿一。凡子弟家有正事，准于师长前告假登注簿中，何日销假亦注载明白。至先生有事不来馆，亦将未到日期注入簿内，庶免荒废。至川省风气，秋收以后，幼读者均不入馆。童子年幼，不能任纳稼之劳。且礼有冬读书之文，史有三余读书之说。何故任其舍业而嬉耶？此习不可不除。今着每年二月初五入学，十二月初五日散馆。照此永远遵行。

乡中有子弟恂谨成材者，馆师告首士廉查得实，准于公项内劝支。每三月奖赏笔十支，纸一刀。注册年终汇报，以示鼓励。

乡学中无论冠者、童子，均准送学训读。倘有子弟顽劣不率教者，馆师务宜耐烦戒饬，严加训诲。若屡戒不悛，准馆师告知首士禀逐。

乡学考选师儒之中，有能率德砺行、尽心尽力、迎机善导、卓有成效者，岁终准于公项内劝支银四两，以酬其劳，并由县送给花红奖赏。

乡学师儒有怠惰苟安、不勤训讲，或包揽词讼、贪得银钱，或出入无时、误人子弟者，准地方团保经理义学首士禀官辞去。照本县所定新章，将考取副师延订入馆，以免虚设。如扶同欺饰，查出将首士并该地保证团总，一并责惩。

乡学之设，本意在正本清源，其要首在去其外诱。学中若有博弈、赌钱、吸烟、狎妓、偷看淫害、出入看戏、成群嬉游、口角辱骂等项情事者，责成馆师重惩，并告知首士逐出。

资料来源：宋灏，罗星．綦江县志：卷三 学校志［M］．刻本，1826（清道光六年）．

## 知县彭履坦新设乡学序

朝廷有教化，而后草野有风俗。学校者，教化之所从出也。顾从古升秀，必先命乡。周礼大司徒以乡三物教万民，而实兴之。家有塾，党有庠，州有序。地近而易可，教简而易从，其防之也周，其麦之也恕。所由力田与孝弟同科，道德一而风俗通。制宪戴羡门先生奉命治蜀，省徭役，劝农桑，锄奸暴，崇善良。诸大政之利益于民者，既次第施行。布为令。甲丙戌春，饬诸州县，然涵儒圣化百有余年，民之负山抱崖而居者实多。髫秀以谋生之计拙，致力学之情阻，此坦所早夜以思，愧教养之无具而叹为可惜者也。爰以奉礼之日，集绅耆于庭，宣德意以谕之。邑人感奋乐输，共得六千余缗，坦复割俸四百余金，贾氏田二百余亩，典田数十亩，分设乡学二十二处，延师课读，每岁送束脩若干。于城内添置义学，束脩倍之。凡讲肄考课亦如旧设隆化书院之规。窃叹邑人士向风慕义之忱为前此所未有。苟大父母渐之以仁，摩之以义，为民筹者密，而感人心者深。毋能不远而成若此哉！古者诸侯岁贡士于天子，于是乎有庆赏之典，而又裒封述职，必以人材风俗为先。盖以人事君者，大臣之职，广教化、美风俗，此郅治之所以励翼而疆隅之所以不陋也。今蜀中诸州县增设乡学，虽其所教者不过幼仪之节，章句之文而发蒙，实作圣之基，小成负大成之望行。见此户之间，即有师范单寒之士，不废横经，如南川蕞尔邑亦几几乎家弦而户诵矣。其有辅于国家之政教，岂浅鲜哉？深喜其事之有成，又恐不能慎始慎终，实力奉行以负制宪栽培，寒酸之至意也。谨援笔而记之，以告来者。

资料来源：魏崧．南川县志：卷七 学校志［M］．刻本，清咸丰年间．

## 增置乡学及加束脩记

（大足知县）王德嘉

同治十有一年壬申夏，余捧檄军斯邑下车观风；见士习瑞谨有文，心穷慰，及听讼率箕帚诟谇事，又知于仁让之，自愧教养之未至，乃于督课蚕桑之余，为书院择师定课捐膏火，以资鼓励诸书史以供披吟浃月之间，弦诵倍作。又各场乡学塾虽十三，而束脩多止三十缗，师不至塾，徒事文具而已，且拾万万古云“风俗厚薄耶”。爰访求各场公子勤能之士，开诚劝导，俾知其乡台不法之子弟，实其多少善教之先生，令其就地筹建新斋，兼增书旧斋脩脯，夷期必成。不其年皆立案定制，争出解橐，或集腋成裘，或取厘于猪牛，或收息于斗秤，虽生息钱谷助成其事均成垂之久远，通计十八场新旧乡学共二十斋，其岁有多至五六十缗者，师必至，塾学非虚设。从此，每岁延务必破除情面，严加考核，取正副各一人，以资易置，即随时其勤怠以为奖劝。虽未必兴学，即能变俗而蓬筚之子，其能诵诗读书以默化其桀骜难驯之心，何至陷身于不测，推之型仁讲让，亦可渐渍，而知其裨区化夫，岂浅哉？但愿乡父老，留心保护，勿使欠而湮没，而官斯土者，亦当循名核实馆谷，勿今虚縻，人材得由造就，是则余所甚望也夫。

资料来源：王德嘉．大足县志：卷二 建置志［M］．刻本，1877（清光绪

三年).

## 养正斋学记

（大足知县）沈潜

余自童子授句读时，一日过庭，先人训之曰："读书以明理为要，为政以教养为先，从古圣贤教人立身处世之大法也。汝其志之初。"余未领会，既而省悟。遂时时以谨身制行为念，居常做错一件事，说错一句话，过后追思则必心怀愧怍，无地自容，五十年来如一日也。戊午秋，余简任兹土，下车日即以民风土俗为念，足邑自李唐开治后，中间贤达之士为忠臣，为令子，文章华国，代有其人。自明季流贼张献忠作乱，民被荼毒，大半窜徙，田地荒芜，烟消路绝，为豺狼虎豹之区矣。我朝定鼎后，裁令归荣嗣后，钦承谕旨，设法招徕四方归集。土渐辟，赋渐增，越今生齿益繁，于雍正八年间复设令尉为治。因俗尚俭朴，户多，盖藏颇称温饱，然好争健讼，其读书励行如前此杰出之士，屈指可数。余谓教之一道，不可不急讲也，为集师集士，开设义馆。治东旧有空房一所，昔里民为荣邑令听政所置，今虽倾圮，加以修葺，亦可为师生肄业之所，且内有余地，将来生徒如众，亦可增建。但余力薄，膏火之资不能从厚，今虽勉力，恐终难为继，每以为虑。庚申秋，邑之士民具盛礼为我母寿，母曰："汝素以清白为志，今因我而受财，不大谬乎！昔陶母以一鲊罪其子，汝者不为我坚拒，即为不孝！"余闻命，惶悚跪而却之，众又不肯，曰："我等出诸诚心，宁罪不去也！"相持竟日，乃曰："如是盍以此礼物归之义馆，以为公用，可乎？"众诺，方退。于是归之，又有米粮，里天池寺流僧不法，众讼之，审实，责逐还俗，寺有土租并有他事无著公项数起，成归之，然计岁入，尚不过二十余金，犹未足用。余领过将去，不能始终其事，心甚怏怏，窃念继此来者，深有同心，伏愿留心维持，成此久远之图。徜能成就人材，出而为邦家，监梅霖雨之奇，其有裨于世道人心不浅也，是为记。

资料来源：王德嘉. 大足县志：卷二 建置志［M］. 刻本，1877（清光绪三年）.

## 桂修义学序

大足署令

署令官学必始于重蒙，古者闾里乡党皆有小学，人生八岁即入其中而教之洒扫应对进退之节，礼乐射御书数之文，所以收束其身心，启迪其聪明为大学之根基也。我朝治教休明，泮宫而外既有书院以训成材，又以义学所授蒙童改至善也。足邑西街旧有老义学一所，应任诸君暨绅士等创建棠香书院，而此地逐久旷为居民。予既捧捐一百千以益书院脩脯，因思蒙养为作圣之功，小学不讲安冀大成，每欲重为修葺，延师课蒙，置买田产以为经费，俾总角童稚常得有所造就，而公务繁多，力有未遑。今予瓜期将至，不及为远大之谋，乃弟就其屋舍，而更新之。颜曰“养正义学”，义学捐廉一百金，付绅士执掌，每年加二生息，并门前铺租一分以为馆师脩脯之资，此外不足之处，在后之官斯土者与绅民等共筹善策。庶几义学与书院并隆，小学与大学并重，人文从此蒸蒸日上矣，抑余更有说焉。夫为学之道，学为人而已矣，虽穷理尽性、修己治人之术非小学所能及，而鲁谕弟子一章即希贤希圣之甚诚为之师者，教之以孝弟，教之以谨信，教之以泛爱亲仁，教之以行有余力则以学文，则大学之明德、新民、止于至善，成人岂徒章句记诵之末矣哉？

资料来源：王德嘉. 大足县志：卷二 建置志［M］. 刻本，1877（清光绪三年）.

## 重修育贤斋序

（大足邑令）丁融昌

政教粗辅久矣，善为政者，道无论升降，人无论智愚，地无论椎雅，类皆不可无学，不能无教，匪特辟雍论秀，泮水从公，渭饔旗逢，鼍鼓好音，怀而鸮集，风晦雨而鸡鸣巳也。

国朝教化昌明，驾轶前代，凡属穷乡僻壤，靡不令有司广立学舍。俾持角负薪之辈，断荠划粥之俦，以及歧嶷童子灵馨可儿，皆得肄业其间，不至蹈墨子素丝之泣，其估治岂哉，鲜耶！邑有自道光初年，署县潘始置育贤斋予东关负郭，特束脩太薄，塾师名不适馆，前县不就地筹增，颇堪受粲。惜其斋久毁于贼，未经修复，余心甚属慊慊，爰饬场绅陈集春等购地募修，为捐廉以葳厥事。继自今宿儒老师，其时亦可以认课读也乎？但愿为是师者思馆，谷不可虚縻，念师名未容空负，勿谓童稚蒙养功宏，勿谓单微寒畯志笃，勿谓尘嚣近市心之远者地自偏，勿谓颖悟无徒善子教者不为类。行见训课既久，忠孝发其真性，弟友动其至情，今日入孝出弟之伦，必异日忠君爱国之士，即不幸废学而厄于遇，亦自可化愚，以全其天，且使一市之顽者、懦者、强者且悍者，咸潜移默化于不自知，以补有司政教之所不逮，是即有司治斋之意也夫！

资料来源：王德嘉. 大足县志：卷二 建置志［M］. 刻本，1877（清光绪三年）.

# 四、科举

## （綦江）乡试宾兴记

（邑举人）罗星

宾兴始见于周礼，地官乡大夫职，岁大比考其德行道艺。而兴贤者、能者与乡老，帅其吏与其众寡以礼。礼宾之厥典，至为隆重。两汉诏举贤良方正，治犹近古。自科目盛而此礼之废，二千年矣。我国家文教覃敷，人才辈出。蜀循吏及邑之前贤宰间，仿其意行之。亦美其名曰："宾兴。"然酒数巡，赆一二金而止，而谈者即以为盛事。綦自雍正十年改建学宫，科名阒寂者岁六十年。乾隆末秋试或□□确凿不易者，而公方歉然，不居其功。綦何修而葱葱郁郁之气，转旋于三两年间势且方兴未已也。今读其宾兴仪注，自始至终，裔皇典丽，恍恍然。手扶群士于云霄之上，不禁眉飞色舞。吾辈何惠良深，宜何如争相踊跃佩公之德于不衰也。他日规例已定，每行斯典，必由抗而起者，曰："此吾邓侯之遗，毫乎不可少者。"虽然助多士蝉联雀起，蒸蒸日盛，此公之婆心一片也。若叨惠而徒作壮游，谓烟花是锦城，其何以自安于清夜，至乃故受之，而故□崖而返，则公之措置此事，始终不忍齿及。良由其居心之厚，吾邑□有是士乎哉？

资料来源：杨铭，伍濬祥．綦江县志：卷三 学校［M］．增刻本，1863（清同治二年）．

## （城口厅）新修魁星阁记

（通判）刘绍文

近世郡县，多于文昌宫前或左右建置高阁，名为"奎楼"。供神像于上，其状蓝面赤发，獠牙巨口，独立鳌头，握金执笔，如阎立本所图变相者，称为"奎星"。殆附会于宋时五星聚奎之说，以为文明之象。士人祀文昌者，必兼祀之。意以文昌主宰文场，而获售必在奎星。不知奎乃西方白虎之精，为天之武库，而非所以掌文衡也。尝考《天官书》，"魁枕参首"正义曰："魁，斗第一星。"又考斗戴筐六星，其三曰"贵相"，理文稽，六曰"司禄"，赏功进士，统曰"文昌宫"。故士举于乡，题曰文魁，盖取其第一之义，又将受禄于朝，而上应乎司禄之权。然后知世俗称"奎"者，为"魁"之误，而士人之崇奉之者，不为无因也。

余自道光壬寅春视事城口，见其附近祠庙渐就倾颓，爰筹款捐廉，以次修葺。癸卯之夏，一律完丁。时邑绅袁天生等，公请建修魁星阁。且日形家者言，厅治科甲不发，因三吉之方秀峰未起，宜于圣庙巽地高构楼阁，以培文风。余谓堪舆之书同属渺茫，而培植地方实守土之责，况日月星辰，祀典所在，又非不经淫祠比也，遂允其请。即于绅民中遴选老成公正者首其事，分簿劝捐。阖厅士民踊跃乐输，钱共一千五百余千文。乃度地于城之东南岸山老营盘，拓基砌石，鸠工庀材，诹吉八月十三日建竖，十二月落成。阁三层，高六丈有奇。上层供魁神像，放其额曰：魁尔士。中层四面窗棂，绕以雕栏，为登眺之所。下层三壁皆砖。前为牌坊，傍阁东西厢三房各一，阁后围屋三间，阁外槽门一道，缭以垣墙。统计用钱九百四十余千文，余钱为纂刻厅志之费。是阁也，规模宏峻，巍然独出，于峰环水绕间，耸翠流丹，辉金映碧。洵足以增山川之色，而聚秀灵之气，岂徒备一厅之景胜，壮一时之观瞻哉！将见地灵人杰，英才蔚起，高登黄甲，共步青云，有如形家所言者，当亦予之所厚望也。因志建阁之由，并证称名之误，以镌诸石。

资料来源：刘绍文，洪锡畴，等. 城口厅志：卷二十 艺文志［M］. 刻本，1844（清道光二十四年）.

## （涪州）修考棚记

（州牧）吴廷辉

川东州县向无考棚，试则诸童列坐于公廨前期预搭席棚，搭棚之具取于民，差役藉以需所扰累沿江州县，有强取船檐以供用榜人维舟以待试毕者。试之日唱名而入，应试者往往自挟几案以应名，拥挤杂沓，不胜其苦。风雨骤至，则坐篷下者群哗而避于堂，不能禁。庚辰春，定远县试，余目见其状，如前所云，时因移建仓敖有隙地，在公堂左又因修文庙有余材，遂成。屋数十楹，足容八九百人，以为试所，其时尚无考棚之名，而重庆属之有考棚自此始矣。至于涪州，则应试者倍于定远，人数既多，其需考棚为尤亟矣。集绅士议之，择基于学署前数十屋，买民居以拓其地，余捐廉为之倡，绅士等踊跃捐输，争先恐后。复举谭君辉宁董其事，其子逵九孝廉及陈禹畴、周步云、谭世滟、谭登岸等协理之，鸠工庀材，众例毕举，经始于丁亥之秋，迄庚寅春落成。气象光昌，规模严正，涪陵为人文蔚起之区，其仰今兹之广庇，思曩日之艰辛，以愈励其奋发有为之志也。

资料来源：傅炳墀. 涪州志：卷十四 艺文志［M］. 刻本，1869（清同治八年）.

## （丰都）创修考棚记

田秀栗

国家以制科取士，三岁大比，诏有司择地进退之，试以古者圣贤儒者之言，使之贵经术，右秀良，非先已之法不得与争，而奇衰不至为世患。是故州县上之府，府上之督学使者，举之乡、贡之京师，各为之，所以绝其弊，以为自是至于贡登天府，阙非佳土，然则州县三有考棚犹都会之有试院也。同治乙丑冬，余权篆丰都，下车观风，试士问考棚所在，佥曰无之，后访诸书院山长、孝廉、王君元曾，始知兹邑无考棚者且二百年，先试于县署，继迁试城隅之火神祠，湫隘嚣尘，土弗之便。邑人顾谓其非大患也，遂安其陋。尹兹者谓邑人且无患也，遂仍其旧，嗟乎！士失其寓久矣。周末，乡举里选之法坏，杨墨老庄之徒竟起，而兴周公孔子之道争。自汉以后，科目选举之法坏，释道荒诞不经之徒并起，而兴汉宋诸儒之学争，迁流数百年后之争者，或且胜于杨墨老庄释道矣。初丰人公置地，扼西门之要，深二十三丈，广半之。欲有创建而未果，会有外来夺之者，将构争，为邑人患，众乃以考棚辞，余数与王君谋，欲为实其言，辄窘于资，而争之者方耽耽焉。祝其无成，众又悻悻然，阴设备以俟。适徐学士昌诸以读礼归来，言曰“闻侯谋建考棚，此实吾辈夙有志而未逮者，今以息争弥患，嘉惠士林，一举而三善备”。盍亟图之，余曰是吾责也。为捐廉五百缗，学士与之君诸父老议之，众翕然各输金钱，为乡里先合词请于大府，令余张示赀给册，甲里长者使编，告以意。于是阖境士民跃然输将，不浃旬而得白金三百九十两，钱一万九千五百四十贯。度其地后洼培之址，逾三丈，众方鸠工庀材，江水忽涌，至松柏二十余株皆可梁栋，众益懽舞勤事，谓兹举实有天焉，又恐余速去，乞大府留余以终斯役。余求去，弗获。与都人士昕夕从事。经始自同治六年丁卯七月，以明年戊辰五月讫功，得屋二百十有四楹，倚城环墉，以为之范，百衔树墙，翼以两辕，墙内为雨亭，踵亭为重门。以肃关键，中敞两廊，趾不载版，以坐试士，布地以砥，以御尘壒，其上为堂，拓堂之右循垣为箭道，轩于堂后，屋其两头为校阅所，于其上为公余眺远地，糜金钱一万八千有奇。既成，试期适及，余得睹试士，泳思乎其中，佥称便而以功归之余，请为记。余谓，是役也，都人士实共襄厥成，余何力之有，且将以其余赀纂刊县志。及于岁修宾兴，又分其羡置校场，为马射地，是乐善不已。斯邑之风，文通武达，其未有艾，余职所应尽，不敢谓维持风化，仲副国家取士意，而窃幸斯举之成、之速，息争弥患，一如徐学士言也。因大会邑人以落之，任其巅末如左。

资料来源：田秀栗，徐浚镛. 丰都县志：卷四 艺文志［M］. 刻本，1893（清光绪十九年）.

## （大足）海棠试院论

（邑人）李型廉

邑自雍正八年复置官师，户诵家弦，较昔尤盛。比年来，人文蔚起，就试童子一千有余，当试期，旧子公廨余地安置棹凳，雨洒风飘，咸以无考棚为憾。道光十年，听松章侯知县事露冕观风，悯诸生之坐号缺如也，慨然有建修之志。越明年，政通人和，会广文倪蓬舫协集伸耆，谋新厥制，阖邑闻之，踊跃乐捐，不数日，醵钱六千七百缗有奇。爰饬董事延堪舆周，明哲曾廷璧相阴阳、度形势，于海棠池侧建试院一所，气象宏敞，计大堂三间，二堂三间，龙门三间，头门三间，颜其额曰“海棠试院”，盖志古迹也。两廊房三十六间，每间号棹四，其棹上覆以木，下嵌以石，平坦坚固，视锦城之学院署有加焉。又二堂侧构间房以处试官之仆从，大堂左构官厅以试武童之步箭，大堂右构育贤房以处办公之书吏。乐楼辕门灿然俱备，费钱适如捐项，经始于十二年春至十二年冬乃告竣。是役也，度支出入，千总陈国清总其成，鸠工庀材，举人徐鼎臣，岁贡杨维垣，文生谭翼霄、黄性增，监生向中选、徐永固、陈邦彦襄其事，落成后章侯寻以疾捐馆，邑人士爱其甘棠，故详书颠末如此。

原注：海棠试院在县署西，道光十二年邑令章坦劝士民创修，其大门在正西街，养正义学右侧，因移义学左厢于右，以通官道。咸丰十年滇匪之乱，东西号房及头门、雨亭折毁，同治六年知县王宝臣补修。

资料来源：王德嘉. 大足县志：卷二 建置志 学校［M］. 刻本，1877（清光绪三年）.

## （南川）彭公履坦创修试院记

朝廷设学校以造士，即有春秋两试，以取士。典至钜也，而升秀必先命乡，则云程发轫实自童子之科始。南川山水奇特，户口繁殷，童试不满千人，心窃怪之。夫劝学无异于劝农，果能优恤之以安其身？斯不难激励之以作其气。数年来书院膏火已两度增加，惟试院未及创修。尝闵其扃试，署廷既躬亲负戴之劳，且难免风雨之苦。爰捐廉倡建，邑人士感奋乐。徒工既竣，集绅耆宴其中，共庆落成，顾而乐之，笑谓诸生曰：“山燦若眉，水环如带，上栋下宇，壮丽崇闳。以此劝士，有不足浚其藻思而骋其椽笔者乎？”此后衔枚壮士，非惟一鼓作气会当余勇可贾矣。抑余更有说焉？士先品性而后文艺，圣贤立身行己，吉凶悔吝之道备于六经而大畅于宋儒之语录。诚能且有孜孜勿忘勿助于以博其旨趣，究其精微，而又本六经之所以为。教反而求之方寸之中设，诚而致之无愧于大廷，无惭于幽独，则读书与立品相辅，而他日举于乡、升于国，以仰副造士、取士之意，而自成为有本有末之才。是则，余之所厚望也。若夫兴作之程、堂舍之规、经营之数，则有邑人士之记，在余不赘。

资料来源：柳琅声．重修南川县志：卷七 清代学制［M］．排印本，1926（民国十五年）．

## （南川）建考棚碑记

（邑进士）韦杰生

古之称循良者，莫不有惠民之政。史载循良诸传可考而知业，然而父母之心不可以伪焉。唯仁人能投诚致行，因其地之所关而为之谋。蔼然有覆载栽培之意而得其后先缓急之方，此非好大喜功，徒节耳目者之所能及也。邑侯裴彬彭老夫子以豫章名进士奉简命莅兹。士庭有悬鱼案无留狱，留心抚字于今七年，如平治街道，修补城垣，捐俸倡建，永生桥无一不以利民便民为务，而春秋谋士之勤，尤无间于风雨。顾念南川山水所重，不乞髦秀，而考棚未建，非所以帡幪多士也。爰以道光二年九月，集绅耆议修，以百余年间邑人士有未逮之举不阶尺土而身任其劳，其意可不谓厚欤？夫一邑之文风，视乎章治之培植，而培植之方，学宫为重，书院次之，考棚何独不然？邑侯之下车也，先于学宫改建圣域贤关二坊，谆谆以升堂入室，为诸生望次乃两度增书院膏火。今又创为斯举，万间广厦有其具矣！继自今，白袍鹄立，依仁宇以同，升朱绂方来。听颂声之喜，起风教所涵，有不蒸蒸日上者哉！是役也，邑侯饬董事募捐，先割俸百金为之倡，邑人感奋乐输，逾月得一千余金。乃卜基县署之西，即以其年十月二十四日经始，督工董事一乃心力，越明年四月藏事记费工二万有奇，门堂阶级亦如郡城试院之制，东西文场号舍，前后各两层，约容千余坐。垣其四周而黝垩之。邑侯于公余之暇，相其阴阳，口讲指授，如伏波聚米茂，先书地结构经营，罔不犁然在目，于以叹贤父母才识之明，厚于学术以养以教，有以深入乎？士民之心而生其慕义急公之忱，故信而后劳，如风之行，如草斯偃，能使顽者廉、懦者立，欢欣鼓舞以相与有成也，是为序。

资料来源：柳琅声．重修南川县志：卷七［M］．排印本，1926（民国十五年）．

## (万县)新建考棚碑记

(万县调导)　　龚珪　介三

国家设乡会科目擢人才，先于岁科。院试每郡县各取弟子员禄，诸宫设师课教，储乡会试选，而院试必先之以郡试，又必先之以县试。郡县试只收录待院试，取得无失与也。将徒为之嚆矢乎？然功令所设要自有深意焉？夫士先器识而后文艺，乡会既岁科，试唯取文艺。暗中摸索不独识趣，莫辨节其人之状貌，器局亦茫然不知为何许。况以一日之判短长，于一览决去取第，就文为衡，亦有幸不幸。秋风凛冽讵令英豪哉！唯郡县屡试至四五场，岁科并试綦至十场，题之虚实，文之奇正，得毕奏其技并于帖括外。若经义若词赋得别著所长，且于进退举止间审其风度，察其气象，其人之器识亦可得其大凡。而县试较郡试尤为亲切。将试必先甄别流品，署行义年，其身家不清、行止有玷者，均不得预试。故必县试录取达诸郡试，乃能进诸院试。拔取以储乡会试，选其登进始基之令典，顾不重欤？典既重，则关防不得，不密体制不可不□万钜邑也。岁科应县试者不下千余人，旧无考棚试，诸县廨无论几案自备，拥挤逼仄炎蒸□炙风雨飘摇。试者深以为苦而散处陬隅族谈扰攘，稽察弗能。周矮屋已足短英雄气，况以讼庭为矮屋耶？前此绅耆群切经营程工甚巨，屡举屡辍。洎后集议请诸邑侯，按粮捐输，期于必成，逮岁余计，犹未及半，仍作道谋，何时眼前突兀见此屋也？杜峙三世好善，众共推属，余偕绅耆往商之，杜君慨弗。再计遂独任其事，选胜地，构巨材，制坚壁鸠良。于道光十九年三月经始，而是一年三月落成，共捐制钱一千六百二十三万余，余徒邑侯既盍邑人士同观之。其外则规模宏敞，非徒壮观，瞻俾鹄立以俟者得舒，鱼贯而入者弗滞也。其号舍，则高爽俾风，日莫能侵，阴习无虞蔽也。其号座则坚固，俾构思者安适弗□亦期历久弗卪才业。其内则清邃，俾衡文者，偃息得所以怡其神。散布有地，以豁其目也。凡厨窗莫不涓洁，休榻几案莫不完好，小物备矣！而崇垣四周闳关重阻，于关防体制尤为肃密。众毕览而善之，谓庀才既得地。斯鉴拔悉真才，行见科岁登进乡会过翩，掇青紫焕系纶胥。由此储其选峙，三共深知，今典所重，尤在初基，途为选佛僻胜场耶？广厦大庇，固君家素顾非必以是博名。高异目邑中有造五凤楼乎？出当缅溯缔造襟怀，于百尺楼上为君特置一榻。

资料来源：王玉鲸，张琴，范泰衡．增修万县志：卷七 地理志［M］．刻本，1866（清同治五年）．

## 建綦江魁星阁碑

（邑令）邓仁坤

魁星主科名而敷文命者也。綦邑议建阁奉祀，历有年所。壬辰岁重修城垣，得闻是议，即欣任之。爰卜城东前明攀桂楼旧址辟地筑基。卜者曰此适圣庙，天禄方查明时科名最盛，仕宦亦隆。自攀桂楼催始渐替。是役之兴，殆不容缓。爰亟筹款鸠工庀材，立坤艮向，朝拱文庙，建阁三层，凌霄百尺，六面疏棂，玲珑丹雘。工竣，都人士莫不手额称庆，谓数十年谋之不足，今侯只手成之有余，而且试院聿新，文昌重焕所以扶持文运者至矣。余曰星聚井而江都有策，水潆湘而濂溪有图。华国文章，类资风水从兹学校化兴，人文蔚起。固有操券不爽者，然天禄之说，尤有进焉。缘此方为水口关门，今建阁，其地揖凤冠而耸翠璧，合珠联抱龙角以回澜渊渟岳峙。固不独士子食天禄，即邑中绅庶又何不益觇殷盛也。惟冀诣阁登楼，必虔必肃；掇科膺爵，勿替勿忘。则守土者之厚望也。

资料来源：杨铭，伍濬祥. 綦江县志：卷三 学校志［M］. 增刻本，1863（清同治二年）.

## 綦江县宾兴本息章程清单

计　开

道光十三年夏，知县邓仁堃措设纹银一千两，当堂□禹顺、□□礼、王崇义、益全兴五盐号分半生息，以为宾兴之费。每岁计息银一百五十两，利不生利，立有卷宗。如三年大比，共应收利银四百五十两，照乡试文士均分。如遇恩科，则为数较少。每科场之年六月，此项斋长经手，请官包封过押，交老成殷实文生二人，携至省垣斋，集诸人均匀分给以杜弊端。

资料来源：杨铭，伍濬祥. 綦江县志：卷三 学校［M］. 增刻本，1863（清同治二年）.

## （黔江县）创议宾兴序

钱　棠

窃维典重宾兴，原鼓励人才之盛举，礼隆学校，亦维持风化之要规。黔邑僻处山陬，幅员匪阔，惟阅志乘，历载其间代有伟人。既已绍鸿业于前徽，何难追骥足于后起？本县下车伊始，常以斯邑距省二千余里之遥，每值乡试之期，在富有者何难陟彼周行及锋而试，惟贫乏者纵志切观光，徒嗟季子无金，往往裹足不前，致使骊珠珊瑚烟沉海底，杞楠棫朴终老岩阿，言之殊为扼腕。

兹有邑人杨自贵、李连芳等，先后愿将钱项捐施为县中公用，本县即以为宾兴之需，选派殷实绅粮董司其事，虽为数无多，既创有始基，其于学校不无小补，尚愿合邑绅粮仰体本县为尔邑振兴文教一段曲衷，再有乐施捐助者，篑土成山，何难九仞。将清贫之士不愈叨裨益耶，勉之，望之。

兹将经理章程开列于左：

会中施药业契均存礼房记档立案，其招耕退佃由首士访招耕种，仍令耕种之户赴县出具认耕退佃各结，附卷以备查核。

会中产业及收存艮钱谷石，遴选公正殷实绅士二人，粮户二人经收管理，每至年终将经营一年出入艮钱数目，逐一算明，开造清册，禀官查核，另选绅粮各二人交替接管，不得亏短分文。

会中产业谷石，如遇县中交卸之时，列入交款，造册移交后任接管。倘佃户等有欠租谷等事，移送照追。

会中每年出息，除完纳差粮及培补佃户房屋，修理堰沟等费之外，余息存贮。每值乡试之年，诸生等有志切观光者，视起文赴试者几人，将历年存息若干，按名摊分以助往还需费之资。

乡试之年，诸生等有志赴试者，应赴儒学衙门起文赴试，所有向来笔墨费用，准着正项开销。

给赴试资费艮两，凡值年首士必须酌量交与赴试公正之人带至省垣，方准按明散给，以杜在县承领不去之弊。

会中所收谷石，议于考棚之侧，择地修建仓廒，以资收存。如有现成暂为借用，即责成该处看司照管。遇有渗漏之处，该看司随时报知，首士看明修理。每年酌给看司工食钱文，准作正项开销。

以上各款，一为撙节度支，多余一分，使士子多受一分之惠；一为预杜侵蚀、亏挪之弊，实用归实济而期久远，果能认真遵行，何患其不日臻妥善耶？惟冀在事诸君，遇事勿负创议者，任劳任怨，良不易为，无任欣幸之至。因不惮笔墨之烦，复识于后。噫，诸君其谅余怀焉！

资料来源：黔江土家族，苗族自治县县志办公室．黔江旧志类编：清光绪以前［M］．内部交流本，1985：157.

## （彭水县）宾兴月课公费章程

每逢乡试之年，无论正科、恩科，文生每名给路费钱六千。文武生多系殷实，每名酌帮钱三千文，统由在事绅董汇兑入省，按名发给，不准在局预支。

其旧有截提月课钱五十六千文，仍作月课花红，毋庸再提。

每逢会试之年，无论正科、恩科，新科文举每名给路费钱六十千文，新拔贡赴京朝考亦同。其武举每名给路费钱三十千文。若旧科文武举人各减半支给。

宾兴一项，如日后公费扩充，有可加给许经管收支，绅董临时妥议，禀官酌加，外人不准争执。

留省留京文武生举均不准支给路费。

凡已领路费文武生举，如因事故不能赴考，所领钱文仍由在事绅董收还，归矣。其已赴省及赴京应试，即取其本人亲书领讫字据备查。

年定加课古学八期，给生童花红钱十二千文。以课卷之优劣定等第之多寡，以等第之先后定奖赏之厚薄。统由主课随时酌定，不得过定章钱数。

凡考课古学生童须先期二日，赴礼房注名，以便按名备卷。

凡考课古学应备试卷、榜纸、点名簿等项，统由在事绅董买备。

资料来源：王鳞飞，等．增修酉阳直隶州总志：卷五 学校志［M］．刻本，1864（清同治三年）．

## （巫山县）分辨文会、膏火、宾兴章程

向光斗　李友梁　李友源

学中向规设立斋长二人，总司前谷。今既分辨以一人管文会，一人管膏火，另举二人管理宾兴，各收各款，以专责成。

学中支应统由文会首士筹给，膏火首士只管书院用费，宾兴首士只管科场帮款。无论何项支出，不能彼此挪移。

管文会者，初各庙香灯看司工食义学束脩以及完粮各杂费，照章给发外，所余之资，存作岁修工程，大小由文会知照膏火、宾兴两处敬谨估勘，从实开报。管膏火者，每课一次，发过膏火钱若干，点心钱若干，卷钱若干，逐一开清，备查。管宾兴者只管账目，钱科概不经手，听其当众举报，妥实铺户收存生息，科场之年，无论银价高低，随时换买。

同治七年，知府黄毓恩捐银一千两，以助宾兴。适因魁阁功成，同志者于是有创立阁帮宾兴之议，以黄府增发银置产为基，知县许尧文因历年悬搁盐水因息，禀准拨入魁阁，名曰“阁帮”。令举首士经理，三年届满更换一次，无论城乡绅耆，要以公正妥实者当之。

北上宾兴，每年阁帮提取钱二十千文，三年提帮一次，如一科无人，并入

下届给发，以三科为止。数科乏人，则将所存之项，提置田业，永作阁帮。北上宾兴不在旧款帮项之内。

阁帮所入之项，由首士自行择妥生息。惟以年满一分息归公。如有塌脱，首士赔缴至庄户押租钱只宜减少，不得加增。

阁帮三年一次，除提取北上宾兴外，尽其所有换银带省，按照人数，核实均分。

资料来源：连山．巫山县志：卷十六 学校志［M］．刻本，1893（清光绪十九年）．

## 劝捐宾兴会小引

［清］罗生棓

道光己酉岁，予题补酉阳州牧，维时适权成都府篆从试秋闱，见本州来应省试者寥寥无几，心窃异之。盖酉阳为古思州地，在巴渝东偏，山号钟灵，洞名藏书，何有志观光者之少也？及赴任后谒文昌庙，见旁立石碣，知前刺史郑公捐廉垫办，特举宾兴大典，多士奋兴，已历两科。适陈孝廉回籍，首倡同学请以济仓闲款作为经久之计，已蒙大宪准行，旋遇岁凶。福署州祥请，仍复其旧，以实仓储，事遂中变。然士子受郑公之惠，未忍仆其碑也，予阅之慨然有饩羊之思，窃念酉土久沐文化，间发科名，特以去省二千余里，单寒之士资斧维艰，郑公体恤穷儒，创兴钜典，其意良厚，乃垂成而忽败，为恍然者久之。予感郑公嘉惠士林之意，终欲有以成之也，爰及同学，议以仓谷，粜剩余资，为宾兴根本，计非五六千不能善其后，因思七里士民不乏殷实之户，爰捐俸廉，加呼将伯，即非掠人之美以市恩，谁谓人之好善不如我？行见宴赋鹿鸣，名题雁塔，英贤辈出，多士奋兴，尔等世世子孙，科名不绝，是则予与郑公之所厚望也夫。

资料来源：政协酉阳县委员会．酉阳文史资料：第二十五辑［M］．内部交流本，2010：25．

## 彭水蔚文堂

刘　浪

它不是雕梁画栋的亭台楼阁，也不是香火氤氲的宗祠庙宇，而是清朝时期彭水县的一个宾兴组织。

“宾兴”一词最早见于《周礼》：“司徒以乡三物教万民而宾兴之”，其意思是“待以宾客之礼而推举”。后来，“宾兴”逐渐衍变为科举制度的代名词。

应试、入学、登科、做官不仅是士子个人的奋斗目标，亦成为宗族和地方公众都关心的事情。明清时期，虽然朝廷会拨发一些制度性的助学、助考经费，但其覆盖面和资助的额度都较小，无法满足广大士子修习举业的实际需要。众寒畯之士，每以无力而止。于是，各种地方性的民间助学、助考组织遂应运而生，作为民间与科举制度相“配套”的机制，如采芹会、南宫会、乐英庄、兴贤堂、蔚文堂等。这些组织统称为宾兴会或宾兴局。

清咸丰八年（1858 年），彭水知县王鳞飞奉命查办土豪廖大观、廖美连父子，将其家产充公以为蔚文堂，将其新宅改为云上书院（初名摩云书院，今汉葭镇一小）。随后，将蔚文堂交由公推的绅董首士张裕如、王有骧等十人负责经营管理，办公地点就在云上书院。

咸丰十一年（1861 年）四月，已升任酉阳直隶州知府的王鳞飞颁行改定的经营管理方案，将蔚文堂资产折钱共计 18558 串 400 文分为四项公费，皆作振兴文教之用，并订“章程”十六条，以严格经营管理。四项公费：一为卷价，供文武生童县、州、院三试考费之用；二为宾兴月课，作生员赴乡试或会试时宾兴费用，暨举行古学年考八课奖赏之需；三为添送云上、汉葭两书院山长束脩；四为培修云上书院及添置院内器具。此四项经费的支出并不动用蔚文堂的原始资产，而是用这些资产经营增值的部分来资助当地士子，即“只动利，不动本”。

可以说，彭水蔚文堂实际上就是一个“官倡民办”的教育类公益基金组织。

蔚文堂创立之初，组织本善，条规本密，不可不谓“法良意美，动出万全”，本可“使彭邑士民永沾实惠”。然而，奈何在局绅董奉行不力，收入日窘，后又借口“以公济公，兼理义渡”，致原旨丧失，没能做到专款专用。当然，其中还有胥吏中饱、官员挪用以及绅董私吞等原因。及至同治四年（1865 年），蔚文堂已元气大伤，从此一蹶不振。

蔚文堂自兴及没，虽不逾十载，但其振兴文教之精神、探索开创之功绩，实不可磨灭，值得铭记。以蔚文堂为舞台，当时的地方官府、乡绅名流、典当商人、普通地主以及众多士子等不同社会群体，在这里上演了一出极为鲜活的多幕剧。而其各自的功过与得失、光明与丑陋以及欢喜与悲伤，自有历史书写，自有后世评判。

最后，尤值一提的是，彭水蔚文堂作为一个教育类公益基金组织，其管理体制既不同于官方的行政管理，也有别于其他以盈利为目的的商业组织，而是表现出某种“绅民自治”的意味，具有了介于政府与私人之间的社会公共部门的某些特征。这对于当今时代我们如何创新社会治理体系，无疑具有很好的启示和借鉴意义。

资料来源：《重庆政协报》2015 年 4 月 24 日。

## 举行宾兴告示

为宾兴事照得三年大比，特重抡才百里。兴贤首先推毂整秋风而并驾桂籍星，联遴旭旦以盍□杏园，累动适赋干云之庆，可无钱酒之欢？呦鹿群赓，行衎嘉宾于天府，飞鹏大展，爰罗硕彦于琴堂。兹本县择于六月内某日举行宾兴大礼，为此是仰合邑乡试诸举子，于是日卯刻汇集，齐步蟾宫。行次照岁，案先后褰裳就道，尽是占魁夺谢之英。序齿登筵，罔非金马玉堂之客；涤风尘而下士，结采熏香仰寿考，以作人吹笙鼓。正值奎垣式焕，新逢蕊榜宏开，共奋志于云程，定蜚声于翰苑。此日同游月窟，文章竟花样之新。他时连捷南宫科第，叶泥金之喜用增行色。弥切观光，幸勿遐心，伫当刮目。

资料来源：杨铭，伍濬祥. 綦江县志：卷三 学校［M］. 增刻本，1863（清同治二年）.

## 拟乡试宾兴仪注

每大比之年，愿乡试者于五月内赴学署注册。六月初一日移县，诹吉礼房送全柬用启。启式临期随酌伏以。“熙朝选士秋高启鹗荐之声，盛世需才天际慰鹏程之望。”“风云恰会，毛羽全丰。”

恭维：某年台南州雅士，西蜀名家，风雨习业，卢中海涵，地负金石，传声户外，川媚山辉。值兹蛟腾凤起之佳辰，正遇虎观鸿都之哲匠，诹季夏□□之吉爰。举宾兴用开棘闱连捷之觞以光群兴。

伏冀：班偕玉笋发瀛山剑岭之清华，谱绣金针迹黄榜朱袍之信息。

预瞻：裘带拭目，云霄谨起。

此雍正间知县唐有勋起稿。

资料来源：杨铭，伍濬祥. 綦江县志：卷三 学校［M］. 增刻本，1863（清同治二年）.

## 同治癸酉科知县田秀栗举行宾兴告示

为举行宾兴，损送元卷，事照得。瀛山秀挺，开诗格之嵚崎，僰水流长，写文澜之壮阔。金榜悬摩崖之字，气并古剑，上腾珠滩□照乘之珍。价抵香碑，新拭江山如此人物，可知欧六一为大文章，皆有用员半千，是真学士，名本无虚，资当黄到槐花。圣天子特增中额，行见红占榴实尔。诸生斋放出头□，卢前王后之班。斯为才子。宣举孝兴廉之典，是在有司。本县雅慕长风，早嗟孤露，抚遗经而怀德。幸掇芹香，忆断杼以勖，勤深劳获训操觚，几度惭输卢肇夺标。汇笔十年，忝作喙超入幕。溯自一行作吏，秀才之风味，未忘却。忻九转成丹，多士之云兴在即。争放船于下水，狂欲叽毫聚入座之德星。谨将折柬，兹定于五月十五日午时，鹿鸣豫赋燕衎，咸同启小阁以延宾，迎高轩之，过我牛心一片藉成。惟士之令名鸡跖数千，或称生平之多。学即虚堂为蟾窟。齐游广寒府中，咏仙曲于霓裳，便算大罗天上敢云李膺之室，可作龙门，略办陆贾之装愿损鹤俸遗文可□。特重周礼之宾兴，胜钱重开祇，沿江州之故事。除移学造册办理外，合行出示晓瑜。为此示仰乡试各生一体知悉，尚毋遐叶□，肯来游此举有名，仍酌论文之酒，诸君可贺。如登偃伯之台，况乎凌云之气，飘飘题塔而风雷势展；射斗之光，炯炯仰天而奎壁辉联，气象方新。二八宜升贵族，搏鹏程直上九万，莫限前程。从兹座主门生延和成绩之传授，即看状元宰相遂王沂公之安排，本县实有厚望焉。特示。

资料来源：杨铭，伍濬祥．綦江县志：卷三 学校［M］．增刻本，1863（清同治二年）．

## 五、办学经费

### 社仓资助兴学记

淳熙八年，朱熹奏《社仓法》于朝，请行于仓司。《文献通考》庹正《巴川社仓记》：人与物并生于天地之间，同于一理，均于一气。故君子以为，人者，同胞之兄弟；而物者，相与之侪辈也。视之如兄弟，则必亲：视之如侪辈，则必爱。知此，则知所以为仁矣。仁之为道，用之一乡，不为不足；用之一国，不为有余。所施益博，则济益众，顾用之何如耳？在上行之，为仁政；存下行之，为仁里。里仁之所以为美者，非以其有无相周，患难相救，疾病相扶持故耶？往时崇安告旱，人将乏食，晦庵先生与其乡之诸贤请于府，得粟以贷其乡之人，免于流离饥莩。其年岁则大熟，于是收其息之二而藏之。既而还其贷于府，而以其息为社仓。行之数年，人以为便。淳熙中，先生为浙东常平使者，以职入对，冈条其事奏之，孝宗深嘉其意，颁之天下。于是所在好事，往往各以其私谷推行，以应诏旨。仁圣之泽，无远不被，人到于今赖之。近年以来，吾乡之士慕而为之者三，赵飞凤兄弟行之龙多，景元一等行之巴川，陈孜等行之巴岳之下。行之巴川者，合二十家。为钱一千缗，岁得谷三百石。登熟则以价籴之，择一人以掌其谷之数。期月谷价暴贵，细民不易，则收三分之息而粜之，以济贫弱。以平市价，又择一人以掌其缗之钱藏。明年其时，复行典事，岁以为常。冈其乡俗之便，变而通之，于先生条目，虽若稍异，然其所以惠利穷困之意，大抵同也。吾乡地势高仰，无堤堰陂塘之利，世所谓雷鸣出者。五日不雨则枯，十日不雨则槁，故丰年常少，而凶年常多。比年谷价腾踊，比之往时，不啻三倍，然人心不厌，犹有闭籴以待善价者。而此二十家者，乃独不然，岂不足以羞其心、愧其颜，使知所劝慕？然则是仓之设，不惟可利济于人，而所以补益名教之功，亦不为小矣。于是景元一来占曰："是二十家者，其心同未尝不一也，而数年之后，不能保其无倦；他日，子孙又不能保其行之不废。幸为记之，庶其知所惊惧，而传之无穷也。先正曰：天下之道二，仁与不仁而已。"乘时射利者，垄断之贱夫也；悯细民之艰棘不易，而思有以惠利之者，仁人君子之用心也。使夫任事者，因其贪鄙苟贱，从而贱之，因其用心之近于仁人君子，而时加贵重之，则孰不勉于为善？又安用记为也？虽然，或有所未暇矣；无已，则有一焉。今二十家之所以为此者，是必有闻于前贤矣。且人物之生，本同于一气也。见其一原也，则于人也，岂不知手足兄弟。其于物也，岂不如乡党侪辈。《诗》云：兄弟孙怀。又云：兄弟急难。行道之人，颠连无告，而莫之顾者有矣；未有手足兄弟，颠连无告，而不为之恻然动心者也。故凡二十家，所以不谋而同，不约而合者，非有见于此耶？既以此而开其始，欲戒其终使不倦，且使后世子孙循之而不废，则莫若读书而讲学。读书则理明义精，讲学则行著习察，仁民爱物之心愈久愈光大矣。夫如是，穷则行之一乡，达则行之一国，以至推之当世，是乌可得而已哉？故曰："欲戒其终，且使后世子孙循之不废，莫若读书而讲学"，皆应曰："然。"遂书为记。

资料来源：韩清桂．铜梁县志：卷十一 艺文志［M］．刻本，1875（清光绪元年）．

### （忠州）学田碑记

知州　倪伯骐

嘉靖三十一年，该先任知州李捐俸一百二十两，买州民毛仕英田种三石，坐落地名石宝寨，东至刘倖屋，南至大路，西至大石头，北至袁孝祖地坎。大小田地共四十一坵，丈量六十亩未载。税粮每年认纳租谷三十石六斗，系民张荣启佃耕。

嘉靖三十九年，该先任知州黄捐俸九十五两，买州民谢廷禹田种一石二斗，坐落地名翠屏山，东至刻字大石，南至姜伟井大路，西至冉再崖仑，北至翠屏山崖坎。大小田共十八坵，丈量二十五亩未载。税粮每年认租谷十一石，系民冉应殿佃耕。

万历二十三年，奉分守道薛捐俸五十两，本州署印本府通判路捐俸二十两，共七十两，买州民李应魁田种三石，载粮一斗。基址槽门五间十二柱，大屋五间，后向大屋五间，牛栏马圈猪栏各一间，板仓三眼，八尺□栗树五根，二三尺□八十根。左边丁口柏树十八根，墙嘴柏树一根。婆婆岭地一块，五童岭栗树林一块，棉花俱桐子树一林，俱坐落地名大滃里廖石，东至人民唐文清田，南至唐碧大塘坵，西至唐文吉田，北至唐伯秀打石丁地各为界。每年征租二十三石，地租棉布三件，作每年大粮条编之费，系民唐碧清佃耕。

续置学田二处。一分该本州知州倪于万历三十一年五月内□本州儒学生员周一经告首，原日得买州民熊秉达田地。坐落地名漕溪，价银一百一十两，约种三十石五斗，随粮三斗七升。屋三间，牛栏一间，大小田七十七坵，又田二十三连，荒地四块，下田三连，草坡一块，柴林一块。东至堰沟，横过民人谭变先祖基，南至黎墙，墙沟直上大路，西至谭清，屋后大路直上大湾，北至尖山邪岭为界。除辨纳粮差之外，每年征租三十石，系佃户谭变先曾宠弼领种。一分该本州知州倪于万历三十一年五月内□民潘可实告首，得买州民胡正川田一分。坐落地名白土塓，价银一百两，田种一石五斗，随粮一斗一升三合，大小田共五十四坵。东至州民胡斐，西至胡教，南至高峰岩，北至胡群，地各为界，除辨粮差之外，每年征租二十五石，系佃户胡正川、胡正方领种。

万历二十七年，姜正焦时中舍义田一分，坐落地名水田坪，价银五十两，约种八斗，每年科定租九石。

资料来源：乾隆忠州志：卷十四 学校［M］. 抄本，1932（民国二十一年）.

## 六、其他

### （忠州）创修怀忠堂记

（知州）王崇简

盖自陆宣公进退出处，为时轻重，而国之存亡安危系焉，不幸而窜斥，则所之之地因以为重。昌黎韩公之于潮，东坡苏公之于黄，至今两州之民皆争相矜夸，庸人孺子亦知所敬慕，其故何哉？理义、人心之所同然，不可泯灭。不如是，则无以经世立极，三纲沦而九法斁矣。

唐世忠臣如房、杜、姚、宋皆遇明主，云龙鱼水之投，相与共致盛治，不为难也。公生不逢时，而事德宗猜忌之君，趋向好恶，不啻冰炭枘凿。然论谏仁义，纳约自牖，虽其君失守宗祧，越在草莽，用公忠谠之言十无一二，犹能复唐社稷；使公之言尽行，则贞观、开元之治可复见矣。祸难甫平，追雠进言，窜斥远地，视如土芥，何嫉之若是之甚耶？盖薰莸不同器，枉直不并立，自古为然。公之忠贯日月，而谪居忠州，盖天既不佑唐，不必仅为公惜也。不为公惜，则不能不为忠幸矣。忠以公为重，尤非潮、黄之比。盖韩、苏二公留潮黄之岁无几，而公在忠十年，薨于忠，葬于忠，故人心之思慕尤不忘也。按旧《志》，公墓在玉虚观南三十五步，今之紫极观是也。

公，浙之嘉兴人也。议者以公为大臣，礼当归葬，不应在忠，此臆度之论也。即博士东嘉钱木之独辨其非，刻石表而志之。值余承乏于兹，首先奠谒，因瞻视。墓域有碑，遥望有二三字，近视则不可辨；又有石器尚存，黄冠辈恐士大夫时来致祭，不便已私，尽仆之水，盖欲泯其迹。由是观之，妄议之言盖出于黄冠之术也。州之人既知以四贤为重，观白文公八景之咏，独著于公之墓，此正可据者，而犹惑于众论，此予所甚惜也。余既创祠宇，揭堂名曰怀忠之堂，以彰公之志，且欲破妄议，以辨后世之惑者，因叙其颠末以告之。

注：怀忠堂，亦名怀忠楼，康熙《四川通志》卷二十六：“怀忠楼，在（忠）州翠屏山半，为陆宣公（贽）建。”楼为宋王抹任知州时所建，堂则王崇简所建。据元苟斌《重修怀忠堂记》：“至正改元……知州王崇简至自汾晋……首先奠谒，得断碑于丛荒，乃佥议捐俸秩，咸与维新。”则此文当作于元顺帝至正初，即1314年后。

资料来源：侯若源，庆徵. 忠州直隶州志：卷十二 艺文志［M］. 刻本，1873（清同治十二年）.

## 四贤阁记

［宋］黄庭坚

忠州，汉巴郡之临江，垫江县也。其治所在临江，故梁以为临州，后周以为南宾郡，唐贞观八年始为忠州。其地荒远瘴疠，近臣得罪，多出为刺史、司马。故刘尚书以刺史贬一年死，陆宣公以别驾贬十年死，李忠懿公以刺史居六年，白文公以刺史居二年。后州守以四公俱贤，图象为四贤阁：故相、赠司徒、郑州刺史南华刘晏士安，故相、赠兵部尚书嘉兴陆贽敬舆，中书侍郎、平章事、赠司徒安邑李吉甫弘宪，刑部尚书致仕、赠右仆射下邽白居易乐天。由开元以来，讫于会昌，四君子相望，凛然犹有生气。忠民尝以此自负，而郡守至者必矜式焉。

绍圣三年正月，知州事营丘王君辟之圣涂，下车问民疾苦，曰吏骜而民困。故圣涂为州，拊养柔良，知其饱饥，锄治奸猾，几于伤手，治声翕然。邑中豪吏故时受赇舞文法者相与谋曰："属且无类。"即以智笼小骇吏，群诉于部使者。圣涂不为变，且叹曰："白头老翁，安能碌碌畏吏羞民耶！"亦曹部使者察其为奸。

而圣涂治成，时休车骑野次，咨问故老，咏四贤之逸事，而三君之政，寂寥无闻。盖士安既赐死，而敬舆别驾不治民，宏宪虽在州六年，亦默耳。乐天由江州司马除刺史，为稍迁，故为郡最暇预，有声迹，尔又其在州时诗见传。东楼以宴宾佐，西楼以瞰鸣玉溪，登龙昌寺以望江南诸山，张乐巴子台以会《竹枝》歌女，东坡种花，东涧种柳，皆相传识其处所。于是一花一竹，皆考于诗，复其旧贯，种荔枝数百株，移木莲且十本。忠于一时遂为三峡名郡。圣涂乃以书夸涪翁曰："为我记之。"

涪翁曰："圣涂急鳏寡之病，使远方民沐浴县官之泽，可谓知务矣。扫除四贤之室，思欲追配古人，可谓乐善矣。乐天刺史忠州，于今为二百七十有九年。在官者葸葸然，常忧瘴疠之病已，数日求去，故乐天之遗事芜没欲尽。圣涂，齐人也，盖不熟巴峡之风土，又其击强拨烦，材有余地，而晚莫为远郡守，乃敢慨然不倦，兴旧起废，使郡中池观花竹郁然，如元和己亥时。追乐天而与之友，圣涂于是贤于人远矣。"

圣涂为州之明年六月，而涪翁为之记。

注：陆宣公即陆贽，任过同平章事的官。李忠懿公即李吉甫，任过中书侍郎等官职。白文公即白居易，字为乐天。

资料来源：侯若源，庆徵．忠州直隶州志：卷十二 艺文志［M］．刻本，1873（清同治十二年）.

### 张飞庙

张飞庙在县西（长寿县）临岷江之坝，宋绍兴间，安刚中记曰：汉自建安以来，皇纲废弛，神鼎震覆，奸雄观衅，实生豕心。本初、孟德之徒，磨牙厉吻，血视生灵，期于吞噬，不留遗种。昭烈慷慨为国，志在拔拯一时，英豪狗义蜂起，相与提挈，共成大事。诸葛、关、张实为之，最凛冽威风，万夫之雄。荆州之役，群盗鼎来，公为后拒，毕力尽死，以抗群丑，奋髯张目，横戈一叱，蛇豕异类，褫魄逃遁。虞渊之日，复耀两南，惟公之功，迄今千载，英灵之气，森耸如在，庙食百世。在礼固宜乐温之山，下瞰大江，公之神爽实是寓焉。自古迄今，长在祀典，舟行上下，与兹士民奔走奉祀，罔不虔至，九谷嘉生，连被原隰，舸棹往返，安流无恙，阴相之功，在国与民。天朝累封进爵惟王，惟是庙宇，兴建岁久，行廊烂颓，往来咨嗟，力莫能振。郡守李公向者，趋朝，祇谒祠下，再拜祈祷，厥应如响。至郡未几，首议修缮，自捐金帛，众趋成之，功费虽多，了不病民。撤去卑陋，增饰轮奂，开展地基，比旧加倍。是役也，议兴于庚午之冬，落成于辛未之春，惟公既有以利其民矣，又有以奉其神，民和神安，福禄来宜，行将以是贺公。刚中忝吏，是役知之为详，敢具以记。

资料来源：王梦庚，寇宗．重庆府志：卷二 祠祀志 庙坛［M］．刻本，1843（清道光二十三年）．

## 濂溪祠

濂溪祠在州学宫侧，祀宋州判周敦颐，今废。宋何预记：合有佥书旧矣，与比岁创于他郡特异。淳熙七年冬，预始承乏，公余访古，览观江山之胜，瞻汉阳遗像，诵少陵江楼诗句，求其故，实则不可得矣。于是摩挲题名石刻，考前人名氏，有殿中丞，周其姓，惇实其名者，仿佛埃尘间。呜呼！此濂溪茂叔先生也！胡为乎来哉！按太常博士朱处约记：其始至也，以嘉祐改元年十一月初十日，迨其去，实五年六月初九日，本末详且信，如此独未有表出之者。又得阆中恭敏蒲公墓碣铭，知行治加详。先生，舂陵人，后避厚陵邸讳，更名敦颐。其为政于此州也，一郡之事不经君手，吏不敢决，苟下之民不肯从。恭敏舟舣溉下，一见异之，退而叹曰：世有斯人与！遂以女弟妻之。初调南安狱掾，转运使以权利变具狱，君争，不可，投告身欲去，使者敛手听之。熙宁初，用正献吕公荐，擢广东路转运判官，改提点刑狱，晚以疾丐分司，筑室庐山，下有溪流，其旁号濂溪。唯先生以一诚极性理之妙，躬行日用，粹然一出于正，为道学之宗。程太常珦倅南安，视其气貌非常人，与语，果知道者。因与为友，后立朝，每迁授，辄一荐之，其学明道、伊川幼受业焉。先生令寻仲尼、颜子乐处，所乐何事？明道遂弃科举从之，尝曰：自吾见周茂叔吟风弄月而归，几与浴沂同意。二程以斯文倡诸儒，至今河南之传满海内，其渊源实滥觞于此。清献赵公目为天下士，文忠、苏公以全德名之。黄太史谓人品甚高，胸中洒落，如光风霁月，雅正丘壑。有通书《太极图说》行于世，悠然遐想，如在其上。廨东偏有斋，孤峰出其前，三江合流其下，烟波渺弥，云林杳霭，清绝可爱，乃仿礼殿故事，即具章服肖像，壁间以全德榜其颜。道德之容，堂堂岌岌凛乎？如奉杖屦其侧也。吁先生之道，如青天白日，不特书而传之，以志晚学归敬之意，且以永邦人无穷之思。又系之以辞曰：瑞应之山兮苍苍，金沙之水兮茫茫。凛高风兮不亡，日月兮争光。窅一去兮何之四方，上下兮莫予追。孔颜与归兮，伊傅自视。挥斥八极兮，孰知所止。骑玉虬兮佩飞霞，溘埃风兮天一涯。怀旧游兮眷眷，山空月明。杖履往来兮余顾，不可得而见。莽烟云兮思渺然，晬厥容兮瞻在前，邦人是思兮千万年。

资料来源：王梦庚，寇宗．重庆府志：卷二 祠祀志 庙坛［M］．刻本，1843（清道光二十三年）．

## 涂山禹庙碑记

［元］贯元

《华阳国志》云：渝郡涂山，禹后家也。古庙废圮，元至正壬辰，郡守费著乃建庙。

尝考娶于涂山之说，一谓在此，一谓在九江当涂。《东汉郡志》云：“涂山，在巴郡江州。”杜预考曰：“巴国也，有涂山禹庙。”又古《巴郡志》云：“山在县东五千二百步，岷江东圻，高七里，周三十里。”郦道元《水经注》：“江州涂山有夏禹庙、涂后祠，九江当涂亦有之。”

杜预所谓巴国江州，乃今重庆巴县江州，非九江之江州。《汉史》《蜀志》有稽。至今洞曰涂洞，林曰涂林，滩曰遮夫，石曰启母。复合《帝王世纪》《蜀本纪》《华阳国志》《元和志》等书参考之，禹乃汶山郡广柔人。其母有莘氏感星之异，生禹于石纽广柔。随改广柔为汶川，石纽在茂州，域隶石泉军。所生之地方百里，夷人共管之，不敢居牧，灵异可畏。禹为蜀人，生于蜀娶于蜀，古今人情，不大相远。导江之役，往来必经，过门不顾，为可凭信。先是帝曾大父曰昌意，为黄帝次子，娶蜀山氏生帝颛顼，颛顼生鲧，鲧生帝。帝之娶于蜀，又有自来。又谓蜀涂山肇自人皇为蜀君，当涂山之国，亦一征也。

至会诸侯于涂山，当以九江郡为是。东汉《郡志》云：“山在当涂。”杜预云：“在寿春东北。”今有禹会村，柳子厚有铭，苏子有诗。且于天下稍向中，会于此宜矣。《通鉴·外纪》亦云：“禹娶涂山之女生子启，南巡狩会诸侯于涂山。”如是，则娶而生子，生子而后南巡，南巡而后会诸侯。娶则在此，会则在彼，次序昭然，会稽乃致群臣之地，或崩葬之所，故曰禹穴。所谓涂山，一曰栋山，一曰防山，纷纷不一。意者，晋成帝时，当涂之民，彼居于此，故亦名其县曰当涂，好事者援此以为说，而实非涂山。世次绵远，地名改易烦乱，傅会不足征。况会稽、当涂，在禹时未入中国，禹安得娶于彼哉？

今特辩而正之。祠庙之建，得其本真，而禹后受享于诞生之地，尤不可阙尔。

资料来源：王鉴清．涪陵县续修涪州志：卷二十 艺文志［M］．影印本，1928（民国十七年）．

## 璧山县普泽庙

普泽庙在县南，元史质记：泰定丁卯春，王三月丁巳，国子助教臣史质受命以芗币代祀西岳渎。六月，至江渎竣事。九月甲子，至渝之璧山，以祠祀牲币谒，按庙之石碑云“有新亭”。圣朝海宇丕冒，百灵受事。越若璧山，中巴之望也。秩在祭法，先是岩洞，有观曰“恭天”。云封蘚书，世眼莫瞩。神，晋人也，姓氏著《合阳图经》。唐大历十二年，为合州巴川令、兼南镇军马使，讨平泸右夷，即授本州刺史兼泸、渝、资、合州经略使。行部璧山，爱其清幽有异，时神游之志，于国有勋，于民有神，殁为明神。明复为人出入显微，亦理之常。又按《化书》，神复降于后唐，同光初仕，宋扈驾澶渊，以功知巴州，兼渝、濮等刺史，溯巴峡而上至湖滩，与异人有元契，约访隐恭天观。蒞范政之下，至璧山，叩洞户，石扉自启，神界自敞。盖《易》象之“天在山中大畜”也，必有神职。思若道家所谓“洞天”者焉。神与族属入而即阖，逮今五百年余矣。山川出云泽物之功，溥博优渥。神自汴宋以来，曰雨曰旸，祷而辄应。崇宁庙号“普泽”，景定五封，累谥曰显应、忠烈、威济，广祐，我朝因当代褒崇之极盛，敻以加秩于山川。守土官吏岁时岁事，而无致斋饮福之所，则何以严国祀，何以答灵贶？巡检王珍，秦人也，侍亲官属有年矣。尝询于蜀之耆旧以山川之胜，则曰：《易》说卦谓坤，为文为炳，巴蜀坤维也。四山拱焉，曰玉垒、曰玉屏、曰凤山、曰璧山是也。形而上者，昭灵炳焕，岂非炳于文者乎？玉垒天下之壮也，玉屏天下之稀也，凤山天下之秀也，璧山天下之奇也，珍切识之。兹承世泽，试吏兹邑，得之事神治民，庙貌壮观，新亭翼然，窃取民信，名兹亭曰“天亭”，庶乎表兹邑之盛，为中巴之望也，愿先生笔之。缅维质以群人，荷山川之灵，归沐神庥，尚矣。今过祠下，载笔记述，讵敢以固陋辞。乃言曰：《礼记》谓“鬼神之德，其盛矣乎”，又谓“明则有礼乐，幽则有鬼神”。故左右宥民者，王政也。阴骘下民者，鬼神也。鬼神、王政，相为远迩。子以行政之吏，而事阴骘之神，百谷用成，庶民用康，构亭以严国祀，以壮庙貌，以复旧观，可谓职所职矣。今余与子登中峰，环顾山之东曰“虎峰”，崒然西向，玉垒之附庸也。其东南曰“感山”，山空声应，胜日每闻丝竹之音者，璧山之仙致也。又北东青山一发盖玉屏之分派也，再瞻乔岳，丹崖翠壁，峻极于天。噫！是山固分奠于蜀，而声气应求炳灵于中巴，宜璧山之奇，信乎为天下之奇也！且山之麓长林丰草，昔为狐狸所家，麋鹿所游，虎豹所栖，荏苒几百年矣。今流离之襁负而至，降原就隰，蜂房蚁垤，于时言，于时语，男女有室，伏腊有给，为乐郊乐土。惟谁之力？其神之力于斯时也。吏能兴废举坠，请于王人以记成事，得不为之大书特书，上以严国祀，次以告嗣政者，树德千章，列于亭之四端，使之有严、有翼，以永无斁。则之亭而下者，亦允存乎人矣。是岁腊月戊申谨记。

资料来源：王梦庚，寇宗．重庆府志：卷二 祠祀志 庙坛［M］．刻本，1843（清道光二十三年）．

## 重修怀忠堂记

［元］苟斌

尝观大阳，以“王臣蹇蹇，匪躬之故”嘉蹇之六二，知宜公忠盖于国者无不然；以“不利君子贞，大往小来”象否之六爻，知宜公远悴是州者尤益验。盖公之出处进退，关时运之消长故也。公仕德宗朝，掌握机衡，出纳王命，特蒙知遇，虽从奉天之难，知无不言，朝野赖之。甫平寇乱，无何天厌唐德，寇乱时则有若裴氏之徒，恃左右腹心（意）之获，兆剥床以肤之灾，遂使忠良斥去“唐之不幸”，岂“仅”公之不幸也哉！公既在忠，乃宅斯地，杜门修省，囊括待时，惟寓意于集验方，以养其经世医国之志。永贞初，有旨召还，惜乎天不慭遗一老以隆其治也。忠人因卜所筑而藏焉。历代祀之，习为故典。至宋，知军州王棣复构堂曰“怀忠”。迨夫陵谷变迁，尽为乌有，洪惟我元，统一天下。自皇华移治，垂六十年，至正改元，春，朝旨调官，达鲁花赤伯颜至自湔江，知州王（也）（崇简）先帖木儿至自汾晋，同知（社）秃满至自下，邳州判李起端至自广汉，首先奠谒，得断碑于丛荒，乃佥议捐俸秩，咸与维新。盖世虽有先后古今之殊，而忠义出于人心之所同然者，未尝间也。堂既落成，名仍旧贯，属予为记。

客或难曰：公省母寿春，迎养京师，孝也。辞百万之泉货，却四方之赙遗，廉也。劝君以销兵散财，仁也。相君以举直错枉，义也。启君以罪己收人心，礼也。吏事军政咸曲畅而旁通，智也。以故人皆思之，愈久而不忘，岂独忠而矣哉！余应之曰：不然！公之道德仁义，固不可（以）枚举。然公以忠而居忠，丧于忠而葬于忠，时人焉得不因忠而怀其忠乎？客曰："若然，则公之灵果著忠。昔于云演太元，蜀有墨池之祀；子美不忘君，夔有草堂之封。噫！公之忠足以砥砺当世，使得遇时，则伊、傅、周、召，未必多让，既不幸而末于忠，则公之忠足矣，启佑乎后人者果不少也。"余因感其言，并记之，以为来者劝。

资料来源：侯若源，庆徵．忠州直隶州志：卷十二 艺文志［M］．刻本，1873（清同治十二年）．

## （巴县）创修涂山文峰塔铭

曹澍钟

宝塔者，浮屠家之所造也，用镌佛经，藏舍利、佛骨等，建诸琳宫，大者层砖石，小者铸铜铁。鲁公一帖，多宝以名，裴休一书，圭峰俨在，敬客之铭砖塔，刘镛之写陀罗，若斯之传以奇笔，故然无关于地方事也。近世从形家者言，郡国州县常植塔于风脉关会处，觚棱锐削，上摩苍霄，谓助山川秀拔，郁起人文，往往有验，雄州赤县，缺而不修，卒不厌乎人心。余备兵川东，驻防重庆，下车之日月朔望，偕僚属谒圣庙，立戟门前，览郭外诸山，环卫排比，如可招来几席者然。就笔架山中一峰，造塔其巅，钱出予富室，工兴佣雇，期月而成，四围郡峰，益增杰气，巴子故国，人文渊薮，从此当踔轹（音"戳历"，超越）前古矣。客曰："古者浮屠氏未入中国，都邑不见此物，而笃生圣贤豪杰道德之儒，今不古若，则何也？"余告之曰："参赞化育，建置在人，礼有其举之莫敢废也，是雍容润色之为务也乎？"乃削石记其岁月，而为之铭曰：

"峨峨涂山，禹绩肇兴，爰人中古，蔓子冯陵。雄长梁益，闲气以凝，齐汉列郡，历世因乘。北塞秦控，东流楚承，西引甸均，南以黔肱。山祖徼外，四水综泓，黑若华阳，清若嘉陵。关佛图背，峡明月膺，呱呱禹穴，代钟人杰。舟车辐辏，严城切铁，耸兹巉塔，去天一捏。星临井分，江锁渝阓，以标天险，以巃表蕝。日出扶桑，电流列缺，月涌巴文，回波点磔。俯岣嵝之碑，小秋毫之碣。烝我髦士兮，峙天柱而不折。"

碑已佚，据《同治未刊稿》录文，以见文峰建造之故，实则始于道光十一年。巴县令高学濂精堪舆，树竿笔架山中峰以培主山。三十年，县人黄钟音主讲川东书院，建议造塔其上，咸丰元年竣工，曹文未具始末也。

资料来源：朱之洪，等. 巴县志：卷二十 金石志［M］. 1939（民国二十八年）。

# 后　记

重庆学校史探讨从西周巴国时期到近代早期重庆教育的主体——学校发生发展的历史进程、阶段特点和主要问题。其中包含的学科内容及思想文化非常丰富、复杂，既涉及历史学、教育学的学科背景，同时还交融民族学和人类学的知识和方法，选题难度极大。团队经过两年多的合作努力，终于将书稿交出，内心颇有如释重负的感觉。当然这并不意味着课题研究画上句号，进一步提升还需要更上层楼的超越历程。

重庆学校史发生在古老的山城，这片长江和嘉陵江交汇的神奇土地上，发生了教育文化的嬗变、办学以及人才交流诸多活动。由此编织而成的画面是那样丰富多彩，有其独特性和神秘性。重庆的学校从巴国萌生，经历漫长的上古和中古时期，直到元代才大体构成比较独立的结构，但仍不完整。这源于重庆地处内陆汉族和少数民族交汇之地，而封建王朝推行统一的文教政策，聚焦于中原和江南地区以及其他的一些因素。但到了明代以后，重庆的学校出现了快速和跳跃式的进展，尤其是清代，重庆学校已经处于内陆腹心地域领先的水平，并且与黄河和长江的中下游地区大体相当。它的制度化和丰富的活动以及形成的办学经验都可以作为历史经验加以收集整理，并且通过弘扬建构，提升中国学校教育的本土智慧。

今天的重庆是一座年轻的直辖市，历史上它一直是地域中心，但它的行政地位不断变化，与四川省的关系分分合合，并且由于崇山峻岭、大江咆哮、交通不便，号称“蜀道难，难于上青天”。因此，地域以及名称的复杂性十分突出，并且与四川、湖南、湖北、贵州等省的交界地带有变动和模糊性。于是，选材和整理分析重庆的学校就面临更多的复杂和纠结。通过努力，本书大体以重庆当下的区域范围进行了各历史时期重庆学校史的整理和探究。我想这是具有开拓性的，也应该是丰硕的成果，值得回味和欣慰。当然，由于研究者力量单薄，并且又有教学、科研或研究生学习的诸多任务，所以课题采用了合作的方式完成。具体的合作方式以及人员如下：从西周巴国时期到清代前期由吴洪成（河北大学教育学院教授、博士生导师）、张珍珍（河北大学教育学院教育史专业博士生）、蔡晓莉（河北大学教育学院教育史专业硕士生，现为河北司法警官学院教务处科员）完成；清代后期及近代重庆学校部分由吴洪成和他以前指导的硕士研究生合作完成；另有的由吴洪成独立完成，这已经在书稿正文中指出，此处不再列出。

本书系河北大学颜李学派研究所科研平台研究成果（项目编号：513100115030）。本书的出版得到许多单位和个人的支持。首先应该感谢河北大学教育学院院长胡保利教授，他将书稿列入学院学科建设系列，得到河北大学部省共建“燕赵文化学科群”学科提升项目的资助。其次，知识产权出版社的领导和编辑一如既往支持我们的专业工作。这不仅是对中国教育史学科的重视和提携，同时也是推进学术文化、弘扬民族精神、增强文化自信的一种实际表现。我们对此深表钦佩。

书稿的完成正碰上百年不遇的新冠肺炎疫情暴发。在这个过程中，我们仍然坚守岗位，继续前行，这也是受抗疫英雄们的感召和力量的鼓舞吧！我们祝愿疫情能够很快被克服，祖国更加强大。如果这本著作对重庆市的历史文化资源开发、旅游产业兴盛和学校教育的改革试验等，有一些启迪和价值，那也算是我们在全国抗疫活动中所做的一项有益工作。能够回报社会，为促进教育事业的蓬勃发展尽一份绵薄之力，我们的内心是欣然而宽慰的，一切疲劳和困顿都悄然流逝。

本书难免存在问题和不足，敬请读者指正。

吴洪成

河北大学教育学院主楼607室